体适能理论与实践教程

主　编　魏　烨　　张崇艳　　高东华
副主编　谢浩波　　李　娟　　樊亚伟
　　　　崔　蒐　　徐　峰　　杨　洪
　　　　王金凤　　李昊泽　　邓　旭

中国原子能出版社

图书在版编目（CIP）数据

体适能理论与实践教程 / 魏烨,张崇艳,高东华主编.--北京:中国原子能出版社,2017.3（2024.1重印）
ISBN 978-7-5022-7993-6

Ⅰ.①体… Ⅱ.①魏… ②张… ③高… Ⅲ.①体育锻炼－适应能力－教材 Ⅳ.①G806

中国版本图书馆CIP数据核字（2017）第073210号

体适能理论与实践教程

出版发行	中国原子能出版社 （北京市海淀区卓成路43号 100048）
责任编辑	张　磊
责任印刷	潘玉玲
印　　刷	三河市同力彩印有限公司
经　　销	全国新华书店
开　　本	787毫米*1092毫米　1/16
印　　张	37
字　　数	656 千字
版　　次	2017年8月第1版
印　　次	2024年1月第2次印刷
标准书号	ISBN 978-7-5022-7993-6
定　　价	138.00元

网址：http//www.aep.com.cn　　E-mail:atomep123@126.com
发行电话：010-68452845

前　言

　　《体适能理论与实践教程》是一本针对普通大学生而编写的体育著作，书中根据当前高校体育教学改革的发展，围绕教育部颁布的《全国普通高等学校体育课程教学指导纲要》、《国家学生体质健康标准》和"阳光体育运动"精神，把"健康第一"的指导思想和终身体育的理念贯穿其中。体育课程是大学生以身体练习为主要手段，通过合理的体育教育和科学的体育锻炼，达到增强体质、增进健康和提高体育素养为主要目的的体育必修课程，是实施素质教育和培养全面发展人才的重要途径。

　　全书包括基础理论和运动技能内容；基础理论内容针对大学生的体育兴趣、运动基础、健康状况，按照体育健身规律，从生物运动科学、健身教育、运动技能、竞赛知识等方面做了较详细的讲述；运动技能内容基本涵盖了当前高校体育教学普遍开展的项目，既有传统体育教学的项目，又有新兴的时尚体育项目，既有技战术的介绍，又侧重于练习方法和手段的介绍，突出了实用性和针对性。

　　全书由主编（魏烨、张崇艳、高东华）负责统稿，具体分工如下：

　　主　编：

　　魏　烨（河南科技大学）：第七章第六节、第十章、第十一章第一节～第二节、第十八章第五节；

　　张崇艳（内蒙古商贸职业学院）：第二章～第四章；

　　高东华（内蒙古商贸职业学院）：第十三章、第十五章；

　　副主编：

　　谢浩波（内蒙古商贸职业学院）：第五章、第七章第四节、第十七章；

　　李　娟（内蒙古商贸职业学院）：第六章、第七章第五节、第二十一章；

　　樊亚伟（河南科技大学）：第十八章第一节～第三节、第十九章；

　　崔　嵬（上海财经大学）：第八章、第十四章、第十六章、第十八章第六节；

　　徐　峰（内蒙古电子信息职业技术学院）：第十二章、第二十章；

　　杨　洪（河南科技大学）：第二十二章；

　　王金凤（河南科技大学）：第九章、第十八章第四节；

　　李昊泽（河南科技大学）：第七章第一节～第三节、第十一章第三节；

邓　旭（河南科技大学）：第一章、第二十三章。

本书在编写过程中，参考和借鉴了许多专家和学者的研究成果，在此表示谢意！由于水平和能力所限，书中不妥之处，敬请广大读者提出宝贵意见。

编　者
2017年2月

目　　录

第一章　体育与奥林匹克文化

第一节　体育文化

一、文化的含义

体育已作为一门既古老又新颖(即自有人类以来就存在的生命延续现象——古意识；经不断地发展演进从古代体育到近代体育乃至现代体育，成为社会所共同接受的、完整的、必不可少的思想体系——新概念)、既独立又综合(既具有自身发展变化规律和人类社会本身的自然需要——独立的科学体系，又是自然科学、社会科学以及技术科学相互渗透支撑的重要领域——综合科学的橱窗)的学科进入世界科学之林。可以说，迄今为止，世界上各种最先进的尖端科学技术应用到体育上是最多的。如激光、光导纤维、地球卫星、声学、光学、电学、老三论（信息论、系统论、控制论）、新三论（突变论、协同论、耗散结构论）、数学、统计学、生理学、生物化学、生物力学、医学、营养学、药学、哲学、心理学、经济学、人才学、电子计算机等，上至天文、下至地理，内至人体细胞遗传、外至形态结构，包罗万象。随着人类社会的进步和科学技术的发展，体育已逐渐成为人们生活中不可缺少的一部分。

西方的文化一词是从拉丁语Culture转化而来的。其原义是指人在改造外部自然界使之适应于满足食住等需要的过程中，对土地的耕耘、加工和改良。罗马著名演说家西赛罗在他的"智慧文化即哲学"这句名言中扩展了文化的含义。智慧文化的内容变为主要指改造、完善人的内在世界，使人具有理想公民素质的过程。于是，政治生活和社会生活，以及培育公民具有参加这些活动所必需的品质和能力等等，渐渐列入文化概念。1871年，英国著名人类学家泰勒在《原始文化》一书中提出了他著名的文化定义："所谓文化或文明乃是包括知识、信仰、艺术、道德、法律、习俗，以及包括作为社会成员的个人而获得的其他任何能力、习惯在内的一种综合体。"法国著名学者卢梭在他的《社会契约论》一书中指出文化是风俗、习惯，特别是舆论。在他看来，文化有以下特点：文化铭刻于人们的内心；文化是慢慢地诞生的，但每天都能获得新生力量并逐渐取代过去的权威力量；文化能够维系人们的法律意识。

理解汉语中的"文化"一词须从认识"文""化"二字入手。《说文解字》中解释为"文，错划也，象交文"，由此衍生，又有文字、文章、条文、条理、装饰等意义。《说文解字》将"化"解释为"教行也"。"文化"二字联抉成词，较早见于西汉刘向的《说苑·指武》："圣人之治天下也，先文德而后武力。凡武之兴，为不服也，文化不改，然后加诛。"这里的"文化"实际上是指文治教化的意思，是与"武功"相对而言的。我国当代著名学者任继愈先生认为文化有广义和狭义之分。广义的文化，包括文艺创作、哲学著作、宗教信仰、风俗习惯、饮食器服之用，等等。狭义的文化，专指能够代表一个民族特点的精神成果。梁漱溟先生认为："文化，就是吾人生活所依靠的一切，意在指示人们，文化是极其实在的东西。文化之本义,应在经济、政治，乃至一切无所不包。"台湾著名学者钱穆认为："文化只是'人生'，只是人类生活。……文化是指集体的、大众的人类生活"。

还有不少学者对文化的含义进行了界定，在此不一一列举。通过考察可以发现，所有相关文化的定义都与人的因素紧密联系，因此，我们可以用一种最为简单的概念来界定文化，即"人化"。也就是说，文化是在人的参与和创造下完成并积累下来的较为稳定的内容。按照不同的标准，文化可以被划分为不同类型。从地域的角度来看，我们可以将文化划分为西方文化、东方文化、美国文化、中国文化等；从领域来看，我们可以将文化划分为地理文化、历史文化、音乐文化、体育文化等。

二、体育文化含义

正如文化的众多定义一般，体育文化的界定也是说法不一，理论界有着诸多的讨论。卢元镇认为体育文化是有关人类运动物质、制度以及精神方面的总和。大致上包括人们对体育的认知、情感、价值、理想、道德、制度以及物质等方面。2冯胜刚认为，所谓体育文化，就是人类在所有的体育现象及促进体育发展的活动中，在价值观念、精神状态、情感倾向等层面，在理论认识、方法手段、技能技术等层面表现出来的思维方式，与在有意识的实践活动中表现出来的行为方式的总和。孙麒麟在其主编的《体育与健康教程》一书中概括了关于体育文化起源和发展的几种认识：劳动起源论、军事起源论、游戏起源论、宗教起源论和教育起源论。并在综合这几种学说后提出，体育的产生是在人类从动物野性变为人性的过程中相互综合演化的结果；人类为了生存和延续，掌握了跑、跳、投、攀爬等生产劳动知识和技能，并作为一种社会文化现象代代相传，最终形成了今天如此灿烂夺目的体育文化。并在此基础上认为，体育文化是人类在体育生活和体育实践中创造出来的，并通过有形的身体形态、动作技能、运动器材、物质，以及无形的与社会属性相关的意志、观念、时代精神反映出来，显现出各具特色的存在方式。它是人性和人类本身需求的特殊反应，具有民族性、时代性、传承性、依赖性等特征。牛亚莉认为体育文化是文化的一个子系统，把体育作为一个整体来考察，大致来看，它是一个多层次相互渗透的结构体系。可以分出"价值与观念""规范""技术与教育"和"物质文化"这样四个结构层次，这四个层次之间的关系，可以用一个同心圆结构说明。体育文化的核心部分是价值与观念，它居于同心圆的中心；它较外面的一层是体育文化的各种"规范"结构；再外一层则是各种技术与教育；同心圆的最外一层是物质文化等"硬件"结构。它们各部分之间既有层次不同的区别，但又有密切的不可分割的联系。这些要素共同构成体育文化整体系统。

在本章中我们采用卢元镇教授对体育文化的界定。认为体育文化不仅能够从显性的器物层面显现出来，而且可以在制度层面上有所体现；更为重要的是，人们的体育价值观是体育文化精神层面的深层反映。体育文化在不同的区域有所差异，最为典型的就是中西方体育文化的区别。另外，不同群体中的体育文化亦存在差异，例如大众体育文化与校园体育文化就有着一定程度的不同。在本节中我们将首先对中国体育文化和西方体育文化进行简要介绍，在第二节中我们将重点分析奥林匹克运动文化，在第三节中我们将着重讨论大众体育文化，在第四节中我们将会阐述校园体育文化。

三、中西方体育文化

（一）西方体育文化

若要理解西方体育文化，则离不开对西方文化的认识。西方文化产生于欧洲大陆，欧洲三面环海，海岸线曲折，非常适合发展海洋贸易以及海洋运输，平原小，不适合发展农业。因而，在欧洲的历史发展中，其逐渐形成了以对外贸易的外向性、开放性的文化特征。正是由于西方文化中的外向性特征，故而在体育中也就表现出了较为明显的攻击性特点。欧洲人利用海洋的便利条件，发展出了海洋运输与海洋贸易，形成了不同于农业生产的商品经济，在商品经济发展中逐渐培养出了较为完备的规则意识和平等意识。5商品经济的规则意识、平等意识随着社会的发展，逐渐渗透到各个领域，体育领域当然也不例外。

从体育的性状上看，西方体育文化受到其商品经济中自由竞争的强烈影响，在体育项目中多表现出较为明显的进取性，体育参与者多喜爱激进、冒险的体育项目，如登山、攀岩等项目就表现出了非常明显的冒险性。从竞技观来看，西方体育受到其外向性文化的影响，因此西方体育文化有着较强的攻击性。运动员在比赛中竭尽全力争取胜利，对比赛结果非常重视。

与中国相比，西方体育文化不太注重无法看见的内在人格，而非常重视外在的力量与美感，所以西方体育会重点发展出突现身体性的健美等运动。西方体育强调体格健壮、肌肉发达，重视发展力量、速度、柔韧等各项身体性素质，而对精神方面却有所忽视。西方体育强调竞争，强调战胜对手，竞争场上的胜者被称为英雄，因而他们异常看重比赛的结果，比赛的结果与个人荣誉、个人尊严直接相关。

西方体育把身体美视为人的全面发展的目标，其伦理观念较为淡泊。希腊哲学家认为人的全面发展是非常重要的问题，因此，他们把身体的优美看成是最为高尚和神圣的事物，如果要从事体育活动，那么展示身体之美，塑造身体之美就是非常重要的方面。西方文化强调对自然界的征服与开发，重视理性的思辨分析，以战胜自然、征服自然为最终目的。并且，西方体育文化也认为身体是自然的一部分，也是可以通过不断锻炼进行自我征服，充分发掘人体潜能就是这种体育观在文化上的反映。例如西方对竞技体育中破纪录、不断刷新成绩有着非常高涨的热情。

（二）中国体育文化

由外关注内是中国体育文化的一个显著特点，也就是说，通过外在的身体锻炼的目的是为了实现精神的升华，而非仅仅关注身体本身。所以，中国体育文化并不有意强调身体素质方面的内容，相反，更多地强调身体锻炼对内在精神的滋养和感受。例如，中国太极拳运动中的自我认知观，通过缓慢的运动重在感受自我生命的价值和存在，而非有意关注对手方面。因此，在太极拳练习过程中，拳手不过分强调肌肉运动的负荷与强度，而是关注技艺的高低与自我的感觉等。中国体育文化讲究对内的训练，主要是为了养。在练习过程中，通过对内在的关注来调解五脏六腑，汲取真气，以达到养身的效果。

中国传统体育项目非常讲究整体性、平衡性，这在武术运动中表现地非常明显，例如武术谚语中就有"一动而无不动""整劲"等说法。所有武术动作的用劲几乎都讲究整体发力，而非使用局部力量。根植于农业社会中的儒家文化讲究节制，所以中国传统体育文化多表现为内向性，例如武术中就有"以退为进"的说法，而西方拳击则秉持"进攻是最好的防守"的理念。

中国传统体育文化中缺少对竞技规则的建设，即使某些比赛中有规则，例如中国传统社会中的礼射比赛，虽然有一定的规则，但规则却缺乏严格的统一性。比赛中不同等级的参赛选手使用不一样的箭，而且在射箭中要行使不同的礼节，因此，此项比赛被称为礼射。也就是说，传统中国体育文化一度不强调比赛的平等规则。事实上，中国传统体育项目中的游戏性更为突出，许多传统体育项目大多含有杂耍的意味。即使是我们最为发达的传统武术项目，在传统社会中也一直没有发展出较为统一的平等规则。

近代以来，随着西学东渐之过程，西方体育逐渐被引入中国，以至于中国体育文化呈现出复杂多样的样态。大量的竞技性体育项目传入中国，例如篮球、排球、足球等，这些常见的体育项目迅速被中国青少年所接受。当然，中国运动员受到传统体育文化以及中国人身体结构的影响，这些体育项目迄今未能在世界体坛上占据领先地位。除了中西方人身体素质的差别之外，不可否认的是，中国传统体育文化也起到一定的影响作用。例如，西方体育文化非常强调进攻性以及外在的身体素质，而中国传统体育文化则非常强调内在的精神气质。这种差别无疑对我们掌握西方的一些体育项目产生影响。当然，随着中国体育健儿对西方体育文化的日渐学习，我们的一些对抗性项目的技术水平正在发生悄然的变化。

第二节　奥林匹克文化

一、奥林匹克的历史渊源

奥林匹克运动会的历史可以追溯到三千年以前的古希腊，那时的奥林匹克运动与祭祀神灵有着密切的关系。当时，希腊人用体育比赛作为对神灵的祭祀，为了体现对宙斯的尊敬，一些城邦的国王联合起来在古老的宗教地奥林匹克举行赛会，这就是奥林匹克运动会的来源。希腊奴隶制日渐趋向衰败之后，尤其是当古希腊被罗马战胜时，古代奥林匹克运动辉煌时期被迫终结。在欧洲进入宗教统治的黑暗时期时，"禁欲主义""宿命论"等种种违背人性的社会思潮强烈地扼杀了体育运动；公元三九三年，以宗教的理由，罗马皇帝取消了古代奥林匹克运动会。然而，工业革命以后，社会环境发生了巨大变化，快节奏的生活、污染的环境等，又激起了人们对健康的重视以及对体育的关注。在顾拜旦的积极倡导下，一八九四年，在法国巴黎索邦学院召开了国际体育运动代表大会，大会通过了《复兴奥林匹克运动会的决议》，并成立了国际奥林匹克委员会。一八九六年，希腊举行了第一届现代奥林匹克运动会。

二、奥林匹克文化的特征

第一，奥林匹克运动文化的艺术性。众所周知，奥林匹克运动起源于古希腊。古希腊人对体育有着很高的兴趣，他们对体育的认识不仅仅停留在体育的健康功能和体育比赛的成绩获得上，而且他们将体育的理解上升到对人生和艺术的高度。丹纳在其《艺术哲学》一书中将体育的艺术性给予了很好的解释，他认为希腊的奥林匹克运动将艺术上升到了一定的高度。希腊对雕塑文化极为重视，同时对奥林匹克运动也非常关注，因此，希腊存有很多运动员的雕塑。他们认为运动员的人体之美有着极高的艺术性，运动员身体的健壮之美有着很高的观赏性。7每四年举行一次的全球性奥林匹克运动盛会上体育健儿英姿飒爽的动作，无不体现了高度的艺术价值。无论是对抗性项目抑或是表演性项目，都能不同角度不成程度上展示出较高的艺术性，艺术体操、花样滑冰、花样游泳等都具有非常高的艺术价值。即使是田径运动员赛场上的表现，也淋漓尽致地展现了力量和速度之美。隆重的奥运会开模式、闭幕式上的表演活动，都含有非常之高的艺术观赏价值。简言之，奥林匹克运动文化非常注重艺术性。

第二，奥林匹克运动文化的多元性。第一届现代奥林匹克运动会参赛运动员仅有311名，参赛国家只有十三个，且运动员中大部分来自希腊。而当前，奥运会参赛运动员已经达到一万多人，参赛国家越过两百个。毋庸置疑，奥林匹克运动已经成为全球性的体育盛会。事实上，奥林匹克这个大家庭聚会，非但是体育运动的比赛和聚会；同时，也是各大洲、各国文化进行交融的场所。在体育交流的同时也实现了文化的沟通，如此一来，奥林匹克运动文化必然趋向多元化的发展趋势。每届奥运会开幕式上都淋漓尽致地凸现出了举办国当地的文化特色，这种文化特色对奥运会的运动员以及世界亿万观众都会产生重要影响，这种文化影响将逐渐汇入到奥林匹克运动文化之中，使奥运文化日益注入新鲜的血液。例如，雅典奥运会上凸现希腊文化的艺术表演，北京奥运会上体现中国传统文化的演出等，这些文化都会日渐渗透到属于全人类的奥林匹克运动文化之中。随着奥林匹克运动的发展，随着举办国的增多，奥林匹克运动文化的多样性将越来越明显。

第三，奥林匹克运动文化的教育性。顾拜旦不仅是现代奥林匹克运动的倡导者，而且他本人还是一位教育家。事实上，顾拜旦复兴奥林匹克的目的不仅是要发展体育，而且其也希望通过体育对青年进行教育。他认为，体育是教育中最有魅力的形式，因为体育可以使得人们感受到美好的生活情趣，体育可以均衡地发展人们的身心。从现代奥运会中我们几乎处处可以看到其教育意义，其中最为重要的教育意义莫过于其加强青年人对于规则意识的认识。众所周知，在奥运会正式比赛之前，运动员以及裁判员都会有宣誓活动，此项活动的意义就是要告诉所有奥运会参与者以及观众，遵守规则是奥运会最为重要的事项。实际上，这种规则意识的熏陶对于青年在社会生活领域中遵从秩序也有着重要的影响作用。其次，奥运健儿的拼搏精神对于青年也有着非常重要的教育意义。比赛场上，健儿们努力拼搏、不畏困难的精神也感染着众多的青年们。

三、奥林匹克文化的价值

第一，进取精神的弘扬。众所周知，"更快、更高、更强"是奥林匹克运动文化的口号，追求比赛成绩、刷新纪录等都是奥运健儿的理想。我们在比赛中也能够看到运动员为争夺奖牌、争取胜利而付出的艰辛和努力。各国的参赛代表队员都能够竭尽全力备战奥运会，很多运动员为了训练不惜割舍儿女情长长期驻守训练场地，可以说，他们为获取奥运成绩付出了很多心血。总之，无论在激烈争夺的赛场上，还是在比赛的准备中，运动员都表现出了积极的进取精神。事实上，这种进取精神不仅限于比赛名次的争夺、比赛准备的努力，而且其精神可以拓展到工作中、生活中来。感受到这种进取精神的青年，可以在自己的学习中积极上进；感染到这种进步精神的人们能够在工作中要求不断向上；领会到这种拼搏精神的科研人员可以促使自己不断创新。简言之，奥林匹克运动文化的进取精神的价值非常广博和深远。

第二，沟通平台的搭建。从第一届现代雅典奥运会至北京奥运会，奥林匹克运动会的参赛队员和参赛国家越来越多，今天其已经俨然成为全球性的体育盛会。尽管奥运会是一场体育运动的比赛和较量，但实际上这场盛会还是文化的沟通和经济的交流，更是国家之间相互认识和相互了解的过程。国家之间的文化冲突、政治冲突，可以通过这样的聚会场所进行磋商，以使得各国朝向和平发展的方向迈进。国家之间由于宗教、领土等原因存在这样或那样的冲突，因而需要一种共同沟通的纽带，而体育正是这样一种连接国家之间的谈话纽带。体育没有国家的限制，没有种族的限制，无论任何国别、肤色的人口都可以聚集一堂进行体育比赛和交流。因此，全球性的体育盛会能够成为整合世界各国的有力纽带，为国际社会的相互沟通搭建良好的平台。

另外，奥林匹克运动文化的教育性、艺术性等都具有很高的价值，人们在工作、生活中都能够从其中获得文化资源与精神支柱。积极办好每届奥运会，努力弘扬奥林匹克运动文化，不仅是体育运动本身的需要，更是全人类的文化和精神财富。

第三节 大众体育文化

一、大众体育文化的含义

大众体育文化是群众自发形成的具有地方特色的体育文化形式。大众体育文化的一个显著特点就是自发性，也就是说，这种文化的形成不是某行动者强力组织生成的，不是由上而下形成的，而是由下而上形成的。大众体育文化是当地群体在长期的互动中自然形成的，没有明确的制度章程；但有着一些约定俗成的规则，这些规则对体育参与者有着实际的制约效果。大众体育文化属于当地群众自愿投入、建设的体育文化类型。例如，广东一些地区自发形成了踢毽子的体育文化形式，河南一些地方形成了太极拳体育文化形式，东北一些地方形成了扭秧歌体育文化形式等。另外，也有一些全国各地都较为常见的体育活动形式，例如广场上的老年舞蹈体育文化。这些大众性的体育文化形式都是当地群体喜闻乐见，并自愿加入的体育活动类型。一般来说，这些活动是内容较为稳定，参与者热情较高，并且能够长期保留下来的大众体育文化形态。

二、大众体育文化的功能

大众体育文化是群众自发形成的，这种文化的生成对体育参与者产生了如下三方面的功能，即促进良性互动、增强社会整合以及有利于正常的社会宣泄等。

第一，大众体育文化有助于形成体育参与者之间的良性互动。人的社会属性是群体性，人际交往是人的正常需求。在中国社会结构变迁的过程中，社会正呈现出由熟人社会转向陌生人社会的趋势，即使在农村社会结构中，也正出现了半陌生化的趋势。尤其在城市社会中，陌生程度随着单位住房转向商品房的变化而日渐增高。因此，人际之间的沟通成为一个重要问题。除了家庭内的正常互动、工作中的互动之外，居住地人际之间的互动成为一个难题，原因就是住户之间缺乏沟通的纽带。因而，体育活动便成为一个非常合适的绿色沟通纽带。一般来说，社区之内都有或大或小的公共场地，但公共场地并不意味着是公共空间。因为在公共场地上的人群之间如若缺乏社会交往，那么，公共场地就不能承担起公共空间的作用。公共空间是沟通的空间，而公共场地仅提供了公共空间的条件，是否能够成为公共空间却需要有沟通载体的存在。而体育活动正好能够成为沟通的良好载体。体育活动的低功利性、健康性、积极性，为公共空间建设提供了必要的基础。当住户能够在社区公共场地上共同进行体育活动时，大家不但锻炼了身体，而且在练习之余，能够进行体育活动之外的信息沟通。这是群体之内正常交往的必要途径，弥补了个体在其他场所沟通的不足。需要指出的是，正是由于体育活动的趣味性、健康性、低功利性，使得大众群体之内的沟通较为轻松，减少了在工作场域中沟通的负担。因此，我们认为大众体育文化的形成对成员的良性互动具有很好的作用。

第二，大众体育文化有助于体育参与者之间的整合。从社会学的角度来看，血缘关系、姻缘关系、地缘关系、业缘关系等都是社会整合的纽带，但在社会结构发生变迁，地缘关系趋向陌生化之后，重建地缘关系的纽带就成为一个至关重要的问题。如何在陌生化的城市社区中建设地缘关系呢？我们认为大众体育活动能够为此搭建一个良好的平台。聚集在彼此共同生活的公共场地中，不熟悉的个体之间可以通过共同参与体育活动建构大众体育文化的形式，来进行有效的沟通，重新组建熟人社会。许多社区的群体活动都证明大众体育文化正在将陌生的社区住户整合成熟悉的群体，使得他们的日常生活不再孤独与单调，并能够展开其他方面的合作。因此，我们认为大众体育文化有助于体育参与者之间的社会整合。

第三，大众体育文化有助于体育参与者的正常社会宣泄。毋庸置疑，个体在家庭生活、工作中都或多或少地会积聚一些不良社会情绪，也就是说，会因为家庭和工作产生一些烦恼和怒气，这些不良社会情绪经常困扰着人们。当然，社会也提供了一些供人们发泄情绪的场所，例如迪厅、酒吧等场所就具有宣泄情绪的功能。但过度兴奋、过度饮酒并非是一种健康的宣泄方式。我们认为，体育活动能够成为一种较为健康的宣泄方式。因此，在社区内形成大众群体性体育文化有助于参与者正常、健康的社会宣泄。我们知道，在体育活动中参与者发出的强烈呼叫，被认为是非常正常的事情。但若在家庭中、工作场所或者大街上，如果某人突然大叫一声，一定会被人们认为其是一种不正常的表现。从这个角度讲，我们就可以知道宣泄需要寻找合法的场所，即能够被人们所接受的方式和场所。大众体育文化无疑为人们的正常宣泄提供了合法场所。在人们疲倦于工作之后，当人们家庭发生冲突之后，投入到社区提供的群体活动中来，无疑是一种非常合适的选择。因此，建设大众体育文化具有举足轻重的作用。

三、大众体育文化的建设

尽管大众体育文化的一个显著特点是自发性，但当地领导、体育工作者、社区以及体育参与者的高度重视和积极支持，对大众体育文化的建设也会起到重要的作用。

第一，当地领导、社区的高度重视。一般来说，群众参与体育活动对场地选择首要考虑的是便利性，也就是说，他们一般会选择社区附近的公共场地。因而，当地领导应该能够积极配合，允许他们聚集在就近的公共场地上进行正常的体育活动，并能够提供一定的支持，譬如当地公安部门能够提供一些安保措施，以解决聚众后场地上纠纷事件。例如，广州某高校后门广场上的体育活动，就形成了一个较为稳定的大众体育文化形态。每当夜幕降临的时候，居住在附近的群众就自发聚集到广场处进行体育活动，由于聚集人群规模较大，且较为复杂。社区出于安全考虑，广场四周配有警察负责安保工作，因此，群众就可以放心地进行体育锻炼。据笔者对此广场多年的观察发现，此处已经形成了非常健康、良好的大众体育文化形式。应该说，这种经验值得借鉴。

第二，当地体育工作者的高度重视。各地体育领导部门除了需要重视竞赛工作之外，还要积极推广群众体育活动，其中加强建设大众体育文化就是一项重要的任务。体育领导部门要切实了解当地体育文化传统，结合当地的人文地理环境，鼓励群众开展形式多样的体育活动，多河流的南方地区可以开展水上运动。例如，广东地区就多有赛龙舟的体育活动，每当端午节时，各个代表队便将龙舟装扮起来，聚集到美丽的珠江上进行赛龙舟。这种活动气氛热烈，非常鼓舞人气，充分发挥了当地人们的体育能力。在体育部门的积极支持下，每年龙舟比赛都搞得热闹非凡。除了做好体育活动的宣传之外，当地体育工作者还要能够给予一定的技术指导。大众体育活动的一个不足之处就是缺乏技术的专业性。一些群众体育活动爱好者虽然参与热情高涨，但自身并没有经过专业练习，因而其技术水平难以得到迅速提高。这种状况会影响到他们的后续发展，进而影响到大众体育文化的建设水平。因此，体育领导部门应该派出一些工作者能够及时正确地对群体活动进行指导，这将对大众体育文化建设起到积极的作用。

第三，充分发挥体育积极分子的作用。除了社区、体育工作者的积极支持之外，大力发挥社区内体育积极分子的作用对建设大众体育文化也是非常重要的。社区内都或多或少的存在着一些有一技之长且积极参与体育活动的成员，充分调动他们的积极性建设大众体育文化，是非常关键的举措。在工作之余，许多社区成员要么居家看电视，要么陪着孩子在社区内玩耍。事实上，社区成员都有一定的时间和一定的需求从事体育活动，但之所以很多社区难以开展体育活动，原因就是缺乏体育活动的组织者。也就是说，没有人将大家组织起来进行体育活动。因此，社区工作者要积极主动地利用体育积极分子的优势，联合他们组织起社区内的体育活动，并给予活动者一定的支持和奖励。久而久之，社区内将会形成群众性体育文化。

第四节　校园体育文化

一、校园体育文化的含义

校园体育文化是校园文化的一项重要内容，是属于学校内以师生群体为主要对象的群体文化。校园内开展的体育教学活动以及师生自行组织的课外体育活动是其主要表现形式。每个学校因地缘条件及体育项目的传统特点，分别形成各自独特的校园体育文化。如有些学校的足球项目开展情况很好，因此便形成了足球特色的体育文化形式；有些学校有着良好的武术文化传统，因此便会形成以武术为主的校园体育文化。为了能够更为详细地了解校园体育文化，我们将从体育文化的物质层面、智能层面、规范层面以及精神层面进行分析。

从物质层面来看，校园体育文化包括体育的场地、器材等设施。具体来说，还包括场地、器材设施的质量以及水平，场地的环境以及使用情况，体育商品的类型和服装的样式等。从智能层面来看，校园体育文化主要指体育活动的科学基础。具体指，在校园体育中有哪些体育学科作为校园体育的指导学科。例如，校园体育是否开展了体育美学、体育哲学、体育解剖学、体育社会学等学科。指导学科的开设对校园体育文化的丰富具有重要的意义。从规范层面来看，校园体育文化主要是指学校体育活动中是否具有一些制度性文本，且这些文本是否能够切实有效地进行开展，并深入到师生群体体育互动中去。这些规范文本包括体育教学大纲、指导思想、组织原则、教材、评价标准以及奖励标准等。从精神层面来看，校园体育文化主要是指活动群体的价值观，具体表现为活动群体对生命、健康、体育的评价。价值观的形成是一个不断认识自我、认识体育的渐进过程。

二、校园体育文化的功能

校园体育文化是学生以及教师在学校内逐渐形成的，并且其已经潜移默化地开始对学生产生一定的影响。我们认为校园体育文化对学生的功能主要表现在三方面，即规则意识的培养、成就感的培养、凝聚力的增强等。另外，校园体育文化还对学校的宣传具有一定的作用。

首先，校园体育文化有助于学生对规则意识的认识。校园体育一般是群体性活动，在活动过程中，群体成员必须遵从规则进行锻炼和比赛。如果脱离了规则，体育活动尤其是体育比赛则无法开展。在长期的体育活动参与过程中，规则意识被逐步渗透到学生内心之中。这种规则意识的培养不但对体育活动本身起作用，而且也会逐渐培养出学生对其它方面规则的认同和接受。其次，校园体育文化有助于培养学生的成就感。学校内开展的体育比赛、运动会等群体性体育活动，将大量师生聚集一堂，学生通过参与其中的某一项目，在比赛中拼搏，并获取胜利，使得他们能够体会到成功的喜悦。尤其是一些学业方面并非出众的学生，通过体育上的成功，会培养他们的自信心，这种自信心也能够迁移到学业中来。简言之，校园体育文化对学生培养成就感具有一定的作用。

校园体育文化不仅有助于提高学生对规则意识的认识和成就感的培养，而且还对增强学生的凝聚力具有一定的作用。在学生的群体性活动中，每个学生都会积极努力地为集体贡献力量。例如在篮球比赛中，每个参赛选手都会为自己的队伍极力争夺胜利果实，即使是后勤服务人员，也在积极地做好后勤保障工作，为自己的队伍摇旗呐喊。因此，校园体育文化有助于增强学生的凝聚力。另外，校园体育文化还有助于加强学校的对外宣传。学校组织的对外竞赛运动所获得的好成绩，有利于对学校的宣传，增强学校的知名度。而这与校园体育文化的建设不无关系。

三、校园体育文化的建设

毋庸置疑，无论何种文化形式都是在人的参与和建设中完成的，校园体育文化亦非例外。只有积极努力地建设并保护校园体育文化，其才能够真正服务于在校师生。建设校园体育文化需要多部门、多方面的积极配合才能得以完成。

第一，校领导的高度重视。学校领导的决策方针是校园体育文化形成的主要因素。学校领导应该积极支持学校体育的发展，须知学校体育不仅仅可以锻炼学生的身体素质，而且亦是增强学生整合、良好互动的基础，更是培养学生规则意识，遵从规范的手段。因而，校领导应该积极努力地支持学校体育活动的开展。具体来讲，校领导应该增加对体育场地器材设施的投入，力争建设较为规范的体育场地。当前一些学校已经建立了标准的塑胶跑道场地，塑胶场地虽然一次性投入较多，但其对师生日后的效益非常之大，对学生体育锻炼的积极性有着很高的吸引力。另外，校领导还要积极提供体育经费，支持体育工作者对体育活动的投入，奖励体育参与者的积极性。

第二，体育工作者的高度重视。体育工作者是校园体育文化建设的具体参与者，体育工作者要制定切实可行的计划来开展形式多样的体育活动。具体来讲，体育教师首先要知晓学生体育活动的基本态度，因而要开展体育活动态度调查活动。如果体育教师不了解学生对体育活动的兴趣点，一味地站在教师自身的角度开展活动，无疑是一厢情愿的事情，往往投入很多精力，但并非能够达到良好的效果。当前，中国社会结构发生了翻天覆地的变化，不同时代学生的身体素质情况以及兴趣爱好亦发生转变。体育教师自身学生时代时的身体素质、兴趣爱好与当前学生的情况有所不同，这是非常正常的事情。须知，代沟现象是一种很正常的社会现象，即使在社会变迁速度较慢的时期，代沟都存在；何况在社会结构急剧变革的时期，代沟深度更为明显。因而，了解学生对体育的认识和态度是建设校园体育文化首先要做的事情。通过调查学生，了解过学生的体育态度之后，体育工作者就要制定切实可行的体育活动计划。计划既要考虑到学生的兴趣，又不能一味地迁就学生，例如，当前一些学生不喜欢枯燥的田径运动，但须知"田径乃运动之母"，没有培养学生基本素质的田径运动训练，何谈提高其他运动方面的技巧。因此，体育工作者要积极提高自己的教学艺术努力培养学生爱好的同时，也要锻炼学生的身体素质。应该说，当前体育工作者建设校园体育文化的责任任重而道远。

第三，班主任、辅导员等其他教学工作者的积极配合。体育工作者虽然是校园体育文化建设的重要参与者，但班主任、辅导员以及其他任课教师也能够起到重要的作用。实际上，班主任、辅导员对校园体育文化的建设起着重要的作用，原因是，他们主要负责学生的思想工作，主抓学生的学习和生活。如果他们不支持学生搞体育活动，或者说，他们不鼓励学生搞体育活动；那么，学生体育活动的积极性则必然低下。进一步讲，如果班主任认为体育活动影响学生的正常学习，那更会阻碍校园体育文化的建设。另外，任课教师的态度也非常重要。例如，有任课教师就认为学生的课外时间应该来复习功课，而不应该去参加体育活动，参加体育活动浪费时间、影响学习。这样一来，学生也就难以建立起对体育活动的兴趣，对建设校园体育文化起到阻碍作用。因此，班主任、辅导员以及任课教师的体育态度将对校园体育文化的建设起到重要影响作用。

第四，学生干部、体育积极分子的带头作用。当学校领导、体育工作者、辅导员、任课教师都积极支持体育活动时，校园体育文化是否就能够建设起来呢？我们认为不一定。原因是，上述条件只是外在因素，而真正的行动主体是学生自身。我们还需要真正调动起学生自身的积极性，其中一个重要的环节就是让学生调动学生。常见的做法是，让学生干部和体育积极分子发动其他学生积极投入到体育活动中来，以便形成良好的校园体育文化。

第二章　健康理念

第一节　健康的内涵

　　健康是人类生存和发展最基本的条件，也是创造社会物质文明和精神文明的基础。历史上许多伟大的思想家对"健康"都做过精辟的论述。马克思把健康称为人的第一权利，一切人类生存的第一前提；法国物理学家居里夫人指出，科学的基础是健康的身体；美国哲学家爱默生认为，健康是人生的第一财富；英国教育家洛克强调，若没有健康，就不可能有什么幸福而言；德国哲学家叔本华则形象地指出，健康的乞丐比有病的国王更幸福。的确，没有健康，人生的一切就会黯然失色，快乐和幸福犹如水中月、镜中花，可望而不可及。1978年9月国际初级卫生保健大会发表的《阿拉木图宣言》中强调指出："健康是基本人权，达到尽可能高的健康水平，是世界范围内一项最重要的社会性指标"，要求人们重视健康的价值，树立"人人为健康，健康为人人"的正确观念。

一、健康和亚健康

（一）健康的概念

　　人类对健康的需要和认识是随着历史的发展而不断提高、不断深化的。概括起来，人类历史上对健康的认识大致可以分为四个阶段，这四个阶段中产生了四种不同的认识模式："神灵医学模式"、"自然哲学医学模式"、"生物医学模式"和"现代医学模式"。在古代，人们认为生命系神所赐，患病是神的惩罚，保护健康和治疗疾病，主要依赖于求神问卜，祈求神灵的保佑，此阶段为神灵医学模式阶段。随着生产力的提高，对于疾病与健康的认识也有了发展。如古希腊医学家波克拉底认为："人体存在血液、粘液、黑疸、黄疸四种体液，如各体液配合正常，人就健康，配合不正常，人就生病。"我国传统医学的阴阳五行和内因、外因的病因学说，已将健康、疾病与人类生活环境相联系，凭经验来调整人体内外环境的平衡，以达到治疗疾病保持健康的目的，这称之为自然哲学医学模式。到16世纪中叶，自然科学有了明显的进步，生物科学和医学有了重大发展，使人类有可能以生物学观点进一步阐述生命现象，从器官和细胞层次上来寻找疾病时的组织损害或生物分子结构和生化代谢方面的变化，并逐步探明生命过程中许多内在复杂的联系。这称之为生物医学模式。它在人类与疾病作斗争以及指导、促进和保护人类健康的历史进程中发挥了重要的作用，作出了重大贡献。然而，生物医学模式是将人作为生物进行研究，在处理人体健康与疾病时，仅重视生物理化因素及躯体疾患，常将人体结构及功能的完好程度作为衡量健康的唯一标准，而忽视了非生物因素对健康的重要作用。进入20世纪，特别是20世纪50年代以后，越来越多的研究表明，人的健康与疾病，不单纯受生物因素的影响，即使是以生物因素为主的传染病，也日益受社会心理因素和个人生活方式的制约。生物医学模式忽视了这些因素的作用，从而暴露了它的局限性。美国学者恩格尔在20世纪70年代首先提出了生物医学模式应转向生物—心理—社会医学模式，亦称为现代医学模式。这一模式几乎概括了影响人类健康的各类因素，突出了社会心理因素在导致疾病中的作用，使人们对疾病和健康的总体认识有了根本的改变。

1948年世界卫生组织（World Health Organization,WHO）在宪章中指出："健康不仅是免于疾病和虚弱，而且是保持身体上、精神上、和社会适应方面的完美状态"。身体上的健康是指躯体、器官、组织及细胞的形态、机能的完整；心理上的健康是指精神与智力处于完好状态，内心世界丰富充实，适应外界的变化；社会上的健康是指有良好的人际交往和社会角色功能。1989年WHO又进一步深化了健康的概念，认为健康还应包括道德健康，即从道德的观念出发，每个人不仅对自己的健康负有责任，同时也对他人和社会健康承担义务（例如，不在公共场所吸烟）。从而把人们对健康的认识提高到一个崭新的水平。目前，世界各国学者公认它是一个全面的、明确的、广泛适用的、科学的健康概念。

（二）亚健康的状态

亚健康是近年来新提出来的概念。亚健康状态是介于健康与疾病之间的一种状态，又叫"第三状态"，或"灰色状态"。是指机体在内外环境不良刺激下引起心理、生理发生异常变化，但尚未达到明显病理性反应的程度。从生理学角度来讲，就是人体各器官功能稳定性失调尚未引起器质性损伤，医学检查所得各项生理、生化指标均无明显异常，医生无法作出明确诊断。在此状态下如能及时调控，可恢复健康状态，否则会发生疾病。亚健康状态基本上是由于机体组织结构的退化（老化）及生理功能减退所致，因而目前将人体衰老的表现也列入亚健康状态的一种类型。

亚健康在临床上常被诊断为疲劳综合症、内分泌失调、神经衰弱、更年期综合症等。其在心理上的具体表现是：精神不振、情绪低沉、反应迟钝、失眠梦多、白天困倦、注意力不集中、记忆力减退、烦躁、焦虑、易惊等。在生理上则表现为疲劳、乏力、活动时气短、出汗、腰酸腿疼等。此外，还有可能出现心血管系统变化，如心悸、心律不齐等。

国内外研究表明，现代社会完全符合健康标准的人只有大约15%左右，属于有疾病在身的人大约15%左右，其余近70%的人都处在不同程度的亚健康状态。打个比方，如果健康和疾病是生命过程的两端的话，它就像一个两头尖的橄榄，中间突出部分就是处于健康与有病之间的亚健康状态。亚健康包含前后衔接的几个阶段，即：与健康紧临的可称为"轻度身心失调"，常表现为疲劳、失眠、胃口差、情绪不稳定等，约占人群的25%～28%。这种失调者持续发展，可进入"潜临床"状态。此时，已呈现出发展某些疾病的高危倾向，人群中这种状态的人超过1/3。他们除了表现为身心失调外，还常伴有慢性咽痛、反复感冒、精力不支等。另有10%的人处于潜临床和疾病之间，即"前临床"状态，已有了病变，但症状还不明显，已从健康驶向疾病。造成亚健康的原因有以下四种：

1.过度疲劳造成的精力、体力透支

因生活、工作节律加快，竞争的日趋激烈，使人们用脑过度，身心长时期处于超负荷紧张状态，造成机体身心疲劳。表现为疲劳、精力不足、注意力不集中、记忆力减退、睡眠质量不佳、颈背腰膝酸楚疼痛、性机能减退等。长期下去，必然造成内脏功能过度损伤、机能下降而出现亚健康状态。

人在运动中承受的运动量及适应能力是有限的，剧烈运动对人体有不利影响。因剧烈运动对糖酵解系统要求较高，会迅速消耗肌糖元，如长期得不到恢复会导致慢性疲劳症状，即慢性训练综合症。表现为运动成绩下降，肌肉力量、协调性及本人的最大工作能力下降，食欲降低，体重下降，肌肉软弱，精神萎靡或过敏，有时恶心，睡眠紊乱，安静心率上升，血压升高等。过度训练常伴随自主神经系统的异常反应，明显的内分泌功能紊乱以及免疫系统机能降低，这是比较明显的亚健康状态。

2.人的自然衰老

人体成熟以后，大约30岁左右就开始衰老，到了一定程度，人的机体器官开始老化，出现体力不足、精力不支、社会适应能力降低等现象。譬如女性出现更年期综合症时，生理功能紊乱、精神和情绪躁乱；男子虽然更年期综合症状不明显，但是也会产生机能减退、精神烦躁、精力下降等综合症状。这时人体是没有病变的，但是已经不完全健康，属于亚健康状态。

3.身心疾病，如心脑血管病、肿瘤等疾病的前期

现在世界各国公布死亡前三位病因，几乎都是心、脑血管疾病和肿瘤。在这些病发病前的相当长时期内，机体也可能处于亚健康状态，人体内脏系统虽然没有显著病变，但已经有功能性障碍，如胸闷、气短、头晕目眩、失眠健忘、心悸、无名疼痛等。各种仪器和化验手段都不能发现阳性结果，没有对症的药，也没有合理的解释。

4.人体生物周期中的低潮时期

即使是一个健康的人，在某一特定的时期也可能处于亚健康状态。人的体力、精力、情绪都有一定的生物节律，有高潮也有低潮，脑力和体力都有很大的反差。在低潮时期，就会表现出亚健康状态。

二、健康的价值

（一）健康是个人享有生活、奉献社会的前提条件和基础资源

从古到今，各个时代、各个民族都把健康视为人生最可宝贵的财富。世界卫生组织前总干事马勒博士指出：健康并不代表一切，但丧失了健康就丧失了一切。这充分说明了健康对于人的价值。道理就是这样的简单：当你拥有健康时，你并不刻意地珍惜它。如果一旦失去健康，你即使有再高的道德修养、再高的知识创新能力也无法展示并服务于社会；你即使有再优越的生活环境条件也无法享受。对于个人来讲，健康是你享受生活、奉献社会的最基本的前提条件和基础资源。所以健康是人生最可宝贵的财富，我们应时时珍惜它。

（二）健康是社会进步的标志和动力

马克思认为：任何社会的发展和经济的繁荣都直接取决于人民的强健和创造性。许多国家和地区的社会发展实践证实了这样一个道理：国民健康与社会发展相互影响。国民健康水平高，社会的劳动生产率高，社会医疗消费负担小，社会财富积累，经济繁荣，社会发展；国民健康水平低，社会的劳动生产率低，社会医疗消费负担大，社会财富消耗过大，对社会的经济发展产生不良影响。反过来社会发展程度对国民健康水平亦有影响。社会发展程度高，国民教育程度与生活水平高，社会卫生服务水平高，人民健康水平亦高；社会发展程度低，人民健康水平亦低。因而，世界公认健康是社会进步的重要标志和社会发展的潜在动力。

（三）人民健康是社会发展目标中的基本目标

人民健康是社会发展和国家繁荣的重要前提之一。促进人民健康就是发展社会生产力。1995年世界卫生组织总干事中岛宏在社会发展世界首脑

会议预前会开幕式上强调："卫生是社会发展的核心。"他指出："没有卫生就不可能有社会发展和经济增长。""换成最通俗的话来说，卫生事业的发展才能保证孩子们能长大、上学、学会技术、受雇工作、独立地生活并履行对家庭和社会的义务。""卫生是社会发展目标中的基本目标，它也为政治稳定提供土壤。为了预防贫穷、失业和增进社会团结，在发展战略中，必须把卫生作为行动的核心"

三、健康的标准

身体上、心理上、社会上和道德上的和谐完美状态，是一个什么样的状态呢？世界卫生组织为这一状态确定了10个标准，即：

（一）充沛的精力，能从容不迫地担负日常生活和繁重的工作而不感到过分的紧张；

（二）处世乐观，态度积极，勇于承担责任，事无巨细，不挑剔；

（三）应变能力强，能较快地适应外界环境的各种变化；

（四）善于休息，睡眠良好；

（五）能抵抗普通感冒和传染病；

（六）体重适当，身体匀称，站立时头、肩、臀位置协调；

（七）头发有光泽，头屑少；

（八）眼睛明亮，反应敏锐，眼睑不易发炎；

（九）牙齿清洁，无龋齿，无疼痛，牙龈无出血和颜色正常；

（十）肌肉丰富，皮肤富于弹性。

第二节　影响健康的相关因素

1974年加拿大政府出版了《加拿大人民健康的新前景》，首次把死亡与疾病归因于不良生活行为方式、环境因素、生物学因素和卫生服务四大因素。这个观点得到了世界各国学者的一致赞同。

一、生活行为方式

（一）生活方式病

生活方式是指人的生活样式，是生活活动的总和。包括生活态度、生活水平、生活惯常行为。70年代英国布瑞斯洛教授经调查得出结论：人的期望寿命、健康水平与七项行为有关，从而肯定了行为和生活方式与健康的关系。

作为一种致病因素的不良行为和生活方式，是指人们自身的不良行为和生活习惯给个人、群体和社会的健康带来直接或间接的危害。这种危害具有潜袭性、累积性和广泛性的特点。有报告称美国前十位死因疾病中，行为和生活方式在致病因素中占70%。美国通过近30年的努力，使冠心病的死亡率下降40%、脑血管疾病的死亡率下降50%，其中2/3是通过改善行为和生活方式而取得的。现在人们通常把行为和生活方式致病因子所致的疾病如心脏病、中风、癌症等慢性病称之为"生活方式病"。1993年4月在北京召开的WHO慢性非传染病控制综合规划中心主任会议预计，到2015年死于生活方式病的人数占发展中国家总死亡人数的60%，发达国家达到75%，生活方式病将成为人类的头号杀手。

生活方式病主要是由不良饮食习惯、精神紧张、吸烟、酗酒及减少运动等不健康的生活方式造成的。有调查研究表明，目前人群疾病谱和死亡谱已发生很大变化。疾病的病因按生活方式、行为因素、人类生物学因素、环境因素、卫生保健服务因素等方面划分，生活方式、行为因素几乎占50%。世界卫生组织的专家指出：因生活方式疾病（如高血压、心脏病、中风、癌症和呼吸道疾病等）而导致死亡的人数，目前在发达国家占总死亡人数的70%-80%，在不发达国家中也占40%-50%。据估计，到2015年，发达国家心血管病的每年死亡人数将从1985年的1320万增至2450万，同时，发展中国家死于此病的人数也将由720万增至1670万。目前，全球每年大约有700万新的癌症病例，并有500万例死亡。美国科学家在经历55年对生活方式疾病的研究发现，超过自身标准体重25%的青少年肥胖者，最终受害在成年之后。也就是说男子在70岁以前极易发生冠心病、动脉粥样硬化、中风、结肠癌等疾病，其死亡率近似普通患者的2倍；女子在70岁以前则易得关节炎、动脉粥样硬化及丧失劳动能力等。

我国前十位死因中，不良生活方式、不良行为在致病因素中占44.7%，尽管慢性非传染性疾病是多种因素作用的结果，但不吃早餐、长期吸烟、过量饮酒、熬夜、不当的膳食和缺少体育活动等不良生活方式仍是发生这些疾病的主要因素，据统计，肿瘤、脑血管病、呼吸系统疾病、心脏病、损伤和中毒已成为我国死亡顺位的前五名。对死亡原因的分析表明，生活方式、行为因素已成为与死亡相关的第一位原因。同时，吸毒、性传播疾病、心理和精神障碍导致的疾病正呈上升趋势，这些疾病都无法单纯依靠药物和手术治疗得以治愈，只有通过健康方面的教育，改变生活态度和行为方式，才是控制上述疾病最有效的手段。

（二）行为和生活方式致病因素

行为和生活方式致病因素涉及范围十分广泛，如不良的生活习惯、不合理的饮食、缺少身体运动、吸烟、酗酒和药物滥用、不良的性行为、有害的职业性行为等。

1.吸烟

吸烟是目前危害人类健康最严重的不良行为因素之一。把吸烟称为"现代的鼠疫"一点也不过分。烟草可以说是一种慢性自杀剂，它的化学成分十分复杂，仅有毒物质就有20多种。香烟点燃后产生的烟雾中，竟有多达750种以上的刺激和毒害细胞的物质。据统计，肺癌的发病率与开始吸烟的年龄有直接的关系，如20～26岁开始吸烟者，肺癌的发病率为不吸烟者的10倍，15～19岁开始吸烟者为不吸烟者的15倍，少于15岁吸烟者为不吸烟者的19倍。15岁以前开始吸烟者比25岁开始吸烟者死亡率高55%，比不吸烟者高1倍多。每年全球死于吸烟相关疾病的人数达300万。我国是世界烟草消费第一国，现在的吸烟人数超过3亿，为全球吸烟者的1/4。英国牛津大学皮托预测：如果中国人的吸烟习惯不改，40年后因吸烟造成的死亡人数每年由目前的10万增加到200万。另有预测2050年我国将有500万人死于吸烟相关疾病，其中低龄和女性的比例将增加。

吸烟对健康的主要危害有五方面：

其一，是多种疾病的独立致病因素。吸烟者可患肺癌和唇、舌、口腔、食道和膀胱等多种癌症；慢性阻塞性肺病、冠心病、溃疡病等一系列吸烟相关性疾病。

其二，吸烟者污染环境，使不吸烟者被动吸烟。遭受被动吸烟的危害并不亚于主动吸烟。孕妇吸烟殃及胎儿，造成围产期死亡、自发性流产、早产、低体重新生儿；父母吸烟殃及儿童，造成儿童气管炎、肺炎、哮喘。丈夫吸烟殃及妻子，造成妻子多种吸烟相关疾病的发生。

其三，吸烟者造成环境污染。从烟草中分离出的有害物质在1200种以上，它们对人体造成多方面的危害。如血氧含量降低、血压升高、免疫机能下降、性功能障碍。同时香烟烟雾作为载体，与大气中其他有害污染物产生引入和协同催化作用。

其四，增加意外恶性事故发生。如我国1987年大兴安岭森林火灾，造成400人死亡和5万人无家可归。起因就是吸烟。美国居民火灾半数是吸烟引起的。

其五，吸烟诱发的疾病医疗和缺勤误工造成了巨大的社会经济损失。美国吸烟每年的经济损失达60亿～80亿美元，法国为260亿法郎，澳大利亚为4亿美元。据美国疾病控制中心诺瓦特里对中国吸烟流行病学调查，1986年中国吸烟造成的经济损失高达2.16亿美元。前WHO总干事马勒博士指出："吸烟这一不良习惯必须彻底摒弃，它已成为严重的社会危害，使人们越来越无法接受和容忍"。并从1988年起设立世界无烟日，推动全球控制吸烟行动。我国政府对此做出积极响应。

2.吸毒

毒品通常指能使人成瘾的药物，种类很多，各国因其流行的种类不同而设定其范围。我国在1990年12月28日全国人大常委会颁布的《关于禁毒的决定》中，根据当时的情况将毒品定义为"鸦片、海洛因、吗啡、可卡因以及国务院规定管制的其他能够使人形成瘾癖的麻醉品和精神药品"。"毒品、吸毒"是我国的习惯讲法，而国际上只讲麻醉品、精神药品的滥用。毒品对人体健康的危害主要有如下几个方面：

（1）毒品对消化系统的危害

绝大多数毒品均有抑制食欲作用。部分吸毒成瘾者就是误认为毒品可以用来减肥而开始吸毒的，毒的抑制食欲作用不仅引起身体消瘦，还可以引起某些人体必需的维生素和矿物质缺乏，从而引起一系列营养不良综合症。

（2）毒品对神经系统的危害

吸食伴有掺杂物的海洛因后，会引起一系列的神经系统病变，如惊厥、震颤、麻痹、周围神经炎、弱视、远离注射部位的肌功能障碍。长期吸毒可以引起智力减退和个性改变，以及海洛因过量引起的呼吸抑制，造成脑缺氧。另外静脉注射拌有掺杂物的毒品，也可直接引起脑栓塞。可卡因滥用还可引起颅内出血、抽搐、持续性或机械性重复动作、共济失调和步态异常等。

（3）毒品对心血管系统的危害

很多毒品可以对心血管系统产生直接毒性，吸毒经常引起各种心律失常、血管痉挛、冠状动脉痉挛导致心肌梗塞。可卡因还可引起冠状动脉粥样硬化，使血小板聚集引起小血管内血栓形成，进而引起栓塞。

（4）毒品对呼吸系统的危害

吸毒可通过三种主要途径对呼吸系统造成严重破坏。经呼吸道滥用毒品对呼吸道有直接刺激；通过不同途径进入体内的毒品对呼吸道有特异性毒性作用；由吸毒引起的营养不良和感染也可能波及呼吸系统。海洛因过量或中毒时可发生海洛因性肺水肿，如抢救不及时往往引起死亡。

（5）吸毒容易成瘾

毒品的成瘾是指人对毒品产生强烈的渴求欲望，并反复地使用毒品，以取得快感或避免出现痛苦，使吸毒者处在一种特殊的精神和身体病态中。毒品成瘾可分精神依赖性和身体依赖性两种。精神依赖性亦称心理依赖性，俗称"心瘾"。这是毒品对中枢神经系统作用所产生的一种特殊的精神效应，毒品使用者处于一种追求使用毒品的强烈欲念下，这种欲念强迫吸毒者不顾一切去寻求毒品，以满足自己的欲望，使吸毒者身不由己，陷入不能自拔的深渊。身体依赖性又叫生理依赖，这是中枢神经系统对长期使用成瘾性毒品所产生的一种适应性状态。这时候身体必须在足量毒品维持下，才能保持正常状态，一旦停止使用毒品后，生理功能就会发生紊乱，出现一系列严重反应，称戒断症状。以海洛因为例，其戒断症状表现为哈欠、流泪、流涕、皮肤起鸡皮疙瘩、出汗、瞳孔散大；肌肉、骨、关节疼痛、寒战、体温升高、焦虑、烦躁不安；严重者嚎叫、撞墙、在地上打滚、甚至出现自杀行为。

3.酗酒和嗜酒

酒的主要成分是酒精（乙醇）。一般啤酒含酒精浓度为3%～5%；果酒10%～20%；白酒38%～65%。长期酗酒将形成慢性酒精中毒，对人体的危害极大。据联合国提供的资料表明，20世纪90年代世界酗酒死亡75万人，长期大量嗜酒者死亡率比一般人高1至3倍。酗酒使俄罗斯男性公民平均寿命由64.9岁下降至58岁。酒能损害口腔、胃、肠粘摸，诱发胰腺炎、食道炎、胃及十二指肠溃疡，还会使肝脏及结缔组织增生，从而导致肝硬化。在西方国家，20%～25%的肝硬化是嗜酒引起的。酗酒和嗜酒还损伤神经系统功能，如酒精性神经症、小脑萎缩等。

酒对肺也有影响，饮下的酒一部分是从肺部排出的，呼吸道受到刺激，就会降低其防御功能。据调查，常饮酒的人肺结核的发病率比正常人高9倍。长期饮酒还会使血管失去弹性，管壁变窄，从而造成动脉硬化、高血压，诱发心肌梗塞和脑出血。酒精对生殖系统也有毒害，由于酒精影响内分泌水平，引起染色体畸变、性功能障碍、精子畸形，导致胎儿发育缺损，智能低下。据统计在我国低能儿中，父母有嗜酒史者大约在50%以上。妇女酒后受孕，可使胎儿畸形或智力迟钝。对于学生来说，最大的危害是损害脑细胞。喝酒后在短时间内会产生兴奋，甚至感情冲动，粗鲁无理，但很快即转入抑制，神志迷糊，这种抑制过程可以持续很长时间。经常酗酒的人必然会导致智力下降、记忆力减退，严重的甚至会引起酒精中毒性精神病。

4.不合理的膳食结构和不良的饮食习惯

心血管病、脑血管病、高血压、非胰岛素依赖型糖尿病、各种癌症及其他肠胃疾病和肝脏疾病都与不合理膳食有关，可统称为"与饮食有关的非传染性疾病"。这类疾病的患病率与社会经济生活的变化密切相关。据发达国家经验，国民生产总值人均在1000-2000美元之间时，心血管疾病死亡率构成比出现猛增，国民生产总值人均在1000-4000美元之间时，肿瘤死亡率构成比猛增。其原因是当人民跨过温饱线后，膳食结构出现以高脂肪、高糖、高蛋白为特征的"三高膳食结构"。这种膳食结构造成的肥胖症成为心血管、肿瘤等疾病的危险因素。另外，暴饮暴食、冷饮烫食、不按时进餐等不良饮食习惯都可能引起消化系统的各种疾病。

5.缺乏运动的不良生活习惯

每个人都必须靠运动来维持生命，凭借运动来促进人体的新陈代谢，不断调适人的体能、情绪、心智和社会压力等，长期疏于运动，会使身体机能退化，出现种种危机，极易导致神经衰弱、心血管疾病、糖尿病、肥胖症等多种非传染性疾病的发生。目前国际上将运动对健康的益处归纳为(表2-1)：

表2-1 运动对健康的益处

健康问题	运动的作用	健康问题	运动的作用
心血管病	下降	肥胖治疗	有效
肠癌	下降	肥胖	下降
其他癌症	?	糖尿病治疗	有效
癌症恢复体力	有效	糖尿病	下降
高血脂	下降	焦虑治疗	有效
高血脂治疗	有效	抑郁治疗	有效

据我国七市一省调查，20～60岁人群不参加运动的比例为56%。威海市在1996-1997年，一年间静坐生活方式增加5个百分点达到35%。缺乏运动生活方式在我国正在逐渐流行。在文明社会中，有人过于依赖自动化带来的便利，懒动脑子，四肢懈怠，甚至每天有五分之四的时间是在床上或座椅上度过的。这种不良生活习惯对人体的主要影响是：

（1）思维迟钝：长期缺乏运动，大脑得不到积极性休息，长此下去，大脑功能渐渐退化，思维智能逐渐迟钝，分析判断能力下降，怕烦喜静，懒散健忘。

（2）四肢能力退化：家里有洗衣机、电饭煲、电冰箱、吸尘器，大大地减少了家务劳动的强度；外出乘车，上下楼乘电梯，出差乘飞机，旅游登山乘缆车。致使四肢不勤，手脚软弱无力，动辄感到疲劳。

（3）内脏功能衰退：缺乏运动可直接导致心肺功能和消化系统功能降低。

6.不良的性行为

不良的性行为是传播性疾病的危险因素和主要途径。在我国性传播疾病死灰复燃，1981年全国报告性传播疾病166例，到1996年增至398512例。1989年首次报告艾滋病毒感染在静脉吸毒人群中流行，1994年疫情大范围急速上升，1997年5月卫生部公布检出艾滋病毒感染者累计数为5990例，估计实际感染人数至少有10000例。性传播疾病不仅严重危害个人身心健康，而且殃及下一代。预防性传播疾病是国家的一项重要卫生任务。在学校中开展青春期性教育是预防性传播疾病的重要措施。在进行性生理知识教育的同时加强性心理、性道德和性法制教育已成为大家的共识。

目前国际上列为性病的病种已逾20种，我国重点防治的性病有8种，即淋病、梅毒、生殖器疱疹、非淋菌性尿道炎、尖锐湿疣、软下疳、性病淋巴肉芽肿、爱滋病等。当性病患者与健康人进行性接触时，病原体很容易侵入健康人体而感染。但有些病原体亦可通过非性接触途径传染，如被病原体污染的毛巾、内衣、便器、浴盆、注射器针头等，或通过输血、注射血制品、接受器官或组织移植而感染。此外，某些性病还可以在妊娠和分娩过程中，由母体传给胎儿或新生儿。下面主要谈谈爱滋病的危害和预防。

（1）爱滋病的危害

被称为"世纪瘟疫"的爱滋病与人们的性生活、性行为密切相关，它是一种主要由性接触和血液传播的传染病。发病原因是一种名叫的逆转录病毒，当它进入人体后，很难被人体的免疫系统识别和清除，反过来专门破坏人体用于抗御疾病侵袭细胞，最后造成人体对疾病的防御能力全面崩溃，引起各种恶性肿瘤、真菌、和霉菌感染与神经系统疾病交替发生，病人最后死于感染和衰竭。自1981年在美国首次发现以后，目前已在全世界蔓延开来，据联合国最新统计报告，全世界感染爱滋病毒的人数已达3600万，爱滋病患者中90%是20-49岁的中青年人。爱滋病在全球蔓延的主要原因是欧、美、非广泛流行的性关系混乱。

（2）爱滋病的预防

爱滋病是一种很难对付又很可怕的疾病，但它的传播途径非常明确，所以也比较好预防。首先，要洁身自爱、遵守性道德，自觉抵制"性自由"、"性解放"等思潮的侵袭，避免婚前和婚外恋性行为，摒弃卖淫、嫖娼。如患有性病，要及时治疗，否则破损处会增加感染爱滋病病毒的机会。其次，拒绝任何毒品，已吸毒者要坚持戒毒。避免与吸毒者发生性关系。未戒毒品的人要避免与他人共用针具静脉注射毒品。第三，避免不必要的输血和注射，必须接受注射时，使用一次性并经过严格消毒的注射针头，"作到一人一针、一管一用一消毒"不与别人共用牙刷、剃须刀，不用未消毒的器具穿耳孔、拔牙、纹身、美容。第四，感染了爱滋病的妇女应避免怀孕和哺乳，男方是爱滋病病毒感染者应考虑不要孩子。

二、环境

环境包括自然环境和社会环境。有害的环境对人类健康造成巨大影响，甚至威胁到人类的生存与发展。

（一）自然环境

自然环境是人类生存的物质基础。人类的生活活动、生产活动使自然环境的构成及状态发生变化，扰乱和破坏了生态平衡，对人的健康产生直接、间接或潜在的危害称之为环境污染。环境污染对健康的危害具有机制复杂、周期长、范围大、后果重的特点。当前属于全球性环境问题的有：二氧化碳过量排放造成的温室效应；镉、汞、硫、氮氧化物过量排放造成的酸雨；氟里昂造成的臭氧层空洞和放射性污染问题等。这些污染严重地破坏地球的生态系统，直接威胁着人类的生存和发展。例如，酸雨使全世界森林面积每年以2000公顷的速度递减，加速了土地的沙化，每年沙化土地面积达40多万公顷。

噪声、大气、水体、土壤污染无时不在困扰着人们的日常生活。1990年我国31个大城市调查，交通噪声超过75分贝的城市约占半数，有40%的居民在噪声超标中生活。噪声对健康的危害主要是听力损伤及链锁反应。噪声使胎儿发育不良、使儿童语言能力发展障碍，使成人精神紧张、工作能力降低、出现神经衰弱、植物神经功能紊乱、内分泌失调，甚至导致精神疾患。汽车尾气排放含铅气体使土壤含铅过高，在此环境下的儿童血铅高，影响智力发育。大气中的污染物主要是飘尘、二氧化硫、一氧化碳、氮氧化合物和多环芳烃等，大气污染的慢性中毒常引发呼吸道炎症、哮喘和肿瘤。大气污染对低年龄组有更大的威胁。水体污染可造成流域人群集体中毒。

由于环境污染造成的整个区域灾害性问题亦屡见不鲜，如1952年英国伦敦光烟雾事件，由于二氧化硫和飘尘污染大气导致4000人死亡。1984年印度博帕尔市毒气泄露事件造成3000多人死亡，几十万人受害。1986年前苏联契尔诺核电站的核泄漏事件，当年造成18000人死亡，受放射污染人数已超过10万，相继的6年中又有6000～8000人因核污染死亡。1968年日本北九州米糠油事件，因多氯联苯污染米糠油受害者13000人，有数十人死亡，毒物通过胎盘进入胎儿，造成新生儿患有"油症"。

环境污染治理与环境保护是全人类面临的重大问题。我国政府把保护环境定为基本国策，实行可持续发展政策。环境教育是学校健康教育的重要内容。

（二）社会环境

社会环境包括政治、经济、文化、教育等多种因素。不良社会环境直接或间接地危害着人们的健康。

政治制度对健康至关重要。新中国成立后，人民生活健康水平有了很大提高，以1994年与1949年统计指标相比，变化显著；以1980年前后统计指标与世界相比，已接近发达国家水平（表2-2、2-3）。

表2-2　全国健康指标比较（‰）

	出生率	死亡率	婴儿死亡率	孕产妇死亡率	平均期望寿命
1949年	20.0	200.0	15.0	35	36.0
1994年	6.49	37.79	0.65	70	17.7

表2-3　中国健康指标与世界比较（‰）（1980年前后）

	出生率	死亡率	婴儿死亡率	平均期望寿命
中国	21.1	6.6	34.68	68
全世界	28.0	11.0	97.00	62
发展中国家	32.0	12.0	109.00	58
发达国家	16.0	9.0	20.00	72

经济是社会进步和社会生活的基础。人们的劳动方式、生活方式、营养状况和人口动态无不受经济的制约。大量调查证明，社会经济状况与人民健康水平成正比。就发达国家与发展中国家而言，人民健康水平存在明显差距。每年全球低体重出生儿2200万，其中95%是在发展中国家。就国家内部的不同阶层而言，其健康水平也是差距明显。如1983年英国第二阶层婴儿死亡率为0.61%，而第五阶层婴儿死亡率为1.28%，高于前者两倍多。随着我国经济发展，人民营养状况明显改善。抽样调查居民人均每日从食物中摄取的热量1952年为2270千卡，1990年增长到2630千卡，已接近世界平均水平。

文化是社会的上层建筑，享有文化和接受教育的权利是人全面发展的重要前提，也是享有健康的前提。人群的文化水平与人群的健康水平之间存在着正相关关系。受教育程度和文化素养决定着人的健康观和健康价值观，决定着人是否能做出有益于健康的决策。不良的行为和生活方式常与较低的教育程度相联系。目前普遍认为，教育水平是婴幼儿死亡率的重要预测因素。美国研究表明，受16年以上教育的母亲低体重新生儿发生率为4.9%，受教育不足9年者为9.9%，文盲妇女低体重新生儿发生率是受10年以上教育妇女的2.5倍。我国人口生育抽样调查显示，随文化教育水平的增高妇女生育数明显下降(表2-4)。

表2-4 50岁妇女平均生育子女数与文化程度的关系（1982年）

文化程度	小学	初中	高中	大学	文盲
平均生育子女	5.86	4.80	3.74	2.85	2.05

心理社会因素与健康关系极为密切。凡能引起不愉快情绪，导致身心健康受损的因素被称为心理社会因素。现代社会生活节奏加快，竞争加剧，迫使人们处于紧张状态。美国学者霍尔姆斯发现有70种以上的生活事件构成心理社会刺激因素，给人们造成强烈或持久的消极情绪。有资料表明心理紧张状态和恶劣情绪可导致多种身心疾病的发生。如不同心理紧张程度，高血压、冠心病有不同的发病率(见表2-5)。

表2-5 心理紧张程度与高血压、冠心病发病率的关系

年龄	紧张程度	高血压发病率	冠心病发病率
40～49	轻	3.17	0.70
	中	5.07	2.09
	重	4.96	4.20
50～59	轻	5.87	5.42
	中	9.12	6.42
	重	8.41	11.40
60～69	轻	9.43	7.38
	中	11.35	13.46
	重	10.60	19.43

三、生物学因素

引起传染性疾病和感染性疾病的病原微生物和导致遗传性疾病和伤残与障碍的遗传和非遗传的内在缺陷，归类为生物学致病因子。虽然，目前人类疾病谱和死因顺位的变化，把关注健康问题的目光引向了"生活方式病"和行为致病因子，但生物因子对健康的危害依然存在，而且不断出现新问题。

WHO最近发表报告警告说：爱滋病、埃博拉、结核病、淋巴腺鼠疫和黄热病等新出现的或卷土重来的传染病对人类健康的威胁正在上升。而且病原微生物的抗药性已成全球性问题，一些简单的感染有时很难找到有效的治愈方法。据WHO估计全世界已有爱滋病病毒感染者1400万，爱滋病患者200多万；全世界每年各种传染病患者有6万人。一些新的病原微生物被确认，如引起出血性结肠炎O157H7大肠杆菌，与溃疡病有肯定关系的螺杆菌，导致淋巴腺癌的非洲淋巴细胞瘤病毒等。今天我们对病原微生物的危害仍不可忽视。

由生殖细胞或遗传物质突变所引起的疾病称遗传病。出生时伴有非遗传因素造成的缺陷称先天性疾病，如母亲感染风疹病毒造成的胎儿患先天性心脏病。目前已知遗传性、先天性疾病有4000种以上。我国新生儿出生缺陷率为1.307%，即每年约有26万缺陷儿出生，其中70%-80%由遗传因素导致。遗传因素在影响人类健康时，常与环境因素、行为因素共同作用、相互制约。如：精神分裂症发病，遗传因素占2/3，环境因素占1/3。许多遗传病并未表现出临床症状，便成为异常基因库，它对人类的健康产生更大影响。

遗传性疾病是指由于生殖细胞或受精卵的遗传物质（染色体或基因）或基因发生突变（或畸形）而引起的疾病。该类疾病一般都是垂直传递的，且具有家族性、先天性和终身性的特点。遗传病对人类健康的威胁日益严重。在疫源性疾病得到基本控制以后，遗传病的相对发病率正在增长。据估计，一岁以内婴儿的死因，先天畸形占首位；活婴有遗传疾病者23%～25%。有10%的孕妇流产是因为染色体异常。3%的儿童有智力发育不全，其中4/5为遗产病所引起。全世界受遗传病危害的人占世界总人口的15%。许多严重威胁人类健康和生命的常见病，如肿瘤、心血管疾病、高血压、糖尿病、精神疾病等均于遗传有关。随着研究分析技术的不断提高和改进，因染色体异常而引起的疾病被不断发现，现已达数千种之多。我国把计划生育、优生优育作为国策，对提高民族素质将起良好作用。

四、卫生服务

卫生服务指卫生机构和卫生专业人员针对个人、群体和社会的健康需要，所提供的必要的、可能的服务。良好的卫生服务对健康起促进作用，反之则危害健康。良好的卫生服务包括健全的医疗卫生机构、完善的服务网络、充足的卫生资源及其合理配置与平等分配。但是，卫生服务的投入与效益并非成正比。个人对卫生服务的利用能力是影响卫生服务投入效益比的重要因素。

第三节　健康促进途径

促进健康是促进人们维护和提高他们自身健康的过程，是一切能促进行为和生活条件向有益于健康改变的教育、政策、法规、组织的综合体，是个人与其家庭、社区和国家一起采取措施，鼓励健康的行为、增强人们改进和处理自身健康问题的能力。

促进健康的基本内涵包含了个人行为改变，政府行为（社会环境）改变两个方面，并重视发挥个人、家庭、社会的潜能。

一、促进健康的社会作用

（一）促进健康活动是卫生保健事业发展的必然趋势

不良生活方式是引起冠心病、肿瘤、中风等慢性疾病的危险因素。这些疾病已成为人类的主要死因。解决生活方式问题只靠医药是不行的，必须依赖社会性措施的突破。促进健康的核心就是促使人们建立新的行为和生活方式，减低疾病因素。因此促进健康活动具有很重要的意义。

（二）促进健康活动是一项低投入、高产出、高效益的保健措施

促进健康的活动，可以促使人们放弃不良的生活方式，减少自身制造的危险，追求健康的生活方式，从成本和效益的角度看是一项低投入、高产出、高效益的保健措施。

（三）促进健康活动是提高人们自我保健意识的重要渠道

自我保健是指人们为维护和增进健康，为预防、发现和治疗疾病，自己采取的卫生行为以及做出的与健康有关的决定。自我保健包括了个人、家庭、邻里、同事、团体和单位开展的以自助为特征（也包括互助）的保健活动。它能发挥自身的健康潜能和个人的主观能动作用，提高人们对健康的责任感。通过促进健康活动，可以提高人们的自我保健意识和能力，增强其自觉性和主动性，促使人们实行躯体上的自我保护、心理上的自我调适、行为方式上的自我控制和人际关系上的自我调整，提高人口健康素

质。

二、促进健康的主要方法

（一）制定促进健康的政策

为了使人们更容易做出有利于健康的选择，各级政府和组织的决策者应把健康问题提到议事日程上，制定出相关的促进健康的政策；创造安全的、满意的和愉快的生活和工作环境，是促进健康的基本保障；由个人、社会团体、卫生专业人员、卫生部门、工商机构和政府共同努力，建立促进健康的卫生服务系统和社会保障系统，是制定促进健康政策基本要求。

（二）学习健康知识，强化促进健康的行动

通过学校、家庭、工作单位和社区教育以及信息传播，使个人不断学习健康知识，有准备地应付人生各个阶段可能出现的健康问题，并很好地应付慢性病和外伤，使人能更好地控制自己的健康和环境，做出更符合健康要求的选择，从而支持个人和社会的发展；在学校和社区范围内，积极有效地参与制定和执行卫生保健计划，挖掘各方面的资源，提高人们对健康问题的认识，是促进健康的有利手段。

（三）预防遗传病

遗传病是一种发病率很高而且对人类危害极大的疾病。据专家估计，我国现有的三亿多儿童中，因遗传病因造成智力低下的约有1000多万人。它给国家和家庭带来了极大的经济压力和精神负担。因而预防遗传病对国家的富强、民族的昌盛和家庭的幸福都是非常重要的。预防遗传病的主要措施有：

1.避免近亲结婚

我国婚姻法明确规定，禁止三代以内的近亲结婚。所谓近亲结婚，指有共同祖先的直系血亲和三代以内的旁系血亲的婚配。在一般情况下，每个人都有5～6种隐性致病基因，由血缘关系远的双方杂合不易发病。而如果一个隐性致病基因携带者与近亲结婚，其子女的患病率就会大大提高。其原因是亲缘关系越近，相同的致病基因就越多，两个致病基因纯合的机率就越大，因而近亲结婚所生子女患遗传病的机会远比非近亲结婚大，且早期死亡率也较高。因此，避免近亲结婚是预防遗传病的有效方法。

2.开展遗传咨询

所谓遗传咨询，指遗传病患者或他们的亲属提出的关于婚姻中有关遗传疾病方面的问题，由医生根据具体情况进行解释指导、劝告的过程。一般说来，有下列情况者需要遗传咨询帮助。

（1）家族中有遗传病史，担心自己和后代也可能患此类疾病者。

（2）夫妻双方正常、生下一个有遗传病或先天性畸形的孩子，为查明原因者。

（3）担心能否与有家族遗传病史的恋人结婚，婚后可否生育者。

（4）一方有内科综合症，如甲状腺亢进、糖尿病、哮喘病等，或受过病毒感染，另一方想弄清能否与之结婚生育者。

3.进行产前诊断

孕妇怀孕4个月左右时，应去医院对胎儿进行检查，看其是否有遗传疾病，从而决定保留胎儿或终止妊娠。产前诊断的目的是预防遗传病儿的出生，以及对一些可医治的遗传疾病进行早期诊断和治疗。

4.提倡适龄生育

人类遗传学的研究告诉我们，一个人的年龄越大，细胞分裂就容易出差错。据调查，母亲的生育年龄越大，唐氏先天性愚型病儿出现的频率就越高。因而提倡完婚晚育，并非越晚越好，最适宜的生育年龄为25～29岁。

5.提倡婚前检查

主要检查遗传疾病携带者。如患重度遗传性智力低下病（先天愚型）、重度克汀病、精神分裂症、抑郁性精神病者不宜结婚；直系血亲或三代以内的旁系血亲、双方家族系统中患有相同的遗传病的不能结婚，或婚后不要生育，以防止遗传疾病在家族中延续，并预防后代遗传疾病的发生。

6.避免不适当接触致诱变剂

随着经济和社会的发展，环境污染的危害与日俱增。电离辐射、三废（废水、废气、废渣）和许多化学物质都可造成遗传物质不同程度的损伤。为了减少遗传病的发生，应尽可能不接触或少接触各类对染色体有损伤作用的致诱变剂。

（四）建立良好的生活和行为方式

1.养成健康习惯

除了勤洗手、勤剪指甲、勤理发和洗澡等，还要自觉养成不吸烟、少饮酒、多喝茶等良好的健康习惯。吸烟是引起多种病的元凶，是不健康的行为。少量饮酒可促进血液循环，扩张血管，解除疲劳。茶是健康饮料，茶多酚具有抗氧化作用，有降脂、防癌、提高免疫功能和抗衰老的作用。但饭后半小时内应少饮茶，否则会影响铁和钙等营养素的吸收。

2.讲究心理卫生

多愁必多病，多病必短寿，如要想长寿，切莫多忧愁。作好自我心理调整，是健康行为的重要一环。培养一些有益健康的爱好，如绘画、书法、集邮等，是保持心理健康不可缺少的条件。其次，还应与社会保持密切联系，坚持社会活动，参加公益的集体劳动，做好人好事，广交朋友，从中得到奋发向上的精神，往往会使精神和肉体都健康。

3.营养全面平衡

人类的很多疾病和死亡均与营养不均衡有关。从饮食入手，通过科学合理的膳食"吃"出健康来，摆脱恼人的慢性病痛。

4.生活起居有规律

在现代信息化社会，生活节奏快，容易产生疲劳，因而应努力做到：

（1）生活有规律，这是消除疲劳的重要方法。

（2）多睡觉，找出适合自己需要睡眠的固定时间。切忌熬夜，少过夜生活。

（3）培养兴趣爱好，过好双休日，劳逸结合，消除体力和脑力疲劳。

（五）加强体育运动和锻炼

体育运动对促进健康有着独特的功能和作用，具体表现在以下几个方面：

1.增进身心健康

人类社会的不断进步,生活的逐步现代化，从各个方面日益减少人们体力活动的强度，这种情况很容易使身体出现各种问题。诸如：肌肉疲软无力，关节变得僵硬，身体容易发胖，而且很容易疲倦，睡眠常常不好，脾气比较暴躁，甚至容易生病。缺少体育锻炼的后果，将随年龄的增长而逐渐显现。

经常从事体育运动有益于全身各个系统，可改善肌肉、心血管、呼吸系统功能，提高神经、内分泌和免疫调适能力，改善亚健康状况，从而达到人体形态结构（体格、体型、营养状况、身体成分）、生理功能（机体新陈代谢水平、各器官、系统的功能、抵抗疾病能力）、运动能力（跑、跳、投、攀爬等运动能力）的完好状态。使人精力更加充沛，工作效率提高。促进心理健康，是促进健康的独特任务。健康心理的促进和维持是现代人必须重视的一种心理教育内容，也是预防心理异常的最好方法。经常参加体育锻炼可以培养良好的心理素质（情绪乐观、意志坚强、有较强的抗干扰、抗刺激的能力），减轻或消除紧张、焦虑和抑郁，自觉性、坚韧性、竞争意识，提高自控能力，是人学会超越自我，超越别人。这些心理素质有利于形成开朗的性格、坚强的意志和充分的自信心。积极的、快乐的情绪，是获得健康、幸福与成功的动力，可使人充满生机。

2.提高对内外环境的适应能力

提高对内外环境的适应能力是促进健康的任务之一。体育锻炼对社会适应能力有独特的作用。经常从事体育运动，可以充分了解自己，并能对自己的能力做出恰当的估计。因此生活目标能切合实际，与现实环境保持良好的接触；能发挥自己最大的能力去改造环境，以求外界现实符合自己的主观愿望；而在力不能及的情况下，又能另择目标或重选方法以适应现实环境。

体育运动为结交朋友提供了很大的空间，使人们的交际能力得到充分的锻炼。与他人在一起，不仅可以得到帮助和获得信息，还可使双方的苦和乐得到宣泄和分享，从而使自己不断进步，保持心理平衡和健康。

在参加体育运动过程中，经常需要面对挫折与失败。身处不利境况，正是学习克服困难、磨砺自己、积极进取的大好时机，是造就健全的人格、使人学会思考、摆脱盲目乐观和自负、及时修正自己的目标、行为、思想认识和处世方法的实践活动。这种挫折磨砺的锻炼能促使人迅速成长，有效地克服和防止消极的心理，促使自己不断打破旧的心理平衡，建立新的心理平衡。

运动内容的丰富、方法的多样化、运动现场的瞬息万变都促使参与运动者随机应变、及时判断、迅速采取有效手段处理遇到的各种变化。这对于提高人们的应变能力、培养沉着冷静、机智灵活、果敢顽强的品格是个很好的锻炼。为更好地适应复杂的社会变化创造了条件。　3.体育运动是健康的生活方式不可或缺的内容

通过个人、家庭、社区以及全社会的共同努力，提倡健康的生活方式，引导人们形成健康的生活方式，是促进健康的重要内容。健康的生活方式就是要在个人的生活中建立促进健康的行为，消除危害健康的行为。体育运动在形成健康的生活方式方面发挥重要作用。

世界卫生组织将2002年4月7日定为世界卫生日，主题为体育锻炼，口号为运动有益。体育锻炼在诸多促进健康的行为中，以其独特的作用和魅力日益受到人们的重视，成为生活方式不可或缺的内容。可以说缺乏体育运动的生活方式是不健康的生活方式。积极参加体育锻炼，坚持终身体育，享受健康人生是我们追求的人生目标之一，也是我们获得健康的基本保证。

第三章 体质与体育

第一节 体质概念

体质是指人体在遗传和环境的相互作用下表现出来的形态和机能上相对稳定的特征。一般情况下可以认为体质就是人的一切生命活动的本质，是人体健康水平的本质。

在人的整个生命活动过程中，影响体质的因素有两个方面，一为遗传，一为环境。人的体质性状，不管是形态性状，还是生理性状，都有相应的遗传基础，这遗传基础就是基因。因此，遗传学又把人体的遗传因素称之谓"基因型"。环境因素是相对于人的基因型而言的概念，它包括了一个人从起源于一个受精卵时，及出生后起作用的全部非遗传影响。基因型是体质发育的内因，而环境条件是体质发育的外因，体质表现型是发育的结果，是基因型与环境相互作用的结果。在人体形成体质表现型上，遗传与环境的关系是非常复杂的，它至今仍是遗传学和体育科学探索的重要课题。两者的相对重要性也是随时间和空间不断变更的。一般认为，在人体起源于受精的卵子，卵子发育成为胎儿，胎儿变成成体，成体到衰老病死，也就是在人一生所必要走的全部过程中，遗传的重要性随时间的推移呈减弱的趋势,而环境的重要性呈增强的趋势。这里给了我们一个重要的提示，就是体质是动态的，可变的。当然，对于一个人来说，遗传因素相对稳定，很难改变，而环境因素浩若烟海，变幻莫测。在诸多环境因素中，体育锻炼是影响体质改变的最为积极有效的手段。特别是在青少年时期，体育锻炼（运动训练）可以在短时间内明显改变人的体质特征。

体质包括形态特征和机能特征。人类对自身的认识史是一部从宏观领域向微观领域进军的历史，在探讨人体生命本质方面，生命科学对形态和机能规律的研究从最初的人体整体水平开始，依次走过了器官系统水平，组织水平，细胞水平等领域，现在已经迈进了分子水平领域。每向前迈进一步，人类对人体生命本质的认识就产生一次质的飞跃，对自身的改造能力也飞速提高。目前，在各水平领域中都由相应的学科建立了一系列的体质认识体系（见表3-1）：

表3-1

研究层次	形态	机能	相应学科
整体水平	自然人体形态	自然人体机能	体育科学、人类学、医学
器官系统水平	器官系统形态	器官系统机能	体育科学、人类学、解剖学、医学
细胞、分子水平	细胞形态生物大分子形态	细胞机能分子机能	细胞生物学、生理学分子生物学、生物化学医学

　　体质的优劣要从人体的形态特征和机能特征两个方面进行综合评价。结构和功能的统一是人类认识世界的法宝，我们对体质的认识也不例外。从人体的形态和机能的统一入手，才能正确客观的认识人体生命的本质。任何认识水平领域的一个体质评价体系，都是形态特征和机能特征的统一体。否则，它就不能正确地反映人的体质客观状况。目前，体育科学建立的体质评价体系普遍限于宏观领域，即人体整体水平和器官系统水平，只有少数科学技术先进的国家和地区正在试探向微观领域迈进。因为，除了受科学技术水平的制约之外，体质评价体系还必须受"客观、全面、简便、易行"的原则所制约。例如，我国2002年颁布的"大学生体质健康标准"基本上就是这样一种体质评价体系。该体系的六个评价指标中有五个是人体整体水平上的形态和机能特征：身高、体重、速度或弹跳（100米或立定跳远）、耐力（1000米或台阶试验）、柔韧或力量（坐位体前曲或握力），一个是器官系统水平上的机能特征：肺活量。随着社会的进步，体育科学的体质评价体系向人体的微观领域扩展是历史的必然趋势，因为科技史表明，在宏观水平上解决不了或解决不好的问题，往往可以轻而易举的在微观水平上突破。

　　近一个多世纪以来，生命科学的各分支学科在人体器官、系统、细胞、分子各水平领域，对形态特征和机能特征的研究成果累累，在各水平层次上建立体育科学的体质评价体系（科研探索性质的）的条件已经成熟。马克思主义哲学告诉我们，任何事物的质的规定性都表现为一定的量的规定性，没有量的规定性的质是不存在的，没有量就没有质。事物的一切质的变化都是由量的变化所造成，没有有关物体的量的变化，是不可能改变这个物体的质的。只要这里发生质的变化，它总是受相应的量的变化所制约的。人体的变化也不例外。医学对这一哲学问题的认识是非常明确到位的，例如，医学对人的体质有两个明确的质的规定性概念，即病态和健康，对这两个基本概念，在人体形态和机能的各个认识层次上它都有明确的量的规定性指标，也就是说，在人的体格、器官、组织、细胞、分子的形态和机能特征方面都有量指标（例如解剖学、影象学形态指标和生理生化指标）。在细胞和分子水平上，很多情况下一个形态或生理生化指标就能够把人的健康或病态的体质特征确定的准确无误。这些形态和生理生化指标正是体质量变过程中的中断，辨证转化过程中质的飞跃。病态体质不属于体育科学认识的对象范畴，但在健康体质范畴内，体育科学明确了几个质的规定性概念：优秀；良好；中等；较差；差。但是，迄今为止在微观认识层次上还没有明确其量的规定性。唯物辩证法告诉我们，这几个概念应该是体质转化过程中较小的质的飞跃，或者叫健康概念内部分的质变。在这里，量的中断就是必然的，也就是说量的规定性指标是必然的客观存在。一旦在微观认识领域内，对这几个概念有了明确的量的规定性指标，并能简便易行地应用于实践，体育科学的整体水平必将会产生一个新的飞跃。

第二节 体质形成的生物学理念

一、遗传

遗传一般指亲代的性状在下代表现的现象。在遗传学上是指遗传物质从上代传给后代的现象。当代分子生物学已经在分子水平上探明，儿女常常象父母的这种现象是由遗传基因(DNA)把"遗传密码"向后代遗传的结果。但是，我们又常常看见，儿女既象亲代，但又不完全相同，有的甚至有很大的差异，这个差异就是变异。这种变异的机理，排除各种环境差异影响基因表达的因素之外，主要是父母双方基因重组的结果。

人体是由细胞组成的，细胞是生产蛋白质的结构和功能单位。分子生物学的研究证明，人体细胞核中的DNA(脱氧核糖核酸)分子，是从受精卵带来的亲代的遗传信息的物质载体，它是他的父母双方遗传基因的组合体，从而决定了他身体内蛋白质合成的氨基酸顺序某一些会同父亲相似而某一些又会同母亲相似，这就是人的很多体质特征遗传现象的本质。分子遗传学的"中心法则"揭示了这一现象的物理、化学过程。DNA携带的各种不同的信息通过信使mRNA（核糖核酸）和转移tRNA的转录传递作用指令着氨基酸各种不同的排列组合，从而合成出各种不同的蛋白质。例如，在最简单的细菌细胞中就有约五千种不同的蛋白质，它们在好多方面都互相不同，简单的组合组成表皮的结构和构件所需的蛋白质；其他的用来燃烧糖并产生荷载能量ATP(腺苷三磷酸)分子；最复杂的组合从营养液所提供的化学物质中生产氨基酸、并使这些氨基酸按正确的次序组合起来，从而使它们形成生长过程中所需的各种蛋白质。几千种蛋白质，需要几千种不同次序的氨基酸的排列组合。那么搞出来的这几千单摆质的主体设计，即确定氨基酸在一串列上一个挨一个地排列次序的这种主体设计，隐藏的细胞的什么地方呢？4种核苷酸配对地在盘绕双螺旋上排列的次序——即A（腺嘌呤）、T（胸腺嘧啶）、C（胞嘧啶）、G（鸟嘌呤）四种核苷酸，以A和T、C和G两种配对在双螺旋结构的DNA分子中出现的4种梯级AT、TA、CG、GC的排列次序决定着这几千种蛋白质的构成。DNA这种双螺旋状梯子的一组梯级吸引一种氨基酸，另一级吸引另一种氨基酸，如此等等。这些梯级的排列使得氨基酸就此以正确的次序排列起来，而这种次序就是氨基酸形成蛋白质的应有次序。蛋白质始终沿着核酸〈DNA〉梯子形成。这个梯子很长，足以安置细菌所需的几千种蛋白质。当然，人比起细菌来，要复杂的多，细菌是一个单细胞，而人则是很多不同种类的细胞的集合体，当细菌生长和分裂时，只需要产生出在一个单细胞里所需要的一切就行了，而人生长时则必须制造出很不一样的多种细胞——皮肤细胞、肌肉细胞、骨骼细胞、神经细胞等等这些不同的细胞所含蛋白质种类、数量是不同的，而且各种细胞的功能也因此而不同。虽然各种不同器官组织的细胞在形态、功能和所含蛋白质的成份方面有所不同，但它们所含的DAN分子都是一样的。任何一个正常的人体细胞的DNA蕴涵着一个人生命过程中所有体质形状的全部信息。但是，在完成发育的时候，没有哪一个细胞能单独产生出人体所需的全部蛋白质，各种细胞都懂得DNA主体设计中的哪个部分是专管自己生长的，从而按照那个部分的信息指令制造出自己所需的各种蛋白质来。细胞的这种特异的选择能力的机理基本明朗：核酸分子的排列使得它的不同部分的效用要根据它们的环境才能发挥作用。胚胎发育开始时，在DNA里只有那些制造初期细胞的部分才是有效的，其后,新产生的蛋白质对DNA产生影响，使得它的其它部分变为有效了，从而又产生一组新的蛋白质。因此我们看到，发育的每一步，DNA的一个不同部分变得活泼起来，在人体的每一个细胞里，DNA里只有相应于该细胞特殊需要的部分才起作用。

这个原理更进一步地说明了遗传基础、环境条件、体质表型三者的三位一体的辨证关系。遗传基因是体质性状表达的起决定性作用的内因，环境是影响基因表达的外因。体育锻炼（运动训练）可以改变体质表型的实质，就是锻炼过程迅速地改变了人体的内环境（主要是细胞质的成分），从而明显、有效地影响了人体遗传基因的表达。这就是分子遗传学提示给我们的体育锻炼的基本原理。

二、生理生化

人体是由物质组成的，包括现今世界上最发达最精密能产生思维活动的物质——人的大脑都是由物质组成的。组成人体的化学元素共有62种，其中十几种是宏量元素，如：氢、氧、氮、硫、磷等。人体中目前已经发现了近50种微量元素，其总和还不到人体重量的0.2%。无论宏量元素还是微量元素在人体内必须保持最适量的营养浓度，缺少时人就会丧失健康，乃至不能成活；过量时就会中毒，可能造成死亡。

各种化学元素在人体中按照遗传指令，构成了生命物质——生物大分子，进而影响细胞、器官、系统以至整体的形态和机能特征。确保各种化学元素的在体内的构成是保证身体健康和体质强壮的基础。人体中的各种物质主要来源于其摄取的营养物质、水和空气。那么体内物质的适度比例构成是如何保持的呢?生理学告诉我们，是人体自身的新陈代谢功能在始终如一地维持着体内的这一动态平衡。

人作为一个有机体和作为一个社会的人要对各种环境做出各种应答，做出各种反应动作，人还要有许多有目的有意识的主动行为，这些都需要不断地消耗大量的能量。这些能量物质的摄取也是在新陈代谢过程中实现的。

此外，人体还要与周围世界进行信息的交换。只有不断地交换信息，才能保持有机体的有序性，才能维持生命活动的正常节律。这种信息的交换是通过人体的感觉器官、神经中枢的生理生化功能来实现的。

总之，依赖于人体的新陈代谢，人体成了大自然中最完美、最奇妙的耗散结构系统。这个耗散结构之所以完美、奇妙，主要表现在它能够几十年，甚至上百年如一日，时时刻刻自动地保持着与外界各种环境的物质、能量和信息三方面的交换。

那么，人体内的新陈代谢具有哪些特点呢?

第一，人的有机体及其各器官和机能系统对一定的负荷刺激具有适应能力。当有机体受到一些异乎寻常的刺激，诸如创伤、剧痛、冷冻、缺氧、中毒、感染及强烈的情绪激动时，能引起一种紧张状态，叫应激。应激总是伴有一系列的神经和体液的变化，包括交感兴奋、肾腺激素分泌增加，胰岛高糖素和生长素升高，胰岛素分泌减少。如果人体经常受到这类刺激，应激的水平就会提高，人的适应能力加强，体内的能量和物质的贮备增加，并处在一种容易动员的状态之中。如果这些刺激是良性的，那么这种应激水平的提高是有利于健康的。身体锻炼就是运用了这个原理来增进健康的。

第二，有机体在新陈代谢过程中可以出现能量和有效物质的超量恢复。人的机体对负荷刺激的适应过程分为三个阶段，即负荷、恢复和超量恢复等。在负荷时，细胞结构、酶的含量会发生变化，能量化合物被消耗，物质代谢的中间产物和最终产物被堆积起来，这些都会阻碍人体机能能力的提高，形成疲劳。这就是异化过程。而进入恢复和超量恢复阶段，人体的内环境逐渐正常化，沉积物被排除出去，能量储备得到补充，并超过原来水平，细胞和纤维增生，中枢神经的疲劳得到消除，精神上得到恢复。这就是同化过程。同化过程的超量恢复是身体锻炼产生价值的基本原理。

第三节　体育锻炼对体质的影响

一、促进人体生长发育

有机体的生长主要指细胞的繁殖和细胞间质的增加所造成的形体上的变化，通常用重量和体积进行测定。有机体各器官系统在形态结构和机能上的变化存在于人体从出生到衰亡的整个生命过程中，如骨组织的化学成分在人的一生中，直到老年都在进行着相当明显的变化。

骨骼的构造随其功能完善而有所变异。骨骼的生长决定了身高，通过体育锻炼促进骨骼的健康生长发育，这是体育锻炼对人体质的重要影响。人的高矮或长得快慢，决定于儿童、少年、青年时期长骨的增长速度。长骨的两端的骨化中心，即骨骺，也就是骨的生长点。在20～25岁前有一层软骨，称骺软骨，这层软骨不断变成硬骨，又不断生成新的软骨，骨就不断加长，直到生长发育期结束，骺软骨完全骨化，形成一条骺线，骨就不再加长。骨骼的生长发育需要不断地吸收营养物质。体育锻炼能促进血液循环和增加对骨的血液供应。同时，体育锻炼中的各种动作，也具有促进骨骼生长的良好的刺激作用。另外，体育锻炼还能使骨密质增厚，骨小梁的排列比一般人更整齐，按照骨骼在身体活动中所承受力的方向有规律的排列，使骨骼能承受更大的压力。

体重的增加与骨骼有着密切的关系，但更重要的原因是肌肉的增长。体育锻炼时，为了保证物质能量供给，肌肉内毛细血管的开放数量可达平时的15—30倍。长期锻炼，可使肌肉中的毛细血管腔加大和数量增多，肌肉纤维变粗，肌肉的重量可由一般人占体重的35%～40%，增加到占体重的一半左右，这样体重得到增加，身体显得丰满而结实。

二、促进人体功能

体育科学证明，科学的体育锻炼可以使人健康长寿。有的人认为缺乏运动的生活，等于是一种"慢性自杀"。国外有人用动物作试验表明，如果把它们置于肌力减退的状态中(关在特制的狭小的笼子里)豢养30个昼夜，结果他们机体的大部分器官和系统，功能性障碍就会出现，生长发育也缓慢下来，并出现其他不良生理现象。国外还有人做过一种试验，让健康青年连续躺在床上9天，发现他们的心脏循环系统和呼吸系统以及新陈代谢的工作能力，平均下降21%，心脏容积缩小10%。另有的调查材料说，三十岁以后坚持锻炼到五六十岁，其工作能力超过不锻炼的二十多岁的青年。即使过了四五十岁才开始锻炼．也是有明显成效的。

经常从事体育锻炼，各器官系统在形态结构和功能方面都发生明显变化，基本活动能力得到提高。首先发生变化的是中枢神经系统及其主导部分——大脑皮层。由于各器官系统的功能是受中枢神经系统和体液调节的，因此，在中枢神经系统功能发生变化的同时各器官系统也随着发生相应的变化。体育锻炼对神经系统的影响，主要表现在人体在中枢神经系统的支配下，形成动作技能的条件反射上，在人体活动中要对外界刺激作出相应的反应和协调而完成各种动作，从而促进神经系统的功能改善。

体育锻炼可促进心血管系统功能的提高。主要表现在使心脏出现"健康性肥大"的现象。一般人的心脏大小同他们的拳头差不多，约0.3千克左右，而运动员的心脏可重达0.5千克左右，运动解剖学称之为"运动员的心脏"。这样，不仅体积增大，而且心脏的收缩力加强，心脏在每次收缩时排到血管的血量得到增加，从而使每分钟心跳的次数逐渐减少。

体育锻炼还可促进呼吸系统功能的提高。从事锻炼，由于全身物质代谢水平的提高，需要吸收大量的氧和排出更多的二氧化碳，这样刺激呼吸中枢，迫使肺加强呼吸，扩大肺和胸廓的容量，增加呼吸频率，提高呼吸肌的功能，从而使大量的空气通过肺泡来增加血液的含氧量。测量运动员的肺内压可达200mmHg，而一般人则60—100mmHg。由于呼吸肌力量得以增强，吸气时的胸腔就能扩张得更大，呼吸肌的耐力也得到提高。如运动员的呼吸差可达7—11厘米，而一般人仅达5—7厘米。

三、调剂情绪，振奋精神

马克思曾经指出：一种美好的心情，比十付良药更能解除生理上的疲惫和痛楚。苏东坡的诗句写得好："因病得闲殊不恶，安心是药更无方"。我国有很多谚语也说明了情绪与精神对健康的重要作用，如："笑口常开，青春常在"，"乐以忘忧"等等。

美国新奥尔良的奥施纳诊所发现：在500名连续求诊而人院的肠胃病人中，因情绪不好而致病者占74%。耶鲁大学医学院门诊部的报道也有同类情况：所有求诊的病人，因情绪紧张而致病的占76%。最近他们的心脏病专家通过科学研究得出的结论是：造成心理紧张，压抑和烦恼的生活方式，是引起人们心脏病的一个重要的危险因素。他们认为这种生活方式会增加血液里胆固醇的浓度，促进血凝块的形成，血压也会升高，还会引起心律不齐，同时，还会导致分泌胰岛素太多和生长激素太少等不正常的现象。也有人统计过，90%以上头痛病人得的是一种叫做"紧张性头痛"的病。

综上所述，可以明显地看出情绪、精神对防病治病和人体健康有着多么重要的影响。现在，有人提出"精神卫生"的概念，认为保持精神愉快，心情舒畅对于防病治病和促进身体健康有着积极的作用。也有人认为：每个人体内都有一种最有助于保持健康的力量，这力量就是良好的情绪。良好的情绪还是一种治疗疾病的"药物"，这种"药物"的医疗效果往往是好的出人意料。体育活动可以使人产生愉快的心境，从而帮助人们保持良好的情绪。

早在二十世纪初，毛泽东同志在《体育之研究》一文中就指出体育具有调节感情的作用。长期以来，很多人认识到锻炼身体能够起到增强体质的作用，但是不少人对体育锻炼能够调剂情绪、振奋精神和达到积极性休息的作用却认识不够，尤其是缺乏锻炼习惯的人就更缺乏这种体会，因此也就不大可能从中得益了。人的健康的有机体是一个稳定的统一体，这里是指人体内的温度、血压、生物化学成分等等都处于一个相对稳定的状态，仅仅在一个很有限的范围内有所变动。而良好的情绪主要是指整个心理状态的稳定和平衡，这种状态有利于保持和促进整个有机体的稳定。从事体育锻炼，可以转移注意力，并在中枢神经系统支配下，对有机体内部的各个方面的关系，进行相应的调整和平衡，这对调剂情绪和精神有明显的积极作用。特别是那些对体育有爱好和兴趣的人，这种作用尤为显著。

四、提高人体适应外界环境的能力

人体能否适应外界环境的变化，是衡量一个人体质状况的重要指标。外界环境是指自然环境和社会环境两个方面。自然环境主要指人类生存的物质条件，它包括地理环境、季节、气候变化以及衣食住行的条件等因素。社会环境包括社会的政治、经济、文化等因素。所谓适应能力，实质上是人体在外界环境的无常变化中，在中枢神经系统支配下，不断调节机体使之处于功能正常的稳定状态的能力。科学实验证明，经常参加体育锻炼的人具有较强的适应能力。如在严寒、酷暑等季节气候变化中的体温调节能力，有体育锻炼基础的人明显比没有锻炼基础的人要强。有学者将小白鼠分成两组进行对比实验，一组白鼠使其进行一定的活动，另一组基本上不进行活动，这样经过一段时间以后，对两组白鼠同时进行强光和强音刺激，结果，基本上不活动的白鼠纷纷死亡，而锻炼组的白鼠却安然无恙。

五、提高对疾病的抵抗能力和康复能力

当今世界经济发达国家，生产机械化、自动化水平很高，几乎消除了笨重体力劳动，每周劳动日和每天劳动时间的减少，生活的大幅度改善，营养吸收大大超出能量消耗，"文明病"已成为社会的严重问题。

"文明病"主要指的是心血管系统的疾病——心脏病、高血压病、糖尿病、脑溢血病。近年来，文明病的概念的外延又有了较大的扩展，医学已经发现的由于肌力衰退和肥胖引起的各种疾病已有几百种之多，世界卫生组织把"亚健康"状态也列入了文明病的范畴。德国（西德）在二十世纪八十年代患心肌梗塞的人比前二十年前增加了20倍，每年死于冠心病的人数从20年前的五六千人，增加到十多万。日本人对"肥胖儿童"和像"豆芽菜一样的娇儿"越来越多表示担心。他们指出这些儿童身体虽高大，但体力低下，对流行性疾病抵抗能力显著较差。

实验表明，通过体育锻炼增强机体对疾病的抵抗能力的效果是非常明显的。上海体育科研所对幼儿体育锻炼的观察对照，体育锻炼班的发病率比对照班低27.78％。有学者对两组中年人进行心电图观察，一组坐汽车上班，另一组步行上班（20分钟以上），结果发现，步行组心脏缺铁性异常的发生率，比坐车组少1/3。美国学者对常运动和不常运动的各300人进行了长时间的跟踪调查，结果不运动组的动脉硬化发生率，远远高于运动组。

我国学者在疾病的运动康复研究方面始终处于世界先进水平。北戴河

气功疗养院在上世纪五十年代就开始用太极拳和气功锻炼医治一些现代医学束手无策的疾病，其明显的效果曾震惊了整个世界。迄今为止，已有上千例这样的病人在这里获得了新生。

在人类几千年的文明史上，在体育这个领域中也曾有过很多真理的耀斑在闪烁：古希腊著名哲学家亚里士多德说："生命在于运动"；古罗马著名的医生加伦说："体操是天然的医生"；东汉名医华佗说："动摇则谷气得消，血脉流通，病不得生"；唐代著名医药学家孙思邈说："人若劳于形，百病不能成"。这些古代先哲们早已认识到的体育真理已被现代大量的科学实验所证实，也正在被全世界愈来愈多的人们所接受。

第四章　心理健康与体育锻炼

　　随着人类物质生产的发展，科学技术的不断进步，人们对健康的认识逐渐深入，心理健康在新的健康观中的地位日趋重要。早在1948年，联合国世界卫生组织（WHO）就提出：健康不仅仅是没有身体的缺陷和疾病，还要有完好的生理、心理状态和社会适应能力，是一种身体上、精神上和社会上的完全平衡状态。这个定义为人们追求自身全面的健康设立了一个崇高的目标：只有具备健康的身体和心理、较强的社会适应能力，才能实现真正意义上的健康。1987年，世界卫生组织又提出：健康是指在精神上、身体上和社会上保持健全的状态，其中在精神健康方面有三条基本的要求：①有自我控制能力；②能正确对待外界影响；③处于内心相对平衡的满足状态。1989年联合国世界卫生组织（WHO）对健康作了新的定义，即"健康不仅是没有疾病，而且包括躯体健康、心理健康、社会适应良好和道德健康"。由此可知，健康不仅仅是指躯体健康，还包括心理、社会适应、道德品质相互依存、相互促进、有机结合的。当人体在这几个方面同时健全，才算得上真正的健康。一般而言，心理健康概念是指：个体的心理活动处于正常状态下，即认知正常，情感协调，意志健全，个性完整和适应良好，能够充分发挥自身的最大潜能，以适应生活、学习、工作和社会环境的发展与变化的需要。对心理健康问题的研究，近年来逐渐被人们所重视，一方面是由于它在健康的组成中占有着突出的地位，另一方面是由于它的不健康而带来的生理不健康、社会适应性差、道德不健康的问题越来越明显。医学专家们指出，在现代人的疾病中，由于心理因素引起的身心疾病已占疾病总数的近70％。心理健康是大学生全面发展、早日成材的重要基础。为了保证大学生的心理健康发展，有必要让每个大学生学习一些有关心理健康的知识，明了心理健康的概念内涵，懂得心理健康的重要意义，认识心理健康的基本标准，明确体育锻炼对心理健康的深刻影响，掌握能促进心理健康的正确有效的体育锻炼方法。

第一节 心理健康标准

一、心理健康的定义及意义

（一）心理健康的定义

心理健康是一个复杂而且综合性很强的概念，是一种医学现象、心理现象和社会现象。关于心理健康的定义，国内外不少专家曾做过深刻的探讨，不同学科的学者对心理健康有着不同的观点和看法。

《简明不列颠百科全书》对心理健康的定义是：心理健康是指个体心理在本身及环境条件许可的范围内所能达到的最佳功能状态，而不是指绝对的十全十美的状态。波孟提出：心理健康是合乎某一水准的社会行为：一方面能为社会所接受，另一方面能为本身带来快乐。英格里士提出：心理健康是指一种持续的心理状态，当事者在那种情况下，能作良好的适应，具有生命的活力，并能充分发挥其身心潜能，这乃是一种积极的丰富的状态，不仅是免于心理疾病而已。日本的松田岩男认为："所谓心理健康是指人这样一种心理状态，即个体对内部环境具有安全感，对外部环境能以社会上认可的形式来适应"。心理卫生学者阿可夫则认为：心理健康是指具备有价值心质（Valuedqualities）的人，共有九项有价值心质，它们是：幸福感、和谐、自尊感、个人成长、个人成熟、个人统整性、保持与环境良好的接触、有效适应环境、从环境中自我独立等。我国台湾学者张春兴把其界定为："心理健康是一种生活适应良好的状态"。《中国心理学百科全书》则提出：心理健康与心理卫生具有同等的含义，作为纯名词来说是指心理健康状态，个体处于这种状态，不仅自我情况良好，而且与社会处于契合和谐的状态；作为动名词则是指维持心理健康，减少行为问题和精神疾病的原则和措施。

世界卫生组织对健康的定义细则：

1. 有足够充沛的精力，能从容不迫地应付日常生活和工作的压力而不感到过分紧张。

2. 处事乐观，态度积极，乐于承担责任，事无巨细不挑剔。

3. 善于休息，睡眠良好。

4. 应变能力强，能适应外界环境的各种变化。

5. 能够抵抗一般性感冒和传染病。

6. 体重得当，身材均匀，站立时，头肩、臂位置协调。

7. 眼睛明亮，反应敏锐，眼睑不易发炎。

8. 牙齿清洁，无空洞，无痛感，齿龈颜色正常，无出血现象。

9. 头发有光泽、无头屑。

10. 肌肉、皮肤有弹性。其中前四条为心理健康的内容，后六条则为生物学方面的内容（生理、形态）。

综合对心理健康的各种定义，可以认为，心理健康是指一种持续且积极发展的心理状态，在这种状态下，主体能作出良好的适应，并能充分发挥其身心潜能。心理健康包括两层含义：其一是没有心理疾病，这是心理健康最基本的含义；其二是具有一种积极发展的心理状态，这是心理健康最本质的含义，它意味着要消除一切不健康的心理倾向，使一个人的心理处于最佳状态。

（二）心理健康的意义

心理健康的意义具体有以下几个方面：

1. 心理健康是社会适应的基本条件

人不仅是一个生物体，更重要的是一个社会成员。一个人只有适应社会，才能生存发展，并对社会有用。心理健康的人，具有较强的社会适应能力，能够根据周围环境的变化，随时调节自己的心理活动，减少心理机能紊乱，以充沛的精力从事社会实践活动。相反，心理不健康的人，削弱以至破坏了社会适应能力，无法调节内心世界的矛盾冲突和人际关系，甚至无法适应正常的家庭和社会生活，给本人和他人造成痛苦，也给社会带来危害。因此，心理健康是社会适应的基本条件。

2. 心理健康对生理健康有直接影响

心理健康与生理健康紧密相连，生理健康是心理健康的基础，而心理健康又是生理健康的条件。有时，心理因素的致病作用，并不次于生理因素。心理如果长期处于不健康的状态，必然会导致生理异常或病变。《黄帝内经》中就有："喜怒伤气，寒暑生形。暴怒伤阴，暴喜伤阳……喜怒不节，生乃不固"。"怒伤肝，喜伤心，思伤脾，忧伤肺，恐伤肾"。心理因素能致病，已引起医学界和心理界的广泛关注。美国已将身心疾病作为一门学科研究，发现心理因素是许多疾病的病源或诱因。如心血管病、胃肠病、癌症、以及哮喘病、糖尿病等均与心理因素密切相关。

3. 心理健康是智力发展的必要条件

大脑是心理活动的器官，也是智力活动的器官。心理活动通过大脑直接影响智力活动。愉快、乐观的情绪，不仅使人的记忆力增强，而且使人反应灵敏，思维活跃。焦虑不安、悲观、苦闷、愤怒等不良情绪，则会使人心烦意乱、思维停滞，阻碍着智能的发挥。而长期的心理紊乱会导致大脑机能失调，必然破坏正常的智力活动。据对天津市两所大学1983~1984年度本科生留级、休学和退学原因的调查，发现居于第一位的原因是神经衰弱(占30%)，学习困难为第二位(占19%)，精神病为第三位(占15%)。这说明，以脑力劳动为主的大学生，如果心理不健康，就难以继续进行正常学习。因此，为了进行正常的学习活动，必须保证心理健康。

二、心理健康的标准

与心理健康的定义一样，心理健康的标准至今尚无一致的定论，古今中外许多专家学者都曾对心理健康的标准进行过讨论。

（一）中国传统文化中的心理健康标准

聂世茂在对《内经》进行仔细研究后总结出心理健康的九条标准：

1. 经常保持乐观心境，即"心恬愉为务"和"喜怒而安居处"；
2. 不为物欲所累，即"志闲而少欲"，"不惧于物"；
3. 不妄想妄为，即"淫邪不能惑其心"，"不妄作"；
4. 意志坚强，循理而行，即"意志和则精神专注，魂魄不散"；
5. 身心有劳有逸，有规律地生活，即"御神有时"，"起居有常"；
6. 心神宁静，即"恬淡虚无"，"居处安静"，"静则神藏"；
7. 热爱生活，人际关系好，即"乐其俗"，"好利人"；
8. 善于适应环境变化，即"婉然从物，或于不争，与时变化"；
9. 涵养性格，陶冶情操，克服自己的缺点，即"节阴阳而调刚柔"。

由此可以看出，中国传统养心方法及心理健康标准可以用一个字来概括，即一个"和"字，古人养生注重内心的宁静和谐，同时强调个人要与自然、社会保持和谐关系。

（二）现代心理学关于心理健康标准的理论

随着西方心理学的发展，心理学家们根据各自的心理学理论对心理健康的标准提出了不同的见解。1948年，国际心理卫生大会指出了心理健康的四个标志：身体、智力、情绪十分调和；适应环境，在人际关系中能彼此谦让；有幸福感；在工作和职业中能充分发挥自己的能力，过有效率的生活。美国人格心理学家奥尔波特（G.W. Allport）从人格的角度提出了心理健康的六个标准：力争自我的成长；能客观地看待自己；人生观的统一；有与他人建立和睦关系的能力；人生所需的能力、知识和技能的获得；具有同情心，对生命充满关爱。1951年，美国人本主义心理学代表人物马斯洛（A. Maslow）等人在《变态心理学》中提出带有浓厚的人本主义心理学色彩的心理健康十条被认为是经典的标准：有充分的安全感；充分了解自己，并对自己的能力作适当的评估；生活的目标能切合实际；与现实环境能保持接触；能保持人格的完整与和谐；具有从经验中学习的能力；能保持良好的人际关系；适度的情绪表达及控制；在不违背团体要求的情况下，能作有限度的个性发挥；在不违背社会规范的前提下，能适当地满足个人的基本要求。

美国学者坎布斯（A. W. combs）认为，一个心理健康、人格健全的人应的4种特质：

1.积极的自我观念。能悦纳自己，接受自己，也能为他人所悦纳，能体验到自己存在的价值，能面对和处理好日常生活中遇到的各种挑战。尽管有时也可能会觉得不顺心，也并非总为他人所喜爱。但是肯定的积极的自我观念总是占优势的。

2.恰当地认同他人。能认可别人的存在和重要性，即能认同别人而不依赖或强求别人，能体验自己在许多方面和大家都是相同的、相通的，能和别人分享爱和恨、乐与忧以及对未来美好的憧憬，并且不会因此而失去自我，仍保持着自我的独立性。

3.面对和接受现实。能面对和接受现实，而不论其是好是坏或对自己有利或不利，即使现实不符合自己的希望与信念，也能设身处地、实事求是地去面对和接受现实的考验。能够多方面寻求信息，善于倾听不同的意见，正确把握事实的真相，相信自己的力量，随时接受挑战。

4.主观经验丰富，可供利用。能对自己、周围的事物、人物及环境有较清楚的知觉，不会迷惑和彷徨，在自己的主观经验世界里，储存着各种可资利用的信息、知识和技能，并能随时提取使用。善于发现和利用自己的长处和优点，同时也能借鉴和学习别人的长处、优点，以此来解决自身所遇到的问题，从而增进自己行为的有效性，并且不断丰富自己的经验、知识库。

美国心理学家总结的心理健康的十大标准：

1. 充分的安全感

安全感是人的基本需要之一。抑郁、焦虑等心理，会引起消化系统功能的失调。

2. 充分了解自己，对自己的能力做出恰如其分的判断。

超负荷的工作，会力不从心，给健康带来麻烦。

3. 生活目标切合实际

如果个人目标定得太高，必然会产生挫折感，不利于身心健康。

4. 与外界环境保持接触

人的精神需要是多层次的，与外界接触，一方面可以丰富精神生活，另一方面可以及时调整自己的行为，以便更好地适应环境。

5. 保持个性的完整和和谐

个性中的能力、兴趣、性格与气质等各种心理特征必须和谐而统一，方能得到最大的施展。

6. 具有一定的学习能力

现代社会知识更新很快，为了适应新的形势，就必须不断学习新的东西，使生活和工作能得心应手，少走弯路，以取得更多的成功。

7. 保持良好的人际关系

人际关系中，有正向积极的关系，也有负向消极的关系，而人际关系的协调与否，对人的心理健康有很大的影响。

8. 能适度地表达和控制自己的情绪

人有喜怒哀乐不同的情绪体验。不愉快的情绪必须释放，以求得心理上的平衡。但不能发泄过分，否则，既影响自己的生活，又加剧了人际矛盾，于身心健康无益。

9. 有限度地发挥自己的才能与兴趣爱好

人的才能和兴趣爱好应该充分发挥出来，但不能妨碍他人利益，不能损害团体利益。

10. 在不违背社会道德规范下，个人的基本需要应得到一定程度的满足。

国内的著名心理学家王登峰等根据各方面的研究结果，归纳总结，较为详细地提出了有关心理健康的几条指标：

1.了解自我，悦纳自我。一个心理健康的人能体验到自己的存在价值，既能了解自己，又能接受自己，具有自知之明，即对自己的能力、性格、情绪和优缺点都能做到恰当、客观的评价，对自己不会提出苛刻的非分期望与要求，对自己的生活目标和理想也能定得切合实际，因而对自己总是满意的；同时，努力发展自身的潜能，即使对自己无法补救的缺陷，也能安然处之。一个心理不健康的人则缺乏自知之明，并且总是对自己不满意，由于所定的目标和理想不切实际，主观和客观的距离相差太远而总是自责、自怨、自卑总是要求自己十全十美，而自己却又总是无法做到完美无缺，于是，就总和自己过不去，结果是使自己的心理状态永远无法平衡，也无法摆脱自己感到将会面临的心理危机。

2.接受他人，善与人处。心理健康的人乐于与人交往，不仅能接受自我，也能接受他人，悦纳他人，能认可别人存在的重要性和作用。他能为他人所理解，为他人和集体所接受，能与他人相互沟通和交往，人际关系协调和谐，在生活的集体中能融为一体，乐群性强，既能在与挚友团聚之时共享欢乐，也能在独处沉思之时而无孤独之感。在与人相处时，积极的态度（如同情、友善、信任、尊敬等）总是多于消极的态度（如猜疑、嫉妒、畏惧、敌视等），因而在社会生活中具有较强的适应能力和较充足的安全感。一个心理不健康的人，总是自别于集体，与周围的环境和人们格格不入。

3.热爱生活，乐于工作。心理健康的人珍惜和热爱生活，积极投身于生活，在生活中尽情享受人生的乐趣。他们在工作中尽可能地发挥自己的个性和聪明才智，并从工作的成果中获得满足和激励，把工作看作是乐趣而不是负担。他能把工作的过程中积累的各种有用的信息、知识和技能存贮起来，便于随时提取使用，以解决可能遇到的新问题，能够克服各种困难，使自己的行为更有效率，工作更有成效

4.面对现实，接受现实，适应现实，改变现实。心理健康的人能够面对现实，接受现实，并能够主动地去适应现实，进一步地改造现实，而不是逃避现实，对周围事物和环境能作出客观的认识和评价，并能与现实环境保持良好的接触，既有高于现实的理想，又不会沉湎于不切实际的幻想与奢望，他对自己的能力有充分的信心，对生活、学习、工作中的各种困难和挑战都能妥善处理。心理不健康的人往往以幻想代替现实，不敢面对现实，没有足够的勇气去接受现实的挑战，总是抱怨自己生不逢时或责备社会环境对自己不公而怨天尤人，因而无法适应现实环境。

5.能协调与控制情绪，心境良好。心理健康的人愉快、乐观、开朗、满意等积极情绪状态总是占据优势的，虽然也会有悲、优、愁、怒等消极的情绪体验，但一般不会长久。他能适当地表达的控制自己的情绪，喜不狂，忧不绝，胜不骄，败不馁，谦虚不卑，自尊自重，在社会交往中既不妄自尊大也不畏缩恐惧，对于无法得到的东西不过于贪求，争取在社会规范允许范围内满足自己的各种要求，对于自己能得到的一切感到满意，心情总是开朗的、乐观的。

6.人格和谐完整。心理健康的人，其人格结构包括气质、能力、性格和理想、信念、动机、兴趣、人生观等各方面能平衡发展，人格即人的整体的精神面貌能够完整、协调、和谐地表现出来。思考问题的方式是适中和合理的，待人接物能采取恰当灵活的态度，对外界刺激不会有偏颇的情绪和行为反应，能够与步调合拍，也能与集体融为一体。

7.智力正常。智力正常是人正常生活的最基本的心理条件，是心理健康的主要标准，智力是人的观察力、记忆力、想象力、思考力的操作能力的综合。

8.心理行为符合年龄特征。有人的生命发展的不同年龄阶段，都有相对

应的不同的心理行为表现，从而形成不同年龄阶段独特的心理行为模式。心理健康的人应具有与同年龄段大多数人相符合的心理行为特征，一般都是心理不健康的表现。

以上列举了一些学者提出的心理健康的评判标准和尺度，一般说来，心理健康的人都能够善待自己，善待他人，适应环境，情绪正常，人格和谐。心理健康的人并非没有痛苦和烦恼，而是他们能适时地从痛苦和烦恼中解脱出来，积极地寻求改变不利现状的新途径。他们能够深切领悟人生冲突的严峻性和不可回避性，也能深刻体察人性的阴阳善恶。他们是那些能够自由、适度地表达、展现自己个性的人，并且和环境和谐地相处。他们善于不断地学习，利用各种资源，不断地充实自己。他们也会享受美好人生，同时也明白知足常乐的道理。他们不会去钻牛角尖，而是善于从不同角度看待问题。

我国青年学者李志、陶宇平等1998年所著的《大学生心理及其调适》一书中列出的7条标准和内容，较全面地考虑到大学生这一特殊社会群体的生理、心理和社会角色特征，较好地从理论与实践的结合上进行阐述，内容较为具体而全面，其标准为：

1. 正常的认知能力。
2. 情绪健康。
3. 意志健全。
4. 自我评价适当。
5. 人格完整。
6. 人际关系良好。
7. 社会适应良好。

三、大学生心理健康的标准

综合以上国内外专家关于心理健康概念和大学生心理健康标准，考虑到大学生这一特殊社会群体的生理、心理和社会角色特征，一般认为我国当代大学生心理健康的基本标准如下：

（一）智力正常

智力是指一个人的记忆能力与活动能力所达到的水平，是人的观察力、注意力、记忆力、想象力、思维力、创造力和实践活动能力等的综合，包括在经验中学习或理解的能力，获得和保持知识的能力，迅速而又成功地对新情境做出反应的能力，运用推理有效地解决问题的能力等。智力正常是大学生学习、生活工作的最基本的心理条件，是大学生胜任学习任务、适应周围环境变化需要的心理保证，是衡量大学生心理健康的首要标准。一般来说，大学生的智力是正常的，甚至相对于同龄人，其智力总体水平较高，因而衡量大学生的智力，关键在于看其是否正常、充分地发挥了效能。大学生智力正常且充分发挥的标准是：有强烈的求知欲和浓厚的探索兴趣；智力结构中各要素在其认识活动中都能积极地参与并正常地发挥作用；乐于并有效地学习。相反，如果不能坚持正常的学习和工作，或者害怕学习的艰苦，厌恶学习，或者怨天尤人，不积极努力，都是心理不健康的征兆，发展下去可能导致各种心理障碍的产生。

（二）情绪健康

大学生情绪健康的主要标志是情绪稳定和心理愉快。这是大学生心理健康的另一个重要指标，因为情绪在心理变态中起着核心的作用，情绪异常往往是心理疾病的先兆。大学生的情绪健康包括以下内容：①经常保持积极情绪。其一般表现为：乐观开朗，充满热情，富有朝气，满怀自信，善于自得其乐，对生活充满希望；②情绪反应适度。善于控制和调节自己的情绪，既能克制约束，又能适度宣泄，不过分压抑，使情绪的表达既符合社会的要求，也符合自身的需要，在不同的时间和场合有恰如其分的情绪表达；③情绪相对稳定。在一定时期，一个人的情绪要相对平稳，"当喜则喜，当忧则忧"，而不能喜怒无常。相反，如果经常感到焦虑、抑郁、自卑、恐惧、闷闷不乐、怨天忧人、缺乏生活的信心和勇气等，则属于心理不健康的表现。

（三）意志健全

意志是推动人们采取各种行动、克服困难以达到预定目标的心理过程。意志强弱常取决于情感，强烈的追求才会使人采取需要克服困难的某些行动。对大学生而言，意志健全者在行动的自觉性、果断性、顽强性和自制力等方面都表现出较高的水平。意志健全的大学生在各种活动中都有自觉的目的性，能适时地作出决定并在朝着预定目标努力的过程中坚韧不拔，持之以恒，不受外界干扰，运用切实有效的方法解决所遇到的各种问题。在困难和挫折面前，他们能采取合理的反应方式，能在行动中控制情绪和言行，而不是行动盲目、优柔寡断、轻率鲁莽、意志薄弱、顽固执拗、言行冲动。

（四）人格完整

人格在心理上是指个体稳定的心理特征的总和。心理健全的人其人格是完整的，具有相对稳定性，即个人的所想、所说、所作都是协调一致的。大学生完整人格的主要标志是：

1. 人格要素完整统一，无明显的缺陷和偏差；

2. 具有正确的自我意识，不产生自我同一性混乱；

3. 有正确的人生观。以积极进取的人生观作为人格的核心，并以此为中心把自己的需要、愿望、目标和行为统一起来；

4. 人格相对稳定。人格具有相对稳定性，并在一切活动中显示其区别于他人的独特性，在没有重大变化的情况下，一般是不易改变的。反之，则说明其心理已经具有不健康的征兆。

（五）自我评价恰当

自我评价是指一个人对自己的认识与评价。一个心理健康的人能作出恰当的自我评价，他们能体验到自我存在的价值；同时能接受自己，对自己抱有正确的态度，不骄傲也不自卑。因而，心理健康的人总是能面对客观现实，正确评价自我。而心理不健康的人常缺乏自知之明，他们对自己的优缺点缺乏正确的评价，要么看得十全十美而自高自大、自我欣赏，要么把自己看得一无是处而处处与自己过不去。结果心理总是不平衡，时时处在心理不平衡之中。

大学生是在与现实环境、与他人的相互关系中，在自己的实践活动中认识自己的，一个心理健康的大学生对自己的认识应该比较接近现实，正确的自我评价乃是大学生心理健康的重要条件。

（六）人际关系良好

社会的人总是处在一定的社会关系中的，大学生同样离不开与人打交道。和谐的人际关系既是大学生心理健康不可缺少的条件，也是大学生获得心理健康的重要途径。其表现为：

1. 乐于与人交往，既有稳定而广泛的人际关系，又有知心朋友；

2. 在交往中保持独立而完整的人格，有自知之明，不卑不亢；

3. 能客观评价别人和自己，善于取人之长补己之短；

4. 宽以待人，乐于助人；

5. 积极的交往态度多于消极态度；

6. 交往动机端正和以集体利益为重。

相反，如果人际关系恶劣，或者与集体格格不入，无法在集体中生活；或者厌倦与人交往，没有友情，喜欢孤独；或者不能容忍别人的过失和短处；或者无端地猜疑、憎恨和欺侮别人等，则均属于不健康心理。

（七）良好的社会适应能力

良好的社会适应是指对社会环境中的一切刺激能作出恰当的正确反应。较强的社会适应能力是大学生心理健康的重要特征，不能有效处理与周围现实环境的关系，是导致心理障碍的重要原因。心理健康的大学生应能和社会保持良好的接触，对社会现状有较清晰的正确的认识，思想和行为都能跟得上时代的发展步伐，与社会的要求相符合。当发现自己的需要和愿望与社会需要及大多数人的利益发生矛盾时，能迅速进行自我调节，以求与社会的协调相一致，而不是逃避现实，更不是妄自尊大，与社会和大多数人格格不入，或者为了私利而不顾社会公德，目无法纪，一意孤行，与社会需要背道而驰。或者与一般社会行为规范相抵触，敌视社会，采取反社会的态度，那就是心理不健康的表现，严重的甚至可能走上违法犯罪的道路。

（八）心理行为特点符合大学生的年龄特征

人的一生，从出生到死亡，其心理行为随着年龄的增长而发展变化。每个人的认识、情感、言行举止基本符合他的年龄特征，就属于心理健康，反之，则属于异常。大学生是处于特定年龄阶段的特殊群体，大学生应具有与其年龄和角色相适应的心理行为特征。若一个大学生经常严重地偏离这些心理行为特征，则有可能是心理异常的表现。例如，大学生的年龄一般在20岁左右，其心理行为应当是精力充沛、活泼好动、勤学好问、追求新知、勇于创新。但是，如果有的大学生暮气沉沉、老气横秋，或者像儿童那样喜怒无常，或者处处依赖家庭，凡事毫无主见，离开父母便无法生活，这样的人自然属于心理不健康。值得说明的是，上面所述的大学生心理健康的基本标准只是一个相对的衡量尺度，在理解和运用时应注意以下四个方面：第一，一个人是否心理健康与一个人是否有不健康的心理和行为并非完全是一回事。判断一个人的心理健康状况，不能简单地根据一时一事下结论。心理健康是较长一段时间内持续的心理状态，一个人偶而出现一些不健康的心理和行为，并非意味着这人就一定是心理不健康。但不健康的心理和行为要持续多久才是心理不健康(或心理变态)，只能视具体情况而定。第二，人的心理健康水平可分为不同的等级，是一个从健康到不健康的连续体，并且心理正常与异常并无确定的界限，更可能是程度的差异。第三，心理健康状态并非是固定不变的，而是不断地变化着的。既可以从不健康转为健康，反之亦然。因此，心理健康与否只能反映某一段内的特定状态。所以，判断大学生的心理健康状况应有发展变化的眼光。第五，上述心理健康标准仅仅反映了大学生个体良好地适应社会生活所应有心理状态的一般要求，而不是最高的境界。每一个大学生都应追求心理健康和心理发展的更高层次，充分地发挥自身潜能，促进自己的全面发展。第六，关于大学生的心理健康标准，我们认为，本章前文所列举的各位专家学者有关心理健康的标准，对各级各类学校的大学生均有重要的参考价值。我们同时也认为，心理健康标准的确立，重要的在于基本内容，而不是条款的多寡。其标准主要应从学生的认知、情感、意志等心理学角度考察，同时还必须从学生的人际关系、自我评价、社会适应等社会学、文化人类学等视角评价。只要学生整体的、经常性的心理行为与群体相一致，就应视为心理健康。

第二节　大学生的心理问题

一、大学生心理健康的现状

从目前的情况看，多数大学生的心理是健康的，他们有较高的智力水平，有强烈的求知欲，对学习有浓厚的兴趣，学习效率较高；他们有较稳定的情绪，乐观自信，有年轻人的朝气和活力，对未来充满憧憬，对生活有满足感；他们有较健全的意志，不怕困难，顽强果敢，有自制力；他们人格完整统一，敢于竞争，努力向上，积极进取；他们有较完善的自我意识，能较好地认识自己；他们拥有良好的人际关系，人际交往广泛，有知心朋友；他们对社会现实有较客观的认识，善于进行自我调节，适应良好。但是，相当一部分大学生的心理健康状况不容乐观。

心理卫生研究发现，目前，大学生心理健康的现状呈现出以下特点：

（一）精神疾病成为大学生休学、退学、死亡的主要原因

据不少学校的调查统计表明，因心理疾病或精神病导致大学生休、退学的人数在休、退学总人数中占有相当高的比例，基本都在30%左右。经北京16所大学调查，因精神疾病休学、退学的人数分别占总的因病休、退学的人数的37.9%和64.4%，清华大学的调查表明，该校因精神疾病休学、死亡的人数分别占总的休学、死亡人数的51.3%和50%。精神疾病在不少大学已成为大学生辍学的主要原因。

（二）精神疾病呈上升趋势

北京16所大学调查，从1978～1988年10年间，因精神疾病休学的比例有所增加，1982年以前均在30%以下，1982年以后各年均达40%左右。不少高校的调查统计都证明了这一点。

（三）神经症是主要的精神疾病，而重度精神病危害极大

据北京16所大学调查，因精神疾病休学、退学的人中神经症患者分别为76.1%和54.8%。而神经症中又以神经衰弱为主。有的因神经症而休学、退学，但更多的仍在继续学习，然而他们的学习效率、生活质量、社会适应已受到严重影响。

重度精神病虽比例不高，但后果严重。北京16所院校中，因精神疾病退学的人数中，重度精神病占45.2%，因病死亡的17例中，有9例均为患重度精神病而自杀(6例为精神分裂症，3例为躁郁症)。

（四）心理健康状况不良者比例颇高

《中国青年报》1988年1月13日报道，据天津市高校体育卫生验收资料统计，在全市5万名大学生中，16%以上存在着不同程度的心理障碍，即有8千名大学生的心理状态不良，主要有恐怖症、焦虑症、强迫症、神经性抑郁症和情感危机等6种。《人民日报》1989年8月15日以"大中学生心理障碍应该引起社会重视"为题，报道了杭州市通过签定的"大中学生心理卫生问题和对策研究"的软科学项目的研究成果。该课题组对城乡不同类型学校的2961名大学生（男1523例，女1438例）的心理卫生测查发现，有16.79%的学生存在较严重的心理卫生问题，并且随年龄的增长，心理卫生问题亦有较大幅度上升，其中初中生为13.76%，高中生为18.79%，而大学生达25.39%。该研究报告显示，女学生心理卫生问题明显比男学生严重，农村学生比城市学生严重，非重点学校学生比重点学校学生严重。清华大学的普查资料表明，大学生中认为自己心理有问题的学生约占15%～17%，主动提出咨询的学生比例还要高于这个数据。据推测，随着独生子女大学生比例的迅速增加，心理不适应的学生还会呈现出增多趋势。甘肃省青少年教育研究所最近的几次心理健康调查表明，西北地区大学生的精神行为阳性检出率约为16.00%，心理处于不健康或亚健康状态的学生约占50%左右。苏州大学对2227名一年级学生的心理健康状况进行了调查。调查表明，大学生心理问题比较严重的学生达到7.1%。郑州大学医学院(原河南医科大学)1999年对大学生进行了明尼苏达多项人格测试(MMPI)及症状自评量表(SCL-90)心理问卷调查。明尼苏达多项人格测试(MMPI)结果：参加测试总人数1062人，其中无效测图151人，占14.20%；临床量表1项超出常态者254人，占23.91%;；2项超出常态者213人，占20.05%。MMPI结果1项异常者多提示其存在人格的偏异，如幼稚不成熟、内向，自我评价过高，控制能力差，男生缺乏男子汉精神，敏感多疑，人际关系紧张等；2项异常者则提示存在有心理问题，如：躯体紧张、情绪抑郁、焦虑、恐惧或精神症状如强迫、偏执等。症状自评量表(SCL-90)结果：参加测试总人数1 022人，可疑心理问题者234人，占22.89%。其中有症状166人，占16.24%；轻度52人，占5.08%；中度12人，占1.17%；重度4人，占0.39%。SCL-90结果异常提示存在心理症状如：躯体症状，情绪症状，精神症状和人际关系问题。以上情况表明目前高校大学生中存在的心理健康问题已成为高校中不容忽视。至于偶然出现的、或者轻微的、局部的心理卫生问题则或多或少地存在于许多大学生身上。它们对人的影响虽不如前述的那样严重，但亦在不同程度地干扰着大学生更好地认识自己、表现自己，阻碍着他们的生活质量和学习效率，影响着他们潜能的开发。有时正是这小小的一点障碍，往往不容易被大学生自己及外界所发现，因而更容易被忽视。但从大学生心理健康的角度来看，这却是一个应引起高度重视的大问题。

（五）性生理与性心理的矛盾

大学时期，性生理正成熟，而性心理正趋向成熟。大学生需要在大学校园里进行半封闭的紧张学习，性心理成熟落后与性生理成熟的现实，导致产生许多与性有关的心理矛盾。恋爱对青春期的大学生来说是生理和心理发展的必然所致。关键是如何处理恋爱和学习、纪律，与他人的正常交往，集体活动等的关系。否则就会陷入种种困惑而不能自拔。

1.失恋

学生在校期间，其重要的人际关系除了师生关系、同伴关系之外，更重要的是两性之间的恋爱关系，它对于大学生从某种意义来说，已不仅仅是恋爱本身，也是大学生自我价值和自我评价的重要来源和基础。可想而知，失恋会给当事人带来剧烈的心理创伤，会使他们处于抑郁、焦虑、自卑、悲愤甚至绝望的消极情绪中，失恋对于大学生心理健康的影响肯定是其人生中最为严重的心理挫折之一。一般有四种不良心理较为常见：自卑心理、报复心理、绝望心理、悲愤、迷茫消沉、心理单相思。

2.性别认同

性别的认同是指个体在心理上觉得自己是男是女，以及对自己现有性别和性征的喜恶。随着第二性征的出现，他们更加关注自身体像的情况。男大学生希望自己身材高大、英俊潇洒；女大学生希望自己身材苗条、面容姣好，都希望能对异性产生吸引力，能让同性羡慕。对于性别角色，男大学生希望自己强大有力，具有男子汉气质；女大学生则希望自己温柔可爱，美丽漂亮。但现实中，有很多女生可能对自己的身材发育不满意，为体型的胖瘦、五官的长相而烦恼；有些男生则对自己的生殖器不满意，为自己身材矮小而苦恼。他们会将其看着自身的缺陷，产生焦虑、自卑等消极情绪，甚至成为性发育上的思想负担和心理障碍，以影响人际交往、学习和生活。

3. 婚前性行为

婚前性行为是一个较为宽泛的概念。这里所说的婚前性行为特指男女双方在恋爱期间发生的性交行为。其特点是双方自愿进行，不存在暴力逼迫；没有法律保证，不存在夫妻之间应有的义务与责任；容易产生一些纠纷和严重后果。

虽然婚前性行为并不等于心理不健康，但是由此而导致的价值观念冲突、内心矛盾、家庭和社会问题却可以诱发心理问题。当然婚前性行为本身就表明当事人存在着性伦理道德观、性阈限、自制力等方面的问题。另外，婚前性行为还会为性病传播提供条件。因此，不管是因为什么原因发生的婚前性行为，都容易对当事人造成心理或生理的伤害。

二、大学生的心理问题及其表现

（一）大学生的一般心理问题

1. 环境应激问题

该问题主要表现在：①学校环境的变迁。学校环境对大学新生尤其有重要影响。陌生的校园，生疏的群体，开始独立生活，自己解决问题，所有这些都会给每个大学生带来不同程度的环境应激。当这种应激超过限度时，就会造成心理问题，出现失眠、食欲不振、注意力不集中，以及烦躁、焦虑不安、悲观、苦闷、神经衰弱等不良情绪，甚至可能出现擅自离校的冲动。②学习条件和方法的变化。许多大学生在入学前是当地的学习尖子，在大学这个集中了众多优秀人才的集体里，采用许多与高中不一样的学习方法学习全新的大学教材，这些情况也会使大学生心理上承受较大压力，造成心理问题。③生活习惯的变化。大学的学生来自五湖四海，不同的地理位置，不同的风俗习惯，不同的家庭背景等所造成的心理应激也往往会影响到正常的学习、睡眠等活动，形成心理问题。

2. 与自我有关的不适应

主要表现在：①"理想自我"与现实矛盾的不适应；②在"发展自我"过程中的不适应；③自我统一性的确立及其混乱等方面。理想中的"象牙塔"与大学现实生活的反差，在成长的过程中外界的压力与自身脆弱的矛盾，生活体验的加深所带来的对自身所处的客观世界及生命本源的越来越深入的思考等，这一切都会不可避免地造成一些大学生心理方面的问题。其它还有人际关系及人格中的问题，与性有关的不适应等。

（二）大学生的心理障碍及心理疾病

心理障碍是指影响个体正常行为和活动效能的心理因素或心理状态。也有人认为心理障碍是心理异常和心理疾病的表现，但还没有达到心理异常或心理疾病的程度。大学生的心理障碍主要有：

1. 智力障碍：通常表现为智力活动的不协调和低能，主要有：感知障碍、记忆障碍和思维障碍。

2. 情感障碍：主要表现为情绪极不稳定，机体的反应与刺激强度、性质不相称，自我调节和控制能力低下，情感过程反常。常见的有：情感引发与反应障碍、病理性情感异常、情感协调性障碍、情感发育障碍与退化等几种。

3. 意志障碍：表现为行为受直观感知、简单动机或情感冲动所支配，缺乏行为的目的性和一致性。主要有意志衰竭和意志倒错等。

4. 意识障碍：表现为对外界的意识清晰度或意识范围以及自我意识的障碍。

5. 人格障碍：也叫病态人格，是一种人格发展的内在不协调，是在没有认知过程障碍或没有智力障碍的情况下，出现的情绪反应、动机和行为活动等的异常。可大致分为偏执型、分裂型、情绪高涨或低落型、爆发型、强迫型、癔病型和衰弱型等几类。需要说明的是，有些正常的人格有时也可能具有病态人格的近似特征，但其持续时间和强度并未超出正常的限度。心理不健康的进一步恶化，就会导致心理疾病。主要表现为心身疾病、神经症和精神病等。

心身疾病是一种主要由心理因素引起的躯体上的疾病。其症状表现是生理的，但其起因却是心理的，没有直接的生理病因。如偏头疼、原发性高血压等。大学生中的心脏病、胃或十二指肠溃疡、肺结核、支气管哮喘、月经失调及某些皮肤病等，均与精神因素有关。神经官能症是一种非器质性的心理疾病，即神经系统并没有器质性的病变，而仅仅是功能的降低或失调。它是最常见的心理疾病之一，在大学生中最常见的有神经衰弱、癔病、焦虑症、强迫性神经症、恐怖症和器官性神经症等。严重的心理变态则表现为在所有精神病中发病率最高的精神分裂症。精神分裂症的致病原因十分复杂，至今医学上尚无定论，但心理因素往往是诱发或加重本病的重要因素。情感类精神病是一类以情感活动过分高涨或低落为基本症状的精神病，在青年或学生中主要为一般性躁狂抑郁症和反应性抑郁症。

（三）影响大学生心理健康的因素

大学生心理健康问题的存在有着诸多原因，影响大学生心理健康的影响因素主要有：

1. 社会因素：指家庭、学校、社会等个体以外的客观因素。现代社会中，大学生面临的挑战很多，心理上存在着多方面的压力源。一是来自于社会责任的压力；二是来自于生活本身的压力；三是来自于竞争的压力；四是来自于整个社会节奏不断加快所带来的压力，特别是十分严峻的就业形势给在校大学生带来的压力。这种压力感过于沉重，就会出现心理障碍。

2．学校文化环境中的消极因素：学校作为亚社会，学校文化作为亚文化对大学生心理健康的影响是直接而深刻的，其不利因素主要表现在人际关系复杂化、学习生活的紧张化和业余生活的单调化以及当前学校片面贯彻应试教育，忽略素质教育的培养体系。

3．个体生理因素：主要包括大脑的器质性病变、躯体疾病、遗传因素、神经系统的先天性不健全等。

4．个体心理因素：是影响大学生心理健康的主要内因。

第三节　体育活动对大学生心理健康的影响

一、身心健康的关系

（一）身心关系的解释

人们对身心关系的认识是逐步发展的。在哲学领域中较早论及到身心关系，通常，基本的哲学观点可被分成一元论和二元论。具体地说，又可分为以下6种理论：

1．唯心论

该理论认为，唯有精神存在，对世界的认识是建立在对心理事件的知觉基础上的，所假设的知觉基础的物质只存在于人们的精神之中。

2．唯物论

该理论指出，唯有身体存在，身体才是一个真正的原子和分子的世界，而精神仅是一种幻觉。

3．万物有灵论

该理论声称，精神控制身体，但精神不受身体的影响。精神活动引起身体现象，但物质事件不能引起精神事件。

4．副现象论

该理论与万物有灵论的观点正好相反，认为身体事件引起精神事件，精神活动被看成是来自大脑的秘密。

5．相互作用论

该理论的基本观点是，身体和灵魂、大脑和心理、物质过程和精神过程同时存在，它们之间相互影响，关键问题是，非物质的精神如何影响物质的身体和生理过程，以及这些过程如何影响心理事件。

6．双面论

这一理论指出，精神是大脑的特性，也是大脑的一个不可分离的部分，精神被理解为来自大脑特别部分的自我知觉。

近30年来的研究表明，人的生理和心理之间存在着相互作用的关系。生理健康有助于心理健康。例如，塔科(Tucker)1990年的研究显示，生理健康水平较高的被试者，其心理抑郁水平较低。同样，人体生理方面的疾病或异常情况会引起行为或心理方面的症状。例如，病菌侵入大脑中枢神经或大脑神经中枢受到损伤，患者会神智不清，空间、时间和人物的定向能力会大为减退，记忆、推理和计算能力会显著下降。再如，甲状腺素分泌过多时，人体的新陈代谢速度会加快，同时个体会有紧张反应：肢体颤抖、情绪激动，注意力难以集中，焦虑不安和失眠等等。反之，当甲状腺素分泌不足时，新陈代谢的速度会减慢，患者的心理活动会趋于迟钝。具体表现为反应缓慢、记忆力减退，且有抑郁倾向。

人体的心理健康状况也同样影响着生理健康。我国著名心理学家潘菽教授曾指出："事实证明，不仅有害的物质因素能造成各种各样的身体疾病和精神疾病，有害的心理因素也同样可以起到这样的作用。所谓心身疾病或心理生理疾病或如大家所熟悉的医源性疾病，就是由明显的不良心理因素造成的"。据美国某综合性医院门诊部对前来就诊的病人进行的研究，发现65%的病人的疾病与社会逆境引起的压抑心理有关，35%的病人在很大程度上是情绪不好而引起疾病的。英国的一位医生曾调查了250名癌症患者，发现其中的156人在患病前经受过重大的精神打击。由此他得出结论：压抑情绪易导致癌症。

综上所述，生理健康与心理健康有着相互影响和相互作用，生理健康是心理健康的基础，心理健康有助于生理健康。一名健康者应该是在这两方面和谐统一的。体育活动既是一种身体活动，也是一种心理活动。从事体育活动不仅有助于生理健康，也对心理健康有积极的作用。

（二）生物学和心理学理论假说

1. 生物学理论假说

属于生物学理论假说的有以下三种理论：

第一种理论认为，体育活动引起的体温升高可使人产生短期安静的效果。该理论基于脑干温度的变化，可使肌梭活动和大脑皮层电活动减少，从而引起放松状态。5min的热水浴可以降低状态焦虑这一事实说明了提高身体的温度可以改变脑单胺(其中包括诸如去甲肾上腺素、肾上腺素、5-羟色胺和多巴宁等神经递质)，而抑郁症患者血液中的这些物质含量均较低。这种理论似乎有道理，但缺乏研究。

第二种理论指出，体育活动可以促使人释放儿茶酚胺，而高水平的儿茶酚胺是与愉快和积极的心境状态相联系的，低水平的儿茶酚胺可能使人产生抑郁感。研究发现，人的儿茶酚胺(尤其是其中的去甲肾上腺素)随着体育活动而增加。

第三种理论假设，体育活动可导致内啡肽的释放。该化学物质具有像麻醉剂一样的效应，可使人愉快和减少疼痛。由此，研究者认为体育活动具有与内啡肽一样的效果。法雷尔(Farrell)等1982年的研究指出，体育活动能使脑下垂体分泌出来的内啡肽释放到血液之中，并使人提高情绪水平。

2. 心理学理论假说

属于心理学理论假说的有以下几种理论：

第一种理论认为，体育活动可促进身体健康，而身体健康又可提高个体的控制感和自我效能感，因为体育活动给个体提供了体验控制感的情景，也可以使个体从中更多地获得竞争感和成功感，从而使自我效能得到提高。亚伯罗姆森(Abramson)1978年指出，抑郁感是由于多次感受到对生活所发生的事无法控制，并将失败归于内部因素而形成的。因此，在体育活动中所体验到的成功感和控制感，对于削除人的抑郁情绪具有积极的影响。

第二种理论假设，体育活动可以转移个体不愉快的意识、情绪和行为。由于人生活在错综复杂的社会中，经常会产生烦恼和忧愁，体育活动具有使人忘却这些不愉快的事情，从痛苦的体验中摆脱出来的作用。

第三种理论指出，体育活动可使人产生恍惚的状态。恍惚状态是一种"变更意识的状态"。它可能发生在活动30~60min之后，这个状态是个体专心于体育活动的结果。虽然对产生这种状态的频率存有争议，但有一点是基本公认的，即低强度的变更意识状态是时常发生的。格罗夫(Grove)等人1993年做的一项研究显示，个人的和情景的因素可能与个体在活动期间"变更意识的状态"的程度有关，特别是催眠性暗示和对任务的熟悉程度可能会增强锻炼者的变更意识的状态。

值得提及的是，体育活动对心理健康的积极作用可能是锻炼者体验到变得健康的感觉，而不一定是实际健康的程度。换言之，健康的感觉与心理功能改善的关系更加密切。例如，金(King)1989年的研究发现，120名中年人在体育活动6个月之后的健康感觉，导致了心理功能的积极转化。这可能是锻炼者自我效能提高的结果。

总之，尽管有各种各样的理论假说试图去解释体育活动与心理健康之间的关系，但到目前为止还没有一种理论有充分的科学依据能说明这两者之间的关系。每种理论又都是从某一角度来解释这两者之间的关系的，尚缺乏一种综合性的理论来说明体育活动与心理健康之间的关系。

二、体育活动特征与心理健康的关系

研究表明，体育活动的各种特征，如活动类型、强度、持续时间等都对心理健康具有重要影响。

（一）体育活动的类型

体育活动的类型包括竞技运动与娱乐运动；有氧运动(低强度、长时间)、无氧运动(高强度、短时间)或两类结合的运动；集体运动和个人运动。哪一种活动类型更具有良好的心理效应呢？伯杰(Berger)1988年指出，有氧运动、封闭式运动、没有人与人之间竞争的运动，有助于锻炼者的心理健康。国外有些研究显示，有氧运动同样能有效地减少抑郁情绪。然而在有些情况下，有利于心理健康的活动方式不一定有利于身体健康；反之亦然。但是，不管是哪一种体育活动类型，锻炼的心理健康效应与与个人的喜爱程度以及与是否能从某一种活动中取得乐趣有一定的关系。

我国有学者已经开始研究体育活动的类型与心理健康的关系。李季、季浏1998年采取实验研究方法，通过研究得出以下结论：

1. 小学生参加跑和游戏项目锻炼比参加球类和实心球项目锻炼更能取得较大的心理健康效应；

2. 中学生参加球类和游戏项目锻炼比参加跑和实心球项目锻炼更能取得较大的心理健康效应；

3. 小学生参加不同项目锻炼后的心理健康效应无性别差异；

4. 中学男生参加球类锻炼、中学女生参加球类和游戏锻炼更能产生较大的心理健康效应。

（二）体育活动的强度

活动强度是指单位时间所作的功，人们常常用10S的心跳频率来作为评价强度的方法。体育活动的大、中、小强度与耗氧量密切相关，因此，人们也用耗氧量相当于最大吸氧量的百分数来衡量活动强度。人体是一有机整体，人体的最大吸氧量与心率之间存在着对应关系。为了便于实际操作的可行性，人们一般用心率指标来衡量活动强度。运动生理学和运动医学一般规定：活动的大强度相当于最大吸氧量的70~80%，即相当于最高心率的80~90%；中等强度相当于最大吸氧量的50%~60%，即相当于最高心率的65~75%；小强度相当于最大吸氧量的40%左右，即相当于最高心率的60%左右。人体的最高心率的计算方法是"220–年龄"。

目前，研究表明，体育活动的强度极大地影响着锻炼者的心理健康。大多数研究认为，中等强度体育活动能取得较好的心理效应。例如，伯杰(Berger)等人1992年的研究发现，有规律地从事中等强度(最高心率的65～75%)的活动有助于情绪的改善。斯蒂特(Steptoe)等人1998年的研究得出，中等强度的体育活动能够改善其焦虑、抑郁、紧张和疲劳等情绪状态；相反，大强度体育活动却可能增添焦虑、抑郁、紧张和疲劳等消极的情绪。研究还表明，长期进行中等强度的体育锻炼能够治疗非精神病患者的抑郁症。由于中等强度的体育活动比大强度的体育活动能持续更长的时间，更能被那些没有参加过激烈运动的人所接受。因此，大多数人而言，中等强度比大强度的活动更合适。当然，这并不意味着青少年就不能参加大强度的体育活动。

（三）体育活动的持续时间

体育活动的持续时间是指每次活动的时间长短和活动方案的时间长短。每次活动的持续时间和活动的强度有关，并且两者之间呈反比。活动的强度大，持续时间相应缩短；活动的强度小，持续时间可相应延长。对于每次活动的持续时间究竟多长才会产生良好的心理效果，有研究得出，每次活动时间在20～30min之间效果最为理想。有的研究认为，60～90min的活动时间会产生理想的心理状态，意见并不完全一致。吴晓强等人认为体育活动频数、持续时间、量与强度对心理健康存在着显著影响，体育活动时间增加到60min以上，运动次数每周3次以上，有不良心理倾向的人数降到5.13％。建议以每周锻炼3次以上，每次锻炼1小时以上，对改善心理健康的效果最佳。但一致认为持续时间过长或强度过高的竞赛活动不会产生良好的心理效果。皮特罗泽路(Petruzzelo)等人1991年对1989～1990年的104项有关体育活动对焦虑控制作用的研究进行元分析，结果得出：每次活动必须长于20min才能有效地减少焦虑情绪。伯杰(Berger)等人1992年的研究发现，情绪的改善可能与练习活动的特征有关，锻炼者每次从事20～60min活动都有助于情绪的改善

目前，大多数学者在研究时所制定的活动方案，一般是在8～15周。究竟活动方案的持续时间多长才会产生理想的心理效果？诺思(North)等人1990年在回顾了80篇研究报告后指出，随着练习总时间的增长和练习次数的增多，体育活动所产生的心理效应会增强。罗斯塔德(Rostad)等人1996年的研究结果也支持了诺思等人的结论，他们指出，对于焦虑患者来说，活动方案的持续时间越长，体育活动的心理效果越好。

（四）体育活动的频率

活动频率是指每周的活动次数。体育活动的心理效应究竟能够维持多久尚不清楚，活动频率与该问题密切相关。尽管学者们在研究这一问题时所采用的活动频率不很一致，但大多数研究所采用的活动频率是每周2～4

次。例如，鲍思奇(Bosscher)1993年所做的有关体育活动对降低抑郁作用的研究，朗(Long)1993年所做的有关体育活动对降低应激水平的研究等，所采用的活动频率都是每周2～4次。研究结果均表明，体育活动的这种频率具有明显的心理效应。

三、体育锻炼对大学生心理健康的影响

研究和实践表明，有规律的体育活动可以增强体质、促进身体健康，对于预防和治疗心血管疾病、糖尿病、骨关节炎和肌肉、皮肤性疾病也具有重要的作用。然而，在现实生活中，人们并非了解体育活动可以改善情绪、增强智力、消除心理障碍等。80年代后期以来，国内外日益增多的事实显示，体育活动对于人的心理健康具有明显的积极影响，可以提高生活满意度和生活质量。实际上，体育活动既是身体活动，又是心理活动和社会活动，不仅利于身体健康，而且对人的心理健康和社会适应也具有积极的作用。

（一）体育活动有助于智力的发展

智力是学生圆满完成学习任务的基础条件。大量事实表明，正常的智力是正确认识世界的前提，是心理健康的基础。经常参加体育活动可以提高人的智力功能，不仅使活动者的注意、记忆、反应、思维和想象能力得到提高，还可以使其情绪稳定、性格开朗、疲劳感下降等，这些非智力成分对人的智力功能具有促进作用。吴晓强以全国21省市的普通高校高水平篮球运动员216人（男106人，平均年龄22.5岁；女110人，平均年龄21.2岁）为实验组；普通大学生247人（男135人，女112人）为对照组。测试工具选用"瑞文标准推理能力测验量表"（中国修订本），利用集训和参加全国比赛的机会对运动员进行团体测试，整个测试过程严格按照所规定的程序执行，采用模板评分。测试过程给予统一的指导语，随机抽样集体测试，记分是参照标准答案每答对1题得1分，各系列满分为12分，5个系列分数之和即为测验总分，满分为60分。由被试所得总分为原始分数，然后根据瑞文标准测验平滑百分等级换算成标准分，以得到该被试在某年龄组中智力的相对百分等级，再依据智力水平分级标准将百分等级纳入换算为智力水平等级（共分5级）。研究结果：篮球运动员的智力水平总体上属中等水平，与普通大学生无显著差异；篮球运动员的智力倾向与知识结构相关，说明智力对选才具有一定的参考价值和意义。由此可见，篮球训练不单纯是体能和技能训练，而应该是体能、技能训练与智力开发并重。而我国篮球运动员文化素质程度偏低，知识面过窄，影响运动技能的掌握和技、战术水平的发挥。建议在大学生篮球教学训练中，应考虑传授的知

识结构体系是否合理、完善，通过迁移培养、发展和丰富大学生的智力结构，以适应现代篮球运动发展"专而通博"的需要。运动训练年限与篮球运动员的智力水平呈负相关关系。除文化学习时间少的因素外，也与传统落后的教学模式和方法有关。应加强智力创新，训练创新研究。

体育活动对智力发展的作用主要表现在：

1. 体育活动有助于增强神经系统的功能

体育活动不仅能使神经系统的兴奋和抑制过程更加集中，使其对体内外刺激的反应更加迅速、准确，为智力的发展奠定物质基础，而且还可以提高人的视觉、听觉、本体感觉、神经传导速度、神经过程的均衡性和灵活性，促进神经系统功能的增强。例如，一般人从感受到信号(如见到光或听到声音)，到立即作出反应的时间为0.3～0.5s，而经常从事体育活动的人只需要0.12～0.15s。

2. 体育活动有助于提高脑力劳动的工作效率

人的随意活动主要是通过大脑皮层来调节的，学生在学习科学文化知识的过程中，大脑皮层的有关区域常处于高度兴奋状态，并随着学习时间的延长产生保护性抑制，导致学习效率降低。在体育活动过程中，由于体力活动与脑力活动的合理交替，导致运动神经中枢兴奋，使得与文化学习有关区域的脑细胞得到休息，这样有助于消除脑力劳动所产生的疲劳，提高文化学习的效率。另外，学生体质的增强和健康水平的提高又能使其精力更加充沛，具有持久地承担比较繁重的文化学习任务的能力，并能充分地挖掘与开发学习的潜力。

3. 体育活动有助于发展想象力

想象是人脑对已有表象的加工、改造和组合并组成新形象的过程。经常参加体育锻炼可以培养丰富的想象力。从事体操、舞蹈、武术、健美操等项运动，需要在熟练掌握运动技巧的基础上，发挥想象力，借助原有的运动表象，经过大脑加工而重新编制自己需要的新颖套路；而篮球、足球、乒乓球、拳击、击剑等项运动，则要求在掌握基本技术的基础上，能根据复杂多变的场上情况，采用随机应变、变化多端的技、战术，达到战胜对手的目的。经过长期训练，可以有助于发展锻炼者的想象力。

4. 体育活动有助于发展思维能力

由于体育活动能有效地促进血液循环，提高呼吸系统的功能，使大脑获取更多的氧气，这样又给大脑的记忆和思维能力提供了必要的保障，能够发展大脑的思维能力。

体育是人类社会特有的现象，是人类为其自身需要而进行的一种创造。因此，体育与其他人类活动一样，有思维活动的参与。体育运动中任何运动技术、技能的掌握过程，都是人的智力和体力活动相结合的过程，它不仅需要逻辑思维能力，而且也需要运动思维能力，包括动作思维、战术思维等。60年代美国加州理工学院神经心理学家斯佩里的研究结果表明，大脑右半球专管人的整体、空间、形象、想象、模仿、直觉思维活动等，因此，在美术、音乐、体育、舞蹈的一些创造性活动中发挥重要作用。通过脑电图的研究表明，在进行运动操作时，右脑半球处于相对兴奋状态，可以认为参与体育活动能很好地开发利用右脑功能。

体育锻炼中的思维是以操作思维为主，其操作活动不是思考好了再做，而是一边做一边思考，一边思考一边做。动作的准确性、时间要求、顺序性、身体协调性等时空因素十分重要。因此，运动中的思维有别于人们一般概念中的逻辑思维。直觉思维也经常在体育锻炼中发挥作用。在运动中，人们的决策往往不是完全依据准确的知觉和严密的思维作出的，要不停地、快速地作出判断和预测，如球的落点、方向、反弹高度、对手的意图、与同伴的配合等，都需要依靠直觉思维来完成。

思维的敏捷性是体育运动中思维的重要特点。运动员的手快、脚快、动作快，是人们众所周知的，这是行为的外在表现，它依赖于心理的敏捷性，突出体现在思维的敏捷性上。

（二）体育锻炼有助于调节情绪

体育锻炼能产生丰富的情绪体验，改善情绪状态。情绪状态是衡量体育活动对心理健康影响的最重要的指标。人生活在错综复杂的社会中，经常会产生忧愁、紧张、压抑等情绪反应，体育活动则可以转移个体不愉快的意识、情绪和行为，使人从烦恼和痛苦中摆脱出来。大学生常因名目繁多的考试、相互间的竞争等而产生持续的焦虑反应，经常参与体育活动可使自己的焦虑反应降低。麦克门(MCLMAN)等人1993年的研究表明，经常参加身体锻炼者的状态焦虑、抑郁、紧张和心理紊乱等消极的心理变量水平明显低于不参加身体锻炼者，而愉快等积极的心理变量水平则明显要高一些。

体育活动之所以能够调节情绪、发展乐趣，其中最重要的原因之一就是体育活动的参与者能体验到运动带来的愉悦感觉，即个体参加体育活动后能产生满足、愉悦、舒畅等感觉，能力感也增强，这是与个体积极的感觉相联系的最优化的心理状态。心理学家们认为，适度负荷的体育活动能促使人体释放一种多肽物质——内啡肽，它能使人们在活动后直接感受到舒适愉快的情绪。因此，参加体育活动，尤其是那些自己喜爱和擅长的体育活动，可以使人从中得到乐趣，振奋精神，陶冶情操，从而产生良好的情绪状态。情绪为客观事物与人们的需要的关系所决定。体育活动本身蕴藏着许多对人的各种刺激，如竞争、冒险、克服困难、把握机会、追求不确定结果、体验成功与挫折等，这些都会相应地引起人们的各种情绪体验，这是体育活动本身特点所决定的，也是体育活动的魅力所在。

体育锻炼对情绪状态的改善常用于检查体育活动对心理健康影响的重要指标。体育锻炼对人的情绪状态具有短期效应和长期效应，短期情绪效应产生于活动过程中和活动的结束，能给锻炼者带来舒适和流畅的感觉，有人称之为"体育锻炼的快感"。在这种状态下，人们能忘我地投身于运动中，并产生来自于活动过程本身的直接兴趣和享受。体育锻炼对情绪的长期效应研究相对较少，有限的研究结果不尽相同。有研究结果显示，体育活动对人的情绪的长期效应是存在的，现实中我们看到许多人能常年坚持、风雨无阻地锻炼正是体验到了这一点。1984年海顿（HAYDEN）等人的研究表明，有规律的锻炼者比不锻炼者较少出现焦虑和抑郁情绪。

（三）体育锻炼能培养良好的情操和意志品质

在人类社会发展中，形成了许多社会性高级情感，如道德感、理智感、美感等，统称情操。体育锻炼可以有效地提高个人道德、集体荣誉感，还可以增强行为规范和遵守纪律的意识以及发展团结友爱，相互配合，相互帮助和关心集体的集体主义精神。良好的意志品质具有自信性、果断性、自制性、勇敢性等基本特征。体育锻炼中，由于生活实践和所受教育的不同，表现出来的意志在个体上有很大差异，有的意志坚强，雷厉风行；有的意志薄弱，优柔寡断。人体运动中意志具有不同的品质，真正坚强的意志是指向进步的方向，并且有崇高的社会价值。体育锻炼还能有效地培养良好的意志品质。意志品质指一个人的果断性、坚韧性、自制力以及勇敢顽强和主动独立等精神，是在克服困难的过程中表现和培养起来的。体育锻炼过程中需要付出一定的意志努力，包括需要自觉地克服客观上的困难（如动作的难度，外部的障碍，外界的影响等）和主观上的困难（如完成动作时的胆怯、困惑、畏惧的心理，身体的疲乏、酸痛等）。体育活动能有效地增强心理耐力，培养意志品质。增强心理耐力和加强意志锻炼是运动者有机体承受心理负荷的内在力量。体育锻炼中，对客观现实的认识过程是一个自觉地、有计划地不断克服困难的过程。在平时训练中，要设置各种困难，在与各种困难的斗争中磨练自己，培养积极的、压倒一切的取胜勇敢意志，特别是接近于极限的体力负荷是培养意志勇敢品质的最好手段，它不仅能使肉体，更重要的是能够使心理习惯于各种劳累和困难的重压，使自己的心理状态保持平衡，更好地增强心理耐力，培养和发展良好的心理品质。其次，根据运动项目特点，培养意志品质。由于运动项目不同，各个运动项目表现出其专项的意志特点。如武术中的攻防技术特点是打无定法，打无定式，对抗中因人而异，千变万化，有时会出现预料不到的打击，对此应着重培养勇敢、坚强意志品质；体操运动以语言和行为表现出来的意志行动具有一是与人的目的性相联系，二是与克服困难相联系的基本特征，应着重培养坚韧、自制、果敢的意志品质；球类运动的集体性与功守对抗性，构成了意志的多样性、复杂性和变化性，所以球类运动必须通过发展各种意志品质来完成：如控制情绪的意志努力、增强自信心的意志努力、克服肌肉紧张的意志努力、克服体力不支的意志努力、克服不认真松懈的意志努力、增强队员之间团结的意志努力等。这些意志努力的程度，直接影响运动员意志品质的表现，而且也影响着技战术水平的发挥。因此，球类运动要培养坚强的需要不间断、连续的意志努力。综上所述，体育锻炼能培养良好的情操和意志品质。

（四）体育锻炼能发展人的个性，完善个性特征

个性是指个体在其生理素质和个性心理特征的基础上，在一定的社会历史条件下，通过社会生活的实践锻炼与陶冶，逐步形成的观念、态度、习惯与行为。它是一个人比较稳定的生理、心理素质和社会行为特征的总和。性格是一个人对现实稳定的态度，并且表现在习惯化了的行为方式之中的个性特征。人们性格的个别差异是很大的，有人开朗、活泼、泼辣；有人深沉、冷静、缅腆；有人勇敢、自信、顽强；有人怯弱、自卑、脆弱；有人公正、诚实；有人自私、虚伪；有人谨慎有余而果断不足；有人大胆有余而细致不足等等。从生理机制上看，人在一定情境下所表现出来的某种态度和行为方式，都是大脑皮层在两种信号系统的基础上，按照现实关系建立起来的多层次、复杂的暂时神经联系系统的结果，也就是说，稳固的暂时神经联系系统，即动力定型在性格生理机制方面占重要地位。动力定型的稳定性和可变性是性格稳定性、可塑性的生理机制。德国心理学家艾森克（Hans. J Eysenck）通过人格类型研究提出两种假设：一是个体差异的假设；另一个是类型理论假设。他认为，个体的差异表现为产生兴奋和抑制的速度不同，兴奋和抑制的强度不同，抑制消除的速度不同，这种生理结构形成了人的特定的刺激——反应联系。他还认为，兴奋产生的较慢而且兴奋的强度也较强的个体倾向于形成外倾的行为类型；兴奋产生的较快而且兴奋的强度较强的个性倾向性形成内倾的个性类型。它们在神经受阻情况下趋向于形成心理病理混乱和抑郁性心理混乱等。据此假说提出了人格结构的三维模式，即三个基本的维度：①外倾(E)；②神经过敏(N)；③精神病(P)。N和P不仅限于病理性上的个体，同样适用于正常人。艾森克认为这三个方面都具有两极性，与外倾相对的是内倾，与神经过敏

相对的是情绪的稳定性，与精神病相对的是超我。相反人格是单一的，同时人的人格类型并非都处于两个中的一个极端，往往处于两个极端之间，在正常人中间几乎不存在绝对的极端人格类型。体育锻炼在促进个性的形成和发展中起着积极的影响，它不仅影响人体的生理属性，还能影响心理属性，促进身心的健全发展，同时还作为社会教化的手段来促进个性的形成和发展。

参与体育锻炼需要较强的自发性和经常性，所以对个性的影响较大。国外的有关研究表明，一个人幼小时期所获得的户外游戏的经验，在其长大后能够促使他积极参加体育锻炼，而且在运动中不可缺少的体力、技能、勇敢、果断、灵敏以及聪明、机智等品质，从中得到了锻炼。对于青少年来说，参加体育活动并使其成为生活的一部分，对促进他们的体力和技能是十分明显的，由此带来的成功感和满足感，以及来自伙伴的赞誉和肯定，更能促进他们个性的形成和发展。

在健康心理学和变态心理学领域中，有大量的关于A型行为特征与冠心病发生之间关系的研究。A型行为特征主要表现为急躁、争强好胜、易激动、整天忙忙碌碌、做事效率高。大多数研究显示，A型行为特征是产生冠心病的一个重要因素。目前的一些研究比较注重体育活动对改变A型行为特征的作用，以及重视体育活动对个性整体结构变化的影响。结果表明，力量训练和有氧运动均使受试者的A型行为特征发生了显著的积极的变化。

（五）寓美育于体育锻炼之中，促进身心健康的和谐统一

体育美育的一个重要特点就是寓教于乐，它往往通过生动的美的形象去吸引人，感染人，诱导人，使人自觉自愿地接受美的熏陶。

体育锻炼过程中实施的美育，主要集中在对身体美的教育。要求身体生长发育正常，身体各部分比例协调和健壮等；动作姿态则要求坐、立、行等姿态端正、轻捷、优美，通过优美协调而有节奏的动作，培养心灵的健康，积极向上，促进身体健康，提高体育锻炼活动中感受美、表现美、创造美的能力。健与美体现着人体的生理、心理的内在发展规律，如古希腊艺术中，著名雕塑家米隆的《掷铁饼者》、坡里克利特的《持枪者》，充分显示了体育运动与力量、健与美，即人体美和心灵美的统一。《奥林匹克宪章》指出："奥林匹克主义是将身心和精神方面的各种品质均衡地结合起来，并使之得到提高的一种人生哲学。它将体育运动与文化和教育融为一体。奥林匹克所要建立的生活方式是以奋斗中所体现的乐趣、优秀榜样的教育价值和对一般伦理基本原则的推崇为基础的"。它对当代体育起着重要的导向作用，它强调体育的人文价值，强调体育的真、善、美，强调体育应为人的和谐发展服务。作为社会文化重要组成部分的体育，是

贯穿在人类社会生活中的特殊的文化现象，它对人类从野蛮到文明，从生物人到社会人的转变起到了积极作用。回顾中国体育的发展史，从20世纪初刘长春首次代表中国参加奥运会，到许海峰奥运会零的突破，到悉尼奥运会中国进入三甲、中国足球冲入世界杯、中国女排重新夺冠、2008年北京申奥成功，人文精神的弘扬使体育得到了迅猛发展，从而促进了社会的发展。2008年北京奥运会最为核心的理念是"人文奥运"，它对人的本质的、感性的探索是对中国传统人文精神的集中概括，已成为人们在运动实践中精神追求的一种目标。它具极高的教育价值，能够使人们产生震撼、激励、鼓舞、教育和启迪等一系列审美效应，人们一旦对它有了理性认识，便自觉地接受它的影响，把体育锻炼作为一种教育因素，实现身体、心理、精神方面的均衡发展，促进身心健康的和谐统一。

（六）体育锻炼有助于确立良好的自我概念

自我概念是个体主观上对自己的身体、思想和情感等的整体评价，它是由许许多多的自我认识所组成的。包括我是什么人，我主张什么，我喜欢什么不喜欢什么等等。由于坚持体育活动可使体格强健，精力充沛，因而体育活动对于改善人的身体表象和身体自尊是毋庸置疑的。身体表象是指头脑中形成的有关身体的图象；身体自尊主要包括一个人对自己运动能力的评价，对自己身体外貌(吸引力)的评价，对自己身体的抵抗力和健康状况的评价。在正常人群中普遍存在着身体表象障碍，如有人学者报告，54%的大学生对他们的体重不满意；与男性相比，女性倾向于高估她们的身高和低估她们的体重，而且身体肥胖的个体更可能有身体表象和身体自尊方面的障碍。

身体表象和身体自尊与整个自我概念有关，其主要表现为，无论男性还是女性，对身体表象的不满意会使个体的自尊心降低(自尊是指自我概念的积极程度)，并产生不安全感和抑郁症状。特科(TUCKER)1983年的研究显示，肌肉力量与身体自尊呈正相关，也与情绪稳定性、外向性格和自信心呈正相关，并且，通过力量训练可使个体的自我概念的积极程度显著提高。有些研究调查了体育活动与女性身体表象和身体自尊变化之间的关系。例如，斯克雷纳(SKRINAR)等人1986年的研究表明，有氧运动提高了中年妇女对身体的内部意识和身体能力感；雷蒂克(RIDDICK)等人1984年的研究显示，身体活动对老年妇女和身体表象具有积极的影响。

（七）体育锻炼有助于改变睡眠模式

有人对健康者和不健康者的睡眠模式进行研究，结果表明健康与慢波睡眠和非快速眼球运动呈正相关。蒙哥马利(MONTGOMERY)1987年的研究显示，锻炼仅对有规律锻炼者的慢波睡眠有促进作用。并且，可能每天锻炼的时间和锻炼的类型是锻炼和睡眠模式关系的重要变量。其他的研究显示，动力性运动或有氧运动似乎能增加睡眠时间。而且，早锻炼比晚锻炼更可能使人产生较多的慢波睡眠，而睡觉前的静力性运动似乎能减少睡眠的潜伏期和慢波睡眠。

（八）体育锻炼有助于人际关系的改善

在现代的生产方式中，高技术的运用和单调工业化的生产使现代人在相对封闭状态下独立操作的可能性大大增加，从而造成人与人之间感情交流缺乏，人际关系疏远。体育活动则打破了这种隔离与孤独，让不同年龄、性别、职业的人相聚在运动场上，进行平等、友好、和谐的练习与比赛，使人们互相之间产生亲近感，他们不必用语言，有时只需要通过一个手势、一个眼神、一个动作就可以直接或间接地沟通信息，交流心声，自觉或不自觉地互相产生一种默契和交融。研究表明，与社会的积极联系会给个体带来心理上的益处。马塞(MASSIE)等人1971年的调查发现，外向性格者比内向性格者的社会需要更强烈，这种社会需要可以通过跳舞、球类、做操等集体性的体育活动来得到满足。由此可见，人们可以通过体育活动来结识更多的朋友，大家和睦相处、友爱互助，这种良好的人际关系将令人心情舒畅、精神振奋。

（九）体育锻炼能预防和治疗心理疾病

据国外报道，许多国家已将体育活动作为预防和治疗心理疾病的一种重要手段。据基恩调查，在1750名心理医生中，有60%的医生认为应将体育活动作为一种治疗手段即宣泄疗法来治疗焦虑症，80%的医生认为体育活动是治疗抑郁症的有效手段之一。尽管目前对一些心理疾病的病因以及体育活动为什么有助于心理疾病的减缓和消除的机制尚不完全清楚，但体育活动作为一种心理治疗手段在国外已得到广泛应用。临床研究表明，慢跑、散步等中低强度的有氧运动，对治疗抑郁症和抗抑郁效果十分明显，能减轻症状，增强自信心。因为抑郁是以压抑为主导的消极情绪状态，而运动是以兴奋和充满活力为特点的积极情绪状态。因此，抑郁者参与运动显然能产生积极的效应。体育活动还可以为郁积的各种消极情绪提供一个发泄的机会，使遭受挫折后的冲动通过运动得以转移和缓解，避免心理障碍的产生。

第五章 体育锻炼的科学基础

第一节 身体素质

人的一切随意运动，无论是日常生活，还是生产劳动、军事训练或体育运动，都是在大脑皮质支配下的肌肉活动。人体肌肉活动的基本能力可以表现在很多方面，如肌肉收缩力量的大小、完成单个动作频率的快慢、体位移动一定距离的速度、保持肌肉快速工作能力的长短以及长时间持续工作的能力等。通常，我们把人体在运动中所表现出来的力量、速度、耐力、灵敏及柔韧性等机能能力称为身体素质。

从事任何一项运动训练，都能在一定程度上改善人们所有的身体素质，同时又主要地影响着其中一种或几种素质的发展。例如，短跑训练主要发展速度，但也同时改善人体的力量和耐力。又如，以发展力量和灵巧素质为主的竞技体操，也多少能影响速度和耐力的发展。由于运动技能与专项运动素质具有共同性，所以从事专项运动训练的出色运动员在进行其他运动项目时，都比不从事体育锻炼者表现出更大的工作能力。

一、力量素质

（一）力量素质的概念

力量是在肌肉紧张或收缩时所表现出来的一种能力。

肌肉力量是由三种因素组成的：

1. 完成动作时肌肉群收缩的合力，这主要取决于参加运动的每一块主动肌的最大收缩力，它可以通过逐步增加阻力的训练而得到增长。

2. 主动肌同对抗肌、协同肌、固定肌的协调能力，此因素取决于各有关肌肉群收缩的协调能力，可以通过专门练习得到改进。

3. 骨杠杆的机械率，这取决于肌肉群的牵拉角度、每个杠杆的阻力臂和力臂的相对长度；有时这个比率可因身体某部位置的改变而向有利方面转变。

由于肌肉收缩有等长和等张两种形式，所以肌肉力量亦分静力性和动力性两种形式。静力性力量是肌肉作等长收缩时产生的力量，称为等长性力量，即肢体不产生明显的位移运动，而是维持或固定肢体于一定位置和姿势，例如体操中的支撑、悬垂、倒立等。动力性力量是肌肉作等张收缩时所产生的力量，肢体产生明显的位移，使人体或器械产生加速度运动.例如蹬离地面、投掷器械等。

动力性力量又可分为重量性力量和速度性力量。

重量性力量——重量性力量的大小主要由肌肉工作时所推动的器械的重量来衡量，而动作的速度基本上变化很小，例如举重就是如此。

速度性力量——这种情况的器械的重量是衡定的，而依靠肌肉的快速收缩来使器械获得加速度，由器械运动的加速度来评定力量的大小。这种力量称为速度性力量。例如球类运动中的击球、踢球，基本都属于此类。

（二）力量的重要性

力量素质在体育运动中是首要素质，在很多运动项目中，它是取得优异成绩的基础。如果说人体所有的运动几乎都是抗阻力而产生的，那么体育活动就要较日常活动抗更大的阻力。例，棒球击手如果在快速击球的同时用以更大的力量，将会使球出去更远。踢球也是一样。在球离开脚的一瞬间.球移动的速度取决于踢球的力量大小和速率。很明显，在体育运动中，如果其他方面相同，那么谁有较好的力量素质，谁就能取得较好的成绩。

力量是跑速的一个重要因素，因为使人体的运动达到和保持最高速度需要有足够的力量。

力量还与其他素质有密切的关系，力量也是肌肉耐力增长的一个因素。假设一个人最初能搬重物100次，如果他的力量增长50％，那在以后再搬动此物时就会觉得轻松，从而能搬运更多的次数。

力量也有助于灵敏的发展，因为适宜的力量可更好地控制体重来抵抗地心引力，从而更轻易地操纵身体。

（三）力量素质的生理基础

1.肌肉的生理横断面

力量的大小与肌肉的生理横断面积成正比。肌肉的生理横断面愈大，肌肉收缩时产生的力量也愈大。经过大量研究工作和实际经验证实，运动训练可使肌纤维增粗，可增加肌肉蛋白质的含量，它的主要成分是肌肉收缩时所用的肌凝蛋白。

2.神经系统的调节机能

神经系统的调节机能的改善制约着力量的增加，具体因素有如下几个方面：

（1）支配肌肉的神经中枢的机能改善；

（2）肌肉中每一运动单位发生最大的紧张性变化；

（3）动员肌肉中更多的运动机能单位参加活动；

（4）肌肉活动过程中各种肌肉群协调性的改善。

后三方面的机能改善只有支配肌肉的神经中枢的机能得到改善，才有可能实现。要使机肉运动单位发生最大的紧张性变化和动员更多的运动单位活动，大脑皮质的中枢就必须产生强而集中的兴奋过程。皮质神经细胞发放一致的高频率的兴奋冲动，这样才能实现。

坚持训练可以改善神经控制和增强神经冲动的传递，使一些不活动的肌纤维也活动起来。训练水平低的人，肌肉只有60％的肌纤维参加活动，而训练良好者。肌肉参加活动的肌纤维可达90％。可见两块同样大小的肌肉，训练良好者的肌肉力量可以大30％。

3.肌肉收缩前的初长度

肌肉收缩时产生的力量与肌肉收缩前的初长度有关。换言之，在一定范围内，肌肉收缩前的初长度愈长，收缩时的力量也愈大。根据这一原理，在体育运动中往往要预先拉长某些肌肉的初长度，以获得较大的肌力。例如投掷运动中的引臂动作。这种牵张反射的机制，是由于肌肉得到来自中枢神经系统附加的一股冲动，使肌肉收缩要比没有这种反射性的冲动强。

4.肌肉的组织结构

肌肉的组织结构对力量的产生过程也有作用，如毛细血管网、结缔组织、脂肪等等。

力量训练可使肌肉中毛细血管网增加。由于活动而增大肌纤维对氧气和养料供应的需求，而训练可使毛细血管网增多来增加肌肉组织所需的供应，结果也改进了肌肉的功能。

肌肉组织中结缔组织增多，脂肪减少。经常进行体育锻炼或体力劳动的人，除肌肉的体积增大外，还因经常对肌肉的结缔组织造成附加的紧张，因此结缔组织变得厚而坚实，肌纤维变厚；由于力量练习的牵扯，肌腱和韧带的细胞亦增殖、长大和坚实；肌肉经过训练，可以减少肌肉内的脂肪。由于脂肪减少，所以在肌肉收缩时所产生的磨擦也减少，从而提高了肌肉收缩的效率。

5.三磷酸腺苷酶的活性

动物实验证明，力量训练习可使动物肌肉中肌凝蛋白含量增多。肌凝蛋白不仅是肌纤维中的一种收缩蛋白，而且还具有三磷酸腺苷酶的作用，它能催化三磷酸腺苷分解为二磷酸腺苷并释放能量。力量练习能使肌疑蛋白含量增加，所以就改善了肌肉的能量供应。

6.肌肉的贮氧能力

实践证明，力量训练可导致肌肉中肌红蛋白含量增加，从而使肌肉中的贮氧能力增加。

（四）发展力量素质的方法

1.动力性力量练习

动力性力量练习就是肌肉收缩和放松交替进行的负重练习，如做深蹲起，持壶铃深蹲起，捆砂袋跑步等用来锻炼下肢力量，负重体前屈锻炼腰部力量等均属动力性力量练习。

根据不同专项，所需要的主要力量素质也有所不同，所以必须结合专项特点进行训练。如短跑需要速度性力量，在训练中常采用负砂袋快速高抬腿跑、手持壶铃下蹲快速跳起、拖杠铃片快跑等方法发展速度性力量。投掷运动员为了发展上肢爆发力，常采用快速推杠铃等方法，因为只有快速地做动作，才能训练运动员各个肌肉群具有高度协调性。这一点特别对发展速度性力量和爆发力具有重要意义。

发展力量耐力，常采用重量不太大的负荷，如最大重量的60％。举起时不要求速度，但要求次数或坚持时间。这样，负荷不大，运动神经细胞不易疲劳，工作的持续时间就可以延长；肌肉的活动次数多，就可以使肌肉代谢过程加强，更有效地增加肌肉中蛋白质的含量。

2.静力性力量练习

静力性力量练习是肌肉在紧张用力时肌肉长度不发生变化的力量练习。静力性力量练习对提高绝对力量作用很大，它可以发展静力性力量和静力性耐力。如双杠上的直角支撑、单杠曲臂悬垂或举起一定重量并持续一定时间，都属于静力性力量；能够持续的时间越长，就越能够发展静力耐力。

静力性练习一般多采用较大重量的负荷进行练习，因为所负的重量越大，由肌肉的感觉神经传至大脑皮质的神经冲动也越强，从而引起大脑皮质指挥肌肉活动的神经细胞产生强烈兴奋，这些神经细胞经常受到这种锻炼，就高提了它们的兴奋强度，就能在每次肌肉用力收缩时，动用更多的肌纤维同时进行收缩，从而提高了肌肉的绝对力量。

静力练习可以训练大脑皮质神经细胞保持长时间兴奋。进行静力性力量练习时，肌肉群长时间持续紧张，使肌肉中血液供应发生困难，因此经过长时间静力训练，肌红蛋白含量增加，肌肉中毛细血管发生囊泡状变形，可以多容些血液，因此，在一定程度上可以弥补肌肉紧张时血液供应的困难。

3.等动练习

等动练习是利用一种器械进行的力量练习。等动练习器的结构是一个离心制动器上连一条尼龙绳，扯动尼龙绳越快，由于离心制动作用，器械所产生的阻力就越大，所以器械所产生的阻力总是和用力大小相适应。

如果采用动力性或静力性力量练习来发展划水的力量，肌肉群在整个活动过程中所受到的阻力只能是恒定的，这样就不能完全符合游泳运动时的真实情况。用等动练习器进行练习的特点是当骨杠杆处于有利位置时，肌肉便于用力，必然拉得快，器械产生的阻力就加大；当骨杠杆处于不利位置时，力量小，拉动稍慢，阻力就小些。所以，这种训练能在关节活动的整个范围内，都给肌肉最大的负荷，使肌肉所受的训练符合运动实际的需要。

二、速度与速度耐力素质

（一）速度与速度耐力素质的概念

速度素质——是人体进行快速运动的能力，速度素质的表现形式有反应速度、动作速度和周期性运动中的位移速度三种。

反应速度——是人体对各种刺激发生反应的快慢。如短跑从发令到启动的时间，球类运动员根据场上瞬息变化情况反应的快慢等。

动作速度——是指完成单个动作或成套动作时间的长短，如投掷运动员的器械出手速度、跳跃运动员的踏跳速度以及体操和武术运动员完成成套练习的速度等。

周期性运动中的位移速度是人体通过一定距离的速度，如短距离的跑速。短距离的跑速又包括加速度和最高速度两个因素。

速度耐力——是指人体在较长时间内保持快速运动的能力。

（二）速度与速度耐力素质的生理基础

神经调节：跑的速度和速度耐力，取决于步频、步幅以及保持这种最高步频和步幅的能力。步频的加快有赖于大脑皮质运动中枢兴奋与抑制的转换能力。牵引跑、顺风跑、下坡跑等训练法，就是借助外力使步频不得不加快来训练神经系统灵活性的。而维持最高速度的能力，则不仅与大脑皮质对来自本体感受器的高频率传人冲动的耐受能力有关，而且也和中枢系统对酸性代谢产物刺激的耐受能力有关。通过速度和速度耐力的训练，大脑皮质的机能均会得到提高。

中枢神经系统的协调关系：提高各中枢之间的协调性，能增快有关动作的速度，因为如果各协同肌群之间和它们与对抗肌群之间的协调关系得到改善就能减低因对抗肌群紧张而产生的阻力。因而更有利于发展速度。

如大腿前摆时的髂腰肌，股直肌收缩而大腿后肌肉群即时放松，减少阻力，才能使步幅加大，提高前进的速度。

肌肉纤维的特点：肌肉纤维可分为快肌纤维和慢肌纤维两种类型。前者呈白色，内含肌红蛋白较少，又称白肌纤维，适于快速用力，但不能持续过久，易疲劳；后者含肌红蛋白较多，故呈红色，又称红肌纤维。据报导，速度素质卓越的短跑运动员的肌肉中白肌纤维占优势，有人认为这是速度训练的结果，是速度素质提高的物质基础。但又有人认为速度训练并不导致肌纤维类型的变化，著名短跑运动员肌肉中白肌纤维所以占优势，是由于自然选择的结果。

能量供应的特点：进行速度和速度耐力项目的运动时，练习时间短，运动强度大，单位时间的能量消耗大，心血管系统和呼吸系统无法在短时间内供应足够的氧，所以速度和速度耐力练习中能量的来源大部分依靠肌肉中无氧代谢供给。

在速度和速度耐力训练中，三磷酸腺苷的再合成绝大部分是依靠无氧代谢释放的能量来实现的。但在速度和速度耐力性练习中，实现三磷酸腺苷再合成的具体途径是有区别的。速度性练习中，靠肌肉中磷酸肌酸分解释放出能量供给三磷酸腺苷的再合成，所以磷酸肌酸是速度素质的物质基础之一。人体肌肉中磷酸肌酸的贮备量不多，据估计，磷酸肌酸分解所释放的能量仅能维持人体的肌肉活动数秒钟。经过训练，随着速度素质的提高，肌肉中磷酸肌酸的贮备增加。

为了保持较长时间内快速运动的能力，仅依靠磷酸肌酸分解供能是不够的，还必须动员肌肉中的糖元进行无氧分解。肌糖元无氧分解中释放出来的能量可供肌肉中的三磷酸腺苷再合成，所以肌糖元及其无氧氧化能力是速度耐力的物质基础。经过训练，随着速度耐力素质的提高，肌肉中糖元的含量增加，同时其无氧分解能力亦增强。

（三）发展速度与速度耐力的方法

关于发展速度和速度耐力的力量训练问题，拿短跑来说，短跑速度取决于步幅和步频，而步幅和步频与运动员的下肢后蹬力量和动作的幅度有关。因此，发展短跑运动员的速度素质就同提高力量，特别是下肢力量有关。所以在短跑训练中要十分注意力量练习。

前面已提到过，大重量训练对发展力量素质有效，因为它能最大限度地提高蛋白质的代谢过程。但对短跑运动员安排力量练习所采用的重量，除了考虑对发展力量的效果外，更应考虑对发展速度的影响。根据实验结果，当采用本人所举起最大重量80%的重量进行练习时，效果最好，因为练习后血乳酸含量在几种重量练习中是最高的。说明这个练习对发展糖无氧代谢最好。如果重量加大，动作速度变慢，血乳酸含量则明显减少；重量减少时，血液中非蛋白氮含量较少，发展力量的作用又较差，所以安排80％的重量，效果最好。

力量练习和重复跑顺序的安排，对训练效果也有影响，如先进行重复跑再接着进行杠铃练习，运动后血乳酸为94.6毫克％。所以，从生物化学变化来看，发展速度耐力把杠铃练习放在跑前比放在跑后好。

作用力与反作用力：速度是对一个物体作用力量而产生的。人体代表物体，肌肉的收缩代表力量，若力量大于阻力就产生运动，当力量增大时，该物体运动的速度就会加快。

人体运动速度与作用力和反作用力有密切关系。肌肉收缩时产生作用力，只有克服了人体由于摩擦而产生的空气阻力、引力和惯性形成的反作用力，才能快速前进。因此，无论是反作用力减少或作用力加大，都能使速度加快。

运动员可以对各种情况进行分析，以便决定怎样做才能减小反作用力。游泳运动员为了减少水的阻力，以最小的体表面积接触前进的方向。

怎样增加作用力：研究证明。肌肉反复进行快速动作的训练，能提高肌肉的收缩速率，经过一定时期的训练就可以改善神经对肌肉的支配能力，提高肌肉的工作效率。而运动的速度与肌肉的收缩速率是成正比的。提高协调性，能提高动作的速度。

发展人体无氧代谢的能力，是发展速度和速度耐力的基础。在训练中常采用短于主项的重复训练法来发展速度；用超主项的加速跑、冲刺跑、间隔时间短的间隙跑以及把主项分为若干段落的变速跑等手段来发展速度耐力。

肌肉放松能力与速度的关系：近年来这个问题越来越被教练员和运动员重视。短跑运动中，剧烈的、重复的周期性运动能继续多久，这要取决于运动中被消耗能源的补充程度。正如上述，肌肉收缩时所需要的能量是由三磷酸腺苷的分解提供的，然而肌肉中现成的三磷酸腺苷数量是有限的，因这种快速的能量储备物约在8—10秒种内就用完了，于是短跑运动员就会出现减速现象。所以要想保持较长时间的最高速度，就必须在两次收缩之间，亦即肌肉放松的时间内继续进行三磷酸腺苷的再合成。如有氧的供给，这种再合成的效果就能提高几十倍。而提高肌肉放松速度，由于促进了全身的血液循环，就能给工作中的肌肉输送大量的氧气。因此，短跑运动员对肌肉放松的机能掌握得越好，就越能经济地使用能量，越能尽快地补充被消耗的能量，当然，速度耐力素质也就越好。

三、一般耐力素质

（一）一般耐力素质的概念

耐力——是指人体长时间进行肌肉活动的能力。也可以看作是对抗疲劳的能力。

从人体是一个完整统一体的观点看，应把耐力看作是全身耐力、肌肉耐力、心血管耐力和呼吸系统耐力的综合。耐力素质在各个运动项目中都是一个重要的基本素质，但不同的运动项目需要的耐力各有其特点，这里只分析一般耐力的生理特点。

（二）一般耐力的生理基础

大脑皮质的机能：大脑皮质具有长时间保持兴奋、抑制有节律转换的能力；大脑皮质中参加活动的运动中枢之间的协调性得到了改善，其表现为各中枢的兴奋和抑制更加精确。在耐力性练习中，运动机能单位可以轮流参加活动，这也是长时间坚持运动的原因之一；改善运动器官和植物性器官机能之间的协调性，内脏器官的活动强度能很好地适应运动器官的活动强度，吸氧量和需氧量能达到平衡，会出现"稳定状态"。

内脏器官的机能：内脏器官机能提高，能保证运动时间延长。人在进行耐力性运动时，血液循环、呼吸和排泄等器官的活动必须和运动相适应，以满足肌肉对营养物质和氧的需要，这样人才能长时间地运动。耐力素质好的人，心脑血管系统、呼吸系统、血液和其它器官对维持酸碱平衡的能力都有提高。如果血液中碱贮备含量增多，可及时中和进入血液的乳酸。

能量供给特征：耐力性练习持续时间长，运动强度较小，单位时间内消耗能量并不太大，心血管系统和呼吸系统可以保证供给每分钟需氧量，所以耐力练习中的能量绝大部分由有氧代谢供给。人体有氧代谢能力的高低，是一般耐力素质的生理基础。

耐力训练可使肌肉中氧化酶的活性增强，肌肉中能源物质的贮备量可得到提高。

（三）发展一般耐力素质的方法

提高心血管耐力，是提高耐力素质的重要因素。心血管耐力，是循环系统保证机体长时间肌肉活动时营养及氧的供应和运走代谢废物的能力。那么，多大的训练负荷量才能达到此目的呢？库珀提出，心率高于每分钟150次，最少维持5分钟。卡沅南曾推荐，在每一次重复训练中，心率最少要提高到安静时心率加上最大心率与安静时心率之差的60％水平。归纳公式如一下：运动时心率＝安静时心率+(最大心率—安静时寸心率)×60／

100。

重复练习的间歇时间，应取决于训练的目的和对象。一般认为，以脉博频率恢复到每分钟120—130次时再进行第二次练习较为适宜。这个时间通常约需要3—4分钟，因为这时心血管系统仍保持在较高的机能水平上，这时再进行下一次练习，对增加心输出量有良好的作用。

四、灵敏和柔韧素质

（一）灵敏素质

灵敏是运动员在运动活动中所表现的一种复杂的综合素质。灵敏素质可以说是运动员的运动技能和各种素质在运动活动过程中的综合表现。它在躲闪、Z字跑、急停和起动等活动中，以及迅速改变身体位置时都能表现出来。例如，足球运动员晃动后带球灵敏地越过对手，篮球运动员切入、急停、空中跳起投篮；滑雪运动员为了保持正确的技术动作而连续不断地改变姿势来维持平衡和控制动作等。

不同的运动项目，灵敏素质也各有其特点。灵敏素质只有在运动技能掌握熟练后才能表现出来，因为运动技能掌握的数量越多，在运动活动中动作就愈显得灵敏。这是通过大量训练后，大脑皮质的灵活性和可塑性提高的结果。这时，运动员的运动技能就可以随心所欲迅速转换。

灵敏素质的发展与各种分析器的机能改善有密切关系。因此，在动作过程中能够表现出在空间和时间上的定向定时能力，表现出动作准确，变换迅速，提高运动分析器的敏感性，是特别重要的。

在对抗运动中，还要求一种随机应变的灵敏素质。如，球类、击剑、摔跤等运动中，必须在不断变化的外界条件下进行活动，因此随着形势改变，动作的性质、强度都要有急骤变化。并且，这些变化还不能事先预料到，而是随着形势的变化来迅速精确地加以判断，并且当机立断地完成各种动作。这种复杂的灵敏素质，只有在极其巩固的运动技能基础上才能实现，并且是第一、第二级信号系统的分析综合能力高度发展的结果。它必须通过比赛环境才能培养出来。

由此可知，要提高运动员的灵敏素质，必须提高大脑皮质神经过程的灵活性。通过让运动员随各种信号改变动作的训练可以提高灵敏素质，同时也能熟练掌握多方面的运动技能，教会运动员在运动环境改变时应如何改变自己的动作。同时，还要具有速度、力量和柔韧性的保证，才有可能充分表现灵敏素质。

影响灵敏素质的其它原因：

1．年龄与性别——从儿童开始到12岁左右，灵敏素质稳定地提高；然后进入(13—14岁)快速生长期，灵敏素质也随之快速发展，但有时反而降低。快速生长期后，灵敏性又逐渐稳定地提高，一直到成熟期。在青春期以前，一些少年男孩比女孩稍有灵活性，在青春期后，男孩的灵敏性比女孩子高得多。

2．体重——体重过重会明显影响灵敏素质的发展。体重过重会使身体各部分的惯性加大，降低肌肉的收缩速度，因此在进行改变方向时动作速度会减慢。

3．疲劳——疲劳的产生必然降低灵敏性，因为疲劳对灵敏的有关因素(如力量、反应时，运动速度和爆发力等)有不良影响，特别是疲劳会使动作失去协调性。

（二）柔韧性

影响柔韧性和关节活动范围的因素有：关节的骨结构；关节周围组织的体积大小；跨关节的韧带、肌腱、肌肉和皮肤的伸展性。第三个因素对提高柔韧性关系最大。

柔韧性不仅决定于结构方面的改变，而且也决定于神经系统支配骨骼肌的机能状态，特别是中枢神经系统调节对抗肌之间协调性的改善，以及对肌肉紧张和放松的调节能力的提高。

肌肉的随意放松能力，与中枢神经系统支配骨骼肌的神经细胞的抑制深度有关。训练程度高的运动员肌肉的随意放松能力很高，这与神经过程分化抑制的发展程度有密切关系。

在运动中，肌肉活动的协调性改善，特别是对抗肌之间的协调能力提高，能保证动作幅度加大。此点对某些运动项目有特别重要的意义，因为肌肉的初长度对力量的发挥有重要影响，特别是在速度性力量上表现得更为明显，故柔韧性的提高有助于力量加大。

提高柔韧性可采用拉长肌肉和结缔组织的方法，一般有两种：即爆发式的方法(急骤地拉长)和慢张力的方法(静力性的拉长)。这两种方法均能有效地提高柔韧性，但慢张力法比较好，因为它超越关节伸展限度的危险性较小，不易引起损伤和疼痛，还能有意识地放松对抗肌，使之慢慢拉长。

柔韧性在同一个人身上，随着机体机能状态的不同而有一定的变化，譬如，刚睡醒后柔韧性较差，肌肉活动以后柔韧性明显提高。因此，在训练过程中准备活动也有提高柔韧性的作用，是防止运动中产生损伤的方法之一。

柔韧性与年龄的关系很密切：年龄愈大，柔韧性愈差。因此，保持和发展柔韧性，应当从小就开始。这一点在我国民间体育(如武术)和杂技训练中非常重视。实践证明，必须坚持系统的不间断的训练，才能保持与发展柔韧素质。

第二节　运动技能形成历程

运动技能是指人体运动中掌握和有效地完成专门动作的能力。这种能力包括大脑皮质主导下的不同肌肉的协调性。换言之，运动技能也就是指在特定的时间和空间里准确运用肌肉的能力。这需要用精确的力量和速度依一定的次序和时间去完成所需要的动作。运动技能的发展和提高，有赖于人们对人体机能规律的深刻认识和自觉运用。

一、运动技能的生理本质

（一）人的随意运动的反射本质

谢切诺夫曾提出"一切随意运动，严格地讲，都是反射"，并指出"脑的活动的一切外部表现，其实都归结为肌肉运动"。其生理机理被认为是：人的随意运动是从感觉开始，以心理活动为中继，以肌肉的效应活动而告终的一种反射。以后巴甫洛夫在《所谓随意运动的生理机制》一文中，从理论上阐明随意运动的生理机理是暂时性神经联系。他用狗建立食物——运动条件反射实验证明，大脑皮质动觉细胞可与皮质所有其他中枢建立暂时性神经联系，包括内、外界刺激引起皮质细胞兴奋的代表区在内。

实验还证明，切除了狗的任何两个肢体，经过20～30天后，狗能用残留的两肢重新学会走路，甚至能跑。此时如果把狗的大脑皮质切除，结果新获得的运动技能全部消失。如先把狗的大脑皮质切除后再切除两个肢体，则实施手术后再也不能恢复运动。

类似这样的事实，在人体上也能观察到。由于某些外伤造成肢体残废的人，经过长期训练仍可获得很多运动技能。而脑血管病变患者由于大脑皮质的兴奋不能向外传导，从而造成肢体瘫痪，不可能再形成新的运动技能。

综上所述，随意运动的生理基础是以大脑皮质为活动暂时性神经联系。因此，学习和掌运动技能，其生理本质就是建立运动条件反射的过程。

（二）人的运动条件反射形成的生理基础

在初生婴儿身上可以观察到许多先天的简单的非条件反射活动，如食物反射(吸吮、吞咽等)、防御性反射(对寒冷、疼痛、强光反应等)。以后，随大脑和各感觉器官的发育，在这些非条件反射的基础上，通过视觉、听觉、触觉和本体感觉与条件刺激物多次结合，就形成了简单的运动条件反射。例如，为使幼儿尽快学会某一动作，大人总是耐心地手把手地帮助幼儿做动作，这些被动的肌肉活动对形成运动条件反射具有重大意义。又如，让婴儿学会自己有抓握奶瓶吃奶的动作时，最初总是先给他奶瓶看(视觉刺激)，而后把奶瓶放在他手中，帮助他抓紧并且推放到他的嘴旁(被动动作)，然后他才吸吮到奶汁(无条件刺激强化)。多次这样结合之后，孩子看到了奶瓶就会伸出双手来抓紧奶瓶，并送到口中吸吮，于是这个动作就学会了。

在皮质中，因为视觉刺激引起相应的视觉中枢兴奋接着由于肌肉运动(被动或主动运动)引起相应的运动中枢兴奋，最后由于食物强化引起食物中枢兴奋。因为刺激多次恒定地出现，冲动按一定的顺序和间隔进入皮质使相应的神经中枢兴奋，各兴奋灶之间就会建立起暂时性联系，这时这个包括两个环节的运动条件反射就建成了。暂时性联系接通以后，每看到奶瓶，婴儿就会连续发生抓握动作及食物性运动和唾液分泌的反应。

随幼儿的生长发育，就能在旧有的简单运动条件反射基础上，形成抓握奶瓶坐着吃奶或更为复杂的运动条件反射。

人不仅能对具体的刺激建立条件反射，而且还能对抽象的刺激(语言、文字)建立条件反射，这也是人与动物建立条件反射的根本区别。人的思维活动便是在语言、文字条件反射的基础上发展起来的，它是形成概念、判断和推理的过程，是感性认识飞跃到理性认识产生正确思想的物质基础。所以，人建立条件反射的条件是极其丰富的，借助于第二信号系统的活动可以建立无数高级的、精细的、复杂的条件反射，因此，我们可以看到许多体育项目中出现的独特、惊险、优美和熟练的高难动作。

研究证明，运动技能的形成，有别于建立一般的运动条件反射。其不同点有下列三个方面：

其一，参与形成运动条件反射活动的中枢不是一两个，而是许多个既有运动中枢，又有视、听、皮肤感觉和内脏活动中枢参与活动，这种反射是复杂的；

其二，反射活动不是单一的，而是一连串的，一个接一个，前一动作的结束便是后一动作的开始，彼此链锁；

其三，在条件反射过程中，肌肉的传入冲动(本体感受性冲动)起重要作用。没有这种传入冲动，条件刺激得不到强化，同时由运动中枢发放神经冲动传出至肌肉效应器官引起活动，这个复杂过程的条件反射就不能形成，运动技能就不能掌握。

由此可见，形成运动技能就是建立复杂的、连锁的、本体感受性的运动条件反射。在学会运动技能以后，大脑皮质运动中枢内支配的部分肌肉活动的神经元在机能上进行排列组合，兴奋和抑制在运动中枢内有顺序地、有规律地、有严格时间间隔地交替发生，形成了一个系统，成为一定的型式和格局，使条件反射系统化。大脑皮质机能的这种系统性称为运动动力定型。运动动力定型建立后，能使肌肉的收缩和放松有顺序地、有规律地、有严格时间间隔地进行，并符合动作要求的规格。因此可以更确切地说，运动技能的形成就是建立运动动力定型的结果。

这种运动动力定型越巩固，就越能轻松自如地完成动作。虽然，旧的动力定型表现有一定的巩固性，但是只要新的环境条件长时间地代替旧的环境条件，新的动力定型也会形成，这就是大脑皮质机能的可塑性。大脑皮质所建立起来的动力定型越多，动力定型的改建就越容易，大脑皮质的机能灵活性也越高。

运动实践证明，基本技术掌握得越多，愈熟练，则不仅学习新的运动技能越快，而且战术运用自如，在实践中才会有丰富的创造力，形成独特的技术风格。

二、形成运动技能的过程

运动技能的形成，是由简单到复杂的建立过程，实质都是在大脑皮质上建立暂时性神经联系的过程，并有其建立、形成、巩固和发展的阶段性变化和生理规律。只是每一阶段的长短，随动作的复杂程度而不同。一般说来，可划分为相互联系的三个阶段，或称三个过程。

（一）泛化过程

学习任何一个动作的初期，通过教师的讲解和示范以及自己的运动实践，只能获得一种感性认识，对运动的技能内在规律并不完全理解。由于人体内外界的刺激，通过感受器(特别是本体感觉)传到大脑皮质，引起大脑皮质细胞强烈兴奋，另外因为皮质内抑制尚未确立，所以大脑皮质中的兴奋与抑制都呈现扩散状态，使条件反射暂时联系不稳定，出现泛化现象。这个过程表现在肌肉的外表活动往往是动作僵硬，不协调，不收缩的肌肉收缩，出现多余的动作，而且做动作很费力。这些现象是大脑皮质细胞兴奋扩散的结果。在此过程中，应该抓住动作的主要环节进行练习，不应过多强调动作细节，这样才有助于更快掌握动作。

（二）分化过程

在不断的练习过程中，初学者对该运动技能的内在规律有了初步的理解，一些不协调和多余的动作也逐渐消除。此时，大脑皮质运动中枢兴奋和抑制过程逐渐集中，由于抑制过程加强，特别是分化抑制得到发展，大脑皮质的活动由泛化阶段进入了分化阶段。因此练习过程中的大部分错误动作得到纠正，能比较顺利地、连贯地完成完整动作技术。这是初步建立了动力定型。但定型尚不巩固，遇到新异刺激(如有外人参观或比赛)，多余动作和错误动作可能重新出现。在此过程中，应特别注意错误动作的纠正，多体会动作的细节，促进分化抑制进一步发展，使动作日趋准确。

（三）巩固过程

通过进一步反复练习，运动条件反射系统已经巩固，达到建立巩固的动力定型阶段，大脑皮质的兴奋和抑制在时间和空间上更加集中和精确。此时，不仅动作准确、优美，而且某些环节的动作还可以出现自动化，即不必有意识去控制而做出动作来。在环境条件变化时，动作技术也不易受破坏，同时由于内脏器官的活动与动作配合得很好，完成练习时也感到省力和轻松自如。

形成运动技能的三个过程是相互联系的，各过程之间并没有明显的界限。训练水平高的运动员在学习掌握新动作时，泛化过程很短，对动作的精细分化能力强，形成运动技能快。运动新手在学习新动作时，泛化过程较长，分化能力较差，掌握动作较慢。动作越复杂，泛化过程就越明显，分化的难度也就越大，形成运动技能所需要的时间就越长。

但是，动力定型发展到了巩固过程，也并不是可以一劳永逸了。一方面，还可以继续练习巩固的情况下精益求精，不断提高动作质量，使动力定型更加完善和巩固；另一方面，如果不再进行练习，巩固了的动力定型还会消退；动作技术愈复杂，难度愈大，消退得也愈快。在此过程中，除了继续练习巩固之外，再进行一些技术理论的学习，更有利于动力定型的巩固和动作质量的提高，促使动作达到自动化程度。

（四）动作自动化的概念和生理基础

随着运动技能的巩固和发展，暂时联系达到非常巩固的程度以后，动作即可出现自动化现象，所谓自动化，就是练习某一套动作时，可以在无意识的条件下完成。其特征是，对整个动作或者是对动作的某些环节，暂时变为无意识的，例如，走路是人类自动化的动作，在走路时可以谈话、看报，而不必有意识地想应如何迈步，如何维持身体平衡，又如熟练的篮球运动员在比赛时运球等动作往往也是自动化的动作。

自动化动作的生理机理是以巴甫洛夫所揭示的高级神经活动的基本规律为基础的。人类一切随意运动都必须在大脑皮质参与下方能实现，但是在大脑皮质参与下所实现的机体反应活动并不一定都是有意识的。换言之，在无意识完成自动化动作时，仍然必须在大脑皮质参与下才能实现。在皮质参与下所实现的有机体的反应，有的是有意识的，有的可以是无意识的。

巴甫洛夫在分析有意识和无意识的生理机理时认为，只有在当时条件下具有最适宜兴奋的皮质部位所完成的活动才是有意识的。通过这种部位最容易建立新的暂时联系，也最容易形成新的分化相。当运动技能达到第三过程后，动作各环节的条件反射已逐步达到巩固过程。凡是已巩固的动作可以由皮质被抑制的区域或兴奋较低的区域来完成。按巴甫洛夫的话说："这时在有相应的刺激出现时就刻板式地产生以前所形成的反射，是由大脑皮质上兴奋性低落和不适宜的部分实现的。皮质上这些部位的活动，被称为无意识的、自动化的活动。"

此外，在运动技能已经巩固的时候，第一和第二信号系统之间的联系，已经成为运动动力定型的统一机能体系。第一信号系统的兴奋可以选择性地扩散到第二信号系统，所以运动员可以精确地意识到自己所完成的动作，并可以用语言表达出来。

当动作出现自动化现象时，第一信号系统的活动已经从第二信号系统的影响下相对地"解放出来"。完成自动化动作时，第一信号系统的兴奋不向第二信号系统传递，或者只是不完全地传递，这时的动作是无意识的，或是意识不完全。

自动化动作也并不是永远无意识进行的，当接受外界刺激异常时，大脑皮质的兴奋就会提高，对自动化动作又会产生意识，例如，在崖上行走时，步行就成为有意识的了。此外，当运动员想要体会自己动作的某环节或肢体的某部分动作时，对这些动作则产生意识。例如，有训练的游泳运动员在加速前进游时，若注意腿的用力，这时支配腿部肌肉的运动中枢则处于最适宜的兴奋状态，腿的动作就能意识到，而此时两臂的动作则成为无意识的，当快达到池边时，运动员开始注意手的动作，适宜的兴奋性就转移到支配手臂的相应皮质运动中枢，而腿的动作则改为无意识的了。

动作达到自动化后，第二信号系统的活动就可摆脱第一信号系统的束缚，随着外界环境的复杂化，能更灵活地调整全身活动。例如，篮球运动员对基本动作掌握熟练技巧后，根据比赛时的复杂变化，第二信号系统的活动可以专注于战略的变化；此时，运动员常能将各种已熟练的单个技术组成联合的动作，来适应当时比赛条件的要求。

要想提高运动成绩，必须使动作达到自动化程度，但不应认为动作达到自动化后，质量就得到保证。虽然动力定型已经非常巩固，但由于进行自动化动作时第一信号系统的活动经常不能传递到第二信号系统中去，因此，如果动作发生少许变动，也可能一时未觉察，等到一旦觉察，可能变质的动作已因多次重复而巩固下来。所以，动作达到自动化以后，仍应不断检查动作质量，精益求精。

正如上述，在体育运动实践中，运动技能形成过程并不是截然划分的，而是逐渐过渡的，各过程的出现和持续时间的长短，受许多因素的影响，既与教学方法、训练水平有关，又与学生学习的积极性和目的性有密切关系。

三、影响运动技能形成的因素

运动技能形成的快慢，受很多因素影响，如运动项目的特点、动作的性质和难度、学生或运动员的身体素质的差异、训练程度和个性特征以及教师或教练员的教学和训练方法等，都会影响运动技能形成。在运动实践中，许多体育教师和教练员同学生和运动员一起创造了很多成功的经验，从生理角度来分析，可归纳为以下几个方面：

（一）充分利用各感觉机能间的相互作用

运动技能的形成过程，就是在多种感觉机能参与下同大脑皮质动觉细胞建立暂时的神经联系。特别是本体感觉，对形成运动技能尤有特殊意义。人体各种感觉都可帮助肌肉产生正确的肌肉感觉，没有正确的肌肉感觉就不可能形成运动技能。所以在运动实践中只有勤学多练，反复实践，才能建立精确的分化，区别正确动作和错误动作的肌肉感觉，才能巩固正确动作，消除错误动作。

在体育锻炼和运动训练中，充分发挥视觉与本体感觉之间的相互作用，能强化正确动作，消退错误动作。如在体操、举重和武术项目中，学习某些动作可以看着镜子练习，以便及时纠正错误动作，强化正确动作。在有些田径项目中，为了建立正确动作出现的时间，往往采用附加标记的方法。如在跳远的起跳点附近设置明显的标记，以强化合理的起跳时间。在跨栏跑练习中，在过栏时要求运动员在适当的位置开始做上体下压动作，也可以设置明显标记，以掌握做下压动作的时间，尽快掌握合理技术。

在运动技术学习和运动训练中，应充分发挥听觉与本体感觉间的相互作用，建立正确动作的频率和节奏感。如中长跑运动员在练习中，常常随着有节奏的声响调节跑的频率，建立跑的正确节奏，体操运动员常用音乐伴奏，以增强体操运动员的节奏和韵律感，以利于掌握动作。

在运动技术学习和训练中要充分发挥位觉与本体感觉间的相互作用。运动员在完成高难动作，如空中完成翻腾或旋转动作时，对位觉空间三度(上下、左右、前后)的适应能力要求很高，只有本体感觉对时间和空间的感知具有精确的分化，才能在空中完成复杂的动作。如体操、跳水运动员为尽快掌握空中动作，往往先降低高度或用保护带，反复练习，使运动员体会和建立空间三度感觉，来增强位觉机能敏感性。

在运动技术训练中也要充分发挥皮肤感觉与本体感觉间的相互作用，以建立正确的动力定型。如初学爬泳者下肢打水的幅度不是过大，就是过小，为了尽快掌握正确的动作幅度，可用一个限制圈控制下肢打水的幅度，通过皮肤的触觉，消除下肢动作幅度过大或过小，强化正确的本体感觉。又如推铅球在做出手动作时容易出现左肩后撤的错误动作，这时教师可在学生推球出手的瞬间，用手顶住学生的左肩，以帮助学生体会正确的肌肉感觉，形成正确的动作。如果练习的难度较大，学生不能独立完成，教师可以用助力帮助学生完成动作，使学生获得完成动作时的肌肉感觉。有时采用减小难度的方法，如高杠上的体操动作完不成，可先在低杠上做，学生能在低杠上完成动作获得正确的肌肉感觉后，再到高杠上就容易掌握了。因此，在练习中设法获得正确的肌肉感觉，对建立运动条件反射可以起到有力的强化作用。

如上所述，在形成运动技能时，除视觉、听觉、位觉、皮肤感觉起重要作用外，同时也与内脏感觉机能有着密切的联系。在完成任何动作时各感觉机能都同时起作用，只不过根据运动项目的特点，对某一种感觉机能要求更高一些。所以在运动实践中，要尽量多实践，充分发挥各感觉机能作用，以便有效地加速运动技能的形成。

（二）充分利用两个信号系统的相互作用

运用两个信号系统相互作用的规律，可以加速运动技能的形成和发展。研究证明，大脑皮质适宜的兴奋性，是建立条件反射和形成运动动力定型的良好条件。若大脑皮质的兴奋性过高，兴奋点扩散，难于集中；若大脑皮质兴奋性过低，暂时联系也不易接通。因此，运动技术训练学习中要做好思想工作，充分调动学生或运动员的自觉性和积极性，使大脑皮质有适宜的兴奋性。这是掌握运动技能的首要条件。

发挥第一信号系统的作用，多利用具体的直接的形象刺激，是建立条件反射的基本条件。如教师的正确示范、直观图解或模型以及形象地讲解等，都有助于使学生获得明晰的印象，建立正确的动作概念。特别是对于儿童少年，因为他们的第二信号系统发育尚不完善，在训练中更应多利用直观性教学方法。

实践证明，在注意利用第一信号系统的同时，更要发挥第二信号系统的作用。如在学生的动作做得正确时，"做的对"、"正确"、"好"等语言可以起到强化运动动力定型的作用。如果学生把练习中获得的感性认识上升为理性认识，利用"想功"和抽象思维叙述出自己的正确体会，这种效果会更好。正如毛主席在《实践论》中所指出的："感觉到了东西，我们不能立刻理解它，只有理解了的东西才能更深刻地感觉它"。

运动实践也证明了"想练结合"的方法是行之有效的。如许多运动员在比赛前(练习前)集中精力想象即将进行的技术动作和战术要求，在练习或比赛后，回想完成动作的质量和运用的战术是否恰当，这样想练结合对于改进动作，提高战术意识都有促进作用。

从生理学角度来看，想象练习虽然并没有进行实际练习，但同样可以使这一运动技能的暂时联系再一次接通，即等于接受了一次强化，因此可促进运动技能的形成和巩固。

（三）促进分化抑制的发展

分化抑制属于内抑制，是纠正错误动作、建立正确动作的重要神经过程。特别在掌握动作的初期，大脑皮质暂时神经联系尚未形成，易出现多余动作。此时，应该用明确的语言，以促进分化抑制的发展，尽快形成精细的分化。动作做得正确，应立即给予肯定的语调来进行强化；对错误动作，应及时以"不对!"来分化。与此同时，应特别注意对动作细节的分化。如做体操动作时，对主要动作环节掌握后，应注意动作的细节(并腿、伸直、绷脚尖)，以培养正确体操意识。又如武术运动中，手、眼、身、步等动作的配合都要达到精细分化，不断改进和提高动作质量。实践中采用增加动作难度的方法来提高分化能力，也可以使运动技能更加完善和精确。如篮球运动员练习投小篮圈或进行比赛性训练等，就可以使运动员在更复杂的情况下完成正确动作，促进运动技能的巩固和完善。

此外，还可以用正误对比的方法，加速分化抑制的发展。在实践中，教师做正确示范可以起强化作用。同样也可以做错误动作示范，以分化正确与错误动作。特别是在学习动作的初期，在运动员还意识不到自己错误动作时可采用正误对比方法，但应以正确示范强化为主。参观比赛和练习，都有助于尽快掌握动作。

（四）消除防御性反射

在学习难度较大的动作时，特别是在器械上做难度较大的动作时，往往由于过度紧张和疲劳，造成失误或意外等而产生防御性反射和害怕心理。在初学时，应适当降低动作难度或高度，消除害怕心理。这只是一种过渡手段，当运动员对动作有了初步的体验时，应及时过渡到高难动作练习，以防形成错误动作，有些高难动作非有一定高度不能完成空中动作，这时就要加强保护措施，如使用保护带、海绵坑或弹网等来消除学员的害怕心理，增强信心，专心思考空中动作。同时要提倡大胆、心细，不依赖保护措施而独立完成动作。在练习中要认真总结做动作的优缺点，找出完成动作的关键，此时往往稍接受一些指点，借助一臂或一指之力即可完成动作。

在运动实践中因某种原因已造成运动员防御性反射和害怕心理时，要及时找出产生防御性反射和害怕心理的原因，克服畏难情绪，认真总结经验和教训。同时，要制订消除防御性反射和害怕心理的具体措施，必要时可暂避开此练习，或降低动作难度和器械高度，加强保护措施等，消退防御性反射和害怕心理。等到恢复了做动作的信心后，再逐渐恢复正常训练。

（五）充分利用运动技能间的相互影响

在各项运动中都有很多基本环节相同的动作或附属细节相同的动作，在练习中，运动技能彼此会产生相互影响。其影响有好的方面，也有坏的方面，在运动实践中应消除不良影响，善于利用良好影响，以加速运动技能的形成。

运动技能之间的良好影响，表现为原有的运动技能可以促进新的运动技能形成；当同时学习几种运动技能时可以彼此促进；新的运动技能的形成有助于原有运动技能的巩固和完善。

在运动实践中，运动技能之间产生良好影响的例子很多。训练程度、年龄和身体条件相近的两组运动员在学习吊环前摆上的动作时，原来已经掌握双杠前摆上动作的一组，学习起来就比较容易，掌握新运动技能也比较快。学会单杠前上之后，对双杠屈伸上就有良好作用。在其他运动项目中，也有类似的现象。其所以能起良好作用，是由于动作之间的基本环节相同，而细节部分不同，学习与原有动作结构相似的新动作时，大脑皮质内原已形成的运动条件反射中的基本环节，即可作为新的运动动力定型的基础。只需补充一些附属环节的运动条件反射，新的运动动力定型即可形成。

有些动作结构虽然相同，但仍不能产生良好的影响。例如，百米和万米赛跑在动作结构上虽然相同，但这两种运动神经过程特征，在植物性机能反应方面，以及在神经与肌肉之间的机能联系方面，都有显著不同，如果很好地掌握了其中一种技能，则另一种运动的成绩反而可能降低。因此，在分析运动技能之间的相互影响时，还应当进行全面分析。

运动技能之间的不良影响表现在：原有的运动技能妨碍新的运动技能形成，新形成的运动技能破坏原有的运动技能，当同时形成几种运动技能时，彼此妨碍。

在运动实践中，运动技能之间发生不良影响的现象也是很多的。例如。在体操教学中，运动员掌握了单杠挂膝上的动作之后，常常对学习骑上的动作产生不良影响；初学滑冰的新手，开始时往往用冰刀的前端蹬冰，这是受走路技能的影响；几种运动技能主要环节不同，而附属环节相同时，彼此之间往往产生不良影响。开始，环节相同的两种运动技能往往相互混淆，这是由于两套动力定型如果开始部分相同，则总是实现比较容易的或已经巩固的那套动力定型。因此，往往学习骑上时，却总是出现已学会的挂膝上动作。

运动技能之间的相互影响是比较复杂的，一般说来，为了促进运动技能迅速建立，可以把基本部分相同的动作编成一组进行学习。选用诱导练习也应考虑此原理，诱导练习动作的基本部分应该接近或与正式动作相一致，这样才能起良好的作用。

运动技能的相互影响规律，对安排动作学习顺序是有意义的。例如，游泳时，先学爬泳，后学仰泳等就较快，原因是爬泳姿势比较接近人在生活中的基本动作，同时具备其他几种姿势的某些基本环节。

第三节　运动机能

运动机能规律是指生命有机体在运动过程中的功能变化规律。人体在运动过程中发生一系列机能变化，这些变化可分为准备活动、进入工作状态、稳定状态、疲劳和恢复五个阶段。研究和掌握各个阶段的规律，并把它运用到实践中去，对于增强体质，提高运动成绩和防止伤害事故发生都具有重要意义。

一、准备活动

在正式训练或比赛之前所进行的各种身体练习叫做准备活动。进行准备活动的目的，是为正式训练或比赛做好身体机能上的准备。

（一）准备活动的作用

1.使体温上升，提高代谢水平

准备活动在英语中也叫做"Warmup"，有人把它译做"热身"。表明过去的运动员和教练员非常重视体温上升的作用。

体温升高之后，可以使肌肉粘滞性下降，提高肌肉的收缩和舒张的速度，增加肌力。在较高体温情况下，血红蛋白和肌红蛋白释放更多的氧，从而增加了肌肉组织的兴奋性。肌肉中温度升高还可使其中小血管扩张，减少外周阻力，增加肌肉中的供应。同时，体温升高增加肌肉及韧带的伸展性，加大柔韧性，并预防运动损伤。

2.提高循环、呼吸等内脏器官的机能

有人曾做过一种实验，让受试者进行两次同样的活动，前一次活动代表准备活动，观察它对后一次活动时肺通气量的影响。在前一次活动结束后，先前肺通气量恢复到安静时水平，再开始后一次运动。从实验结果来看，进行后一次活动时，5分钟内的肺通气量都大于前一次活动时5分钟内的数值。这说明前一次活动提高了呼吸系统的机能后，经过休息，肺通气量虽然已恢复到安静时水平，但在大脑皮质的呼吸中枢内留下了兴奋升高的痕迹。在这个兴奋性提高的基础上又开始的肌肉活动能使呼吸中枢在第二次活动中产生较强的兴奋，所以肺通气量较大，这样就有利于第二次活动时得到充分的氧供应。

3.促进参与运动有关中枢间的协调

使运动技能的条件反射联系多次接通，专门性准备活动在这方面起着极其重要的作用。

4.可调节赛前状态，使大脑皮质兴奋性处于适宜水平。

（二）如何做准备活动

准备活动重要作用是它们对身体各器官、系统引起的痕迹效应。这种痕迹效应牵涉到神经系统的兴奋后作用、内分泌腺某些激素的分泌，以及体温升高产生的温度效应。

"痕迹"在体内残留的长短依存于准备活动刺激强度的强弱和准备活动与正式运动间的间隔时间长短。因此准备活动的量及强度，与正式运动间隔长短是十分关键的问题。

一般来说，准备活动的量与强度应较正式运动小，以免由于疲劳影响运动成绩。根据对各种项目的准备活动的调查发现，项目差异和个体差异都很大。每个运动员可以根据项目特点、个人习惯、季节气候及赛前状态，编制适宜的准备活动。通常以微微出汗及自我感觉已活动开为宜。

间隔时间多长合适，是个值得研讨的问题。古巴一名棒球教练曾用超量恢复理论研究了棒球投手试投(专门性准备活动)与正式投的最佳间隔时间为3~6分钟。这使我们得到启示，如果准备活动经过休息后，身体机能水平正好处于超量恢复的上升阶段，就是最好的间隔时间。因此，教练员和运动员可以根据实验或总结以往的经验找到这一最佳间隔时间。

准备活动的内容大都包括一般性准备活动和专门性准备活动。专门性准备活动的动作结构、节奏、强度等与正式运动相近，许多项目的专门性准备活动十分重要(如球类、体操等)。有人研究篮球运动员如果只做一般性准备活动与不做准备活动相比，投篮命中率增加37%；如果一般性及专门性准备活动都做了，投篮命中率就增加到58%，有明显的不同。

二、进入工作状态

无论在日常生活、生产劳动或进行体育运动时，人的机能能力和工作效率都不能在活动一开始就达到最高水平，而是在活动开始后一段时间内逐步提高的。这个逐步提高的过程叫进入工作状态。

如果各器官、系统进入工作状态加快，就能发挥出更大的工作效率，训练时可提高效率，比赛时可提高成绩，生产时可提高产量。

进入工作状态在比赛中表现得非常明显，以篮球为例，投篮命中率在比赛开始后数分钟才能达到最高水平；百米跑到四、五十米处才能达到最高速度。

（一）产生进入工作状态的原因

人体运动是有惰性的。这种惰性主要是生理上的。克服这些惰性需要一定的时间。人体的生理惰性表现在以下两个方面：

1.反射活动需要一定的时间

人的一切活动都是反射活动，完成任何一项反射活动都需要一定的时间。动作越复杂，有关中枢之间传递所需的时间就越长，神经系统各中枢机能协调起来所需的时间也就越长。

2.内脏器官的生理惰性

肌肉活动时，内脏器官的活动也跟着发生变化，而植物性机能的惰性比躯体性机能的惰性大。植物性神经系统活动的惰性大于躯体性神经系统的原因之一，是结构上的不同。躯体性神经系统的兴奋由大脑皮质直达脊髓，由脊髓前角细胞发出的神经支配肌肉。而植物性神经系统的兴奋冲动由大脑皮质发出后，需经过很多的皮质下中枢，最后传达到所支配的内脏器官，它所需时间较长。另外，植物性神经传递冲动的速度也比躯体性神经慢。

此外，内脏器官的活动是由神经和神经——体液共同调节的。在调节内脏器官产生持续活动上，神经——体液的调节作用更为重要，而骨骼肌的活动主要靠神经调节。在神经——体液调节中，首先由神经系统调节内分泌腺分泌激素，激素随血液循环到达所支配的器官，改变其机能状态。这一系列的活动比神经调节的惰性大得多。例如，在不做准备活动的情况下，跑1500米时，呼吸、循环系统的活动要在运动开始后2—3分钟才能达到最高水平；而运动器官只要二、三十秒钟就可发挥出最高效率。

（二）影响进入工作状态的因素

进入工作状态需要的时间，取决于工作的性质和个人的特点。一般来说，肌肉活动越复杂，进入工作状态需要的时间就越长；训练程度差的运动员比高级运动员长；随着训练水平的提高，进入工作状态的时间也会缩短；运动前做好充分的准备活动，调整好赛前状态，使大脑皮质处于良性兴奋状态，就能有效地缩短进入工作状态的时间，更快地提高工作效率。所以，准备活动和进入工作状态这二者之间有着密切的联系。

（三）极点与第二次呼吸

在进行剧烈运动时，由于在运动开始阶段内脏器官的活动赶不上运动器官的需要，往往产生一种非常难受的感觉。此时感到呼吸困难、肌肉酸疼、动作迟缓、精神低落，简直不愿再继续运动下去，这种状态叫"极点"。

"极点"的产生是由于内脏器官的活动跟不上肌肉活动的需要，造成氧供应不足，大量乳酸等物质在血液中积累，这些化学物质的刺激引起呼吸循环系统活动失调(如呼吸频率、心率急剧加快，动脉血压升高等)。这些机能失调导致强烈刺激传入大脑皮质即引起动力定型的暂时紊乱，运动中枢中抑制过程占优势。因此，"极点"出现时，动作慢而无力，且不协调。

"极点"出现后，应该继续坚持运动。这样，体内可以产生下列各种变化：其一、植物性中枢逐渐适应，逐步提高机能，其惰性也得到克服，内脏器官的活动也就逐渐赶上运动器官的需要；其二、由于内脏器官活动加强，氧供应改善，血乳酸产生减少；其三、"极点"出现后，运动速度降低，运动器官中不但对氧需要量暂时减少，这些原因减少了传向大脑皮质的刺激，从而躯体性和植物性神经中枢间动力定型的协调关系得以恢复，就出现了所谓的"第二次呼吸"状态。此时呼吸变得均匀和深长，动作又感到轻松，不舒适的感觉消失。说明进入工作状态业已结束，人体各种活动在指定的运动强度中开始进入了一种稳定状态。

三、稳定状态

在一定强度的周期性运动中，当进入工作状态结束以后，各器官系统的机能活动就达到了一种稳定状态。例如，心率、血压、心输出量、肺通气量和耗氧量指标均处于变动不大的水平上，这时工作能力也稳定在一个相应的水平，这种机能状态就称为稳定状态。稳定状态又分为真稳定状态和假稳定状态。

（一）真稳定状态

在进行亚极量运动(低于Vo2max的运动)时，如马拉松跑或强度较低、时间长的有氧练习中，摄氧量可满足需氧量的要求，运动中依靠有氧供能，几乎没有氧债的积累，这时各器官系统的机能活动水平所处的稳定状态称为真稳定状态。

真稳定状态下的运动可维持很长时间。据报道，优秀的耐力运动员以66％Vo2max的强度运动可维持8小时；以47％Vo2max的强度运动可维持24小时。这是因为在有充足氧供应情况下，不会有过多的乳酸在血液中积累，血液中酸碱平衡不致受到扰乱，有了这种稳定的内环境，就可以保证人体能进行长时间的运动。

（二）假稳定状态

当运动的需氧量超过人体实摄氧水平时，尽管呼吸与循环系统的机能活动已达到很高水平，但机体摄入的氧量仍满足不了需氧量的要求，有氧债积累。在这种缺氧的条件下无氧酵解参加供能，使乳酸大量产生。这时虽然各项生理机能仍表现为稳定状态。但因氧的供应仍不能满足运动的需氧量，故为假稳定状态。

在假稳定状态下进行运动会使人感到吃力，不能坚持很长时间。

四、疲劳

疲劳是人人经历过的一种生理现象。自从1880年生理学家莫索研究人类的疲劳开始，对人类疲劳的研究已经一个多世纪，人们对疲劳的认识正不断深化。

（一）运动疲劳的生理学说

运动疲劳是指人体在运动过程中，运动能力及身体功能能力暂时下降的正常生理现象。运动后出现的正常疲劳对身体并无损害，而且正是对身体的一种保护性信号或称保险阀。它提示人们注意不要过度疲劳。

疲劳是由多方面原因引起的。譬如，体内能源物质消耗过多会引起疲劳；肌肉运动收缩时产生的某些代谢产物的积聚会引起疲劳；长时间工作，大脑神经细胞转为抑制会引起疲劳；长时间运动时出汗过多，体内水盐代谢紊乱及内环境稳定性失调等均可能引起疲劳的发生。

生理学家的研究认为，运动疲劳是一个综合性的复杂过程。它与人体多方面的因素及生理变化有关。

其一，运动能力与身体素质的变化是导致运动疲劳的因素。人体的运动能力和身体素质与身体各器官系统功能紧密相关。身体素质就是人体各器官系统的功能在肌肉工作中的综合反映，各器官功能的下降，必然影响运动能力与身体素质。譬如，长时间肌肉活动导致肌肉功能下降时，力量、速度等当然会下降，于是在完成运动练习时，往往会力不从心而觉得疲劳；在耐力性运动中，如果心肺功能下降，承受耐力负荷的能力当然会降低，机体就会疲劳而降低工作能力。

其二，体内能源贮备的减少和身体各器官功能的降低，是导致疲劳的重要原因。不少实验研究表明，当人体从事运动导致疲劳时，往往伴随体内能源物质消耗较多，如快速性运动2—3分钟至非常疲劳时，肌肉内的磷酸肌酸可降低至接近最低点。长时间的持续运动中，由于糖的大量消耗，肌糖元及血糖均下降。能源贮备的消耗与减少，会引起各器官功能的降低。加上肌肉活动时代谢产物的堆积及水盐代谢变化等影响，机体工作能力就会下降而出现疲劳。

其三，精神意志因素也与疲劳密切有关。运动中人体各器官系统的活动都是在神经系统指挥下完成的，神经系统功能的降低，神经细胞抑制过程的加强都会使疲劳加深。但是人的情绪意志状态对人体功能潜力的充分动员关系极大。事实上，人体往往在感到疲劳时，机体尚有很大功能潜力，能源物质远未耗尽，良好的情绪意志因素可起到动员机体潜力，推迟疲劳发生的作用。因此，进行运动时，应全身心投入，保持积极的情绪，这对推迟疲劳发生，提高锻炼效果有重要作用。

当身体达到一定程度疲劳时，往往主观上会出现疲劳感觉，这种疲劳感也可以说是疲劳的主观信号。

体育锻炼的项目多种多样，不同的项目导致疲劳的原因的侧重面会有所不同。如短距离跑导致疲劳的原因可能主要是大脑运动区神经细胞的保护性抑制；缺氧程度深的中跑导致疲劳的主要原因可能是代谢产物堆积过多及内环境稳定性失调；超长距离跑等耐力项目，则可能主要是体内能源物质消耗过多而引起疲劳。

（二）如何推迟运动疲劳的出现

在体育锻炼时，如果运动疲劳出现得迟一些，对提高锻炼效果会有益。怎样才能推迟疲劳的出现？一般情况下有如下几种解决方法：

1.平时注意坚持经常的锻炼和运动训练，努力提高自己的身体素质。锻炼或运动训练时，注意内容的合理安排，避免因局部负担过重产生局部疲劳，而过早影响全身整体工作能力的下降。因此，在平常锻炼时，注意内容的交替。使身体各部位活动负荷合理交换，有助于推迟疲劳的出现。

2.注意发展与运动项目相适应的供能能力。不同的运动项目，供能系统各有特点。如短跑主要供能系统是ATP—CP系统(磷酸原系统)，中跑主要是乳酸能系统，长跑主要是有氧代谢系统等。发展不同的供能系统的练习方法各有特点，在锻炼中如能了解这些特点，着重发展该系统能力，则对该项目疲劳的推迟会有帮助。

3.加强意志品质训练，提高心理素质，有利于疲劳时精神意志因素的改善，从而有助于推迟疲劳的出现。

4.饮食营养的合理安排。这对体内能源的充分贮备有积极意义。

（三）消除疲劳的措施

锻炼后产生的运动疲劳，如得不到及时消除，体力恢复不充分，势必影响到继续锻炼及工作学习的精力。因此，在运动疲劳之后，为加速疲劳的消除，有下列措施：

1.良好的睡眠与安静休息

锻炼导致身体疲劳之后，保证良好而充分的睡眠是使身体得到恢复的重要措施。同时，身体劳累之后，坐下或躺下作安静休息，也有助于疲劳的消除。

2.活动性休息

十九世纪，生理学家就发现，当局部肢体疲劳之后，可通过使另一部分肢体肌肉的适当活动来加速已疲劳的肌肉的体力恢复，故称为活动性休息。以后很多生理实验研究证实，当局部疲劳后，可利用未疲劳的另一些肌肉进行一些适当活动，借以促进全身代谢过程，加速疲劳消除。当全身疲劳时，也可通过一些轻的、兴趣高的体力活动，来达到加速消除肌肉代谢产物的目的。

3.物理性恢复手段

按摩、光疗、电疗等对促进疲劳肌肉的代谢过程，加速疲劳消除有积极意义。此外，如热水浴、吸氧、空气负离子吸入等对疲劳消除也有益。

4.合理补充营养

在运动疲劳后饮食中要有较充分的糖和蛋白质补充。如果是长时间的锻炼，体内能源供给有较大部分来自脂肪，这类耐力性运动疲劳后，应根据负荷的程度适当食用一些脂类食品。此外，疲劳后要注意维生素和无机盐的补充，维生素C，B1，B2，A，E等对疲劳的消除有重要作用。同时，各种高能运动饮料、电解质运动饮料及一些营养滋补剂等对体力恢复也有益。

5.心理调节

情绪因素对疲劳的消除也有不容忽视的作用，积极向上、乐观愉快的情绪有助于加速疲劳的消除。如欣赏优美动听的音乐，做些自我心理控制与放松调节等对体力恢复都有促进作用。

值得注意的是，单独采用以上任何一种方法消除运动疲劳，其效果都不理想。必须根据每个人的具体情况，进行综合运用，才能获得较好的消除疲劳的效果。

五、恢复

运动中所消耗掉的物质和各器官系统下降了的机能，通常经过一段时间休息都能恢复到运动前水平。这一段时间所发生的机能变化叫做恢复过程。运动的恢复过程和运动本身一样重要。各次训练或竞赛之间如果恢复得不完全有可能导致过度训练。

需要说明的是，所消耗掉的物质及各种机能并不是只在运动结束之后才开始恢复。实际上，在运动过程中，随着能量物质分解后的再合成就开始了恢复。

（一）恢复过程的阶段性

恢复过程简要地可分为三个阶段。

第一阶段，运动时物质的消耗过程占优势，恢复过程虽也在进行，但当时是消耗大于恢复，所以使能量物质减少，各器官系统的工作能力下降。

第二阶段，运动后消耗过程减弱，恢复过程占明显优势。这时能源物质及各器官、系统的机能能力逐渐回复到原来水平。

第三阶段，在这阶段运动时消耗掉的物质及各器官、系统的机能恢复得超过原有水平。这个阶段也叫超量恢复阶段。超量恢复保持一段时间之后又回到原有水平。

（二）超量恢复

超量恢复的程度和出现的早晚和所从事的运动量有密切的关系。运动量大时，消耗的物质必然越多。能源物质消耗得越多，出现的超量恢复程度越明显，但出现的时间延迟；反之运动量较小，消耗的物质亦少，超量恢复效果也就不甚显著，但出现得较早。

超量恢复是客观存在的规律，但如何在训练中应用，仍是当前亟待解决的课题。国外利用活检技术对运动员某些能源物质的超量恢复进行了一些研究。如让两名受试者各站在自行车功率计的一侧进行单腿蹬踏自行车练习。当股外肌运动到力竭时，肌糖原贮备下降几乎到零。运动后连续三天，给受试者补充富糖膳食，且不进行运动。三天后练习腿肌肉中糖原的贮备相当于对照腿的两倍。

有资料报导，人在进行运动后，不同的物质出现超量恢复的时间不同。如跑100米后CP的超量恢复在第2—5分钟；在进行短时间大强度的运动后，肌糖原约在第15分钟出现超量恢复，蛋白质的超量恢复比糖原恢复更晚。跑马拉松后，脂肪的恢复要到第三天。游泳运动员在进行大运动量训练后的第1—3天，身体机能明显下降，到第3~5天恢复到原来水平，第5~8天才出现超量恢复。

（三）促进工作能力恢复的几种措施

1.整理活动

整理活动是消除疲劳，促进体力恢复的一种有效措施。在运动之后做整理活动，可使人体更好地由紧张的运动状态过渡到安静状态。例如，在运动以后内脏器官还得继续高水平地工作，以补偿运动时缺少的氧。如果不做整理活动而突然完全静止不动，那么，身体的静止姿势首先就妨碍了强烈的呼吸动作，影响氧的补充。同时因为影响了静脉回流，心输出量骤然减少，血压急剧下降，造成暂时的脑贫血，产生一系列的不舒适的感觉，甚至休克。整理活动还有促使肌肉放松的作用。总之，整理活动不是可有可无的练习，请大家务必重视。

2.营养

运动时所消耗的物质要靠饮食中的营养物质来补充，安排好膳食有助于恢复过程。在长时间耐力训练后，体内糖原大量消耗，休息期的饮食中应增加糖类食物。举重运动员应增加蛋白质，每天可增至150克。调节体内代谢的维生素和无机盐也应适当增加，如维生素B1、C、钠、磷、铁。另外，一些特殊饮品也常应用于运动员的恢复过程，如中草药、营养补剂等。

3.物理方法

采用按摩、桑拿浴、热水浴、电兴奋、电睡眠等方法，都能加速疲劳的消除，促进恢复过程。

第四节　体育锻炼原理

一、刺激与适应性的改变和增强

体育锻炼实际上就是对身体施加的一种运动刺激。在运动的刺激下，引起了机体的多种反应，并随着刺激次数的增加与时间的延续、负荷量与强度的增长，使人体在形态、机能、素质、体能等方面，产生适应性的变化和增强。原则上讲，有了这种刺激，人体才可能产生这些变化；没有这种刺激，人体就不可能产生这些变化。

二、运动疲劳与疲劳恢复

体育锻炼的过程就是：运动——疲劳——休息——恢复。有人讲"没有疲劳，就没有锻炼"，这话是有一定科学道理的。运动中只有出现疲劳，才可能通过休息，使体力得以恢复，并进而提高身体对疲劳的耐受力。例如，在长跑锻炼中，一个人在开始的一段时间里跑一千多米就感到体力不支，而他通过一个时期的锻炼，能跑两三千米仍不感到十分疲劳。可见，人的体力及各种运动能力，必须通过运动所产生的疲劳锻炼才能得以增强和提高。所以，我们不应害怕疲劳，担心自己的体力会用光。因为、人体通过一定量与强度的运动刺激，使机体出现疲劳，而在休息之后，机体的代谢能力与体力状况会出现超量恢复现象，可以恢复到比运动前更高的水平之上。人的各种运动素质与体能，就是在这种"超量恢复"的多次出现与重复中提高起来的。在体育锻炼中，我们应有意识地运用这一规律，以增强锻炼的效果。

三、用进废退

人的各种运动能力，人体各组织、器官、系统的生理机能，无一不遵循着"用进废退"的自然法则。就拿我们大、中、小学体育教材中都有的"前滚翻"动作来说，其实这是还不会走路的幼儿在床上很容易做出的动作，然而，在大学的体育课上，却有学生做不出这一简单动作，而有的学生却能很快地学会头手翻、前手翻，甚至更为复杂的动作。这不能不使我们吃惊地看到，人的各种原本就有的运动能力，是能够在不使用、不锻炼中渐渐消退的；而这些能力又能在经常的锻炼中得到惊人的提高和发展。这就是游泳运动员的肺活量为什么会比一般人大得多、球类运动员的反应比一般人快得多、体操运动员又能做出令人叹为观止的难新动作的最基本道理。

第六章　运动处方研究

第一节　运动处方概况

运动处方(exercise prescription)是随着运动生理学的发展而形成和发展起来的一种个体化的科学锻炼的运动程序。它就像医生给病人开药方一样，使运动健身锻炼具有了针对性和非随意性。运动处方是现代科学技术应用于身体锻炼领域的具体体现，是对身体锻炼过程的有效控制手段，是身体锻炼科学化的发展方向之一，在世界许多体育发达国家已引起高度重视，成立专门机构进行研究。目前，运动处方已成为了运动健身锻炼科学化和定量化的主要标准形式之一。

一、运动处方的概念

生命在于运动，运动在于合理和科学。早在20世纪50年代，美国生理学家卡波维奇曾提出过运动处方这个概念；1960年日本生理学家猪饲道夫教授首先使用运动处方这一术语；1969年世界卫生组织（WHO）使用了运动处方术语，从而在国际上得到确认。

"处方"一词在医学上指的是医师给病人开的药方，不同的病或同一种病而程度不同就不能使用同一处方。同样，要科学地锻炼身体，提高健康水平，预防或治疗疾病，也必须"对症下药"。

关于运动处方的概念，中外学者提出了自己的观点：

1983年，日本学者加贺谷熙彦·淳提出："运动处方是以获得个人期望的体力为目标，并以适应其体力现状所决定的运动的质和量。"猪饲道夫认为："运动的质"，即耐力性运动中的运动种类，"运动的量"指规定运动的强度、时间及频度。"运动处方，是指符合个人状况所制定的运动程序。"

1990年，我国学者周士枋指出："在运动疗法的治疗中，常以处方的形式来确定运动的种类和方法、运动强度、运动量，并提出在治疗中应注意的事项，这就是运动处方。"

1991年，刘纪清等学者经过10多年对运动处方的研究和实践经验，认为运动处方的完整概念可概括为："对从事体育锻炼者或病人，根据医学检查资料(包括运动试验及体力测验)，按其健康、体力以及心血管功能，结合生活环境条件和运动爱好等个体特点，用处方的形式规定适当的运动种类、时间及频率，并提出运动中的注意事项，以便有计划地经常性锻炼，达到健身或治病的目的，即为运动处方。"

1993年，傅立功等人提出自己的观点，"由体育指导者或体育锻炼参加者结合医生对身体的诊断结果、运动经历和健康状况等特点，按各自的健身目的，以处方的形式，规定适当的内容和药方负荷量、次数及频度我们称之为运动处方。"

综上所述，我们可以得出：运动处方就是以增进健康、增强体质、治疗和预防疾病为目的而制定的一系列与个人身体状况相适应、行之有效的科学运动方法，即用医师处方的形式规定健身运动参加者或体疗病人锻炼的内容、运动量和运动强度。它是指导人们有目的、有计划、科学锻炼的一种运动形式。

二、运动处方起源

（一）古代中国

世界上最早的运动处方可追溯到我国战国(公元前475—公元前221年)的一块玉石雕刻的艺术品，这块玉佩上刻有45个字，即为《行气玉佩铭》。郭沫若译为："行气，深则蓄，蓄则伸，伸则下，下则定，定则固，固则萌，萌则长，长则退，退则天。天几春在上，地几春在下。顺则生，逆则死。"说明在中国2000多年前就指出运动则生，不运动则死的道理，即现代所说的"生命在于运动"。

《吕氏春秋》还提倡动形以达郁，即认为人之精气血脉以通利流畅为贵，若郁而不畅达，则百病由之而生；又如《吕氏春秋·尽数》里云："流水不腐，户枢不蠹，动也，形气亦然，形不动则精不流，精不流则气郁。"

战国末年荀子就提出"养备而动时，则天下能病，养略而动罕，则天下能使之全。"从而明确指出"动"对于健康的重要性。

《黄帝内经》中有"形劳而不倦"、"久视伤血"、"久行伤筋"、"久立伤骨"、"劳倦伤脾"。晋朝张华所著《博物志》里云："体欲常少劳，无过度。"他们都反对过度运动。

除了有上述这些精辟的理论之外，我国还有丰富的运动形式，早期的资料有汉代(公元前168年)《导引图》，这套帛画彩图是长沙马土堆3号汉墓出上的珍贵文物，描绘了各种年龄的人做收腹、踢球、深呼吸等各种动作40多处。这些动作大体可分为呼吸运动、徒手运动和器械运动3部分。

华陀在继承庄子"吐故纳新，熊经鸟申"的法则基础上，创立了一套既可合又可分的医疗体操——五禽戏。它是模仿"虎、鹿、熊、猿、鸟"五种动物的姿态和行动特征，象形编制的。

晋代养生家葛洪，在总结古代导引术和华佗《五禽戏》的基础上，创编了"外养"。"外养"即形体锻炼方法，它是由龙导、虎引、龟咽、燕飞、蛇屈、兔惊等动作组成。

明清时期，在民间广为流传的八段锦，它是由两臂或单臂上举，马步左右开弓，头部左右旋转，摇头摆臀，弯腰两手攀足，马步左右出拳，足跟上提8个动作组成。

在古本易经里的动作，均是仿效古代的各种劳动姿势而演化成的，如春米、载运、进仓、收囤和珍惜谷物等动作，均以劳动的各种动作为基础活动。以形体屈、伸、俯仰、扭转为特点，达到运动效果。其他的一些运动，例如十二段锦、太极等都可以看成早期运动处方的形式。

（二）古代西方

西方的运动疗法源于希腊，古希腊的神庙壁画中就有用运动治病的。公元前5世纪，古希腊Herodicus及其学生Hippocrates(希波克拉等)认为运动可增强肌力，促进精神体质的恢复和改善，并可推迟衰老。Hippocrates的著作《preidiaites》(论养生)是运动处方的萌芽。著作中论述了四季运动卫生、运动前后卫生的注意事项、进行运动的合理顺序及准各活动、整理活动的必要性。公元2世纪后，Caelus Aurelianus首次提出了对瘫痪患者使用滑轮悬挂肢体进行治疗，采取步行及在温泉中运动等，还提出创伤后早期进行运动，以加速创伤的愈合。

文艺复兴后，1569年IIieromymns Mercurialis提出一系列运动的观点，如运动的目的是为了保持健康，运动要适合于身体的可能，运动要经常的进行，患者应根据各自的不同情况进行运动，过度运动会引起疾病发作，出现不良反应时须及时停止运动等。16世纪Fuchs提出"两种运动"：一是单纯运动；一是既是运动又是工作。这可能是最早提到的作业治疗。1780年，T issot敦促骨科医师用运动促进伤后关节肌肉的功能恢复。

19世纪瑞典的Peter. H. Ling使运动处方治疗系统化，在采用抗阻练习以发展肌力中，对运动负简、重复次数等进行定量。1854年，William建议心脏病患者作有控制的体操与步

行，以促进心脏功能。

三、运动处方发展概况

（一）、国外发展

200多年来，西方国家对于心肌梗塞病人是静养好，还是运动好？一直争论不休，反复几次直到20世纪40年代，LEVINE创立了冠心病的"椅子疗法"，从而使运动疗法占了上风。Goldwate应用有限制的定量运动，使60%—70%的心肌梗塞后病人恢复了工作，逐渐改变了医生和病人对运动的态度。20世纪60年代将冠心病的运动疗法发展成为运动处方的形式，并可用来做一级预防及对稳定性心绞痛的治疗。在随后的几年中，美国的库拍、西德的霍尔曼和阿肯，加拿大的谢法德以及日本的猪饲道夫等学者，对运动处方都进行了大量的基础理论研究和应用研究，使运动处方在治疗的基础上发展成为种类繁多的保健运动处方、健美运动处方、治疗运动处方等

1、日本

日本学习欧美国家先决思想快而及时、有效。为了解决运动锻炼存在的不讲科学问题，日本学者开始运动处方的研究，在日本东京大学运动生理教授猪饲道夫的倡议下，于1970年成立了"日本体育科学中心"，1971年这个中心成立了运动处方研究委员会，并跨越全国组织了20多个研究小组。为了使理论应用于实践，运动处方研究委员会下又设立运动处方制定委员会。为了制定针对国人的运动处方，日本学者首先调查研究日本、美国、英国等国家民众健康情况及原因，接着他们又调查了日本民众健康的情况，研究了日本人历年的营养情况及运动对冠状动脉硬化、脑溢血、高血压等的作用。经过5年的理论和实践的研究，于1975年制定出适合各年龄组的运动处方方案，出版了《日本健身运动处方》、《运动处方》，以及伊藤朗等人出版的《从生理学基础到运动训练、运动处方》、《从运动生化到运动处方》等书。与此同时，日本学者经过认真的探索，拟出了适用于各种运动处方的医务监督方案。此时，日本的运动处方已基本形成。

日本政府从20世纪80年代开始，提出体育发展的两项基本任务：一是推广应用运动处方的理论和方法；一是改善体育设备，并在大、中、小学的学校体育中推广运动处方。他们一改传统的以运动为中心的体育教学方法，确立了现代体育科学方法——按照以增强体质为中心的指导思想，体育教师按照：健康诊断——体力测定——确定锻炼目标——选择运动项目——制定运动处方——实施校内外锻炼，指导学生制定运动处方。日本体育界对健身运动处方理论研究与实践应用的高度重视，推动日本体育科学化和现代化的进程。

2、美国

美国对运动处方的研究始于军医库珀(Kenneth H·Cooper)。20世纪60年代末70年代初，库珀被"怎样才能评定运动后的效果"所困惑。库珀经过认真研究，感到要解决这个问题，就必须根据每个人的情况制定运动处方，也就是说，必须能确定适当的运量，以保证从事各项运动能收到效果。库珀考虑到他有许多有利条件可以完成这件事，因为他是医生，学过运动生理等，工作又是专门指导飞机驾驶员和宇宙飞行员从事体育锻炼的，又有条件使用非常精密的测试仪器。因此通过为宇航员制定运动处方，根据以体质变化为中心的原则，从人体的内部而非外部的行为来探究保持和增强体质，根据体质变化不断调整运动量。从1965年起对宇航员实行了一整套全新的锻炼方案——运动处方，实施运动处方几年之后，有三位宇航员历时28天太空飞行健康归来。这是运动处方在航天生理学应用中取得的具有历史意义的重要成果。在此基础上，创造了闻名世界的耐力测试法——有氧训练法，特别是他创始的"12 min跑测试法"。库珀再根据耐力测试结果，制订了5类体力标准。运动者把自己的体力纳入相应的一类进行锻炼，锻炼者达到规定的体力标准之后，即可按照库珀制订的分数表订出运动处方。

在随后的十几年里，美国有关专家学者们对身体素质的内涵，对不同层次人的健身计划，对运动与休闲的规划等方面的研究，先后发表了许多有关研究文章和著作。美国政府在此基础上，提出1990年前应争取达到的目标，进而制订了《2000年健康人计划》。计划包括了3个总目标、22个子目标。在22个子目标中，体育目标排在第一位，该目标的引导机构是美国总统体育与健康委员会，委员会组织专家制定出《成年人有氧锻炼健身运动处方》，指导大众科学健身，使运动处方的应用成为实施体育健康目标的重要措施。1995年，美国运动医学学会为了更好地推行运动处方，提出一个运动处方的建议"FITTP"，它的内客包括：F——requency(频率)、I——Intensity(强度)/T——Time(时间)、T——Type(性质)、P-Progression(进度)。

3、德国

1953年，前西德的黑廷格和廖拉等首次发表了关于制定运动强度、时间和频率的论文，制定出不同年龄特点和各种疾病的健身运动方法，引起了世界各国的广泛关注。随后德国的肖立赫、英国的摩根赫亚当逊等，创造了一种巡回锻炼法。锻炼中以极限体能的50％或70％为运动强度，锻炼者按照一定顺序以设立的各个锻炼站连续或间断重复地进行锻炼，并对不同的运动项目设计不同的锻炼量。该方法既可以发展速度，又可以发展耐力和力量，全面锻炼身体。摩根和亚当逊还提出超量负荷的理论，即巡回锻炼一段时间后再测定锻炼者的极限体能，然后继续以极限负荷的50％为原则确定锻炼负荷。首次提出人体运动适应性反应后，调整运动量和负荷量的问题，这是对运动处方研究取得的突破性的重大进展。霍尔曼进一步研究证实，一般有氧锻炼过程必须使负荷达到心脏功能的70％，锻炼时心率一般人是170减去年龄，强壮者为180减去年龄，才能取得较好的运动健身效果。 1953年西德的黑廷格和缪拉发表不同运动强度、持续运动时间和频率对人体产生不同影响的论文，对健身运动处方的兴起，起到了积极的作用。德国Hollmann研究所，从1954年起，对运动处方的理论和实践进行大量研究工作，成绩卓著。它制定出健康人的、中年人的、运动员的以及高血压、心肌梗塞、糖尿病、肥胖病人的各类运动处方，并对市民进行运动处方的指导和咨询工作。在德国有专门的运动处方医院和专科，在各个大型康体闲娱乐场所设有运动处方室，人们锻炼前到这些专业康体医生处测试生理机能、体能情况，再选定适合本人的运动项目，测定练习量的多少，每周几次，同时康体医师会告知如何饮食配合运动。

（二）、国内发展

中国对运动处方的研究和应用，起步较晚。从70年代末、80年代初开始引进国外有关运动处方的理论，但没有引起体育界的重视。80年代末，以华南师大林笑峰教授为代表的学者，对日本、加拿大等国研制和应用运动处方的理论做了重点介绍，并发表文章从真义体育的科学化角度对运动处方的作用、价值和意义进行广泛宣传。认为运动处方的研制和应用，是体育科学化前沿领域的、对由自然体育向现代科学体育转化起决定作用的环节。国内运动生理、运动医学领域在学习和借鉴国外运动处方研究成果的基础上，也从不同层面对运动处方进行了研究。如各种运动项目和运动种类对人体生理机能的影响；提高有氧工作能力的锻炼方法；有氧能力的评价方法、最大吸氧量的间接测定法；运动强度与运动量的监控方法；以及心脏病、高血压、糖尿病、肥胖症等病的康复一发出发研究等。近20多年来，先后有少量文章介绍过运动处方，并翻译出版了日本和美国的运动处方专著，应用运动处方治疗冠心病、肥胖病、糖尿病有不少临床研究报道。1980年，哈尔滨医科大学开设了运动处方咨询门诊；辽宁省高校体育研究会对运动处方进行了实验研究。有关的书籍和著作相继出版，如《实用运动处方》、《365天运动处方》、《心血管运动生理与运动处方》、《运动处方》等。但总体来讲，我国对运动处方的研究还刚起步，还没形成规模，缺乏系统的深入理论和应用研究。这一点应引起我国体育界有识之士的高度重视。

四、运动处方发展

（一）从治疗到预防、保健

运动处方是预防和治疗现代文明病的良药，纵观人类历史长河的发展进程，人类的历史可以理解为，在环境方面：自然和文化；在意识方面：感性和理性；在劳动方面：身体和机械化所产生的紧张关系的延续。在近代社会之前，自然、感性、身体占据社会生活的主导地位，而进入近代社会之后，逐渐发生了变化，文化、理性、机械在人的生活中占据优势，并随着科学技术的不断发展以及社会的进步，这种倾向愈显突出，尤其是到了现代社会，文化环境相对于自然环境、理性意识对于感性意识、依靠机械的劳动相对于依靠身体的劳动占据了稳固的主导地位。在这个发展过程中，一方面给人类带来了文明和方便舒适的生活环境，而另一方面又引发可很多新的问题。比如，由于文化环境的不断构建，提供了舒适、文明而安全的生活环境；而另一方面，又破坏了自然环境；现代社会的合理化趋势使人类社会大大提高了工作效率，同时，反过来又给人们带来了精神压力，从而引发了精神疾病；机械化和自动化程度的提高，大大减轻了身体负担，但却导致了现代文明病和过重的心理负担。这些已成为影响世界健康的大敌，一些医学工作者提出，医学应成为研究健康的科学，不应仅仅应付于各种疾病，以治疗为主的医疗机构开始向预防方向发展、延伸。针对运动不足所导致的骨质疏松、退化性关节炎、肌萎缩症、颈椎病、肩周炎、腰腿痛等症，以及与运动不足有关的现代文明病，如心脏病、高血压、糖尿病、胃溃疡、肥胖症、神经官能症、脑血管病等，至今没有特效药可以治愈。许多发达国家大量应用体育的原理和方法进行疾病的预防和治疗，使医学与体育以一种特殊的方式发生交融。运动处方可以有效地预防和减少这些疾病的发生，康复运动处方配合治疗可以有效地加快这些疾病的康复。所以，运动处方在预防医学、康复医学得到广泛应用，预防和治疗现代文明病、运动不足症等已成为研究运动处方和康复处方的共同任务。

（二）、从单一学科向多学科交叉渗透

随着运动处方研究与应用的逐步深入和日臻完善，其研究在广度上趋向对学科综合性的应用与推广；深度上，趋向多学科交叉渗透，对运动处方各要素，如运动种类、强度、时间、频度、密度、周期等方面进行了更深层次的研究，采用分子生物学、细胞生物学、内分泌学、免疫学等最新技术和成就，研究人体内外环境变化的适应性调节以及疾病和有害生物因子的抵抗，研究免疫功能与体质的关系，研究运动不足和营养过剩给人

类带来的心脑血管、高血压、肥胖症、糖尿病等疾病的影响和机理等。目前，众多研究成果对人类从事运动健身，实现增强体质，增进健康的目标提供了科学依据。

（三）处方制定的程序化

研制运动处方的电脑化、程序化已成为世界运动健身的一大发展趋势。利用信息自动化处理、磁卡信息储存、体能自动检测等高科技手段和技术，多层次、多角度、多方面提高和制定运动处方的科学性、易普及性，促进运动处方的推广与应用，已成为开发体育消费市场的又一主流。在美国、德国、加拿大、日本等国的许多健身场馆、健身俱乐部里都配备有与制定运动处方配套的成套设备，运动健身者通过在各个规定的仪器上按要求完成相应的测试，所测结果采用磁卡信息储存，并可以随时通过电脑显示所有身体测定的数据。利用信息处理，将体质状况、体能状况、健康状况分别进行自动定量评定和综合定量、定性评价。然后工具评定结果，由电脑提供多种可选择的运动处方，也可由专业人员根据测定结果，制定适合个人特点的运动处方。

第二节　运动处方内容

一、运动目的

即根据个体不同的身心情况确定的目标，具有主观和客观的双重性。主观性表现为对运动的意向、愿望、兴趣，是以情绪为核心的主观意愿需要;而客观性更多的是由于健康状况(生理健康和心理健康)，身体和心理疾病程度的主体客观原因产生的需求，是以理性为主、客观被动的需要。

从运动处方的角度可将运动目的大致分为三类：强身健体、疾病康复、保健预防、健美减肥；健心强心、心理保健、调节心理状态；消遣娱乐和学习掌握运动技能。

二、运动种类

运动的种类是确定运动处方性质的重要因素，必须根据运动的目的合理选择运动的种类。运动的分类方法很多，如果按运动对人的心理素质要求的高低分类，可将目前盛行的几十个项目分成简单运动、复杂运动和介于中间的过渡性运动。如属于简单运动的田径、游泳、举重等；属于过渡性运动的体操、摔跤、个人性球类等；属于复杂运动的集体性球类。越是高级复杂的项目对人的心理能力要求越高，也越全面。

现代较流行的运动处方主要包括三种运动类型:有氧耐力性运动；抗阻力量性运动；伸展柔韧性运动。其中有氧耐力性运动主要是改善和提高人体的有氧工作能力，如步行、慢跑、走跑交替等；抗阻力量性运动是增强肌肉力量，健美肌肉形体，如哑铃、杠铃等；伸展柔韧性运动是以调整呼吸节律，慢节奏柔韧性为主的运动，可调节机体平衡，安神调心，如太极拳、韵律体操、慢节奏健美操等。

上述运动处方是围绕追求健身效果的原则设计的，为达到全面身心锻炼的效果，我们必须同时考虑健心的原则，如利用简单的、周期性的体能性项目训练锻炼者良好的意志品质；利用散步、慢跑等项目医治抑郁。应该指出，在选择不同运动种类时，还应考虑以下条件：

（1）经过体质测定和医学检查的许可；

（2）运动强度和运动量适合本人的体力；

（3）过去的运动经历、个人的兴趣爱好；

（4）进行运动的环境；

（5）运动所需的用具和设备；

（6）同伴或指导者。

当然，这些条件全部具备也不容易，但其中第（1）、（2）条必须具备。

总之，在选择运动种类的时候，应根据运动目的和身心的具体情况，对运动类型的比例应有不同侧重。追求锻炼的心理效应时应采用令人喜欢和快乐的活动，不应有太多、太强的竞争性。

三、运动强度

运动强度是指单位时间内的运动量，而运动量是运动强度和运动时间的乘积。运动强度与运动量关系的表述如下：

运动强度＝运动量/运动时间

运动量＝运动强度×运动时间

运动强度是运动处方定量化和科学性的核心，而运动量是锻炼效果和安全性的关键。为了把握好这一核心和关键，现介绍几种简单易行的确定运动强度的方法。

（一）年龄减算法

运动适宜心率 = 180（或170）– 年龄

如果年龄在60岁以上或体质较差则用170减年龄。此方法适用于一般身体无器质性疾病者。也可以对照表6-1。

表6－1　　按年龄预计运动适宜心率及相应摄氧量

运动强度	最大摄氧量%	梅脱	各 年 龄 组 心 率 （次/分）				
			20～29岁	30～39岁	40～49岁	50～59岁	60岁以上
较大	90	12	175	170	165	155	145
	80	10	165	160	150	145	135
	70	8	150	145	140	135	125
中等	60	6.5	135	135	130	125	120
	50	5.5	125	120	115	110	110
较小	40	4.5	110	100	105	100	100

（二）净增心率减算法

按体质强、中、弱三组分别控制运动强度：

运动后心率 – 安静时心率 ≤60次/分为强组

运动后心率 – 安静时心率 ≤40次/分为中组

运动后心率 – 安静时心率 ≤20次/分为弱组

（三）运动量百分比分级法

计算公式：$\dfrac{运动后心率 - 运动前心率}{运动前心率}$

评定：

运动后净增心率达71%以上者为大运动强度；

运动后心率在51 – – 70%者为中等运动强度；

运动后心率为50%以下者为小运动强度。

（四）运动适宜心率

运动适宜心率指能获得最佳锻炼效果并能确保安全的运动心率。

一般人：最大心率 = 220 – 年龄 （如表6-2）

常运动的人：最大心率 = 210 – 0. 8 × 年龄

表6－2　　按年龄预计最大心率国际通用标准

年龄 （岁）	30～39	40～49	50～59	60～69
最大心率 （次/分）	182	178	167	164

大强度：最大心率的80%以上

中等强度：最大心率的60%-80%

低强度：最大心率的60%以下

例如：30岁人进行运动时三种强度的最大心率分别为：

（220-30）X80%以上=152次以上；

（220-30）X（60%-80%）=114-152次之间；

（220-30）X60%以下=114次以下。

最适宜运动心率的计算公式：

最大心率=220 – 年龄

心率储备=最大心率-安静心率

最适宜运动心率=心率储备X（60%-80%）+安静心率

例如：某人30岁，安静时的心率为每分钟65次。按照上述方法计算：220-30=190，190-65=125。125X60%=75，125X80%=100。75+65=140，100+65=165次。那么他的最适宜的运动心率应在140-165次之间。

四、运动时间

运动时间指每次持续运动的时间。运动时间和运动强度决定运动量的大小。据研究，一般可在持续有氧运动20～60分钟范围内，按其运动强度及体质、健康水平决定运动时间。健康成年人可采用中等强度、长时间的运动；体力较弱者可采用小强度、长时间的运动；体力强者可采用大强度、短时间的运动。

在确定运动时间时，应根据不同的运动目的，运动强度，设定能引起机体产生良性反应的作用时间的最低限度，即必要的运动时间。为了使运动锻炼的效果更明显，应在必要的运动时间的基础上适当延长。锻炼的持续时间影响着锻炼的心理效应，有研究认为，每次锻炼时间在20—60min之间的中等强度锻炼对改善情绪效果最好。锻炼方案的持续时间一般为8—15周。

五、运动频度

运动频度指每周的锻炼次数。体育运动的效果是在每次运动对人体产生的良性作用的逐渐积累中显示出来的，是一个由量变到质变的过程。有人研究认为，每周锻炼以3～4次为最适宜的频度，但间隔不应超过3天。关键是运动习惯化和运动生活化，即选择适合自己的锻炼次数，每周最低不少于2次。

正确的设定运动频度，要根据运动目的、身体情况的不同区别对待。一般以健身或康复为目的的运动处方，运动频度应以每周三次以上为宜，同时还应结合每次运动的强度、持续的时间、个人的身体恢复情况以及对运动的适应能力等因素综合考虑。其它目的的运动处方，应结合锻炼的目的和运动者的实际情况综合考虑。

六、注意事项及调控

进行健身运动处方锻炼时，对实施过程中出现不适应的情况进行调控，可从反复实践中休整，最终找到适合自己条件的运动处方。

制定运动处方时必须注意：

（一）指出禁忌的运动项目和某些易发生危险和伤害的动作；

（二）提出运动中自我观察指标及出现异常时的健身运动标准；

（三）每次锻炼前后都必须充分做好准备活动和整理活动，以免造成运动损伤和有机体的充分恢复。

第三节　制定运动处方

制定运动处方时，必须按照一定的步骤进行。在获得为制定运动处方所必须的信息资料基础上，进行运动负荷试验和体力测验，据健身者个人实际，制定运动处方，进入健身运动实施过程。

制定运动处方的步骤：

一、一般体检

目的：收集病史和社会史

1. 询问运动目的和运动期望程度

2. 了解病史，例如结核、肺炎、肝炎、风湿病、现有疾病、是否有昏厥史和过敏反应病史等。家族直系亲属是否患有心脏病、高血压、脑中风、糖尿病等；社会史询问其工作、生活条件、营养状况、环境、有无饮酒、吸烟不良嗜好等。

3. 运动史：了解运动爱好、运动强度和负荷量、运动时间、有无运动损伤，女性则询问生育史和月经史等。

二、临床检查

目的：鉴定身体是否适合运动

1．人体测量及身体脂肪测定，主要指标有：身高、体重、体脂％、肥胖度等；

2．心脏功能：脉搏、血压、心电等，其中血压安静时收缩压不超过160mmHg；心电图采用一般诱导法，根据敏尼素塔进行诊断。

3．肺功能：肺活量、1秒率；

4．尿检：蛋白质和糖呈阴性；

5．血液生化检查：检查血糖蛋白、血细胞比例、谷－草转氨酶（SGOT）、谷丙转氨酶（SGPT）、血清乳脱氨酶（CDH）、胆固醇、尿中尿胆素原和血糖，确诊是否患有贫血，确定肝功能、心肌、肾和糖代谢等是否异常。

6．体温：37°C以下，安静心率85次/分以上；安静时呼吸频率达24次/分以上。

7．胸部X线诊断：有无肺炎、肺结核、胸膜炎或心肌阴影等。

8．其它：视力、眼底、听力。

三、运动试验及体力测验

1．运动试验

运动试验是制定运动处方的重要依据。运动负荷试验常用递增负荷运动试验法，测定某些生理指标，直至受试者达到一定用力程度。

2．体力测验

体力测验适合于运动负荷试验后无异常的健身锻炼者。其目的主要是对肌力、爆发力、柔韧性等运动能力和全身耐力素质测验。据实验研究，认为12分钟跑测验（如表6-3）与VO2max相关系数最高。所以，库珀提出的有氧代谢运动的体力测验包括走、跑、游泳三种方式，（见表6-4和表6-5）可任选其一，用来检查和评价心血管系统功能。

表6-3　12分钟跑体力测验评定标准　（单位：米）

年龄(岁)		13～19	20～29	30～39	40～49	50～59	60以上
1级（很差）	男	<2080	<1950	<1890	<1825	<1650	<1390
	女	<1600	<1540	<1500	<1410	<1345	<1250

年龄(岁)		13～19	20～29	30～39	40～49	50～59	60以上
2级（差）	男	2080～	1950～	1890～	1825～	1650～	1390～
	女	1600～	1540～	1500～	1410～	1345～	1250～
3级（及格）	男	2190～	2100～	2080～	1985～	1855～	1630～
	女	1890～	1775～	1680～	1570～	1490～	1375～
4级（好）	男	2500～	2385～	2320～	2225～	2080～	1920～
	女	2065～	1950～	1890～	1775～	1680～	1570～
5级（很好）	男	2750～	2625～	2500～	2450～	2305～	2110～
	女	2290～	2145～	2065～	1985～	1890～	1745～
6级（优秀）	男	>2975	>2815	>2705	>2640	>2530	>2480
	女	>2415	>2320	>2225	>2145	>2080	>1890

表6-4　12分钟游泳测验评定标准

（不限姿势，以12分钟游泳的距离评定体能）

等级 \ 年龄		13～19	20～29	30～39	40～49	50～59	60+
很差	男	<460	>365	<320	<275	<230	<230
	女	>365	<275	<230	<185	<140	<140
差	男	461～550	366～460	321～410	276～365	231～320	231～275
	女	366～460	276～365	231～320	186～275	141～230	141～185
及格	男	551～640	461～550	411～505	366～460	321～410	276～365
	女	461～550	366～460	321～410	276～365	231～320	186～275
好	男	641～730	551～640	506～595	461～550	411～505	366～460
	女	551～640	461～505	411～505	366～460	321～410	276～365
很好	男	>730	>640	>595	>550	>505	>460
	女	>640	>550	>505	>460	>410	>365

表6-5　2400米跑体力测验评定标准

年龄(岁)		13～19	20～29	30～39	40～49	50～59	60以上
1级（很差）	男	>15:31	>16:01	>16:31	>17:31	>19:01	>20:01
	女	>18:31	>19:01	>19:31	>20:31	>20:31	>21:01
2级（差）	男	12:11～	14:01～	14:44～	1536～	1701～	1901～
	女	16:55～	18:31～	19:01～	1931～	2001～	2100～
3级（及格）	男	10：49～	12：01～	12：31～	13：01～	14：31～	16：16～
	女	14：31～	15：55～	16：31～	17：31～	19：01～	19：31～

年龄(岁)		13～19	20～29	30～39	40～49	50～59	60以上
4级	男	9：41～	10：46～	11：01～	11：31～	12：31～	14：00～
（好）	女	12：30～	13：31～	14：30～	15：56～	16：31～	17：31～
5级	男	8：37～	9：45～	10：00～	10：30～	11：00～	11：15～
（很好）	女	11：50～	12：30～	13：00～	13：45～	14：30～	16：30～
6级	男	<8：37	<9：45	<10：00	<10：30	<11：00	11：15
（优秀）		11：50	<12：30	<13：00	<13：45	<14：30	<16：30

四 制定运动处方，安排锻炼计划

根据以上步骤，在掌握健身者个体的健康状况、体力水平及运动能力等的基础上，把选择运动项目与确定锻炼目标结合起来，以提高人的耐力水平(心血管机能)为主。日本、美国的健身运动处方都采用有氧运动项目，以增加耐力的运动项目按其作用大小依次排序为：跑、游泳、骑自行车、步行、原地跑、壁球、篮球和排球。因为有氧运动是一切健身运动处方采用的最基本运动。这种运动过程消耗大量氧，又不致产生令人难以忍受的氧债，所以可长时间持续进行，它能引起身体产生极好的变化。健身者可按照初定的运动处方进行锻炼，对自己认为不适合的地方进行调整，坚持3～6个月后，再进行体力测验，重新制定长期的运动处方。

为了指导健身运动，美国运动医学学会对运动量的安排究其效果进行科学研究，并提出了具体方案和措施，他们认为，制定运动处方的关键是合理安排适宜的运动量，运动处方的效果取决于锻炼次数、运动强度、持续时间、锻炼项目以及健身者的身体素质水平，供参考。

1．锻炼次数

每周3～5次。

2．运动强度

最高心率的60～90％，最大摄氧量的50～80％或最大心率储备(最大心率－安静心率)的60～90％＋安静心率。

3．持续时间

持续15～60分钟的有氧运动，运动持续时间可根据强度来确定。低强度运动可持续时间较长，因为大强度运动易产生运动伤害。所以，适当减少运动强度，延长运动时间，对健身者的身体锻炼非常重要。

4．锻炼项目

大肌肉群持续进行运动的特点具有节奏性，并且在有氧状态下进行，例如步行、慢跑、远足、游泳、滑冰、滑雪、越野滑雪、骑自行车、跳绳、划船、跳舞、登楼梯和其它耐力性活动。

5．力量锻炼的运动负荷

力量指肌肉抵抗阻力的能力。增大肌肉力量一般采用以负重抗阻力练习为基本手段。力量锻炼的负荷科学与否，是增强力量的重要因素。青少年通过肌肉力量锻炼，可使体型优美健壮；对成年人来说，能够保持较理想的体型。力量练习时运动负荷一般以个人最大负荷的70％作为最大负荷量。每周锻炼的频度为3次，隔日进行一次超负荷锻炼。每次重复3～5次，肌肉力量有所改善；重复5～9次肌肉力量就会增强；重复10～12次，肌肉耐力将得到提高。每次重复应在5～15秒内完成，耐力性高的练习可延长20～30秒。每次重复的总次数为一组，每次做三组，能使肌肉力量达到最佳增长效果。

第四节　运动处方实例

一、步行运动处方

（一）步行健身的锻炼效果

1.步行是百练之本，且简便易行，是唯一能终身坚持的锻炼方式；

2.步行锻炼能增强心血管的功能；

3.能有效地预防肥胖症，减少多余脂肪；

4.能促进食欲和增强消化系统功能，增加营养物质的摄取量；

5.能缓解神经肌肉的紧张度，使神经－肌肉的调节更协同化，是治疗情绪紧张的灵丹妙药；

6.步行锻炼安全，可操作性强。

（二）步行健身要领

目视前方，上体正直，两臂前后摆动，呼吸自然，提臀抬腿，全脚掌着地，走得轻松，注意力集中，重心平稳，并富有弹性。走速每次应在半小时以上，步速100～120步/分。

（三）步行健身方法

1.步行速度以每分钟100米为宜。

2.步行距离为1000米×2组。

3.步行频度每日或隔日1次，每次20分钟。

4.运动量的掌握以自我感觉为评价标准。

（四）步行运动处方见表6-6

表6-6　各年龄组步行运动处方

年龄 周次	30岁以下				30～39岁				40～49岁				50岁以上			
	距离（米）	时间 分秒	每周次数	每周得分	距离（米）	时间 分秒	每周次数	每周得分	距离（米）	时间 分秒	每周次数	每周得分	距离（米）	时间 分秒	每周次数	每周得分
1	1600	15'00	5	5	1600	17'30"	5	5	1600	18'	5	5	1600	18'30"	5	5
2	1600	1400'	5	10	1600	15'30"	5	5	1600	16'	5	5	1600	16'30"	5	5
3	1600	13'45"	5	10	1600	14'15"	5	10	2400	24'	5	7.5	1600	15'00	5	5
4	2400	21'30"	5	15	2400	14'00	5	10	2400	22'30"	5	7.5	2400	24'30"	5	7.5
5	2400	21'00	5	15	2400	21'15"	5	15	3200	31'00	5	10	2400	23'00	5	7.5
6	2400	20'30"	5	15	2400	21'15"	5	15	3200	30'00	5	10	2400	22'30"	5	7.5

二、健身跑运动处方

（一）健身跑的锻炼效果

1.健身跑是一项全面的健身运动，能增强心肺功能，对运动不足带来的高血压病、糖尿病、动脉硬化、肥胖症等有良好的疗效。

2.健身跑可抗衰老。据研究，人体内有一种叫氧自由基的致衰老物质，氧自由基刺激细胞增殖变化，引起遗传因子突变，成为多种疾病的祸根。而健身跑可增加人体内超氧化物歧化酶的活性，而这种酶是氧自由基的克星。

3.健身跑运动强度适中，运动量容易控制，运动效果快而好，安全省时，适应现代文明社会的高效、省时、快速之发展要求。

（二）健身跑技术要领

上体应保持正直或稍向前倾约50°,胸腰微前挺，腹部微收，头自然与上体成一直线，颈部自然放松，两眼平视前方，摆臂时两手自然半握拳，大小臂弯曲90°左右，以肩为轴前后自然摆动。臂部和上体及腿部动作要协调一致。腿部后蹬时，蹬伸髋、膝、踝关节，推动身体向前移动。

摆动腿前摆时向前上方摆动，髋部前送，加大步长，带动身体重心向前移动。大腿前摆时，小腿放松自然下垂，下落时用脚前掌或全脚掌着地，脚后跟先着地迅速过度到前脚掌的方法，适合于公路跑。健身跑的技术关键是大、快、直、扒、前、松，即步幅和后蹬力量大；步频和蹬离地面速度快；跑成一条直线；着地时大腿积极下压，小腿积极向后扒地；跑的动作向前；整个健身跑的动作轻松自然。

呼吸节奏与跑速相结合。一般采用一步一吸一呼、二步一吸一呼或三步一吸一呼节奏方法。冬天健身跑主要用鼻呼吸或吸气。跑速加快时，常用鼻和嘴同时呼吸的方法。呼吸时，舌头卷起，微添上颚，以产生较多的泌液，提高空气的湿度，利于摄入更多的氧气。

（三）健身跑运动处方见表6-7

表6-7 健身跑运动处方

年龄周次	30岁以下				30~39岁				40~49岁				50岁以上			
	距离(米)	时间分秒	每周次数	每周得分	距离(米)	时间分秒	每周次数	每周得分	距离(米)	时间分秒	每周次数	每周得分	距离(米)	时间分秒	每周次数	每周得分
1	1600	13'30"	5	10	1600	17'30"	5	5	1600	18'	5	5	1600	18'30"	5	5
2	1600	13'	5	10	1600	15'30"	5	5	1600	16'	5	5	1600	17'	5	5
3	1600	12'45"	5	10	1600	14'15"	5	10	1600	15'	5	5	1600	16'00"	5	5
4	1600	11'45"	5	15	1600	14'00	5	10	1600	14'	5	10	1600	15'	5	5
5	1600	11'	5	15	1600	21'15"	5	15	1600	13'45"	5	10	1600	14'15"	5	10
6	1600	10'30"	5	15	1600	21'15"	5	15	1600	12'45"	5	10	1600	13'45"	5	10

（四）注意事项：

1. 健身跑时不要吃得过饱。当室外气温超过25°C时，最好选择早晚凉爽时间跑。

2. 衣服要求透气性好，而且能够吸汗。衣服要宽松，不要太瘦小和紧身。

3. 鞋的穿着很重要，一定要选穿舒适、合脚的运动鞋。鞋底应柔软和富有弹性，并且在足跟要有软垫和有可以保护踝关节的鞋帮。

4. 跑时两手要自然，颈背要放松，头部随之自然摆动，上体保持正直稍前倾。注意均匀地呼吸，特别是要用力呼气。

三、游泳运动处方

（一）健身游泳的锻炼效果

1. 游泳是一项全身运动，对匀长地发展肌肉，增强耐寒能力，提高内脏功能，特别是提高肺功能以及新陈代谢有良好的锻炼效果。

2. 健身游泳能量消耗大，对肥胖者减肥效果显著。这是因为：

（1）水的湿度越低，人体热量越大能量消耗也越多。在12°C的水中停留4分钟放散的热量，相当于人在陆地上1小时所放散的热量。在24~25°C的水中安静静坐3~4分钟耗能量上升50％。

（2）同速度游而不同姿势时，自由泳消耗大于蛙泳。

（3）游泳能量消耗比同速度走路时大，每米消耗能量大2~9倍，游速越快，所受阻力越大，消耗越多。

（4）肥胖症患者每天游泳30分钟，不增加饮食，减肥效果显著。

3. 健身游泳锻炼时，上体承受水压很大，吸气时必须克服水压，吸气肌必须用力，呼吸肌得到了锻炼，所以游泳运动能很好地分钟呼吸系统的机能。

4. 健身游泳对心脏血管机能的影响很大，这是因为游泳时身体的水平姿势、水对皮肤的压力、呼吸加深以及肌肉的越多等，都给静脉血液回流造成有利条件。由于水的物理特性对人体的影响，所以游泳能改善心脏血管系统的功能。主要表现在一是锻炼有素者安静时出现心脏徐缓现象，安静时脉率从60次下降到50次，有的更低；二是表现在对寒冷刺激引起血管反射调节能力加强，反应迅速，灵活性高，大脑皮层对非条件性血管反射的调节能力加强。

（二）健身游泳处方（见表6-8，6-9）

（三）注意事项

1. 戴眼镜和眼睛过敏的人应配戴游泳专用眼镜和透气眼镜，以防止含盐或含氯水质的刺激。

2. 不要忘记戴游泳帽。虽然头发总是要湿的，但游泳帽却可以起到保护头发不受盐、氯侵害的作用。常在海水里或是游泳池游泳的人，要注意保护敏感的发稍。最好游泳前在发稍涂一些保护性凝胶。

3. 每次游泳后，要用淡水彻底清洗全身。只有这样才能去掉或存在头发里和沾染在皮肤上的氯和盐。冲洗后应在脸上和全身涂护肤脂。

表6－8　各年龄组游泳预备性健身运动处方

年龄 周次	30岁以下				30~39岁				40~49岁				50岁以上			
	距离 (米)	时间 分秒	每周次数	每周得分	距离 (米)	时间 分秒	每周次数	每周得分	距离 (米)	时间 分秒	每周次数	每周得分	距离 (米)	时间 分秒	每周次数	每周得分
1	90	2'30"	5	7	90	2'30"	5	4	90	2'30"	5	4	90	2'30"	5	4
2	130	3'00"	5	6	130	3'00"	5	5	130	3'15"	5	5	130	3'45"	5	5
3	180	4'00"	5	7.5	150	3'45"	5	6	150	4'00"	5	6	150	4'15"	5	6
4	220	5'30"	5	10	180	4'00"	5	7.5	180	4'30"	5	7.5	180	4'15"	5	7.5
5	220	5'00"	5	10	220	5'15"	5	10	180	4'15"	5	7.5	180	4'30"	5	7.5
6	270	6'00"	5	12.5	220	5'00"	5	10	200	5'00"	5	10	180	4'15"	5	7.5

表6－9　10周运动处方(30－49岁)

星期	距离（米）	时间（分、秒）	每周次数	得分
1	275	12'00"	4	6.2
2	275	10'00"	4	7.5
3	365	13'00"	4	10.2
4	365	12'00"	4	11.1
5	455	14'00"	4	14.9
6	455	13'00"	4	16.0
7	550	16'00"	4	18.8
8	640	19'00"	4	23.5
9	730	22'00"	4	28.2
10	820	22'30"	4	36.0

4．游泳后不要把湿游泳衣穿在身上，而应立即换掉，并用毛巾擦干并按摩全身。在阳光照射下，身上的水珠会起到如同聚光镜一样的作用，因此容易晒伤皮肤。

5．不要在饭后立即游泳。

6．不要在出汗时或阳光浴后立即跳入冷水游泳。

7．不要在情况不明的水域头朝下跳水。轻率的举动会招致头部和脊椎的损伤。

8. 切忌长时间潜泳，以防溺水事故发生。

四、自行车健身运动处方

（一）自行车健身运动处方的锻炼效果

1. 自行车是一种经济实惠、普及性的交通工具，骑自行车有益于内循环系统、呼吸系统和新陈代谢，对体重超常的人尤为有益。

2. 由于骑车时身体的重量落在车坐上，所以腿部肌肉是在无负荷情况下活动的，从而使韧带和关节得到了保护。骑车可以锻炼大腿、肩膀、脖颈、骨盆和臀部肌肉，常骑自行车的人，血管系统变得富有活力，可防止动脉硬化等疾病。

3. 骑自行车锻炼，能刺激人体的雌激素或雄激素分泌，从而增强健身运动者的性功能，使夫妻性生活美满、和谐。

4. 现代化的功率车的使用，锻炼者可设计锻炼程序，锻炼时自动显示心率、速度、距离、时间等各种信息，便于及时掌握和调控运动强度，有利于健身锻炼和病人康复。

（二）自行车健身锻炼要领

上体前倾，两手扶车把处，腰部微屈，躯干弯曲，屈臂，肘关节稍向外分开，头部不宜过分伸出，膝关节保持微屈，使脚的力量全部用于脚蹬上。骑行时，上体不要左右摆动、上下起伏，两腿踏蹬协调、圆滑。车座的高低以坐于车坐上两腿伸直、脚尖着地为宜；车把高低以车座同；骑赛车时可略低1~2厘米。骑行时，一脚用力踏下，另一脚向下提拉，以曲柄为半径，中轴为中心，反复进行。踏蹬时可用脚尖朝下式、脚蹬下压式以及介于二者之间的混合式。

（三）自行车健身运动处方（见表6-10）

（四）注意事项

1. 柔软可调的车座应该非常舒适，就像为你定做的一把椅子，这一点非常重要。

2. 骑车时要轻松自如，可时常变换骑车的姿势，时而坐直身体，时而将上体前倾，这样可避免双手抽筋和颈背肌肉过于紧张。

3. 骑车时要注意保护颈背、臂膀和面部，预防感冒，不要在中午烈日下骑车锻炼。

4. 骑车时要选择适宜的风衣、裙裤和下部收紧的瘦长便裤。衣服的面料应选择布或者其它透气性好，可以吸汗的布料。套头衫和上衣应有足够的长度，以免骑车时从裤子或裙子中滑出。这是因为要时刻注意保护好肾脏和背部。

5. 牛仔裤会磨伤皮肤，不适于长途骑车时穿着。穿不透气的雨披骑车很容易出汗。

6. 骑车时最好穿运动鞋，也可戴上有棉掌垫的骑车手套。这样就不容易发生痉挛了。

表6-10　　18周原地阻力自行车运动处方(50岁以上)

星期	速度 （mph/rpm）	时间 （分秒）	结束时心率 （每分钟）	每周次数	得分
1	15/55	4'00"	<100	3	1.5
2	15/55	4'00"	<100	3	1.5
3	15/55	6'00"	<100	3	2.25
4	15/55	6'00"	<110	4	3.0
5	15/55	8'00"	<110	4	4.0
6	15/55	10'00"	<110	4	5.0
7	15/55	12'00"	<110	4	5.5
8	15/55	14'00"	<110	4	7.0
9	15/55	16'00"	<110	4	8.0
10	15/55	16'00"	<120	5	10.0
11	15/55	18'00"	<120	5	11.25
12	15/55	20'00"	<120	5	12.5
13	17.5/65	18'00"	<120	5	13.13
14	17.5/65	20'00"	<120	5	14.38
15	20/75	20'00"	<130	5	19.38
16	20/75	22'00"	<130	5	22.5
17	20/75	25'00"	<130	5	25.0
18	20/75	30'00"	<130	4	26.0

五、健身操运动处方

（一）健身操运动的锻炼效果

1. 经常进行健身操锻炼，可增强肌肉的力量、耐力和关节的灵活性，又可塑造人体体型和局部机体的形态。

2. 健身操锻炼时，动作与全身各部位都要联绵不断，节奏感强，动其一点，波及全身。据研究报道，一套三分钟节奏快的健身操运动量不亚于快跑1500米的生理负荷。所以，健身操练习是一种持续性有氧代谢，能量消耗大，对保持理想的去脂体重有很好地功效。

3. 健身操节奏鲜明，在音乐的伴奏下，配合各种协调、流畅的动作和优雅的舞姿，使健身操运动更具有无穷的魅力。

（二）健身操运动处方（见表6-11，6-12）

表6-11　8周健身操运动处方(30-49岁)

星期	时间（分秒）	最高心率（每分钟）	每周次数	得分
1	15'00"	110～120	3	9.0
2	21'00"	110～120	3	12.6
3	21'00"	120～130	3	12.6
4	27'00"	120～130	3	16.2
5	27'00"	130～140	3	16.2
6	36'00"	130～140	3	21.6
7	36'00"	140～150	3	21.6
8	45'00"	140～150	3	27.0

表6-12　12周健身操运动处方(50岁以上)

星期	时间(分秒)	最高心率(分钟)	每周次数	得分
1	12'00"	100～110	3	7.2
2	15'00"	100～110	3	9.0
3	18'00"	110～120	3	10.8
4	21'00"	110～120	3	12.6
5	24'00"	120～130	3	14.4
6	27'00"	120～130	3	16.2
7	30'00"	130～140	3	18.0
8	33'00"	130～140	3	19.8
9	36'00"	130～140	3	21.6
10	39'00"	140～145	3	23.4
11	42'00"	140～145	3	25.2
12	45'00"	140～145	3	27.0

第七章 体育生理卫生

第一节 大学生生理特点

大学生一般处于17～23岁年龄阶段。这一阶段生理发育总的趋势是逐渐缓慢，日趋成熟和完善。主要特点可以从身体形态、身体机能、身体素质和第二性征四个方面明显看出。

一、身体形态

大学生进入大学后，身高的增长速度变得逐渐缓慢，大约在25岁以后，身高增长停止，人体肌肉开始迅速增长，体重增加。我国男大学生的平均身高为173cm，平均体重为58.5kg。女生的平均身高为159cm，平均体重为51.5kg。胸围、肩宽、骨盆宽等形态指标的增长也日趋缓慢。由于大学生年龄段仍保留着某些青春后期的生长发育特点，即不平衡和不稳定性，因此仍应重视全面的身体锻炼。

二、身体机能

（一）神经系统

大学阶段人体大脑皮层细胞间联系更加复杂、完善。分化抑制能力提高，分析综合能力明显增加。神经系统的兴奋抑制过程近于平衡。人体第二信号系统高度发展，抽象思维能力提高。第一信号系统和第二信号系统活动的协调程度接近个体最高水平，为思维的发展创造了良好的物质基础。由于神经系统结构和功能的发展和完善，大学生的高级神经系统的功能达到最佳状态，表现为注意力集中，观察力加深，记忆力完善，想象力丰富以及创造性思维的形成。所以，大学阶段是接受教育的最佳时机，是人一生中发展的重要时期。

（二）心血管系统

心血管系统的发育，无论在形态和机能方面，在大学阶段都接近成人水平。左心室壁厚而富有弹性，心肌收缩力增大，心律减慢，每博输出量增加，神经系统对心血管功能的调节更加精确，具有很强的代偿能力和适应能力，为人体进行大强度，长时间运动提供了生理保证。我国大学生的平均心律为：男75.6次/分，女77.3次/分。平均血压为：男15.46/8kpa（116/60.2mmHg），女14.10/7.7kpa(105.8/57.8mmHg)。

（三）呼吸系统

大学阶段随着生理功能的成熟，呼吸系统的功能也增强了，表现为胸廓增大，接近个体最大值，肺的组织结构和功能进一步完善，换气效率提高，呼吸肌力量增加，呼吸频率减慢，呼吸深度加大，肺活量，最大吸氧量，最大通气量均达成人水平。我国男大学生的平均肺活量为3800～4400ml，女大学生的平均肺活量为2700～3100ml。

（四）运动系统

大学阶段，随着年龄的增长，骨骼的无机盐增加，水分减少，到20～25岁骨化完成后，骨不再生长，身高不再增加。由于骨密度增加，骨质坚硬，故能承担更大的负荷。关节、韧带及肌腱的抗拉强度加大，但关节的灵活性相对减弱。肌肉内水分减少，收缩蛋白增加，肌力增大。

（五）血液系统

大学阶段，血细胞及血红蛋白含量已达到或接近成人水平。我国健康成年男子血红细胞的含量平均约为每立方毫米450～550万个，女子平均约为每立方毫米380～460万个。男子血红蛋白浓度每100ml血液中12～15g，女子约为11～14g。全身血液量约为体重的8%，平均人体的循环血量仅为全身血量的3/5～4/5，其余部分贮存于肝脾。献血200～400ml或外伤失血后，储存的血液即进入循环系统，以维持有效循环血量。由于青年人新陈代谢旺盛，营养吸收利用能力强，全身血容量在短期内即可恢复。

三、身体素质

19周岁以后男女生的各项身体素质的增长速度明显减慢，耐力素质、速度素质、爆发力等均已接近最高水平。故在体育运动中能承受长时间，大强度的训练。

四、第二性征出现

大学生的第二性征已日趋成熟。其男性的表现为身体魁梧、肩部增宽，喉结突出，声音低沉，体重增加，长胡须，肌肉变得结实有力。女性的表现为身体窈窕，乳房隆起，声音尖细，肢体柔软而丰满，盆骨增宽，皮下脂肪增厚。第二性征的出现与性腺发育，性激素分泌密切相关。

第二节　体育锻炼原则

锻炼身体的原则是指在体育锻炼中，必须遵循的基本要求和指导原理，是长期体育锻炼实践的总结和概括，是体育锻炼客观规律的反映。正确理解和运用体育锻炼的原则，可使体育锻炼达到最佳效果。

一、自觉性原则

从事体育锻炼者必须有明确的锻炼目标，才能调动锻炼的自觉性和积极性。毛泽东同志说过："坚实在于锻炼，锻炼在于自觉，欲图体育之有效，非动其主观，促其对体育之自觉不可。"自觉和积极是互相联系的，要想获得一个健康的身体，就必须使自己有高度的自觉性。体育锻炼是人类特有的一种有目的、有意识的健身手段，它主要是通过人体的自身运动来收到发展身体、增强体质的实效。它要求自觉、积极、专注，才能使人体在活动时表里一致，身心合一，达到事半功倍的效果。贯彻自觉性原则，应当明确锻炼身体的目的，注意兴趣的培养，并经常检查锻炼效果，以增强锻炼的信心。自觉积极性原则是体育锻炼的一个指导性原则，同时也是能否长期坚持体育锻炼的前提，不论是集体锻炼或个人锻炼，都应始终坚持贯彻这一原则。

二、全面性原则

全面性原则是指在体育锻炼中要使身体的各个部位、各个器官系统的机能、各种身体素质和基本活动能力都得到发展。它们之间都是互相联系、互相制约的。身体某一方面的发展必然会影响到其他方面的发展；而全面发展，就能互相促进，普遍提高。否则，就会造成身体的畸形发展，损害健康。特别是在校的大学生多处在17～22岁，尚为身体发育逐渐成熟阶段，仍具有一定的可塑性。因此，在身体锻炼中贯彻全面性原则尤为重要。贯彻全面性原则应做到：全面锻炼身体，提高整体机能；采用多种锻炼项目，全面发展身体素质；经常变换锻炼条件，提高人体的适应能力；继承、发扬民族体育的"养生之道"，锻炼中重视形神结合、动静结合、内外结合。

三、循序渐进原则

循序渐进原则是指体育锻炼的内容、方法和运动负荷要根据人们认识事物的规律、动作形成的规律和生理负荷的规律来安排顺序。它是人体适应环境的基本规律。人体对内外环境变化的适应，是一个缓慢的由量变到质变的过程。体育锻炼时，肌肉活动对机体的要求，各器官系统的结构与机能是逐步适应和逐步取得平衡的。因此，参加体育锻炼只有循序渐进，才能取得良好效果，避免运动损伤和运动性疾患的发生。体育锻炼中贯彻、执行循序渐进原则，应做到：学习动作由易到难，运动量逐渐加大，每次锻炼中也要循序渐进。

四、经常性原则

参加体育锻炼必须持之以恒，经常坚持。任何运动技术的形成和提高，人体各器官、系统机能的改善，身体素质水平的增强，都是通过肌肉活动反复多次强化的结果。因此，人体在体育运动的作用下所发生的各种适应性变化，只靠几次身体锻炼是不可能的。如果断断续续的锻炼，前一次锻炼的效果和痕迹已经消失，就失去了对后一次锻炼的累积所产生的影响，就不可能产生明显的效果，甚至不起作用。同时运动机能的形成、人体结构、机能的改善、身体素质的提高，都受着"用进废退"规律的制约，不能经常锻炼，已取得成果也会逐渐消退。

五、针对性原则

针对性原则是指在体育锻炼过程中，根据个人特点以及季节、地域等客观条件，合理地确定锻炼内容，选择方法和安排运动负荷，使之符合要求。

参加锻炼的人各种各样，其目的和要求也不尽相同，所以每个人锻炼时都要根据自身的需要，有针对性的选择和确定锻炼的内容和方法，合理地安排锻炼的时间和运动负荷，才能收到良好的效果。

总之，在体育锻炼中遵循以上原则，有助于体质的稳定增长与提高。同时，在锻炼中注意培养自己体育锻炼的稳定兴趣，掌握一、二项自己喜欢、并适合于自己身体条件的锻炼方法，从而终生受益。

第三节　体育锻炼的自我监督

自我医务监督，是指锻炼者在体育锻炼过程中，对自身生理机能和健康状况观察和评定的一种方法。也是全面体格检查的一种补充。自我医务监督，有助于及时了解自己在锻炼过程中生理机能变化；有助于预防过度疲劳；有助于调整锻炼计划和运动负荷；并为合理安排教学、训练内容和方法提供依据；也为医生体格检查提供参考。因此，锻炼者都有必要学会自我监督的方法。自我监督主要包括主观感觉和客观检测。

一、主观感觉

自我医务监督的主观感觉包括身体感觉、运动情绪、睡眠、食欲、排汗及其它情况。

（一）感觉：身体感觉是反映整个机能状况。参加锻炼者总是感到精力充沛、心情愉快，无任何不适感觉，这说明身体感觉正常或较好。如锻炼后经休息恢复再次锻炼时，仍感到机体疲劳、肌肉酸痛、四肢无力，或伴有头痛、头晕、恶心、气短等现象，则说明身体感觉不良或较差，表示运动量过大或健康状况不佳，应及时找出原因并调整运动量。

（二）运动情绪：锻炼者的运动情绪好时，一般对参加锻炼非常感兴趣，不但定时积极参加锻炼，而且十分投入，认真锻炼，锻炼效果较好。反之，运动情绪不好时，对参加锻炼兴趣不浓，常产生厌倦感，锻炼效果也甚微。此时应进行自我分析并找出原因。

（三）睡眠：睡眠较能直接反映出锻炼的强度和运动量。如果运动量适中，晚上睡眠时入睡快，睡眠深，翌晨顿觉疲劳消除，精力充沛。反之，运动量过大，则往往引起失眠、多梦或嗜睡，翌晨精神不佳等现象，遇此情况必须调整锻炼的运动量。

（四）食欲：锻炼后食欲良好说明锻炼的运动负荷量适当，反之，如锻炼后食欲减退，是因运动量过大还是因健康状况欠佳？要找出原因并及时处理。

（五）排汗量：运动时排汗量受多种因素的影响，如运动量、训练水平、气温以及个体情况，应区别对待，分析是否出现异常排汗情况。

（六）其它：女学生在主观自我监督时，应特别了解锻炼对月经周期的影响。

二、客观检测

自我医务监督中的客观检测主要包括脉搏、体重等生理指标和运动成绩的检测。

（一）脉搏：脉搏频率是反映人体健康和机能水平较灵敏的指标。自我医务监督测量安排的脉搏频率，一般固定在早晨起床前，测量方法详见"体质检测"部分。

如测得早晨脉搏频率不变或有所下降，说明机体反应良好，通过锻炼提高了机体的机能水平。如早晨脉搏频率每分钟增加12次以上，说明机体反应不良。

（二）体重：一般情况下，体重不会有很大变化。在体育锻炼过程中的体重会因人而异出现一些小的波动情况。经常参加锻炼者，即使运动强度大，或持续时间长后体重会有所下降，经过适当休息即能恢复正常。但初参加锻炼者在锻炼之初，由于机体丧失多余的水份和脂肪，故体重出现明显下降趋势。持续3—4周，或更长一段时间后，体重又渐趋稳定，稳定约5—6周后，体重又可能增加。这是由于锻炼使得肌纤维增粗，肌肉重量增加的缘故。自我医务监督测定体重，每周在同一时间测1—2次，最好早晨刚起床时进行。还可在锻炼前后测定体重，以观察锻炼前后体重的变化情况。

（三）运动成绩：坚持科学的锻炼，运动成绩会逐步提高，或保持在较高的水平上。如坚持锻炼，运动成绩不但没有提高，反而下降，可能是早期过度训练所致，要找出原因，及时调整锻炼方法和运动量。

应该指出，锻炼后所呈现出来的各种主客观反应，因个体差异不可能完全相同。但经常进行体育锻炼者，仍应养成坚持经常进行自我医务监督检查的习惯，发现异常时，要善于分析其产生的原因，及时调整锻炼内容，方法和运动量，使机能迅速恢复正常，才能达到增强体质，提高健康水平的目的。

第四节　女性体育卫生

一、女生生长发育的生理特点

研究证明：青春期身体成分的变化是脑垂体中促性腺激素分泌增多引

起的。这种激素有提高女生雌性激素水平的作用，趋向于使脂肪增多，而肌肉的体积却小于同龄男孩，而且在整个生长过程中亦表现出此种特点。

除生殖系统在青春期表现出的女孩特点外，体态的变化亦为显著。在整个生长过程中，股骨、骨的直径、臂长、胸围和肩宽等指标始终小于男孩子，相对于身体而言，髋部始终大于男孩。由于女生肩带窄小，不利于发展上肢的力量，而髋骨宽使股骨角比男性突出，奔跑能力亦很难达到男性的水平。但由于髋部大而重心低，却有利于从事平衡能力要求较高的运动。由于女性肌肉体积小，对力量性、速度性、腾空等运动项目远不如男性能力强。

女生的摄氧量低于男生，心脏体积和容积亦比男生小。女生安静时及完成最大运动量时的心率较高，女生以较高的心率完成同一运动负荷的需氧量，才能补偿较低的泵血机能。

肺通气量由于男生身体体积大于女生，表现出的能力也强。女生在耐力和短时间、高强度的运动能力方面比男性低20%左右。在力量性项目中更为明显，其原因就在于身体体积（包括肌肉体积）和运输氧的能力的差异。虽然男女肌纤维的数量基本相同，但肌纤维的横截面积大小决定着力量素质的强弱。女生肌纤维的横截面积小于男生，因此表现出的能力差异较大，成年后的男女大多数肌群的力量比约为1:0.7～1:0.5。

二、女生体育锻炼注意事项

（一）重视加强心肺功能的锻炼。女生心肺功能比男子差，因此，女子的体育锻炼应重视加强心肺功能的锻炼。而增强心肺功能的有效方法是有氧运动，即跑步、步行、游泳等强度不大，但持续时间较长的运动。这些运动不仅可以增强心肺功能，而且可能消耗多余脂肪，有利于健美与健康。

（二）注意加强腹肌和骨盆底肌的锻炼。这是从女生特点出发的一项练习。位于腹腔周围的肌肉群以及腹腔底部骨盆下口处的骨盆底肌，共同维持着人体正常的腹压，保持着腹腔内各脏器的正常位置和功能。从女性将来作母亲的生理特点来看，加强这些肌肉群锻炼对女子一生健康有重要意义。

（三）多参加体形健美的锻炼。健美操、韵律操、艺术体操、舞蹈以及徒手和利用器械的健美运动，很适合女生对美的爱好和追求，有利于形体的健美。女生应多参加有利于体形健美的锻炼。

三、女子月经期卫生

月经是女子到了青春期，每月一次的子宫出血，是正常的生理现象。两次月经间隔的天数为月经周期。月经周期的时间一般为28~30天。月经持续的天数为月经期。月经期的时间为3~7天。月经期，子宫内膜破裂，子宫口松弛，易于感染而引起一些疾病，同时也伴有一些生理反应。因此，在此期应十分注意卫生。

（一）保持心情舒畅：情绪稳定月经是在女性激素作用下而产生的。当生气发怒时，中枢神经受到刺激，就使脑垂体、卵巢受到影响，使激素分泌失常，结果造成月经失调。如有女子在月经期生气、忧伤。常常发生经血过多或暂停经。

（二）注意饮食卫生：月经期宜吃容易消化、营养丰富的食物，避免刺激性食物。平时有爱吃酸辣习惯的女子，在此期间最好不吃。因为，酸东西吃多了，容易使经血不畅通，使之减少；辣东西吃多了，容易使身体发热，血流加快，使经血过多。

（三）避免冷刺激：冷刺激能引起子宫及盆腔血管收缩，造成月经过少，甚至突然停止，对健康不利。因此，不要喝冷饮，不坐潮湿地，不洗冷水淋浴，不用冷水洗头和洗脚。

（四）保持卫生纸和卫生巾的清洁：月经期、子宫内膜血管破裂，如使用不干净的卫生纸和卫生巾，易引起子宫内膜和输卵管感染发炎，出现肚子痛、腰酸、白带多等现象。因此，应注意勤换卫生巾。

四、月经期体育锻炼注意事项

对于身体健康、月经周期正常者在月经期适当进行体育锻炼是有益的。但必须根据具体情况进行具体分析，其原则和注意事项如下：

（一）对于月经初潮的少女，由于她们月经周期尚未稳定，应以参加轻微活动为主，注意循序渐进。并应注意培养她们在月经期适当坚持体育活动的习惯。

（二）经期运动时，应避免作剧烈或强度大的跳跃，也不要做腹压过大的练习，以免引起经血过多或子宫位置改变。

（三）在经期，可以适当参加一些徒手操、活动性游戏、托排球、打乒乓球和羽毛球等运动量小的项目。这有利改善盆腔的血液循环，加强腹肌和骨盆底肌的收缩与放松，对子宫起着柔和的按摩作用，有助于经血的排出。并可调整大脑皮层兴奋和抑制过程，减轻全身的不适感觉。

（四）对于身体弱和来经时有腰酸、背疼、全身不适、恶心、口渴、头疼、头晕、下腹有痉挛性疼痛等反应者，应停止参加体育活动。否则，会使神经系统过于紧张，造成日后月经不调。

（五）对于健康者，在经期锻炼时，应适当调整运动量。在来月经的第一、二天可做少量轻微活动。在月经的第三、四天时，则可以逐渐增加一些活动量。月经的第五、六天就可以照常活动了，但不宜参加过分剧烈的运动和比赛。

（六）月经期不宜参加游泳，否则，会受冷刺激，并且容易引起子宫内膜感染，引起炎症性病变。

第五节　运动卫生常识

一、体格检查与健康检查

根据定期体格检查的时间，通常将体格检查分为初查、复查和补充检查。初查：初参加体育锻炼的人，包括将入队参加系统训练的新运动员，在开始训练前都应进行体格检查。通过检查，对被查者过去的和现在的健康状况，身体发育，机能水平进行全面的了解。初查结果，对制订训练计划，选择训练方法有重要参考价值。复查：对一般学生可每学期或每学年检查一次身体。运动员经一定时期训练后，须进行复查。检查时间可依训练期而定，一般可安排在每一训练期结束时。复查体格的时间应与身体素质和专项成绩测验安排在同一时期。这样便于将医学生理指标检查结果与技术测验结果作对比。补充检查：学生健康分组转组时，运动员在参加重大比赛前，以及伤病痊愈重新参加训练前，都应作补充检查。定期体格检查的主要内容依据检查时间不同而有不同要求。检查须包括下列几个方面内容：

（一）一般检查：应包括身体各系统物理检查。胸部X线检查，血、尿常规化验，以及心电图检查。根据设备条件，还可采用其它现代化医学检查，如超声心动图、脑电图等。

（二）形态测量：除三项基本人体发育指标（身高、体重、胸围）为必测项目外，对青少年和不同专项运动员，可根据要求选测其它指标。

（三）机能检查：重点是心肺机能检查。可根据专项特点，选择检查方法。此外，根据需要进行生化检查。复查的内容最好与初查时相同。但也可根据设备条件和需要，选择几种主要指标进行检查。

补充检查的内容，可根据具体情况而定。如果只是想了解一下运动员身体机能状况（是否达到竞技状态或怀疑发生了过度训练），则只进行简易的心血管系统机能检查和心电图检查即可。必要时再进行更深入仔细的检查。

二、运动的营养补充和饮食卫生

在体育锻炼活动中，因各个项目代谢特点不同而对合理营养有着不同的需求特点。

（一）跑步的营养特点：短跑是以力量素质为基础，以无氧代谢供能为特点，工作时间短，强度大，要求有较好的爆发力的项目。在膳食中要有丰富的动物性蛋白质，以增大肌肉体积，提高肌肉质量，蛋白质的摄入量每日每千克体重约3克左右为宜。另外，要求在膳食中增加磷和糖的含量，为脑组织提供营养，改善神经控制和增强神经传递，以动员更多的运动单位参加收缩。还要求在膳食中增加矿物质如钙、镁、铁及维生素B1的含量，以改善肌肉收缩质量。长跑是以有氧耐力素质为基础，以有氧代谢供能为特点，要求有较高的心肺功能及全身的抗疲劳功能能力的项目。虽然强度较小但时间较长，体力消耗较大。要求膳食中以较全面的营养成分，增加机体能源物质的贮备，在丰富的维生素、矿物质成分中，突出铁、钙、磷、钠、维生素C、B1和E的含量，有利于提高有氧耐力。

（二）操类项目的营养特点：学生喜爱的健美操以及在一些学校体育活动中开展的竞技体操、艺术体操和技巧动作复杂而多样，要求有较强的力量与速度素质以及良好的灵巧与协调性，对神经系统有较高的要求。其营养特点是：高蛋白质、高热量、低脂肪，维生素、矿物质应突出铁、钙、磷的含量及维生素B1、C的含量。需引起注意的是，参加该类项目有时为比赛需控制体重，但不能过分控制饮食，避免造成营养不良。

（三）球类项目的营养特点：球类项目对力量、速度、耐力、灵敏、柔韧等素质有较高的要求，食物中要含丰富的蛋白质、糖以及维生素B、C、E、A。球的体积越小的项目，食物中维生素A的含量应更高些。足球活动时间较长且在室外活动，矿物质、水分丢失较多，应及时补充。

（四）冰雪项目的营养特点：由于长时间在冰雪上活动，加之周围环境温度较低，机体产热过程增强以维持体温。所以蛋白质和脂肪消耗较多，膳食中必须给予保证。同时增加糖类以提供能源，维生素以B族为主并增加维生素A的摄入，保护眼睛，适应冰雪场地的白色环境。

（五）游泳项目的营养特点：游泳项目在水中进行，使机体散热较多、较快，冬泳更是如此，游泳锻炼要求一定的力量与耐力素质，要求在膳食中含有丰富的蛋白质、糖和适量脂肪。在水温较低时出于抗寒冷需要，可再增多脂肪摄入。维生素以B1、C、E为主。矿物质增加碘含量，以适应低温环境甲状腺素分泌增多的需要。

三、运动的环境和运动衣着卫生

（一）运动的环境

1.运动场地

运动场地周围应合理栽种各种树木，这样可以改善体育场地的空气环境。室外篮、排、网球场，以土质为宜，场地须结实平坦，不应有浮土。足球场最好是草皮场，要求保持平整、结实而富有弹性，没有浮土，保持一定的干湿度。在跳远坑里，应垫上干净的沙子，使用前应将砂子掘松，用耙子理平。投掷标枪、铁饼、铅球的区域，地面要平整，铁饼投掷区应三面围上铁丝网。体育馆应有完善的通风和照明设备，如果没有机械通风设备，应常开窗通风换气。体育馆内应经常保持清洁卫生。馆内应设有更衣室、温水淋浴室和厕所。

2.运动器械

（1）田径运动投掷用的各种器械表面要光滑，无破裂处，无泥土；不要使用湿滑的铅球；器械的重量和大小，要符合锻炼者的年龄和性别特点。

（2）体操运动用的各种器械，如单杠、跳箱等，表面要光滑，安装要牢固，落地处应放置体操垫。在上器械前，手掌可抹些镁粉，目的是为了加大磨擦力，以防脱手而引起事故。

（3）球类运动使用的球必须符合规定标准。练习或比赛时，应充分利用保护装置，如护腿、护膝、护肘、护踝等，这样可以防止运动损伤。

（二）运动衣着卫生

服装能保护人体免受外界环境的各种不良影响。服装的保湿性、透气性、吸湿性、溶水性和其他性能，均具有重要的卫生作用。因此，运动时穿的衣服要轻便、舒适。经常从事体育锻炼的人，要勤洗勤换运动衣裤，尤其是内衣裤，以免汗液和细菌污染机体健康。鞋子尺寸应以合适为原则。鞋号大了，运动不便，容易发生踝关节扭伤；鞋号小了，挤压足部血管，会影响足的正常功能和发育。从卫生学的观点看，运动鞋应当轻便、富有弹性，具有良好的透气性，不要穿硬底鞋锻炼。另外，穿用的袜子应当通气良好，吸汗性强，而且干净、柔软、有弹性。

第六节 运动损伤概况

一、运动损伤的原因

造成运动损伤的原因是复杂和多方面的，归纳起来，主要有以下原因：

（一）对预防运动损伤的意义认识不足，思想上麻痹大意是造成运动损伤的最主要因素。

（二）运动前准备活动不充分或不正确，特别是缺乏针对性的专门准备活动，使运动器官、内脏器官机能没有达到运动状态而容易造成损伤。此外准备活动不正确，与锻炼的内容、时间结合安排不当。

（三）机体状况不佳，运动情绪不佳，生理机能相对下降，或者缺乏运动经验和自我保护能力。

（四）运动量安排不当，尤其是局部负担量过大，超过了锻炼者生理上的承受力。

（五）组织教法不合理、不科学、违反教学规律和运动规律。

（六）运动环境不好，场地不平，器材旧损，运动时着装不符合要求，缺乏必要的防护器具等，以及不良气候的影响。

二、运动损伤的预防

（一）加强运动安全教育，克服麻痹思想，提高预防损伤意识。

（二）认真作好准备活动，对可能发生运动损伤的环节和易伤部位，要有针对性地作好专门性的准备活动。

（三）合理组织、安排锻炼的运动量，防止局部负担过重。

（四）加强保护与帮助，特别要提高自我保护能力。

（五）加强医务监督，掌握自己运动前后的生理变化，及时调整运动量。

（六）锻炼前要重视运动器材、场地安全检查。锻炼者的着装和鞋要符合运动卫生要求。

三、常见运动损伤及处理

（一）软组织损伤

软组织损伤可分为开放性和闭合性损伤两类。前者有擦伤、撕裂伤、刺伤等；后者有挫伤、肌肉拉伤、腰肌劳损、肌腱鞘炎等。

1.擦伤

原因与症状：因运动时摔倒或皮肤与器械摩擦致伤。擦伤后皮肤出血或组织液渗出。

处理：小面积擦伤，可用红药水涂抹伤口即可。大面积擦伤，先用生理盐水洗净，涂抹红药水，再用消毒纱布覆盖包扎。

2.挫伤

原因与症状：因撞击器械或练习者相互碰撞而造成挫伤。单纯挫伤在损伤处出现红肿，皮下出血，并有疼痛。挫伤造成内脏器官损伤时，则出现头晕、脸色苍白、心慌气短、出虚汗、四肢发凉，甚至休克。

处理：伤后在24小时内冷敷或加压包扎，抬高患肢或外敷中药，24小时后，可按摩或理疗。如怀疑内脏损伤，则做临时处理后，立即送医院检查和治疗。

3.肌肉拉伤

原因和症状：通常在外力直接或间接作用下，使肌肉过度主动收缩和被动拉长，引起肌肉拉伤。准备活动不充分，动作不协调或用力过猛，肌肉力量较差以及气温较低，场地不平等都易致伤。损伤后，伤处肿胀、压痛、肌肉紧张或痉挛，摸之发硬、功能障碍。严重拉伤时肌肉撕裂。

处理：对轻度拉伤者即刻给予局部冷敷、加压包扎，抬高患肢，24小时后开始热敷，理疗和按摩。严重拉伤，肌肉大部分或完全断裂者，在加压包扎等急救后，立即送医院治疗。

4.腰肌劳损

原因与症状：肌肉力量不足，动作不正确，准备活动不充分或肌肉太放松等都可能引起腰部骶脊肌及软组织扭伤。一次扭伤后没有彻底治疗、痊愈，或又反复再伤；过多的腰部力量或动作练习；长期超负荷或局部负担量过大；反复细微的损伤累积都可引起腰肌慢性劳损。轻者扭伤时常无疼痛，过后或次日晨起时觉腰痛。重者伤后即感疼痛。腰肌慢性劳损不如急性伤剧烈，表现为腰部发胀、发紧、酸痛或钝痛，有明显压痛点。晨起和天气阴冷时症状加重，轻微活动后缓解，剧烈活动后加剧。

处理：症状重时要休息，睡板床，并用理疗、针灸、按摩等方法治疗。

（二）关节、韧带扭伤

1.肩关节扭伤

原因与症状：一般因肩关节用力过猛以及反复劳损所致。也有的因技术错误，违反解剖学原则而造成损伤。如投掷、排球扣球、大力发球等常出现这类损伤。其症状有压痛、疼痛，急性期有肿胀，慢性期三角肌可能出现萎缩，肩关节活动受限。

处理：单纯韧带扭伤，可采用冷敷，加压包扎，24小时后可采用理疗按摩和针灸治疗。伤情严重时，应立即送医院治疗。当肩关节肿胀和疼痛减轻后，可适当施行功能锻炼，但不宜过早活动以防转入慢性劳损。

2.踝关节扭伤

原因与症状：运动中因场地不平，准备活动不充分，疲劳或动作不协调，碰撞或跳起落地时失去平衡，使踝关节过度内翻或外翻，造成踝关节韧带扭伤。扭伤后，伤处肿胀、疼痛，皮下瘀血。严重者伤脚不能站立、行走，并可能伴发骨折。

处理：伤后立即冷敷或冷水冲洗，用绷带固定包扎，抬高伤肢，24小时后，视伤情进行热敷、理疗、针灸、按摩等。扭伤严重者在急救处理后立即送医院拍片检查治疗。

3.腰部急性扭伤

原因与症状：运动时因腰部受力过重，肌肉收缩不协调，或脊椎运动超过正常的生理范围，引起腰椎关节扭伤。损伤后即有疼痛感，有时能听到瞬间"格格"响声。

处理：腰部急性扭伤后，应让患者平卧，一般不应随意扶动。重症者用担架抬送医院诊治处理后，应睡硬板床或腰后垫一枕头，使肌肉韧带处于放松状态。24小时后可针灸、外敷伤药或按摩治疗。

（三）疲劳性骨膜炎

原因与症状：初参加体育锻炼的人，特别是青少年，在运动时跑跳过多或手臂支撑过多，使肌肉超负荷收缩，牵拉骨膜以及准备活动不充分，常会发生小腿和前臂骨疼痛，引起疲劳性骨膜炎。较轻患者在运动后出现局部疼痛，有明显压痛。较重患者行走或不运动也痛。

处理：轻者局部减少跑跳和支撑练习。热水敷洗、按摩、针灸、理疗。并用弹力绷带包扎。患部外擦活络油等再配合按摩，可缓解症状，较重患者应减少甚至停止练习，除按摩理疗外，必要时注射强的松封闭治疗。

（四）骨折、关节脱位、脑震荡

骨折、关节脱位和脑震荡一般都是因直接或间接外力所致症状比较严重明显的运动损伤。一旦出现上述运动损伤，可根据症状，作如下处理：如出现休克，可立即点按人中穴；如伤口出血，先施行止血、包扎；对骨折或脱位者，采用简易夹板固定伤肢，并护送医院诊治，其中对关节脱位患者，如果不具备整复技术，不可随意作整复手术，以免增加患者的痛苦和伤情；对脑震荡患者，应立即让其平卧，并作头部冷敷。脑震荡一般可自愈，无须住院治疗，但要注意休息和必要的药物治疗，保持情绪安定，减少脑力劳动。

四、常见的运动性生理现象

（一）肌肉酸痛

原因：肌肉酸痛一般分为运动后即刻痛和延迟性酸痛两类，其中又以后者较为多见。学生由于缺乏锻炼或一次性锻炼强度过大，在运动结束后1-2天甚至更长时间后容易发生肌肉酸痛现象。

预防和处理：平时要坚持锻炼，增加肌肉力量，锻炼时要遵守循序渐进的原则，运动量从小到大；认真作好准备活动和整理活动可预防和减轻肌肉酸痛。如运动后已出酸痛现象，下次锻炼时要适当减轻运动量，而不必停止锻炼。酸痛程度较重者，可运用热敷、针灸、局部按摩等方法缓解酸痛。

（二）肌肉痉挛（抽筋）

原因：由于肌肉突然用力收缩或用力不均匀，收缩与放松不协调，受寒冷刺激，身体过度疲劳和情绪紧张等，都会使肌肉不自主的强直收缩，引起痉挛。运动中最易发生痉挛的肌肉是小腿腓肠肌，足底屈肌和屈趾肌。

预防和处理：平时加强锻炼，提高肌肉的耐久力、耐寒能力，运动前充分作好准备活动，对易发生痉挛部位作适当按摩，可预防运动时发生肌肉痉挛现象。如已发生痉挛，对痉挛部位进行强制性牵拉。如小腿腓肠肌痉挛，可伸直膝关节，用力将足背伸，再配合局部按摩，促使缓解。

（三）运动中腹痛

原因：因准备活动不充分，突然参加剧烈运动，内脏器官，特别是胃肠不适应运动中的身体机能急剧变化，引起腹痛。或者运动前吃得过饱、饮水过多，空腹锻炼等都可能引起胃肠痉挛，发生腹痛。

预防与处理：饭后须间隔1小时才能进行剧烈运动，运动前充分作好准备活动，运动中注意呼吸节律，腹部患慢性病者在就医治疗的同时应在医生和体育教师的指导下，有选择地参加锻炼，能够预防运动中发生腹痛。

运动中发生腹痛时，一般只要减慢运动速度，加深呼吸，调整运动节奏，按压疼痛部位，疼痛可减轻或消失。如疼痛仍不消失，甚至加重，应停止运动，并口服十滴水或普鲁苯辛（每次一片）。如仍不见效，应送医院诊治。

（四）运动性昏厥

原因：在运动中，由于脑部突然血液供应不足而发生的一时知觉丧失现象，叫作"运动性昏厥"。其症状为全身无力，面色苍白，手脚发凉，失去知觉而昏倒，昏倒后，脉搏慢而弱，血压降低，呼吸缓慢。主要原因是由于长时间剧烈运动以及疾跑后突然站立不动，或者久蹲后突然站起，回心血量突然减少所致。也跟疲劳状态下勉强参加运动，或空腹锻炼引起低血糖有关。

预防与处理：平时经常参加锻炼，疾跑后不要站立不动，应连续慢跑并作深呼吸，久蹲后要慢慢站起来，患病和饥饿时不要参加剧烈运动。如一旦出现运动性昏厥，应使患者平卧，足略高于头部，并进行由小腿向大腿、心脏方向推摩或拍击，指掐人中穴等急救。如停止呼吸应立即进行人工呼吸，苏醒后才能喂热水。轻度休克者片刻即能清醒过来，应由同伴搀扶慢走，并作深呼吸，即可消失症状。

第八章　体育与医疗

第一节　体育与医疗原理

　　医疗体育的理论是建立在现代医学关于疾病的概念和治疗原则的基础上的。疾病应该理解为，在各种有害因素作用下，机体的生活力受到破坏，具体表现为机体对外界环境适应能力的降低与活动能力的下降。疾病的痊愈应该理解为，机体与外界环境的相互关系得到恢复，或因疾病而致的不可恢复的功能障碍得到代偿。治疗疾病的基本原则应当是，疾病发生和发展时，要迅速消灭引起疾病和加速疾病发展的因素，加强机体抵抗疾病的生理防御措施，促进暂时性代偿机制的形成。在疾病恢复过程中，要积极促进恢复过程，当存在不可恢复性功能障碍时，要建立牢固的代偿机制。

　　体疗作用于病人机体，在全身治疗的基础上，各种不同的专门运动对个别器官系统，对创伤或病变局部也起着相应的治疗作用。其治疗的基本原理如下：

一、提高中枢神经系统的调节机能，增强生理防御机制，恢复内在的平衡

　　高级神经中枢（大脑皮质）对全身的生理活动起着调节作用，它又靠接受周围各系统、器官的刺激冲动来维持其正常机能。当人体患病或受伤后，被迫采取静养，尤其是长期卧床休息缺乏运动，使运动器官及其他分析器传到大脑皮质的刺激冲动显著减弱，于是中枢神经系统特别是大脑皮质的兴奋性明显减低，因而减弱了对全身各器官系统的调节，造成机体内部以及机体与外界环境的平衡失调。针对这种情况，医疗体育通过适当的运动，能加强本体感受刺激，通过传入神经来提高中枢神经系统的兴奋性，改善大脑皮质和神经体液调节功能。由于神经系统调节功能得到改善，机体对外界环境的适应能力和对致病因素的抵抗力增强，从而提高了防病的能力。

二、改善血液循环和新陈代谢

患病时，由于疾病影响了某些内脏器官的功能，加上缺乏运动，整个身体的机能活动处于很低的水平，特别是血液循环和新陈代谢功能变得很差，不利于健康恢复。进行必要的体疗锻炼，通过神经反射和神经体液调节，可以改善全身血液循环和呼吸功能，消除内脏淤血，促进消化吸收，增进食欲，改善新陈代谢和组织器官的营养过程，使整体功能活动水平提高，从而有利于健康的恢复。

由于肌肉的活动能改善血液、淋巴循环，加强组织的营养和代谢过程，因而能加速炎症产物的吸收和损伤局部淤血的消散。

血液循环的改善可以改善机体组织的营养，特别明显地表现在促进组织再生过程方面。有人在动物实验中观察到：受伤的肌肉经过早期运动之后，肌肉的缺损部分完全由肌肉组织填充而愈合，并且恢复了肌肉的弹性功能。而另一些没有运动的动物在肌肉受伤后由疤痕组织代替，而不具有肌肉的功能。在骨折病变中，功能锻炼能加速血液循环，改善营养，促进骨痂生长，同时使新生的骨痂很快地具有正常骨骼的功能。有些作者在临床上观察到，早期采用医疗体育康复者骨痂形成的时间比不进行功能锻炼者缩短1/3，而且骨痂生长良好。由此可见，医疗体育对加速疾病的痊愈和康复有良好的作用。

三、维持和恢复机体的正常功能

医疗体育使功能正常化的作用，表现在病人机体或某一系统功能受到障碍时，通过专门的功能运动，能使其恢复正常。例如在大脑损伤或病变引起肢体麻痹时，可以通过被动运动和"传递冲动"运动或利用某些本体反射运动来恢复肢体运动功能。溃疡病、高血压等病人，大脑皮质存在病理性兴奋灶时，用气功疗法或医疗体操，可能通过负诱导来消除病理兴奋灶而使疾病痊愈。又如对于骨折固定引起关节功能障碍的病人，进行医疗体育锻炼，能使局部血管扩张，血流加快，提高酶的活性，使肌纤维增粗。对关节可以增加滑液分泌，改善软骨营养，牵伸挛缩和粘连组织，从而使肢体功能恢复。

此外，医疗体育练习还能维持原有的运动性条件反射，消除或抑制病理性反射，因而有助于功能的恢复。

四、发展身体的代偿功能

由于损伤或疾病可能使身体某些器官功能发生严重损害，甚至完全丧失。但依靠代偿作用，机体能使这些受损器官的功能尽量恢复。医疗体育对发展身体的这种代偿功能，有很大的作用。例如肺叶切除术后的病人，经过长期的呼吸体操锻炼，能使呼吸肌和剩余的肺叶以及健康一侧的肺组织充分发挥作用来补偿被切除的肺叶的呼吸功能。又如断肢移植手术后经过反复的专门功能锻炼，可以形成新的运动技巧。

第二节 体育医疗原则与方法

一、医疗体育的原则

（一）要持之以恒：一般要每日或隔日进行，坚持数周，数月，乃至数年，才能使疗效显著，达到治疗的目的。

（二）要循序渐进：运动量应由小到大，动作由易到难，使身体逐渐适应，促进疾病痊愈。如果突然进行大运动量活动，会使病情加重，不利于康复。

（三）要因人而异，区别对待：不同的疾病采取不同的体育疗法。同样，一种疾病也有轻重缓急之分，加上病人的性别、年龄、素质不同，体育疗法的方式和运动量的大小也应有所区别。

（四）综合治疗：医疗体育与药物、手术或其他治疗方法等是互为补充，相辅相成的，因此，在应用中要全面考虑，以便收到更好的效果。

（五）及时调整运动量：在锻炼中要及时观察了解病情的变化，发现有不良的反应，应及时改进锻炼方法和调整运动量。

体育疗法有一定的适应性，并不是所有疾病都可以采取体育疗法。如各种疾病的急性期，高烧、出血，各种中毒等，都不适合体育疗法。采用体育疗法治病，要与休息、营养、药物等相互结合，在治疗过程中发现有不良反应，应及时让医生或康复医疗体育教师检查处理。

二、医疗体育的方法

医疗体育，又称体育疗法，是根据疾病的特点采取体育手段或机体功能练习方法，达到预防疾病，促进功能恢复，增进身体健康的一种方法。

体育疗法是一种主动疗法、全身疗法和自然疗法。它通过提高中枢神经系统的调节机能，增强生理防御机制，恢复内在平衡，提高内脏器官机能，改善病理、生理过程，改善血液循环和新陈代谢，发展机体的代偿能力，提高抗病治病能力，从而有效地缩短康复期。因此，医疗体育在治疗某些疾病方面有着现代医学疗法中不可代替的重大价值和作用。体育疗法大致可分为以下几种类型，其中医疗体操和医疗运动是主要的方法。

（一）医疗体操：医疗体操是为治疗某些疾病而专门编制的体操，它具有针对性强，疗效显著的特点。如矫正畸形的矫正操、治疗慢性支气管炎和肺气肿的呼吸操、防治慢性肩颈腰腿痛的医疗体操，治疗胃下垂的胃下垂操等。

（二）医疗运动：医疗运动是一种预防和治疗疾病的方法。它包括太极拳、各种形式的保健操、散步、跑步、爬山、划船、旅行、后退走以及简单的球类等。

（三）器械运动：器械运动是一种利用器械进行运动的治疗方法，目的是促进四肢关节功能的恢复，或矫正不良姿势。常用的器械有扩胸器、拉力器、滑轮装置、功率自行车、活动平板、体操棒、肋木、肩关节回旋器、肘关节练习器、腕背伸掌屈练习器、踝关节背伸跖屈练习器及各种弹簧和橡皮带等器械。

（四）气功：是一种安静休养的呼吸运动相结合的健身法，是一种练"气"的功夫。它对神经衰弱、高血压、冠心病、慢性支气管炎、胸膜炎、胃和十二指肠溃疡病等，疗效比较显著。

（五）按摩：按摩又名推拿，是用手操作的一种强身治病的医疗保健方法。它常用于强身或治疗腰痛、背痛、感冒、消化不良及治疗神经衰弱等病症。不少青少年用于按摩穴位来治疗眼近视。另外，也有一些运动员把按摩用于赛前的准备活动和赛后的整理活动，借以加强身体组织器官的效能，提高运动成绩和消除疲劳。

（六）利用自然因素锻炼：如日光浴、空气浴、水浴等。这类锻炼大部分结合医疗进行。

第三节　体育疗法

一、骨折和关节脱位的体育疗法

整复、固定和功能锻炼是治疗骨折、脱位的基本原则。经过复位、固定后，就应该通过医疗体育锻炼来防治肢体的功能障碍。

　　由于这些损伤累及骨骼、关节和软组织，直接影响肢体的运动功能。所以，骨折后的局部固定也会影响肢体血液循环和新陈代谢，使骨折愈合缓慢，同时还引起肌肉、关节、骨骼一系列废用性变化，加重了肢体功能障碍。进行医疗体育锻炼的目的是促进创伤愈合，尽快地恢复支撑运动器官的功能，预防并发症。为了达到上述目的，医疗体育的治疗过程可分三个时期来进行。

　　第一期：在肢体受伤后，经过整复、固定，急性症状缓解，全身情况稳定，即可开始体疗。在伤后第1~4周，体疗的主要方法包括：

　　被动运动：适用于体弱无力、暂时不能做主动运动的患者。在固定部位的远端关节做被动运动以防止关节挛缩和肌腱粘连，但动作要轻柔，以免影响骨折的整复和愈合。

　　主动运动：伤肢被固定的部位，早期进行静力性肌肉收缩，即在前节不活动的情况下整个肢体的肌肉紧张用力然后放松。这类运动在骨折对位良好情况下可采用，有促进骨痂生长的作用。

　　未被固定的部位，运动辐度由小到大逐步达到正常范围，由单个关节逐步过渡到多个关节活动。例如，上肢骨干骨折，先作握拳、提肩练习，以后逐渐作肩、肘关节的活动；下肢骨干骨折卧床的病人，先做踝关节屈伸、抬臀等练习，然后逐渐增加全身性一般练习；未作牵引的患者，可逐步下床，扶拐练习行走。

　　另外，健侧肢体各关节和躯干也要做功能练习。

　　第二期：一般在伤后5~7周，这时局部软组织已恢复正常，骨折部位已有足够的骨痂生长，骨折接近临床愈合。在这阶段里，患者除了不宜进行不利于骨折愈合的某一方向的关节活动外，可以做患肢及全身的主动运动。在可能范围内逐步增加关节活动范围。

　　第三期：伤后第7~10周，骨折已经临床愈合，外固定已经解除，关节功能逐步恢复。这时对运动功能仍有不同程度障碍的关节，要尽快恢复关节活动度，可以采用主动运动和缓和的牵伸挛缩及粘连的组织。数天后增加助力或被动运动，以扩大关节活动的幅度。但作被动运动时，动作要平稳，以不引起明显疼痛和肌肉痉挛为原则，以免引起新损伤，加重功能障碍。对关节活动度增加缓慢的患者，可将关节近端适当固定，在远端按需要的方向，用适当重量牵引。牵引持续10~20分钟，达到可以忍受的适度酸痛为止，这种牵引可以逐步增加阻力。

　　当关节活动振幅基本恢复或完全恢复后，应进行强度较大、动作较复杂的健身训练和专门练习，以恢复支撑运动器官的力量、速度、耐久力、灵巧等各项身体素质。为促进肌力的恢复，还要进行专门的肌力练习。肌力练习的原则是通过主动运动使肌肉产生适当疲劳，但练习后要有充分的休息时间，以补偿练习所引起的消耗。当软弱不能举起患肢时用助力运动，能勉强举起患肢时要做主动运动。举起患肢尚有余力时则使用哑铃、砂袋、弹簧、橡皮条等作为运动负荷进行抗阻练习。肌力练习一天进行一次，运动量较大时，可隔1～2天进行一次，在关节运动和肌力恢复到一定水平后，就要及时进行实用运动技能的练习。例如上肢的持物、书写、进餐、穿衣，下肢的步行、上下楼梯、跑、跳等。

另外，根据损伤的部位、功能障碍范围和患者职业特点进行适当的劳动操作，也有助于肢体功能和体力的恢复。应特别注意的是，体疗过程中的助力练习与关节功能练习要配合进行，使关节活动度与肌力平行增长。如果肌力明显落后于关节活动度的恢复，可造成关节不稳，容易引起继发性损伤。骨折复位后骨位不稳、早期骨化性肌炎和创伤性关节炎患者，局部禁忌负荷。

关节脱位的体疗分期及方法，原则上与骨折大致相似，但每期的时间可以缩短一些。

二、踝关节扭伤的体育疗法

在关节扭伤中，踝关节扭伤是较为多见的。采用推拿疗法配合体育疗法，治疗效果会更佳。

踝关节扭伤多发于行走过程中因路不平，滑溜或有阻碍物时不慎绊倒，空中落地时站立不稳而倒地，下楼或下坡地踏空失脚跌地，体育运动中并脚争球、撞跌倒地等情况，任何年龄均可发生。由于踝关节的解剖特点，足处于跖屈位下，关节稳定性差，容易引起足旋后的复合动作，在此体位下发生扭伤，主要伤及踝关节外侧韧带，尤以距腓前韧带最多见，跟腓韧带次之。内侧的三角韧带结构坚韧，要在足外翻动作时才受到牵张，而足外翻动作的机会很少，同时又由于外踝位置较内踝低，限制了足的外翻，故三角韧带发生扭伤者很少见。

踝关节扭伤可引起软组织的急性损伤。轻者，韧带仅受到过度的牵张力而引起损伤性反应，重者则可引起完全或不完全的韧带断裂及关节脱位。如处理不当或不及时，局部渗出液及淤血积聚，损伤组织愈合不良或结缔组织过度增生，则引起局部贴连、关节不稳等继发性病理变化。

体育疗法：在损伤的急性期，局部虽予固定，但其它关节仍需活动。病人可在卧位下，屈伸足趾、膝、髋，各10～20次，一日2～3遍。待固定解除后，先在卧位下活动足踝关节，然后逐步过渡到站位下锻炼。

（一）踏步：患者原地高抬腿，踏步1～2分钟。

（二）弓步压腿：患者前弓步姿势，患足在前，全脚掌着地，双手搭在髌骨上方，向下压腿使踝背屈3～5次。然后改成后弓步压腿，使膝伸直，踝屈3～5次。交替进行6～8遍。

（三）下蹲起立：患者两足分开如肩宽，两手扶木架或叉腰。下蹲、起立交替进行，8～16次。

（四）弓步辗转：患者呈前弓步姿势，患足在前，全脚掌着地，双手按患侧大腿。以踝为轴心做顺时针方向辗转3～5圈，然后改为逆时针方向辗转3～5圈。交替进行6～8遍。

三、腰部急性扭伤的体育疗法

腰部急性扭伤是日常生活中常见的损伤，以青壮年多见。本症可伤及腰骶部肌肉、韧带、关节、滑膜等不同组织，如伤后治疗不当，可演变成慢性腰痛。

常见的病因有身体负重时，由物体过重，肌力不足，或姿势不正、动作不协调而引起，也可因转身取物、倒水、咳嗽、打喷嚏时动作突然而猛烈所致。腰部急性扭伤的病理变化，大都为肌肉、筋膜、韧带、关节囊等组织产生撕裂伤，肌腱及韧带纤维的部分断裂与滑脱移位，关节突之间的小关节错缝，滑膜嵌顿交锁等。损伤后局部出血、疼痛，肌肉痉挛，继则形成淤结、疤痕粘连、迁延而成慢性腰痛。

体育疗法：急性腰扭伤的体育疗法应先卧床1～2天，等剧烈疼痛缓解后再进行，如果体育疗法进行及时，可加强肌力，恢复腰椎的稳定性，为组织修复创造条件。

（一）收腿：患者用一侧下肢站立，把另一侧下肢的膝部伸直，抬腿脚尖勾紧，做髋部屈曲内收的抬腿动作。尽可能将腿抬高，抬到最大限度时最好坚持一会儿，同时躯干前屈，直到大腿后侧和臀部酸胀较剧时放下，再同样方法做另一侧下肢收腿练习，交替进行，反复做5～10次。

（二）压腿：患者一腿支撑，另一腿放在高1米左右的台阶或肋木上，上体尽量前倾，做压腿练习。两下肢交替进行，各做5～10次。

（三）抬臀：患者仰卧屈膝，用足底和肩肘支床，抬起臀部，腰背部肌肉用力作半桥或全桥，每次持续一段时间后放下休息，反复做3～10次。

（四）攀伸：患者两手攀悬于单杠或肋木上，髋、膝伸直，踝、腿慢慢用力把身体伸展到最大幅度，维持一段时间，做3～10次，不能坚持时，下杠休息。

四、胃和十二指肠溃疡溃疡病的体育疗法

胃和十二指肠溃疡的发生与在大脑皮质中形成一个持续性的病理性兴奋灶有关。该兴奋灶影响植物性神经中枢，改变迷走神经的功能，使胃或十二指肠局部血管痉挛，粘膜的抵抗力减低，同时胃酸分泌过多，侵蚀胃肠壁而形成溃疡。

体疗能够调整大脑皮质的兴奋、抑制功能，消除病理兴奋灶，恢复迷走神经正常功能。同时，腹肌和膈肌的活动也能改善腹腔脏器血液循环、运动和分泌功能，这些都有利于溃疡的愈合。此外，胃腺粘液细胞分泌功能的恢复，内分泌调节作用和全身营养状态的好转也为溃疡病的愈合创造了有利的条件。

医疗体育的方法：

（一）气功、太极拳：气功、太极拳是治疗溃疡病最主要的体疗方法，其中以内养功疗效最好。练功时间从30分钟开始，逐渐增加至1小时，每天1～2次。在气功疗法的整个疗程中都要进行太极拳锻炼，每天两次，做到动静结合，意气相随才能收效。

（二）按摩：用中等强度的揉、点按等手法，取穴有足三里、中脘（脐上4寸、腹正中线处）、脾俞（第11胸椎棘突下旁开1.5寸处）、胃愈（第12胸椎棘突下旁开1.5寸处）等。

（三）慢步行走：慢速步行1—2公里。

（四）锻炼腹肌：适当进行腹肌锻炼对溃疡病治疗也有好处。

溃疡病症状严重者进行体疗时应减少腹部练习，以避免局部刺激。有穿孔倾向、幽门梗阻和较明显出血以及有癌变可能的溃疡病患者不宜进行体疗。

五、神经衰弱的体育疗法

神经衰弱是常见的一种疾病，它是中枢神经系统生理机能暂时性失调所致的功能性疾患，而不是器质性损害。其发病常与过度的脑力工作、精神负担过重、生活习惯不规律和过度疲劳等因素有关。但也与人的性格、精神状态等内在因素有一定的关系。缺乏体育运动或缺乏体力劳动的人，易患此病。

神经衰弱的体疗方法主要是根据病人不同的主要症状而有所差别。例

如，精神萎靡不振的病人要采用比较活泼生动的体疗方法，如游泳性或竞赛性的全身活动或球类活动等。

对于兴奋过程占优势、容易激动的患者，则宜多作平静温和的体疗，如气功、太极拳、八段绵等。气功可用强壮功，体力较差的用卧式或坐式，体力较好的用站桩。太极拳可先练习简化太极拳，以后再练习比较复杂的套路。练拳时要求思想高度集中、全神贯注，着重意念的锻炼，用意不用力。医疗体操以全身运动为主，运动量要偏小，可穿插休息和呼吸，特别是在临睡前不宜做大量或较兴奋的活动，以免影响病人入睡。按摩可作头部指推、轻揉、轻擦等手法。采用自我按摩，尤其是临睡前做风府（枕后正中线发际1厘米处）、风池、神门穴的按压和揉擦涌泉穴都有助于入睡。

运动量是否适当是治疗成功的关键。活动量过大会使患者过度疲劳而加重病情。体力较强者体疗锻炼时间为1.5至2小时，体力中等者为半小时至1小时，体力太弱者只宜作更短时间的锻炼。运动后如果大量出汗、兴奋激动、心跳加快长时间未恢复，则应调整运动量。对于由于过度疲劳引起的神经衰弱要有充分休息和睡眠时间，在保证休息为主的前提下，实行休息与活动、锻炼相结合的生活制度。

六、感冒的体育疗法

感冒是一种常见的四季病，尤其春夏之交是最易发病，发病时对学习、工作影响较大。感冒的症状有鼻塞、流鼻涕、嗓子疼、头痛发热、全身酸痛。进一步可发展出现咳嗽、高烧不退、严重时并发肺炎或其他病变。对感冒病的防治可采用按摩、医疗体操、散步等方法。

（一）按摩法

站姿或坐姿，全身放松，用中指贴鼻翼两侧向上搓擦至前额发迹，随后按摩迎香穴、风池穴，用力以感觉酸胀为度。

（二）医疗体操

下面介绍一套防治感冒的保健操，可在每天睡前或起床后练习一次，如果出现感冒迹象，可增加练习的次数。

1.擦鼻：两手掌相互擦热，右手拇指指腹自鼻根开始，沿鼻右侧自上而下擦鼻至迎香穴（迎香：鼻以外0.5寸鼻翼沟内侧）。然后换左手拇指指腹擦鼻的左侧，左右交替各擦16次。

2.按合谷穴：先用右手拇指腹按左手合谷穴，来回旋转各1次，然后换左手按右手合谷穴，同样做16次（合谷：手背第一、二掌骨间，靠第二掌骨体中点）。

3.浴面拉耳：两手掌紧贴前额，沿鼻两侧用全手掌擦到下颌，然后沿脸外侧向上，经耳部时用拇指和食指夹住耳垂向外侧轻拉，再向上经过两颞回到前额。做16次。

4.揉迎香穴：用两手食指腹揉两侧迎香穴，来回旋转各16次。

5.擦风池、大椎穴：用右手中间三指的掌面，从右风池穴擦至左风池穴，向下经大椎穴回到右风池穴。然后换左手，动作与右手相同。左右交替各做16次。（风池：在胸锁乳头与斜方肌之间的凹陷内，平耳垂；大椎：第十颈椎，第一胸椎肌穴之间）

（三）散步

宜在清晨或傍晚空气新鲜和清静的地方进行，并实行定时定量的锻炼。

七、女子痛经的体育疗法

（一）痛经的发病原因及症状

女子在月经期或经期前后发生阵发性下腹疼痛称为痛经。痛经是青少年女性常见的妇科疾病。其发病原因较为复杂，多数发生在月经初潮后，或精神恐惧、紧张、忧虑、体虚、子宫发育不良、子宫过度屈曲、子宫收缩不协调、器质性病变和慢性盆腔炎后充血粘连等。痛经一般发生在经期1～2天，可能伴有恶心、呕吐、头晕头痛、乳胀、尿频、失眠等症状。应去医院检查有无特殊疾病和器质性病变。

（二）痛经的体育疗法

由精神因素、子宫位置不正、收缩不协调、体弱等原因引发的痛经都可通过体育疗法来治疗。体育疗法的目的是改善身体素质，发展腰腹、盆底肌肉力量，促进盆腔血液循环，消除心理紧张和忧虑，改善体质状况，使子宫的生理功能恢复正常。

1.提肛缩肾法

坐位（站立亦可），全身放松，意念肛门，做提肛收腹动作。提肛时吸气，放松时呼气，依次重复练习。

2.增强腹、膈肌肌力法

（1）屈膝仰卧挺髋：练习者仰卧位，两手放于身体两侧，用力下压，腹部挺起成桥形，稍停后放下，做10～15次，2～3组。

（2）仰卧举腿：练习者成仰卧位，两手放于枕后，双腿上举，然后慢慢放下，做4～8次，2～3组。

（3）前扶后摆腿：练习者上体前倾，手扶椅子，左腿支撑，右腿做单腿向后上方摆8次，然后两腿交换。摆腿时要向上抬头。

八、偏头痛的体育疗法

偏头痛是由于发作性血管舒缩功能不稳定以及某些体液物质暂时性改变所引起的疼痛，可有幻觉、偏盲等脑功能短暂障碍的先兆，发作时可有恶心、呕吐等植物神经功能紊乱表现。

（一）偏头痛的病因、病理

46～55%的偏头痛病人有家族病史。有些人在食用含酪氨酸的食物如乳酪、巧克力、啤酒等可引起偏头痛。也有人季节变化时出现偏头痛。不少妇女的偏头痛与月经有关。60～80%的女性患者在怀孕后偏头痛可完全停止，但在分娩后又复发，在绝经期加重，这说明该症状与内分泌有关。也可与精神因素有关。

典型的偏头痛每次都包括有颅内动脉收缩期和颅外动脉扩张期。在发作初期，先发生颅内动脉收缩，引起相应脑组织功能障碍的症状，继之颅外动脉扩张，出现头痛。血液中5-羟色胺有维持血管张力、并使大血管收缩而使小血管扩张的作用。有人认为偏头痛与发作前血液中5-羟色胺含量增加有关，因为正常人在剧烈运动时或受热、温刺激后可有生理性头皮血管扩张，但并无头痛。因此颅外血管扩张并不是引起头痛的唯一原因，它还可能与动脉管壁内痛阈降低有关。在偏头痛发作者中发现痛区动脉内壁上有缓激肽的蓄积，缓激肽是一种致痛物质，这些物质蓄积，发生"无菌性炎症"而致头痛。

（二）偏头痛体育疗法

运动能促进脑内腓肽的分泌，而内腓肽有极强的镇痛、镇静作用，运动也可转移偏头痛患者因担心发作而产生的焦虑情绪，因此偏头痛患者应进行适量运动。

每天坚持运动并使之作为生活的必修课，运动项目可选择如广播操、练功十八法、太极拳、气功、健身操、登高、球类等，运动量以冬天运动后全身暖和、夏天运动后微微出汗而不觉得疲劳为度。每天1～2次，每次30分种左右。

九、慢性肝炎的体育疗法

慢性肝炎患者一般是在急性肝炎或无症状型肝炎发生后，转为慢性肝炎的。最常见的症状有：全身乏力，食欲不振，肝区不适或隐痛以及腹胀，有些病例有体重减轻、低热、头昏、失眠等，但可无黄疸；皮肤有色素沉着，在面、胸、臂部可见蜘蛛痣，有"肝掌"及皮下出血；肝脏常肿大、变硬，并有压痛及叩击痛，脾脏常可触及；重型者可出现腹水或下肢浮肿，有些病例会出现停经、痤疮、多毛、皮肤紫纹、男性乳房发育等。

体育疗法：慢性肝炎患者首先应注意眼睛保健，消除眼睛疲劳，多做眼保健操。长期过多的用眼常常会影响肝功能，工作生活中看书写字时间超过1小时应以视远观景5～10分钟作为休息；搞研究或雕刻等对视力要求高者每工作1小时应闭目养神10分钟作为休息。眼睛应多看一些绿色的草坪或树木，以解除劳累。另外，保护眼睛、消除疲劳的最好方法是睡眠，每天一定要保证有7～8小时充足的睡眠时间，中午最好能休息半个小时左右。

慢性肝炎患者在运用体育疗法进行户外活动时，应学会控制运动强度和运动量，不要太疲劳。可采用气功、太极拳、散步、慢跑等运动项目，运动总的原则是运动量的增加以不感觉疲劳为度，每次活动以自觉微微出汗为度。运动后如果食欲好转、身心愉快、乏力减轻、肝功改善，则可在此基础上量力而行地增大一些活动量。气功最好用静息调养功。太极拳可选用简化太极拳，每天1～2次，每次30分钟左右；只要身体状况允许，便可着手进行散步和慢跑。散步和慢跑不仅能促进肝炎的康复，而且对增强体力和恢复工作状态有利。但肝功能不正常时，应尽量多卧床休息。

第九章　体质健康

第一节　概述

　　新中国成立以来，党和政府十分重视青少年的体质与健康，先后制定了一系列政策，推出了《劳卫制》、《国家体育锻炼标准》、《小学生体育合格标准》、《中学生体育合格标准》、《大学生体育合格标准》等政策和措施。这些政策和措施，对加强学校体育工作，提高青少年体质健康水平起到了很大的推动作用。但是，用"健康第一"的指导思想和素质教育的理念来审视这些标准，可以明显看出其存在着多方面的缺陷，如：用身体运动素质的测试指标来反映学生的健康水平；体育教学中的测什么教什么，教什么练什么的应试教育倾向等。为了解决上述问题，使学生体质健康的评价在学校体育工作中起到正确积极的导向作用，教育部和国家体育总局联合研制了符合"健康第一"指导思想的《学生体质健康标准》，并决定从2002年新学年开始，在全国各级各类学校全面实施执行。《学生体质健康标准》是学生体质健康的个体评价标准，是激励学生积极进行身体锻炼的教育手段，因此，教育部把它列为学生毕业的基本条件之一。它的实施必然会促进学生积极锻炼，逐步改善目前学生体质健康不佳的状况，充分发挥学校体育在素质教育中的作用。

　　从体质评价指标体系的演变来看，由于各国际组织和国家的体质概念不同，因而在选择测试指标上的也存在着较大差别。美国在体质研究方面有很长的历史，基本完成了由测试"运动技术指标"向测试"健康指标"的过渡。在美国比较普遍使用的体质健康测试方法，可以归纳为4个方面：心肺功能；肌肉力量与耐力；身体柔韧性；身体组成。良好的心肺功能可以预防心血管疾病，特别是冠心病的发生；强健的肌肉是完成人体各种运动的必需；柔韧性可以防止在活动中的损伤；适宜的身体组成可避免由肥胖导致的各种疾病。所以，这四个方面的良好状态，提供和保证了人们安全地从事各种活动的能力。日本在1998年也对沿用了30多年的体力诊断和运动能力测试进行了修订，修订后的指标包括耐久跑、握力、50米跑、立定跳远、坐位体前屈、仰卧起坐等。可以看出，这些指标更向健康评价靠近。我国以往评价学生体质的标准，也过多地使用了学生的运动成绩作为评价指标。教育部2002年颁布的新的《学生体质健康标准》，引进了"向健康评价靠近"的新理念，吸收了美、日两国体质评价指标的优点，是比较适合我国国情的体质评价指标体系。可以相信，这一标准将会在提高我国全民族健康水平的过程中起非常重要的作用。为使同学们深入了解这套标准，现将教育部的文件内容摘录如下。

第二节　《国家学生体质健康标准》

一、说明

（一）为贯彻落实健康第一的指导思想，切实加强学校体育工作，促进学生积极参加体育锻炼，养成良好的锻炼习惯，提高体质健康水平，特制定本标准。

（二）本标准是《国家体育锻炼标准》的有机组成部分，是《国家体育锻炼标准》在学校的具体实施，是国家对学生体质健康方面的基本要求，适用于全日制小学、初中、普通高中、中等职业学校和普通高等学校的在校学生。

（三）本标准从身体形态、身体机能、身体素质和运动能力等方面综合评定学生的体质健康水平，是促进学生体质健康发展、激励学生积极进行身体锻炼的教育手段，是学生体质健康的个体评价标准。

（四）本标准将测试对象划分为以下组别：小学一、二年级为一组，三、四年级为一组，五、六年级为一组，初、高中每年级各为一组，大学为一组。

小学一、二年级组和三、四年级组测试项目分为三类，身高、体重为必测项目，其他二类测试项目各选测一项。小学五、六年级组，初、高中各组，大学组测试项目均为五类，身高、体重、肺活量为必测项目，其他三类测试项目各选测一项。

选测项目每年由地（市）级教育行政部门、高等学校在测试前两个月确定并公布。选测项目原则上每年不得重复。

（五）学校每学年对学生进行一次本标准的测试，本标准的测试方法按《国家学生体质健康标准解读》（人民教育出版社出版）中的有关要求进行。

（六）本标准各评价指标的得分之和为本标准的最后得分，满分为100

分。根据最后得分评定等级：90分及以上为优秀，75分—89分为良好，60分—74分为及格，59分及以下为不及格。学生体质健康标准成绩每学年评定一次，按评定等级记入《国家学生体质健康标准登记卡》。学生毕业时体质健康标准的成绩和等级，按毕业当年得分和其他学年平均得分各占50%之和进行评定。因病或残疾免予执行本标准的学生,填写《免予执行<国家学生体质健康标准>申请表》。

（七）本标准由教育部负责解释。

二、《国家学生体质健康标准》评价指标与分值

测试对象	单项指标	权重（％）
小学一年级至大学四年级	体重指数（BMI）	15
	肺活量	15
小学一、二年级	50米跑	20
	坐位体前屈	30
	1分钟跳绳	20
小学三、四年级	50米跑	20
	坐位体前屈	20
	1分钟跳绳	20
	1分钟仰卧起坐	10
小学五、六年级	50米跑	20
	坐位体前屈	10
	1分钟跳绳	10
	1分钟仰卧起坐	20
	50米×8往返跑	10
初中、高中、大学各年级	50米跑	20
	坐位体前屈	10
	立定跳远	10
	引体向上（男）/1分钟仰卧起坐（女）	10
	1000米跑（男）/800米跑（女）	20

注：身高标准体重测试项目为身高、体重，肺活量体重指数测试项目为肺活量,握力体重指数测试项目为握力。

第三节 《国家学生体质健康标准》实施办法

一、《国家学生体质健康标准》（以下简称《标准》）的实施工作在教育部、国家体育总局的领导下，由各级教育行政部门管理，体育行政部门指导，学校组织实施。

二、《标准》的组织实施工作在校长领导下，由学校体育教研部门、教务部门、校医院（医务室）、学工部门、辅导员（班主任）协同配合共同组织实施。《标准》的测试应与学生的健康体检有机结合，避免重复测试。学生的《标准》测试成绩按评定等级记入《国家学生体质健康标准登记卡》，小学列入学生成长记录或学生素质报告书，初中以上学校列入学生档案（含电子档案），作为学生毕业、升学的重要依据。对达到及格以上成绩的学生颁发证章。《标准》的实施工作记入教师的教学工作量。

三、学生《标准》测试成绩达到良好及以上者，方可参加三好学生、奖学金评选；成绩达到优秀者，方可获体育奖学分。《标准》成绩不及格者，在本学年度准予补测一次，补测仍不及格，则学年《标准》成绩为不及格。普通高中、中等职业学校和普通高等学校学生毕业时，《标准》测试的成绩达不到50分者按肄业处理。

四、因病或残疾学生，可向学校提交免予执行《标准》的申请，经医疗单位证明，体育教学部门核准后，可免予执行《标准》，并填写《免予执行<国家学生体质健康标准>申请表》，存入学生档案。对确实丧失运动能力、免予执行《标准》的残疾学生，仍可参加三好学生、奖学金、奖学分评选，毕业时《标准》成绩可记为满分，但不评定等级。

五、认真上好体育课、积极参加体育活动、每天锻炼时间达到一小时者，奖励5分，计入学年《标准》总成绩。

六、属下列情况之一者，其《标准》成绩记为不及格，该学年《标准》成绩最高记为59分：1. 评价指标中400米（50米×8往返跑）、1000米跑（男）、800米跑（女）；2. 体育课无故缺勤，一学年累计超过应出勤次数1/10者。

七、各地、各学校在实施《标准》时要树立"安全第一"的指导思想，健全各项安全保障制度，落实安全责任制，加强对场地、器材、设备的安全检查。要认真做好学生的体检工作，对生病学生实行缓测或免测。

八、全国各级各类学校每年均直接将本校各年级《标准》测试数据，通过中国学生体质健康网（网址中文域名：中国学生体质健康网，英文域名：www.csh.edu.cn），报送至教育部"国家学生体质健康标准数据管理系统"，上报数据的时间为每年9月1日至12月31日，上报测试数据的工具软件，由学校在中国学生体质健康网上免费下载使用。

九、高职、高专类学校参照有关要求执行。

十、教育部每年公布各省、自治区、直辖市实施《标准》的基本情况；每学年对教育部直属高校本科新生《标准》测试结果，按生源所在地进行统计，并以省、自治区、直辖市为单位进行公布。

十一、各地教育、体育行政部门对本地各级各类学校实施《标准》的情况，要认真检查监督。要将《标准》的实施情况纳入各级政府教育督导内容和评估指标体系，并作为对各级各类学校进行评优、表彰的基本依据。对弄虚作假、徇私舞弊者，给予通报批评，情节严重者，给予行政处分。

十二、为保证《标准》测试数据的科学性、准确性，各地、各学校招标、选用的《标准》测试器材必须是经国家认证认可监督管理委员会批准的相关认证机构认证合格的产品。

十三、本办法由教育部负责解释。

第十章　野外定向运动

第一节　定向运动概述

一、定向运动的产生与发展

定向运动是运动员凭借对地图的识别和使用能力，依据组织者预先设计的图上路线，借助于指北针与地图保证运动方向，徒步或利用交通工具快速到达终点的一项野外运动。

定向运动始于十九世纪末、二十世纪初的北欧。1918年，瑞典一位名叫吉兰特（MaijOr Ernst Killander）的童子军领袖组织了一次叫做"寻宝游戏"的活动，引起参加者的极大兴趣，这便是定向运动的雏型。由于这项活动的组织方法简便，不仅对提高野外判定方向的能力及学习使用地图有好处，还能够培养和锻炼人的勇敢顽强精神，提高人的智力、体力水平。由于开展定向运动不需要象其他体育项目那样在场地与器材上支付大量经费，并且娱乐性与实用性兼备，因此日益受到军队的重视，并且很快地在民间流传开来。

定向运动自开始之日起，就以其特有的吸引力受到人们欢迎，经过不断发展与完善，已成为一项具有世界性的体育运动项目。1961年5月，在丹麦首都哥本哈根成立了国际定向运动联合会（简称IOF），确定了一系列的比赛规则与技术规范，并决定从1975年开始每两年举行一次世界性比赛。成立时成员国10个，到目前为止已经发展到30多个成员国。

在我国，开展定向运动最早的是香港地区。1979年3月，香港定向运动爱好者在各界人士的支持下成立了"香港野外定向会"。1982年，香港野外定向会与驻港英军及皇家警察定向会联合发起成立了"香港野外定向总会"，该会规定每年的12月举行"香港野外定向锦标大赛"。定向运动在我国按国际标准正式作为一项体育活动开展训练和比赛是在1983年。在此之前，作为定向运动基本技术之一的利用地图按方位角行进的训练，只是中国人民解放军的常规军事训练课目之一。七十年代末期，我国的体育报刊上陆续刊登了一些介绍国外定向运动情况的文章，国际定向运动以其特有的锻炼价值和实用性，逐渐地引起了国内的体育和军事部门的注意。

1983年3月10日，中国人民解放军体育学院首次在广州白云山上组织了一次"定向越野试验比赛"。这次比赛虽然准备时间短暂，又缺乏组织经验，但由于定向运动自身的特点，比赛进行得很顺利并取得了良好成绩——取得第一名的运动员王清林仅用了2小时28分11秒，就在大雨中完成了设于山地密林中的10公里比赛路程。这显示了定向运动在我国的适用性和巨大的发展潜力。其后，在一些军队院校，也相继举办了这样的比赛。在郑州的测绘学院还举办了难度较大的夜间定向比赛，并将其列为该院每年举办的运动会项目。1983年7月，北京市测绘学会在举办青少年测绘夏令营时，组织一百多名15—17岁的中学生在北京密云举行了一次定向越野比赛，受到了营员们的欢迎，从而激发了大家对这个运动项目的极大兴趣。1985年9月29日，深圳市体委在解放军体育学院的协助下，与香港野外定向会（HKOC）共同举办了首届"深港杯野外定向85"比赛。参加比赛的有深圳市、香港地区和其他国家的运动员二百多人，在六个比赛组别中，中国选手夺得了男子双人组冠军。1986年1月1-5日"亚洲及太平洋地区定向越野锦标赛"在香港举行。这次比赛结束之后，1月7日深圳市定向运动协会与香港野外定向协会在深圳举行了一次"定向越野国际友谊赛"。湖南、广东、广西三省的一些部队院校和深圳市派出了代表队参加1月7日的深圳国际友谊赛，并取得这次比赛八个组别中的两个第一名、四个第二名、两个第三名的好成绩，为祖国争得了荣誉。1986年4月30日中国人民解放军体育学院在举办该院第四届运动会定向越野比赛的同时，依靠社会的力量，集资举行了"广州首届白云杯定向越野比赛"在我国首次实现了完全依靠自己的技术力量，组织面向社会的定向越野"公开赛"，为我国今后开展定向运动的宣传、普及工作提供了有价值的经验。随着我国人民经济和文化生活水平的提高以及体育事业的发展，定向运动这一适应我国人民身体素质的十分有益的体育活动，必将更广泛地在我国开展起来。

定向越野是一项极富群众性、趣味性、知识性、竞争性和有军事意义的新型体育运动。首先，是参加人员的广泛性。由于定向越野比赛可根据不同性别、年龄编组，加之赛程可远可近、场地可难可易，比赛因体力与智力结合而决胜，因此，不论男女老幼均可参加。根据有关资料记载，参加过此项运动比赛的运动员最小者8岁，最长者80岁。因而这是一项男女都适、老幼皆宜的具群众性的体育运动。其次，这项比赛具有浓厚的趣味性、娱乐性。参赛时，运动员要根据组织者在图上标明的运动方向，进行地图与实地对照、选择运动路线、寻找各检查点，比单纯的赛跑更能提高参赛者的兴趣，加之比赛是在野外进行，使整个运动具有旅游特点，参加者可以从这项运动中得到无限的乐趣。第三，这项比赛与其他体育比赛一样，具有激烈的竞争性。定向越野比赛不仅只是体力方面的竞争，而且也是智力和技巧方面的竞争。奔跑的速度靠体力，奔跑的方向、路线的选择的正确与否要靠识图和用图能力、靠智能。第四，这项运动还具有一定的知识性和军事意义，普及全民识图和用图的知识，对于加强国防建设大有好处。在青少年中开展这一运动，对于调节他（她）们的学习、工作情绪，增强体质，丰富地理知识、地图知识，尤其对培养他（她）们的自我生存能力，启发智力有独到的好处。在部队、公安侦察、武警中展开这一运动，能有效的培养军人的素质，有助于部队作战、公安侦察、武警执勤任务的完成。

定向运动也是一项非常健康的智慧型体育项目，是智力与体力并重的运动。它不仅能强健体魄，而且能培养人独立思考，独立解决所遇到的能力及体力和智力受到压力下做出迅速反应，果断决定的能力。

二、定向运动的基本方法与分类

定向运动要求运动员必须按顺序通过各检查点，到达各个检查点分别用各检查点点标上的密码夹（或印章）在随身携带的检查卡片相应位置上作记，以示到达该点。在准确通过各检查点的前提下到达终点，以全程耗时最少者为优胜。定向运动的类型很多，依运动方式可分为徒步定向越野和借助交通工具定向两大类。徒步定向越野又分一般定向越野、夜间定向越野、积分定向越野、接力定向越野、五日定向越野、院园定向越野等；借助交通工具定向可分为水上定向（如乘独木舟定向、乘船定向等）和陆地定向（如滑雪定向、骑摩托车或自行车定向、骑马定向等）两类。每一种定向运动又因参赛者的性别、年龄不同，可分为男女老年组、成年组、青年组、少年组和幼年组等组别。除接力定向外，每一组别又可分为单人赛、双人赛和团体赛，还可设立男女混合赛。除一般定向越野外，最经常采用的定向越野形式还有以下几种：

专线定向越野：组织者只在地图上标绘出准确比赛路线，在相应的实地路线上预先设置若干各检查点（并不在地图上标明）。参赛时，运动员必须按规定的路线运动，并将途中遇到的检查点标绘在地图上。名次以标绘检查点（图上位置、检查点个数）的准确程度和耗时的长短来确定。

积分定向越野：组织者在赛区内预先设置好若干检查点，并在图上标明。根据各检查点所处地形的难易程度、距离远近以及相关位置的不同，赋予不同的分值。参赛者在规定的时间内，自己选择理想的运动路线寻找若干或全部检查点。以积分最高者为优胜。

接力定向越野：接力定向越野是一种团体比赛项目。组织者把赛程分成若干段（一般分为三段或四段），每名运动员完成其中的一段，以各段运动员成绩之和为全队总成绩。每段运动员的成绩计算同一般定向越野，在找点准确的前提下，以全队总耗时最少者为优胜。接力定向越野赛容量大、竞争激烈、是较受人们喜爱的一种定向运动。

院园定向越野：是在家属院、机关大院、校园、公园内进行的一种定向越野。和其他定向运动不同的主要是参赛者事先都熟悉比赛场地。这种比赛主要适用于老年人、中小学生、幼儿参加，地形较复杂的公园适用于青年、成年人参加。比赛组织者和成绩计算同一般定向越野。院园定向越野中以公园定向越野为最佳。

滑雪定向：是指运动员在雪地除凭借对地图的识别和使用能力外，还需要使用滑雪装具（非机动的）的一种定向运动。赛前，组织者除在设置检查点外，还需在检查点（包括起点、终点）之间用摩托雪橇开辟多条供运动员选用的滑道。其他同一般定向越野。

三、国际定向运动主要赛事

（一）O-Ringen：世界最大规模的定向运动赛事。每年7月吸引世界各国2000名男女老少定向运动员相聚瑞典。

（二）世界定向越野锦标赛。最权威的传统定向比赛，每隔一年举行一次。

（三）Jukola：世界最大的定向接力赛。每年6月2000多个队在芬兰白昼地区持续比赛24小时。

（四）Tio-mila：世界最刺激的夜间定向接力赛。每年4月末在瑞典举行。

（五）定向越野世界锦标赛。

（六）世界青年定向越野锦标赛。

（七）世界大师定向越野锦标赛。

（八）世界公园定向循环赛。每年在世界各地公园巡回举行的职业精英赛。设总奖金总排名。只有世界排名前25的男、女运动员有资格参赛。

第二节　辨别方向

在自然界，有某些动物具有辨别方向的本能，例如鸽子。有关专家经过测验证明，人类的某些成员也具备这种能力，但是绝大多数都不具备，或者仅仅是潜在地具备。因此，人们要在野外确定方向，主要还是依靠经验和工具。

一、利用地物特征

下述地物可以帮助我们辨别分向：

房屋：房屋一般门朝南开，在我国北方尤其如此。

庙宇：庙宇通常也南向设门，尤其是庙宇群中的主要殿堂。

树木：树木通常朝南的一侧枝叶茂盛，色泽鲜艳，树皮光滑，向北的一侧则相反。同时，朝北一侧的树干上可能生有青苔。

凸出地物：例如墙、地埂、石块等，其向北一侧的基部较潮湿，并可能生长苔类植物。

凹入地物：例如河流、水塘、坑等，其向北一侧的边缘（岸、边）的情况与凸出地物相同。

二、利用太阳与时表判定

商务9时至下午4时之间按下面这句话去做，就能较快地辨别出概略的方向："时数折半对太阳，'12'指的是北方"。如在上午9时，应以4时30分的位置对向太阳；如在下午2时40分（即14时40分），则应以7时20分的位置对向太阳，此时"12"字的方向即为北方。为提高判定的准确性，可在"时数折半"的位置上竖一细针或草棍，并使其阴影通过表盘中心，(见图10-1)

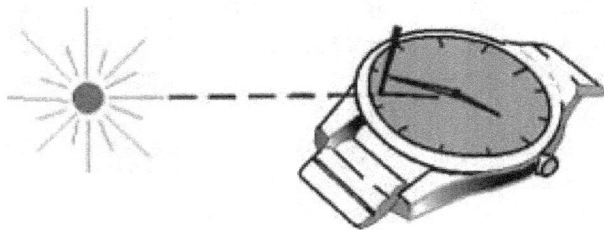

图10-1

需要注意的是：

（一）"时数"是按一日24小时而言的，例如下午1时，就是13时；

（二）在判定方向时，时表应平置（表面向上）；

（三）此方法在南、北纬度20°30'之间地区的中午前后不宜使用；

（四）要注意时差的问题。即要采用"以标准时的经线为准，每向东15°加1小时，每向西15°减1小时。运用该方法应将标准时间换算为当地时间。

三、利用指北针

当指北针的磁针静止后，其N端（通常都有标志）所指的方向即为北方。

利用指北针辨别方向是十分简便快捷的，但是需要注意：

（一）尽量保持指北针水平；

（二）不要距离铁、磁性物质太近；

（三）不要错将磁针的S端当做北方，造成180°的方向误判。

四.夜间利用星体

（一）利用北极星

北极星位于正北天空，观察时，其距离地平面的高度约相当于当地的纬度。寻找时，通常要根据北斗七星（即大熊星座）或w星（即仙后星座）确定。北斗七星是七个比较亮的星，形状象一把勺子，将勺头甲乙两星连一直线向勺口方向延长，约为甲乙两星间隔的五倍处，有一颗略暗的星，即北极星。(见图10-2)

夜間利用北極星辨別方向

图10-2

当地球自转，看不到北斗七星时，则可利用W星寻找。W星由五颗较亮的星组成，形状象个"W"字母，向W字缺口方向延伸约为缺口宽度的两倍处，就是北极星。

（二）利用南十字星

在北纬23°30'以南的地区，夜间有时可以看到南十字星，它也可以用于辨别方向。南十字星由四颗较亮的星组成，形同"十"字。在南十字星的右下方，沿甲乙两星的连线向下延长约该两星的四倍半处（无可见的

星），就是正南方。(见图10-3)

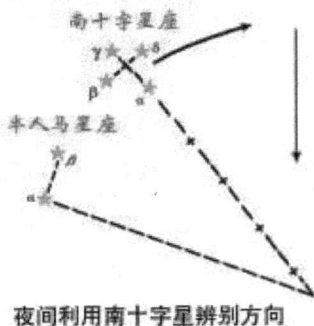

夜间利用南十字星辨别方向

图10-3

第三节　识别地图

与其他地图相比，国际定向越野使用的地图（以下简称越野图）是一种更为清晰易读，便于在野外行进中使用的专用地图。

一、越野图的比例尺

比例尺是地图上最重要的参数之一。要想学会识别、使用越野图，首先应懂得地图比例尺。

（一）比例尺的概念

图上某线段的长度与相应实地水平距离之比，叫地图比例尺。

地图比例尺=图上长/相应实地水平距离

如某幅图的图上长为1厘米，相应实地的水平距离为15000厘米，则这幅地图是将实地缩小15000倍测制的，1与15000之比就是该图比例尺，叫1:15000或1:1.5万地图。

（二）比例尺的特点

——比例尺是一种没有单位的比值，相比的两个量的单位必须相同，单位不同不能成比；

——比例尺的大小是按比值的大小衡量的。比值的大小，可按比例尺分母来确定，分母小则比值大，比例尺就大；分母大则比值小，比例尺就小。如1:1万大于1:1.5万，1:25万小于1:1万；

——一幅地图，当图幅面积一定时，比例尺越大，其包括的实地范围就越小，图上显示的内容就越详细；比例尺越小，图幅包括的实地范围就越大，图上显示的内容就越简略；

——比例尺越大，图上量测的精度越高；比例尺越小，图上量测的精度也就越低。

（三）图上距离的量算

1.用直尺量读

当利用刻有"直线比例尺"的指北针量读时，可根据刻在尺上的数值在图上直接读出相应实地的距离。

当利用"厘米尺"量读时，要先从图上量取所求两点间的长度，然后乘以该图比例尺分母，即得出相应的水平距离（需将结果化算为米或公里）。

实地距离 = 图上长 X 比例尺分母

如在1:1.5万越野图上量得某两点间的距离为3毫米（0.3厘米），则实地水平距离为：

3毫米x15000 = 45000毫米（45米）

当量算某两点间的弯曲（如公路）距离时，可将曲线切分成若干短直线，然后分段量算并相加。

2.估算法

估算法又叫心算法，这种方法在定问越野比赛中最有实用价值。要掌握它，需要具备下述两方面能力：

——能够精确地目估距离，包括图上的距离和实地的距离：在图上，能够辨别0. 5毫米以上尺寸的差异；在实地，目估距离的误差不超过该距离总长度的1/10，如某两点间的准确距离为100米，目估出的距离应在90—110米之间。

——熟知几种图上常用的尺寸单位与相应实地水平距离的对应关系，如：在1：1.5万图上，1毫米相当实地15米；2毫米相当实地30米，1厘米相当实地150米.....（参见表10-1）

3.图上量算距离应注意的问题

从越野图上量得的距离，不论是直线还是曲线距离，都是两点间的水平距离。如果实地的地形平坦，图上所量距离接近于实地水平距离；如果实地两点间的地形起伏，则两点间的实际距离大于图上量得的水平距离。因此，在计算行进里程时，必须根据地形的起伏情况进行具体分析，将图上量得的距离加上适当改正数。下表10-2是根据在不同坡度的道路上经实验得出的改正数。在有些地区（如深切割的山地），实际改正数可能会大于该表中所列的数据。

表10-1

几种基本尺寸相当于实地的水平距离			
基本尺寸\比例尺	1:10000	1:15000	1:20000
0.5mm	5m	7.5m	10m
1mm	10m	15m	20m
2mm	20m	30m	40m
5mm	50m	75m	100m
10mm	100m	150m	200m

表10-2

水平距离改正数			
坡度	加改正数（%）	坡度	加改正数（%）
0°ˉ5°	3	20°ˉ25°	40
5°ˉ10°	10	25°ˉ30°	50
10°ˉ15°	20	30°ˉ35°	65
15°ˉ20°	30	35°ˉ40°	80

如果对行进的里程只求概略的了解，（如表10-3）可以根据下列经验数据进行改正：

表10-3

地形类别	加改正数（%）
平坦地（有微起伏）	10ˉ15
丘陵地（比高100米以下）	15ˉ20
一般山地（比高100-200米）	20ˉ30

二、越野图的注记

越野图的注记主要分为三类：

（一）地名注记

在越野图上，地名的表示并不重要，除非对运动员判定方向与确定站立点非常有用，地名（包括村镇、河流、高地等）一般不表示。

（二）高度注记

高度注记分为等高线注记（注在等高线上）、高程注记（地面高程注记绘有测注点"."，水面高程注记旁则不绘测注点）和比高注记三种。

（三）图外说明注记

越野图图外说明注记包括比例尺、等高距、图名、图例、出版单位、出版时间、成图方法、用图要求等。有时越野图上还会印有检查卡片、检查点说明表、赞助人广告等。

三、越野图的符号

识别越野图的符号对于正确地使用越野图是十分重要的。而识别符号不能靠机械地记忆，需要了解它们的制定原则，了解符号的图形、色彩和表意之间的逻辑联系，这样才能根据符号联想出每一种地面物体的外形、它的特点和它的专门功能。

（一）符号的分类与颜色

如同其他地形图一样，越野图也要求完整而详细地表示地貌、水系、建筑物、道路、植被和境界，即所谓"地图的六大要素"。

根据定向越野比赛的特殊需要，国际定联将越野图的符号分成五类：

1.地貌，用棕色表示。

这类符号还包括小丘、小洼地、土崖、冲沟、陡坡、土垠等表示地面详细形态的专门符号。

2.岩石与石块，用黑色表示。

岩石与石块是地貌的特殊形式，它们既可以为读图与确定点位提供有用的参照物，又可以向运动员表明是危险还是可奔跑通行的情况。为使它们明显地区别于其他地貌符号，这一类符号使用了黑色。

3.水系与淤泥地(沼泽地)，用蓝色表示。

这类符号包括露天的明水系和水生或沼泽生的植物。

4.植被，用白色或空白、黄色和绿色普染表示。

植被情况的详细区分和全面表示非常重要。植被是按下列基本原则表示的：

——白色（空白）　指一般性起伏地上的树林的密度适度，地面上无阻碍行进的灌木或杂草丛，可以按正常速度奔跑的地区。

——黄色　空旷的地域。分为空旷地，半空旷地及凌乱的空旷地。

——绿色　树林中密度较大的地区。按可跑性分为慢跑：使正常跑速降低20—50%；难跑：使正常跑速降低50—80%；通行困难：使正常跑速降低80—100%。上述可跑性的区分均取决于树林的生态，如树种、密度及矮树、草丛、蕨类、荆棘、荨麻等的生长情况。

5.人工地物，用黑色表示。

包括各种道路、房屋、栅栏、境界等地图符号。

（二）符号的等级

根据各类符号在世界各国定向越野图上出现的频率，同时为了促进全世界定向越野地图的标准化，国际定联将越野图的符号分成三个级别：

A———适用于各种国际比赛和世界锦标赛；

B———可以用于一定地形类别之中的；

C———在特殊地形中补充A级和B级的非国际通用符号。

在国际定联1982年制定的《国际定向运动图制图规范》（《Drawing Specifications for International Orienteering Maps》）中，A级符号列出73个，B级符号列出25个，C级符号未做统一规定。

（三）符号的大小与相互关系

为了完整而详细地表示出地形，同时又能保证越野图的清晰、易读，国际定联规定了越野图符号的最小尺寸以及相互靠近的符号的关系的处理原则与最小间隔。

符号的大小、线条的粗细、符号间最小距离的规定，都是以日光条件下的正常视力和地图制印能力为依据制定的。通常：

1.岩石类符号、河流与沟渠类符号，最短不小于0.6mm；

2.虚线符号，至少应有两段；

3.点状符号，至少应有两个点；

4.淤泥地最小面积应为两条0.5mm长的线；

5.兰、绿、灰、黄的普染色块和黑色的网点，图上最小面积为0.5平方毫米；兰、绿、黄色的网点最小面积为1.0平方毫米。

6.同颜色的两条线间的最小距离，如黑与黑、棕与棕之间，为0.15mm；

7.两条兰色线之间的最小距离为0.25mm。

当若干小而重要的地物紧靠在一起，即使用最小尺寸的符号表示，符号大小也超过了实地地物的大小时，这些符号仅保持了它们相互间位置关系的正确性，实际的准确位置已经做了合理的移动。

（四）符号的图形特点（不包括C级符号）

无论何种地物，它们在实地的平面形状特点都可以被理解为：面状的、线状的和点状的。在这一点上我们发现，图上各种符号的图形特点与实地地物的形状特点之间具有惊人的相似之处，并且一一对应。

1.面状的：这类符号在实地的面积通常较大，包括树林、湖泊、宽河、淤泥地、建筑群等，它们用依比例尺描绘的符号或轮廓符号表示。我们可以在图上直接量算出地物在实地的长宽和面积，因此有些教科书称这类符号为"依比例尺表示的符号"。

2.线状的：这类符号包括小河、公路、铁路、窄林道、石垣等等，它们的长度是依比例尺缩绘在图上的，宽度则没有依比例尺表示，因此这类符号又被称作"半依比例尺表示的符号"。

3.点状的：这类符号在实地的面积或体积通常较小，但它们的外形或功能却具有明显的方位作用，是运动员在行进中的重要参照物。例如水坑、石块、塔形建筑物、水井等，用不依比例尺描绘的图案符号或点状符号表示。在图上，点状的符号本身并不指明地物的大小或它所占有的面积，因此不能进行量算。这类符号拥有自己的"定位点"，即地物在实地的精确位置：点状的符号又被称为"不依比例尺表示的符号"。

（五）认识符号需要注意的问题

在越野图上，对于一组属性相近的地物，通常只规定一个基本符号，然后根据这些符号的不同分类，分别使用不同的颜色。在识别符号时，不要搞混。

为了表示某些同类地物之间的差别，一般只将它们的基本符号做一些局部的改变或方向调整，在认识这些符号的时候应特别仔细，注意符号本身或其与周围地形之间的细微差别：（见表10-4）

表10-4

符号举例	符号名称	符号特点	颜色
	不能通过的陡崖	边缘线粗	黑
	能通过的陡崖	边缘线细	黑
	围栏	单齿线	黑

符号举例	符号名称	符号特点	颜色
	高围栏	双齿线	黑
V	岩坑	缺口朝上	黑
	山洞	缺口朝下坡方向	黑

表10-5

现地地物	转化条件	符号及其名称	图形特点
池塘	图上大于1mm²	湖泊	面状的
	实地直径小于5m	V水坑	点状的
河流	实地宽度在5m以上	宽河	面状的
	实地宽度2-5m	小河	线状的

当若干同类符号以某种有规律的排列方式来表示地物时，它们所反映的只是地物的性质和范围，并不代表地物的个数和精确位置。

某些地物，虽然它们的性质相同，但当它们的长度、宽度或直径不同时，图形特点将会改变——"在一定条件下相互转化"。（见表10-5）

这就说明，面状地物、线状地物或点状地物，虽然它们的符号在图上的区别是比较明显的，但在实地，除非具有足够的经验，否则就不易看出它们的区别。

四、地图上的等高线和等高距

等高线是指地形高度的差距。他们表示哪里有山，哪里有坑谷以及地形的陡缓。在很多公园图中，等高线较少；但也有很多其它公园和森林图中，等高线较多，且高度各异；因此读懂等高线很重要，因为它在很大程度上影响你的路线选择。相邻两条等高线之间的距离在地图上用等高距表示，通常为2-5米。不同地图，等高距不同。同一幅图上只采用同一等高距。等高线显示地貌的特点:一是在同一条等高线上的各高度相等并各自闭合；二是在同一幅图上,等高线多山就高,等高线少山就低。等高线间隔大的坡度缓,间隔小的坡度大；三是图上等高线的弯曲形状和相应实地地貌的形状相似。如图10-4所示：

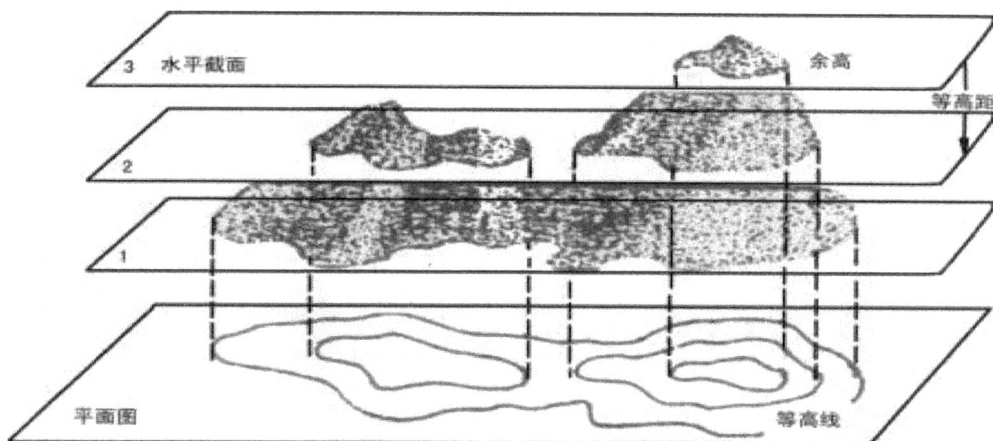

图10-4

等高线的种类和作用:等高线按其作用不同，分为四种(见图10-5)；首曲线是用以显示地貌的基本形态；间曲线是用以显示曲线所不能显示的局部地貌；助曲线是用以显示间曲线还不能显示的局部地貌；计曲线是便于在图上计算高程，从高程面算起，每逢等高距五倍处的首曲线描绘成粗实线。

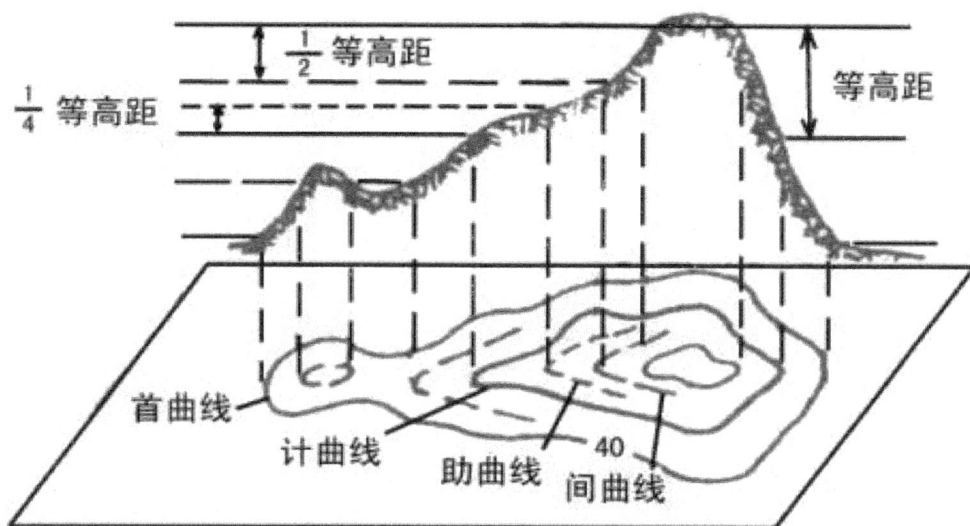

图10-5

五、地貌识别

在地形图上，通过等高线和地貌符号，来识别地貌的各种形态。

（一）山顶：是以等高线中最小环圈表示，有时用示坡线表示斜坡方向，绘在环圈外侧(见图10-6)。

（二）凹地：除环圈形等高线表示外，还必须在环圈内侧绘有示坡线，示坡线在等高线内侧(见图10-6)。

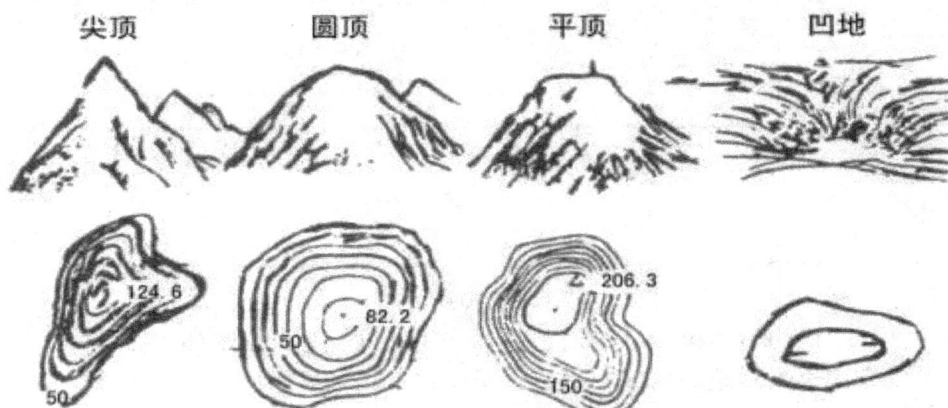

山顶和凹地

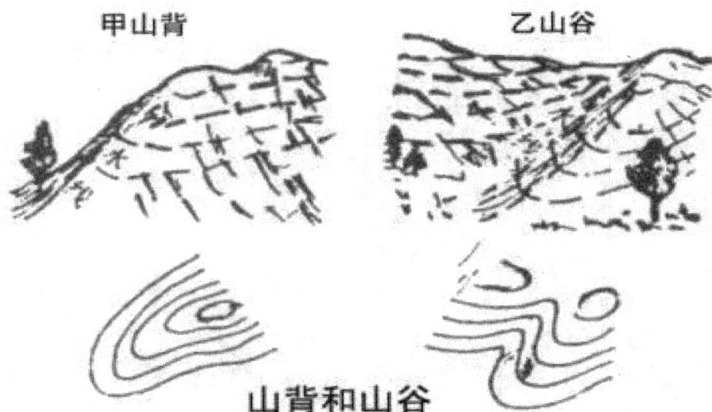

山背和山谷

图10-6

（三）山背：等高线向外凸出部分表示山背，各等高线凸出部分顶点的连线为分水线。(见图10-6)

（四）山谷：等高线向里凹入的部分表示山谷，各等高线凹入部分顶

点的连接线为合水线。(见图10-6)

（五）鞍部：图上用一对表示山脊和一对表示山谷的等高线显示（见图10-7）。

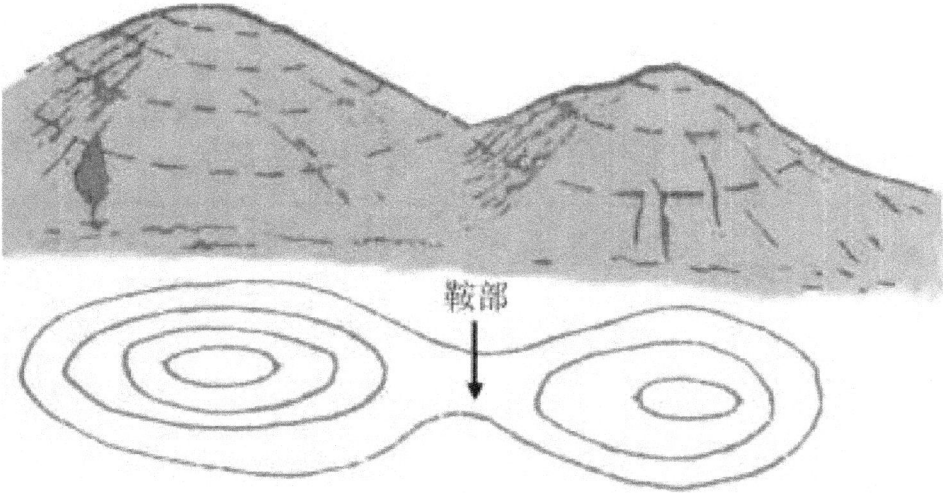

图10-7

（六）山脊：由若干山顶,鞍部连接的凸棱部分，山脊的最棱线为山脊线（见10-8图）。

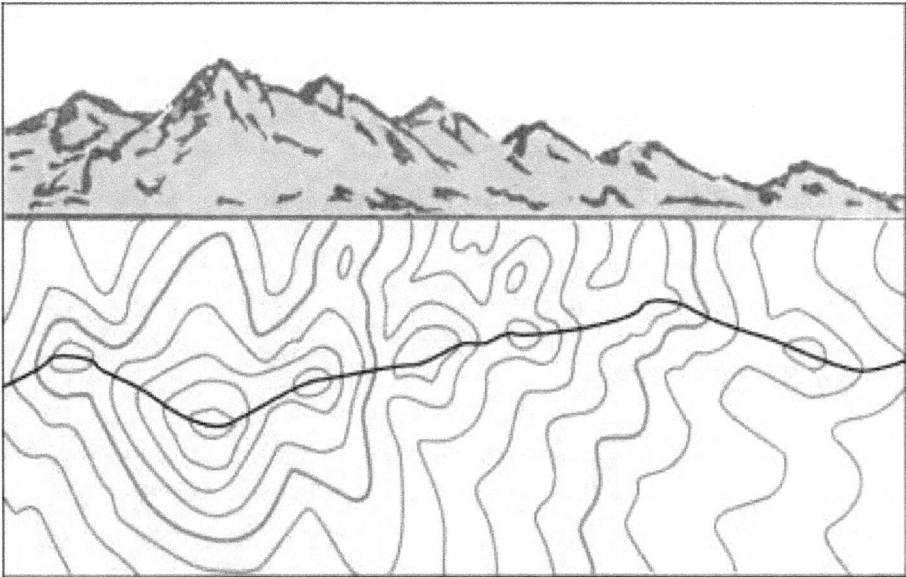

图10-8

（七）特殊地貌：是指等高线无法显示的地貌。在地图上用特殊符号所示的地貌，如变形地、岩峰、露岩地等(见10-9图)。

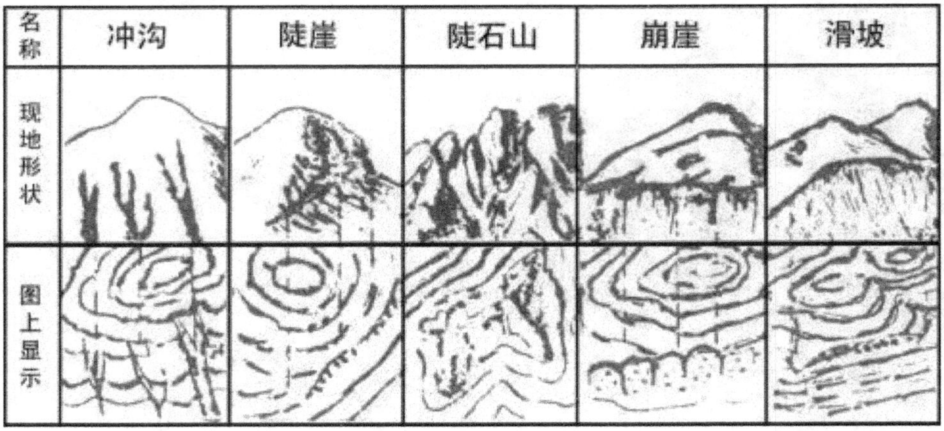

名称	冲沟	陡崖	陡石山	崩崖	滑坡
现地形状					
图上显示					

图10-9

练习：自我测试（见图10-10）。此等高线图上有一些标明数字的箭头，请试说出这些箭头指的方向是地势升高了，还是降低了或是保持同样的高度。

图10-10

请把以下的八个图对号入座；(图10-11)

六、图上起伏的判定

判定起伏就是在地图上判定哪是上坡,哪是下坡。判定起伏时，首先要对判定的区域进行总的地势分析，在该区域内，找出明显的山顶，分析这些山顶之间的联系，找出山脊及其它主要分水线、合水线的走向，然后结合河流、溪沟的具体位置，判定出总的升降方向。在总的地势分析之后，进行具体分析时要注意基本的一点，即在地图上，凡属运动路线与某条等高

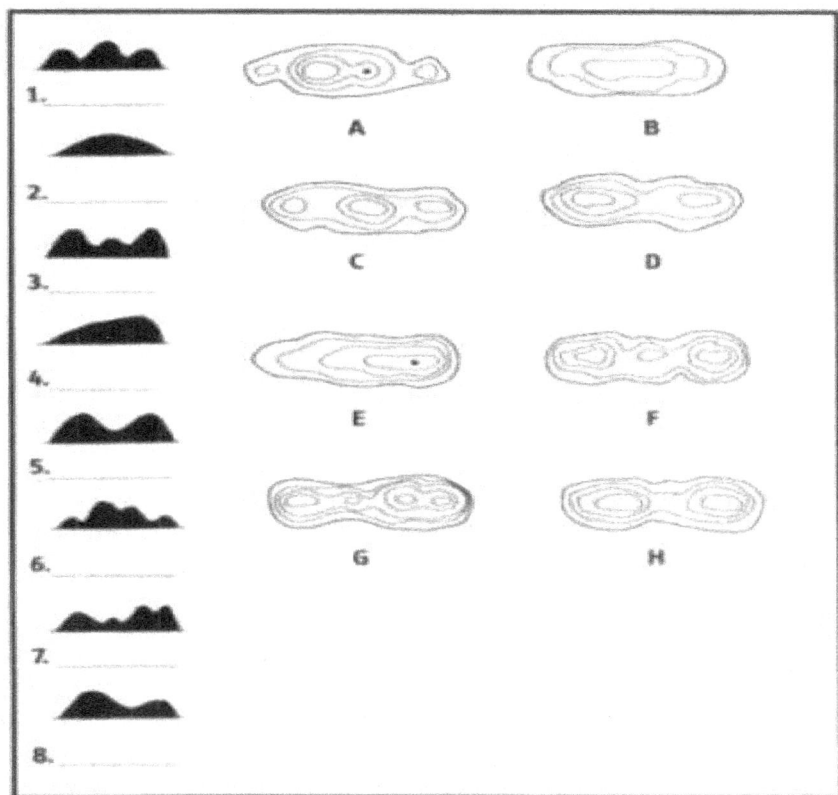

图10-11

线近似平行是平路外，其它现象(与某条等高线越来越近或越来越远或相交)则不是上坡就是下坡。具体分析时，还可以从以下几个方面来考虑：

（一）根据高程注记判定

地图上有高程注记时，可以根据高程注记判定起伏。高程注记递增的为上坡方向，递减的为下坡方向；等高线上的高程注记同，字头朝向上坡方向，相反方向就是下坡方向。

练习:自我测试

如图10-12,运动路线的起伏？

运动路线的起伏是:1-2为上坡；2-3为上坡；3-4为下坡。

（二）根据示坡线判定

示坡线与等高线连接的一端为上坡方向，另一端指向下坡方向。

（三）根据河流符号判定

当一组等高线在河流一侧，靠近河流的等高线低，远离河流的等高线

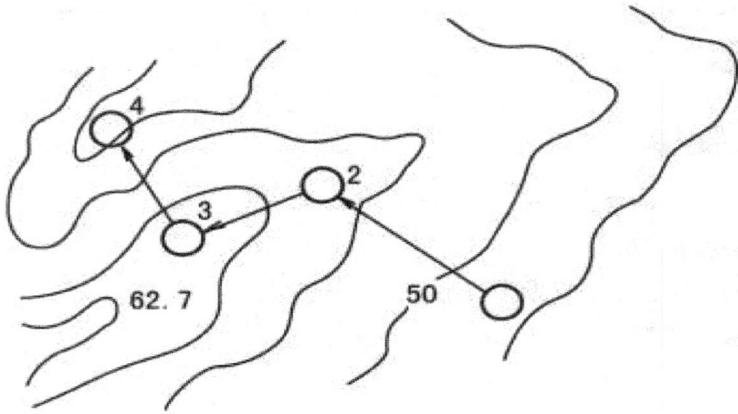

图10-12

高，即当离开河流一侧作横方向运动或成一定角度运动时，就是上坡，相反方向运动就是下坡。当一组等高线横穿河流，上游等高线高，下游等高线低，即根据运动的方向，可判定出上坡或下坡。

练习：自我测试

如图10-13运动路线的起伏？

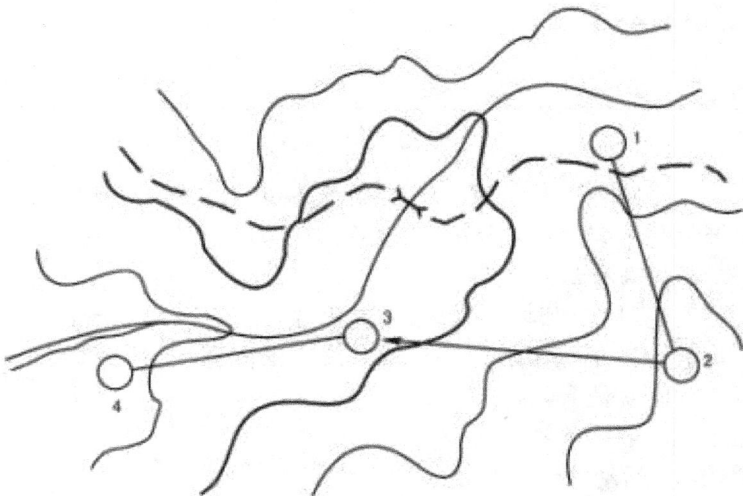

图10-13

运动路线的起伏是:1-2为上坡；2-3为下坡；3-4为下坡。

（四）根据地貌的基本形态判定

地貌的一般特点是:山地高，平地低；山顶高，鞍部低；山背高，山谷低；山脊高，山脚低。根据地图上的等高线的图形识别出地貌的各种基本形态，结合具体运动路线，起伏则一目了然了。

练习:自我测试

如图10-14,运动路线的起伏？

图10-14

运动路线的起伏是:1-2为上坡；2-3为平路；3-4为上坡；5-6为上坡；6-7为下坡。

七、图上坡度的判定

坡度,即斜面对水平面的倾斜程度。通常以角度或倾斜百分率(坡度正切数的百分比)表示。判定坡度，即判定一运动路线的某一局部或山体某一斜面的坡度为多少，或百分之几的坡度。

斜面坡度的大小对定向越野运动是很重要的。运动员运动时要根据坡度的大小，结合自己的体力选择理想的运动路线，就必须学会在地图上判定坡度。

判定的方法是:根据等高线的间隔判定。现在以1:10000比例地图、等高距为5m时说明根据等高线间隔判定坡度的方法。如地图上相邻两条曲线(包括记曲线)间隔为1mm，则相应现地坡度27°，间隔大于1mm时，只要用间隔的xmm的x数除去27°，即可得到相应的实地坡度。例如,两首曲线间隔

2mm，则相应坡度=27°÷2 =13.5°，间隔小于1mm时，采用这种方法误差较大，加之，当间隔小于1mm时，实地坡度大于27°，通行困难，运动员在选择路线时，一般应避开这种地段。因此，就不必具体判定其坡度大小。

根据等高线的间隔判定坡度，是一直在地图上较准确的判定方法，但参赛者在快速奔跑中不易采用这种方法，为了赢得时间，经验丰富的运动员，是根据等高线的疏密程度，结合自己的实践经验，判定实地地貌的起伏程度，从而确定出理想的运动路线。经验来源于多次实践，因此，"根据等高线的间隔判定坡度"可以作为判定坡度的基础训练。

判定坡度时还要注意：

求某斜面的最大坡度时应尽量取该斜面上两等高线距离(间隔)最小的地方。如图10-15,求该高地南侧斜面的最大坡度，应通过量取"a"间隔来确定；求小路通过高地南侧的最小坡度，应依小路方向量取"b"间隔来确定。

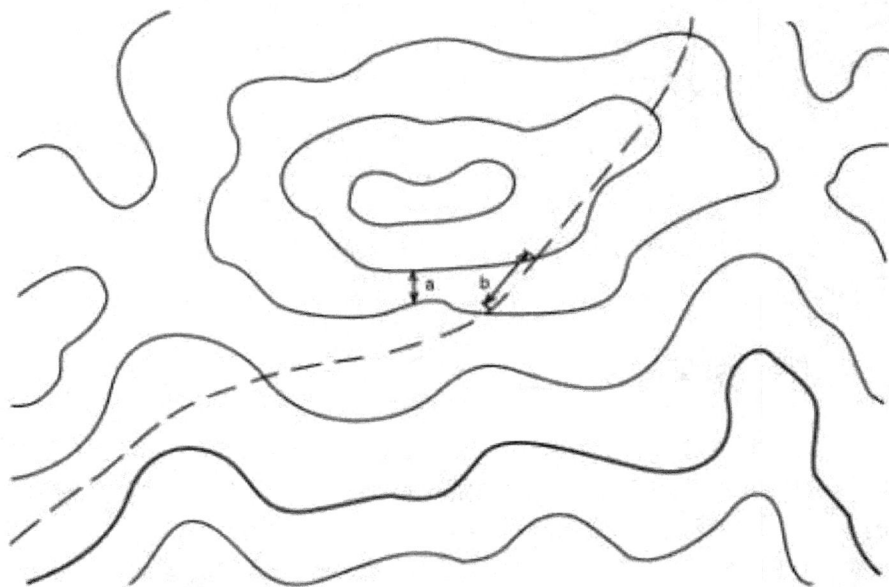

图10-15

八、地图方位与磁方位角

（一）地图方位

地图的方位是上北下南、左西右东,这是使用地图必须首先明确的。在专用定向越野地图上，绘有若干等距离平行的、北端带有箭头(称指北矢标)的磁北方向线，即磁子午线。指北矢标指向的方向为北。磁北方向线不仅可确定地图方位，而且可以利用其标定地图、量测磁方位角和估算距离。

（二）磁方位角

地面上某点指向磁北级的方向线叫磁北方向线。从某点的磁北方向线起，按顺时针方向到目标方向线(该点到某一目标的延长线)之间的水平夹角叫磁方位角，如图10-16。

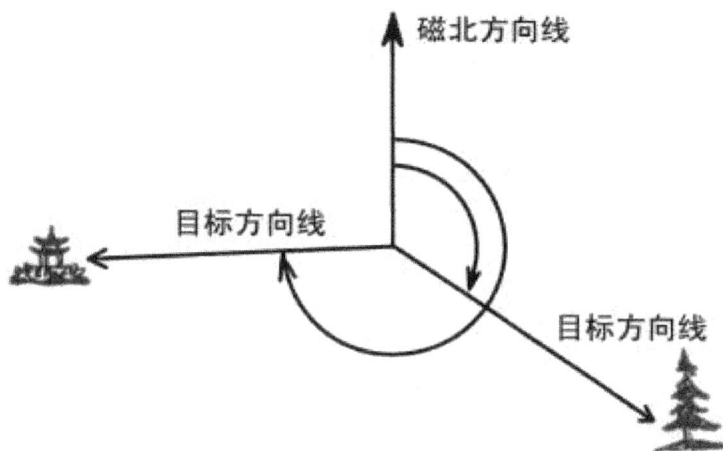

图10-16

1.在地图上测磁方位角

在定向越野运动途中，如从某站点向某目标点(包括检查点)运动，需要按磁方位角运动时，先要在地图上量测出从站立点到目标点的磁方位角。量测的步骤是：

（1）利用指北针标定地图。标定地图就是使地图的方位与实地的方位一致，它是图上量测磁方位角的前提。标定地图时使指北针的长尺边或底盘上任一条标尺线与地图上任一条磁北方向线(使用复印地图时，为任一条坐标纵线)相切，且应使前进方向箭头(用六二式指北针时，为指北针准星)的方向与地图北方一致。转动地图，使磁针北端(涂有红色的一端)指向中心指示线(使用六二式指北针时，应使磁针北端指向零分划)，此时，地图方位与实地方位一致，地图即已标定。地图的最正上方往往指北，那么，正下方指南，左西，右东。

（2）在标定地图的基础上，如图10-17，要测第2号检查点(独立树南侧)到第3号检查点(十字路口东南侧)的磁方位角。首先将指北针的长尺边或任一条标尺线切于这两点上，并使前进方向箭头朝向第3号检查点方向（图10-17-1），待磁针稳定(如图状况)后，转动方位罗盘，使定向针头与磁针北端重合，此时指北针中心指示线所对正的度数分划，即为第2号检查点到第三号检查点的磁方位角，如图所示是63°。（图10-17-2）

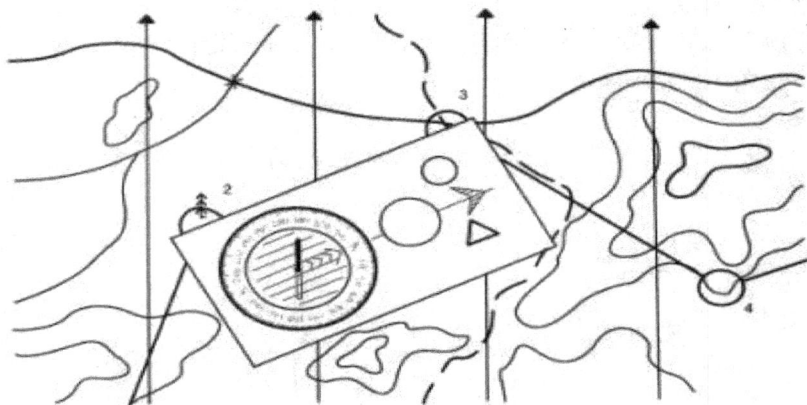

图10-17-1

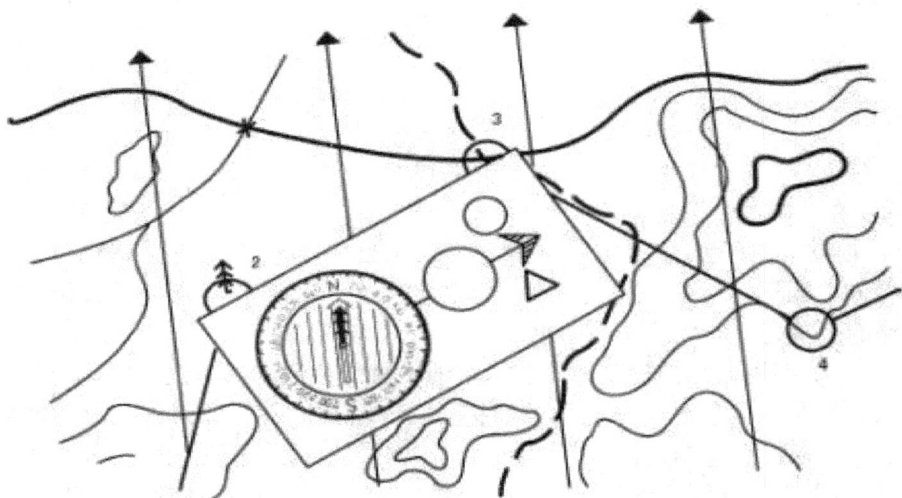

图10-17-2

2.在实地测磁方位角

在定向越野运动途中，需要用磁方位角交会法确定站立点时，要在实地量测磁方位角，即在实地测定从站立点到某一目标点的磁方位角。量测时，左手平持指北针(使用六二式指北针时，反光镜与分划盘约成45°)，通过前进方向箭头(六二式指北针通过缺口与准星)瞄向目标，待磁针稳定后，转动方位罗盘，使定向箭头与磁针北端重合，此时指北针中心指示线所对正的度数，即为站立点到目标点的磁方位角(使用六二式指北针可直接读出磁方位角的大小)。

九、图上与实地对照

识图是基础、用图是关键，地图与实地对照，就是将地图上的地物、地貌符号与实地的地物、地貌逐一对应。目的在于明确地图与实地的关系，通过查看地图，即可了解实地地物的分布状况、地貌的起伏程度以及它们之间的相互关系位置；还可以根据地图上标出的比赛路线，在实地选择出正确的运动方向及具体运动路线，并保证按预定的路线运动。地图与实地对照，通常按标定地图、对照地形、确定站点与确定目标点四个步骤进行。

（一）标定地图

请看图10-18：这张图已被正确定向。大家可以清楚地看出：湖在图的右边；商店，学校，运动场在图的左边。因此，最简单的方法就是找到大而有明显特征的地物做标志。如建筑物，道路，湖泊等。

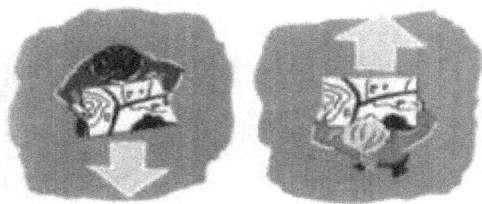

图10-18

（二）对照地形、确定站点与确定目标点

对照地形就是将地图与相应实地的地物、地貌进行逐一对照；确定站立点，就是在实地确定自己站立点在地图上的相应位置；确定目标点,就是确定实地某一目标在地图上相应的位置。

对照地形、确定站点和目标点,三者互为条件，有密切联系。通过对照地形，可以确定站立点和目标点；知道了站立点或某个目标点的图上位置，可以提高对照地形的速度与精度。同时，知道了站立点的图上位置，可以确定目标点；知道了目标点的图上位置，可以确定站立点。在三者中，虽然重点是站立点的确定，但由于可互为条件，因此，对照地形、确定站立点、确定目标点没有固定的先后顺序，可根据具体情况决定。在基

图10—19

础训练时应按下述步骤进行:

1.先明确站立点、后对照地形

先明确站立点,是指站立点已知,即在进行地图与实地对照基础训练时,站立点一般先由教练员指出;通常在以下几种情况下出现:在进行定向越野模拟训练和比赛时,出发点(即出发点的站立点)已经在地图上标明;在越野运动中运动员已经明确站立点。后对照地形,是在站立点已知的前提下对照地形。（见图10-19）

在初次进行野外地图与实地对照时,应利用已知站立点对照地形,先进行控制对照,即可对照大而明显的控制点,如较高的山顶较明显的鞍部大的山背山谷与明显的地物等,根据这些控制点所在地图上的相互位置,从而确定它们在实地的相应位置。这样可提高对照的精度和速度,控制对照的范围。进行控制对照的具体方法是光线法。如图10-20,从图上可以看出,起控制作用的有山顶、独立房、独立石与大车路等。进行控制对照时,要确定图上这些控制点的实地位置,应在标定地图的基础上,用指北针长尺边分别切于图上站立点,并依次通过个控制点向实地瞄准,在直尺边的延长线上,根据站立点与每个控制点的距离、地形特征,即可在实地找到这些控制点。要确定实地这些控制点的图上位置时,标定地图后,则可用指北针长尺边切于图上站立点,分别向实地各控制点瞄准并画方向线,目测站立点至控制点的实地距离,依比例尺并根据控制点的地形特征,即可确定它们的图上位置。

图10-20

在控制对照的基础上,再进行细部对照。进行细部对照时,以控制点为准进行分片对照；也可以由近至远、由左至右或由右至左进行对照。这时对照的重点是地貌，根据图上等高线的弯曲形状、间隔距离,结合等高线显示地貌的原理与特点，与实地地貌进行分析比较，反复验证，使地图与实地逐一对应。

对照地形时要注意:地图经过测绘和制图过程中的取舍，一些地貌的细部和少数次要地物在地图上有所省略，不要因追究这些而浪费时间与精力。同时，由于定向越野训练时，一般都使用非专用定向越野图，这种地图大都测绘制图时间早，虽然实地地貌与地图差异不大，但地物变化大。因此，对照地形时要综合分析,以对照地貌为主。况且，对照地形的难点是地貌对照，只有把主要精力放在对照地貌上，才能收到较好的效果。

2.先对照地形、后确定站立点

这里所说的"先对照地形、后确定站立点",是在站立点不明确的情况下，通过对照地形来确定站立点。如在对照地形有一定基础后，为提高训练效果而采用提高难度的办法时，教练员事先不指出站立点，让运动员通过对照地形来确定站立点；又如在实地运动(包括平时训练与实际比赛)中迷失方向时，也要通过对照地形，才能确定站立点，明确运动方向与运动的具体路线。

确定站立点的主要方法是:依据实地站立点附近明显的地形特征，用综合分析的方法确定。用这种方法确定站立点时，先进行控制对照，确定各

图10-21

控制点的实地位置。这时的控制对照是在站立点不明确的情况下进行的，但站立点所在地图上的范围是应清楚的，控制对照时，应根据各控制点本身的特征及其相互关系位置，通过综合分析，反复验证，是可以确定其图上位置的。确定各控制点(当然不是全部)的图上位置之后，再根据站立点附近的控制点，结合站立点与此控制点的方向距离，经过细部对照，即可确定与此控制点的图上位置。如图10-21，该运动员位于实地高地的南山背冲沟的东侧。确定站立点时，通过控制对照，确定该高地的图上位置；再通过细部对照侧偏南。

用图较熟练者，在有一定起伏、通视较好的地段或在有明显地物、通视较好的平坦地，用上述方法确定站立点会取得满意的效果，而且方便迅速。初学者或在复杂的地段用上述方法不易确定时，可采用以下辅助方法：

（1）后方交会法。这种方法通常是在地形较平坦、通视较好的地段上采用。用这种方法确定站立点时，先通过控制对照，在实地较远处选择两个地图上也有的明显地形点，如图10-22，选择远山顶与独立房，然后精确标定地图，用直尺或指北针长尺边切于地图上山顶的定位点，摆动直尺，向实地相应山顶瞄准，并沿直尺边向后画方向线；用同样的方法向实地独立房瞄准并画。方向线，两方向线的交点就是站立点的图上位置。在定向越野运动途中，特别是在比赛运动途中，由于受时间的限制，一般都不可能采用直尺瞄准里精确地确定站立点，只能用上述的原理直接目测出方向线，确定出站立点的概略位置。如需要精确位置时，可在此基础上，用"综合分析进一步确定法"

图10-22

（2）截线法。这种方法是在线状地物上或一侧运动时采用。其要领是:标定地图后，在线状地物一侧较远处的实地，选择一个地图上也有的明显地形点，如图10-23，运动员在水渠一侧运动，在水渠一侧较远处选择独立房为显眼地形点，将直尺切于图上独立房符号，摆动直尺，向实地独立房瞄准，直尺切于独立房的一侧与水渠符号的交点，就是站立点的图上位置。在定向越野运动途中，同样可以直接采用目测瞄准的方法确定。

图10-23

（3）磁方位角交会法。当在植被密集、通视不良的地段上运动时，由于地图与实地对照不便，加之看不到目标的实地位置，不能从图上照准目标，可采用磁方位角交会法确定站立点。其方法是：首先攀登到边便于通视远方的树上，在远处选定两个地图上明显地形点，如图10-24，选结合实地站立点的局部地形特征确定出站立点较准确的图上位置。择远处的独立树和三角点，并分别测出站立点到这两个目标点的磁方位角，在树下近旁标定地图，将指北针长尺边切于图上独立树和三角点符号的定位点上，分别以这两点为摆动指北针，并使磁针北端指向相应的位置，然后沿长尺边画出方向线，两方向线的交点即为站立点的图上位置。也可直接在树上概略标定地图，按方交会法用目测方向线的方法确定站立点的图上概略位置，然后采用以上三种方法确定站立点，两交会线的夹角应大于30° 小于50° 。否则误差较大。需要精确确定站立点时，可找两个以上明显的地形进行瞄线交会。

图10-24

3.确定目标点

在进行地图与实地对照基础训练时，以及在运动途中需要明确运动方向和运动的具体路线时，都需要确定目标点的图上位置，其方法除光线法外，主要用分析法确定，即在已知的站立点标定地图，以站立点为准，向目标点瞄准并画方向线，根据站立点到目标点的图上位置。利用此法确定明显目标精度较高，但确定一般目标时，由于站立点的距离不易确定，因而容易失误。因此，要在此基础上，根据目标点所在实地的细部地形特征，进行分析比较确定其图上位置。在快速奔跑中，可用目测瞄准，然后根据目标点所在实地位置的细部特征确定。

从上述确定站立点与目标点的具体方法中可以看出：站立点和目标点的确定互为条件。根据已知站立点可以确定目标点；根据已知目标点可以确定站立点。当站立点已知，要确定目标点时，用"分析法"确定；当目标点已知，要确定站立点时，可用后方交会法截线法或磁方位角交会法确定。

第四节　选择越野路线

"既果断又细心，能够迅速选择最佳的行进路线"，这是运动员在比赛中取胜的重要手段。当竞争对手之间实力比较接近的时候，能否掌握这个技能就成了关键问题。由于选择最佳行进路线的能力是建立在掌握其他定向越野技能，尤其是识图用图能力基础之上的，是体能与技能在比赛中的综合运用，因此可以说：选择路线是更高一层意义上的技能或称"尖端"技能。

一、选择路线的标准

什么是最佳行进路线？简单地说应该是：省体力；省时间；最安全；便于发挥自己的技能或体能优势；

二、选择路线的基本问题

当遇到高地、陡坡、围栏之类的障碍时，是翻越还是绕行？
当遇到密林、沼泽、水塘之类的障碍时，是通过还是绕行？

三、不同地形对运动速度的影响（概略值）

表10-6

每公里用时 （分钟）	公路	空旷地	疏林	山地或树林
走	9	16	19	25
跑	6	8	10	14

四、选择路线要遵循下述原则：

（一）有路不越野。应尽量选择沿道路行进，这是因为：
1.在道路上容易确定站立点，使运动员更具信心；
2.地面相对光滑、平坦，有利于提高奔跑速度；
（二）走高不走低。如果不得不越野，应尽量在高处（如山脊、山背）行进，避免在低处（如山谷、凹地）行进。这是因为：
1.地势高，展望好，便于确定站立点和保持行进方向；
2.高处通风、干燥，荆棘、杂草、虫害及其它危险少；
3.人们都习惯在高处行走。因此，象在山脊这样的地方，常常会有放牧、砍柴的人踏出的小路，利用它，便于提高运动速度。

五、选择路线的方法（举例）

实际上，依靠上述一般原则决定路线的选择是很不够的。只有让自己的"感觉"或"估计"变得更有科学根据，才有可能更快的提高定向越野成绩。分析与解决选择路线基本问题的方法有多种，下面仅介绍其中的一种--经验法：

某人以自己在道路上奔跑300米需要的时间2分钟（近似值），作为一个标准，通过多次实践，对自己奔跑的速度有了如下了解：（表10-7）

表10-7

地形类别	每300米用时（分钟）	倍率	每2分钟的距离（米）
大路	2	1	300
杂草地	4	2	150
有灌木的树林	6	3	100
密林或荆棘丛	8	4	75

那么，他就可以用这样的方法解决问题：假定穿过密林的距离为1（75米），沿大路跑的距离为4（300米），则两种选择所用的时间相等；如果他的体力好而定向本领差，那他就应该选择沿大路跑。

对于其他选择，可以参照同样的方法进行。

第五节　越野跑的技能

一、越野跑的特点

定向越野的越野跑实际上是一种长距离的间歇式赛跑（在途中常常需要停下来看图或定向）。这种在野外清新的环境中的奔跑，可以使肌肉的紧张与放松，身体的负荷与精神的专注不断地交替进行。在这种情况下，所有参加者的全身，特别是呼吸与心血管系统都将得到较大的锻炼。

二、越野跑的基本要求

定向越野的越野跑同其他长跑项目一样，要求一方面能够尽可能地减少人体能量的消耗，维持一定的跑速，另一方面又能根据比赛的情况，具有加速度的能力。因此，下述要求应使运动员在训练阶段努力掌握，在比赛过程中始终注意：

（一）姿势：主要采用身体微向前倾或正直的姿势。要尽量使身体的各部分（头、躯干、臂、臀、腿、足）的动作协调配合，并且善于利用跑中产生的支撑反作用力与惯性不断前进，使身体保持平稳，提高跑的效果。

（二）呼吸：最好利用鼻子与半张开的嘴（用舌尖舔住上颚）共同呼吸。除了在跑中出现生理"极点"现象时可以变化呼吸的频率与深度（即用多呼气的方法提高气体的交换率）外，一般情况下应自然、有适当的深度并有节奏的呼吸。

（三）体力分配：或者按选择的路段，或者按比赛的阶段（起点、途中、终点），或者以自身体能状况的不同确定。通过工作阶段（肌肉的紧张）和休息阶段（肌肉的放松）适时交替的方法，达到既跑得快，又跑得省力的目的。

（四）速度：一般来讲不宜过快。过快或在途中加速太猛不仅会影响体力的正常发挥，而且会严重地影响判断力。有人曾做过试验：同样难度的数学题，在奔跑中需要用比在静止时多几倍的时间才能算出来；如果再加速，需要的时间不仅会更长，错误也会更多。但对于一名有经验的运动员来说，当地形有利（如参照物多、道路平坦等）时，则应尽可能的快跑。

（五）节奏：有节奏的动作不仅能节省身体能量的消耗，而且能达到最适宜的动作协调。协调而富有节奏的动作，能给人以轻松自如的感觉和美的享受。

（六）距离感：在越野跑中保持一定的距离感是必要的，它不仅可以帮助提高找点的速度，也有利于体力的计划与分配。

在野外，用同样的步速节奏奔跑，但由于地形的变化，步长（距离）的区别却较大。如果您没有测量过自己的步长，可参考表10-8按常规慢跑测出的数据。

表10-8

地形类别	每100米的步数（复步）
平坦道路	50
草地	56

地形类别	每100米的步数（复步）
疏林	66
密林	83
上坡（视坡度）	100（以上）
下坡（视坡度）	35（以下）

间歇时的正确方法：除非是迷失了方向，在间歇时采取放松性的慢跑要比走好，走又比站着或坐着好。

三、常见地形上越野跑的技术

越野跑时，由于跑的地点和环境在变化，所以跑的技术也要因条件的改变而随之变化。下面介绍的仅是在几种常见地形上的越野跑技术：

在道路上时，采用基本上与中、长距离跑相同的技术，并尽量注意在路面平坦的地方奔跑。

在草地上时，用全脚掌着地，同时留心向前下方看，以免陷入坑洼或碰在石头上。

上坡时，上体应前倾，大腿高抬一些，并用前脚掌着地，小步跑上去。遇到较陡的斜坡，可改用走步的方法或用之字形跑法（走法）。必要时可用单手或双手辅助攀登。

下坡时，上体应稍后倾，并以全脚掌或脚跟着地的方法进行，遇到较陡的下坡或坡面很滑的斜坡，可用侧脚掌着地，甚至采用蹲状的并用手在体后牵拉（草、树）、撑（地）方式的行进。到达下坡的末端（一般8—10米），便顺坡势疾跑至平地。

从稍高的地方（1.50米以下）往下跳时，可用跨步跳的动作：踏在高处的腿（支撑腿）必须弯屈，另一腿则向前下方伸出，跳下，两脚着地并以深屈膝来缓和冲击的力量。同时，在落地时，两脚应稍微前后分开，以便继续前跑。从很高的地方往下跳时，应设法降低下跳的高差，根据情况采用坐地双手撑跳下或侧身单手撑跳下的方法。落地时要注意两腿深屈。

在树林中奔跑时，注意不要被树枝、树叶、藤蔓等剐伤，特别要防止被树枝戳伤眼睛。此时一般都用一手或两手随时护住脸部。

遇到小的沟渠、壕坑、矮的灌木丛或倒伏树木时，要增加跑速，大步跨跳而过；在落地的同时，上体稍向前倾，以便保护腰部与便于继续前跑。在通过较宽的（2.5—4米）的沟渠时，需用15—25米的加速跑，采用大跨步跳和跳远的方法越过。应注意做好落地动作，防止后倒。遇到大的倒伏树木、其他矮障碍物，可以用踏过它们的方法越过。遇到较高的障碍物（不超过2米），如矮围栏、土垣等，可用正面助跑蹲跳和一手或双手支撑的方法翻越。

第十一章　田径运动技术

第一节　田径运动概述

田径运动的形成与人类社会的发展有着千丝万缕的联系。远古时代，我们的祖先为了获得生活资料，在和大自然及禽兽的斗争中，不得不走或跑相当的距离，跳过各种障碍，投掷石块和使用各种捕猎工具。在劳动中不断地重复这些动作，便形成了走、跑、跳跃、投掷等技能。随着社会的发展，人们有意识地将这些技能作为练习和比赛形式，以在劳动之余作为娱乐活动，并增强体能。这些技能和最基本的动作经过不断延续、发展，流传至今，形成了我们今天的田径运动项目。

公元前776年，第一届古代奥运会在古希腊奥林匹克村举行。据记载，这届奥运会只有一个比赛项目，那就是——赛跑。距离为192.67米。从那时起，田径运动就成为正式比赛项目。到公元393年的第293届古代奥运会上，项目由赛跑扩大到角力、跳远、赛马、掷铁饼、标枪等。1896年，在希腊举行的第1届现代奥运会上，走、跑、跳跃、投掷等项目被列为奥运会的主要项目。1928年，首次将女子5个项目列为第9届奥运会田径比赛项目。至今已举行的各届奥运会上，田径运动都是主要比赛项目之一。也是金牌大户。

国际业余田径联合会，简称国际田联(IAAF)，1912年7月17日在瑞典首都斯德哥尔摩成立。发展到今天，现有协会会员210个。国际田联的任务是在世界上开展田径运动，在所有会员之间建立友好关系，制定国际比赛的章程和规则，保证会员之间的比赛按田联制定的章程和规则进行，解决在田径运动中出现的有争议的问题，与奥运会组委会合作举办田径比赛，确认世界纪录。

国际田联的主要赛事有世界锦标赛、世界青年锦标赛、世界室内锦标赛、世界杯赛、世界越野锦标赛、世界竞走杯赛、世界半程马拉松锦标赛、世界公路接力锦标赛、国际巡回大奖赛和国际越野巡回赛等。

中国田径运动协会于1978年加入国际田联。我国最早的田径比赛是1890年在上海圣约翰书院举行的。1913年的远东运动会田径赛是我国举办的首次国际田径大赛。近几十年来，我国的田径运动有了更广泛的开展，竞技水平也有了大幅度提高，涌现了一批创造世界纪录和在国际重大赛事中摘金夺银的运动员，特别是女子中长跑在1993年世界锦标赛和1996年的亚特兰大奥运会上、男子跨栏跑在2004年的雅典奥运会登上了世界级比赛的巅峰。我国中长跑女子运动员王军霞还获得了"欧文斯"杯的殊誉，刘翔在短跑项目上打破了欧美选手的垄断，以12秒91的成绩平110米栏世界纪录获得冠军，填补了中国田径在男子项目奥运金牌的空白；2006年7月12日在瑞士洛桑田径超级大赛中，以12秒88的成绩，打破了110米栏世界纪录；2007年8月获日本大阪世界田径锦标赛冠军及奥运会破世界纪录大满贯，为中国田径创造了奇迹。

2008年第29届中国北京奥运会中国队只获得了2枚铜牌，2012年第30届英国伦敦奥运会获得了1金、1银、1铜的成绩。中国田径总体水平与世界田径强国还有很大差距。

经常系统地参加田径运动，能促进人体新陈代谢，改善整体功能，全面发展身体素质，培养意志品质，增强体质，增进健康，有利于学习与工作。第30届伦敦奥运会田径竞赛项目共47项(表11-1)。

表11-1 田径运动项目及分类表(成年组)

项目	类别	男子项目	女子项目
径赛	短跑	100米、200米、400米	100米、200米、400米
	中长跑	800米、1500米、5000米、10000米	800米、1500米、5000米、10000米
	跨栏跑	110米栏(1.067米)400米栏(0.914米)	100米栏（0.84米)400米栏(0.762米)
	障碍跑	3000米障碍跑	3000米障碍跑（新增）
	接力跑	4×100米、4×400米	4×100米、4×400米
	竞走	20千米、50千米(公路）	20千米（公路）
	马拉松	42.195千米	42.195千米
田赛	跳跃	跳高、跳远、三级跳远、撑竿跳高	跳高、跳远、三级跳远、撑竿跳高
	投掷	推铅球（7.26千克）、掷铁饼(2千克)掷标枪（800克)、掷链球（7.26千克)	推铅球（4千克）、掷铁饼（1千克)掷标枪(600克)、掷链球（4千克)
全能运动	全能项目	十项：第一天100米、跳远、推铅球、跳高、400米；第二天110米栏、掷铁饼、撑竿跳高、掷标枪、1500米	七项：第一天100米栏、推铅球、跳高、200米；第二天跳远、掷标枪、800米

第二节 径赛技术

一、短跑技术

现代短跑起源于欧洲，最早被列入正式比赛是在1850年的牛津大学运动会，奥运会的短跑设置了100米跑、200米跑和400米跑项目，其中每一项都包括男子项目和女子项目。男子项目在1896年第一届奥运会中就列入比赛项目；女子100米和200米则于1928年列入第9届奥运会比赛项目，400米于1964年列入第18届奥运会比赛项目。

短距离跑简称为"短跑"。短跑比赛项目有：60米、100米、200米、400米跑。

(一)短跑技术

短跑技术一般分为起跑、起跑后的加速跑、途中跑和终点跑四个部分。

1.100米跑的技术

(1)起跑：起跑的任务是使身体迅速摆脱静止状态，尽可能获得较大的起动初速度，为起跑后的加速跑创造有利的条件。

100米跑一般采用蹲踞式起跑，包括"各就位"、"预备"、"鸣枪"(或跑)三个阶段。

起跑器安装方法有"普通式"、"拉长式"、"接近式"三种，一般采用"普通式"。"普通式"的前起跑器安装在起跑线后一脚半(约40～45厘米)，后起跑器距离前起跑器一脚半；前、后起跑器的支撑面与地面分别成40°～45°角和70°～80°角；两个起跑器的中轴线间隔约15厘米。

"拉长式"起跑器的安装为前起跑器在起跑线后两脚长；后起跑器距离前起跑器为一脚长；起跑器的支撑面与地面的夹角和两个起跑器的间隔与"普通式"基本相同。

听到"各就位"口令时，轻快地走到起跑器前，两手撑地、两脚依次蹬在前、后起跑器的抵足板上，脚尖应触及跑道，后膝跪地，两手在起跑线后撑地，两臂伸直，肩与起跑线平行，两手间隔比肩稍宽，四指并拢和拇指成"八"字形，富有弹性地支撑，颈部自然放松，两眼视前下方约45～50厘米处，注意听"预备"口令。

听到"预备"口令时，臀部从容抬起，稍高于肩，肩部处在起跑线上或稍前，前膝角(大小腿夹角)为90°左右，后膝角为135°左右，颈部自然放松，两脚掌紧贴起跑器、深呼吸、屏气、静听枪声。

听到枪声，两手迅速离地，积极有力地前后摆动，两脚用力蹬起跑器，后脚蹬离起跑器后以膝领先迅速向前摆出，后腿前摆时，脚掌不应离地面过高，上体前倾与水平线约成15°～20°角(图11-1)。

图11-1

(2)起跑后的加速跑：起跑后的加速跑是起跑的继续，它的任务是尽快地在最短时间内发挥出最大的速度。起跑时，前脚蹬离起跑器即转入加速跑阶段，躯干较大前倾，两臂用力前后摆动，摆动腿迅速向前摆出，支撑腿积极蹬伸，前脚掌积极扒地、蹬地。随着步幅的增加，上体逐渐抬起，速度逐渐加快。一般在跑到第13～15步时可达到最大步长，在30m左右处可达到最高速度，并转入途中跑(图11-2)。

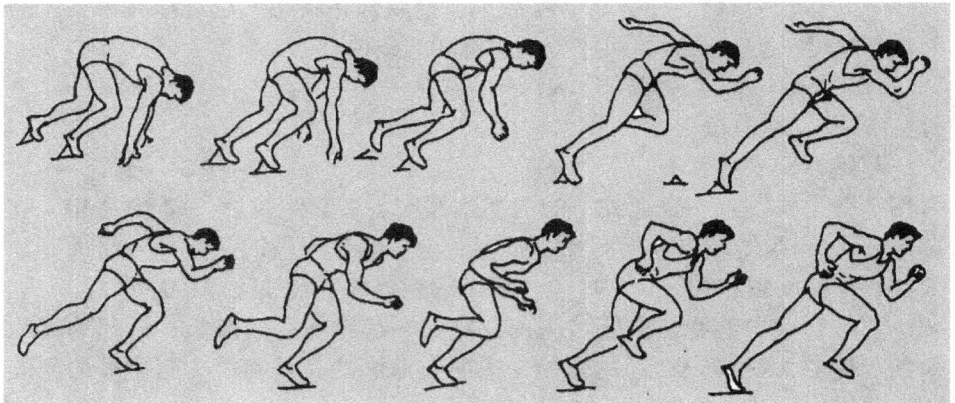

图11-2

(3)途中跑：途中跑的任务是继续发挥和保持最高速度跑向终点。途中跑是全程中距离最长、速度最快的部分，也是短跑最重要的部分。

上体姿势与摆臂：头部正直，两眼平视，颈肩放松，上体稍前倾或正直。摆臂时，两手半握拳，肘关节自然弯曲约成90°，以肩为轴前后摆动。前摆时，手高不超过下颌，肘关节弯曲度稍小于90°；后摆时，肘关节稍向外，大臂超过肩，小臂几乎与躯干平行。手臂动作与腿部动作相协调。

下肢动作，前摆与后蹬：当支撑腿蹬离地面后，即大小腿折叠前摆。当身体重心移过支点垂直面后，即支撑腿的后蹬。摆动腿的大腿摆至最高时，大腿与水平面平行。支撑腿在摆动腿快速有力的前摆配合下，迅速地伸展髋、膝、踝关节，最后用脚趾末节用力，形成支撑腿与摆动腿协调的蹬腿动作。

腾空与着地缓冲：支撑腿蹬离地面进入腾空阶段。腾空后原摆动腿以髋关节为轴，大腿积极下压，膝关节放松，小腿随摆动腿的大腿下压的惯性自然向前伸展，准备着地。前脚掌着地瞬间，迅速向后下方做"扒地"动作。支撑腿蹬离地面后，小腿顺惯性向大腿靠拢，形成边折叠边向前摆动的动作，直至摆过支撑腿的膝关节稍前部位，这时大小腿折叠角度最小，脚跟几乎触及臀部。

(4)终点跑：终点跑是全程跑的最后一段。任务是保持途中跑的跑速并完成撞线动作。

终点跑技术与途中跑技术相似，要求在离终点线15ˉ20米处，尽力保持上体前倾角度，加快两臂摆动的速度和力量，在跑到离终点线前一、二步时，上体急速前倾，用胸部或肩部撞终点线，跑过终点线后逐渐减速。

2.弯道起跑和弯道跑技术

(1)弯道起跑技术：短跑中的200米、400米跑，起跑于弯道，有一半的距离是在弯道上跑过的，为了便于起跑和加速，起跑器就安装在跑道的右分道线外沿正对弯道切点方向的地方。"各就位"时，左手置于起跑线后5ˉ10厘米处，身体正对切点。加速跑时，要沿着切线跑进，跑至切点前，身体要逐渐向左倾斜，并从容地快速进入弯道跑(图11-3)。

(2)弯道跑技术：弯道跑时，为了克服惯性离心力的作用，切记右臂摆动幅度大于左臂，右肩稍高于左肩，右肘稍向外，右脚前脚掌内侧着地，左脚用外侧着地，整个身体保持向左倾斜，身体倾斜度与跑速成正比。从直道进入弯道要冲破惯性，弯道进入直道要利用惯性，在弯道的最后几米，身体要逐渐减小内倾程度，做顺惯性跑2ˉ3步(图11-4)。

图11-3　　　　　　　　　　　　　　　　　图11-4

(二)短跑的练习方法

(1)小步跑。

(2)高抬腿跑。

(3)后蹬跑。

(4)加速跑。

(5)中速放松大步跑60～100米，要求跑的动作放松、协调，步幅要开阔。

(6)蹲踞式起跑30⁻50米。

(7)变速跑。逐渐加快跑速→最大速度跑→自然放松跑→加速跑→逐渐放松慢跑。体会加速和变换速度的感觉。

(8)沿半径为10～15米的圆圈进行弯道跑。

(9)直道跑15–20米，接着进入弯道跑30⁻40米。

(10)弯道跑80～100米。

(11)弯道跑30–50米，接着跑进直道。

(12)顺风跑，逆风跑，上下坡跑。

(13)单足跳，跨步跳，两脚交换跳。

二、中长跑技术

中跑项目最早的正式比赛是1847年11月1日在英国伦敦举行的比赛，奥运会的中距离跑设置800米跑和1500米跑项目，包括男子项目和女子项目。其中男子项目于1896年第一届奥运会列入比赛项目；女子800米于1928年第9届奥运会列入比赛项目，1500米于1972年列入第20届奥运会比赛项目。

现代最早的正式长跑比赛是1847年4月5日在英国伦敦举行的职业比赛，奥运会设置的长跑为5000米跑和10000米跑项目，包括男子项目和女子项目。男子项目于1912年第5届奥运会列入比赛项目；女子10000米跑于1988年第24届奥运会上被列入比赛项目，5000米跑则于1996年第26届奥运会上被列入比赛项目。

中长跑是中距离跑和长距离跑的合称。正式比赛项目有800米、1500米、5000米、10000米和3000米障碍跑等。

中长跑要求运动员在全程跑时能维持一定的跑速，尽可能减少体力的消耗，合理地分配体力。技术上要求跑得轻松协调，身体重心平稳，有较好的节奏。其完整技术包括起跑和起跑后的加速跑、途中跑、终点跑等。

(一)中长跑技术

1.起跑和起跑后的加速跑

中距离(800米、1500米)跑采用半蹲踞式或站立式起跑。长距离跑采用站立式起跑。半蹲踞式起跑：一手的拇指与其他四指成八字形撑于起跑线后，另一臂在体侧。身体重心主要落在前腿和支撑臂上。起跑动作近似蹲踞式起跑。

站立式起跑：中长跑起跑按"各就位"、"跑"(枪响)。听到"各就位"口令后，做一两次深呼吸，从起跑集合线的地方走或慢跑到起跑线后，两脚前后开立，有力腿在前，前脚掌着地、重心放在前支撑腿上，半蹲，后脚距离前脚约一脚长，上体前倾，一臂在前，另一臂在后，集中注意力听枪声。听到枪声时，两腿用力蹬地，后腿蹬地后迅速前摆，使身体快速地向前冲出。起跑后的加速跑，上体应保持一定前倾，摆臂蹬腿的蹬摆都应快速有力，逐渐加速，上体逐渐抬起，跑向对发挥自己战术有利的位置。加速跑距离的长短、速度的快慢，应根据项目、个人特点、比赛情况和战术要求而定

2.途中跑

中长跑的途中跑与短跑的途中跑稍有差异。中长跑的上肢摆臂幅度要小一些，腿部的后蹬与前摆用力程度也小一些，腾空时间与支撑时间的比值也小一些，脚着地可用脚掌外侧着地过渡到全脚掌，也可用全脚掌着地。中长跑的呼吸采用半张口与鼻同时呼吸。

途中跑有一半以上的距离是在弯道上跑。弯道跑技术与短跑基本相同，只是动作幅度和用力程度较小。

3.终点跑

终点跑的距离由自己的锻炼水平和战术所决定。这时比赛者处于疲劳状态，要取得好成绩需要顽强的意志和奋勇拼搏的精神。在技术上需要加速摆臂，加快步频，一般情况下，800米跑可在最后300～200米，1500米在最后400～300米；长跑要在最后400米或稍长的距离开始加速跑。终点撞线技术与短跑撞线技术相同。

(二)中长跑的练习方法

(1)发展速度：包括小步跑、加速跑、变速跑等，可参阅短距离跑的练习方法。

(2)发展一般耐力：参加长时间或较长时间的中等强度跑或慢跑，包括越野跑、耐力性变速跑、长距离台阶跑、其他体育项目练习(如球类练习、游泳、滑冰、骑自行车、爬高楼楼梯、登山等)以及综合循环练习和耐力性游戏等。

(3)发展力量：立定跳、多级跳、单足跳、跨跳、蛙跳及各种跳跃游戏、俯卧撑、立卧撑、俯卧屈伸腿、轻器械练习(如实习球、哑铃、沙衣、

沙袋等)；利用地形条件(如山坡、台阶、沙滩、沙地等)进行跑的练习以及其他的负重练习。

(4)发展专项耐力：长时间或较长时间跑的专门练习，短于或略长于专项距离的重复跑，等距离或不等距离的变速跑，较长距离的大强度越野跑以及各种距离的计时跑、比赛等。

三、 接力跑技术

接力跑是田径运动中唯一的集体项目。它以参赛队为单位，每队4人，跑相同的距离。它的起源有多种说法，有的说起源于古代奥运会祭祀仪式中的火炬传递，有的说与古埃及盛行的"搬运木料"或"搬运水坛"游戏有关，也有的说是由传递信件文书的邮驿演变而来。

奥运会比赛项目包括男、女4×100米接力跑和4×400米接力跑。1908年第4届奥运会首次设置男子200米+200米+400米+800米的4人接力项目。1912年第5届奥运会改为4×100米接力跑和4×400米接力跑。女子4×100米接力跑和4×400米接力跑分别于1928年第9届、1972年第20届奥运会上设为比赛项目。

接力跑是由短跑和传、接棒技术组成的集体项目。接力跑包括男、女4×100米和4×400米接力项目。

(一)接力跑技术

接力跑技术包括短跑技术和传、接棒技术两个部分。接力跑成绩取决于各棒队员的速度，娴熟的传、接棒技术，传棒队员与接棒队员在传、接棒时的最佳位置。

1.4×100米接力跑技术

(1)起跑：第一棒运动员通常采用蹲踞式起跑，用右手的中指、无名指和小指握住棒的末端，用大拇指和食指分开撑地，接力棒不得触及起跑线或起跑线前的地面，起跑技术和短跑相同。第二、三、四棒运动员用站立式或一手撑地的半蹲踞式起跑姿势站在选定的起跑位置。第二、四棒运动员站在跑道外侧，所以都把左腿放在前面，右手撑地，身体重心稍向右偏，头转向左后方，且面视跑来的同队队员和自己的起动标记。第三棒运动员因跑弯道而站在本跑道左侧，右腿在前，与第二、四棒运动员技术要求相同，只是左右相反。

(2)传、接棒技术：上挑式——接棒的手臂自然向后伸出，掌心向后，向下，虎口张开朝下，递棒人将棒由下向上方送人接棒人的手中(图11-5)。下压式——接棒运动员手臂后伸，四指并拢，虎口张开向后，掌心向上，递棒运动员由上而下柔和传人接棒人手中(图11-6)。混合式——这种方法综合了上述两种方法的优点。第一棒运动员以右手持棒起跑,沿弯道内侧跑,用上挑式将棒传给第二棒的左手,第二棒接棒后沿跑道外侧跑,用下压式将棒传给第三棒的右手,第三棒沿弯道内侧跑,用上挑式将棒传给第四棒左手,第四棒接棒后一直跑过终点。

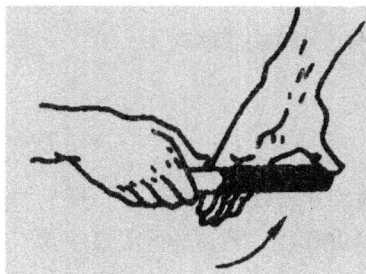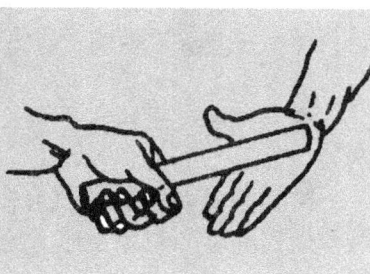

图11-5   图11-6

　　(3)接棒运动员标志线的确定:4×100米接力跑,接力区为20米,在接力区前10米为预跑区,因此,接棒运动员有30米起跑距离。

　　(4)各棒队员的确定:接力跑是由4人密切配合、奋力拼搏完成全程跑的。在安排各棒队员时,必须考虑发挥每个队员的特长和优势。第一棒安排起跑好、跑弯道技术好者;第二棒是直线快速跑,应安排速度耐力好,传、接棒技术好者;第三棒必须会跑弯道;第四棒是全队实力最强、短跑速度最快的主力。

　　2.4×400米接力跑技术

　　4×400米接力跑,第一棒运动员必须采用蹲踞式起跑,沿自己的跑道跑完400米,第二棒运动员在接力区内交接棒,然后跑完一个弯道,跑至抢道标志线处方可切向内道跑进,第三、四棒运动员在终点前后10米接力区内完成交接棒任务。4×400米接力跑由于速度不快,接棒运动员采用站立式起跑,起跑距离视前棒运动员的速度而定。传、接棒一般采用左手接棒后立即换到右手。第四棒队员一般不换手,一直跑到终点。传、接棒方法采用"下压式"、"上挑式"都可以。

　　4×400米接力队员棒次安排原则:第一棒需要安排具有良好技术的,实力较强的队员,能在第一个400米跑中成为领先者,有利于第二棒队员抢到领先跑的主动地位。第四棒应是全队实力最强的队员,必须具备良好的战术意识和速度控制能力以及心理素质。如果4×400米接力队全队实力不平衡,一般可以安排全队实力第二位的队员跑第一棒,实力次弱的队员跑第二棒,实力最弱的队员跑第三棒,全队实力最强的队员跑第四棒。

(二)接力跑的练习方法

(1)进行原地走→慢跑→中速跑的传、接棒练习(主要体会"上挑式"和"下压式"传接棒方法)。

(2)两人在快跑中做"上挑式"和"下压式"的传、接棒练习(在接力区中进行)。

(3)两人成组进行2×50米和4人成队进行4×50米、4×100米接力跑练习,并在反复练习中确定起跑标志线的距离和传、接棒的时机。

五、 跨栏跑技术

跨栏跑起源于英国,由牧羊人跨越羊圈栅栏的游戏演变而来。跨栏跑最早使用的栏架是埋在地上的木支架或栅栏,1900年出现可移动的T字形栏架,1935年有人改成L形栏架。L形栏架支脚朝向运动员的起跑方向,稍加阻力即可向前翻倒,减轻了运动员过栏的恐惧心理和过栏的危险性。

奥运会设置男子110米跨栏跑、男子400米跨栏跑和女子100米跨栏跑、女子400米跨栏跑。其中男子项目早在1896年第一届奥运会时就已经成为比赛项目,男子110米跨栏跑的栏高为106.7厘米,男子400米跨栏跑的栏高为91.4厘米;女子100米跨栏跑的栏高为84厘米,女子400米跨栏跑的栏高为76.2厘米。女子80米栏于1932年列入第10届奥运会比赛项目,1972年第20届奥运会时改为100米跨栏跑,女子400米跨栏跑直到1984年第23届奥运会上才成为比赛项目。

跨栏跑是快速跑过途中设有固定数量、固定距离、固定高度栏架的竞赛项目,它的技术很复杂,节奏性很强。从事跨栏跑运动,可以培养勇敢、顽强、果断的意志品质,并能有效地发展速度、弹跳力、柔韧性和灵敏性等身体素质。

(一)跨栏跑的技术

跨栏跑的成绩取决于运动员的平跑速度、跨越栏架的完善技术以及跑、跨两者协调配合的能力。列入奥运会比赛的跨栏跑项目如表13-2所示。

表13-2 跨栏跑相关数据

项 目		栏高（厘米）	栏架数目（个）	起跑至第一栏距离（米）	栏间距(米)	最后一栏至终点距离(米)
男子	100米栏	106.7	10	13.72	9.14	14.02
	400米栏	91.4	10	45	35	40

项　目		栏高 (厘米)	栏架数目 （个）	起跑至第一 栏距离（米）	栏间距 (米)	最后一栏至 终点距离(米)
女子	100米栏	84	10	13	8.5	10.5
	400米栏	76.2	10	45	35	40

1.男子110米跨栏跑技术

(1)起跑至第一栏的技术：起跑后正确地跨过第一栏，是跑好全程的重要环节。起跑后的疾跑，身体前倾角度比短跑小。起跑到第一栏一般跑8步，身高腿长、弹跳力和速度好的运动员，也有跑7步的。一般运动员可跑9步或11步。

(2)跨栏步：跨栏步是指腾空过栏的那一步，包括起跨、过栏两个阶段。从起跨腿着地踏上起跨点开始至后蹬结束为止称为起跨。一般起跨点距栏架约2～2.20米，初学者可适当缩短一点。为了迅速、准确地踏上起跨点，起跨前一步的长度应比倒数第二步短15～25厘米，形成一个快速短步，使身体重心快速前移，为起跨做好准备。当倒数第二步摆动腿着地时，起跨腿的大腿积极前摆，并用前脚掌准确地踏着起跨点。摆动腿的大腿积极向前上方摆动，小腿随惯性与大腿自然折叠，用以加大前摆的速度。当身体重心移过垂直部位后，起跨腿用力蹬地，使髋、膝、踝与上体成一直线。起跨腿与地面形成的夹角比短跑要大。两肩正对前方，摆动腿异侧臂有力地前摆.形成一个向栏"进攻"的动作。

所谓过栏，是指起跨腿蹬离地面后，身体处于腾空状态，摆动腿的大腿随惯性继续抬高，膝关节放松，小腿向前伸展，脚尖勾起，然后向下向后用力做压栏动作。上体积极前倾，摆动腿异侧臂前伸，在摆动腿开始下压的时候，上体的前倾度最大。同时，起跨腿屈膝外展，勾起脚尖，收紧小腿，以大腿带动小腿经体侧向前提拉。起跨腿同侧臂向后摆动，摆幅比短跑要大。当臀部快要移过栏架的瞬间，摆动腿积极下压，用前脚掌着地，上体适当前倾，髋关节前移，使着地点尽量靠近身体重心射影点，以便转入栏间跑。

(3)栏间跑：110米高栏的栏间距离为9.14米，用三步跑完。第一步稍小，第二步稍大，第三步适中。跑的技术同短跑中的途中跑。但由于栏间距离是固定的，所以栏间跑要有一定的节奏。在不影响栏间节奏的前提下，增大第一步的步长是必要的，这样能减少身体重心的起伏。栏间跑的速度主要靠提高频率来完成。

2.女子100米跨栏技术

女子100米跨栏技术和男子110米跨栏技术相似，只是动作幅度小，起跨点较近，后蹬角度较小。

3.400米跨栏技术

起跑与400米跑的技术相同。400米跨栏起跨点离栏架2米左右。栏间跑15步或17步，一般前半程跑15步，后半程跑17步。400米跨栏应注意跑时的速度分配，一般采用匀速跑为好。

为了掌握弯道过栏技术，要学会右腿起跨。并且左腿前摆时要略向左偏，上体向左稍倾斜，左肩低于右肩。下栏时以脚掌外侧着地，下栏后的第一步也应向左用力。

(二)跨栏技术的专门练习

(1)原地站立，摆动腿屈膝高抬，然后积极下压大腿，做"扒地"动作，同时摆动腿异侧臂协调前伸和摆动。

(2)摆动腿前跨一步，起跨腿做过栏动作的练习。两臂协调摆动，上体稍前倾。

(3)面对肋木(原地站立或走几步)，摆动腿屈膝高抬前摆，并伸小腿踏在肋木上。与此同时，起跨腿蹬直，上体前倾，摆动腿异侧臂前伸。

(4)从栏侧走几步做摆动腿攻栏和起跨腿过栏的练习。

(5)在栏后按比例画出栏间步1、2、3步的标记，要求跨过一个栏之后，栏间跑准确踏在标记上。

第三节　田赛技术

一、跳高技术

跳高来源于我们的祖先在生活和劳动中越过障碍的活动，在1896年第一届奥运会上男子跳高就已经被列为比赛项目。最初，跳高属于体操项目，后来才被列为田径项目，经历了跨越式、剪式、滚式、俯卧式、背越式5个发展阶段。女子跳高在1928年第9届奥运会上成为比赛项目。

中国运动员在跳高项目上曾取得过辉煌成绩。1957年，郑凤荣以1米77的成绩打破女子跳高世界纪录，朱建华则在1983年、1984年三破男子跳高世界纪录。

跳高是由助跑、起跳、过杆和落地几个紧密相关、相互作用的动作组成的。随着跳高技术的发展，在正式的比赛中已较普遍采用背越式跳高，下面着重介绍背越式跳高技术。

(一)背越式跳高技术

背越式跳高是人体通过助跑、起跳，以背对横杆的姿势越过横杆并以背先着垫的方法。

1.助跑

背越式跳高的助跑是直线和弧线的复合式助跑形式，前段为直线，后段为弧线。一共约跑8～12步，弧线段约跑4～5步，弧线一般呈抛物线形。直线段助跑与普通加速跑相似。转入弧线段助跑时，身体重心向圆心倾斜，跑的动作与弯道跑相似，前脚掌沿弧线落地，身体重心起伏不大，移动较快，小腿伸得不远，落地更为积极，步频快。最后一步步长比倒数第二步短10～15厘米，最后一步连线与横杆投影面约成30°斜角。沿弧线助跑时，人体重心比跑直线时位置低，因而不需像直线助跑那样在起跳前做专门的降低身体重心的动作(图11-7)

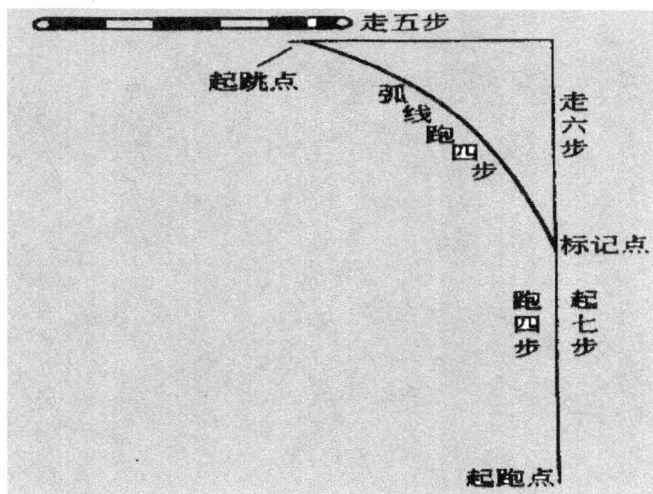

图11-7

2起跳

背越式跳高是远离横杆的腿起跳。在助跑最后一步前，身体向圆心倾斜，身体重心已处于较低的位置，因而不需要再进一步做降低重心的动作。起跳腿顺弧线的切线方向踏上起跳点，用脚跟先落地并迅速地滚动到全脚掌着地，同时身体由倾斜转为垂直，摆动腿迅速上摆，把同侧的髋带出，带动骨盆的扭转；摆动腿在摆动时应屈腿、扣膝，同时蹬伸起跳腿。在起跳过程中，双臂应积极配合腿的摆动。双臂的摆动一般有双臂交替和双臂同时上摆两种。无论采用哪种摆动姿势，都应向上提肩摆臂，及时做引肩动作，为身体腾起完成过杆动作做好准备。

3.过杆落地

由于起跳时骨盆已经转动，所以起跳以后身体向高处"旋"，沿切线方向向横杆飞去，在腾空过程中身体逐渐转动背向横杆。这时，摆动腿应屈膝，小腿自然下垂，肩向后伸展。在短暂的飞跃过程中，头和肩先过杆，髋部已充分展开，身体像"桥"，背部与横杆成正交叉。当臀部越过横杆时，要最大限度地向上高抬，挺髋成"桥"，臀部过杆后，随即收腹，头稍抬起，当胴窝接近横杆时，两小腿积极地向上甩起，两腿伸直，最后同肩背一起落在海绵垫上(图11-8)。

图11-8

(二)跳高的练习方法

在跳高的整个练习中，应把助跑与起跳相结合的技术作为主要环节，学好过杆动作，这样才能取得良好的练习效果。

1.学习步骤与基本练习方法

(1)学习起跳技术

①原地起跳模仿练习。起跳腿在前，摆动腿在后，摆动腿积极蹬地，以髋带腿，大小腿自然折叠，屈腿向起跳腿一侧的侧上摆动，同时两臂由后向起跳腿一侧的侧上摆。

②上1步起跳练习。摆动腿在前，起跳腿向前踏上起跳点时，摆动腿积极离地摆起，然后接同上练习，完成起跳动作，并向上跳起。

③3步助跑起跳练习。摆动腿在前，沿弧线向前3步助跑起跳练习。

(2)学习助跑与起跳相结合技术

①沿着圆圈跑(圆圈直径15米左右)，体会弧线跑的感觉，控制跑时身体向圆心倾斜，且速度愈快，倾斜度愈大。

②由直线进入弧线跑，体会身体由直线跑时的正直逐渐转入弧线跑时的向内倾斜的感觉。

③在圆圈上做3步或5步助跑起跳练习。

④弧线助跑起跳后，手和头触高悬物。

⑤在海绵垫前或对着一定高度的横杆做弧线助跑起跳练习。

(3)学习过杆技术

①仰卧在垫子或草地上，两肩和两脚撑地，做向上抬臀、挺髋动作。

②做"桥"的练习，即以两手和两脚着地，使身体成较大的反弓形。

③立定背越式跳高。立定背对海绵垫，两腿微屈半蹲，然后用力向上、向后跳，两臂配合向上摆，向后引肩、挺髋，成背越式姿势，以肩、背着垫。此练习可站在弹跳板上或低跳箱上进行，同时，可结合越过低横杆或橡皮筋练习。

④弧线助跑起跳，背越式跳上较高的海绵垫，成杆上背弓姿势，两小腿在垫子的下方。

(4)学习全程助跑的背越式跳高技术

①丈量全程助跑步点，并反复调整准确。

②全程助跑(8步)，在高横杆前做起跳练习。

③全程助跑(8步)，背越式过杆。

二、跳远技术

跳远源于人类猎取或逃避野兽时跨越河沟的活动，后来成为军事锻炼的方法，在公元前708年的古代奥运会上成为五项全能项目之一。现代跳远运动始于英国，1827年9月26日，在英国圣罗兰·博德尔俱乐部举行的第一次职业田径比赛中，英国人威尔逊跳出5.41米的距离，这是第一个有记载的世界跳远成绩。男、女跳远分别在1896年第一届和1948年第14届奥运会上被列为比赛项目。

(一)跳远技术

跳远的完整技术包括助跑、起跳、腾空和落地四个部分。

1.助跑

助跑是为了获得较高的水平速度，并为准确有效的起跳做好准备。开始几步助跑时，身体前倾较大，脚着地快而有力，着地点离身体重心投影点较近，摆动腿积极前摆，两臂前后有力摆动，到助跑中段时，身体前倾减少，上、下肢摆动的幅度加大，脚的着地点离身体重心的投影点距离增大。最后几步的助跑应保持较大的动作幅度和较快的步频，且速度应是整个助跑阶段的最高速度，此时上体基本处于正直的状态。在倒数第二步时，身体重心略有下降，这是为充分的起跳作准备。最后一步由于加快了起跳腿的放腿速度，步长比倒数第二步稍短(约短20~40厘米)，使身体重心升高而进入起跳阶段。

2.起跳

起跳是在高速助跑的条件下进行的。起跳脚着地要求以大腿带动小腿快速下压产生积极的"扒地"动作，同时，为了减少起跳脚着地时对人体产生的较大阻力，尽最大可能地保持助跑时获得的向前速度，起跳腿落地后必须及时、主动地作"退让"动作，也就是着地后要及时屈膝、屈踝(脚背屈)，使身体迅速前移，当身体重心向前移动超过了支撑点时，应及时、快速、强有力地做蹬伸动作，上体挺起，摆动腿的大腿积极向前上方摆动至水平位置，小腿自然下垂，完成起跳动作。

3.腾空

结束起跳之后，就进入了腾空阶段。起跳腾空后摆动腿保持高抬，小腿放松下垂，起跳腿自然放松地留在后面，成"跨步"姿势，称为"腾空步"。"腾空步"以后的空中动作，一般有三种：蹲踞式、挺身式和走步式。下面主要介绍挺身式和走步式。

(1)挺身式：起跳后，保持短暂的"腾空步"姿势，接着送髋，并下放摆动腿，向后与起跳腿靠拢。在摆动腿放下时，两臂同时向下、向后摆或向两侧、向后摆，抬头挺胸送髋形成展体挺身的姿势。当身体重心越过最高点时，开始收腹举腿，两臂开始向前、向下、向后摆动。在落地前，上体前倾，小腿前伸准备落地(图11-9)。

图11-9

(2)走步式：走步式有两步半和三步半两种，当起跳完成"腾空步"动作以后，摆动腿以髋为轴开始向后摆动，同时展髋，起跳腿屈膝前摆，在空中完成一个自然的换步动作。两臂配合腿的动作做大幅度绕环摆动。换步时，摆动腿由曲变直向后运动，起跳腿由直变曲，大小腿折叠向前摆动。在空中完成一个换步接着做落地动作的叫两步半走步式；在空中完成两次换步再做落地动作的叫三步半走步式。

4.落地

落地技术包括以下动作：着地时两腿屈膝高抬成团身姿势，做这一动作时大腿应主动向胸前靠拢。即将着地时，膝关节迅速伸直，使小腿前伸，脚尖勾起，以脚跟先接触沙面，同时两臂向后摆。着地后立即屈膝，髋部前移，两臂屈肘积极前摆，使身体迅速移过支撑点。为了避免落地时身体后坐，当脚跟落地后，前脚掌下压，屈膝并向前跪，身体向前或向侧倒下。

(二)跳远的练习方法

跳远技术中，助跑与起跳技术的科学结合是跳远技术的关键，应重点进行学习。注意在正确完成助跑、起跳技术的基础上学习掌握空中动作。

1.学习步骤与基本练习方法

(1)学习和掌握快速助跑与正确起跳相结合的技术

①原地模仿起跳练习，两脚前后开立，摆动腿在前稍屈膝，起跳腿在后，随着身体重心前移，摆动腿蹬地，起跳腿屈膝前摆，然后从上自下做"扒地"动作，同时，摆动腿迅速前摆，两臂前后摆动或起跳腿同侧臂向上摆。

②在跑道上连续走3步或跑3步结合起跳练习(要求同练习方法①)。

③学习起跳后的腾空动作。在跑道上持续跑3步后起跳的腾空步练习，要求起跳腿充分蹬伸，并自然留在身体后面，摆动腿屈膝前摆，大腿抬平，小腿自然下垂，上体正直成腾空步姿势，用摆动腿先着地，接着向前跑出。

④短距离助跑4~6步，在跳远助跑道上助跑起跳，成腾空步姿势，然后摆动腿下落沙坑，接着向前跑出(动作技术要求同练习方法③)。

(2)学习起跳腾空的空中动作

2.学习挺身式跳远的空中动作，可采用下列练习方法

(1)原地模仿挺身式跳远练习。起跳腿支撑站立，摆动腿屈膝抬起，随即下放后摆，并伸髋展体。同时两臂配合腿的动作向侧后或从下侧绕摆至侧上方。

(2)支撑或悬垂在器械上(可利用双杠或单杠)成起跳的结束姿势，然后下

放摆动腿，并做展体动作。

(3)4～6步的慢速助跑起跳成短暂的腾空步后，摆动腿下放并后摆，起跳腿屈膝与摆动腿靠拢，两臂配合摆动。伸髋展体成挺身式，然后双腿落入沙坑。

(4)全程助跑挺身式练习。

3.学习走步式跳远的空中动作，可采用下列练习方法

(1)支撑或悬垂在器械上(可利用双杠或单杠)成起跳的结束姿势，然后按走步式跳远的技术要求模仿走步式跳远的各种交换腿动作。

(2)4～6步助跑起跳后成腾空姿势，然后下放并伸展摆动腿，落入沙坑后向前跑出，体会向前、向下放摆动腿的动作。

(3)同练习方法二，但起跳腿在摆动腿下放并后摆的同时屈膝前摆，换步后用起跳腿落入沙坑，接着向前跑出，体会空中换步动作。

(4)6～8步的助跑在高处(可利用斜跳板等)起跳，借延长腾空练习的时空感完成空中的换步动作，并做好落地前的收腹举腿前伸小腿动作。

(5)短、中程助跑走步式跳远。

4.学习落地的动作，可采用下列练习方法

(1)支撑或悬垂在器械上(可利用双杠或单杠)做收腹举腿、伸腿练习。

(2)在高处(可利用跳板、跳箱等)立定跳远，要求起跳腾空后在空中收腹举腿，然后在落地前伸腿。落地时屈踝、前跪，身体重心迅速前移。

三、三级跳远技术

三级跳远起源于18世纪中叶的苏格兰和爱尔兰。三级跳远最早的正式比赛可以追溯到1826年3月17日举行的首届苏格兰地区运动会，在这次运动会上产生了12.95m的第一个三级跳远纪录。男子三级跳远于1896年被列为首届奥运会比赛项目，女子三级跳远在20世纪80年代初逐渐广泛开展，1992年第25届奥运会被列为奥运会比赛项目。

(一) 三级跳远的技术

三级跳远是在助跑以后按规定的动作形式直线进行三次跳跃的一项运动。它的第一跳必须用起跳腿落地(单脚跳)，再用起跳腿蹬地起跳，用摆动腿落地(跨步跳)，最后摆动腿起跳后用双脚落入沙坑(跳跃)(图11-10)。

1.助跑

三级跳远的助跑基本上和跳远的助跑相似，一般跑18～22步，距离约30～40米。最后几步的助跑步幅更加均匀，身体重心比较平稳地向前移动，身体前倾度比跳远稍大些，起跳脚上板着地点更靠近身体重心投影

图11-10

点。

2.第一跳(单脚跳)

三级跳远的第一跳是用有力的腿做起跳脚，在水平速度很高的情况下进行的。在起跳前的最后一步助跑时，起跳腿抬得比短跑时稍低，适当缩小步幅，并使身体重心保持较高的部位和尽快前移。起跳时，上体保持正直。起跳脚以"扒地"动作落地。着地后及时屈膝、屈踝，使上体和髋迅速向前移动，同时，摆动腿折叠，屈膝积极向前摆。

随着身体的快速前移，起跳腿及时地开始爆发性的蹬伸。髋、膝、踝三关节充分伸直，同时利用摆动腿和手臂的快速度、大幅度摆动的力量，使身体迅速向上伸展。

起跳离地后，保持短暂的"腾空步"姿势，然后摆动腿自然放松下落，起跳腿折叠前收，接着摆动腿向后摆，起跳腿屈膝向前上方提摆，并带动同侧的髋向前移，起跳腿的小腿自然下垂成换步后的跨步姿势。

3.第二跳(跨步跑)

当第一跳的腾空结束，从起跳腿着地开始就进入了第二跳的起跳阶段。摆动腿和两臂积极迅速地向前上方摆动与起跳腿的积极蹬伸动作共同完成第二跳的起跳动作。第二跳起跳时，上体微有些前倾，积极下压已被抬高的大腿，前伸小腿，以向后"扒地"动作着地，着地时身体重心保持较高的部位。

起跳脚着地要及时屈膝、屈踝，进行"退让"，使身体重心迅速前移，当身体重心移过支撑点时，起跳腿迅速蹬起。

第二跳起跳腾空后，要求保持较长时间的跨步姿势，在跨步运行过程中，摆动腿的大腿继续向上抬，起跳腿自然弯曲留在身体的后面，此时上体保持稍倾的姿势。这一系列动作又为第三跳的着地创造了条件。

4.第三跳(跳跃)

第二跳腾空阶段已为第三跳做好了准备，身体重心下落时，即将着地的腿(第二跳的摆动腿)以大腿带动小腿，积极下压，做"扒地"动作。第二跳的摆动腿着地后，屈膝，屈踝，身体重心迅速前移。

当支撑腿经过短暂的退让缓冲后，身体重心接近支撑垂直部位时迅速蹬伸。另一腿屈膝积极向上方摆动，同时两臂配合向上摆。起跳腾空后，要保持腾空步姿势。其腾空动作和落地动作与跳远的腾空、落地动作一样。可采用蹲踞式、挺身式或两步半的走步式等落地方法。

(二) 三级跳远的练习方法

1.学习和掌握第一、二跳的着地技术(第二、三跳的起跳技术)

(1)原地模仿"扒地"动作的练习。一手扶肋木侧向站立，远离肋木的腿屈膝向前上方摆，当大腿摆到与地面平行时，以大腿带动小腿，积极下压，并用全脚掌在身前约30厘米处"扒地"。

(2)在跑道上做连续跨步走练习。要求在积极"扒地"的同时，两臂和另一腿积极与其协调配合。

(3)在草地上(或较有弹性的场地上)做连续跨步跳练习。要求蹬地充分有力，"扒地"积极，蹬地后身体充分向前，双臂和摆动腿协调配合。

2.学习和掌握第一跳及第二跳结合的技术

(1)短距离助跑的单足跳练习。4～6步助跑后用较有力的腿起跳在空中两腿换步，并以起跳腿人沙坑后继续向前跑进。

(2)连续做4ˉ6步跑后单足跳。

(3)连续的单足跳—跨步跳—单足跳—跨步跳的练习。要求动作连续，有节奏，幅度大，向前速度快。

3.学习和掌握跨步跑和第三跳结合的技术

(1)4～6步助跑跨进沙坑以摆动腿着地后向前跑进，要求落地时摆动腿以积极"扒地"动作着地。

(2)用4～6步助跑起跳后的跨步跳接摆动腿落地起跳，然后以双脚落入沙坑。

(3)短距离助跑三级跳远，单足跳后跨步跳再接一个跳跃练习，以双脚落入沙坑。

4.掌握和提高完整的三级跳远技术

(1)反复丈量助跑的距离和标志点的位置，确定较准确的步点和设置标志物的位置。

(2)中、全程助跑的单足跳练习(即第一跳练习)，落入沙坑后继续向前跑进。

(3)中、全程助跑的三级跳远完整练习。

四、掷铁饼技术

1.握法

五指自然分开，拇指和手掌贴于饼面，其余四指扣住铁饼边缘，持饼臂自然下垂于体侧，手腕微屈，并使铁饼的上缘靠于前臂上，铁饼的重心位于食指和中指之间。（如图11-11）

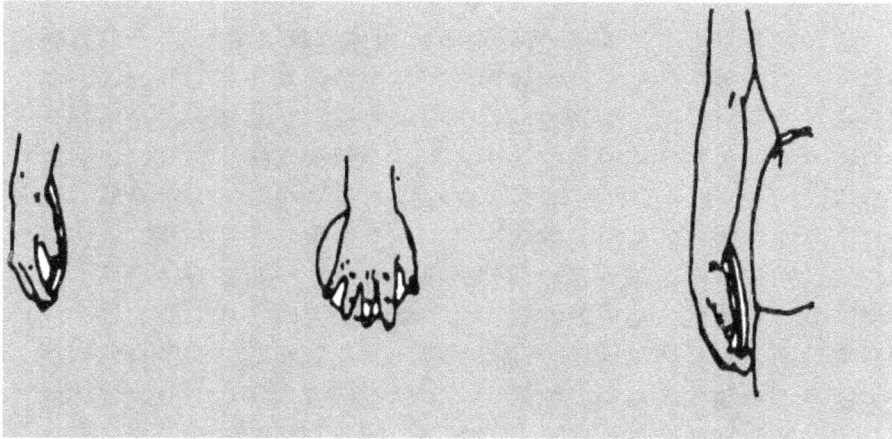

图11-11

2.预摆

在圈的后缘处，背对投掷方向，两脚左右分开立于投掷圈中线的两侧，两脚齐平或左脚略后，间隔约与肩同宽。预摆的方法通常有以下两种：

(1)左上右后摆饼法：预摆开始时，持饼在体侧(或在体前侧)前后小幅度摆动，摆至体后时重心移向右腿，然后以身体带动持饼臂摆至左上方，同时重心移向左腿，上体稍向左扭转，左手在饼下托住，然后铁饼回摆，身体重心移向右腿，上体稍前倾，并尽量向右后方转动。此时两腿微屈，左肩稍低于右肩，左臂自然屈于胸前（图11-12左）。

(2)体前左右摆饼法：铁饼摆至身体左上方时约与左肩平，持饼掌翻转，手心向上，右肩略低。铁饼摆至右后方时，高度也约与肩平，其他动作与"左上右后摆饼法"，相同（图11-12左）。

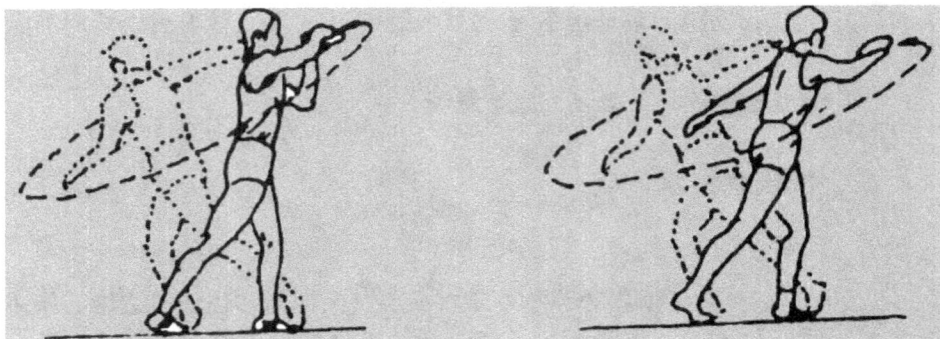

图11-12

3.旋转

旋转的目的是为了获得最后用力的预先速度，并为最后用力创造有利条件。旋转是从预摆结束身体形成扭转拉紧的动作之后开始的。动作形式是由投掷圈后缘向后旋转并向投掷圈前缘移动。动作过程是由预摆结束的双脚支撑→单脚支撑→腾空→单脚支撑→双脚支撑。预摆结束后，右腿蹬地(以右手投掷为例)，身体重心由右腿向左腿均匀地加速移动，同时左腿逐渐弯曲，并以前脚掌为轴向左转动，身体重心逐渐左移，上体逐渐向左扭转，左臂稍向内旋并自然前伸，投掷臂放松地留在身体后面。这时左侧髋略低于右侧髋，形成以左侧为轴的旋转。此时形成双脚支撑，然后右脚蹬离地面，以身体的转动带动持饼臂和同侧腿转动，右腿自然弯曲，并以大腿带动小腿围绕左腿做弧形大幅度向投掷方向摆动，此时身体的转动仍是以左侧为轴的转动，形成单脚支撑，随着身体的转动，左脚蹬离地面使身体腾空，右腿带动右髋向内转扣，这时身体是在转动中向投掷方向移动，右脚向圆圈中心处着地形成单脚支撑。在右脚以前脚掌着地后要继续转动，右臂在胸前持饼略有微屈，随着身体以右侧为轴的转动。左腿屈膝靠近右膝，迅速向身体后面摆插，做快速着地动作，形成有力而稳固的单脚支撑阶段。此时体重落在弯曲的右腿上，腰部已充分扭紧，髋轴超越肩轴，持饼臂及铁饼处于身体的后方，左臂微屈自然上摆，形成最后用力的有利姿势。

4.最后用力

在左脚着地时就已经开始了最后用力。当左脚着地时，右脚还在以前脚掌继续转蹬，使右髋积极向投掷方向转动和向前，髋轴超越肩轴更多。在此基础上，头向左转并抬起，左肩、左臂向投掷方向牵引，上体以左侧为轴，向左转动并向前，身体重心逐渐向左腿转移，以身体的转动带动持饼臂及铁饼，以最大半径、最大弧度向前快速挥摆，当铁饼挥摆到与右髋齐平时，右腿继续转动并蹬伸，左肩不动，微屈的左腿用力蹬伸，形成稳固的左侧支撑。挺胸抬头，身体右侧迅速向投掷方向转动，肩轴超过髋轴，当胸部转向投掷方向时，铁饼已挥摆至身体右侧与肩同高处，这时左腿用力蹬伸，全身的力量通过投掷臂和手作用到铁饼上，铁饼在约与肩高并稍前的部位出手，铁饼在离手的一刹那，由小指到食指依次用力拨饼，使铁饼沿顺时针方向转动向前飞行。出手角度约为30°¯35°。

铁饼出手后，为缓冲向前的冲力，避免犯规，投掷完后及时交换双腿，并随身体向左转的惯性转动，同时降低身体重心，以维持身体的平衡(图11-13)。

图11-13

(二)掷铁饼的练习方法

1.原地掷铁饼的技术(以右手投掷为例)

(1)滚饼：两脚开立，左脚在前，上体前倾，持饼在体侧摆动，身体重心做相应的前后移动，铁饼摆至体前时，由小指到食指依次用力，使铁饼在体前1¯2米处着地向前滚动，重点在于体会握饼及手指的用力顺序和用力形式。

(2)原地正面掷铁饼：两脚左、右开立，比肩略宽，做左上右后或身体前后摆饼，幅度由小逐渐加大，最后一次要摆至身体后最大限度的部位，两腿微屈。当铁饼后摆至体后最大限度部位时，上体略前俯并向右扭转，右腿弯曲，此时身体落在右腿上，左臂自然微屈置于胸前。回摆时至体侧约与左肩同高，身体重心从右腿逐步向左腿移动，两腿用力蹬地将铁饼掷出。

(3)原地侧面掷铁饼：身体左侧对投掷方向，两脚左右开立约一肩半宽，左脚略向后，技术同原地正面投掷铁饼。

　2.背向旋转掷铁饼的技术

　(1)徒手和持铁饼旋转180°：身体右侧对投掷方向，两脚分立于直线上，左脚稍后，铁饼预摆至体后最大限度时，重心移向右腿上，右腿弯曲，回摆时以右腿前脚掌为轴成单脚支撑旋转，左腿围绕右腿向后摆插，左脚于直线的右侧着地。

　(2)徒手和持铁饼背向旋转掷铁饼：背向站立于投掷圈后缘处，两脚左右分开约一肩半，按掷铁饼的技术要求徒手或持铁饼练习。

五、推铅球

推铅球技术分为握球与持球、预备姿势、滑步、最后用力、铅球出手后维持身体平衡5个部分。以背向滑步推铅球为例。

（一）握球与持球

握、持球的方法是：推球臂的手五指自然分开，将铅球放在食指、中指和无名指的指根处，拇指和小指扶住球的两侧，手腕背屈。握好球后，将球放置在锁骨窝处，铅球紧贴颈部和下颌，肘关节抬起自然外展略低于肩，投掷臂放松。

（二）预备姿势

背向滑步推铅球的预备姿势有高姿势和低姿势两种，多采用高姿势，其方法是：持球后，背对投掷方向站立，两脚前后开立，相距20-30厘米，右脚在前，左脚在后并自然弯曲以前脚掌或脚尖着地。上体正直放松，左臂自然上举，体重在伸直的右腿上。

（三）滑步

滑步前可先做1-2次预摆。预摆时，弯曲的左大腿平稳地向后上方摆起，同时上体前屈，左臂前伸，头与背部基本成直线。左腿摆到一定高度身体平稳后，迅速回收左腿靠近右腿，与此同时右腿逐渐屈膝形成团身姿势。

滑步时，首先使身体重心向投掷方向移动，随之左腿以膝关节和髋关节伸展的方式向投掷方向摆出，同时右腿快速、有力地蹬伸，带动身体向投掷方向移动。右腿蹬伸和左腿摆动结束后，迅速收拉右腿滑步。在收拉右腿过程中，右脚脚尖向内转动，然后在投掷圈圆心附近与投掷方向成90-135度角着地。紧接着左腿积极下落，脚尖稍向外转，用前脚掌内侧在投掷圈正对投掷方向的直径线左侧与投掷方向约成45度角着地，并使左脚尖和右脚跟在一条直线上。完成滑步动作时，右膝要保持弯曲，上体要保持向投掷方向相反方向倾斜，体重大部分落在弯曲的右腿上，形成良好的超越器械姿势。(如图11-14)

图11-14

（四）最后用力

滑步结束左脚一着地，右腿用力蹬转使右髋向投掷方向转动并前移，同时上体逐渐抬起，左臂由体前向投掷方向引摆。右腿不停的蹬转，使身体重心左移。当身体左侧移至与地面垂直部位时，左肩和左臂要及时制动，形成身体左侧、左腿和左腿支撑点在一条垂直线上的左侧支撑。在左侧强有力的支撑下，右腿迅速蹬直，上体向投掷方向快速转动，抬头挺胸，同时迅速蹬伸两腿，右臂快速伸直做推铅球动作。使铅球以38—42度角的方向推出。

（五）维持身体平衡

推铅球出手后，要及时交换左、右腿的位置，屈膝、屈髋降低身体重心或改变身体重心运动方向，从而维持铅球出手后的身体平衡。

（六）推铅球练习方法

1 练习握球和持球方法。

2 原地正面推铅球练习：推实心球或轻铅球进行练习。

3 原地侧面推铅球练习：推实心球或轻铅球进行练习。

4 原地背向推铅球练习。

5 徒手或持球做背向滑步的模仿练习（滑步前先做1～2次预摆）。

6 徒手做背向滑步推铅球的模仿练习。

7 在投掷圈外和投掷圈内做背向滑步推铅球练习。

8 在投掷圈内反复进行背向滑步推铅球练习。

六、掷标枪

掷标枪的完整技术，分为握枪与持枪、助跑、最后用力和标枪出手后维持身体平衡4个部分，以右手掷标枪为例。

（一）握枪

握枪方法有现代式和普通式两种：目前多采用现代式握枪法。

1现代式握法：将标枪斜放在掌心上，用拇指和中指握在缠绳把手末端边沿，食指自然弯曲放在枪身上，无名指和小指握在缠绳把手上。

2普通式握法：将标枪斜放在掌心上，用拇指和食指握在缠绳把手末端边沿，其余手指依次在缠绳把手上。

（二）持枪

持枪方法：屈臂举枪于肩上方，上臂与前臂的夹角约为90度，肘关节稍向外，标枪稍高于头，枪尖稍低于枪尾。

（三）助跑

助跑包括预先助跑和投掷步两个阶段。通常在助跑距离内设置两个标志点，第1标志点是助跑的开始点，第2标志点是投掷步的开始点。从第1标志点起到第2标志点止为预跑阶段距离，长约15-20米，跑8-12步。从第2标志点起到投掷步最后一步左脚着地处止为投掷步阶段距离，长约7-10米，用4-6步完成。

1预跑阶段：预跑前，通常持枪向前走或慢跑几步，以左脚踏上第1标志点后开始助跑。

2投掷步：投掷步的步数，一般采用4步投掷步。(如图11-15)

图11-15

第1步：左脚踏上第2标志点，右脚积极前迈。同时上体向右转动右肩后撤开始引枪，左肩标枪靠拢，左臂自然摆向胸前，眼向前看。右脚着地时脚尖向前，右臂尚未伸直。

第2步：右脚落地后，左腿积极前摆，同时右腿蹬地，上体积极右转，右肩继续后撤引枪，左臂自然摆向身体左侧。随左脚着地，身体已转至左侧对投掷方向，右臂伸直完成引枪动作。这时标枪与前臂的夹角较小并靠拢面颊。

第3步(交叉步)：当第2步左脚一着地，左腿积极蹬地，右腿自然屈膝以大腿带动小腿积极加速前摆并与左腿成交叉姿势，同时左臂自然摆至胸前，帮助左肩内扣和加大躯干向右的扭转，使肩轴与髋轴扭紧形成交叉状态。紧接着左脚蹬离地面，人体处于低腾空阶段，随之以右脚跟外侧先着地迅速过渡到全脚掌支撑，右脚尖与投掷方向约成45度角。这时右肩、右髋和右脚几乎成一直线，身体向后倾斜与地面构成一定的夹角，形成良好的超越器械动作，右臂充分后伸在肩轴延长线上，枪尖不高于头顶。

第4步：第3步右脚着地后，右腿迅速屈膝缓冲，当身体重心前移超过右脚支撑点时，右腿积极蹬地，推送髋部向投掷方向转动和前移，以脚跟或脚内侧先着地，完成强有力的制动支撑。

（四）最后用力

投掷步第3步右脚着地，身体重心前移超过支撑点，右腿蹬地推动右髋向投掷方向加速转送，左脚着地的制动和支撑，形成了从左脚到左肩的左侧支撑轴。右胸前挺带动投掷臂向上移动，前臂和手腕向上翻转，当上体转至正对投掷方向时，形成了"满弓"姿势。

"满弓"姿势形成后，立即转入屈体挥臂的"鞭打"动作，胸部带动上臂向前并快速完成挥前臂和甩腕的掷枪动作，使全身力量通过投掷臂、手腕和手指向上、向前甩动，使出手后的标枪沿纵轴按顺时针方向自转飞进，标枪出手角度约为30-35度。

（五）标枪出手后的维持身体平衡

为了防止由于惯性作用使人体继续向前运动而造成犯规，在标枪出手后，右腿应及时向前跨出一大步，上体前倾并稍向左转，屈膝降低身体重心，以缓冲人体向前的冲力，维持身体平衡。

（六）掷标枪练习方法

1 握枪与持枪练习

2 原地正面掷枪练习

① 徒手模仿练习；

② 向目标插枪练习；

③ 原地正面掷标枪。

3 原地侧面掷标枪练习

① 徒手或持枪练习原地侧向掷标枪的准备姿势；

② 原地侧向掷标枪。

4 投掷步第3、4步的练习

① 侧对投掷方向两脚开立，投掷臂后引伸直徒手、持标枪做交叉步结合左脚着地练习；

②徒手、持标枪连续向前交叉步走和交叉步跑，要求上体右倾投掷臂保持稳定；

③侧向上两步成"满弓"姿势；

④侧向上两步掷标枪练习。

5 引枪练习

①原地引枪练习；

②上两步引枪练习；

③走和慢跑4步接引枪的练习。

6 投掷步掷标枪练习

①投掷步练习；

②投掷步接"满弓"练习；

③投掷步掷标枪练习。

7 持枪中速跑4～6步接投掷步的练习

8 持枪助跑8步接投掷步的练习

9 掷标枪的完整技术练习

第十二章　篮球运动

　　篮球运动是一项集体性、综合性、围绕高空展开立体型攻守对抗的竞技性游戏。它是美国马萨诸塞州斯普林菲尔德市（即春田市）基督教青年会干部训练学校的体育教师詹姆士·奈·史密斯1891年发明的。现代篮球运动竞赛和各种形式的篮球游戏，其基本活动方式都是围绕着高3.05m、直径0.45m的篮筐，用周长75～78cm、重量600～650g的球，在一块平坦、坚实且没有障碍物其尺寸为长28m，宽15m的场地上展开的空间与时间、控制球与夺取球、投篮与制约投篮的攻守对抗。其活动方法与手段多种多样，如跑、跳、停、转、接、传、投、运、抢、打、断以及个人、几个人之间和全队整体的各种攻守配合。篮球运动以其特有的魅力，深受世界各国人民群众的喜爱，从而使国际篮球业余联合会成为世界上单项体育人口最多的国际单项运动协会。四年一度的奥林匹克运动会男、女篮球比赛，世界男、女篮球锦标赛，美国NBA职业联赛，这三大赛事代表着世界篮球运动的最高水平，汇集着世界最强的篮球队伍和最著名的篮球明星。篮球运动的发展历程折射着人类从个体到集体的一种竞争、图强和合作的精神。

　　篮球运动在各级学校的体育教学与课余校园文化生活中，已成为增进学生健康的身体教育手段和贯彻德、智、体、美全面素质教育的手段之一。经常参加篮球运动，能改善中枢神经系统的机能，使运动分析器、前庭分析器特别是视觉分析器受到良好的训练，有利于促进学生完成动作的协调性，提高观察、判断和反应能力，增强循环、呼吸等器官系统的功能。紧张激烈的篮球比赛，还可以培养运动员积极、果断、勇敢、顽强的意志品质和团队精神。

第一节　篮球技术

　　根据篮球比赛中攻守对抗的规律，可将篮球技术分为进攻技术和防守技术。进攻技术有传接球、投篮、运球、持球突破；防守技术有防守对手、抢、打、断球等。进攻技术和防守技术都有移动、抢篮板球。

一、进攻移动

进攻移动是篮球运动员在进攻中为了改变位置、方向、速度和争取高度、空间所采用的各种脚步动作方法的总称。

（一）进攻移动技术的动作方法

1.基本站立姿势

动作方法：两脚前后或左右开立，距离约与肩同宽，两腿微屈，身体重心落在两脚之间，略收腹含胸，屈肘，两手放于体侧前方。防守时站立姿势稍有不同，两脚开立略比肩宽，屈膝降低重心，含胸，两臂张开。

2.起动

动作方法：从基本站立姿势开始，向前起动时以后脚、向侧起动时以异侧脚的前脚掌短促有力地蹬地，同时上体迅速前倾或侧转向跑的方向移动重心，手臂协调地摆动，充分利用蹬地的反作用力，迅速向跑的方向迈出。启动后的前两三步，两脚的前脚掌要短促用力蹬地，并配合以快速的摆臂动作，使之在最短的时间内充分发挥速度。

3.跑

（1）变速跑

动作方法：加速时，上体微前倾，用前脚掌短促有力蹬地，步频加快，同时用力摆臂。减速时，步幅适当增大，上体直起，用前脚掌用力抵地来减缓向前的冲力，从而降低跑速。

（2）变向跑

动作方法：从右向左变向时，最后一步用右脚前脚掌内侧用力蹬地，同时脚尖稍内扣，迅速屈膝，腰部随之左转，上体向左前倾，移重心，左脚向左前方跨出，然后加速前进。

（3）侧身跑

动作方法：在跑动时，头部和上体转向侧面或有球的一侧，脚尖朝着跑动方向。

4.急停

（1）跨步急停

动作方法：急停时先向前跨出一大步，用脚跟先着地并迅速过渡到全脚抵住地面，降低重心，身体稍后仰。第二步落地的同时，两膝深屈并内扣，身体稍侧转，两脚尖自然转向侧前方向，前脚掌内侧用力抵住地面制动向前的冲力，上体稍后仰，两臂屈肘自然张开，然后上体迅速前倾帮助控制身体平衡。

（2）跳步急停

动作方法：跑动中用单脚或双脚起跳，使双脚稍有腾空。上体稍后仰，两脚平行或前后落地（略宽于肩）形成进攻基本站立姿势。

5.转身

（1）前转身

动作方法：移动脚向中枢脚脚尖方向跨出改变身体方向为前转身。转身时，中枢脚前掌用力碾地，移动脚蹬地并迅速跨步，同时转腰转肩并保持身体平衡。

（2）后转身

动作方法：移动脚向中枢脚脚跟方向移动为后转身。转身时，中枢脚碾地旋转，移动脚蹬地并向自己身后撤步，同时，腰胯主动用力旋转，身体重心随着转移，保持身体平衡。

6.跳

（1）双脚跳

动作方法：起跳时，两膝弯曲降低重心，两脚用力蹬地，同时提腰摆臂向上起跳，跳在空中时，身体自然伸展控制平衡。落地时，前脚掌先落地，屈膝缓冲重力，注意保持身体平衡，以便衔接下一动作。

（2）单脚跳

动作方法：起跳时，踏跳脚脚跟先着地，迅速过渡到脚前掌用力蹬地，同时提腰摆臂，另一脚快速屈膝上提，当身体达到最高点时，摆动腿自然伸直与起跳腿合并。落地时，双脚要稍分开，注意屈膝缓冲，以便衔接其他动作。

（二）进攻移动技术的练习方法

1.起动和跑的练习

（1）基本站立姿势（面向、背向、侧向），听或看信号做起动跑的练习。

（2）在各种情况和状态下（蹲着、坐地、原地各种跑动中、原地向上向侧跳起时、滑步中、急停以后）听或看信号向不同方向做起动跑的练习。

（3）自己或同伴抛球，球离手后起动快跑接球，不让球落地，把球接住。

2.急停练习

（1）慢跑两三步接着做跨步急停和跳步急停。

（2）以稍快节奏跑三五步接做跨步急停和跳步急停。

3.转身与跨步练习

（1）成基本站立姿势，分别以左、右脚为轴，做跨步、前、后转身

900、1800、2700的练习。

（2）慢跑中急停，向左或右跨步，前、后转身900、1800起动快跑。

（3）原地持球，分别以左、右脚为轴，做跨步前、后转身练习。

4.跳的练习

（1）原地听信号向上或跨步向前、侧、后上方做起跳练习。

（2）结合跨步、转身、急停等动作练习起跳动作。

（三）易犯错误与纠正方法

1.易犯错误

起动前身体重心偏高，两膝弯曲不够，不便于迅速蹬地；变速跑时，全脚掌或脚跟着地变速瞬间，步幅太大，不能短促加速改变步幅和步速以致变速不突然；侧身跑时上体转体不够，动作不协调；急停时，身体松展造成停不稳，重心前移，没有制动和身体自然调整重心的动作；转身时，中枢脚未用前脚掌做轴旋转，身体上下起伏，重心不稳。

2.纠正方法

加强髋关节的灵活性练习；加强腿部肌肉力量练习；用技术分解进行练习，练习中由慢至快，由简入繁。

二、传、接球

传、接球是在篮球比赛中进攻队员之间有目的地支配球、转移球的方法。它是进攻队员在场上相互联系和组织进攻战术的重要保障，也是实现战术配合的具体手段。巧妙地利用球的转移调动防守，可打乱对方的防守布署，创造良好的进攻机会。

（一）传、接球技术的动作方法

1.传球

（1）双手胸前传球

动作方法：双手持球于胸腹之间，两肘自然弯曲于体侧，身体成基本站立姿势，眼平视传球目标。传球时后脚蹬地发力，身体重心前移，两臂前伸，两手腕随之内旋，拇指用力下压，食、中指用力拨球并将球传出，球出手后，两手向下略向外翻。

（2）单手肩上传球

动作方法：双手持球于胸前，两脚平行开立，右手传球时，左脚向传球方向跨出半步，右手靠左手指拨送球的力量将球引至右肩侧上方，右肩关节引展，大小臂自然弯曲，手腕稍后屈，持球的后下方，左肩对着传球方向，重心落至右脚上。传球时，右脚蹬地发力同时转体带动上臂，以肘领先前臂，手腕前屈，食、中、无名指用力拨球将球传出。

（3）单手体侧传球

动作方法：两脚开立，双手持球于胸前。右手传球时，左脚向左侧前方跨步的同时将球引至身体右侧呈右手单手持球，出球前一刹那，持球手的拇指在上，手心向前，手腕后屈。传球时，前臂向前做弧线摆动，手腕前屈，食、中、无名指拨球将球传出。

2.接球

（1）双手接中部位的球

动作方法：两眼注视来球，两臂迎球伸出，双手手指自然张开，两拇指成八字形，其他手指向前上方伸出，两手成一个半圆形。当手指触球时，双手将球握住，两臂顺势屈肘后引缓冲来球的力量，两手持球于胸腹之间，成基本站立姿势。

（2）双手接高部位的球

动作方法：接球方法与双手接中部位高度的球相同，但要求两臂必须向前上方迎球伸出。

（二）传、接球练习方法

1.熟悉球性练习

（1）用双手指腕连续拨翻球（手指弹拨、手腕转翻）。两手持球，手臂伸直于身前，用手腕、手指连续拨翻球，使球在两手之间快速移动。两手之间要保持一定的距离，练习时节奏可由慢至快由快至慢，并不停改变球和两臂的高度（上至头、下至脚）反复练习。

（2）双手胸前抛接球。两腿左右开立，双手持球向空中抛球，并在胸前或身后把球接住。熟练后可以跳起接球或接不同方向的地面反弹球。

（3）球绕身体交换球。两脚开立，两手持球于腹前。两手交替使球绕腰、绕头，然后绕腰、绕腿、绕踝，连续反复练习。

2.原地传、接球练习

（1）两人一组，原地徒手做各种模仿传接球练习。

（2）两人面对站立，做各种传、接球练习；也可对墙进行练习，并用各种方法接反弹回来的球。间隔距离由近至远。

3.移动传接球练习

（1）两人面对站立，一人原地，另一人向左右、前后移动传、接球练习。

（2）三角形移动传接球。

（3）四角弧线跑动传接球。

（三）易犯错误与纠正方法

1.易犯错误

双手胸前传球时，全手掌触球，手心没有空出，两拇指距离过大或过小，持球动作不正确；两肘外展过大，两臂用力不一，形成挤球，出手后两手上下交叉；两手指朝前，两手没有形成半圆；伸臂迎球时臂、腕、指紧张，引球动作不及时。

2.纠正方法

两人面对站立，一人握球，一人做双手胸前传球时的正确模仿练习；做自抛自接球练习，改进张手、伸臂、迎球和及时屈肘引臂的动作。

三、运球

持球队员在原地或移动中，用手连续拍击球，并借助地面反弹起来的球继续原地或移动中连续拍球推进的技术叫运球。

运球是篮球运动重要的进攻技术，是个人摆脱防守，创造传球、突破、投篮得分的重要进攻手段，是进攻队员发动快攻、组织全队进攻配合的纽带，是瓦解防守阵型的重要手段。

（一）运球技术的动作方法

1.高运球

动作方法：两脚前后开立，两膝微屈，上体稍前倾，目视前方。运球手臂自然弯曲，以肘关节为轴，用手按拍球的后侧上方，球的落点在身体侧前方，球的反弹高度在腰、胸之间。

2.低运球

动作方法：两腿深屈，降低重心，上体前倾，用上体和腿保护球。同时，手短促地按拍球，球的反弹高度在膝关节以下，以便控制球和摆脱防守继续运球。

3.运球急停急起

动作方法：运球急停时，利用跨步急停动作，用手按拍球的前上方，变为暂时的原地运球，用臂、身体和腿保护球；急起时，身体重心迅速前移，后脚用力蹬地跨出，同时用手按拍球的后上方，推球前进。

4.体前换手变向运球

动作方法：运球队员从对手右侧突破时，先向对手左侧运球，当对手向左侧移动时，突然向其右侧变向，用右手按拍球的右侧上方，同时，右脚向左前方跨出，用肩、腿、上体挡住对手，接着迅速换左手按拍球的后上方，从对方的右侧运球超越对手。换手时，球要低，动作要快。

5.体前不换手变向运球

动作方法：将球从身体的右侧拨到体前中间位置，当防守队员重心向右侧移动时，突然将球拨回右侧，左脚向右侧跨出，借以摆脱防守，继续运球前进。

6.运球后转身

动作方法：以右手运球为例，变向时左脚前跨一步为中枢脚，右手按拍球右侧前方，随着后转身动作，将球拉向身体的后侧方，然后换左手运球，从对手的右侧突破后加速前进。

7.背后运球

动作方法：以右手运球为例，变向时，用右手将球控制到身后，按拍球的右侧上方，使球拍至左脚的侧前方，并立即换左手运球，右脚迅速向左向前跨出，用左手运球突破对手。

（二）运球的练习方法

1.原地运球

（1）原地做高、低运球，左右手交替进行。

（2）原地体前左右手变向运球。运球者两腿开立，约与肩宽，右手运球按拍球的右上方使球弹向左侧，左手按拍球的左上方使球弹向右侧，反复练习。

（3）原地做体侧前后推拉运球。运球者两腿前后开立，运球手按拍球的后上方使球向前弹出，运球手迅速前移至球的前上方，按拍球的前上方使球弹回。熟练后可加大动作幅度，反复练习。

2.行进间运球

（1）全场直线高、低运球练习。

（2）沿罚球圈、中圈做弧形运球到对面的底线，再沿边线运球返回。

（3）全场运球急停急起练习。

（三）易犯错误与纠正方法

1.易犯错误

运球时低头，不能观察场上情况；运球时掌心触球或单靠手指拨球；运球时用手打球，不是用手腕、手指按拍运球，球停留在手上的时间过短；运球时手、脚、身体配合不协调。

2.纠正方法

看手势运球，反复模仿正确技术；进行运球的熟悉球性练习；听信号做各种形式运球的组合练习；设置障碍物进行变向运球练习。

四、投篮

投篮是持球队员将球投入篮圈所采用的各种动作方法的总称。投篮是篮球运动最重要的进攻技术，是比赛中唯一的得分手段。篮球比赛中进攻队运用各种技术、战术的目的，都是为了创造机会投篮得分。而防守队积极防御，则是为了阻挠对方投篮得分。因此投篮的准确与否就成为篮球运动抗衡的中心，攻守双方争夺的焦点。投篮动作的种类与方法很多，依据投篮手法可分为单手投篮和双手投篮两种，运用这两种手法可在原地和移动中完成。

（一）投篮技术的动作方法

1.原地单手肩上投篮

动作方法：以右手为例，右手五指自然分开，手心空出，用指跟以上部位持球，大拇指与小拇指控制球体，左手扶在球的左侧，右臂屈肘，肘关节自然下垂，置球于右肩前上方，目视球篮。两脚左右或前后开立，两膝微屈，重心落在两脚掌上。投篮时，下肢蹬地发力，右臂向前上方抬肘伸臂，手腕前屈，食、中指用力拨球，通过指端将球柔和地投出。球出手的瞬间，身体随投篮动作向上伸展，脚跟微提起。

2.原地双手胸前投篮

动作方法：双手持球于胸前，肘关节自然下垂，两脚左右或前后开立，两膝微屈，重心落在两脚之间，目视瞄准点。投篮时，随着脚蹬地动作两臂向前上方伸出，同时两腕内旋，拇指下压，手腕前屈，食、中指用力拨球，通过指端将球投出。球出手后，两手心自然向下向外翻，脚跟提起，身体随投篮出手方向自然伸展。

3.行进间单手肩上投篮

动作方法：以右手投篮为例，右脚向前跨出一大步的同时接球，接着迅速上左脚蹬地起跳，右脚屈膝上抬，双手举球于右肩前上方，腾空后，上体稍后仰，当身体跳到最高点时，右臂向前上方伸展，手腕前屈，食、中指用力拨球，通过指端将球投出。球出手后掌心朝下，球向后旋转。

4.行进间单手低手投篮

动作方法：以右手投篮为例，跑中步法与行进间单手肩上高手投篮基本相同，只是在接球后第二步要继续加快速度，向前上方起跳，腾空时间要短。右手将球引至右肩侧前上方，持球手手心朝上，五指向前自然分开，托球的下部。投篮时，借助身体上升的惯性，手臂向前上方伸展，用屈腕、挑指的动作，使球由食、中指端向前柔和地投出。球出手后向前旋转。

5.原地跳起单手肩上投篮

动作方法：以右手投篮为例，两手持球于胸前，两脚左右或前后开立，两膝微屈，重心落在两脚之间。起跳时，迅速屈膝，脚掌用力蹬地向上起跳，同时双手举球到右肩上方，右手持球，左手扶球的左侧方，当身体接近最高点时，左手离球，右臂向前上方伸展，手腕前屈，食、中指用力拨球，通过指端将球投出。落地时屈膝缓冲。

6.接球急停跳起投篮

动作方法：在移动中用跨步或接球急停，两膝微屈，重心下降，突然向上起跳，同时持球上举，当身体腾空至最高点时，前臂向前上方伸展，手腕前屈，食、中指用力拨球，通过指端将球投出。

7.运球急停跳起投篮

动作方法：在快速运球中，采用一步或两步急停接球，两膝微屈，重心快速移动至两脚之间并迅速蹬地向上起跳，同时双手举球，当身体接近最高点时，右臂向前上方伸展，手腕前屈，食、中指用力拨球，通过指端将球投出。

（二）投篮的练习方法

1.模仿投篮

（1）徒手练习：原地做各种投篮的模仿练习。重点体会投篮的手法和用力过程。

（2）持球练习：两人相距3-4米，相互对投，体会原地投篮和跳起投篮的手法及身体各环节的协调配合。

（3）行进间投篮模仿练习：在全场范围跑动中做跨步起跳、伸臂和腕部动作，可结合如"一二跳"等口令练习。

2.原地投篮

（1）正面定点投篮。在罚球线附近面对球篮自投自抢，依次练习。

（2）不同角度投篮。面对球篮分别在00、450、900站好，进行原地投篮。

3.行进间投篮

（1）半场、全场行进间运球投篮练习。

（2）半场行进间传、接球投篮练习。

（三）易犯错误与纠正方法

1.易犯错误

持球手法不正确，五指没有自然分开，用手心托球；肘关节外展，致使上肢各关节运动方向不一致；投篮时抬肘伸臂不够，导致手臂前推，形成抛物线偏低；跳起投篮时身体前冲，投篮出手时间或早或晚，上下肢配合不协调。

2.纠正方法

多做徒手练习，体会协调用力和掌握动作节奏；借助外部条件限制、信号刺激等手段，纠正错误动作。如以投篮手臂靠近墙壁做徒手或持球的投篮模仿练习，纠正肘部外展。用信号刺激，如"抬肘、伸臂、压腕"等词语纠正肘关节过早前伸，伸臂不充分以及屈腕、拨指不够或球不旋转等错误。

五、持球突破

持球突破是控制球队员以脚步动作与运球技术等相结合，快速超越对手直接切入篮下得分的重要手段，也是现代篮球进攻技、战术发展的一个重要标志。持球突破可打乱对方的防守部署，为同伴创造更多的投篮机会。持球突破一般可分为交叉步突破和同侧步突破两种。

（一）持球突破技术的动作方法

1.交叉步突破

动作方法：以右脚做中枢脚为例。突破时，左脚向左前方跨出半步，做向左突破的假动作，当对手重心向右移动时，左脚前脚掌内侧迅速蹬地，向对手左侧跨出一大步，同时上体右转探肩，贴近对手；球移至右手，向左脚右斜前方推放球，右脚迅速蹬地跨步，加速超越对手。

2.同侧步持球突破

动作方法：以左脚做中枢脚为例。突破时，左脚内侧蹬地，右脚迅速向对手左侧方跨出一大步，同时向右侧转体探肩，重心前移，球移至右手并推放球于右脚斜前方，左脚迅速跨步抢位，加速超越对手。

（二）持球突破的练习方法

1.无防守情况下的练习

（1）原地徒手或持球做持球突破的各种脚步动作的模仿练习。

（2）每人一球，利用假动作做交叉步、同侧步突破的脚步动作练习。主要体会假动作、蹬跨、转体探肩、放球、加速几个技术环节的衔接和连贯动作。

（3）行进间自抛自接，接球后做交叉步、同侧步突破练习。

2.有防守情况下的练习

（1）在防守情况下，三人连续突破练习。

（2）接球急停突破上篮练习。

（三）易犯错误与纠正方法

1.易犯错误

交叉步持球突破时，由于跨步脚尖方向不对，造成转体过大；突破时侧身、探肩不够，身体重心高，后蹬无力，加速不快；中枢脚离地面过早或中枢脚没以前脚掌作轴，突破瞬间不提踵，造成走步违例。

2.纠正方法

多做徒手模仿练习，体会正确的动作要领，再在慢速中做持球突破练习，逐步提高突破速度；借助障碍架进行练习。并提醒转体探肩和降低重心，强调加快蹬地力量。

六、防守技术

防守技术是队员在防守时，为了阻挠和破坏对手的进攻，达到夺取反攻的目的所采用的各种专门动作方法的总称。

（一）防守移动

防守移动是篮球防守技术的基础，运用的目的是为了抢占有利的位置，防止对手摆脱或者是及时、果断地进行抢球、打球、断球及抢篮板球等。

1.防守移动的动作方法

（1）滑步

① 侧滑步

动作方法：两脚平行站立，两膝较深弯曲，上体略前倾，两臂侧伸。向左侧滑步时，左脚向左迈出的同时，右脚蹬地滑动，向左脚靠近，两脚保持一定距离，左脚继续跨出。

② 前滑步

动作方法：两脚前后站立，向前滑步时，前脚向前迈出一步，着地的同时，后脚紧随着向前滑动，保持前后开立姿势，注意屈膝降低重心。

③ 后滑步

动作方法：后滑步动作方法与侧滑步相同，只是向后滑步移动。

（2）后撤步

动作方法：做后撤步时，用前脚掌内侧蹬地，腰部用力向后转动，同时后脚的前脚掌碾地，后撤前脚，紧接滑步，保持防守姿势和位置。后撤角度不宜过大，动作要迅速，身体不要起伏。

（3）攻击步

动作方法：做攻击步时，后脚要猛力蹬地，前脚迅速向前跨出迫近对手。落地时重心偏在前脚上，前脚同侧手前伸做干扰和抢截性防守动作。

（4）绕步

绕前步（以从右侧前防守为例）：右脚向右斜前方跨出半步，左脚迅速蹬地绕过对手向左跨出或跃出，两臂要根据防守的需要做相应的动作

（阻挠、伸展、挥摆）。

绕后步：绕后步多用于恢复、调整防守位置时。绕后步的动作方法与绕前步相同，只是向后方跨步绕过。

（5）碎步

动作方法：碎步移动时，两脚平行开立，两膝保持弯曲，不停顿地以脚前掌蹬地，用小而快的步法向左、右、前、后移动，如同滑跳一样，以阻挠进攻队员行动。如向右滑时，右脚借助蹬地力量向右滑动半步，左脚紧跟向右滑动半步，保持平步防守。

2.防守移动的练习方法

（1）听或看手势做向左、向右、向前、向后滑步练习。

（2）按规定路线或设置障碍物做"之"字形、三角形、小"8"字形滑步和围绕障碍物做向前或向后的绕步。

3.易犯错误与纠正方法

（1）易犯错误

在防守移动步法练习中，重心过高；在滑步和撤步中，重心起伏、不稳定，影响动作的速度和幅度；在撤步时，前脚掌没有蹬地发力，后脚掌没碾地，以致形成跳换步。

（2）纠正方法

反复强调基本姿势的重要性；强调前脚掌内侧蹬地，后脚的前脚掌碾地，以后脚的前脚掌为轴，反复做蹬转撤步动作；加强下肢力量和腰腹力量，提高前脚掌内侧蹬、碾、抵地及腰腹用力的技巧，以提高移动的速度和灵活性。

（二）抢、打、断球

抢、打、断球是攻击性很强的防守技术，它是积极防守战术的基础。防守时，不仅要干扰和阻挠对方传球、运球和投篮，而且还要力争在对方投篮之前，从对方手中把球抢过来转守为攻。大胆、果断、准确的运用抢、打、断球技术，不仅可以破坏对方的进攻，而且还可以鼓舞全队的士气，为快攻反击创造有利的战机。

1.抢、打、断球动作方法

（1）抢球

动作方法：当进攻队员停止运球、接球或抢到篮板球落地刚持球时，防守者趁其保护球不当出其不意地将球抢掉。抢球时动作要快而狠，果断有力，当手指接触球或控制住球的同时，利用拧、拉和身体扭转力量，同时手臂要迅速向腰腹回收，将球抢夺过来。抢球的手法一般是一手在上，一手在下直握。

（2）打球

① 打原地持球队员手中的球

动作方法：有自上往下和自下往上两种打球方法。打球时一般采用与持球队员动作相反时逆向迎击，这样可借助反向合力增大击球力量，易于将球击落。例如，当对手持球由胸以上部位向下移位时，宜采用由下往上的方法打球。打球时多用手指、手掌击球，用手指、小臂与手腕的短促快速动作弹击。不可挥大臂上步抢打。

② 打运球队员手中的球

动作方法：以右手运球为例，当运球队员向前推进时，防守者应在左脚向左滑步抢位堵截同时，在球从地面弹起的瞬间，突然用左手，以短促的力量从侧面将球打出，并及时上前抢球。

（3）断球

① 横断球：是从侧面跃出截获进攻队的传球。

动作方法：断球时，重心迅速向断球方向移动，以短而快的助跑，单脚或双脚用力蹬地跃出，身体伸展，两臂前伸，用双手或单手将球截获。

② 纵断球：是从接球队员身后或侧后方突然用绕前防守步法跃出，截获进攻队的传球。

动作方法：当防守者要从对手右侧绕前断球时，右腿先向前跨第一步，然后侧身跨左脚绕到对手身前，同时重心前移，左脚用力蹬地向前跃出，身体伸展，两臂前伸，将球截获。

2.抢、打、断球的练习方法

（1）原地抢球、打球练习：两人一组，持球队员在原地做运球、投切结合的脚步动作，防守者体会抢、打球动作要领。

（2）两人原地固定传球，两人在侧后或后面练习断球。体会横断球和纵断球的步法和手臂动作。

（3）全场往返断球反击练习。

3.易犯错误与纠正方法

（1）易犯错误

抢、打、断球前，时机判断不好，或过早暴露行动意图，失去良好的行动机会；抢、打、断球时，起动慢，整个动作缺乏突然性，以致抢、打、断球的实效性差；手臂动作幅度过大，

身体用力过猛，身体平衡控制不好，造成犯规。

（2）纠正方法

加强视野训练，提高行动的预见性；提高脚步动作的突然性、快速性、灵活性及上、下肢动作的协调性；采用一些辅助练习，提高手臂伸、

拉，手腕和手指的拍击、点拨、扭转等动作的突然性、果断性。

（三）防守有球队员

球是攻守双方争夺的焦点，持球队员可以直接投篮得分、突破和传球，所以持球队员经常是最有威胁的，为了有效地抑制对方进攻，一旦对手接到球，防守者要及时调整与对手的位置和距离，尽力干扰和破坏其投篮，堵截其运球突破，封锁其助攻传球，并积极地抢、打、断球以争取控制球权。根据持球者所要进行的投篮、突破、运球、传球等不同的进攻动作，防守有球队员可分为：防投篮、防突破、防运球、防传球。

1.防守有球队员的动作方法

（1）防投篮：当对手在离篮6m的范围内接到球时，威胁很大，他可直接投篮。防守者要站在对手与球篮之间，采用斜步防守，同对手保持一臂的距离。当对手举球准备投篮时，防守人应随之将前伸的手臂扬起，手掌对准球；当对手投篮刚出手或起跳时，防守者及时起跳，伸直手臂用手腕封球，干扰其出球弧度，并争取"盖帽"。

（2）防突破：防对手持球突破，要根据对手习惯、技术特点来采取相应的对策。如对手以左脚为中枢脚，用交叉步从防守者的右侧突破时，防守者可稍偏于对手的左侧站立，以右脚在前的斜步防守堵其左脚一侧，与前脚同侧的手臂前伸指向球的部位，并伺机以小臂和手的短促动作挑打球；另一手侧伸防对手突破。

（3）防运球：防运球应遵循两条原则：一是堵中路迫使其向边、角运球；二是堵强手迫使其使用弱手运球。当对手开始运球时，防守者应将视线集中在对手运球的手和球，并抢先快速向运球方向滑动，以身体的躯干对着球的着地点，阻止对手从中路运球突破。

（4）防传球：要根据其位置和视线，判断其传球意图。有时可上前贴近对手，挥动手臂封堵其传球，迫使其向攻击威胁弱的位置传球；有时还可用后撤步，协助同伴防守，使对手不能顺利传球给处在有利位置的进攻队员，同时要伺机抢断球。

2.防守有球队员的练习方法

（1）全场一攻一守练习：进攻队员运球突破，防守队员运用各种防守步法积极移动，保持有利防守位置并伺机抢、打球。一旦防守者被进攻队员突破时，迅速运用撤步、交叉步追防，力争尽快重新占据合理防守位置。

（2）防中投练习：两人一投一防，进攻者离篮6m站位，防守者将球传给进攻者后，立即进行防守，进攻者可做投切结合动作，或原地跳起投篮，或向左右运一次球急停跳投。

3.易犯错误与纠正方法

（1）易犯错误

防守时脚步移动慢，当对手由无球到有球时，防守不能及时到位，或上步前冲过猛；防中投时不举手干扰封盖或封盖时挥臂幅度过大，造成犯规；防突破时，身体重心不稳，手脚配合不协调，易受对手假动作迷惑。当对手突破时，脚步移动慢，轻易放弃防守或造成犯规；防运球时脚步移动慢，不敢贴近对手，用手臂代替抢先移动，盲目掏打球。

（2）纠正方法

强调防守时注意力集中；强调对方举球投篮时必须扬手干扰，不让对手轻松投篮出手；简化练习方法，要求进攻者协助防守者练习，并检验防守者的动作和反应；提高脚步移动速度和灵活性；强调防运球的正确姿势，抢先移动用身体躯干堵截运球。

（四）防守无球队员

在一场比赛中，防守队员绝大部分时间是防守无球队员，多数情况下无球队员的移动是构成进攻配合的关键。防守无球队员时，始终要保持"球-我-他"的选位原则，即防守者的位置始终站在对手与球之间，与球和所防对手三者要呈钝角三角形，防守者始终站在钝角处。防守者与对手的距离要和对手距球的远近成正比，做到近球紧，远球松，人、球、区三兼顾，控制对手接球。根据无球队员移动切入的路线，防守无球队员可分为防横切和防纵切。

1.防守无球队员的动作方法

（1）防横切

图12－1防横切　　　图12－2防溜底　　　图12－3防纵切

④持球，⑥横切要球时，❻上左脚，合理运用身体堵截，同时伸左臂封锁接球，不让其从自己身前横切要球（图12－1）。当⑥直接从底线横切（即溜底线）时（图12－2），❻开始面向球滑步移动卡堵对手，以身体某部位接触对手，跟随其移动，同时伸左臂封锁接球。待对手移过纵轴线进入有球一侧时，❻迅速上右脚前转身贴近对手，伸右臂封锁接球，将对手逼向场角。

（2）防纵切

④传球给⑧，❹及时偏向球侧错位防守；当④向篮下纵切要球时，❹应

抢前移动，合理运用身体堵截纵切路线，坚决不让对手从自己身前切过，同时伸出左臂封锁接球，迫使对手向远离球方向移动（图12-3）。

2.易犯错误与纠正方法

（1）易犯错误

视野范围小，不能人球兼顾；防守的姿势高，重心不稳，移动慢且步法乱；手臂动作运用不当或手臂动作紧张僵硬，缺乏断球意识。

（2）纠正方法

检查矫正防守姿势和选位角度，进行有助于扩大视野的基本功练习；反复进行短距离防守移动，变换步法练习。要求低重心，保持身体平衡；练习抢位堵截对手接球时，教师有意识地向防守人传球，诱导防守者随时注意断球。

七、抢篮板球

比赛中双方队员在空间争夺投篮未中的球称为抢篮板球。当进攻队投篮未中，自己或本方 队员争抢在空间的球，成为抢进攻篮板球或前场篮板球。对方投篮未中，防守队员争抢空间的球，成为抢防守篮板球或后场篮板球。

（一）抢篮板球的动作方法

1.抢进攻篮板球

当同伴或自己投篮时，处在篮下的进攻队员首先应判断球的反弹方向，然后向相反方向的侧前方跨出，利用身体虚晃的动作，诱开身前的防守队员，绕跨挤到对手的前面或侧前面，抢占有利位置，借助跨步或助跑起跳，跳至最高点补篮或抢篮板球。落地时，两臂弯曲，重心放在两脚之间，将球持于胸腹之间，两肘外展，高大队员可将球置于头上，以便衔接其他进攻技术动作。

2.抢防守篮板球

保持正确的站位姿势，即两臂弯曲，上体稍前倾，重心放在两脚之间，两臂屈肘侧张占据较大面积。当对手投篮出手后，应注意对手的动向，并根据当时与进攻队员所处的位置和距离的远近，运用上步、撤步和转身抢占有利位置，把进攻队员挡在身后，同时还要判断球的落点准备起跳。起跳时，前脚掌用力蹬地，提腰向上摆臂，同时手向球的方向伸展。

（二）抢篮板球的练习方法

1.徒手做原地双脚起跳，模仿单、双手抢篮板球动作的练习。

2.向头上自抛球后起跳，用双手或单手做空中抢球练习。

3.用双手或单手在空中抢自抛向篮板或墙上反弹回来的球。

4.一对一抢篮板球。固定一人在篮圈一侧投，进攻队员摆脱防守冲抢篮板球，防守队员转身堵挡，双方争抢攻守篮板球。

（三）易犯错误与纠正方法

1.易犯错误

对球反弹方向与落点判断不准，不会抢占有利位置；起跳时机掌握不好；抢篮板球时只顾球不挡人或只顾抢位挡人而不顾球；抢球动作迟钝不大胆果断，或动作过猛造成犯规；抢到球后对球的保护意识差，易被人打掉或抢走。

2.纠正方法

可作投篮后向球的方向快速移动到位接球的练习，提高预判能力和快速移动的能力；多作自抛自抢的空中练习，体会起跳时机，提高判断的准确性。

第二节　篮球战术

篮球战术是在比赛中为了战胜对方，根据主客观条件所采用的能使队员的个人技术充分合理的运用和队员之间相互协调配合的特定组织形式。

一、篮球战术基础配合

战术基础配合，是指两三人之间组成的简单配合，它是全队攻防的战术基础。熟练地掌握和运用基础战术配合，既能发挥个人的作战威力，又能组织灵活有效的全队战术配合。对提高队员整体攻防战术配合能力和战术意识有及其重要的作用。

（一）进攻战术基础配合

进攻战术基础配合是指在篮球比赛中，进攻队员两三人之间以特定的专门方式所组成的简单配合方法。它包括传切、突分、掩护、策应等配合。

1.传切配合

传切配合是指队员之间利用传球和切入技术所组成的简单配合。它包括一传一切和空切

两种。

（1）传切配合的方法

一传一切配合：是指持球队员传球后，利用起动速度或假动作摆脱防守，向篮下切入接回传球投篮的配合。

练习：图12－4中，⑤传球给⑥，⑤向左侧做切入假动作，同时观察❺的移动情况，然后突然从右侧切入，侧身面向球，接⑥的传球投篮。

空切配合：是指无球队员掌握时机，摆脱对手，切向防守空隙区域接球投篮或做其他进攻配合。

练习：图12－5中，④传球给⑤时，⑥利用❻未及时调整位置的机会，突然横切或沿底线切向篮下接⑤的传球投篮。

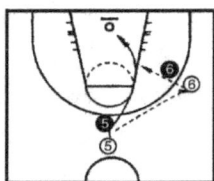  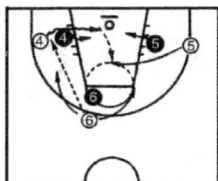 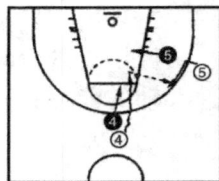

图12—4　　　　　图12—5　　　　　图12—6　　　　　图12—7

（2）传切配合的要点

①必须有一定的配合空间及合理的切入路线。②切入队员要抓住防守队员选位不及时或注意力分散的空隙，快速起动，或利用假动作摆脱对手。③传球队员动作要隐蔽，及时准确。

2.突分配合

突分配合是指持球队员突破对手后，遇到对方的补防时，及时将球传给进攻时机最佳的同伴进行攻击的一种配合方法。

（1）突分配合的方法

练习一：图12－6中，④持球从左侧底线突破❹后，遇到❺补防时，及时传球给横切的⑤投篮。

练习二：图12－7中，④持球纵向突破❹，当❺补防时，④及时传球给⑤投篮。

（2）突分配合的要点

①队员在突破中动作要快速、突然，注意观察攻守队员位置的变化，及时、准确地将球传给进攻机会更好的同伴。②当持球队员突破后，其他的进攻队员都要摆脱对手，离开原先的位置，切向空隙区域，准备接球进攻或抢篮板球。

3.掩护配合

掩护配合是指进攻队员选择正确的位置，运用规则限定的合理的身体动作挡住同伴防守者的移动路线，使同伴借以摆脱防守，获得接球投篮或其他进攻机会的一种配合方法。掩护配合有许多形式和方法，这里仅介绍前掩护、侧掩护、后掩护三种形式。

（1）掩护配合的方法

① 前掩护：是指掩护队员站在同伴防守者的身前所组成的掩护配合方法。

练习：图12－8中，⑤传球给④后，向篮下做切入动作，然后到❹前面做掩护，④可投篮或突破。

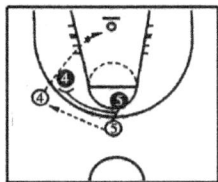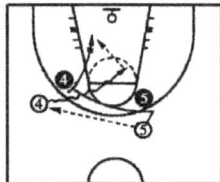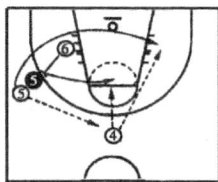

图12 －8　　　　图12 －9　　　　图12 －10　　　　图12 －11

② 侧掩护：是指掩护队员站在同伴防守者的侧面所组成的掩护配合方法。

练习一：持球队员与徒手队员之间的侧掩护配合。图12－9中，⑤传球给④后，移动到❹身体左侧做侧掩护，④接球后瞄篮或做向左侧突破的动作。当⑤掩护到位时，④立即从右侧贴着⑤的身体运球突破上篮。⑤立即转身切向篮下抢篮板球或接球投篮。

练习二：徒手队员之间的侧掩护配合，图12－10中，⑤传球给④后，向传球的反方向移动给⑥做侧掩护时，⑥先向篮下做压切动作靠近❻，然后突然贴近⑤的身体横切接④的球投篮。⑤掩护后转身切入篮下，接④的传球投篮或抢篮板球。这种掩护也称反掩护。

③ 后掩护：是指掩护者站在同伴防守者的身后所组成的掩护配合方法。

练习：图12－11中，⑤传球给④，⑥到❺身后做掩护时，⑤先做横切假动作吸引❺，然后突然从左侧贴近⑥的身体切入篮下，⑥随之面向球横切，④将球传给⑤或⑥投篮。

（2）掩护配合的要点

①掩护者应选择正确的掩护位置和动作，掩护一刹那掩护队员身体是静止的，并与对方队员保持适当的距离，两脚平行开立，两膝微屈，上体微前倾，两臂屈肘放于体侧或交叉放于胸前，有利于攻守对抗。②被掩护队员应选择最佳的摆脱角度，以各种进攻动作吸引对方的注意力，隐蔽掩护意图。掩护时被掩护队员身体要靠近掩护者，以防对方挤过。当对方换防时掩护者应立即转身护送参与进攻。③掩护时同伴之间应掌握好时机，

根据防守变化，组织中投、突破或内线进攻。

4.策应配合

策应时进攻队员背对或侧对球篮接球后，以他为枢纽，通过多种传球方式与外

线队员的空切、绕切相结合，借以摆脱防守，创造各种里应外合进攻机会的配合方法。

（1）策应配合的方法

练习一：中锋外策应配合方法：图12－12中，⑤传球给④后，向左侧压切，然后以④为枢纽从右侧绕切，同时策应队员④先做传球给⑤的假动作，然后转身把❺挡在身后，将球传给绕切过来的⑤，⑤接球可以投篮、突破或传给策应后下切的④。

练习二：中锋内策应配合方法：图12－13中，⑥传球给⑦，向右移动与④在策应队员⑦身前做交叉绕切，⑦可将球传给绕切的④或⑥，也可自己转身进攻。

图12－12　　　　　图12－13

（2）策应配合的要点

①策应队员要突然起动摆脱对手，占据有利的策应位置，采用绕步抢前接球动作，接球时两脚开立，两膝微屈，两肘外展，用身体保护球。准确判断场上的攻守变化情况，及时地将球传给进攻位置最好的同伴或伺机进攻。传球后要转身跟进或抢篮板球。②外线的队员传球后，利用起动速度、绕切的弧度或假动作摆脱防守，接到策应队员的传球后迅速做出投篮、突破、传球的最佳选择。

（二）防守战术基础配合

防守战术基础配合是指在篮球比赛中，防守队员两三人之间所采用的协同防守配合的方法。它包括挤过、穿过、绕过、夹击、关门、补防、交换防守等。

1.挤过配合

挤过配合是指对方进行掩护时，防守队员在掩护队员接近自己的一刹那，迅速抢前横跨

一步贴近自己的对手，并从两个进攻队员之间侧身挤过去，继续防守

自己对手的配合方法。

（1）挤过配合方法：如图12-14，⑤给④做掩护，当⑤接近❹的一刹那，❹抢前横跨一步贴近④，并从④和⑤之间主动侧身挤过去继续防守④。

（2）挤过配合的要点：①不要过早暴露挤过配合意图，以防止对方反方向切入。②在两个进攻队员身体靠近以前，果断抢步贴近对手，快速侧身挤过。③防守掩护者的队员应站在能够兼顾防守两个进攻队员的位置上，及时提醒同伴对方的掩护意图，做好可能换防的准备。

2.穿过防守

穿过防守是指当对方进行掩护时，防守掩护者的队员及时提醒同伴，并主动后撤一步，让同伴及时从自己和掩护队员之间穿过去，继续防守自己对手的配合方法。

（1）穿过配合方法：如图12-15，④传球给⑤，④反方向移动给⑥做掩护的一刹那，❹主动后撤，让⑥从④和❹中间穿过去，继续防守⑥。

（2）穿过配合的要点：①防掩护队员要及时提醒同伴，并主动后撤一步选好位置，留出让同伴穿过的通路。②当对方掩护时，防守被掩护者的队员要撤步侧身，避开掩护队员及时穿过。

 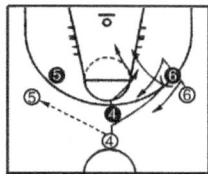 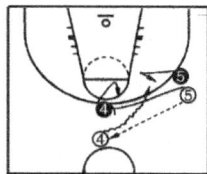 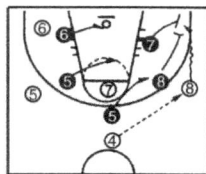

图12-14　　　　图12-15　　　　图12-11　　　　图12-17

3.交换配合

交换配合是指进攻队员做掩护配合时，防守掩护者的队员与防守被掩护者的队员及时主动地交换自己所防对手的配合方法。

（1）交换配合的方法：如图12-11，⑤将球传给④，⑤给④做侧掩护，④运球突破。此时❺发出交换防守信号后立即防守④，❹随之后撤调整位置，堵住⑤的切入，并准备抢断④的传球。

（2）交换配合的要点：①防守掩护者的队员应及时发出信号提醒同伴，相互换防堵截进攻队员的攻击路线。②防守被掩护者的队员应及时撤步，在掩护队员转身切入前抢占有利的防守位置。

4.夹击配合

夹击配合是指两个以上的防守队员，利用对手在场地边角运球或运球停止时，突然快速上前封堵和围夹持球者的一种防守配合方法。

（1）夹击配合的方法：如图12－17，当⑧在底角运球停止时，❼与❽一起夹击⑧，❹堵防强侧的回传球，❺与❻向有球方向移动准备断球。

（2）夹击配合的要点：①当对手沿边线低头运球或在场角、中线附近和限制区内，运球停止时，是夹击的最好时机。②夹击时两个防守队员的身体要靠紧，两臂垂直上举，随对方的球摆动，封堵其传球。③夹击的目的不是为了从持球队员手中抢球，而是迫使持球队员传球失误，给同伴创造抢断球的机会，因此，应减少夹击时的犯规。④其他队员应配合夹击队员，封堵近球队员，迫使持球队员传远、高球。

5.补防配合

补防配合是指当防守队员被对手突破或出现漏防时，邻近的同伴大胆地放弃自己的对手，及时快速地进行补漏防守的一种配合方法。

（1）补防配合的方法：如图12－18，当④突破❹的防守直接投篮时，❺大胆放弃自己的对手，快速补防，阻止④的进攻，❹向左侧移动防守⑤。

（2）补防配合的要点：①防守队员应全面观察和判断场上出现的漏防情况，补防时应果断、迅速地抢占有利位置，避免犯规。②被对手突破的防守队员应快速向补防队员方向移动，并观察对方的传球意图，争取抢断球。

6."关门"配合

"关门"配合是指邻近的两名防守队员协同堵截进攻队员运球突破的一种防守配合方法。

（1）"关门"配合的方法：如图12－19，④持球突破时，❺抢先移动向❹靠拢并"关门"，不给突破队员留有空隙，当突破队员分球时，❺快速回防自己的对手。

（2）"关门"配合的要点：①防突破的队员应及时向侧后方滑步卡位，堵住进攻队员的突破路线。②邻近突破一侧的防守队员，应快速向同伴移动靠拢进行"关门"配合，同时根据持球队员的停球和传球，决定围堵和回防。③"关门"配合时，防守队员两肩靠紧，微屈膝，含胸，两臂自然上举或侧举，发生身体接触时要用暗劲，避免受伤。

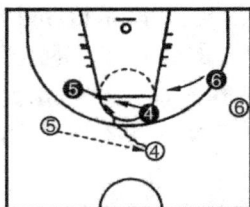

图12－18　　　　　　　图12－19

二、快攻与防守快攻

（一）快攻

快攻是防守队获得球后由守转攻时力争在对手布阵未稳之际，抓住战机以最快的速度、最短的时间，果断而合理地发动攻击的一种速决性战术配合。

1.发动快攻的时机

发动快攻的时机，即当获后场篮板球、抢、断、打球和跳球时，以及对方投中后掷端线界外球时都应抓住机遇发动快攻。

2.快攻战术的形式

快攻战术的形式有长传快攻、传球与运球结合的快攻和个人突破快攻。

（1）长传快攻：是队员在后场获球后，用一次或两次传球把球传给快下的同伴进行攻击的一种方法。这种快攻只有发动和结束阶段组成，特点是时间短、速度快、战术组织简单。但要求快下队员意识强、速度快，发动队员传球及时、准确、视野开阔。它包括抢篮板球后长传快攻、掷后场端线球长传快攻、断球后长传快攻和跳球获球后长传快攻。

（2）传球与运球结合的快攻：这种组织形式的快攻可分为发动与接应、快攻的推进和快攻结束三个阶段。

快攻的发动与接应形式分为：抢篮板球的发动与接应；断球后快攻的发动与接应；跳球后和掷后场端线球的发动与接应。

快攻的推进形式有传球推进、运球推进、传球与运球结合推进等形式。

快攻结束阶段一般会形成二攻一、三攻二配合。

（3）个人运球突破快攻：是指个人抢断球或抢获篮板球后，抓住战机，快速运球超越对手直攻篮下得分的快攻形式。

3.快攻的练习方法

（1）长传快攻练习方法

练习一：抢篮板球长传快攻投篮练习。

练习二：插中接应后长传给快下队员投篮练习。

（2）短传快攻练习方法

练习一：两人或三人边线或中路短传推进至篮下投篮，再以同样的方法返回。

练习二:半场二攻一练习。

练习三：半场三攻二练习。

（二）防守快攻

防守快攻是在由攻转守的瞬间组织起来阻止和破坏对方快攻的防守战术。

1.防守快攻的方法

提高进攻成功率、积极拼抢前场篮板球、堵截快攻的第一传和接应、控制对手的推进、防守快下队员和提高队员以少防多的能力。

2.防守快攻的练习方法

练习一：二对二堵截快攻的发动与接应练习（图12－20）。教师△将球投向篮板，当❹抢到篮板球时，④应立即转攻为守，积极迅速上前挥臂干扰❹的传球路线或迫使其向边线运球，延误其发动时间。⑤则积极去堵截❺接应一传。练习若干次后，两组交换攻守练习。

练习二：三对三夹击第一传（图12－21）。当❹抢到篮板球时，④和篮下的⑤合作夹击，⑥放弃快下的❻，而及时去堵截❺的接应，并随时准备断❹传出的球。

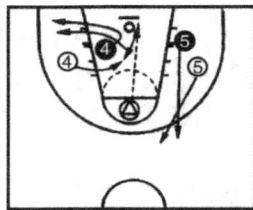 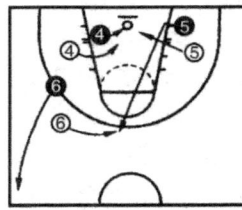

图12 —20　　　　　　图12 —21

三、半场人盯人防守战术与进攻半场人盯人防守战术

（一）半场人盯人防守战术

半场人盯人防守战术，顾名思义，就是要各自防住自己看守的对手。根据防守策略和防守范围，半场人盯人防守战术，可分为半场缩小人盯人防守（距离球篮6～7m的范围）和半场扩大人盯人防守（距离球篮8～10m的范围）两种。

1.半场人盯人防守的方法

（1）半场缩小人盯人防守方法

① 强侧、弱侧的防守方法：以球场纵轴线为标准，有球的一侧为强侧，无球一侧为弱侧。强侧的防守，对持球队员要紧逼防守，限制其投篮、突破、传球。对于近球者，采用积极的错位防守，不让其接球。弱侧的防守要回撤篮下保护、协防，同时注意抢断高吊球，及时堵截对方的背

插和溜底线。

如图12－22，⑥持球时，❻紧逼⑥，❼内侧侧前防守⑦，❹紧逼防守④，❽回缩篮下，防⑥的高吊球及⑧的横切等。❺可适当向强侧靠拢。如果弱侧队员⑤接球（图12－23），❺紧逼⑤，❼侧前或绕前防守⑦。❹错位防守④并准备协防。弱侧的❻向中锋一侧靠拢，保护中锋。❽错位防守⑧的接球或空切篮下。

② 防掩护进攻的配合方法：当对方进行掩护进攻时，运用抢过防守，尽量不要换防，尤其是中锋与外围队员之间的掩护更是如此。

如图12－24，⑥持球，中锋队员④与⑤做掩护时，❹、❺不要换防，❺绕过掩护队员④继续防守⑤。右边的⑦、⑧掩护时，❼全力抢过。

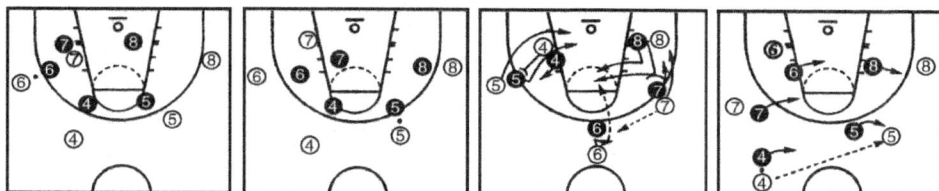

图12—22　　　图12—23　　　图12—24　　　图12—25

（2）半场扩大人盯人防守方法

由攻转守时，防守队员应首先控制对方的反击速度，迅速退回后场，当持球队员进入前场时，防守队员立即迎前紧逼防守，减缓其进攻速度，阻止运球突破。防无球队员应及时选位，以防止对手接球或切入。

如图12－25，④持球进入前场后，❹紧逼防守④，控制其进攻速度，严防其突破，❺和❼紧逼⑤和⑦防止其接球，并随时注意与④的掩护。❻侧前防守⑥，防止高吊球，❽向篮下回撤，帮助❻协防⑥，并注意⑧的横切。如④将球传给⑤时，则按图示方向选位。

2.半场人盯人防守的基本要求

（1）现代型防守要贯彻以防人为主的防守原则，对持球队员必须采用平步贴身紧逼防守姿势，扩大防守面积，积极拼抢，不给对方轻易投篮、突破和传球的机会，一旦被对手突破，必须追防。

（2）对徒手队员要错位防守，做到人、球、区兼顾，重在敢于对抗，堵截其向球反移动和空切篮下的路线，破坏其与有球队员和其他无球队员的任何配合行动，不让其有任何获球的机会。

（3）由于防区扩大，比赛的强度增加，要求队员有充沛的体力和良好的意志品质，比赛中正确观察、判断场上的攻守情况，在防守选位时，要做到"人动我动，球动我动"，在严密控制对手的基础上随时准备协防、补防、夹击、断球以及防掩护等，充分体现防守的主动性和攻击性。

（4）防守分工时，通常以跳球时的站位分工，也可按照强对强、弱对弱、高对高、矮对矮的方法分工，无论怎样都要强调防守的整体性。

（二）进攻半场人盯人防守战术

进攻半场人盯人防守战术是根据半场人盯人防守战术的特点，合理运用各种传切、突分、掩护、策应等基础配合所组成的全队进攻战术。它是进攻战术体系中最常用、最重要的战术之一。

1.进攻半场人盯人防守战术配合的方法

（1）选用合理的落位阵型

根据队员的身体条件、技术特点、战术素养选择能够充分发挥本队特点的进攻阵型。最常见的进攻落位阵型有：单中锋进攻的"2－3"阵型和"2－1－2"阵型；双中锋进攻的"1－2－2"阵型；无固定中锋的"1－2－2"阵型；双中锋纵向站位的"1－3－1"阵型。

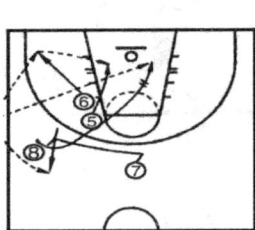 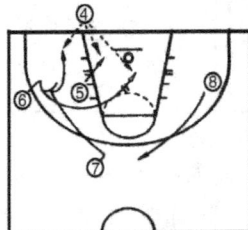

图12—26　　　　　　图12—27

（2）掷前场界外球的固定配合方法

掷前场边线球的配合方法（图12－26）：⑦给⑧做后掩护，⑧纵切时靠近⑤的身体做定位掩护，然后直插篮下接球投篮。当⑧与⑤做定位掩护时，⑥向左场角移动接④的传球，此时，⑤纵切篮下接⑥的球投篮。

掷前场端线球的配合方法（图12－27）：⑦给⑥做掩护，⑥横切的同时与中锋队员⑤做定位掩护，然后切向篮下接④的传球投篮。④亦可将球传给⑦或⑤。

2.进攻半场人盯人防守战术的基本要求

（1）从实际出发，合理地组织阵型，充分发挥本队进攻特点和个人的技术特长，利用基础配合组成全队的进攻战术。

（2）做到在移动中相互配合，有目的地连续穿插、掩护、换位，侧重于主要的攻击区域和攻击点，点面结合，内外结合，强调进攻中的灵活性和机动性。注意攻守平衡。

（3）组织积极冲抢前场篮板球，提高攻守转换速度。

（4）进攻中抓住对方的薄弱环节，实施强攻。

四、区域联防与进攻区域联防

（一）区域联防

区域联防是由攻转守时，防守队员迅速退回后场，每一个队员分工负责防守一定的区域，随着球的转移而积极地调整自己的位置，形成一定的阵型，把每一个防区的同伴有机地结合在一起所组成的全队防守战术。

1.区域联防的站位阵型

区域联防的站位阵型常见有"2－1－2"（图12－28）；"2－3"阵型（图12－29）；"1－3－1"阵型（图12－30）等，其中"2－1－2"是基本的站位阵型。图中的黑线区为联防共管区也是联防薄弱区。

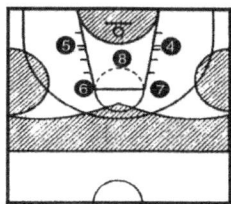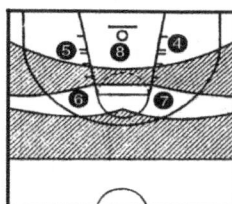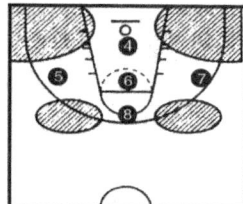

图12—28　　　　　图12—29　　　　　图12—30

2.区域联防的方法（以"2－1－2"阵型为例）

"2－1－2"阵型，队员分布均衡，移动距离近，有利协防和调整阵型，较适用于防守正面突破和篮下进攻威力大的对手，但防守两腰共管区域和圈顶的投篮较困难。

（1）球在弧顶时的防守移动配合方法（图12－31）

❺上前防守持球队员④，④、❼分别防守⑦和⑥，并随时准备与❺做"关门"配合或抢断④的传球，❻防守⑤，❽错位防守⑧，严防其接球。

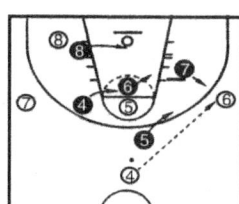

图12—31　　　　　图12—32　　　　　图12—33

（2）球在左侧时的配合方法（图12－32）

❹防守持球队员⑦，❽侧前防守⑧，回撤篮下防高吊球和堵截⑥的空切，❻防⑤接球和纵切，❺移至弧顶协防中锋⑤。

（3）球在右侧时的移动配合方法（图12－33）

❼防守持球队员⑥，❺随球移动准备协防，❻错位防守⑤，防止接球或纵切，❹回缩防⑦横切和随时准备抢断"过桥球"，❽移至篮下防⑧横切和准备补防。

3.区域联防的基本要求

（1）由攻转守时，封一传，堵接应，争取时间迅速退回后场，站好区域联防阵型。

（2）根据区域联防的特点和队员的身体、技术特长，合理地分配防区。

（3）防守持球队员时执行盯人防守的原则，积极干扰和破坏对方的投篮、传球、运球和突破。

（4）对无球区域的防守也要贯彻以防人为主，"球、区"兼顾的要求，当徒手队员通过溜底线、背插、纵切等方式进入自己的防区时，要先卡位，堵防第一接球点，然后护送出自己的防区交给同伴防守。

（5）防守中，随时准备协助同伴进行"关门"、"夹击"、"补防"等配合，特别对篮下攻击能力较强的内线队员必须进行围守。

（6）要根据对方的进攻变化，随时准备调整防守阵型。

（二）进攻区域联防

进攻区域联防是针对区域联防的阵型和变化特点，结合本队的实际情况，组织相应的落位阵型，有目的地通过传球及队员的穿插，破坏对方整体防御部署，创造良好的内外线进攻机会的阵地进攻战术。

1.进攻区域联防的阵型

针对区域联防的阵型，而采用相应的进攻阵型。确定阵型的原则是根据进攻的点、面，合理部署队员占据联防的薄弱地区，避免与防守队员形成一对一的站位，在局部区域形成以多打少的优势，并始终保持攻守平衡。常用的落位阵型有"1－3－1"阵型、"1－2－2"阵型等。

2.进攻区域联防的方法

"1－3－1"阵型落位，进攻"2－1－2"联防（图12－34）：

 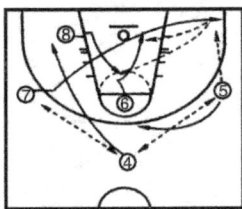 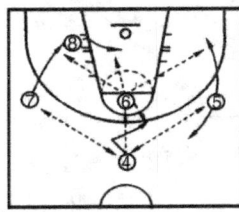

图12—34　　　　　图12—35　　　　　图12—36

(1)组织背插、溜底线进攻（图12－35）：外线队员④、⑤、⑦在传球过程中，调动防守，组织中、远距离投篮，迫使对方扩大防区。如果没有机会，当⑤接球时，⑦背插至右侧底角，接⑤的传球后，可给⑥或⑧，可以远投或回传给⑤重新组织进攻。

(2)组织中锋策应进攻（图12－36）：外围队员将球传给中锋⑥，⑥接球后，除个人攻击外有三个攻击点，第一点传给横切队员⑧，第二点传给空切篮下队员⑦，第三点传给后卫队员④，在策应过程中也可个人进攻。

3.进攻区域联防的基本要求

（1）提高守转攻的速度，在防守阵型尚未形成以前，抓住战机发动快攻。

（2）根据区域联防的特点，占据防守薄弱区域，快速转移球和频繁穿插，调动防守，使防守顾此失彼，创造以多打少和连续进攻的机会。

（3）组织中、远距离投篮，使对方扩大防区，给内线进攻创造机会。

（4）运用策应、溜底线、背插、掩护、突分等配合破坏防守整体布局，创造投篮机会。

（5）积极组织拼抢前场篮板球，争取补篮或二次进攻。保持攻守平衡，随时准备退守。

第三节　篮球运动规则

一、比赛通则及一般规定

1. 篮球比赛的定义：每场篮球比赛由两个队参加，每队出场5名队员。每队的目标是在对方球篮得分，并阻止对方队得分。

2. 比赛的胜者：在比赛时间结束时得分较多的队，将是比赛的胜者。

3. 比赛时间：比赛由4节组成，每节10分钟。每一决胜期为5分钟。

4. 交替拥有：交替拥有是以掷球入界而不是以跳球来使球成活球的一种方法。

5. 球中篮和它的得分值：球进入球篮，如是罚球得1分；如是从2分区投篮得2分；如是从3分投篮区投篮得3分。

6. 罚球：是给予一名队员从罚球线后的半圆内的位置，在无争抢的情况下得1分的机会。

二、违例及其罚则

违例是违反规则的行为。罚则：发生违例的队失去球，由对方在最靠近发生违例的地点掷界外球，但直接位于篮板后面的地方除外。如果发生投篮或罚球中篮无效时，要在罚球线延长部分的界外掷界外球。

（一）跳球违例

跳球队员违犯下列规定即为违例：1.两名跳球队员的脚要站在靠近本队球篮一边的半圈内，一只脚靠近两人之间的线的中心，不准上步助跑。2.在球到达最高点之前，不准拍击球。3.不能直接抓住球或触及球超过两次。4.拍球两次后，在球未触及非跳球队员、篮板和球篮、地面之前，不得再触球。5.球被合法地拍击前，任一跳球队员都不得离开他的位置。6.跳球队员拍球前，非跳球队员不得进入跳球圈。

（二）运球违例

队员控制球后将球掷、拍或滚，在球触及另一队员之前再触及球为运球违例。每次运球必须使球与地面接触。运球后，队员用双手同时触及球或使球在一手或两手中停留的瞬间运球即完毕。队员第一次运球结束后不得再次运球，除非又重新控制球才可以运球。

下列情况不是运球：1.连续投篮。2.运球前漏接，球拿稳后可以运球；运球后漏接，可以拿住球，不能再运球。3.与附近的其他队员抢球中用挑、拍，试图控制球，获得球后可运球。4.打落或拦截对手的球并获得该球，可以运球。5.只要不出现持球移动违例，允许球在触及地面前在手中抛接或停留。在运球过程中，运球手翻腕使手掌心超过垂直面为"携带球"违例。

（三）持球移动违例

队员持球移动超出规则的限制即造成持球移动违例（走步）。

1.中枢脚的确定：（1）队员双脚着地接到球，可用任何一脚作为中枢脚。（2）队员在移动或运球中接到球后，双脚同时着地，可用任何一脚作为中枢脚；两脚分先后着地，则先着地的脚为中枢脚。（3）队员在移动中或运球结束时，接球一脚着地，队员可以跳起这只脚并双脚同时落地，则两脚都不是中枢脚。

2.持球移动：（1）运球开始时，在球离手前中枢脚不能抬起。（2）队员可以抬起中枢脚进行投篮或传球，但在球离手前中枢脚不能落回地面。（3）当两只脚都不是中枢脚时，一脚或双脚都可以抬起进行投篮或传球，但在球离手前不可落回地面；运球开始时，在球离手前哪只脚都不可以抬起。当中枢脚出现不合法移动即为持球移动违例（带球走）。

（四）球回后场违例

某队在前场控制活球，该队的队员不得使球回后场。如果控制球队的队员在前场接触了球而使球进入后场，该队的队员在后场又首先接触了球，即为球回后场违例。

1.判断球回后场的三个条件：（1）某队在前场控制活球。（2）控制球队在前场最后触球后使球从前场进入后场。（3）控制球队的队员在后场首先触球。造成球回后场违例，这三个条件缺一不可。

2.球回后场违例的几种情况：（1）队员骑跨中线跳起接后场同队队员的传球，落地后仍骑跨中线或双脚落在后场时。（2）队员从后场跳起接前场同队队员的传球时。（3）队员骑跨中线运球时。（4）同队队员骑跨中线相互传球时。（5）队员骑跨中线，静立或跳起接前场同队队员的传球时。（6）队员骑跨中线或有一脚踩在中线上静立接后场同队队员传来的球后，抬起在前场的脚为回后场违例。

3.不视为球回后场违例的情况：（1）运球队员在中线附近由后场向前场做后转身运球，转身时即使有部分身体接触了前场地面，球却运在后场地面上，然后继续向前运球。（2）控制球队在前场进攻投篮出手后，球碰篮圈或篮板弹回后场，该队队员在后场又获得球。

（五）干扰球违例

投篮的球在飞行中下落并完全在篮圈水平面之上时，攻守双方队员不可以触及球；投篮中当球碰击篮板后完全在篮圈水平面之上时，也不可以触及球。（但在球触及篮圈后或明显不会触及篮圈时除外）；当球接触篮圈时，攻守队员都不得触及球篮或篮板；当投篮的球在球篮中时，防守队员不得触及球或球篮。进攻或防守队员不得从下方伸手穿过球篮并触及在篮圈水平面之上或篮圈上的球，不管是在投篮后、跳球拍击后或是在传球后。

违反以上规定即为干扰球违例。进攻队员违例，球即使投中也无效；防守队员违例，球即使没投中也要判攻方得2分或3分。

（六）球出界与掷界外球违例

1.当球触及界线、界线外的地面、人员、物体、篮板的支柱或背面及天花板为球出界违例。在球出界前最后触及球或被球触及到的队员是使球出界的队员。

2.掷界外球队员发生下列情况为违例：（1）球离手的时间超过5s。（2）球离手前或离手时脚踏场地。（3）掷球时，从裁判员指定的地点沿界线移动超过正常的一步。（4）在球触及了另一队员前在场内触及球。（5）在球触及场内队员前又出界。（6）掷球越过篮板传给场上另一队员。（7）掷球离手后球停留在篮圈支架上或进入球篮。

（七）踢球与拳击球违例

篮球运动是用手来打篮球。凡是用拳击球或故意地用膝、膝以下的任何部位去击球或拦阻球为违例。脚或腿偶然地接触球不是违例。

（八）时间规则的违例

1. 3s违例：某队在场上控制球并且比赛计时钟正在走动时，该队队员不得在对方的限制区内停留超过持续的3s。限制区的各线都属于限制区的一部分，队员脚踩限制区任何一线都算位于限制区内。

队员在限制区内停留接近3s时，可允许他向篮下运球投篮或同队队员正在做投篮动作并且球正离手或恰已离手。当投篮的球一离手或抢篮板球、补篮时不受3s规则的限制。

2. 5s违例：下列情况应判5s违例：（1）场上队员持球被严密防守（在正常的一步之内），在5s内没有传、投、滚或运。（2）掷界外球超过5s，时间从掷界外球可处理球时算起到球离手止。（3）罚球超过5s，时间从裁判员将球置于罚球队员可处理球时起到球出手止。

3. 8s违例：当一名队员在后场获得控制活球时，该队必须在8s内使球进入前场，超过8s为违例。

4. 24s违例：当队员在场上控制活球时，该队必须在24s内尝试投篮。如球出界或由于控制球队一方的原因中断比赛，24s应连续计算；如因对方拳击球、脚踢球违例或犯规，或因对方原因中断比赛，24s应重新计算。

（九）罚球违例

1. 罚球队员要在罚球线后半圈内就位，可用任何方式投篮。违反下列规定为违例：（1）使球投中或触及篮圈。（2）每次罚球不得超过5s。（3）球触及篮圈前，不得踩罚球线或限制区地面。（4）不得做假动作罚球。

罚球队员违例中篮无效。判给对方队员在罚球线的延长线外掷界外球，除非还要执行后续罚球。罚球队员违例时，任何其他队员在同时或紧接着造成的任何其他违例不究。

2. 位置区两侧5名队员应按规定站位并遵守下列规定：（1）不得扰乱罚球队员。（2）罚球队员球离手后方可进入限制区。（3）要等球触及篮圈后才能抢球。

罚球队员的同队队员违反（1）、（2）条款，中篮无效；不中由对方掷界外球继续比赛。罚球队员的对方违反（1）、（2）条款，中篮有效，违例不究；不中重罚。双方违例，中篮有效，违例不究；不中双方跳球继续比赛。如罚球队员的同队队员违反（3）条款，中篮无效，由对方掷界外球；对方队员违反（3）条款，无论中篮与否，均判给罚球队员得1分。

3. 站在罚球线延长线后的三分线外的其他队员，要等触及篮圈才能进限制区。

三、犯规及其罚则

犯规是违反规则的行为，含有与对方队员的不正常身体接触动作和违反体育道德的举止。每次犯规都应进行登记，并按规则的有关条款进行处罚。犯规包括侵人犯规和其他犯规。

（一）侵人犯规及其罚则

在球进入比赛状态、活球或死球时，队员通过伸展手、臂、肘、肩、髋、腿、膝或将自己的身体弯曲成"反常的"姿势来拉、阻挡、推撞、绊对方队员以阻碍其行进；或使用粗野动作，都要判侵人犯规。罚则如下：

1.如果被侵犯的队员未做投篮动作，应由被侵犯的队员在犯规地点最近的界外掷球继续比赛。

2.如果被侵犯的队员在做投篮动作，如投中则得分有效，再判给一次罚球；如未投中应视其投篮地点判给2次或3次罚球。

3.在一节比赛中，全队犯规累计达4次，此后发生的队员犯规均判给被侵犯的队员2次罚球（控制球队犯规除外）。

在任一决胜期内发生的所有的全队犯规要看作是最后一节的一部分。

（二）其他犯规及其罚则

1.技术犯规及其罚则

队员、教练员、助理教练员、随队人员及其替补队员如违反规则的有关规定，漠视裁判员的劝告或有不正当、不道德的行为都将被视为技术犯规。技术犯规不包含身体接触。罚则如下：

（1）宣判队员技术犯规，应给该队员登记一次技术犯规，再判给对方1次罚球加一次中线外掷界外球。

（2）宣判教练员、助理教练员、替补队员或随队人员的技术犯规，应登记教练员一次技术犯规，再判给对方队2次罚球加一次中线外掷界外球。

（3）在比赛休息期间的技术犯规，应判给对方队2次罚球。有资格参赛的队员技术犯规，它应作为全队犯规之一计数；教练员、助理教练员、随队人员的技术犯规，不作为全队犯规之一计数。

2.违反体育道德的犯规及其罚则

根据裁判员的判断，一名队员不是在规则的精神和意图的范围内合法地试图去直接抢球，发生的侵人犯规为违反体育道德的犯规。它不决定于动作的大小和激烈程度，而决定于这个接触是否有预谋或企图。罚则如下：

（1）应给犯规队员登记一次违反体育道德的犯规。

（2）对未做投篮动作的队员违反体育道德的犯规，判给被侵犯的队员

2次罚球加1次在记录台对面的边线中点处掷界外球；如果是对投篮队员违反体育道德的犯规，投中有效再加1次罚球和在记录台对面的边线中点处掷界外球；如果未中，视其投篮地点判给2次或3次罚球再加1次在记录台对面的边线中点处掷界外球。

3.取消比赛资格的犯规及其罚则

队员、替补队员、教练员、助理教练员或随队人员任何恶劣的违反体育道德的行为是取消比赛资格的犯规；一名队员被登记了2次违反体育道德的犯规时，该队员也应被取消比赛资格。罚则与违反体育道德犯规的罚则相同，并令其回休息室或离开体育馆。

4.双方犯规及其罚则

双方队员同时相互犯规为双方犯规。

罚则：登记每个犯规队员一次侵人犯规，不判给罚球。然后按下列方式重新开始比赛：如果发生双方犯规时某队已经控制球，则由该队在距犯规地点最近的界外掷界外球；如果发生双方犯规时两队都不控制球，则由双方犯规队员进行跳球；如果发生双方犯规的同时投篮得分，应将球判给得分队的对方队员在端线外掷界外球。

第十三章　传统气功健身

养生保健是中国人体科学和医学科学的精华。上下四千年，在研究人体生命科学与自然、社会的关系中，通过预防摄生、祛邪治病、延年益寿的实践，道、儒、释、医等百家齐放，创立了独特的传统养生保健理论与方法体系，成为中国传统文化中的一颗璀璨的明珠。

第一节　传统运动健身思想

一、传统运动养生思想的产生

养生又称为摄生，"摄"包含"保养"之意。老子在《道德经》中就有"养摄生者"的论述；《老子》的"道德自然"，"守中报一"，"无为而无不为"；孔子的"修身诚意"，"中和养性"，"非礼勿视"；《庄子》的养生刻意，缮性达生，"熊经鸟伸"；《内经》的"生气通天"，"呼吸精气"，"独立守神"；《皇帝内经》中的"夫道者，年皆白岁"等记载，阐述了养生之道。这种保健益寿的方法，称之为"养生"，养生的理论和方法称谓"养生之道"，也就是传统健身思想。

二、传统运动养生思想的发展

战国时期传统养生发展以"吹呴，呼吸，吐故纳新，熊经鸟伸"为主要特征。"熊经鸟伸"是我国最早的养生保健活动之一。它是一种模仿胸鸟活动形态的肢体运动。古代养生家通过长期的观察和生活实践，认识到如果人能够像胸、鸟那样伸展肢体，活动身躯，就能够像熊那样健壮，像鸟那样轻盈翱翔。"吹　呼吸，吐故纳新"之所以能祛病健身，延年益寿，就在于"气"是一种无处不到，无处不在，无时勿息的营养物质，人体内只要正气充盈，就能够抵御疾病，从而形成了我国古代独特的健身方法——气功养生术。

秦汉至隋唐，是佛家、道家养生学兴盛时期，养生家迎合帝王追求的"长生不死",寻找"仙丹妙法"之需,提供炼丹术、服石法、房中术等养生法,使传统养生文化一段时期走入误区。随着统一的多民族的封建国家的建立,政治、经济、文化的发展,医学的进步,推动了养生导引术的发展。东汉名医张仲景在《伤寒杂病论》和《金匮要略》中强调以"导引、吐纳、针灸、膏摩'治疗四肢'重滞症"等,对传统养生理论有许多精辟的见解。后汉的名医华佗,在继承前人有关导引理论与实践的基础上,创编了《五禽戏》。《五禽戏》把虎、鹿、猿、熊、鹤五种禽兽的代表性动作,以练身健体祛病为目的。

两晋南北朝以养生家嵇康、葛洪为代表,其主要养生理论讲究以"内修"修心养性,"呼吸吐纳,服食养生,使形神相亲,表里俱济";"外养"即在"行气"、"导引"、"卫生"等方面进行形体锻炼,创编了龙导、虎引、龟咽、燕飞、蛇屈、猿居、兔惊等运动健身术。在养生保健理论和实践有较大发展的基础上,宋代出现了一套著名的动静结合的八段锦健身术。八段锦是八节动作连贯的健身操,分文、武两种。文八段锦采用坐式,故称为八段锦坐功;武八段锦是立式的。

到了明清时期,养生学家在继承前人研究的基础上,出版了大量传统养生专著,如明代李时珍的《本草纲目》,系统地阐述了饮食和药物的养生作用;李杲的《保养说》提倡避风邪、节劳逸、戒色欲、正思虑、薄滋味、寡言语等养生艺术;张景岳在《类经》的摄生类中批判了消积厌世的人世观,在活形论中精辟地提出了善养生者,不仅要养神,还要养形。认为养形重在养精血,提出用温补来养精血。在养生术方面,创编了简明"八段锦"、"十二段锦"、"易经筋十二势"、"太极拳"等等,闻名于世的少林武术形成。明清时期汇集了我国古代养生保健之精华,使我国传统养生理论和实践方法日臻完善。

三、几种养生之道

(一)老子的养生之道

老子是先秦时代杰出的思想家,也是道家创始人,同时也是一个大养生学家。老子的思想精华是道,也叫大。道表示宇宙的本体。《史记》中记载:老子、姓李,名耳,宇聃,做过周朝王室的守藏宝之吏。征集、保管和整理周王朝及诸侯典藉。

老子的养生观点与主张,集中起来可以概括为顺应自然、主静、恬淡寡欲、咽津养生、福祸相互转化等方面。

主静主要表现为老子在政治思想上主张无为而治,在养生方面也主张无为，好静。《老子》第十章提出致虚极，守静笃。即尽量使心灵虚寂，坚守清静。

老子认为，灵丹妙药虽好，但也不如自己的津液（唾液）有益于自身。因此他主张咽津以养生。他平时"叩齿鼓漱，然后再把这些津液咽下去，每日必做，久而久之，利于健康。"

《老子》中有朴素辩证法思想的因素，它提示了客观世界的一些对立面，提出了矛盾的某些法则，特别是正反两面相互转化的法则。在谈到福和祸的关系时，老子说：福兮所倚，福兮祸所伏。

去甚、恬淡寡欲。老子主张去甚，去奢，去泰。就是去掉那些极端的、奢侈的、过分的措施。老子主张的恬淡寡欲，清净为上，对他的精神修养、情志调节起着很好的作用。《老子》第十二章中说道：五色令人目盲；五音令人耳聋；五味令人口爽（伤）；驰骋畋猎令人心发狂，难得之货令人行妨（窃掠）。是以圣人为腹不为目。故去彼取此。这是劝人清心寡欲。他极力主张："见素抱朴，少私寡欲"。告诫人们不要贪心追求荣利，要寡欲清心，经常保持心态气畅、体泰神清的心理状态，自然可获得健身延年，这不能不是老子的长寿的一个主要原因。他还认为人之生难保易灭，气难清而易浊。只有节嗜欲，才能保性命。会养生的人，一定要薄名利，禁声色，廉货财，损滋味，除佞妄，去妒忌。他认为过分地求生存反而会致死。

老子有关养生思想，对后世影响较大。他那种虚无主义的静的养生观，与运动健身是相对立，是消极的、不全面的观点。但是，在这方面，他那朴素的辩证法的思想，以及去甚、节制嗜欲的主张还是可取的。

（二）孔子的养生之道

孔子是我国春秋时代得大思想家，同时又是一个大养生家。孔子养生观的最高宗旨是养出生命的最高境界，即养性。养性的核心是培养"仁"的观念与行为，具体体现在庄重、宽厚、诚实、勤勉、慈善等品性方面。

孔子对日常饮食起居、人生历程戒条亦有讲究。吃的方面要"食不厌精，脍不厌细"；穿的方面强调举家之衣不易鲜色或暗色，夏天穿的衣服既要防晒，又要透气。出外坐车，要端坐安稳，不指手画脚；还强调"食不语，寝不言"，以免影响消化和睡眠。

孔子提倡在日常生活中按年龄的不同而遵循养生之三戒："少之时，血气未足，戒之在色；及之壮也，血气方刚，戒之在斗；及其老也，血气及衰，戒之在得。"

孔子得养生之论，应根据自身条件而定，不要刻意而求之。其宗旨是以精神养生带动物质养生，从有节制得自制，到情感调节，再到品行陶冶。

（三）孙思邈养生方法

孙思邈（公元581——682）是我国历史上著名的医药学家和养生学家，是隋唐时期养生学与医学相结合的集大成者。

孙思邈把他的养生方法分为十个方面："一曰啬神；二曰爱气；三曰养形；四曰导引；五曰言论；六曰饮食；七曰房室；八曰反俗；九曰医药；十曰禁忌。"经研究，我们把它整理归类，认为它是由养性(啬神、言论、反俗、)、劳形（导引、养形、爱气）、饮食（饮食、医药）、房中（房室）和禁忌五个基本方法构成了一个完整的体系。养性的内容主要是道德、情绪（心理）和习惯的修养及其养生效用。劳形的主要内容是身体运动对增强体质的作用以及导引、行气等操作方法。饮食方法的内容主要是饮食养生的原则、食物的选择、饮食习惯和饮食疗法。房中的内容主要是养生的性生活原则及其保健方法。禁忌的内容主要是人们在日常生活中预防疾病应避免的各种行为。

孙思邈的养生方法没有专著论述，而是分散记载于诸多文献中。但是，其整个方法体系的全面性和科学性却是迄清代为止任何一位古代养生学家的养生方法都不能比肩的。即使在今天，孙思邈的很多养生思想和方法仍不失为指导现代人养生保健的科学经典。本研究试图将孙思邈分散在各种文献中的养生思想和方法给予整理，以求能把孙思邈的养生方法体系全貌作以初步的探讨。

1.养性

孙思邈所说的"养性"是指人的道德、行为的修养，这种养生思想源于老庄。孙思邈的养性方法除了上承《素问》的思想，其大部分基于《老子》和《庄子》的思想。他指出："若夫人之所以多病，当由不能养性。平康之日，谓言常然，纵情恣欲，心所欲得，则便为之，不拘禁忌，欺罔幽明，无所不作，自言适性，不知过后一一皆为病本。"也就是说，纵情恣欲，不知节度，这是百病的根源。他认为养性切关人的健康，若能把养性作为养生的主要手段，再加上导引行气和食补药补等方法，人就可以终其天年。他说："神仙之道难致，养性之术易崇。

孙思邈养性的主要方法是"啬神"，也就是"抑情"。这种养生方法是庄子恬淡无为的养生之道的继承和发扬，他说："是以圣人为无为之事，乐恬淡之味，能纵欲快志，得虚无之守，故寿命无穷。"他引经据典对这一方法进行了深入的论证："夫上古圣人之教也：恬淡虚无，真气从之；精神内守，病安从来？是一志闲而少欲，其心安而不惧，其行劳而不倦，气从以顺，各从其欲，皆得所愿，故甘其食，美其服。"他又引用嵇康的养生名言论证说："养生有五难：名利不去为一难，喜怒不除为二难，声色不去为三难，滋味不绝为四难，神虑精散为五难。五者必存，虽心希难老，口诵至言，咀嚼英华，呼吸太阳，不能不回其操，不夭其年也。五者无于胸中，则信顺日跻，道德日全，不祈善而有福，不求寿而自延，此养生之大旨也。"这都是说清心寡欲有益心理的健康，可以延年益寿。

至于如何减少这些情欲他提出了很多具体的方法。首先要解决人的认识问题，要认识到人的生命和健康是人生中最重要的东西，而功名利禄乃是次要的东西，人们决不可就末蚀本。他说："人生所贵，莫贵于生，""生不再来，逝不可追，何不抑情养性以自保？"，"口目乱心，圣人所以闭之；名利败身，圣人所以去之。故天老曰，丈夫处其厚不处其薄，当去理去圣守愚以自养，斯乃德之源也。"其次，要正确理解和处理人在社会中遇到的各种问题。譬如，要正确对待贫富："居贫勿谓常贫，居富勿谓常富。居贫富之中常须守道，勿以贫富移志改性。"要知足常乐，切记："居处勿令心有不足，若有不足，则自抑之，勿令得起。

在日常生活中养成良好的卫生习惯是孙思邈养性方法的另一个重要内容。孙思邈认为，切关人的健康的养性与人的生活息息相联，因此必须贯彻于日常生活之中,在生活起居的各个方面都应该养成良好的卫生习惯。例如，他提倡早睡早起："早卧早起，与鸡俱兴"；"夜卧早起，广步于庭"。要"脱着既时"，"先寒而衣，先热而解"。要注意衣着、身体的清洁。衣物应"勤洗浣，以香沾之"；身体"数沐浴，务令洁净"，如此就能"神安而道胜也"。要注意口腔的卫生："平旦以清水漱口"；食毕当漱口数过，令人牙齿不败，口香。"睡觉也要讲究："凡眠先卧心，后卧眼。"在《保生铭》中，他把良好的卫生习惯做了科学的综述："睡不苦高枕，唾涕不远顾，寅丑日剪甲，理发须百度。饱则立小便，饥乃坐漩溺。行坐莫当风，居处无小隙。每夜洗脚卧，饱食终无益。思虑最伤神，喜怒伤和息，每去鼻中毛，常习不唾地"等等。

孙思邈的这些"养性"方法，不仅为后来道教养生学所继承，而且也为中医的养生、医治和疾病预防理论所继承。它的养生作用已为现代医学心理学、卫生学所证实。

2.劳形

在孙思邈的养生论述中，"劳形"的概念等同于"锻炼身体"。他的《保生铭》开首语就是："人若劳于形，百病不能成。"因为他也坚信："流水不腐，户枢不蠹，义在斯焉。"基于这一认识，他主张人们应经常进行身体的运动或适度的劳动，"每日必须调气补泻，按摩导引为佳”；“行气之道，礼拜一日勿住，不得安于其处以致壅滞。” 主张人们每天“鸡鸣时起，就卧中导引”。他还认为：“饱食即卧，乃生百病。”所以，他主张每餐食毕以热手摩腹，出庭散步数百步。针对老年人他指出，当风和日暖气候和畅之日，“量其时节寒温，出门行三里、二里，及三百、二百步为佳”。“闲暇之时，作一些轻微劳动；皆有益于身体。”要经常地“调身按摩，动摇肢节，导引行气，”方能气机畅通，保证健康。

孙思邈作为一个健康的长寿老人对“劳形”保健有丰富的亲身经验和独到的见解。他不但提出了“劳形”是必要的，而且也提出要正确掌握劳形的“度”，也就是现在所说的正确掌握运动量。他说：“养性之道常欲小劳，但莫大疲及强所不能堪耳”。他认为：“心若太费费则竭，形若太劳劳则怯，神若太伤伤则虚，气若太损损则绝”。所以他指出：散步锻炼要“量力行，但勿令气乏气喘而已”。并奉劝人们劳形适度，“莫久行、久立、久坐、久卧、久视、久听”“莫强举重”，老年人还要注意不要“强用气力”，“莫跳踉”，“无作搏戏”，“无举重”。

第二节　气功健身机理

气功的锻炼方法，可以分为静功和动功两大类。静功是采取坐、卧，站等外表上静的姿势，运用松、静、守、息等方法锻炼精、气、神，即着重身体内部精神、脏腑、气血，津液的锻炼，所以也称“内功”。动功是采取和意气相结合的各种肢体运动及自我按摩、拍打等方法，以锻炼脏腑、筋骨、肌肤，因为它有动作表现于外，所以亦称“外功。”气功虽有动功和静功之分，但静功虽静，却未尝不动，古语说：“静未尝不动，动未尝不静”。（《王阳明全集·传习录》）“静者静动，非不动也，”“静即含动，动不舍静。”（《思问录·内篇》、《外篇，》）所以静功又是锻炼“静中动”的功夫。动功是在意念集中、思想宁静的情况下进行锻炼的，所以也称为“动中静”的功夫。总之，气功锻炼是动静结合，内，外功兼练的。内功是关键，只有内功锻炼达到一定境界的时候，外功锻炼才能收到超乎平常的增强身体素质的效果。气功锻炼历来都是强调“身、心、息”兼调，“精、气、神”并练。正如古代道书所说：“夫人本生混沌之气，气生神，精生神，神生明，本于阴阳之气，气转为精；精转为神，神转为明。欲寿者，当守气而合神，精不去其形，念此三合以为一，……内以致寿，外以致理，非用筋力，自然而；致太平矣。"(《太平经合校·佚文》)其后，气功界多解释；为"练精化气，练气化神，练神还虚，练虚合道"的道理。

一、练功基本方法

气功中的静功锻炼，就是采取坐、卧、站等静的姿势，结合意念的集中与运用和各种呼吸方法的锻炼，以达到增强体质、治疗疾病的目的。这种姿势的锻炼、呼吸的锻炼、意念的锻炼，古人也称为"调身"、"调息"、"调心"。而姿势、呼吸、意念这三得的锻炼，是不可分割地、互相影响、互相促进的。第一次静功的锻炼，都是三者的具体结合与运用。

（一）姿势的锻炼

气功锻炼的基本方法，是指气功的指导者、练功者，必须了解或掌握的若干功法，目前一般分为调身、调息、调心三大类。这"三调"的分类，起自隋·智颐的《童蒙止观》。但每一次气功锻炼，都是调身、调息，调心的有机结合。

1.调身

调身为调整身体，是姿势的锻炼，也称摆姿势。是指练功者在练功时间内，所采取的体位及其形态。要求练功者，能在所安排的练功时间内，使身体各部分都处在适合生理、自然的情况下，便于全身放松，以及意念的集中和运用等的各种功法的锻炼。姿势锻炼总的分为坐、卧、站、走四类。并且在这四类中，根据锻炼的实践，又总结出不少具体的姿势摆法，其中坐、卧、站的应用比较普遍，行走的姿势则较少应用。

（1）坐式

坐式是练功中应用得最普遍的姿势，常用的有：

①平坐式：坐在方凳或椅子上，自然端正，头部正直，松肩含胸口眼轻闭，两手轻放大腿上，腰部自然伸直，腹部宜松，臀部的三分之一或二分之一坐在凳椅上，要平稳，凳椅高低适宜。脚平行分开，两膝相距与肩同宽，或相距两拳。平坐为坐式中最普遍、最常用的一种。除因体质高度衰弱等病人不能持久者外，一般均可采用，也可与靠坐、卧式交替应用（见图13-1）。

②靠坐式：靠坐在靠背椅或沙发上，具体摆法与平坐相仿。但背部可轻靠在椅背上，两脚可略向前伸出。适合年老、体弱的病人，或与平坐交替应用（见图13-2）。

图13－1 图13－2 图13－3

③盘坐式：可用木制矮方凳，凳面要方形略大些。普通木床或坑、地面上铺坐垫或蒲团也可盘坐。盘坐式可分为三种：自然盘：上半身与平坐姿势相同，身体略向前倾，臀部稍垫高，两腿交叉盘起，左上右下或右上左下均可；两手互轻握，置于腹前，或分放大腿上（见图13－3）。单盘，将左脚置于右腿上，或将右脚置于左腿上，其余均同自然盘（见图13－4）。双盘：将左脚置于右腿上，同时将右脚置于左腿上，两脚心俱上仰朝天；其余均同自然盘。盘坐有助于思想安静，又因下肢稍紧张，对上身及头部的紧张状态易于解除。老年人宜少做盘坐，或只做自然盘坐（见图13－5）。

图13－4 图13－5 图13－6

④跪坐式：两膝着地，脚掌朝上，身体自然坐在脚掌上，两手互相轻握，置于腹前，其余同平坐式（见图13－6）。它也是下肢比较紧张，有利于头部及上半身的松弛。

（2）卧式

卧式是气功锻炼中用得比较多的姿势。其中仰卧原是最普遍的，古代称为"正身偃卧"。陶弘景在《养性延命录》中则提出了"屈膝侧卧"，"益人气力"之说。常用的有：

①仰卧式：全身仰卧床上，头正，枕高低适宜，轻闭口眼，四肢自然伸直，两手分放身旁，或相叠于腹部。本式适宜于体弱病人及睡前练功用（见图13－7）。但容易入睡，或形成昏沉。因此体力转好时或较好者，应

逐步增加坐式或站式。

图13－7 仰卧式

②侧卧式：侧身卧于床上，左右侧卧均可，但一般采用右侧卧，腰部宜稍弯，身成弓形：头略向胸收，平稳着杖，口眼轻闭，上侧的手掌自然放在髋胯部，下侧的手置于枕上，手掌自然伸开，下侧的小腿自然伸直，上侧的腿弯曲放在下侧腿上。不习惯仰卧的人可做本式，本式腹部较松，易形成腹式呼吸（见图13－8）。

图13－8 侧卧式

③三接式：左或右侧卧，下侧手掌心之劳宫穴，按在上侧手肘部的曲池穴；上侧的腿屈膝上提，上侧的手掌心劳宫穴，按在此上侧膝部的鹤顶穴：上侧脚心涌泉穴，接在下侧膝部的鹤顶。三接式适宜于体质虚弱。冲气下陷的内脏下垂者，亦易于形成腹式呼吸（见图13－9）。

图27－9 三接式

④半卧式：在仰卧的基础上，将上半身及头部垫高，斜靠在床上，也可在膝下垫物。此式适宜于心脏病人、哮喘患者及体力极差的病人（见图27－10）

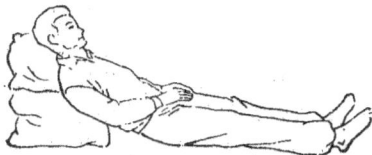

图13－10 半卧式

（3）站式

站式除古代动功外，在静中采用得比较少，在隋·巢元方等《诸病源候论，中仅有立身、倚壁，蹲踞等少数几种。现代常用的有：

①三圆式：又称抱拱式。两脚左右分开，间隔与肩同宽，两脚尖内八字，站成一半圆形。两膝微屈，收胯直腰，不要挺胸，两臂抬起，两手

与乳部平，作环抱树干状。两手手指均张开，弯曲如抱球状，两手掌心相对，距离二十公分左右，呈脚圆、臂圆、手圆状。头部正直，两眼睁开，平视前方某一目标，或向下看前方1、2米地面某目标。口轻闭，舌尖轻抵上腭（见图13－11）。

图13－11

②下按式：两脚左右分开，间隔与肩同宽，两臂下垂于两侧，两手指伸直向前，掌心似按向地面。余如三圆式（见图13－12）。

③伏虎式：左脚向前跨出一步，两脚相距一米余，成丁字步。身体稍向下蹲，如骑马形，前后两腿均成90度角。左手置左脚上方，右手竖在右膝土，均与膝部相距约15厘米左右，左手似按着虎头，右手似把着虎座。头部正直，眼向左前方平视。也可向右侧做（见图13－13）。

图13－12　　　图13－13

站式适合于健康的人，或体力较好的患者。对高血压、青光眼或体质较强的神经衰弱病人，尤为适宜。它是利用下部的紧张，以促使上部的松弛。至于伏虎式的锻炼，要在前两式的基础上进行，它有强筋壮骨的作用。站式一般都在室外做，时间可逐步增加，以30、50分钟为度。初练感腰腿酸楚，可稍坚持一下。

（4）走式

走式原是气功锻炼中最少用的姿势。常用走式有太极步。操作如下：身体自然直立，两足分开成平行步，两手交叠，置于小腹部。先以左足向前移一小步，左膝自然挺直，左足跟着地，足尖朝上；同时右膝微下曲。然后左足底全部着地，左膝稍向前弓出，上半身随之前倾，右腿自然挺直；再慢慢提起右腿，向前移动，与左足平行，右足尖轻轻贴地，同时膝微弯曲，此时重心在左足。继之右足前移叫、步，以后各动作如前，左右交替前进。两眼睁开，平视正前方，或向下看足尖。头部正直，松肩垂肘，上半身要自然舒适。每次可走20-30步。走式太极步是一种下肢运动，适宜老年人进行腰腿的锻炼。

各种练功姿势虽是从日常生活姿态上发展起来的，但都具有各自的特有形态，有一定的要求，应加以注意，至于它总的要求，是要"四要两对"。四要：一要塞兑垂帘，即轻合嘴，轻闭目，露一线之光；二要沉肩垂肘，即两肩松开，两肘下垂；三要松颈含胸，即颈部松弛，胸略内含；四要舒腰松腹，即坐则腰直，侧卧腰弯，腹部放松。两对：一为鼻与脐对，即正面视之，鼻与脐成一直线；二为耳与肩对，即侧面视之，耳直对肩。

对具沐姿势的选择和运用，要从练功者的病情、体质、意守部位、练功阶段、气候环境、习惯等情况出发，既不能放任自流，要有一定的规格，又不能忽视由粗到精，逐步适应的过程。为了使练功者更好地掌握姿势的锻炼，指导人员的经常检查纠正，是很重要的，调身出包括动功锻炼中的固定程式动作，或姿势位置等按要求不断变动或移动等内容。

2.调息

调启，就是调练呼吸，也就是呼吸的锻炼，简称练呼吸。它要求在气功锻炼时，有意识地注意自己呼吸的调整，不断地去体会、掌握、运用与自己身体情况相适应的呼吸方法。古代称为吐纳，炼气、调气，食气等。

基本呼吸方法有：

（1）自然呼吸

即一般的呼吸，但要求比平时柔和。这是呼吸锻炼的起点。由于男女性别等生理上的差异，以及人们习惯的不周，自然呼吸中可以出现三种形态。①自然胸式呼吸：呼吸时胸部随呼吸起伏。②自然腹式呼吸：呼吸时腹部随呼吸起伏。③自然胸腹式呼吸：呼吸时胸腹同时随呼吸起伏。

（2）腹式呼吸

从自然呼吸，逐步锻炼形成，可使内脏功能增强。练腹式呼吸，可在呼气时，轻轻用意使腹肌收缩，因而腹部内收；吸气时，腹肌放松，腹部自然隆起。经过一段时间的练习，可使腹部起伏逐渐地、自然地加大，切忌勉强使劲用力。常见的几种腹式呼吸是①顺呼吸：就是一般的腹式呼吸，吸气时腹部逐渐隆起，呼气时腹部逐渐收进，②逆呼吸：吸气时逐渐收缩腹肌，而腹部凹下，呼气时腹肌自然放松，而腹部逐渐隆起，因而出现与上述顺呼吸相反的呼吸形态．一般认为逆呼吸更能加强肠胃的功能，③脐呼吸：这是高度轻慢柔和的腹式呼吸，腹部几乎不动，而想象脐部在呼吸故名，古人称此为"胎息"。

一般的静功锻炼，开始时主要是如何使姿势舒适，肌体放松情绪安宁，然后才注意调整呼吸，如果一开始就强调练呼吸，反而会感到呼吸急迫不通顺气。

关于呼吸的形态，古人就有风、喘、气、息，呼吸四相之说，最早见于后汉·安世高译出的《安般守意经》中。风相是指呼吸比较急促，可以听到自己的粗糙呼吸声；喘相是指虽然听不到呼吸声，但呼吸出入尚感结滞不通畅；气相是指呼吸虽然无声，也不结滞，但出入还不够细匀；息相是指在高度安静时，出现的深、长、匀的呼吸；呼吸锻炼的要求，一般来说，就是如何使从风、喘、气相逐步练成息相。但呼吸形态还与人们的活动、情绪有关，这些方面自己也要善于掌握。

练好呼吸要注意下述几点：呼吸锻炼，要在自然的基础上进行，要做到自然轻松不追求；进行呼吸锻炼时，要循序渐进，不能急于求成，要勿忘勿助；呼吸锻炼也要有练有养，尤其在出现"入静"状态时，呼吸更要绵绵自然；深长细匀的呼吸，是功夫的积累，不是主观地硬屏造作出来的。要注意古人的告诫："使气则竭，屏气：则伤"。

3.调心

调心就是调定心意，也就是意念的锻炼，简称"炼意"。它是指在练功中如何把注意力集中到身体上来，选定的部位，或则集中在某一事物；不断地去排除杂念，使能安静地，按要求去进行练功，从而去体会身体各方面的情况；并有意识地继续加以调整，使之更有利于发挥意识的能动作用，以冀更好地收到练功的效果。古代功法中的练神、养神，存神、存思等，都属于调心的范畴。基本的练意方法有以下几点：

（1）注意身体放松

有意识地把姿势摆得安稳妥当，舒服自然，并使之放松，同时把放松的要求贯彻在整个练功过程中，以解除各方面的紧张状态；放松身体的方法，有放松功。

（2）注意身体某一部位

在整体较为安静的基础上，把意念放在身体某一部位，通常称之为"意守"或"凝神"。常用的意守部位，大都是经络上的穴位，一般以脐中或下丹田为主，其他常用的还有涌泉，大敦、足三里，命门，少商、中冲等。

（3）注意呼吸

在注意放松的基础上，为了有意识地使呼吸缓慢，杂念排除，如采用

数息、听息，随息等法，

（4）注意默念字句

注意呼吸的同时，默念字句，如吸气时默念"静"，呼气时念"松"，或类似这样的词句，是给练功者一种良性暗示，可起安静放松等诱导作用。

（5）注意身体外部

难以注意身体内部的人，可注意外界环境某一目标，如花朵，绿树、墙壁、天空、静物等，通称"守外景"。当杂念纷起，心情烦躁时可采用。

在意念锻炼方面，古代功法中还有一种在返观内照的基础上，用想像的办法，制造一种幻想、幻观的方法，一类称存想，一类称观相。以意引气也是用意的一种方法，如大小周天或引气攻病处等都是。在练意过程中，还要注意不断地去克服散乱与昏沉以提高练功质量。

（二）练功要领

练功要领，是指锻炼各种功法所必须共同遵循的一些基本要求。气功锻炼的功法，除了分静功与动功两大类外，具体的功种功法有多种多样。然而，尽管方法繁多，但它们之间，都有一定的内在联系，也有共同准则可以遵循，这就是近年来总结出来的练功要领。掌握练功要领，有利于提高练功质量，消除在练功中所产生的一些不必要的疑虑，避免某些不良反应，使练功顺利进展，而取得良好的效果，练功要领主要有：

1.松静自然

松，首先是练功中，某些紧张状态得到解除，松，紧趋于平衡的一种体会。在练功中，应不断地解除各种病理，生理上的紧张状态；解除情绪上，体质上的思想顾虑。这样的具体过程，也是放松的过程，其次，放松方法，在具体练功中所体现的内容，可以有内、外、深、浅之分，在练功时，所表现的解除身体，四肢，肌肉等紧张，是一种"外松"的表现：而解除呼吸、集中和运用意念方面的紧张，是一种"内松"的表现。一般来说，掌握"外松"较之"内松"为易。松的锻炼，有一个由外到内，由粗到细的两个不同的发展阶段。

静，既是指练功过程中，要保持情绪安宁，也可以是练功中的一种体会。它只是相对的，绝对的静是不存在的，练气功所要求的静，有思想安宁，意念集中等内环境的静与外界环境的静两个方面。练功时要正确处理"内静"与"外静"的关系，要把内静当作主要的，而把外静看作次要的。对练功出现的不安静情况，要找出原因针对性地解决；更不要片面地归于外界环境的影响。因为地静不如身静，身静不如心静，心静就是内静。松与静两者，又是互相促进的。松掌握得好的人，一定容易静下来，静下来后，就更易体会到松。

2.动静结合

一方面是指在练功安排上，强调静功与动功的密切结合，以求得练功者的体质不断增强，因为"能动能静，可以长生"（晋，张湛《养生集要》，转引自《养性延命录》）；另方面是指在练动功时，要掌握"动中静"，在练静功时要体会"静中动"，要能"动中求静，静中有为，动静有作"（宋·陈楠《翠虚篇》），所以只有两者结合，才能全面改善练功者的健康情况，恢复劳动力。由于静功主要是锻炼身体内部，而没有肢体活动、肌肉筋

骨的锻炼，所以单练静功，对体力的恢复，增强就较慢；而动功则反之，只有两者结合，才能避免两者的不足。动静结合得好，可以互相促进，不断提高练功质量。一般在练静功前做几节动功，先把思想集中到动作上来，就易于促进思想安静。静功后再做几节动功，更可以在内部力量集结的基础上，增加活力。再是在练动功时，应该保持在外形动的条件下，思想安静，注意着动作，默记着次数或呼吸。在练静功时，每当愈是安静，体内的气血活动就愈能体会，某些感觉也更加明显。正确掌握，体会这种"内动"，也有助于集中思想，排除杂念，提高练功质量。

3.练养相兼

练与养是练功过程中，两种不同的状态。"练"是指在练功时，有意识地调正身体，摆好姿势，放松身体，掌握呼吸，集中意念，排除杂念等一系列的过程，"养"是指经过上述一系列有意识地锻炼以后，所出现的身体轻松舒适，呼吸绵绵，心神宁静的静养状态。练功者就是要求不断地通过调整，有意识地使自己保持这种静养状态，这种静养状态，有时可以保持较长的时间，有时时间较短，练功者要在这方面积累经验，更多地形成这种静养状态。如果进行一系列锻炼以后，还不能达到上述的静养状态，而如果继续下去，反而会造成疲劳，引起紧张，这时要求静下来，休息一下准备再练，这也是养的另一涵义。

练与养在一功里，往往是互相交替进行的，有时也是互相促进的。练中有养，可使练得恰到好处，不致用意过重；养中有练，也可以使养的时间延长，质量提高。

练养柜兼从广义上来说，动、静功之间也有练与养的问题。做动功是炼，做静功是养。练功与日常的养生，养病相结合，更可以发挥他们相互间的更大促进作用。

4.意气相依

意是指练功中意念的运用，气是指呼吸之气和练功中的内气感觉；相依是指此两者，在关系上不能片面强调，以意为主或以气为主，而是要互相依存。

意气相依一是指，不要片面强调以意领气（呼吸）。由于在练功中，有的以为呼吸要柔细匀长，如春蚕吐丝；或要腹式呼吸起伏大，要能如"真人之息以踵"等等。于是故意拉长呼吸，停闭呼吸"鼓肚子"等等，这些都是主观的要求，属于片面强调"以意领气"的现象。呼吸的深长细匀，是在练功过程中，情绪安宁，注意集中的基础上，慢慢出现的。如清·薛阳挂的《梅华问答编》上说；"心静自然息调，息调自然神凝，所谓心息相依，息调心定者也"。即使在临床上根据具体情况需要使用某一种呼吸方法时，也宜注意循序渐进，切忌矫揉做作。

5.准确柔活

是指在动功锻炼中，进行肢体活动，自我按摩，自我拍击等时，身体姿势一定要正确，动作要合乎规范。要求对动作的起落、高低、轻重、缓急、虚实分辨清楚；对举动、部位，手法，次数，神态、用意、呼吸——记清楚，恰到好处。所说柔活，是指操作时，除注意准确外，还要不僵不滞，举动柔和灵活。此外，对动作的轻重，节数、次数等，也要从身体情况出发，注意循序渐进；对静功的姿势锻炼，既按要求进行，也要灵活掌握，才能恰到处。

6.循序渐进

是指在气功锻炼印，一方面要强调练功者，发挥主观能动作用，在功夫上有所前进，克服放任自流；一方面又要强调按照炼功规律，在功夫上循序而行，克服急于求成，这就是循序渐进的两个内容具体地说，在气功锻炼的过程中，要根据方法的要求，认真地去做，并且根据自己身体的实际情况，去领会各种锻炼方法的不同作用，分别在什么情况下，应用怎样的方法，不断总结自己的练功经验，及时与指导人员交流练功情况，取得具体指导，以长进功夫，取得疗效。

（三）练功注意事项

练功注意事项，是指练功前，练功中和练功后应做和不该做的若干事项，以保证练功能顺利进行，取得疗效。

1.要树立战胜疾病的信心，消除顾虑，不可三心二意。指导人员要做好宣传解释工作，帮助练功者去掉疑虑和杂念，尽快掌握功法。

2.功前一刻钟，停止一切较剧烈的体力和脑力活动。

3.练功中忌穿身衣裤和当风而坐卧，练动功也不可当风而立，以免受凉。要宽衣解带，除去饰物、眼镜、手表、假牙等物，以免影响练功入静和气血运行。

4.练功中不追求"八触"，功中出现一些景象既不可恐惧，也不信以为真，任其自然消失。

5.饮食注意调理，食物要营养丰富，但宜清淡，禁食肥甘和饮酒吸烟，因食用过多产风生痰，与练功不利。

6.禁忌房事过度。治病练功期间要隔绝性生活，病愈后要节制。同时注意不可久卧、久坐、久站、久行，要动静结合，练养相兼，劳逸适度。

7.练功房内气温要适宜，保持空气流畅，避免在嘈杂环境中练功。狂风大雨，雷电交加的天气，无论室内外都不宜病人练功。有些动功宜在早晨的树丛中，或避风的平地上锻炼。

8.禁忌饱食和饥饿时练功。注意不同功法的各自禁忌，如空腹不练内养功，饱食不练强壮功等。

9.遇大喜，大怒、忧伤、惊恐、过虑等七情干扰时不可练功，待心情平静之后再练。

10.初练功者不可乱用未经实际证明有效的功法和练功口诀，忌朝学夕改。

11.练功前排清大小便，功中也不可久忍两便。久忍两便，可引起腹胀，腹鸣影响入静。

12.练功期间不看惊险和刺激较强的电影、电视，小说，以免干扰练功质量。

13.练功时避免昏沉、入睡和贪恋功中景象。昏沉和入睡不能收到医疗效果。功中出现欣悦，舒适之感，不可随意加长练功时间，一般每功最多不宜超过两个小时。已入静者，他人不可干扰。保持环境安宁。

14.初练自发类气功，要有老师指导，功法要经选择，在宽阔房间或平地练功，以免无气功医生指导时摔伤碰伤。功发动后不可突然停止，要慢慢停止发动再收功。

第三节　气功健身方法

一、静功健身方法

（一）呼吸的锻炼

现代应用的各种呼吸方法，都是从古代方法发展而来，根据临床的不同需要，可以选炼不同的方法。其常用方法有：

1.自然呼吸

即一般的呼吸，但要求比平时柔和一些。这是呼吸锻炼的基础呼吸法，也是锻炼呼吸的最低要求。对初练功者强调指出这一点尤为重要。

由于男女生理上的差异，及人们习惯的不同，出现的自然呼吸也会不同。如在生理上，男子的腹式呼吸易于出现，女子则胸式呼吸较多；体育运动员、武术锻炼者、演员、歌唱家则都是腹式呼吸；而更多的则是胸腹式混合型呼吸。

2.腹式呼吸

从自然呼吸，通过锻炼逐渐而形成，可以使内脏活动功能增加。

练腹式呼吸时，可在呼气时，轻轻用意使腹肌收缩，因而腹部收进；吸气时，腹肌放松，腹部自然隆起。前人说，"腹内松净气腾然"，就是很好的体会。经过一段时间的练习，可使腹部起伏逐渐地、自然地加大，切忌勉强用力。一般说意守脐中时，易于形成腹式呼吸。

3.提肛呼吸

吸气时，稍用意提起会阴部；呼气时，放下会阴部。可用于气虚下陷的内脏下垂、子宫脱垂等症。

4.鼻吸鼻呼法、口呼鼻吸法及口呼口吸法

静功呼吸，一般要求鼻吸鼻呼法。对于一些有鼻病或其他疾患用此呼吸法感到有障碍时，可用口辅助，或以口代替鼻呼吸。对胸闷、呼吸不畅的，则口呼鼻吸较为舒适。六字诀也用口呼鼻吸法。

5.练呼与练吸

出气为呼，入气为吸，呼与吸两者有着不同的作用。清·薛阳桂在《梅华问答》中就曾说："人之一呼一吸关系非细，一吸则天地之气归我，一呼则我之气还天地。"而在阴阳属性上，两者更是一属阴，一属阳。如《圣济总录》上说："凡入气为阴，出气为阳。"所以在作用上，呼气是向外开放的，吸气是向内收敛的。《东医宝鉴》上说："呼则气出，阳之辟也；吸则气入，阴以阖也。"从动物实验上看，呼与吸能分别影响交感神经与副交感神经，对内脏起的作用是完全不同的。因此，除了一般调息方法外，有着练呼或练吸的不同方法。我们在临床上也观察到练呼对高血压、肺气肿、青光眼以及头部症状明显，胸腹胀满的人较为舒服。练吸对某些肠胃功能差，阳虚怕冷的人，则较适宜。

一般说，练呼时，可采用延长呼气、呼停吸、呼后念字的方法，以加强呼气；练吸时，可采用延长吸气、吸停呼、吸后念字的方法，以加强吸气。但要注意患者的阴阳辨症，正如明·张景岳在《景岳全书》中指出的："阳微者不能呼，阴微者不能吸"。

六字诀也是一种练呼的方法。

6.数息、听息、随息与止息

这都是加强与意识结合的呼吸锻炼方法。

数息：默数鼻端呼吸出入的次数，从一到十或到百，周而复始。可以数呼也可以数吸，数呼是练呼，数吸是练吸。

听息：两耳默听自己呼吸的出入，不计次数。

随息：把意识集中于注意鼻端呼吸的上下出入，不计次数。

止息：调整呼吸到一定程度时，呼吸的出入形成一种深长柔软，似有似无的状态。

当情绪不太安宁、杂念较多时，可用数息、听息。比较安宁时，可用随息。止息是深长细匀呼吸的体会，不是硬练出来的。

7.呼吸锻炼中舌的配合动作

锻炼呼吸时，有时可以配合舌的动作，方法是：一种舌尖顶上腭不动，一种是吸气时舌顶上腭，呼气时舌自然放下。顶上腭不动的可以增加口中津液，顶放的可以帮助安静。

呼吸锻炼的原则和要求：

一般的静功锻炼，开始时主要是如何使机体放松，姿势正确舒适，情绪安宁，然后，才注意调整呼吸。如果一开始就练呼吸，反而会感到呼吸急迫，情绪紧张不自然通畅。

关于呼吸的形态，古人就有风、喘、气、息四相之说。最早见之于后汉·安世高译出的《安般守意经》卷上中。以后在隋代智顗的《小止观》，明代王龙溪的《调息法》中均有此说。

风相是指呼吸比较急促，可以听到自己的粗糙呼吸声；喘相是指虽然听不到呼吸声，但呼吸出入尚感结滞不通畅；气相是指呼吸虽然无声，也不结滞，但出入还不够细匀；息相是说在高度安静时，出现的深、长、匀的呼吸。呼吸锻炼的要求，一般来说就是如何使从风、喘、气相逐步练成息相。但呼吸形态还与人们的活动、情绪有关，如：

关于活动，《素问》举痛论说："劳则喘息，汗出。"这就是当参加体力劳动时的呼吸相，总是急迫的喘。一般还可以看到在参加体育活动以后的呼吸，也是比较急迫的喘相，经休息后就逐渐平静了。

关于情绪，《素问》举痛论又说："怒则气上，喜则气缓，悲则气消，恐则气下，……惊则气乱，……思则气结。"这里虽主要是指因情志变化而引起人体内在变化的综合反映，但当人们受到情志影响时，确也同样影响到呼吸形态。如发怒时呼吸常常是急迫的，突然受到惊恐时呼吸会出现片刻的停闭等。又如常说的："心平气和，气浮心躁"，也是说情绪与呼吸的关系。

因此，呼吸锻炼既要善于掌握自己的活动、情绪，又需要有一个调整练习的过程，不是一蹴而成的。呼吸锻炼的原则有这样几条：

首先，呼吸锻炼要在自然呼吸的基础上进行，要求做到自然轻松不紧张。清·李涵虚《道窍谈》中说："一呼一吸名曰一息，须顺其自然，勿听其自然"。

其次，练习呼吸时，要循序渐进，不能急于求成。要掌握"莫忘莫助"。就是说，既不能忘记主动调整呼吸，同时也不要勉强对呼吸状态提出某种要求，而施加助力。因为单纯追求呼吸，就会变成如《仙佛合宗》中所批评的："徒播弄呼吸出入者，谓之守尸鬼子"，反会达不到预期的效果。

第三，呼吸锻炼也要又练又养。当练功到一定时候，进入"静养"状态时，可暂时放掉一下有意识的呼吸锻炼，以促进练功程度达到高度的安静状态。否则，会破坏上项境界。

第四，深长细匀的呼吸是功夫的积累。所谓呼吸的深长，就是使呼吸由浅短、次数多，而变成深长、次数少。平常人的呼吸，平均每分钟13—20次。练功日久者，可能达到每分钟3—4次，甚者1—2次，而不感到气闷不适，仍是自然舒适。但这都是在功夫积累的基础上形成的，并不是主观地硬并出来的。有人根据《庄子》上所说的："真人之息以踵，至人之息以喉。"因此，提出要练得呼吸深长到踵（脚后跟）。对踵不能作这样的误解，呼吸是不可能达到脚跟的。所以，明·陆潜虚《玄肤论》中说："以踵者，谓深入于穴也。"《道窍谈》

中说得更好："踵也者，相接不断，绵绵若存也。"所以，踵息是指深长的呼吸，与此相对的喉息，也只是说呼吸浅短而已。

所谓呼吸的细匀，就是呼吸达到微细、均匀。这同样是功夫积累而成，而且与深长是相互促进的。要引起注意的是"使气则竭，屏气则伤"。使气是拖长呼吸，硬要求深长；屏气是屏住呼吸，硬要求匀少。这样反会出现呼吸短促急迫，或则胸腹肌并伤作痛的不良反应。

（二）意念的锻炼

1.练意的中心内容，就是意的集中及其应用，常用的方法有：

（1）注意身体放松

有意识地使身体放松，是练功中最基本的内容。从练功一开始，就要注意身体姿势摆得安稳妥当，舒服自然，并使之放松。同时，在整个练功过程中，不断使这种放松程度加深，以解除各种紧张状态。如果这种有意识地摆好姿势，放松身体方面做得较好，也就是集中注意较好的一种表现。放松身体的方法有放松功。

（2）注意身体某一部位

在注意放松身体以后，在整体较为安静的基础上，注意身体某一部位，通常称之谓"意守"或"凝神"。常用的意守部位，都是经络上的穴位。这种把注意集中某一穴位，一方面是为了更好地排除杂念；另方面，由于注意穴位的不同，可以对身体内部气血的运行，脏腑的功能起不同的反应。如高血压病人，注意头部与注意腹部，下肢的穴位，对血压升降有明显的影响。

一般常用的部位，以脐中或脐下为主，涌泉、大敦、足三里、命门、少商、中冲或其他部位为辅。

脐中：为一般都可以意守的部位，即脐部。《难经》八难中指出："诸十二经脉者，皆系于生气之原。所谓生气之原者，谓十二经脉之根本也，谓肾间动气也。此五脏六腑之本，十二经脉之根，呼吸之门，三焦之原，一名守邪之神。"我们体会《难经》中所指的这个部位就是脐中。元·俞琰在《周易参同契发挥》中说："盖婴儿之在母胎也，母呼亦呼，母吸亦吸，口鼻既闭，而以脐达，故脐者生之根，气之蒂也。"《摄生三要》中更指出；"有存神脐内者，谓命蒂所系，呼吸所通，存之可以养育元神，厚肠开窍。"此外，《东医宝鉴》中说："脐者齐也，言其上下齐，身之半，正谓之脐中也。"因此，脐中不单是元气之根，还由于它居人体上下之正中部位，更有利于调节人体上下之不平衡。

足三里：在膝下三寸外侧凹陷处，是足阳明胃经合穴。

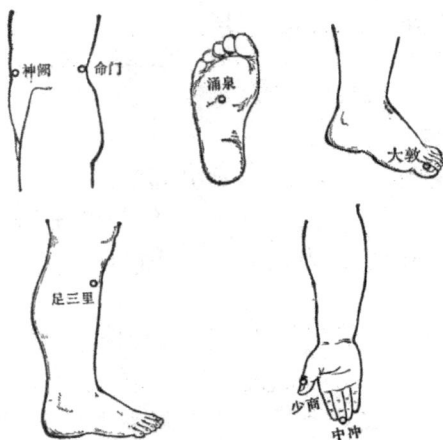

图13－14

如有腹胀满痛、胃纳差时，可意守该处，本穴有增强脾胃运化功能的作用。王执中《针灸资生经》中说："若要安，丹田、三里不曾干。"在日本称它为长寿穴。

大敦：在大拇趾外侧端，是足厥阴肝经井穴。头胀头痛患者，注意该处，可使症状减轻，这是上病取下的意思。还由于它是肝经上的穴位，肝病患者也可意守此处。注意大敦时，姿势以仰卧或搁脚靠坐更为适宜。

涌泉：在前足心陷（足底的前三分之一处），为足少阴肾经井穴。阴虚火旺，夜寐不宁，头胀头痛者可意守此处，也是上病取下之义。

命门：在十四胸椎之下，恰当与脐中正对之后腰部，为督脉经穴位。适用于肾亏，腰部酸痛，或阳虚平时怕冷的人。意守时可从脐中逐步深入到背腰之间的该穴。

少商：大拇指端内侧。为手太阴肺经井穴。适用于咳逆气喘者。

中冲：在手中指端中央。为手厥阴心包经之井穴。适用于心气不足，心悸不宁者。

（三）注意呼吸：在注意全身放松的基础上，为了有意识地使呼吸缓慢下来，思想安静，可采用下列两种注意呼吸方法。

数息：一面呼吸，一面默数其次数，从一到十，或从一到百，如此周而复始。

随息：意识随着呼吸出入，不计呼吸次数。

（3）注意默念字句

注意呼吸的同时默念字句，如吸气时念"静"，呼气时念"松"。或类似这样的词句，是给练功者一种良性暗示，起着安静放松的诱导作用。

（4）注意身体外部

因心肝火旺，烦躁不安，难以注意身体内部的人，如有些神经衰弱患者，可采用"采外景"的方法，即注意外界环境某一目标，如花朵、绿树、墙壁、天空等。

2.练意的原理概述

（1）人们的思想意识也就是大脑的活动，是决定于人体内部和外部环境的事物，也就是物质决定意识。但是，思想、大脑皮层的活动，又反过来影响人体器官的生理活动。有很大一部分疾病，如溃疡病，高血压，神经衰弱等，都和大脑皮层活动功能失调有关。而病态器官又反过来影响大脑皮层的活动，形成恶性循环。而气功中的练意，从入静时所作的脑电图，肌肉时值等所得材料，可以认为大脑皮层处于主动的保护性抑制状态，从而可以逐渐修补、恢复大脑皮层的正常功能，故对这些慢性病的治疗有利。

还由于练意入静时，血管反应抑制，皮肤电位降低，前庭时值延长等的变化来看，可以想象神经中枢，尤其是交感神经处于抑制，这就意味着副交感神经系统机能的相对加强。许多观察证明，练功时可以增进胃肠道运动，改善消化吸收功能，这不但直接对胃肠病有利，也可以改善整体的营养状态。

（2）意守不同的部位，有不同的作用，不同的疗效。如观察高血压病人，当意守小腹部时，感觉有气血下降，呼吸柔和，头脑清醒，血压亦相应下降。如果意守鼻部，则感气血上窜，呼吸短浅，头胀胸闷，血压亦相应上升等。所以，有这样的作用，可能是神经生物电的作用。近代生物电研究证实；当思想注意到身体某一部位，那里就会产生电流。可以设想当在安静的情况下，意守这些穴位时，该处的神经一定会发生兴奋，由激发电势产生激发电流，而起刺激作用。按照祖国医学经络学说的理论，一方面穴位本身是"处百病，调虚实"，的刺激部位，也就是用于治疗疾病和增进机体健康的刺激部位，所以有防病治病的作用。另方面穴位与经脉相连，而"十二经脉者，内属于脏腑，外络支节"，所以有利于改善和调整脏腑的功能而起治疗作用。

（3）通过练意，还可以有意识地控制人体内部的变化。上海市气功疗养所在1958年曾发现一位练功者，能控制本人血压和脉搏，因此与上海第一医学院生理教研组气功小组一起进行了下列观察：

测定上臂眩动脉血压。他的血压在自己控制之"下，收缩压能够立刻自132毫米汞柱升到180毫米汞柱，舒张压也同时上升。血压恢复下降较慢，约需要五分钟到十分钟以上。重复多次之后，血压升高程度便降低，但经一小时休息以后，又能控制使，它明显升高。在血压升高的同时，练功者手臂有肌肉紧张现象，但练功者仍然说话，没有全身肌肉紧张现象。

测定脉搏。脉搏的变化有两种情况，其一，可随血压升高而加频，而且脉搏很强。其二，当血压上升时，脉搏不加频或反而减少，但与血压上升同时，脉搏力量都是强的。在血压恢复下降时，脉搏力量都是弱的。

观察中发现练功者呼吸周期与血管紧张性调节机制之间韵关系与常人相反，即呼气时血管收缩，吸气时不收缩。但绝大多数人，当吸气时血管收缩，呼气时血管放松。

这样，练功者就这样可以用意进行自我调节、自我控制。所以，气功本身就包含有"生物反馈"的因素，能够改变自己的生理机能活动。这样就有助于人们进一步认识循环系统，呼吸系统、神经系统、内分泌系统，肌肉与运动系统的自我调节潜力。

（三）静功功种与功法

把静功中的姿势、呼吸、意念锻炼，这三种功法结合起来，在实践中应用得成熟的、具有一定特点的，给以适当的名称，就是功种。因此，功种是若干种方法的有机配合。以临床实践中应用得比较广泛的放松和内养功为例，可作下表分析；

表13-1 放松功、内养功

	放 松 功	内 养 功
姿势 呼吸 练意	平坐或靠坐 2、仰卧 1、自然呼吸 2、或在呼气时默念"松" 1、依次注意身体上三条线的各个部位 2、意守脐中	1、侧卧 2、平坐 腹式呼吸 1、硬呼吸法—吸停呼 2、软呼吸法—呼停吸 默念字句—自己静坐身体健康 意守丹田
特点	有步骤、有节奏地注意身体各部位，并结合默念"松"	腹式呼吸

为了要进行对功种的研究、观察，以便探明其作用机制，运用范围，总结其应用经验。首先，要使功种具有相对的稳定性，即在一定阶段要予以定型。凡属已定型的功种，不应随意增减内容，免得他人不知所指。如内养功的操作方法，在刘贵珍整理后，唐山市气功疗养院编的《内养功疗法》一书中定了型，因此凡称内养功者，即应依此为准。其次，功种一方面要具有稳定性，但通过适当时期的观察研究，在总结经验的基础上，可以改进提高，这也是应该的。

但是，由于练功者的身体情况、病的情况不同，不可能仅以一个功种，来治疗各种不同的病，来适应各个不同的练功有。因此，可以在选用某一功种的基础上，既作具体指导，又针对具体情况，对功种作适当加减，不能执一方而治百病，用一个功种来指导各个不同的人，不同的阶段。我们要不断地摸索，积累资料，总结经验，提高我们的指导水平。也要纠正那种认为气功就是一方一技的简单化思想。

本节中所介绍的一些静功功种，有的是临床常用的，有的是具有一定参考价值的静功功法。

1.放松功

原上海市气功疗养所在1957年结合临床实践，总结了蒋维乔在前上海中医门诊部气功讲座中几个失败病例的教训，认为在练功指导上，为使练功者避免紧张，在静功方面无论姿势的选择，注意的集中和运用，以及呼吸的调节，就宜着眼在"松"，练静功要从"放松"入手，因此整理了一套可供临床上广泛采用，而行之有效，没有弊病的静功功种，称之为"放松功"。

放松功就是通过有步骤、有节奏地依次注意身体各部位，结合默念"松"字的方法，逐步地松弛肌肉骨骼，把全身调整得自然、轻松，舒适，以解除思想、机体的一些紧张状态，使紧张与松弛趋于平衡。同时，使注意力逐步集中，杂念排除，心神安宁，以活跃气血，协调脏腑、疏通经络，有助于增强体质，防治疾病。

放松功对健康者，一般慢性病患者，都可以在指导下进行操作。也可以把放松功作为练气功的入手方法，并把放松的意念，贯彻到整个练功过程中去，以提高练功质量。对某些慢性病，如高血压、肠胃病、青光眼、哮喘、神经衰弱等，可以把放松功作为主要的锻炼方法。

（1）操作方法

基本的——三线放松：将身体分成两侧、前面、后面三条线，自上而下依次进行放松。

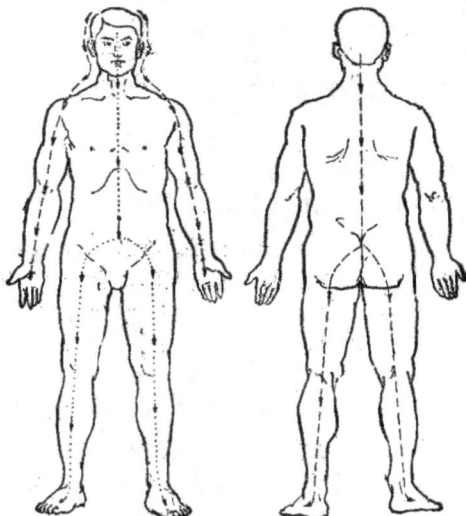

图13-15 三线放松

第一条线　头部两侧→颈部两侧→肩部→上臂→肘关节→前臂→腕关节→两手→十个手指。

第二条线　面部→颈部→胸部→腹部→两大腿→膝关节→两小腿→两脚→十个脚趾。

第三条线　后脑部→后颈部→背部→腰部→两大腿后面→两膝窝→两脚→两脚底。

先注意一个部位，然后默念"松"，再注意次一个部位，瑞默念

"松"。从第一条线开始，待放完第一条线后，放第二条线、再放第三条线。每放完一条线，在一定部位——止息点轻轻意守一下，约1—2分钟。第一条线的止息点是前脚心。当放完三条线一个循环后，再把注意集中在脐部（或另指定的部位），轻轻地意守该处，保持安静状态，约3—4分钟。一般每次练功约做二、三个循环，安静一下，然后收功。在默念"松"的时候，如遇到某一部位没有松的感觉，或松的体会不太明显时，不必急躁，可任其自然，按着次充了，继续逐个部位的放松下去。默念"松"字不出声，快慢轻重掌握适当，要自己多加体会。因用意太快太重，可能引起头部紧张；太轻太慢，则易昏沉瞌睡。

（2）选用分段放松

①分段放松 把全身分为若干段，自上而下进行分段放松。常用的分段有二种：

（1）第一条线→ 第二条线…→ （2）第三条线一·→

甲、头部→两肩两手→胸部→腹部→两腿→两足。

乙、头部→颈部→两上肢→胸腹背腰→两大腿→两小腿。

注意一段，默念"松"字二、三次，再注意次一段，周而复始，放松二、三个循环。

（3）局部放松

在三线放松的基础上，单独地进行放松身体的某一病变部位，或某一紧张点，默念"松"20～30次。

（4）倒行放松

把身体分为前后两条线进行倒放，从脚底开始，依次为脚跟、小腿后面、两腿弯、大腿后面、尾闾、腰部、背部、后颈、后脑至头顶；再从脚底开始，依次为脚背、小腿、两膝、大腿、腹部、胸部、颈部、面部到头顶。这样前后倒放，做二，三个循环。

①放松功的应用

三线放松：一般初练功的健康人、病人，均为适宜。

分段放松：初练功者，对三线放松感到部位太多，记忆有困难者。

局部放松：三线放松掌握得比较好，而病变部位或紧张点有可能进行放松的，如青光眼、哮喘、肝病患者，可以对眼睛、气管、肝区进行放松。

整体放松：三线放松、分段放松，掌握得比较熟练，能较快调整身体，安定情绪者。或初练功感到进行三线，分段放松都有困难者。或阴虚火旺、肝阳偏亢等上实下虚的患者。

倒行放松：适宜于气血两亏、神疲乏力，头晕眼花，中气下陷等虚证明显的患者。

②放松要掌握阴阳虚实

一般来说，放属阴，以泻为主，对实症、阳症为宜。注意部位，止息、意守为阳，以补养为主，对虚证为宜。因此，在临床应用时，对病症的阴阳虚实，要适当掌握。凡属阳症、实症者，或阴虚阳亢者，在放松时，应放多于守，就是多做三线放松，注意部位、止息、意守脐中的时间，可以短一些。凡属虚症，包括阳虚、气血两亏、阴阳俱虚、中气下陷者则反之，宜少放多守。阴阳虚实辩症不明显者，则可以守、放大致相等。有夹杂证候者，更须适当调配。

③对一些有关操作方法的掌握

姿势：一般初练功者，可彩仰卧、靠坐。有阳亢证状、头胀头痛者，可做靠坐、平坐。气血两亏、下垂患者，宜用仰卧式。

呼吸：一般自然呼吸。也可以与呼吸结合起来，一般是吸气时注意部位、呼气时默念"松"。胸脘胀满者，可以加强呼气。已形成腹部起伏的，可进行腹式呼吸。

意守部位：在进行放松以后，可选用下更穴位：脐中，一般应用。涌泉，肝肾不瞳、肝阳上亢、心肝火亢患者。大敦，肝阳上亢、心肝火亢患者。足三里，脾胃运化失常、腹胀腹痛患者。命门，肾阳不足、阳虚明显患者。中冲，有心悸症状患者。外景，阳亢以致烦躁不能安静者。

放松的方法：一般先注意部位，随后注意离开部位，同时默念"松"字。肝阳上亢、头部症状明显的，可采用向外或向下放。气血不足、神疲体弱的患者，不宜多次循环放松，宜做倒放或多注意止息点。注意止息点有困难的，可配合数息法。

注意点：对注意放松的部位宜大，注意时要轻轻的，似想到该处，又似未想到。对初练功者来说，一会儿想到了部位，一会儿又开"小差"了，都是自然现象。临睡前进行放松时，部位宜大，或只做整体放松。练卧式放松，如感到想睡眠，可任其睡去。但如白天出现过多昏睡，就应采取靠坐或平坐。放松功前后要配合动功，功前要做好准备工作。

2.内养功

内养功是刘渡舟所传，刘贵珍整理，并经原唐山市气功疗养院、北戴河气功疗养院总结推行的一个功种。它的操作方法，根据《内养功疗法》一书所述，分为五个部分，其内容如下：

（1）松弛

要求练功前的准备及练功过程中精神与肉体保持在松驰状态：

①身体松驰。练功前可饮适量开水，排除大小便，脱帽，戴眼镜者须

摘下，宽解衣扣、腰带、袜带、表带，有意识的使头、躯干、四肢、全身肌肉都完全松弛，从外观形态上来看，现出一种松静的姿态。

②意识松弛。在全身各部肌肉松弛后，意识上要发出准备练功的信号，使思想集中于开始练功，经过短时间的大脑平静后，再开始练功。

（2）姿势

用侧卧式或平坐式。

（3）默念字句

默念字句，只是用意念（脑子想），而不要念出声。一般由三个字开始，根据病情可逐渐增加。但字数最多以不超过九个字为宜。常用的字句是"自己静"，"自己静坐"，"自己静坐身体好"，"自己静坐身体能健康"。

其与呼吸的配合为：第一种呼吸法，默念第一个字时开始吸气，念中间的字时停顿呼吸，中间的字句越多，则停的时间越长，念最后一个字时将气呼出。第二种呼吸法，吸气呼气后，停顿时默念字句，念完后再吸气呼气再念字。

（4）呼吸法

有意识的锻炼腹式呼吸，其呼吸法分两种：

第一种呼吸法，又称硬呼吸法：用鼻呼吸，吸气时舌顶上腭，气自然吸入，引到小腹部，所谓"气沉丹田"。呼气时舌放下，如此反复呼吸。适用于病轻的壮年人。

第二种呼吸法，又称软呼吸法：用口鼻呼吸，吸气时自然地吸入引导到小腹部，随时再将气自然地呼出，然后停顿呼吸和默念字句，同时舌顶上腭。字句念完，舌即放下，再吸气。如此周而复始地进行。适宜于病重体弱者。注意，临床应用中两种呼吸法，不能并用或交替使用。

3.强壮功

（1）姿势

单盘式、双盘式或自然盘膝。

站式：第一式、立正姿势。头正直，两腿分开，宽与肩齐，微曲，两手微曲，放于小腹部前，两手心相对，距离三至四寸。第二式、两手微曲。放在胸前，如抱球样，其他姿式同第一式。第三式、两脚站成内八字形。两腿微向前曲，两手在胸前或腹前，如端东西样，其他姿式同前一、二式。

（2）呼吸法

静呼吸法：如平时呼吸那样自然。呼吸时要均匀、细缓。对刚开始练功的人、年老体弱的较为适宜。

深呼吸法：在自然的基础上，比平时呼吸深长些，逐渐调整到静细、深长、均匀。对便秘、食欲不振、消化不良、精神不集中的人较为适宜。

逆呼吸法：腹壁配合运动，与平时相反，吸气时腹壁收缩，呼气时扩张。

（3）意守丹田

练功时思想集中想丹田（小腹部）。要似有似无的想，不能精神紧张的守丹田。

强壮功的适应症，可以参考内养功。

4.站桩功

站桩原是武术界作为腰腿锻炼的基础功夫，有多种站法。这套站桩功乃是武术家王芗斋所总结的，曾名养生桩、混元桩。它是由"意拳"的站桩演变而来，是一种形体精神同时锻炼的气功静功。在一些临床单位中运用结果，也收到了一定的治疗效果。

（1）站桩功的治病作用

站桩功是以站式为主，使躯干、四肢保持一定的姿势，而让肌肉呈持续的静力性紧张，思想集中。所以它一方面能使中枢神经得到休息；一方面，能促进血液徨，增强各个系统的新陈代谢。中枢神经得到了充分休息，调节功能就会加强，血液徨加速和新陈代谢增强，使五脏六腑、四肢百骸得一充分的灌溉。如果全身润泽，生机旺盛，就能达到却病延年的目的。

（2）站桩功的站法

预备式：两脚八字形分开，宽与肩齐，两腿保持一定的弯曲度，臀部似坐，含胸拔背，双手叉腰，两眼轻闭，或半开半闭，自然呼吸2—3分钟，以使思想逐步集中，再作自上而下的全身放松3分钟，然后选做以下各式。

提抱式：两脚八字形分开，宽与肩齐，两脚着地，平均用力，全身力量放于脚掌稍后处，两膝微曲，最大限度不过脚尖（少曲或不曲，应视病情而定）。上体保持正真，臂半圆，腋半虚，肩稍后张，使心胸开阔。呈虚灵挺拔之势。两手指相夺，相隔三拳左右，位于脐下，掌心向上，有如抱一大气球。头正或稍后爷，目闭或自然睁开（多用于练功开始阶段），嘴微张，全身放松，但松而不懈，保持似笑不笑的状态。

扶按式：两臂稍抬起，手指分开稍弯曲向余前方，双手位于脐际，手心向下偏外方，有如扶按在飘浮水中的大气球上。其它要求与提抱式同。

撑抱式：两臂抬至胸前，松肩，肘关节稍下垂，双手与胸间隔一尺，手指分开，手心向内作抱球状，或手心向外作撑物状。其它要求与提抱式同。

分水式：两臂稍弯曲，并向左右侧自然伸展，两手保持在脐横线以下，手指分开，手心向下有如分水。其它要求与提抱式同。

休息式：

第一式，双手反背贴于腰部，或将双手插入衣袋内，大拇指露出。其它要求与提抱式同。

第二式，两臂抬起，两肘弯曲，搭扶在相当于胸高的栏杆上。两脚前后相距约四横指指，前脚满掌着地，后脚脚尖自然着地。两脚可不定时的轮换。

第三式，臀部轻靠桌边，作第一式或提抱式，或双足并立，脚跟提起，双手插入上衣袋内，大拇指露出。

四式，左手扶桌或椅背，右手反背贴腰。左脚在前，全掌着地，左腿直立或微曲；右腿在后，右腿自然微曲，足跟微提，有似走未走之意。或以足尖为轴，缓慢、自然的转动。头微左歪（最多不超过拳头），全身重量主要放在左侧，使右侧处于松弛、舒展状态。如是，左右（手）、前后（脚）作不定时的轮换。

（3）站桩功的注意点

每天站二、三次，每次开始时10分钟左右，以后逐步延长到40分钟左右。

站桩开始时，如感到腿酸疲劳，要适当坚持一下。站桩过程中，如发现头晕、恶心、出虚汗时，必须停止练功，坐或躺一会，这是脑贫血现象，不必惊慌，数分钟后即可恢复正常。以后再练功时，要适当缩减时间。站桩后，可自由散步活动一下，如感全身酸麻时，可进行四肢的自我按摩或拍击。

不强调注意呼吸和意守丹田，对杂念也要任其自然。

（4）站桩功的适应症

以神经衰弱、高血压病为主要适应症。对溃疡病、关节炎等也可应用。健康的人做站桩，能进一步增强体质。

5.因是子静坐法

蒋维乔著的《因是子静坐法》，最初出版在1914年，1917年再版。19118年又出版了《因是子静坐法续编》。据蒋维乔自己谈，两书已重版数十次。可见在当时这两本书流传是较广的。1954年在香港又出版了他的《因是子静坐法卫生实验谈》。1956年5月上海卫生出版又出版了《中国的呼吸习静养生法》。1957年底，香港又印了他的一本叫做《世间禅》的小册子。此外，蒋氏还在家面授和函授静坐法。

　　蒋氏本人自幼多病，青年时患肺病，按他自己所述，是从《医方集解》中所附的《勿药元铨》中学练了小周天方法。中年以后改练佛家功夫，先是天台宗的止观法，后照密宗做。密宗是佛教中神秘色彩最浓的一派，流传在日本的叫东密，流传在西藏的叫藏密。蒋氏修练的是藏密，内容有十八道次第、开顶法、大手印、多宝阁妙藏法等。

　　藏密方法神秘色彩太重，止观方法可参见附录。本节所称的因是子静坐法，不包括这两者在内。

　　（1）调身

　　坐前调身：要静坐的人，平常行住进退，必须极其安详，不可有粗暴举动，则气也随之而粗；心意轻浮，必定难于入静，所以，在坐前应预先把它调和。

　　坐时调身：或在床上，或在特制的坐凳上，须要解衣宽带，从容入坐。先置两脚，或单盘，或双盘，亦可自然盘坐。次要安置两手，把右掌的背叠在左掌上面，巾近小腹，轻放在腿上。然后，把身体左右摇动七、八次，就端正其身，脊骨勿挺勿曲。头颈也要端正，令鼻与脐的垂直线相对，不低不昂。开口以吐腹中秽气，吐毕舌抵上腭，由口鼻徐徐吸入清气三次至七次，于是闭口，唇齿相着，舌仍抵上腭。再轻闭两眼，正身端正。若坐久微觉身体有俯仰斜曲，应随时轻轻矫正。

　　坐后调身：会毕以后，应开口吐气十数次，令身中热气外散，然后慢慢摇动身体，再动肩胛及头颈，再慢慢舒放两手两脚；再以两大指背互相摩擦生热以后，擦两眼皮，然后闭眼，再擦鼻部两侧；再以两手掌相搓令热，擦两耳轮，再周遍抚摩头部，以及胸、腹、背、手臂、足腿，至足心而止。待汗干后，方可随意动作。

　　（2）调息

　　坐前调息：在平常时候，应该注意鼻息出入，不可粗浅，宜从喉胸渐达腹部。

　　坐时调息：在入坐时，息不调和，心就不定，所以必使呼吸极缓极轻，长短均匀。也可用数息法，或数出息，或数入息，从第一息数至第十，然后再从第一息数起；若未数至十，心想他事，以至中断，就再从第一息数起。反复练习，久久纯熟，自然息息调和。

　　坐后调息：坐毕时开口吐气，待体中漫热低减，回复平常状态后，方可随意动作。

　　（3）调心

　　坐前调心：平时一言一动，总须把心意放在腔子里，勿令驰散，久久自然容易调伏。

坐时调心：在入坐时，每有两种景象：一是心中散乱，支持不定；二是心中昏沉，容易瞌睡。大凡初学坐的人，每患散乱，练习稍久，唐朝念减少，就容易昏沉。治散乱的病，应当放下一切，不去睬它，专心一念，存想小腹中间，自然能够徐徐安定；治昏沉的赞美，可提起意念，注意鼻端，使精神振作。也可用数息法，使心息相依，则散乱与昏沉都可避免。

坐后调心：坐毕以后，也要随时留意，勿再胡思乱想。

以上调身、调息、调心三法，实际同时并用，为便于文字记述，乃作如上三节分别叙述。

练功至相当程度时，丹田发热如沸汤及有微动，也有剧烈震动，可有一股热气冲击尾闾，先通尾闾后，即上夹脊关。两关通后，要有耐心，用功不间断，能冲开玉枕关。这样一股热气从后上转，盘旋头顶而上，由颜面至鼻口，分两路而下，至喉咙会合，由胸下至丹田。如此则每入坐，这股气就前后流转。从尾闾至上唇，谓之督脉，从下唇到会阴，谓之任脉。在母胎时任督脉是通的，一出母胎，上断于口，下断于肛门，通过练功使返还到胎儿时的两脉相通。除此两脉外，还有围腰的带脉，练功到一定程度时，它会依腰围而旋转，譬如左转三十六，右转亦三十六，很有规律。还有冲脉、阴跷、阳跷、阴维、阳维合为奇经八脉。这八脉全通，即四通八达，全身气血流行无滞，疾病就无从发生。

6.《类修要诀》小周天

明代博学多才的胡文焕有《类修要诀》一书，其中一段小周天功法，为清初汪訒庵抄集在他的《医方集解》中。蒋维乔早年在《因是子静坐法》中，提到他的静坐功法，是从《医方集解》中的小周天方法开始的，即指这段功夫。其小周天方法是：

先要止念，身心澄定，面东跏坐（平坐亦可），呼吸平和，用三昧印（掐无名指，右掌加左掌上），按于脐下。

叩齿三十六通，以集身神，赤龙搅海，内外三十六遍（赤龙，舌也；内外，齿内外也），双目随舌转运，舌抵上腭。

静心数息，三百六十周天毕，待神水满，漱津数遍，用四字诀（撮、抵、闭、吸也。撮提谷道，舌抵上腭，目闭上视，鼻吸莫呼），从任脉撮过谷道到尾闾，以意运送，徐徐上夹脊中关，渐渐速些，闭目上视，鼻吸莫呼，撞过玉枕（颈后骨），将目往前一忍，直转昆仑（头顶），倒下鹊桥（舌也），分津送下重楼，入离宫（心也），而至气海（坎宫丹田），略定一定，复用前法，连行三次。口中之津，分三次咽下，所谓天河水逆流也。

静坐片时，将手左右擦丹田一百零八下，连脐抱住，入手时将衣被围住脐轮，勿令风入（古云：养得丹田脐暖热，此是神仙真妙法）。次将大指背擦热，拭目十四遍，去心火；擦鼻三十六遍，润肺；擦耳十四遍，补肾；擦面十四遍，健脾。双手掩耳、鸣天鼓，徐徐将手住上，即朝天揖，如此者三，徐徐呵出浊气四、五口，收清气。双手抱肩移筋换骨数遍，擦玉枕关二十四下，擦腰眼一百零八下，擦足心各一百零八下。

小周天原是道教内丹术的一个组成部分，有关这方面的详细内容，可参阅附录 。但习练本法必须要有有经验的气功指导人员具体指导，不要盲目自练。

7.苏东坡养生诀

北宋文学家苏轼（公元137—1101年），字子瞻，号东坡居士，素喜吐纳导引之术，并亲自实践，颇有体会。他与道教大小周天内丹术的奠基人。但当苏东坡去世时，张的内丹术专著《悟真篇》尚未传播，所以苏东坡虽提及当时的铅汞龙虎之说，而尚未深受其影响。苏东坡在给张安道信中介绍的这套养生诀，代表了唐宋时代，在内丹术盛行前，以闭目内观，纳心丹田，调息漱津的静功锻炼方法，有他的代表性，故选列于此。

每日以子时后（三更三、四点至五更以来皆可），披衣坐，面东或南，叩齿三十六通，握固（以两拇指掐第二指手纹，或以四指都握拇指，两手拄腰腹间），闭息（闭息取是道家要妙，先须闭目静虑，扫灭妄想，使心源湛然，诸念不起，自觉出入息调匀微细，即闭口并鼻，不令气出也）。内视五脏：肺白、肝青、脾黄、心赤、肾黑（当便 求五脏图、烟罗子之类，常挂壁上，便心中熟议五脏六腑之形状）；次想心为炎火，光明洞毛，入丹田中（丹田在脐下）。待腹满气极，则徐出气（不得令耳闻声），候出息匀调，即以舌搅唇齿内外，漱练津液（若有鼻涕亦须漱练，不嫌其醎，漱练良久，自然甘美，此是真气），未得咽下，复作前法，闭息内观，纳心丹田，调息漱津，皆依前法。如此者三，津液满口，即低头咽下，以气送下丹田中，须用意精猛，令津与气谷谷然有声，径入丹田。又依前法为之，凡九闭息、三咽津而止。然后以左手热摩两脚心（此涌泉穴，上彻顶门，气诀之妙），及脐下腰脊间，皆令热彻（徐徐摩 之，策汗出不妨，不可喘）；次以两手摩熨眼面耳项，皆令极热，乃按捍鼻梁左右五、七下，梳头百余梳，散发卧，熟寝至天明。

8.松静功

松静功，是强调松静为主的一种静功功种，它是从放松功衍化以来的，具有既注意松，又注意静，松静紧密相联，相辅相成的特点。松静功方法简易、方便，它既是一种初步入门方法；也可作为练其他功法时的一种"入静"手段。姿势和呼吸锻炼基本与放松功同，故适应症亦相似。具体操作方法：①先松后静法：摆好姿势，先全身放松，自头至足松十次；或练放松功中放松方法，继之，意守下丹田。并把意念与腹部上下起伏的腹式呼吸结合起来，意念随着腹部起伏而自然进行，久之心静息调，意气相依；②吸静呼松法：将一松一静与一呼一吸结合起来。当吸气时，脑子默想"静"；当呼气时，脑子默想"松"。吸气一静，呼气一松，就这样一呼一吸，着重在调息与默念字句结合起来，以至心静意净。

9.默想法

默想法，是以观想为特点的一种静功功法。分两节，采取盘坐式做，系李书城所传，有防病，治病和保健延年的作用，对神经衰弱和内脏器官功能性疾病，治疗效果较好。两节功法具体如下：

九次呼吸法：观想自己全体通明，身体内有三根中空的脉管。中间脉管上起自印堂（两眉中间，俗称脑门），贯到脊背，下通会阴；右脉管在中脉管右侧，上起自右鼻孔；左脉管在中脉管左侧，上起自左鼻孔，都是从鼻孔经脑门过脊背内面，下通至会阴。三根脉管都在脊骨的里面，中脉管粗细如芦杆，外蓝色，内红色；左右两脉管粗细如麦杆，右脉管红色，左脉管白色。按以上位置，形状想象清楚后，用左手无名指掩左鼻孔，以右鼻孔吸气，由右脉管至印堂向后行径脊背，抵会阴处。然后将右脉管吸满的气，过入左脉管内，徐徐上升，经背再向脑门，由左鼻孔徐徐呼出，呼气时放开掩鼻的左指，如此做三次。再照上法用右手无名指掩右鼻孔，以左鼻孔吸气，然后放开掩鼻的右手指，使气徐徐由右鼻孔呼出，也照此做三次。再用两鼻孔同时吸气，吸气后，左右两手无名指同时掩住左右两个鼻孔，让吸进的气，分别循左右两脉管至印堂向后行，经背抵会阴处。左右两脉管的气汇合一起，贯入中脉管内，徐徐上升，由背向脑口，再由左右两鼻孔将气呼出，呼气前将掩鼻的左右两手无名指放开，如此做三次。以上方法练习成熟后，可不用掩鼻，也能照样操练。在吸气时，可想象从天空中将健康，长寿、快乐，安静的精华，由鼻孔吸入自体。呼气时，可想象将自体所有的疾病、亏损等的病根，从鼻孔排除干净。完毕后，可观想自体洁净明彻，健康长寿，快乐的精华已充满全身，这时想象中脉管有四个特征：红润如胭脂精、明彻如麻油灯、柔软如莲花瓣。

丹田住气法：想象头顶上五寸许处有一月亮，具有光明、圆满、洁净、清凉四特征，想着想着化为五色光彩和甘露（甘露如同水一样在这里代表气的意思）灌入顶门中脉，一直降到海底（即会阴穴），后分向两腿到足心止。这时觉甘露所到之处，一切疾病都从全身毛孔排除干净，身心感觉非常愉快舒畅。复想甘露从足心上升至丹田停住，这时顶上的甘露，也同时下降到丹田，上下两股气都在丹田会合，如上下两个瓶口将上下气吸入瓶后，封闭上下两口，使气不外泄，这时闭口不出气，愈久愈好。至忍不住要出气时，只徐徐从鼻孔呼出，不要出净，稍留余气在丹田。最后，把余气贯入中脉内，让在中脉内慢慢消失，不要外散。

以上两节功均注意稳慢而行，用意不用力。开始做时不能闭气过久的人，也不要勉强，慢慢练习，久之即可运用自如。

二、动功健身方法

气功中的动功锻炼，是采取和意气相结合的各种肢体运动及自我按摩、后天击等法，以内脏、筋骨、肌肤。它的操作方法，由三个部分组成：肢体运动、呼吸锻炼、意念锻炼。从古代到现代创造和积累了大量的动功方法，可供练功者，根据需要加以选用。

对动功锻炼的安排，一般可以在做静功的前后，各做若干节；在临睡前，可以先做动功，后做静功；适合病情的，可以每天单独做一、二次；如做静功时，感到确实静不下来，可以暂时只做动功。至于成套的动功，也可以单独做。

动功的锻炼方法很多，本节只介绍一些常用的和某些有参考价值的古代动功功法。

（一）动功的三个部分

1.肢体运动

古人在"流水不腐，户枢不蠹，动也；形气亦然，形不动则精不流，精不流则气郁"；"动摇则谷气得消，血脉流通，病不得生，譬如户枢终不朽也"的指导思想下，创造了不少动的锻炼方法。这些锻炼方法大致包含肢体部分的伸屈、转动、俯仰等，有节奏、有规律的操作方法，以及各种自我按摩、自我拍击的锻炼方法。这些方法的锻炼目的，总的是为了促进全身气血流畅、各部分关节灵活和筋骨强健，以求全面增强体质。具体的各种不同方法，对于身体不同部位的锻炼，又可以增强局部正常机能。根据病人不同情况的需要，选用不同的局部锻炼方法，也有利于减轻、消除局部的症状。有的局部按摩，还能对内脏起调节作用。各种肢体锻炼方法，要求做时正确灵活，要防止做得太过或太松散。

2.呼吸锻炼

动功的呼吸锻炼，有自然呼吸、鼻吸鼻呼、鼻吸口呼等。也有腹式呼吸，其中顺呼吸、逆呼吸都有。做动功时：一种是顺呼吸之自然，就是不强调注意呼吸；一种是自然配合，即在动作中感到呼吸的情况时，可让它们自然配合起来；另一种是强调配合，一般是加强呼气。这些在以后的各节中都有说明，但都要注意自然通顺，不可进所。

3.意念锻炼

动功锻炼，既要求保持在安静的状态下进行，又要求动作与意念结合起来，也就是在进行运动过程中，必须精神贯注，思想集中到动作上去。对有些动功强调配合呼吸锻炼时，更要掌握每一口呼吸，使其恰到好处。对每一节动功都规定次数，但在操作过程中，既要从体力出发，由少到多逐步增加，也不能停滞不前。对指导的各节动功，对自己的体质、病情是否适合，也必须在锻炼过程中多加体会，而作必要的调整。这些者是属于动功中意念锻炼的内容。

（二）动功功种与功法

1.五禽戏

五禽戏，是人们模仿自然界五种禽兽——虎、鹿、熊、猿、鸟（鹤）的动作，作为保健强身，却病延年的一种自我锻炼功法。这种功法是我国汉代名医华佗（公元三世纪）在前人的基础上创造的，故又名"华佗五禽戏"。此种功名首见于《后汉汉书·方技传》。

以模仿禽兽的动作，作为气功动功锻炼方法，还可以追溯到更早的年代。早在战国时期，《庄子》中就有"熊经鸟伸，为寿而已矣"的记载。西汉初的文物，马王堆出土的《导引图》中绘有十种模仿禽兽动作剧健身治病的彩图。西汉《淮南子》中载有"六禽"动作名称华佗在编创"五禽之戏"的同时，还提出了运动却病健身的朴实的科学理论，这是极为可贵的。他说："人体欲得劳动，但不当使其极尔。动摇则谷气得消，血脉流通，病不得生，譬犹户枢终不朽也。是以……为导引之事，熊经鸱顾，引挽腰体，动诸关节，以求难老。我有一术，名五禽之戏：一曰虎，二曰鹿、三曰熊、四曰猿，五曰鸟，亦以除疾，兼利蹄足，以当导引。体有不快，起作一禽之戏，怡而汗出，因以着粉，身体轻便而欲食"。

五禽戏的操作方法，从现存文献看，以南北朝时陶弘景《养性延命录》中记载为最早。其操作法如下：①虎戏者，四肢距地，前三掷，却三掷，长引腰，乍却，仰天即返。距行，前、却各七过也。②鹿戏者，四肢距地，引项反顾，左三君二。左右伸脚，伸缩亦三亦二也，③熊戏者，正仰，以两手抱膝下，举头，左辟地七，右也七。蹲地，以手左右托地。④猿戏者，攀物自悬，伸缩身体，上下各七。以脚拘物自悬，左右七。手钩却立，按头各七。⑤鸟戏者，一双立手，翘一足，伸两臂，扬眉鼓力，左右七。坐伸脚，手挽足距，各七，伸缩二臂，各七也。

五禽戏发展到现在，已有不少流派，每个流派都各有不同的风格和特点。概括起来，有以模仿"五禽"动作为主：有以着重"内气"锻炼；

有以着重练"内"的；有以着重练"外"的；有以着重练"动"的；有以着重练"静"的；有以着重练"刚劲"的，有以着重练"柔劲"等等。在锻炼的目的上，有以治病养生为主，有以壮力强身为主。从治病养生角度看，在总的方面应该是重视"精，气、神"的锻炼。对体势与内气，内功与外功，动与静、刚与柔，都是应该并重的。因为五禽戏是一种"外动内静"、"动中求静"的功法，习练时应该作到外动内静，动中求静；有刚有柔，刚柔并济；练内练外，内外兼备；有动有静，动静兼备。练五禽戏时，可以单练一禽之戏，也可以选练一两个动作。单练一两个动作时应该增加锻炼的次数。

2.十六段锦

十六段锦，是以十六节动作偏为一套的动功锻炼方法。初见于冷谦的《修龄要旨》一书。冷谦为元末明初人，是个年逾百岁的练功家。他认为，导引方法，无虚数百端，今取其要约切当者十六条，定名为十六段锦法锻炼者能日行一、二遍，久久可身轻体健，百病皆除，走及奔马，不感疲乏。这套十六段锦，是以坐八段锦锦为基础，又参合了前人的若干导引方法之所长，文字也较易懂，且都记明了效果。常以夜半及平且将起之时为之，此时气清腹虚，行之益人。操作法如下：

（1）先闭目握固，冥心端坐，叩齿三十六通，即以两手抱项，左右宛转二十四。以去两胁积聚风邪。

（2）复以两手相叉，虚空托天，复按项二十四。以除胸膈间邪气。

（3）复以两手心掩两耳，以第二指压第三指指，弹击脑后二十四，以除风池邪气。

（4）复以两手相捉，按左膝左捩身，按右膝右捩身，二十四。以去肝家风邪。

（5）复以两手，一向前一向后，如挽五石弓状，二十四。以去臂腋积邪。

（6）复大坐，展两手，扭项左右，反颐肩膊，随转二十四。以去脾家积邪。

（7）复两手握固，并柱两肋，摆撼两肩，二十四。以去腰肋间风邪。

（8）复以两手交搥臂膊及腰股，各二十四。以去四肢胸臆之邪。

（9）复大坐，斜身偏倚，两手齐向上，如排天状，二个四。以去肺间积聚之邪。

（10）复大坐伸脚，两手向前，低头扳脚十二，却钩所伸脚，屈在膝上，按摩二十四。以去心胞络邪气。

（11）复以两手据地，缩身曲脊，向上十三举。以去心肝中积邪。

（12）复起立据床，扳身向背后视，左右各二十四。以去肾间风邪。

（13）复起立徐行，两手握固，左足前踏，左手摆向前，右手摆向后；右足前踏，右手摆向前，左手摆向后，二十四以去两肩之邪。

（14）复以手向背上相捉，低身徐徐宛转，二十四。以去两胁之邪；

（15）复以足相扭而行，前进数十步，复高坐伸腿，将两足扭向内，复扭向外，各二十四。以上两节可去两腿及两足间风邪。

（16）复端坐闭目，握固冥心，以舌抵上腭，搅取津液满口，漱三十六次作汩汩声咽下；复闭息想丹田火，自下而上。遍烧身体内夕卜热蒸乃止。

3.养生十六宜

养生十六宜，是一套以动功为主的养生锻炼方法。共分十六节：发宜常梳、面宜多擦、目宜常运、耳宜常弹、齿宜数叩、舌宜舔腭、津宜数咽、浊宜常呵、腹宜常摩、谷道宜常提、肢节宜常摇、足心宜常擦、皮肤宜常干、背宜常暖、胸宜常护、大小便禁口勿言。它至迟在我国明代已在流传，并见之有关著作。如明初冷谦的《修龄要旨，中，及以后的胡文焕《类修要诀》，李中梓《颐生微论》中均有此记载。这套功法是以古代：“修昆仑法五宜”（发宜多栉，手宜在面，齿宜数叩，津宜常咽、气宜精练）为主，吸收了“却病延年一十六旬之术”（又称逍遥子导引诀、导引却病歌）、“左洞真经绕腔导引诀”中的若干内容整理而成。如追溯其各别渊源，则其中有些方法为时更早，如“齿宜数叩”一节。三国时的皇甫隆即有琢齿之法（《备急千金要方》）。以后在《抱朴子》、《颜氏家训》中都提到它的方法与效果。如把这套方法作为经常的锻炼内容，能收到保健强身，延年益寿的效果，因其动作轻缓，对老年人更为合适。此法目前在日本札幌等地区这套十六宜中，除背宜常暖、胸宜常护和大小便禁口勿言为日常生活中的注意点外，其余十三宜的操作法和作用如下：

（1）发宜常梳：又称“栉发”，能明目去风。每次梳头一百十下，动作宜轻柔。

（2）面宜多擦：又称“浴面”、“拭摩神庭”，能令人面部皱斑不生有光彩。搓热两手，以中指沿鼻部两侧，自下而上，带动其它手指，擦到额部向两侧分开，经两颊，币下，计30次。

（3）目宜常运：又称“运睛”，能去内障外翳，兼能改善视力。两眼珠从左转到右14次，再从右转到左14次。转睛时要慢，转毕两眼紧闭少时，再忽大睁。

（4）耳宜常弹：又称“鸣天鼓”、“掩耳弹枕”、“击探天鼓”，能防治头晕耳鸣，补益下丹田。两手掌心掩耳，暗记鼻息9次，然后以第二手指压在中指上，再滑弹在后脑部，以能听到咚咚响声为佳。计24次。

（5）齿宜数叩：又称"叩齿"，能坚齿击痛。把牙齿上下叩合，先叩大牙24次，再叩前齿24次。

（6）舌宜舔腭：能使口水增多。古人称口水为"金浆玉醴"、"玉泉"、"华池水"等，认为是人身之宝。把舌尖轻轻抵住上腭，称为舌抵上腭；或以舌尖轻轻舔动上腭，都同时注意舌下部位。待口水增多，接着做津宜数咽。

（7）津宜数咽：又称"咽津"、"胎食"。古人认为经漱炼后的口水，咽下后能灌溉五脏六肪，润泽肢节毛发。做舌宜舔腭，待口水增多以至满口时，鼓漱36下，分一。口或几口咽下，咽下时要喉部汩汩有声，以意送至下丹田。

（8）浊宜常呵：又称"鼓呵"，能消积聚，去胸膈满塞。停闭呼吸，鼓动胸腹部，待感到胸腹部气满时，稍抬头，缓缓张口呵出浊气，做5¯7次。

（9）腹宜常摩：又称"摩脐腹"、"摩生门"，能顺气消积。搓热两手，然后相叠，着肉或隔单衣，用掌心在以脐为中心的脘腹部顺时钟方向，分小圈、中圈、大圈各转摩12次。

（10）谷道宜常提：又称"撮提谷道"，谷道即指肛门，故俗称提肛，能升提阳气，治脱肛。在吸气时，稍用意用力，撮提肛门，连同会阴上升，稍凝一下，放下呼气，做5～7次。

（11）肢节宜常摇：两手握固，连同两肩，向前轮转，先左后右，如转轳轳状，各24次；再平坐，提起左脚向前缓缓伸直，脚尖向上，当要伸直时，脚跟稍用力向前下方蹬出，计5次，再换右脚做5次。船舒展四肢关节。

（12）足心宜常擦：又称"擦涌泉"，捅泉是前足心（脚底前三分之一的中间）的穴位，擦此能局肾暖足，增进睡眠。赤足或薄袜，用左手扳住左脚趾，突出前脚心，以右手掌心的劳官穴，缓缓圆转擦动500¯100次，然后换擦右脚涌泉。

（13）皮肤宜常干：又称"干浴"能使气血流畅，肌肤光莹。搓热两手，遍摩全身，一般从头顶百会开始，顺次面部、左肩臂、右肩背、胸部、腹部、两胁、两腰、左腿、石腿，也可以把上述部位再细分做。

以上十三宜中，发宜常梳可在早晨为之；面宜多擦每在睡起时为之；足心宜常擦可在睡前洗脚后为之；其余十节每日做2¯3次。在操作过程中，要求情绪安宁，思想集中到动作上，动作要轻缓。姿势一般采取坐式。次数可由少到多，逐步增加，到规定的次数为止，或稍多些。

4.易筋经

易筋经，是我国古代流传下来的一种动功，曾相传为达磨所创，但系伪托。清代凌廷堪在《校礼堂文集·与程丽仲书》中，认为易筋经是明代天台紫凝道人假托达磨之名所作。目前流传的易筋经功法有多种，通行的是经清潘爵整编，并收录于其所撰之《卫生要术》中的那一套易筋经十二图。此图又为王祖源摹刻在他的《内功图说》中。现根据《卫生要术》所载之功法，介绍于下：

韦驮献杵第一势：立身期正直，环拱手当胸，气定神皆敛，心澄貌亦恭。

韦驮献杵第二势：足趾挂地，两手平并，心平气静，目瞪口呆。

韦驮献杵第三势：掌托天门目上观，足尖着地立身端，力周骸胁浑如植，咬紧牙关不放宽，舌可生津将腭抵，鼻能调息觉心安，两拳缓缓收回处，用力还将挟重看。

摘星换斗势：只手擎天掌覆头，更从掌内注双眸，鼻端吸气频调息，用力收回左右眸。

出爪亮翅势：挺身兼怒目，推手向当前，用力收回处，功须七次全。

倒拽九牛尾势：两后伸前屈，小腹运气空松，用力在于两膀，观拳须注双瞳。

九鬼拔马刀势：侧首弯肱，抱项及颈，自头收回。弗嫌力猛，左右相轮，身直气静。

三盘落地势：上腭坚撑舌，张眸意注牙，足开蹲似踞，手按猛如孥；两掌翻齐起，千斤重有加，瞪睛兼闭口，起立足无斜。

青龙探爪势：青龙探爪，左从右出，修士效之，掌平气实，力周肩背，回收过膝；两目注平，息调心谧。

卧虎扑食势：两足分蹲身似倾，屈伸左右　相更，昂头胸作探前势；偃背腰还似砥平，鼻息调元均出入，指尖着地赖支撑，降龙伏虎神仙事，学得真形也卫生。

打躬势：两手齐持脑，垂腰至膝间；头惟探胯下，口更啮牙关，掩耳聪教塞，调元气自闲，舌尖还抵腭，力在肘双弯。

掉尾势：膝直膀伸，推手自地，瞪目昂头，凝神一志，起而顿足，二十一次，左右伸肱，以七为志。其后，更作坐功，盘膝垂眦，口注于心，息调子鼻。定静乃起。

易筋经之命名，有增强变易筋骨之意，易筋经之特点，在于"内壮"，"内壮"是与"外强"相对而言，所谓"内壮言坚，外强言勇。坚而能勇，是真坚也"。关于"内壮"，古本《易筋经》一书中有"内壮论"专著说："久练内壮，其则有三。一曰，守此中道，守中者，专于积气也；二曰，勿他想，人身之中，精神气血，不能自主，悉行于意，意行则行，意止则止，守中三时，意随掌下：三曰，扬其充周"。就是说，炼内壮要求入静内守，积气充身，气随意行，内壮外强。具体在练本功法时，要注意，既不能按图索骥，空摆架式；亦不可随心所欲，改变程式，而应以意领气，自然舒适，刚中有柔，柔中有刚。

5.揉腹功

揉腹功又称驱病延年法，是我国民间流传很广的一种医疗保健手法。动作简便，易学易练，效果大，具有扶正祛邪、调和营卫、驱寒止痛、增强胃肠运化等功效。据文献资料记载，在清代揉腹功已广为流传。清雍正十三年（公元1735年），皖南翕县（今新安）方开编绘《驱病延年图说》，（由白颜伟刊行）一书即有刊载。现介绍如下：

（1）姿势

揉腹功采用坐位或卧位，可因时因地因人而定，如身体好可取坐位，病弱者可取卧位等。冬季或气温较低时，也可仰卧床上盖被揉腹或坐于被窝内披衣揉腹。取坐姿时，上身要端坐，含胸沉肩两眼凝视，两足放平着地与肩同宽（坐于床上时，腿可自由盘放，以舒适为度）。仰卧位时，头稍枕高，眼视鼻尖，两膝微微并拢稍弓起（或腘窝下微垫高），两足微分开，足跟着实。

（2）方法

①揉中脘——右手三指指腹按在心窝处，左手中三指指腹压在右手的中三指上，或左手掌放在右手背上，两手同时用力，以顺时针方向围着中脘穴（胸剑联合至脐连线的中点），轻轻旋转按揉36圈。

②揉肚脐——右手中三指指腹（左手放法同上），从肚脐左边开始，以顺时针方向围绕肚脐轻轻旋转按揉18圈。然后，换左手中三指用同样方法从脐右边开始，以反时针方向围绕肚脐轻轻旋转按揉18圈。

③揉气海、关元——右手中三指指腹（左手放法同上）从气海穴（肚脐与耻骨联合连线的上3/10与下7/10交界处）开始，向左下方，再经关元穴（肚脐与耻骨联合连线的上3/5与下2/5交界处）到右上，再回到气海穴处，如此旋揉为一周，共轻轻旋揉18圈。然后用左手以同样方法以反方向轻轻旋揉18圈。

④推任脉——手中三指指腹（另一手中三指压放在其上）从心窝处，顺着腹正中线向下轻推至耻骨联合处。然后两手分开，仍用中三指指腹分别向外，顺着胳窝边揉边走，再向上沿着乳头线按揉至肋骨弓下，两手中三指再向心窝部按揉。最后，两手仍回到心窝部（一手中三指在下，另一

手中三指压放在其上），为一周，推揉36周。妇女做次功时，完全以旋转揉法进行，其它方法完全一样。

⑤揉满腹——左手叉腰（拇指在前，四指捏在腰肾处不动，卧位时，左手位置不限），右手掌从右下小腹部（右胳窝部）开始向上揉转，边揉边走，揉至右上腹季肋部，再至左季肋部到左下小腹部（左胳窝部），最后再回到右下小腹部为一圈，如此揉转18圈。然后，左手掌再以同样部位，同样方向推擦18圈。

⑥推腰肾——两手五指微并拢，各放于两侧腰肾部，五指向前，大拇指紧贴于肋弓下，以掌面用力，向前内方推按，使腹部向前稍凸出，然后两掌向后松开，腹壁弹回恢复原状，为一次，共推按18次。此法对肝、脾、肾、肠等器官作用甚大。

⑦摇转内脏——自然盘坐，两腿交叉，随意盘腿，腰挺直，两手放于膝盖上，上身自左向右缓慢摇转（幅度越大约好）9次，然后再自右向左缓慢轻轻摇转9次。

⑧点揉——左手叉腰，（拇指在前，四指在后），右手剑指状（食、中二指或中间三指伸直，其它指弯曲），以中间二指或中间三指指尖在中脘、关元、气海等穴位上缓缓用力向下点按，然后慢慢抬起，算做1次。一个穴位可点按5~7次。点按的部位，也可以从右下腹开始按顺时针方向，每隔一、二寸处点按一下，作大圆圈点按数圈，也可以点按在压痛点上，也可以满腹点按。

此法可以代替其它揉腹功，特别是在手生老茧，不能用手掌揉腹时，可以用点按法进行按摩，效果同样很好。

⑨深呼吸——坐、卧位皆可。坐位时，两手放于膝上，两眼下视鼻尖。仰卧位时，两手放于膝上，两眼下视鼻尖。仰卧位时，两手放于两侧大腿外侧，其它要求同前。

深呼吸前要排除杂念，耳不旁听，使注意力完全集中到肚脐下一寸五分（丹田）处，使全身放松，然后进行自然的"安静"呼吸20次。使思想完全安静下来后，再进行缓慢深长而又均匀的自然呼吸。呼吸时，用鼻吸气，同时舌添上腭，用口呼气，同时舌放下。吸气时，应设想由一股气流从丹田处直上进入胸中，呼气时气流又从胸中回到丹田，如此一呼一吸为一次，共呼吸20~30次。

开始呼吸幅度可浅一些，慢慢地增加到一定的通气量。通气量的大小，应因人而异，以不引起明显的"出不过气"或吃力的感觉为度。呼吸既不要用力，也不要有意屏气而中断呼吸。最后几次呼吸的深度要逐渐减浅，直至正常。

这样深呼吸，实际上近似气功，因此可以单独练，也可以同其它揉腹功配合起来练（先做深呼吸，后做其它揉腹功），这样更可增加按摩的效果。

（3）注意事项

①每日可进行2～3遍，可分早中晚进行，也可只早晚在被窝里进行。每个动作的次数，应以身体状况而定，上述规定的次数仅供参考。在疾病发作时，按摩次数可大大增加，有的可增加至几十次或几百次，或做到症状暂时缓解甚至暂时消失为止。总之，按摩后要觉得全身舒畅、轻松、无疲劳感为度。

②作揉腹功时，一定要精神贯注，思想集中，呼吸自然，要做到"手到心至"。

③练呼吸时，一定要全身放松，意守丹田，否则效果不理想。对初练深呼吸功的人，呼吸的深度和通气量不要过大，次数也不易多，要注意循序渐进，逐步增加。

④揉腹时，最好解开衣裤直接按摩，隔衣按摩效果不理想。坐位按摩时，室温不可过低，以防着凉感冒。

⑤揉腹动作要轻而缓慢连续不断，不可过于用力，以免伤至内脏。男女在生理解剖特点上有所不同，女性腹壁较软，脂肪较厚，肌层较薄弱，盆腔内又有女性生殖器官，因此按摩更应该轻缓和多取卧位为宜（特别是年龄较大的腹部松弛的经产妇），否则易伤至内脏，甚至造成内脏脱垂。至于其它按摩方法，男女一般无需有异。

⑥有时在练揉腹功的同时或以后，由于胃肠蠕动增强等生理功能的变化，往往会出现腹内发响（肠鸣音）、放屁、暖气、腹内温热感或易饥饿，甚至有便意和尿意等现象，这是正常的练功效应，不是坏现象。在初练深呼吸时有的人也可能出现胸廓不适等感觉，也没什么关系，久练后就会消失。

⑦妇女在妊娠期间禁止揉腹。腹内有恶性肿瘤或是胃穿孔、内脏出血和腹膜炎等急性腹症病人也绝对禁止揉腹。腹壁有急性感染时，局部不要按摩。女子在月经期中一般不可受凉。此外，在过饥和过饱时也不宜揉腹。如有便意，必须先解大小便，然后揉腹。

(4)作用和适应症

深呼吸功，近似于气功，是自我造成几度安静、全身放松的一种保健功，能使神经获得休息，减少许多足以引起神经活动紊乱的外界不良刺激，使大脑有可能调整神经系统的活动，从而打破疾病形成的恶性循环，有利于机体修复和内脏器官病变的消除。也就是说，此功可使大脑处于一种特殊的白虎星抑制状态，有助于调整和恢复大脑正常的兴奋和抑制功能以及皮层下中枢神经和植物神经系统的功能，因此对防治神经衰弱、高血压、胃及十二指肠胃溃疡等病有一定作用。

深呼吸本身还能大大加强气体的交换，促进新陈代谢，并通过隔肌的运动反复改变腹腔的压力，起着一种按摩内脏的作用。因此，深呼吸同其它揉腹动作配合，就更有健身和防治消化、泌尿生殖系统等某些疾病的作用。

揉腹可直接按摩牵拉腹内脏器官（特别是胃肠），加快腹部血液循环，刺激胃肠和肠系膜上的神经感受器，在中枢神经系统的调解下引起迷走神经兴奋，从而促进胃肠平滑肌收缩，使其蠕动加强，同时也能促进胃液、胆汁、胰液和小肠液的分泌，从而增强胃对食物的消化以及小肠对食物的消化和吸收作用。

如果胃肠的运动和分泌过强，则揉腹部的某些穴位也可以通过神经反射等调节机制使交感神经兴奋，从而使胃肠运动和分泌的功能恢复正常。

中医认为，中脘有健脾和胃、化湿降逆的作用。据报道，对人体和动物进行的实验都已证明，刺激中脘等穴位有助于调节胃的运动机能，其表现一般为胃肠蠕动增强，幽门立即开放，使胃下界上升，但对蠕动过强者，反而能使之变慢，使痉挛的胃迟缓。

揉腹还有助于调节胃的分泌机能。例如，胃酸及胃蛋白酶活性过高者，可使之下降为正常，过低者，可使之升高。

由此可见，在机体病变的情况下，特别是在胃肠蠕动和分泌功能降低或衰竭时，这种揉腹功就能通过神经、体液或经络等因素来维持正常生理功能。

第十四章　足球运动

　　足球运动是一项古老的体育运动，它的起源可以追溯到人类社会的史前时代。世界不少民族都有过用脚玩球进行身体活动的历史，都属于足球游戏的范畴。通过目前各国有关史料比较，我国古代开展足球运动要早于其他国家，约在2500多年前的战国时期就有了叫蹴鞠的足球活动。在欧洲文艺复兴时期，各种游戏项目中，足球的发展最为突出，并最后在英国站住了脚跟。

　　1863年10月26日，英国成立了世界上第一个足球组织——英国足球联合会，并制订了统一的足球规则。故世界足坛都把这一天称之谓现代足球运动的诞生日。世界杯足球赛创始人为国际足联第三任主席米尔·里梅。1328年国际足联决定从1330年起每4年举行1届世界足球锦标赛。自1930年至2006年期间，除1942年及1946年两届比赛因第二次世界大战未能举行外，世界杯足球赛共举办了18届。

　　从1896年第一届现代奥运会到1908年第四届奥运会，足球是表演项目，直到1912年第五届奥运会时足球才成为正式比赛项目。

　　现代女子足球在我国始于20世纪20～30年代（当时上海建立了第一支女子足球队）。我国的女子足球运动发展于70年代，与欧洲同步。由于世界女子足球运动的不断发展，1991年在中国举行了首届世界女子足球锦标赛，开创了世界女子足球运动的新纪元，到2003年共举行了4届比赛。1996年第26届奥运会上，女子足球成为正式比赛项目。

　　现代足球运动自从1840年鸦片战争后，随着英国人的入侵传入我国。1908年，集香港华人足球精英的南华足球会成立，它对现代足球运动在中国的发展做出了重要的贡献。1910年举行的旧中国第1届全国运动会上，足球被列为正式比赛项目。在1913年至1934年共举行的10届远东运动会足球比赛中中国队除第一届获得亚军外，其余9届冠军均被中国队获得。新中国成立后，1951年在天津举行的第一届全国足球比赛大会，是新中国第一个全国性足球比赛。

　　高水平的足球比赛激烈、精彩、变幻莫测，因而扣人心弦，引人入胜，具有极高的观赏性。这是由于：对抗激烈，自然条件反差大，心理刺激强烈，运动负荷大。因而足球比赛是双方在技术水平、战术素养、身体素质和心理、文化素质等方面的综合抗衡。

足球作为世界第一运动，其影响已经远远超出了足球本身的范畴。2002年韩日世界杯足球赛所产生的效应进一步说明，现代足球不仅是我们时代最富激情的体育运动项目，是世界人民业余文化生活中不可缺少的部分，具有巨大的凝聚力，而且较高的足球竞技水平已成为一个国家、一个民族精神和荣誉的象征。2002年中国足球队历经万般艰苦奋斗，首次打进世界杯决赛，终于圆了几代人的世界杯梦想。这一事件，极大地振奋了中华民族之精神，在国人心中产生了巨大的凝聚力。

足球运动具有丰富的文化内涵，是一种满足人们生理、心理需要，表现人们行为举止，思想感情甚至民族特性、风格的身体文化运动。足球运动发展到今天，高度国际化、职业化，除更鲜明地体现其文化特征外，还表明足球运动是一项具有经济功能的体育运动项目。

第一节　足球的技术

足球技术是运动员在比赛中运用身体的合理部位所完成的动作方法的总称。它是在比赛实践过程中逐步形成、发展和完善起来的。足球技术包括：踢球、接球、头顶球、运球和运球过人、抢截球、假动作、掷界外球和守门员技术等。

一、踢球

踢球是指运动员有目的地用脚的某一部位把球击向预定的目标，以达到传球配合或射门的目的。踢球动作技术过程可分为：助跑、支撑脚站位、踢球腿的摆动、脚触球、踢球后的随前动作。踢球主要方法有：脚内侧踢球、脚背正面踢球、脚背内侧踢球、脚背外侧踢球；还可用脚尖和脚跟踢球。

（一）脚内侧踢球

其动作特点是触球面积大，可控性强，出球平稳准确，是短距离传球和射门常用的脚法。动作方法

直线助跑，支撑脚在球的侧面约10cm处，脚尖正对出球方向，膝关节微屈。踢球腿以髋关节为轴由后向前摆动，在摆动过程中屈膝外转，踢球脚内侧正对出球方向，脚尖稍翘起，小腿快速前摆，脚踝用力绷紧，用脚内侧部位击球的后中部。踢球后，踢球腿随球继续前摆。

（二）脚背正面踢球

其动作特点是摆踢动作顺畅便于发力，但出球路线或性能缺乏变化，适用于远距离的发球和大力射门。

动作方法

直线助跑，最后一步稍大并积极着地，支撑脚踏在球的侧面约10～12cm处，脚尖正对出球方向，膝关节微屈，同时踢球腿向后摆起，膝弯曲，在支撑脚着地的同时，以髋关节为轴大腿带动小腿由后向前摆，与膝盖摆至接近球的垂直上方的刹那，小腿加速前摆，脚背绷直，脚趾扣紧稍外展，以脚背的正面击球的后中部。击球后身体及踢球腿随球继续前移。

（三）脚背内侧踢球

其动作特点是踢摆动作顺畅、幅度大、脚触球面积大、出球平稳有力、且性能和线路富于变化，是中远距离射门和传球的重要方法。

动作方法

斜线助跑，助跑方向与出球方向约成45°角，最后一步稍大，支撑脚以脚掌外沿积极着地，支撑脚脚尖指向出球方向，距球内侧后方约20～30cm处，膝关节微屈。身体稍向支撑脚一侧倾斜，在支撑脚着地的同时，踢球腿以髋关节为轴，大腿带动小腿由后向前摆。当身体转向出球方向，膝盖摆到接近球的内侧上方刹那，小腿加速前摆，脚尖稍外转，脚背绷直，脚趾紧扣，脚尖指向斜下方，以脚背内侧踢球的后中底部。击球后踢球腿及身体继续随球向前。

（四）脚背外侧踢球

其动作特点是预摆动作小，出脚快，能利用膝、踝关节的灵活变化改变出球方向和性质，是具有较强实用性的技术手段。

动作方法

脚背外侧踢球的动作方法类似脚背正面踢球，只是摆踢时，脚面绷直，脚趾向内扣紧斜下指，用脚背外侧击球的后中部。击球后，踢球腿顺势前摆着地。踢外侧弧线球时，支撑脚踏在球侧后约15—20cm处，踢球腿略呈弧形摆踢，作用力方向与出球方向约成45°，脚型同踢定位球，击球点在球的内侧后部。击球后，踢球脚向支撑侧斜摆，以加大球的外旋力量。

二、接球

接球是指运动员有目的地运用身体的有效部位，将运行中的球控制在所需位置上的动作方法。它是运动员获得球的主要手段，是运动员控球能力的一种表现。良好的接控球能力能使球队争取更多的进攻机会，是进攻战术的重要构成因素。接球的方式有缓冲来球冲力和改变来球方向两种。接球的四个步骤为：判断来球的速度、方向及落点；调整移动自己的站位；用合理的身体部位接挡球；接球后及时随球把身体重心跟上。接球主要方法有：脚底接球、脚内侧接球、脚背正面接球、脚背外侧接球、胸部接球、腹部停接球和大腿接球等。

（一）脚内侧接球

其特点是接球面积大，易掌握，易控球，并且便于转身改变方向。接高、低球灵活方便，适用于接地滚球、平直的空中球和反弹球。

动作方法

支撑脚脚尖正对来球方向，膝关节微屈，接球腿提膝外转并前迎，脚尖翘起，脚底与地面平行。当脚与球接触的一刹那，与来球同步后撤，把球控制在下一个动作需要的位置上。脚内侧接反弹球时，支撑脚站在球落点的侧前方，膝关节微屈，上体稍前倾并向接球方向微转，同时停球脚提起，并放松，脚内侧对准来球落点的反弹路线上。当球落地刚反弹离地瞬间，用脚内侧扣压球的中上部，紧接着身体重心及时随球跟上。

（二）脚背正面接球

其技术特点是迎撤动作自如，关节自由度大，接球稳定，但变化较少，适用于接下落球。

动作方法

用脚背接球时，支撑腿膝关节微屈，支撑脚站在接球点的侧后方，接球腿屈膝上抬，脚前伸提起迎球，以脚背正面对准下落的球。当脚背与球接触的一瞬间，接球脚由上提迎球迅速转为下撤缓冲，下撤速度基本与球速同步。此时，要求接球腿小腿、脚踝放松，把球平稳地接到需要的位置并控制起来。

（三）脚背外侧接球

其技术特点是动作幅度小、速度快、灵活机动、隐蔽性强，但动作难度较大。接球时通常与假动作、突然的转身结合起来，适用于接地滚球和反弹球。

动作方法

接地滚球时，将接球点放在接球腿外侧，支撑腿微屈，接球腿屈膝提起，脚内转，以脚背外侧正对来球，在接球腿的前外侧用脚轻拨来球的侧上部，把球接在侧方或侧后方。接反弹球时，接球脚在支撑脚前方稍提起，脚内翻，小腿及踝关节放松。当来球刚反弹离地瞬间，用脚背外侧轻轻扣压弹拨球的侧上部，把球接在侧方或侧后方。身体重心及时随球跟上。

（四）脚掌接球

其技术特点是动作简单，控球稳定可靠，适用于接迎面地滚球或反弹球。

动作方法

支撑脚站在球的侧后方，膝盖微屈，脚尖正对来球。同时将接球脚提起，膝关节自然弯曲，脚尖翘起高过脚跟，踝关节放松，用脚前掌触球的中上部。采用脚掌接球方法时，为便于完成下一个动作，通常在脚掌触压球后连带一个拉引或推送动作，使球处在需要的位置上。欲将球接向身后，多用拉引动作。欲将球控在体前或体侧则可用推送的方法，做这些动作时重心要随之移动。

（五）大腿接球

其技术特点是触球面积大，大腿肌肉丰满，缓冲来球冲力效果较好，适用于接高空坠落的球或大腿高度的平直球。

动作方法

面对来球，停球腿大腿抬起，以大腿中部对准下落的球，肌肉适当放松。在大腿与球接触的刹那，大腿迅速撤引，使球落于下一个动作需要的位置上。

（六）胸部接球

其特点是触球点高、面积大，胸部平坦肌肉富有弹性，易于转身，变化接球下落的方向和位置，适应于接高空的下坠球和胸腹间高度的平直球。

动作方法

(1)挺胸式接球，适用于接高于胸部的下落球。接球时，面对来球，两脚前后开立，膝关节微屈，两臂自然张开，微收下颚，挺胸，上体后仰。当胸部触球一瞬间，两腿蹬地胸部上挺，用挺胸动作使球弹起，改变来球运行方向，使球垂直下落于体前，并及时用脚控制起来。

(2)收胸式接球，适用于胸腹间高度的平直来球。接球时，胸部正对来球，两脚前后或左右开立，两膝微屈，两臂自然张开，挺胸迎球。当胸部触球一瞬间，迅速缩胸收腹，把来球的水平运行方向改变为向下坠落，使球落于体前，并及时用脚控制起来。

三、运球

运球是指运动员在行进间用脚推拨触球，使球始终处于自己的控制范围的动作技术。采用运球方法超越防守队员时称为运球过人。常用的运球方法有：脚背正面运球、脚背外侧运球、脚背内侧运球、脚内侧运球。

（一）运球方法

1.脚背正面运球，运球时身体自然放松，上体稍前倾；跑动中的前脚提起脚跟，脚尖向下，在迈步前伸着地前，用脚背正面柔和地推拨球的后中部。此方法多用于前方无防守，有纵深距离时的快速直线运球。

2.脚背外侧运球，跑动中上体稍前倾，自然放松，两臂自然摆动，步幅要小些，运球脚提起时，膝关节弯屈，脚跟提起，脚尖稍内转，在向前迈步的过程中，用脚背外侧推拨球的后中部或内侧。此方法多用于快速奔跑和运球向外变向。

3.脚背内侧运球，跑动时身体自然放松，步幅要小些，上体前倾并稍向运球方向转动，运球脚提起时，膝关节稍弯屈，脚跟提起，脚尖稍外转，在向前迈步的过程中，用脚背内侧推拨球。此方法多在运球向内变向或身体掩护运球时运用。

（二）运球过人

运球过人一般可分三个阶段：第一是运球逼近防守者；第二是根据防守者的情况做过人动作越过对方；第三是摆脱防守者后迅速运球继续前进。

1.运球过人的时机要根据对方的动态情况而定。当对方犹豫不决时，控球者就应突然起动，占领主动，强行越过对方。当对手主动上来争抢时，控球者应利用对方伸脚抢截的瞬间，从对方重心移动的反方向运球越过对方。当对手不主动抢而等待时机时，控球者就应先向一侧轻轻拨球，诱使对方重心向这一侧移动，或向这一侧伸腿抢球，此时控球者应立即向对方重心移动的反方向快速运球突破。

2.运球过人的距离一般应与对方保持一大步的距离，这样对方有可能伸脚触到球，就能诱使对方伸脚或移动重心，但又不能先于控球人触到球，使抢截者的动作处于被动。

3.由于运球过人是在行进间进行，运球者根据对方的重心移动情况，掌握好自己的运球速度和方向变化是完成过人动作的基础。只有利用运球的速度和方向变化调动对方移动重心，把握好过人时机，才能有效地掌握好运球过人技术。

四、头顶球

现代足球比赛不仅是地面的争夺，空中的争夺也愈演愈烈。头顶球的击球位置高，是争取时间和空间主动的重要的技术手段。尤其在罚球区附近，头球的争夺对攻守双方都有举足轻重的意义，是一种快速、简练，可用于攻防的技术手段。头顶球可用前额正面和前额侧面来进行原地、跑动中、跳起或鱼跃的顶球动作。

动作方法

1.前额正面顶球

其技术特点是触球部位平坦，动作发力顺畅，容易控制出球方向，出球平稳有力。原地顶球时，身体正对来球，两腿前后开立，膝关节微屈，上体稍后仰，重心放在后脚上，两臂自然张开，注视来球高低与方向。当球运行到身体垂直面前的一刹那，后脚用力蹬地，迅速收腹上体前摆，身体重心由后脚移至前脚，下颌微收，颈部紧张，快速用力向前摆头，用前额正面部位顶球的后中部，身体随前摆惯性适度前移。跳起顶球时，要选好起跳位置，掌握好起跳时机，起跳脚积极蹬跳发力，手臂协调向上提摆，以加强起跳力量。起跳后，展腹挺胸，形成背弓，两眼始终注视来球。跳至最高点时，快速收腹摆体，下颌收紧，前额积极迎球定送发力，顶球后屈膝缓冲落地。

2.前额侧面顶球

其技术特点是动作快捷、变向突然、出球线路难以预料，对球门的威胁性极大。但动作难度较大，侧摆发力不足，出球方向较难控制。适用于应急时破坏球和门前顶射。原地顶球时，身体正对来球，两脚前后开立，膝关节微屈，上体和头颈向出球方向的异侧稍转，身体重心放在后脚上，两臂自然张开，注视来球的高低和方向。当球运行到出球方向一侧肩的前上方时，后脚用力蹬地，上体及头颈迅速向出球方向扭转，颈部保持紧张，用力向出球方向甩头，用前额侧面顶球的后中部将球顶出。

五、抢截球

抢截球是防守的重要技术，是转守为攻的积极手段。抢截球包括抢球技术和截球技术。抢球是用规则所允许的条件和动作，把对方控制的和将要控制的球抢夺过来或破坏掉。截球是把对方队员之间的传球堵截或破坏掉。抢截技术是凭借争夺、堵截、破坏以延缓和阻拦对方进攻，捕捉反机机会。常用的抢截方法有：正面抢截球、侧面合理冲撞抢截球和侧面铲球。

动作方法

1.正面跨步抢截球

两脚前后开立，两膝稍弯屈，身体重心下降，重心平均落在两脚上，面向对手。对手运球前进，当脚触球即将着地或刚着地时，一脚立即用力蹬地，抢球脚以脚内侧对正球并向球跨出一大步，另一支脚立即前跨成支撑脚，如果双方的脚同时触球时，则要顺势向上提拉，使球从对方脚背滚过，身体要迅速跟上，把球控制住。

2.侧面合理冲撞抢截球

当与对方并肩跑进时，身体重心稍下降，同对方接触一侧的臂要紧贴身体，当对方靠近自己一侧的脚离地时，用肘关节以上部位，冲撞对方相应部位，使对方失去平衡而离开球，乘机将球控制住。

3.侧后抢球

侧后抢球多是在对手突破情景下进行的回追反抢，由于位置上的劣势，因此须靠抢前动作争取主动，通常采用倒地铲球动作方法。当抢截者距运球者还差一半步距离时，对方将要传球或趟球瞬间，抢截者靠近对方的一脚用力蹬地形成跨步，另一侧脚以脚外侧沿地面对准球的方向铲去，用脚底将球铲出，然后用小腿外侧、大腿外侧和臀部依次滑落着地。

六、假动作

假动作是指在足球比赛中，为了隐蔽自己的动作意图，运用各种动作的假象，迷惑和调动对方，使其产生错误的判断和错误的身体重心移动，从而使自己赢得领先于对方的时间和距离，更好地完成自己真实动作意图的技术动作和方法。假动作可分为有球和无球的假动作两类，被广泛用于抢截、跑位、接应、运球过人和接球等技术动作中。

动作方法

1.改变速度的假动作

在运球和无球跑动中，为了摆脱对方的紧逼，先假装要停球或减慢跑速，诱使对方跟着自己也减慢跑速，然后乘对方不备，突然快速起动，与对方拉开距离，摆脱对方。

2.改变方向的假动作

在运球和无球跑动中，为了摆脱对方也可采用声东击西的变向方法。例如先向右侧跑，诱使对方向右紧跟，然后突然改变方向而向左侧快速跑动，借以甩开对方。

3.假踢球摆脱对方

对方迎面跑上来抢截时，运球者先做向前假踢球的动作。乘对方躲闪或封堵出球动作出现的瞬间，突然改变摆动腿的摆动方向，顺势拨球向另一方向快速起动，摆脱对方。

4.假接球摆脱对方

当要接同伴的传球时，有意前跑迎球，让对方跟上紧逼。当对方位置赶上自己后，突然转身变向，随来球方向顺势运球起动，摆脱对方。面对来球假做胸部停球，诱使对方逼近自己抢球，然后突然改用头顶球将球顶出。

七、掷界外球

掷界外球是运动员在比赛中，按照规则的规定与要求，有目的地用双手将球掷入场内的动作方法。常用的方法有原地掷球和助跑掷球两种。

动作方法

掷球者站在球出界地点的边线外，面对场内，两脚开立，膝关节微屈，重心后移；两手自然张开，拇指相对，双手握球的侧后部，屈肘将球举至头后。掷球时，后脚用力蹬地，身体重心由后向前脚移动，收腹屈体，同时两臂用力前摆，当球摆至头上时用力甩腕，将球掷入场内，两脚蹬地后可沿地面向前滑动，但是，两脚均不得离地或踏入场内。

八、守门员技术

在足球比赛中，由于守门员身处本队球门前的特殊区域，并有规则赋予的特殊待遇，因此，守门员既是本队的最后一道有力防线，又是全队的指挥者和攻守的发动者。通常守门员的主要任务是在本方罚球区内，手脚并用阻止对方将球射入本方球门。其技术分无球技术和有球技术两类。无球技术包括选位、准备姿势、移动等；有球技术包括接球、扑球、拳击球、托球、运球、掷球和抛踢球等。

（一）无球技术

1.选位

守门员位置选择应根据对方的射门地点与两门柱所形成夹角的平分线上确定站位。当对方近射时，守门员在其角平分线上稍前移，这样可以缩小其夹角的封堵面，俗称"封角度"。当对方较远距离射门时，守门员距球门不可过远，以防对方吊球射门。当球在中场发展时，守门员可前移到球门线附近，随时准备出击拦截或后退守门，始终使自己处于有利位置。

2.准备姿势

两脚左右开立，与肩同宽，两膝自然弯曲稍内扣，脚跟稍提起，身体重心落在前脚掌上，上体前倾。两臂在体前自然屈肘，两手五指自然张开，掌心向下，两眼注视来球。

3.移动

守门员为了准确有效地接球或堵截球，必须根据对方射门位置的变化及时调整移动自己的站位。向左右移动一般采用侧滑步和交叉步。

（二）有球技术

1.接球

接球是守门员最主要的技术，包括接地滚球、平直球、高球等。

(1)接地滚球：身体正对来球，两腿自然开立，上体前倾，两臂自然下垂，屈肘前伸，两手小指靠近，手掌对着来球并前迎，用手接球的后底部。在手触球的一瞬间，接球后引，屈腕、屈肘，两臂内收，将球抱于胸前。

(2)接平直球：当接低于胸部的平直球时，身体正对来球，两脚左右开立，上体稍前倾，两臂下垂屈肘前伸，两手小指靠近，五指自然张开，形成半圆状，接球时两手前迎。当手触球的瞬间两臂夹肘后引，顺势将球抱于胸前。当球高于胸部时，两臂屈肘并稍上举，两拇指靠近，五指微屈，手掌对准来球。当手触球时，手腕和手指适当用力，两臂夹臂后引，两手经球的两侧翻掌至球的侧前方，顺势将球抱于胸前。

(3)接高球：面对来球，判断好接球点后，迅速移动并跳起，两臂上举并前伸迎球，两手五指自然张开，两手拇指靠近，手掌对准来球。当手触球瞬间，手腕、手指适当用力将球接住，并两臂屈肘回缩下引，顺势翻掌将球抱于胸前。

2.扑球

当来球离守门员距离较远，守门员来不及用其他接球动作时，常采用扑球动作把球接住或将球击出。

(1)侧扑低球：在准备姿势的基础上，距球的远侧脚迅速蹬地，近侧脚向有球方向跨出一步，上体向侧倒；同时两臂伸出，两手五指自然张开，拇指靠近。当近侧脚着地后，用小腿、大腿、臀部、上体和手臂的外侧依次滚动着地。手触球时，手指和手腕用力，以屈肘、扣腕、翻掌的连续动作将球抱于胸前。

(2)跃起侧扑高球：跃起侧扑高球或平直球时，身体重心先向来球一侧移动，距球的近侧脚用力蹬地，使身体向有球一侧跃起，身体展开，两臂伸出，两手五指自然张开，拇指靠近。当手触球时，以扣腕动作将球接住。紧接着以两手按球，前臂、肩部、上体和下肢外侧依次着地，同时屈肘、翻腕将球抱于胸前，并含胸、屈髋、屈膝团身，形成自我保护动作。

3.拳击球

拳击球是守门员在没把握接住来球时，把球击到距球门较远位置的方法。当判断准击球点后，迅速出击，跳起后用屈肘于胸前的单拳或双拳，将球击向预定的目标。

4.托球

当来球落点在球门横梁附近，守门员跳起接住球的把握性不大时，可采用跳起托球方法。在准备姿势基础上，快速向来球方向一侧移动，纵身跳起，靠近球一侧的手臂快速伸出，掌心向上，用手掌前部托击球的下部，使来球沿合力方向飞出，越过横梁。

5.掷球

为了争取时间组织反击，守门员常用手掷球给同伴。掷球距离近时，用单手低手掷球。掷球距离稍远时，用单手肩上掷球。掷球距离远时，用勾手掷球。

6.抛踢球

抛踢球是守门员把球传给远距离同伴的方法。抛踢球有踢自抛下落的空中球和反弹球两种方法。踢球脚法与脚背正面踢球方法基本相同。但守门员应是向上方踢球，使球踢得更远一些。

第二节　足球战术

一、比赛阵形、场上位置及其职责

（一）比赛阵形

场上队员位置的排列形式和职责分工称为比赛阵形。比赛中，对手特点各不相同，根据不同的战术目的，对场上队员进行排列组合，明确其位置及其职责，从而形成了相对固定的位置关系。阵形是足球战术的一个有机组成部分。

（二）阵形的演变和发展

现代足球从1863年英国制定第一个统一规则开始，至今已有百余年历史。比赛规则的演变是促进足球战术不断发展的一个重要因素，同时也对比赛阵形产生相应影响。如1925年新越位规则产生后英国人创造的"WM"阵形，就是由以往重进攻轻防守的多锋少卫的阵形逐步发展而来。它的特点是第一次达到了在人数排列上的攻守平衡。在以后的发展中，比赛攻守矛盾的相互作用，促使阵形不断的推陈出新，相继出现了"四前锋"、"四二四"、"四三三"、"四四二"、"三五二"等阵形。（图14－1）七十年代荷兰足球全攻全守打法的出现，使得人们对比赛阵形的认识和运用发生很大的变化，以往在攻守人数排列上的平衡被比赛中攻守力量组织上的平衡所代替。"四三三"、"四四二"等阵形在攻守人数排列上是不平衡的，但只要攻的时候能上的去，守的时候能退的回来，都可以达到比赛中攻守实质上的平衡，即更加注重对比赛中整体队形保持的追求，而不是对单纯阵形的追求。

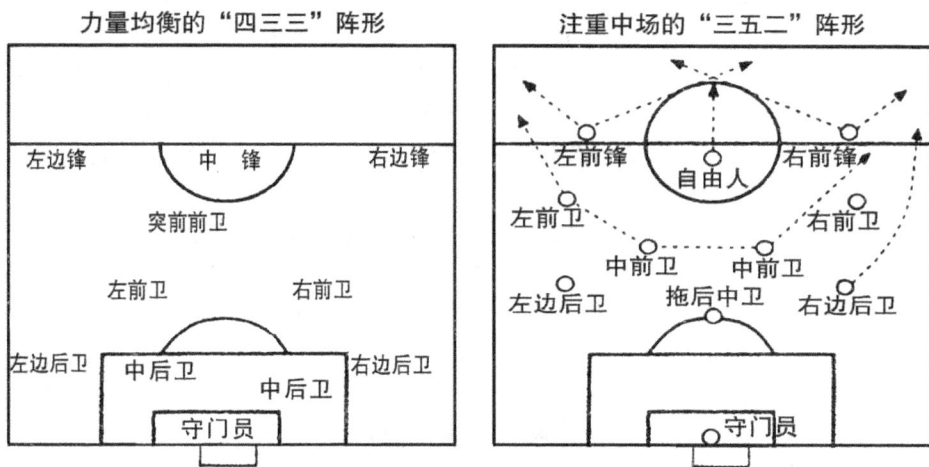

力量均衡的"四三三"阵形　　　　注重中场的"三五二"阵形

图14－1

（三）场上位置及其职责

1.守门员：主要职责是守住球门。其位置在全队最后，对场上情况的观察最为全面。因此负有指挥整个后防线的职责。在比赛以及对定位球的防守中，通过他的呼叫，提醒同伴及时调整站位，堵塞漏洞，从而保证整个防守阵形的稳固。同时，守门员的传球是组织全队新的进攻的开始，由于守门员得球常常是在对方进攻的尾声阶段，对方整体队形靠前，这是发动快速反击的有利时机，及时准确的传球，经常能给予对手有力的一击。

2.边后卫：其主要职责是防守边路，同时根据战术安排，在时机成熟时，可以大胆前插助攻，成为实质上进攻的组织，以及有效突破的手段，起到前卫甚至前锋的作用。这也是现代足球追求"全攻全守"的一个重要标志。在打法上，一般采用盯人防守，位置相对较为固定。

3.中卫：主要负责对通往球门中路的防守。目前在较为常见的四后卫的防守阵形中，多采用拖后中卫与盯人中卫的防守组合。拖后中卫位于整个后卫线的最后，协调指挥整个后防线的行动。在防守时的打法一般采用保护补位，以及造越位的战术。另一位置稍靠前的中卫主要负责盯防对方中路攻击的箭头人物。全攻全守打法要求中卫不仅要防守，而且在本方持球时，要主动伺机参与进攻。但必须能够在由攻转守时及时回防到位，或者由其他队员对其出击产生的空当进行补位。

4.前卫：一般由3-4人组成，位于中场必争之地，是锋线与卫线队员间的桥梁和攻守的枢纽。现代足球对中场的认识及重视程度已经达到了前所未有的高度。根据侧重任务的不同，前卫被分成三类：组织型前卫、防守型前卫、进攻型前卫。在进攻时，前卫线队员通过对节奏的控制负责组织与进攻的发动。积极的穿插跑位，拉扯空当，外围施射是其进攻的主要手段。在防守时，及时回防到位形成第二道防线，通过紧逼、围抢、进行中场的争夺，达到延缓、破坏对方进攻的目的，从而获得对球的控制，发动新的攻势。前卫线队员在比赛中的任务特点决定其往往是由队中技、战术最全面、奔跑能力最强的队员担当。

5.前锋：位于整个队形的最前沿，起到箭头的作用。其基本职责就是破门得分。根据各队特点及对手特点的不同，在实战中所采用的锋线组合也不尽相同。双边锋、中锋与边锋的组合，也有一突前前锋，前卫后插上的战法。在现代足球比赛中，由于前锋的箭头作用，往往被对方后卫进行特别"照顾"，活动空间受到限制，为了更好的适应这种情况，其打法变的更加多样化。其主要运用的进攻手段是抢点射门、传切配合、运球突破、头球摆渡以及大范围的交叉换位等。在防守中，前锋也要担当一定的任务，在本队由攻转守时，前锋队员一般应立即进行回抢、阻拦、延误或破坏对方第一时间的传球，目的是阻挠其快速反击，让同伴队员能够及时回防到位。

二、进攻战术

（一）个人战术

个人战术是比赛中为了战胜对手，完成全队攻守战术任务而采取的行动。它是构成全队攻守战术的基本因素，因此它的质量直接影响到全队整体的战术质量。只有充分发挥个人的积极性和创造性，全队整体的攻守成功率才能够提高，战胜对手才有坚实的基础。

1.跑位接应

跑位是比赛中队员处于无球状态时，通过有战术意识的活动，为自己或是同伴创造有利的机会，从而直接或间接的威胁到对方球门。跑位在比赛中起到的作用是：接应、策动、牵制、突破等。这些作用是随着场上情况的变化不断互相转化的，因此队员应机动灵活，勤于跑善于跑。根据统计，一场比赛中，每个队员控制球的时间一般不会超过两分钟，其他时间都是在围绕战术目的不断地跑动，可见跑动的重要性。会踢球的人一般都是非常能跑，而且会跑的人。跑位一般按照开始时状态可分为：在有人盯防时跑到空当去接球，叫摆脱跑位或叫接应；在无人盯防的情况下跑向有利的空当，叫切入或插上；通过有意识的跑动使对方盯防队员离开防守位置，叫扯动或叫制造空当。

2.几种跑位战术介绍

（1）摆脱跑位：球队得球发动进攻，距离对方禁区越近，对方往往进行紧逼防守，这时就需要采取摆脱动作。常用的摆脱动作有突然起动、冲刺跑、突然变向、变速和假动作等。

①急停急起进行摆脱：运用突然的变速摆脱对手。

②突然变向进行摆脱：运用突然的变向跑摆脱对手。

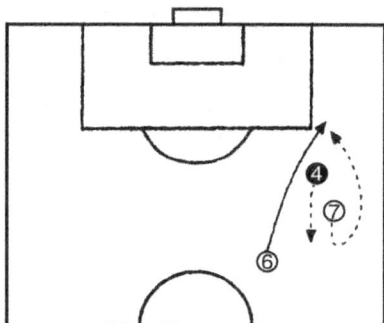

图 15－2

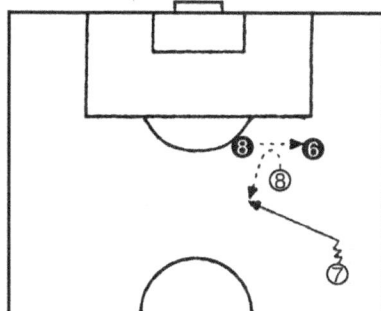

图 15－3

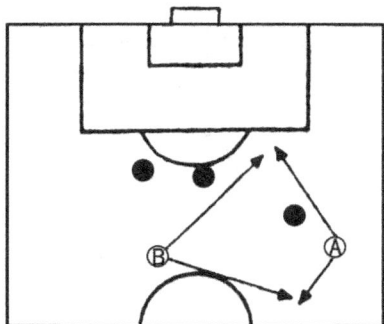

图 15－4

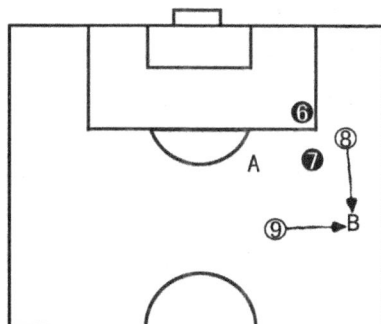

图 15－5

③反切摆脱：如（图14－2）⑦先回跑，带动防守队员④向前，⑦突然转身切入④身后摆脱其防守。同时接⑥传球后进攻。

④先压后回摆脱：（图14－3）⑧准备接应⑦传球，但被对方⑥紧逼，⑧先带动⑥向对方后场跑动，后突然做变向回跑接球。

（2）制造空当：球队处于防守时，往往采用收缩防守，其目的是为了限制空当，缩小进攻队员进行战术配合的空间。因此，通过跑位拉开对方防线，制造空当，从而为其他进攻队员的插上突破提供机会。

（3）跑空当：进攻队员切入对方无人的危险区域，从而形成有利于自己进攻的良好态势。

（图14－4）A插向对方中路防守队员的身后空当，同时B传空当球，形成对对手防线的突破。图中A可以向上接应，也可以根据情况向下接应。

（4）进攻中的接应：灵活多变、流畅自然的战术配合是足球比赛的精彩所在。它融个人能力、意识以及与同伴协同作战于一体。其中同伴间的接应能否做到及时正确，是保证进攻配合流畅的关键所在。

比赛中，持球队员经常受到对手的紧逼或围抢。随着防守队员的逼近，持球队员受到的压力会越来越大，其活动空间、传球角度受到较大限制。此时，如果得不到同伴的支援，进攻将受阻甚至有夭折危险。接应是使队员摆脱这种困境的有效配合手段。它的作用是：第一，避免不必要的争抢球的危险。第二，把球转移到安全的地带，保持对球的控制，继续寻找机会。第三，与传球队员形成战术配合进行突破。当持球队员需要接应时，其附近的同伴必须及早判断情况并迅速接应到位。一个好的接应位置，应该符合两个基本条件：其一，接应队员与持球队员应该保持合适的距离。一般情况下是十至十五米之间。接应的距离一般随场区不同会有所变化。在后场对方逼抢不紧时，距离会长些。但到了对方禁区附近，由于空当减小，相应的接应的距离也会缩小，甚至有时只有几米的距离。其二，接应队员应该给持球队员一个易于传球的角度。（图14－5）⑧受到对方⑥、⑦两名队员的围抢。同伴⑨队员进行接应，A、B位置中应该选择B，因为A所处的位置，可供⑧传球的空间非常小，容易被断抢。而B位置较为安全，接应容易成功。另外，持球队员在不需要接应的时候，其他同伴队员应该主动的插到球的前面去，寻找并插入对方身后的空当。

3.传球

场上队员首先应该懂得，传球始终要快于带球跑。过多的带球会延缓己方进攻的速度，失去发动快速反击的机会。传球是队员间完成战术配合的联系纽带。比赛中，传球方法有多种，而选择传球目标、掌握传球时机和控制传球力量与落点，是问题的关键。

（1）传球的战术原则：

①选择传球目标：进攻队员在传球前，首先要对场上的情况进行及

时的观察和把握，然后根据场上具体情况，选择把球传到对方的最薄弱区域；或是把球传过一个或一个以上的对手；或进行较大范围的传球转移等。队员的战术意识是传球目标选择的决定因素。战术意识能力不同的队员，传球目标的选择和产生的结果就会有很大的差异。只有平时不断加强对战术意识的培养，才能在比赛中产生好的效果。

②掌握传球时机：传球应及时，否则就会失去良机。传球的较好时机，是同伴已经意识到，并且有可能占据有利位置的传球。以传防守队员身后空当的例子来说，当同伴突然起动摆脱对手，将要超越对手的刹那是最好的传球时机，早了，同伴还未能起动，过早的暴露行动目标，造成防守队员能够及时转身得球；若晚了，则造成插上队员等球的情况，不能有效发挥其速度，如果对方队员是最后一道防线，那么则造成了同伴越位。

③控制传球的力量与落点：传球力量与落点的控制，应该以有利于接球队员停球或直接完成下一步战术行动为目标。这对传球队员的技术能力提出了较高要求，具体表现在：传球的落点要准，对球运行的弧线有较好的控制，力量应该适中，速度缓急要适度。

（2）一般传球可以分为

①对人传球：就是传同伴脚下球。这种传球多用于传给"踢墙"式配合的做墙队员，或处于未起动状态的接球队员。

②空当传球：空当传球在比赛中一般运用较多。过多的脚下球会造成接球停顿，不利于进攻的快速展开，而空当传球则能充分发挥同伴的速度，形成球到人到的良好配合。

③过顶传球：当今足坛追求全攻全守的打法，进攻中敢于投入兵力，这样就容易出现后卫线前压其身后出现较大的空当的情况。如果防守方在得球后能够及时发动反击，通过传过顶球打对手身后，就能突破对方防线，从而对对方球门形成致命的威胁。

④转移传球：进攻时，由于有球的区域防守方人员相对密集，不易进行战术配合。这时控球队员通过一定范围的转移传球，快速突然的改变进攻方向，可以达到战术上的避实就虚，从而创造出有利进攻的局面。

（3）传球在运用中应该注意

①隐蔽传球意图。通过变向传球，达到出其不意的战术效果。

②传球动作快速、简练、争取直接出球。快速的直接的传球，意味着抓住进攻主动权，使对方不能及时回防到位，从而使进攻更加有利。

③多进行传球配合，减少无谓运球。传球的速度远快于运球，可以明显加快进攻的节奏，改变场上区域攻守的优势。

④遇风雨天比赛时，应适时改变传球习惯。如顺风少采用直传、长

传、传高球等方法，向前传球的力量要比平时小些。逆风多采用低球，力量也应大些。雨雪天地滑，多传脚下球等。

（二）局部与集体战术

1.二过一配合

两人的传球配合是整体配合的基础。比赛中，一般各队较多采取盯人的一对一的防守方式。进攻队员通过跑位，主动形成局部以多打少的局面，是有效突破对方防线的重要手段。其中二过一配合则是其他配合的基础。

（1）比赛中常用的二过一配合有

①斜传直插二过一：（图14－6）⑥斜线传球，⑦直线插防守队员④身后接球。

②直传斜插二过一：（图14－7）⑨向前直线传球，⑩斜线插防守队员②身后接球。

③回传反切二过一：（图14－8）⑩往回运球，对方②紧逼，⑩回传⑨并转身反切，接⑨传至②身后空当的球。

④踢墙式二过一：（图14－9）③向⑥传球，⑥直接出球，不做任何停球动作（象踢在墙上），③快速切入防守队员身后接球。

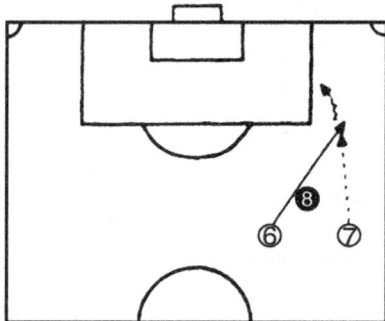

图15－6

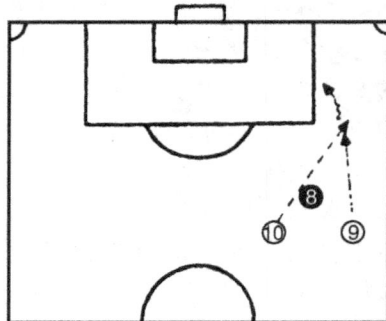

图15－7

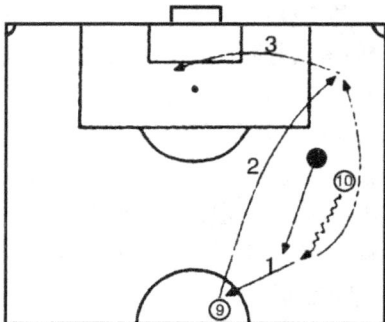

图15－8

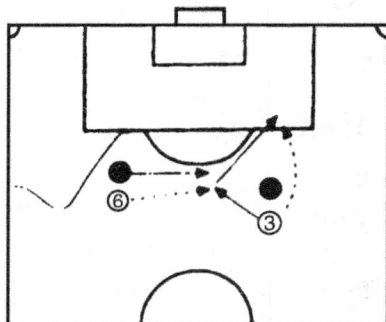

图15－9

（2)完成二过一配合需要注意

①场上形成二对一局面的时间往往比较短暂，若稍一迟缓，防守队员就会回防到位，因此进攻队员必须抓住时机速战速决。

②在二对一配合时，进攻队员一定要做运球突破和二过一配合的两种准备，这样虚虚实实才能有利于完成二过一的配合。

③二过一的配合不仅是传球线路和跑动方向的配合，同时也需要对传球力量，跑动的时机和速度进行"配合"，只有这样才能使配合流畅、有效。

2.边路进攻与中路进攻

边路进攻一般是指在对方半场两侧区域发展的进攻。边路进攻通常由两种构成形式：一是进攻过程始终沿边路而行；二是通过中路转移至边路。边路进攻的主要目的在于充分利用场地宽度，拉大防守面，消弱中路的防守力量，创造中路破门得分的有利战机。中路进攻是指在对方半场中路发展的进攻，配合上主要是以各种局部进攻战术的综合使用。当今足球多采用中路为主边路为辅的进攻思路。强调快速的传球，避免中场过多纠缠，迅速到达对方禁区前沿，通过简单精确的战术配合形成射门机会。边路进攻与中路进攻在运用时应该相辅相成，互为所用，实战中不应该有所偏废。

三、定位球进攻战术

定位球主要是指任意球、角球、和掷界外球。有关研究资料表明，约有40％－50％的进球是来自于定位球的配合，特别是在许多重要的比赛中，任意球入球往往成为决定比赛胜负的关键。如98年世界杯决赛法国对巴西的比赛中，就是依靠两个经典的角球入球，奠定了法国夺冠的基础。目前，世界各强队大都拥有一名甚至多名罚任意球的高手，如英国的贝克汉姆、巴西的卡洛斯等。对定位球的入球统计发现，任意球、角球的进球比例最大。尤其是以罚球区附近踢出的任意球，以及角球的战术配合最具有杀伤力。

（一）任意球

1. 直接任意球

直接任意球是可以直接射门得分的罚球。其一般原则是：如果有直接射门的机会，应该果断实施直接射门。如果对方防守严密，没有直接射门的机会时，则应该进行战术配合实施射门。在罚球过程中应该着手做好两方面的组织：一是有意识的遮蔽守门员的对球视线，尽可能减缓守门员对罚出球的反应。第二，由两名队员站在罚球位置上，伴动队员配合主罚队员，对守门员进行迷惑，使其行动迟缓。

直接任意球射门的方式一般有四种

（1）劲射：防守方站位不严密，有直接射门的角度，这时主罚队员可以采取大力射门。

（2）弧线球射门：是目前进球率最高的直接射门方法，但对主罚队员的个人脚法有较高的要求。踢出的弧线球要求能够绕过人墙，向侧前旋转，一般以射近门柱的上角为主。

（3）快速射门：当出现罚球机会，不必等裁判员鸣哨，球放稳后，乘防守队员思想放松，防线存在漏洞时，实施射门，往往能收到意想不到的效果。

（4）配合射门：为了取得更好的射门角度和效果，常常采用配合射门。其主要是利用快速短传配合，和迷惑手段，避开对方防守人墙，为射门创造好的射门角度。

2.间接任意球

间接任意球是不能直接射入对方球门得分的任意球。球必须经由其他队员触及后方可射门得分。

间接任意球常采用的战术配合有以下几种

（1）快速一拨即射：（图14－10）队员⑨向左侧一拨，使球出现射门角度，⑩同时跟进射门。

（2）利用防守队员未完成有效站位，快速将球传入对方空挡，由插上队员完成射门。

（3）传中球射门：一般距离较远，角度较小，不利于快速配合射门时，多采用传中射门。根据自身优势选择传球方式。如有头球优势时，多选择传较高的弧线球进行抢点射门等。

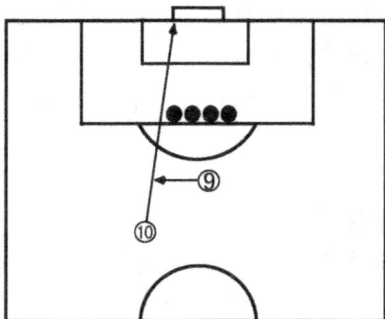
图 15—10

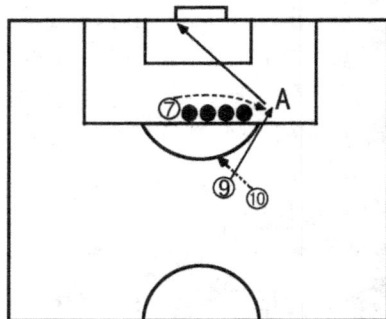
图 15—11

（4）战术掩护射门：利用进攻队员的伴动，吸引对方注意，攻其不备。如98世界杯中，阿根廷－英国之战中经典的任意球配合：（图14－11）⑦站在对方人墙左侧，⑨⑩位于球前，⑩佯装跑动射门，同时⑦开始由人墙左侧起动在人墙后跑向A点，⑨突然传球至A点，⑦得球直接射门成功。

（二）角球

角球进攻有两个有利条件：一是罚角球可以直接射门得分，二是进攻队员直接接得角球没有越位犯规。罚球时，一般对罚出球的弧线和落点有较高的要求，目的是增加守门员判断的难度。其落点一般多选择球门区前角和后角附近的区域，因为在这个区域守门员不易抢到球，而进攻队员则可以在这里进行直接射门。

角球的进攻方法一般有以下几

1.直接踢弧线球射门：一般运用侧弧线球攻击球门远门柱上角区域。

2.直接踢向威胁区域，由其他队员进行抢点射门。因为这种进攻方式不利于守门员的防守，同时有利于攻方直接进行射门，因此被广泛采用。

3.战术角球：这种配合方式一般在防守方头球能力相对较强时采用。运用快速的短传配合进行地面进攻。或罚前点球，由队员头球后蹭，突然改变进攻的方向，再由其他队员进行抢点射门。

（三）界外球战术

一场比赛掷界外球的机会很多，特别是对方半场的界外球。如果组织有效，就能形成一次好的进攻机会。掷球时，接应队员不要距离掷球者太近，掷球队员应该及时拿球，如果发现防守方有空当，应快速掷球，攻其不备。而在对方防守基本到位的情况下，则应该寻求战术配合。一般有两种方法：一是接应队员将球直接踢还给掷球者。二是通过接应队员的扯动跑位，掷球者将球掷送到插上队员的跑动路线上。

四、防守战术

防守战术的实施是在丢球后的即刻开始的。在整个防守过程中一般遵循四个方面的原则：一是延缓原则。延缓对方进攻速度，为本队进行防守布局争取尽可能多的时间。延缓原则通常运用于进攻失球后的即刻。完成这一任务的队员一般是距离球最近的队员。通过快速的封堵和逼抢，迫使对方进行横传、回传球等，从而延缓对方发动进攻的时间。为本方队员回防到位提供时间上的保证。第二，平衡原则。在防守过程中，参与防守的人数应该多于，至少不应该少于进攻方队员的人数，即在人数上要形成基本的平衡。这就要求，在延缓对方的同时，其他队员应该有意识的快速回防到位，层层设防，形成有效的防守队形。第三，集中原则。防守的一个重要任务是减小对方在我方半场内自由活动的空间，随着球距离罚球区越来越近，防守队形应该主动收缩，形成紧密的防守体系，不给对方有利于进行配合的空间和时间。第四，盯人原则。为了确保球门安全，防守必须采用盯人防守。控制对手在此区域的一切行动。盯人可以采用人盯人与保护的方式，也可以采用区域盯人的方式。其选择主要取决于本队和对方的具体攻守特点。

（一）选位与盯人

选位与盯人是防守战术中重要的个人战术。防守队员的位置原则上应该处于对手与本方球门中心所构成的一条直线上。（图14－12）盯人的目的在于阻止对方接球。一般情况下，对持球队员和其附近接应队员采用紧逼的战术；对远离球的队员采取松动盯人的战术。对方队员接近球门时一定要紧盯。盯人防守中，应该首先力争进行断球，因为这是最积极的，但应该注意避免盲目出击；如果对手背对防守队员接球，则应该靠近对手不让其转过身来，因为这样对手看不到防守者的动作，有利于抢截；如果对手运球面对防守者的时候，则要防传直线空当球；防守企图运球过人的对手时，关键在于防守队员能不受运球队员假动作的诱骗而轻易失去自己身体的平衡。盲目的扑抢容易造成失误，防守队员可以采取紧逼加上后撤步的方法来封堵企图运球过人的对手，同时注意延缓对方的速度，寻找时机，伺机把球抢过来或破坏掉。防守队员在防守持球队员时，对于运球速度快，突破能力强的队员应该与之保持一定的距离防止对手进行强行突破。如果对手不善于运球过人，则可采取大胆紧逼的战术。

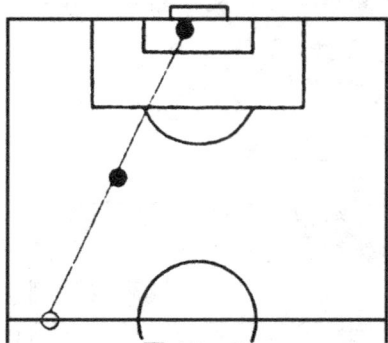

图 15－12

图 15－13

在以少防多的情况下，如一防二、二防三时，应该注意：第一不要急于抢截球，而应尽可能的采用封堵对方的切入和向前直传威胁球的路线，迫使对方减慢速度，争取时间让同伴回防。第二，要首先防对方从中路突破，迫使队员把球传给边路队员，减小对球门的直接威胁。第三，在二防三时，必须有一人负责紧逼持球队员，而另一防守队员应采取区域站位，保护紧逼的同伴，同时注意另外两名进攻队员的行动。

（二）局部防守配合

局部的防守配合，包括在持球队员一定传球范围内的防守配合，和后卫线队员之间防守配合。现代足球在进攻时，快速的一脚传球被广泛采用，使防守更加困难。这时，防守队员间的配合就尤其显的重要。其内容包括以下几个方面：

1.局部防守中的一动全动的盯抢

比赛中，进攻配合多采用十至十五米的中距离传球。因此就有了持球队员的传球范围这一概念。在这一范围内的所有进攻队员就应该被重点盯防。盯防过程中应该注意做到一动全动。即一防守队员上前逼近持球队员的同时，附近其他防守队员应立即对对方在传球范围内的接应队员进行紧逼。这样可以使持球队员处于难于选择的境地。有利于防守队员进行就地抢截。这是一种非常积极的局部防守配合。

2.保护与补位

防守中，保护是补位的前提，保护时的选位一般是距离适当的斜线站位，这也是后卫线站位的基本原则。其优点是可以防止突破一点全线崩溃的局面发生，同时不给对手在纵深范围内穿插跑位的空间（因为有越位规则的限制）。补位有两种情况，一是补空当，如进攻中的后卫插上时，就由其他一名同伴暂时补他的位置，以防止由攻转守时，不能及时回位；另一种是防守队员的互相补位，即在前面队员被突破后，后面队员上前进行封堵，同时被突破队员去补后面防守队员的位置。（图14－13）

3.围抢

把握时机对对方持球队员进行以多打少的抢断，是一种较为积极的局部防守方法。其有利区域是守方半场的两个角球区和中场边线附近。

4.制造越位

造越位是一种特殊的防守战术，是利用越位规则对进攻队员进行限制，故意造成对方越位犯规。但是在实施过程中一定要注意协调一致，做到同进同退。同时，在实施时应该注意对时机的正确把握，否则一旦失误会造成极其危险的局面。

（三）全局性防守战术

全局性防守战术一般包括：人盯人防守、区域盯人防守和混合防守。目前一般多采用混合防守的方法。即在不同场区把人盯人和区域盯人防守结合起来运用。一般三个后卫盯人，前卫和前锋区域盯人，托后中卫进行补位。有时根据具体情况，还可以考虑指定一个前卫紧盯对方的关键人物。

第三节　足球竞赛规则

足球运动的规则，规定了足球比赛的方法，比赛双方运动员应遵守的准则与违反这些准则的处理方法，裁判员与助理裁判员的职责及权力等内容。近代足球运动开展100多年，规则不断进行修订和补充，而每一次的改变，在很大程度上都决定足球技战术的变化与发展方向。但它的基本原则却没有大的变化。其基本原则是：促进足球运动的持续发展，保护运动员的安全、双方对等公平进行比赛、避免比赛中非体育行为的产生、促进技战术尤其是进攻技战术的发展，以及提高比赛的观赏性。

一、比赛场地

（一）足球比赛场地必须是长方形，边线的长度必须长于球门线的长度。其长为90～120米，宽为45～90米。国际比赛时场地长100～110米，宽64～75米。

（二）足球比赛场地是用线来标明的，这些线作为场内各个区域的边界线应包含在各个区域之内。两条较长的边界线叫边线，两条较短的线叫球门线。所有线的宽度不超过12厘米。

（三）比赛场地被中线划分为两个半场。在场地中线的中点处做一个中心标记，叫开球点；以距中心标记9.15米为半径画一个圆圈，叫中圈。

（四）球门必须放置在每条球门线的中央。它们由两根距角旗杆等距离的垂直的柱子和连接其顶部的水平的横梁组成。球门固定，球门柱和横梁必须是白色的。两根柱子之间的距离是7.32米，从横梁的下沿至地面的距离是2.44米。球门后应装一球网，并要适当地撑起以不影响守门员。

（五）角旗：在场地每个角上各竖一根不低于1.5米的平顶旗杆，上系小旗一面。

（六）角球弧：在比赛场地内，以距每个角旗杆1米为半径画一个四分之一圆。

（七）球门区：球门区在场地两端。从距每个球门柱内侧5.5米处，画两条垂直于球门线的线。这些线伸向比赛场地内5.5米，与一条平行于球门线的线相连接。由这些线和球门线组成的区域范围是球门区。

（八）罚球区：罚球区在场地的两端。从距每个球门柱内侧16.5米处，画两条垂直于球门线的线。这些线伸向比赛场地内16.5米，与一条平行于球门线的线相连接。由这些线和球门线组成的区域范围是罚球区。

（九）罚球点：在每个罚球区内距球门柱之间等距离的中点11米处设置一个罚球点。

（十）罚球弧：在罚球区外，以距每个罚球点9.15米为半径画一段弧。

二、球

比赛用球必须为圆形，用皮革或其他适当的材料制成。圆周不长于70厘米、不短于68厘米。重量在比赛开始时不多于450克、不少于410克。压力在海平面上等于0.6~1.1个大气压力(600~1100克/平方厘米)。在比赛进行中，未经裁判员许可，不得更换比赛用球。

三、队员人数和装备

（一）一场比赛应有两队参加，每队上场队员不得多于11名，其中必须有一名守门员。如果任何一队少于7人则比赛不能开始。

（二）在国际正式比赛中，每场比赛最多可以使用3名替补队员。替补队员被提名最多不超过7人，在赛前交给裁判员。国家A级比赛中，最多可使用6名替补队员。其他所有比赛，只要符合下列条件即可增加替补球员数量：双方队伍关于替补人数达成一致意见。比赛前通知裁判员。如果赛前没有通知裁判员或双方没有达成一致意见，替补队员不能超过6名。

（三）被替补下场的队员不得再次参加该场比赛。在比赛中，队员被罚出场后，不得由他人替补。

（四）任何场上队员都可与守门员互换位置，但必须事先通知裁判员，并在比赛停止时互换位置。如违犯上述规定，裁判员可暂不停止比赛，有关队员将在比赛成死球时被警告并被出示黄牌。

（五）队员不得使用或佩戴可能危及自己及其他队员的装备或任何物件。

（六）同队队员的服装颜色必须一致。并与对方队员有明显区别。每名守门员服装颜色必须有别于其他队员、裁判员和助理裁判员。队长须戴袖标。

四、裁判

每场比赛由一名裁判员控制，他具有全部权力去执行与比赛有关的竞赛规则。裁判员从进入比赛场地起，即开始行使规则赋予他的职权。在比赛暂停或成死球时出现的犯规，裁判员均有权判罚。在比赛进行中，裁判员根据与比赛相关的事实所作出的决定是最终的决定，与比赛相关的事实应包括进球是否得分和比赛的结果。只有在比赛未重新开始或未终止前，裁判员可以根据自己的判断或助理裁判员的意见而改变确实不正确的决定。

裁判员的职责是：

（一）执行竞赛规则。

（二）与助理裁判员及当有第四官员时，和他们一起控制比赛。

（三）确保任何比赛用球和队员装备符合规则的要求。

（四）记录比赛时间和比赛成绩。

（五）因违反规则或外界干扰停止、推迟或终止比赛。

（六）如果他认为队员受伤严重，则停止比赛，并确保将其移出比赛场地。受伤的队员只有在比赛重新开始后才能重返比赛场地。

（七）当一个队被犯规而根据"有利"条款能获利时，则允许比赛继续进行。如果预期的"有利"在那一时刻没有接着发生，则判罚最初的犯规。

（八）当队员同时出现一种以上的犯规时，则对较严重的犯规进行处罚。

（九）向对自己行为不负责任的球队官员进行处罚，并可酌情将其驱逐出比赛场地及其周围地区。

（十）对自己未看到的情况，可根据助理裁判员的意见进行判罚。

（十一）比赛停止后重新开始比赛。

（十二）确保未经批准的人员不得进入比赛场地。

（十三）在比赛中，有以下5种情况裁判员必须鸣哨：比赛开始开球；胜一球；罚点球；停止比赛；比赛结束。

五、理裁判员

每场比赛应委派两名助理裁判员，他们的职责(由裁判员决定)应为示意：

（一）当球的整体越出比赛场地时。

（二）应由哪一队踢角球、球门球或掷界外球。

（三）可以判罚处于越位位置的队员时。

（四）当要求替换队员时。

（五）当发生裁判员视线外的不正当行为或任何其他事件时。

（六）无论何时，当犯规发生时助理裁判员比裁判员更接近于犯规地点(特别是这种犯规情况发生在罚球区内。

（七）当踢球点球时，在球被踢之前守门员是否向前移动，以及球踢出后是否进门。

（八）助理裁判员还应依据竞赛规则协助裁判员控制比赛。助理裁判员如有过分干预或不合适的表现时，裁判员可解除其职责并将报告提交有关部门。

六、比赛时间及计胜方法

（一）比赛分两个半场，每半场45分钟。上下半场间的休息，除经裁判员同意，不得超过15分钟。

（二）在每半场比赛中损失的所有时间应予补足，补时多少由裁判员决定。如果执行罚球点球或重新执行罚球点球，每半场结束时间可延长至罚球点球结束。

（三）如竞赛规程规定，比赛结果成平局但仍须决出胜负时，则增加30分钟即再进行两个半场相等时间的决胜期的比赛。上下两个半场之间不再休息只交换场地，决胜期终了仍为平局，则采用踢点球的方法来决定胜负。

（四）当球的整体从球门柱间及横梁下越过球门线，而此前未违反竞赛规则，即为进球得分。

七、比赛开始和重新开始

（一）比赛是以开球队员将球向对方半场踢出产生位移时开始计时。开球可以直接射门得分。在进球得分后、在下半场比赛开始时和在决胜期两个半场开始时须在中圈开球点重新开球，使比赛继续进行。

（二）在比赛进行中因竞赛规则未提到的原因而需要暂停比赛之后，通过坠球方法重新开始比赛。

八、比赛进行及死球

当球不论从地面或空中全部越过球门线或边线时，或者比赛已被裁判员停止时比赛成死球。其他所有时间均为比赛进行中，包括：球从球门柱、横梁或角旗杆、比赛场地上的裁判员或助理裁判员身上弹回场内。

九、越位

（一）越位位置的概念：队员处于越位位置本身并不是犯规。队员处于越位位置：队员较球和最后第二名对方队员更接近于对方球门线。（接近对方球门线的意思是指头、躯干和脚的任何部分手臂部包含在内。）队员不处于越位位置：他在本方半场内；他齐平于最后第二名对方队员或齐平于最后两名对方队员。

（二）越位的概念：当处于越位位置的队员，在同队队员踢或触及球的一瞬间，裁判员认为其就下列情况而言"卷入"了现实比赛中时才被判为越位犯规：干扰比赛；干扰对方队员；利用越位位置获得利益。

"卷入"了现实比赛的意思是

干扰比赛是指参与传递或触到队友传来或触到的球。

干扰对方是指通过明显的阻挡对方视线或移动或做出裁判员认为有可能欺骗或

干扰对方队员的姿势或移动，以达到阻止对方争抢球或可能争抢球。

在越位位置获得利益是指在越位位置接到从球门横梁或立柱反弹回来的球或在

越位位置接到从对方队员身上反弹回来的球。

如果队员直接接得球门球、掷界外球和角球，则没有越位犯规。

（三）越位示例：（图14－14）

○进攻队员　●防守队员　→球运行路线　┈┈→队员跑动路线

十、犯规与不正当行为

足球比赛，队员之间经常发生身体接触，裁判员要根据规则区分合理动作与故意犯规，顽强拼搏与动作粗野、无意行为与不正当行为。坚持严格执法，把判罚重点放在对人不对球、粗野和不正当行为上。同时应贯彻"有利"精神，避免做出对犯规方有利的判罚。裁判员对"犯规与不正当行为"的理解及运用，决定了一名裁判员的水平，也决定了一场比赛能否顺利地进行。

（一）判直接任意球的犯规：裁判员认为，如果队员草率地、鲁莽地或使用过分的力量违反下列犯规中的任何一种，将被判给对方踢直接任意

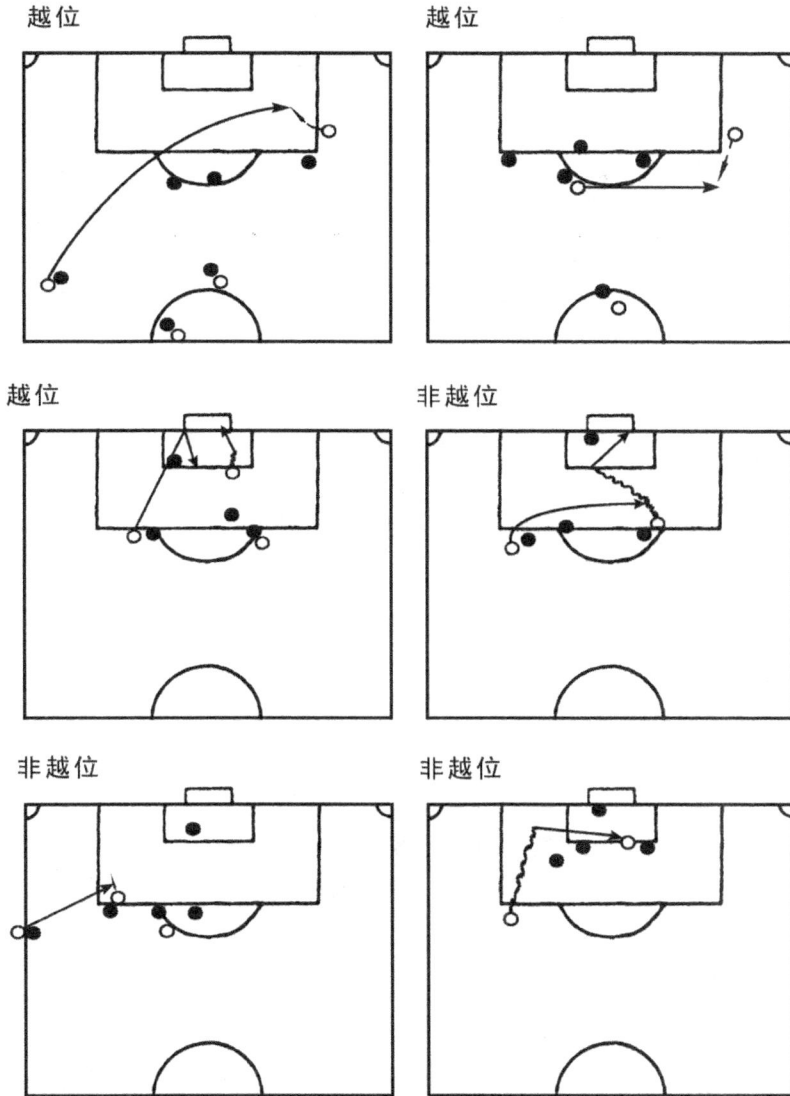

图 15—14

球：踢或企图对方队员；绊摔或企图绊摔对方队员；跳向对方队员；冲撞对方队员；打或企图打对方队员；推对方队员；为了得到对球的控制而抢截对方队员时，于触球前触及对方队员；拉扯对方队员；向对方队员吐唾沫；故意手球。例如用手或臂携带击打或推击球（不包括守门员在本方罚球区内）。

在比赛进行中无论球在什么位置，如果队员在本方罚球区内违反了上述十种犯规中的任何一种，应被判罚球点球。

（二）判间接任意球的犯规：

1.如果守门员在本方罚球区内违反下列四种犯规中的任何一种，将判给对方踢间接任意球：用手控制球后在发出球之前持球超过6秒；在发出球之后未经其他队员触及，再次用手触球；用手触及同队队员故意踢给他的球；用手触及同队队员掷入的界外球。

2.裁判员认为，队员在出现下列情况时，也将判给对方踢间接任意球：动作具有危险性；阻挡对方队员；阻挡对方守门员从其手中发球；因规则第十二章以前未提及的任何时候其他犯规，而停止比赛被警告或罚令出场。

凡是被判犯规与不正当行为的均在犯规发生地点踢直接任意球或间接任意球。

（三）警告与罚令出场：如果队员违反下列七种犯规中的任何一种，将被警告并被出示黄牌：

1.犯有非体育行为。

2.以语言或行动表示异议。

3.持续违反规则。

4.延误比赛重新开始。

5.当以角球或任意球重新开始比赛时，不退出规定的距离。

6.未得到裁判员许可进入或重新进入比赛场地。

7.未得到裁判员许可故意离开比赛场地。

（四）如果队员违反下列七种犯规中的任何一种，将被罚令出场并被出示红牌：

1.严重犯规。

2.暴力行为。

3.向对方或其他任何人吐唾沫。

4.用故意手球破坏对方的进球或明显的进球得分机会（不包括守门员在本方罚球区内）。

5.用可判为任意球或球点球的犯规，破坏对方向本方球门移动着的明显的进球得分机会。

6.使用无礼的、侮辱或辱骂性的语言及动作；在同一场比赛中得到第二次警告。

7.被罚令出场的队员必须立即离开比赛场地附近及技术区域。

危及对方安全的抢截动作必须视为严重犯规并予以判罚。

在场地的任何地点试图欺骗裁判员的佯装行为（假摔），必须作为非体育行为而进行判罚。

只允许对场上队员、替补队员或替补下场的队员出示红牌或黄牌。

裁判员从进入比赛场地开始直到比赛结束后离开场地前，均有权进行纪律制裁。

十一、任意球

任意球分为直接任意球和间接任意球两种。无论是哪种任意球，踢球时必须将球放定。踢球队员在球未经其他队员触及前不得再次触球。

（一）直接任意球直接踢入对方球门，判为得分。间接任意球直接踢入对方球门，判为球门球。

（二）当比赛进行中，一个队在本方罚球区内由于违反了可判为直接任意球的十种犯规之一而被判罚的任意球，应执行罚球点球。

（三）当两队比赛成平局，若两队必须决出胜负时，则按规定先进行加时赛，若仍未分出胜负，则以互罚点球决胜。

（四）点球决胜基本程序裁判员选定一球门做互踢点球球门；裁判员召集双方队长，以投币方式决定，猜中一方应先踢。

（五）双方队员在以点球决胜时的位置要求：

1.除踢点球队员及双方守门员外，其他队员应停留在中圈内。

2.踢点球一方守门员应在罚球区外并在距罚球点9.15米的一条与球门线平行的线后。在点球踢出前，守方的守门员必须站在球门线上。

3.两队交替各踢五次。在各自踢满五次前如果一队射中球数明显超过另一队时，即可结束比赛。踢点球时，裁判员应记录踢球队员顺序及号码。

4.两队均踢满五次后，仍分不出胜负，则双方应派第六个队员进行互罚，直至决出胜负为止。

5.在互踢点球期间，除场上守门员受伤可由规定数额以内未换足的替补队员替补外，其余一律以比赛结束时在场上的队员参加罚球，而不得由他人代替。

6. 当场上所有队员（包括守门员），均踢过一次后，同队队员才可踢第二次。

十二、掷界外球

掷界外球是重新开始比赛的一种方法。它不能直接进球得分。

程序：在球掷出的一瞬间，掷球者应：

（1）面向比赛场地；

（2）任何一脚的部分站在边线上或站在边线外的地上；

（3）使用双手；

（4）将球从头后经头顶掷出。

掷球队员在其他队员触球前不得再次触球。

所有对方队员距掷球者所在边线的掷球点不得少于2米。

球一进入比赛场地，比赛即为开始。

十三、球门球

球门球是重新开始的一种方法。 队员将球由地面或空中踢或触出对方球门线，则由对方踢球门球。踢球门球，必须直接踢出罚球区，比赛方为开始，否则应重踢。球门球可以直接射入对方球门得分。

十四、角球

角球是重新开始比赛的一种方法。它可以直接射入对方球门而得分。守方队员将球踢出本方球门线时，由对方踢角球。踢角球时球必须放在角球弧内。不得移动角旗杆。守方队员距球不得少9.15米，直至比赛进行。

第十五章　乒乓球运动

乒乓球运动是比赛双方运动员用球拍在中间隔一网的球台上轮流击球的一项球类活动。19世纪后半叶，网球运动盛行于欧洲，受其启示，当时英国的一些大学生在室内以餐桌为球台，以书包或两把高背椅拉一根线当球网，采用软木或橡胶制做的球，以羔皮纸贴成的长柄椭圆形空心球拍，在台上将球打来打去，这时仅是一种游戏性的家庭娱乐活动。最初这种游戏叫做"弗利姆—弗拉姆"（Flim--Flam），又称为"高西马"(Goossime)，并没有统一的规则，球台和球网的大小高低均没有规定，发球和计分方法也比较随意。后来打这种球的人多了，就成为一种室内游戏流行起来。

大约在1890年左右，英国人詹姆斯·吉布(James · Gibb)，从美国带回了作为玩具的赛璐珞空心球，弹跳力很强。于是他把这种球稍加改进，用以代替软木球和橡胶球，。1891年，英格兰人查尔斯·巴克斯特(Charles Baxter)首先把"乒乓球"作为商业专利申请了许可证，其登记号码为19070号。 1902年，英国人库特(Goodea)又发明了胶皮颗粒球拍。

由于第一次世界大战的爆发，使原本已在欧洲得到较好开展的乒乓球运动停顿了一个时期。20世纪 20年代以后，在英国人伊沃·蒙塔古(Ivor Montayu)等人的推动下，曾一度被冷落的乒乓球运动才重新在英国活跃起来，并组织了一些由各地选手参加的全英乒乓球赛。1926年，由于发现"乒乓"(ping-pang)一词是商业注册名称，而且原英国乒乓球协会也缺乏代表性，因此便解散了原组织，重新成立了"桌上网球"(Table Tennis)协会。"桌上网球"这一名字一直沿用了数十年，国际乒联至今仍采用这个名字。汉语的乒乓球是从声音上得名的，但将其翻译成英文时，仍为" Table Tennis "

乒乓球的特点是球小，速度快，旋转强，变化多，趣味性强，不受年龄，性别和身体条件的限制，锻炼价值高，便于开展。参加乒乓球运动，不仅可以发展人的灵活性和协调性，提高动作的速度和上下肢活动能力，改善心血管系统的机能，增强体质，而且有助于培养机智果断，沉着冷静，敢于胜利等优秀品质。

世界乒乓球锦标赛项目有团体和单项两种。团体赛又分男子团体和女子团体，单项比赛分男子单打，男子双打、女子单打、女子双打和男女混合双打。1988年，乒乓球男子单打，男子双打，女子单打，女子双打四个项目被列为24届奥运会正式比赛项目。

我国于1953年正式加入国际乒联。1959年25届世乒赛上，容国团获得了男子单打世界冠军。在26届和13届世乒赛上，我国运动员均夺得了三项冠军。在28届世乒赛上我国运动员夺得了五项冠军，29届和30届因"文化大革命"我国没有参加世乒赛。1981年，第36届世乒赛上中国乒乓球队囊括了全部七个比赛项目的冠军。迄今为止，我国乒乓球队已在世界比赛中获得了142.5枚金牌（世锦赛102.5枚，奥运会16枚，世界杯24枚）。

第一节　乒乓球技术

乒乓球的基本技术主要有：握拍法、准备姿势、基本步法、发球、接发球、推挡球、攻球、搓球、削球、弧圈球及结合技术等等。现介绍初学乒乓球的几种基本技术。

一、握拍法

握拍法是入门的第一步，握拍的好坏，对技术的提高有一定的影响，因为它与手臂及手腕的动作有着密切关系。有些学生击球动作别扭，技术畸形发展，其原因往往是由于握拍不正确引起的。

（一）直拍握拍法

1.快攻类握拍法

它像人们握钢笔写字一样，以食指第二指节和拇指第一节在拍的前面构成一个钳形，两指间距离1–2cm，拍柄贴住虎口，拍后三指自然弯曲重叠，以中指第一指节贴于拍三分之一的上端。

2.弧圈类握拍法

在拍的前面拇指紧贴拍柄左侧，食指扣住拍柄形成一个环状紧握拍柄，拍后三指自然微屈用中指第一指节顶住拍后的中部。

3.削球类握拍法

拇指弯曲紧贴拍柄左侧用力下压，其余四指自然分开托住球拍后面。正手削球时，尽量使球拍后仰，以减少来球的冲力；反手削球时，拍后四指要灵活地把拍转动兜起，使拍柄向下。反攻时食指迅速移到前以第二指节扣住拍柄，拍后三指仍弯曲贴于拍的上端，握拍同快攻类。

（二）横拍握拍法

横拍的一般握法如同人们见面时握手一样，中指、无名指、小指握拍柄，虎口贴住拍肩，拇指略弯屈捏拍，球拍的正面贴在中指旁，食指斜伸在拍的另一面。横拍握拍法在正手攻球时食指用力，也可将食指稍向上移动。反手攻球或快拨时拇指用力，也可将拇指稍向上移动。

正、反手削球时，手指基本不动。

（三）握拍应注意的问题

1.握拍不能太深或太浅，直握拍时，食指和拇指构成的钳形不能过大或过小，以免影响手腕动作的灵活性和击球的发力。

2.不论是直握或横握，在准备击球时或将球击出后，握拍都不宜过紧或过松。过紧会使手腕僵硬，影响球的飞行弧线；过松则因拍面摇动，影响发力和击球的准确性。

3.握拍关键在于手指能灵活地调节拍面角度，提高击球命中率。因此，要反复体会各指节调节拍面角度的动作和用力。

二、准备姿势与步法

（一）准备姿势与站位

1、准备姿势

有了很好的准备姿势，就能恰当地应付各种复杂的局面。击球时合理的准备姿势便于迅速移动步法，选择恰当的位置，能够及时准确地将球回击就有利于争取主动权。准备姿势要求做到以下几点：

（1）两脚平行站立，与肩同宽或稍宽，首先要保持身体重心的平稳也要保证能快速起动，这就要提踵，但不能提高到极限，否则就会僵硬，前脚掌内侧着地支撑重心，要时刻做到重心稳定并能快速起动灵活的运用各种技术与步法。

（2）两膝微屈并向内扣，保持膝关节的良好弹性，小腿略内旋，以便于组织较多的肌肉群参与脚步移动，发挥腿部力量，较快起动速度。

（3）含胸收复，上体略向前倾，这样有利于快速移动和转腰击球。

（4）持拍手臂自然弯曲，直握板肘部略向外张，手腕放松，球拍置于腹部前右侧20－30厘米处，以利于左右照顾和加快击球速度。横握板肘部向下，前臂自然平举。

（5）注意力集中，两眼注视来球，加强判断。

2、站位

击球前的站位应根据不同的打法类性来确定、各种站位应与个人打法特点相结合，这样有利于发挥技术的特长。

（1）弧圈类：

①基本站位离台约30-40cm,偏左站。

②两面攻打法离台约50cm左右，中间偏左站。

（2）弧圈类：以弧圈球为主打法基本站位在中台，离台约50cm左右，偏左。两面拉的站中间略偏左。

（3）削球类：横拍攻削结合打法基本站位在中台附近；以削为主配合反攻打法基本站位在中远台附近（1m左右）应在中远台。

（二）步法

乒乓球运动在迅速发展，上肢技术在不断丰富创新。随之对下肢的步法移动，提出了更高要求。不然将直接影响上肢技术的发挥，降低击球质量。

步法移动是击球的重要环节之一也是基本环节之一。比赛中每一次击球都需要移动来取得合适的击球位置。它是争取主动，摆脱被动的重要方法，快速而灵活的步法移动，不仅能保证运动员正确的击球动作，而且能提高击球的准确性。那么就要求运动员必须做到"每球必动"，所以说乒乓球运动的步法是"灵魂、生命"是恰如其分的。也就是说，没有好的步法，尽管你有再好的上肢"手法"，也不能有效的回击球，更好地发挥水平。

1.基本步法

（1）单步

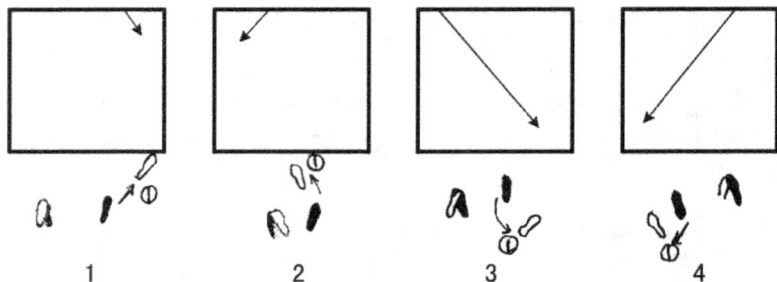

图 16-1

①单步的动作方法：单步是以一脚为轴心，另一只脚向前、后、左、右不同的方向移动一步，身体重心也随之落到移动脚上,挥臂击球 。（图16-1）

②单步的特点和作用：移动简单、重心移动平稳，一般是在来球离身体不远的小范围内运用。

（2）跨步

①跨步的移动方法：来球异方向脚蹬地，同方向脚向来球方向跨出一大步，身体重心随即移至该脚，（攻球时，可脚落地、手击球同时进行），另一脚迅速跟上。（图16-2）。

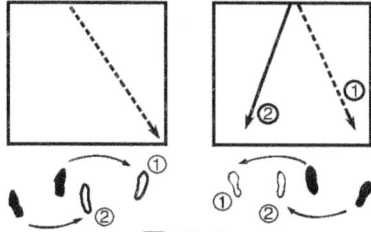

图 16-2

②跨步的特点和作用：移动范围比单步大，当来球离身较远时使用。移动速度快，多用于借力回击。但由于一脚移动幅度大，常会降低身体重心，不易连续使用。

（3）跳步

①跳步的移动方法：跳步是以来球异方向的脚用力蹬地为主，使两脚同时或几乎同时离地向来球的方向跳动，蹬地脚先落地另一只脚跟着落地站稳（图16-3）。

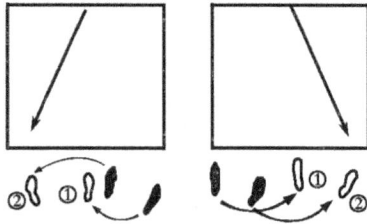

图 16-3

②跳步的特点和作用：跳步移动的幅度比单步、跨步都要大一些。跳步移动，常会有短暂的腾空时间，这对于保持身体重心的稳定会有一定的影响，通常它是靠膝关节和裸关节的缓冲来减少重心的起伏。跳步是弧圈打法在中台向左，右移动或侧身移动时常用的步法；快攻打法用跳步来侧身也较多，但向左右移动时常把跳步与跨步结合起来运用；削球打法运用跳步向左、右移动较少，但以小跳步（移动范围很小的跳动或滑动）来调整站位却用的较多。

（4）滑步

①滑步的移动方法：两脚几乎同时向来求方向蹬地，几乎同时离地，来球异方向脚先落地，同方向脚紧随着地，挥臂击球。（图16-4）。

②滑步的特点和作用：移动范围较大、重心转换迅速，当来球离身较

远时使用。移动后两脚距离基本不变，适合连续快速回击来球。

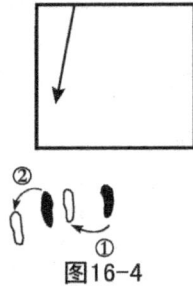

图16-4

（5）交叉步

①交叉步的移动方法：交叉步先以靠近来球方向的脚作为支撑脚，使远离来球的脚迅速向前、或左、右不同的方向跨出一大步，而原支撑脚跟着跨出脚的移动方向再迈一步（图16-5）。后交叉步相反。

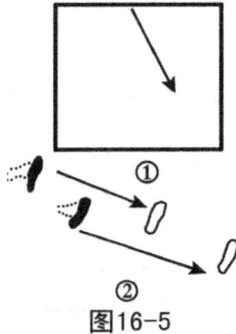

图16-5

②交叉步的特点和作用：交叉步移动的幅度比前面介绍的几种步法移动幅度都大，它主要是用来对付离身体较远的来球。快攻或弧圈打法在侧身攻后扑打右角空档或走动中拉、攻球时，常会运用这种步法；削球打法也常用它来接短球或削突击球。

（6）结合步

①结合步的移动方法：在完成一次击球时，使用两种或两种以上单一步法的动作方法进相结合。

②结合步的特点和作用：使用一种步法仍不能或最佳击球位置时，即可用结合步来完成。移动范围比任何一种单一步法都要大。

（7）还原步

①还原步的移动方法：同滑步。

②还原步的特点和作用：是其它几种步法使用后还原的步法。移动迅速，移动范围可视下一般来球进行调整，是保证下一次移动的先决条件。

2.各种类型打法的步法运用

（1）快攻类

①左推右攻打法的步法：这种打法站位近，偏左半台，常用左脚在前，右脚稍后的站位姿势，以便充分发挥正手攻的威力。因此，它的步法移动是左右小范围快速移动较多，配合较大范围的移动和前后移动。以滑步和跳步相结合为主，配合其它步法运用。

②两面攻打法的步法：其打法特点是站位较近，两脚平行站立，一般站位稍偏球台左边，常用左右小侧身单步让开身体进行正反手攻球。因此，它的步法移动是以小范围的滑步和跳步为主，结合其它步法使用。

（2）弧圈类的主要步法

这种打法，击球动作较大，需要自身发力较多，由于这种类型打法在进攻和防守时需要照顾的范围比较大，攻球时必须到位，重心也应较为稳定，以利于自身发力击球，因此它的步法移动使用交叉步多，另外再配合其它步法使用。

（3）削球类的主要步法

削球离台较远，击球点在下降期较多，以利于自身发力制造旋转。由于乒乓球技术形势的发展，以削为主的打法普遍加强了进攻，有的发展成为攻防相结合，需要照顾的范围大，重心要求转换快，步法移动的方式也较多。因此，这种类型打法在防守时，其步法移动是以交叉步为主，配合其它步法；一旦转入进攻，就以滑步和跳步为主。

三、发球与接发球

发球与接发球是控制与反控制体现之一，也是乒乓球的重要技术。发球一方利用主动权控制对手。接发球一方则力避被动打好反控制，争取主动改变被动局面。两者是对立的统一。因此，发球与接发球双方的矛盾斗争，始终起着不断推动技、战术发展的重要作用。

（一）发球

1.发球的意义

发球是一项重要的基础技术。发球时不受对方干扰而按照自己的战术意图进行；有时即可以靠发球直接或间接得分，又可以通过发球引续出自己的技战术和特长技术，达到施己之长而争取主动权。所以说：发球，往往是全局的开路先锋，为下边的进攻开拓和创造条件。

2.发球的种类

划分发球种类的方法是多种多样的，如按方位来区分，可分为正手发球、反手发球、侧身发球；按发球的性质来区分，可分为速度类发球、落点类发球、单一旋转类发球和混合旋转类发球；按形式的不同来区分，又可分为低抛发球、高抛发球和下蹲发球等。发球种类虽然很多，但归根结底是和速度、旋转、落点分不开的。

3.发球技术

（1）平击发球

特点：平击发球是一种一般上旋一般速度的发球。它是初学者最基本的发球方法，也是掌握其它复杂发球的基础。

①正手发球动作方法：左脚稍前，身体稍向右转，左手掌心托球，置与体前偏右侧前方，右手持拍，置于身体右侧。当球向上抛起时，同时右臂稍向后引拍，接着从身体右后方向左前方挥动，当球下降到稍高于网时击球中上部，向左前方发力，击球第一落点应在本方球台中央，击球后迅速还原。

要点：发力部位以前臂为主，身体重心从右脚转移至左脚。

②反手发球动作方法：右脚稍前或平行站立，身体稍向左转，左手掌心托球，置于身体左侧前方。左手将球向上抛起时同时右臂外旋，拍面角度稍前倾，向身体左后方引拍。击球时当球从高点下降到稍高于网时击球中上部，向右前方发力，击球第一落点应在本方球台中央，击球后迅速还原。

要点：发力以前臂右摆为主，击球后的第一落点应落在本方球台中央，身体重心从左脚移至右脚。

（2）发急球

①正手发右侧上旋急球(奔球)

特点：球速快、落点长、冲力大、弧线低并具有较强的右侧上旋，发出的球运行弧线向左偏斜。

动作方法：左脚稍前，身体稍向右转，左手掌心托球置于身前右侧。左手将球抛起，同时右臂内旋，使拍面角度稍前倾,前臂手腕自然下垂，肘关节高于前臂，向身体右后方引拍，击球时，当球下降到近于网高时,摩擦球的右侧上方，击球瞬间,拇指压拍，手腕从右后方向左上方抖动，前臂向左前上方挥动，击球第一落点应接近本方球台端线。

要点：主要以前臂手腕发力为主，身体重心从右脚移至左脚。

②反手发急球

特点：球速快、落点长、冲力大、具有较强的左侧上旋。

动作方法：右脚稍前或平站，身体略向左偏斜，左手掌心托球，置于身前偏左侧，然后左手将球向上抛起，同时右臂外旋，拍面前倾，上臂自然靠近身体左侧，向身体左后方引拍，当球从高点下降低于网高时击球左侧中上部，右臂以肘关节为轴心。前臂向左前方横摆，腰部配合右转，击球瞬间，前臂加速向右前上方横摆，手腕摩擦球，击球第一落点应接近本方球台端线。

要点：发力部位以前臂为主，动作过程中，身体重心从左脚移至右脚。

（3）正手发左侧上（下）旋球

特点：旋转力较强，对方挡球后，向其右侧上（下）方反弹。

动作方法：左脚在前，抛球时，持拍手向右上方引拍，手腕外展。当球下落与网同高时，手臂迅速向左下方挥动，触球瞬间手腕快速向左上方转动，使球拍从球的中部向左上方摩擦。发左侧下旋时，手腕快速向左下方转动，使拍从球的中部向左下方摩擦。

要点：击球时，腰、腿、前臂、手腕要配合发力。

（4）反手发右侧上（下）旋球

特点：能充分运用转体动作，旋转力较强，对方挡球后，向其左侧上（下）反弹。

动作方法：右脚在前，拍柄略向下，球拍向左上方引伸。当球下降与网同高时，前臂和手腕同时发力，击球瞬间手腕向右上方转动，使拍从球的中部向右上方摩擦。发右侧下旋时，手腕向右下方转动，使拍从球的中部向右下方摩擦。

要点：要充分利用手腕转动来配合前臂发力。

（5）正手发转与不转的球

特点：球速较慢，前冲力小，转与不转手法相似，可用旋转变化来迷惑对方，造成对方接发球失误或为自己抢攻创造条件。

动作方法：右脚在后，前臂向后上方引拍，拍面略后仰。当球下降与网同高时，前臂迅速向前下方挥动同时加快手腕转动速度，用力摩擦球的中下部。发不转球与发下旋加转球动作大致相同，区别在于，手臂外旋幅度小，减少拍面后仰角度，击球中部和中下部，减少向下摩擦球的力量，稍加向前推球的力量。

要点：前臂与手腕配合发力；发不转球时，减少拍面后仰角度，并稍加前推力量。

（二）接发球

随着乒乓球技术的发展，发球技术不断有所创新，这样也就要求接发球技术应该有相应的提高。乒乓球比赛时是从发球接发球开始，每局比赛接发球的次数几乎与发球次数相同。比赛中如接不好发球，除直接失分外，还有可能造成间接失分，并且自己的技战术也无法发挥，造成心理上紧张和畏惧，导致全局失败。如果能做到得心应手的回击，则一切相反。尤其接发球是处于被动地位，不如发球能够充分发挥主动权，所以接发球技术掌握起来更加困难，它是乒乓球技术中一个重组成部分之一。

1. 选择适当的站位

首先要决定对方发球时的位置来选择站位，如果对方用正手在球台右方发球则站位应偏右一些；如对方在左方发球，站位应选择偏左一些。站位偏左或偏右一般是从对方发球角度较大的斜线考虑的。站位的远近距离应根据个人习惯和打法以及身高来决定。身材高一些的可适当站远一些，身材矮的可适当站近一些。

2. 准确地判断落点和旋转

（1）从对方发球时拍面所朝方向和挥臂方向,判断来球斜、直线。

（2）从对方发球挥拍动作和拍击球时摩擦移动的方向来判断球的旋转性能。

（3）从对方发球时挥臂幅度的大小及手腕用力的程度来判断来球落点的长短和旋转的强弱。

接发球的基本方法是由点、拨、带、拉、攻、推、搓、削、摆短、劈长、撇、挑等各种技术综合组成。接发球能够起到"桥梁"作用，接发球技术的运用要根据自己的打法的特点和来球的性能，然后决定回击的手段，应在接发球环节中力求直接或间接地过渡到自己打法特点的轨道上来施展自己的特长，从而使接发球的手段成为"桥梁"，借以通往彼岸。总之接发球除应有良好的技术外，最主要的是应提高应变能力和"眼盯球"的判断能力。

四、推挡球

推挡球是我国左推右攻运动员的主要技术之一同时也是各种类型打法运动员必须掌握的一项技术。它具有站位近、动作小、速度快、变化多的特点。在对攻中常用快速推压，结合力量，落点和旋转变化牵制对方，为正手攻和侧身攻创造有利条件。在被动时，也可以起到积极防守的作用。

（一）推挡球技术

推挡球可分为挡球，减力挡，快推，加力推以及推下旋等技术。

1. 挡球

特点：一般用于初学者熟悉球性，提高控制球能力，动作简单，易掌握，回接挡球和上旋来球等球速慢，力量轻，是初学者的入门技术。

反手挡球动作方法：两脚平行开立或右脚稍后，身体离台约40厘米－50厘米。击球前，两膝微屈，稍含胸收腹，手臂自然弯曲并做外旋，拍面与台面近乎垂直，将球拍引于身体前方。击球时，当球跳至上升期击球的中部，前臂和手腕稍向前迎击。主要是借助对方来球的反弹力将球挡回。击球后，迅速还原，准备下一次击球。

要点：发力主要部位以前臂为主，将重心放至两脚。

2.减力挡

特点：回球弧线低，落点短，力量轻，当对方离台较远时使用减力挡，可前后调动对方使其前后奔跑,取得主动。是减弱来球力量的一种控制性较强的技术。

动作方法：右脚稍前或两脚平行站立。身体离台约40厘米，手臂作外旋，拍面前倾，不用撤臂向后引拍，前臂只作上提，使拍面略高一些放至身前，手臂稍向前迎球。击球时，当来球跳至上升期，击球中上部，在击球瞬间手臂和手腕稍向后收，以缓冲球撞击拍的力量。击球后，迅速还原成准备姿势。

要点：主要发力部位以前臂回收为主，动作过程中身体重心放置两脚。

3.快推

特点：站位近，动作小，速度快，变化多。在发挥速度优势的情况下，能起到助攻的作用。是推挡球中最常用的一种技术。

动作方法：站位近台，右脚稍后或两脚平行开立，上臂和肘关节靠近右侧身旁。击球前，前臂稍向后引。击球时，前臂向前推出，食指压拍，拇指放松，拍面前倾，在来球上升期击球中上部。击球后，手臂顺势前送，然后迅速还原成准备姿势。

要点：稍后撤引拍，前臂向前推出，配合转腕下压。

4.加力推

特点：回球力量重，球速快，能压制对方攻势，常可迫使对方离台后退，陷于被动防守的局面。加力推和减力挡配合运用，能更有效地控制对方取得主动。

动作方法：击球前，右脚稍前或两脚平行开立，身体离台约50厘米。前臂上提，球拍后引，肘部贴近身体，拍面前倾使球拍离台较高，击球时，当来球跳至上升后期或高点期击球中上部，上臂、前臂、手腕加速向前下方推压并配合转腰加大推压力量。击球后，手臂随势前送,然后迅速还原成准备姿势。

要点：发力主要部位以前臂为主，上臂、前臂、手腕同时发力，腰髋配合。重心转移由左脚移至右脚。

5.推下旋

特点：回球落点长，弧线低，带下旋。落到对方台面时，往下沉。在上旋推挡相持中，突然改变成下旋，造成对方推球下网。当对方来球力量大，旋转强时，使用推下旋技术较难。

动作方法：击球前，右脚稍前或两脚平行开立，身体离台约40厘米。手臂做内旋，拍面稍后仰上臂后引，前臂上提球拍引至身体前上方，击球时，击球上升后期或高点期，击球中部，向下用力，上臂、前臂、手腕向前下方用力推切。击球后迅速还原成准备姿势。

要点：发力主要部位以上臂、前臂为主，击球过程中将身体重心放至两脚。

（二）推挡球技术分析

推挡球动作幅度小，球速快，变化多。从运动力学观点看，它既能借来球的反弹力挡球，又能自己主动发力推击来球，同时还可以利用击球瞬间，球拍与球体的摩擦作用，增大切向分力，使球稍带各种旋转，如推下旋，侧旋等。推挡球的发力方向，一般说来，是向前为主的，所以球的弧线低，曲度小。根据推挡球的各种不同技术的要求，挥拍方向与击球点（力的作用点）有较大的区别。如快推，主要是向前发力，击球的中上部。推下旋是向前下方发力击球的中下部。可见，推挡球的作用力线，有的接近球心，也有的是稍远离球心。发力方向除向前外，还要与其他方向结合。触球部位也各有不同。因此要求我们在学习推挡时，能灵活的调节拍面角度，准确的控制击球部位，并能在击球的瞬间，掌握好挥拍方向，这样才能打出各种各样反手推挡所包含的技术，以便在比赛中根据情况使用各项技术。

五、攻球

（一）正手快拉

特点：正手快拉是对付削球的重要技术。它具有动作小，线路活，速度较快的特点。

动作方法：两膝微屈，身体重心略下降，手臂放松前臂略下沉。击球前，前臂向前迎球，跟随腰部向右转动，稍向后引拍，击球时以前臂向前上方发力为主，手腕同时向前上用力转动球拍摩擦击球，触球的中部或中下部。击球后整个动作应迅速还原放松，注意判断下一次来球。

（二）正手快攻

特点：正手快攻具有站位近，速度快，进攻性强的特点，是对攻中常用的一项主要技术。 动作方法：左脚稍前，身体离台约50厘米，手臂自然弯曲，并作内旋，拍面前倾，以前臂后引为主(幅度小)，向身体右侧后方引拍。击球时，当来球跳至上升期,击球中上部，在上臂带动下，前臂快速向左前方挥动，前臂内旋。击球后，手臂继续向左前上方随时挥动，并迅速还原成击球前准备姿势。发力主要以前臂为主，重心转移，从右脚转至左脚。

（三）正手扣杀

特点：动作较大、力量重、球速快、攻击性强。扣杀常在其它技术取得主动和优势情况下,对方回接出半高球时运用。是比赛中得分的一种重要手段。

动作方法：左脚稍前，一般在近台使用。站位远近要视来球的长短而定，短的来球应站位近台，长的来球站位中近台。整个手臂要随腰部的转动向后引拍，拉大击球距离，上臂发力为主。手腕控制落点，手臂向左前向下用力挥动，当来球跳至高点期,击球的中上部。球击出后，整个动作迅速还原，准备连续扣杀。

（四）反手快攻

特点：站位近、动作小、球速快、借来球力量还击,是两面攻打法的重要技术之一。左推右攻打法的运动员也应具备一定的反手快攻技术。

动作方法：右脚稍前，几乎成开立平站，身体离台约50厘米，以前臂发力为主。拍面稍前倾，当来球跳至上升期，击球的中上部，向前上方或右前上方挥动。要求动作快速有力，并力求放松。一般快攻时用中上等的力量，但应根据来球的长短高低灵活掌握。注意运用反手快攻时，突然性要强，落点变化要多，攻斜线球时击球的中左部，攻直线球时击球的中部。击球后还原放松要迅速及时，准备迎击下次来球。

（五）侧身正手攻球

特点：侧身正手攻球速度快、力量重、攻势强,它比用正手攻球难度大。它主要是当左半台来球时，不用反手动作回击，而是根据来球落点移动步法，侧身用正手攻回击，移动范围较大的缘故。

动作方法：根据来球各种不同性能，分别采用正手位各种攻球技术回击。由于站位不同于正手位攻球，身体略偏对球台，所以要适当调整引拍方向和出手击球的挥臂方向。移动步法要快，争取良好的击球位置，根据来球的不同落点，运用适当的步法进行移动。

六、搓球与削球技术

（一）搓球技术

搓球动作近似削球动作，也是削球必须掌握的入门技术。它是任何打法还击下旋来球的一种基本技术，它的特点是站位近，动作小，回球多半在台内,造成对方回球困难，比较稳健,旋转和落点变化较多，因此，可用作过渡技术，以寻进攻机会。它大致可分为快搓，慢搓，摆短，搓侧上下旋四种。

1. 快搓

特点：动作小，速度快，主要是借助对方来球前进力回击,旋转强度一般。快搓与其它搓球技术结合，能够改变击球节奏，缩短对方击球时间，为自己创造主动权。

（1）正手快搓动作方法：击球前，左脚稍前，离台约40厘米。手臂作外旋，拍面角度稍后仰。后引动作小，前臂向右上方提起，击球时，上升期击球,摩擦球的中下部，借助对方来球力量同时上臂前送，前臂手腕向左前下方用力，击球后迅速还原成准备动作。

（2）反手快搓动作方法：击球前，右脚稍前，或两脚平行站立，离台约40厘米。手臂自然弯曲，作内旋，拍面稍后仰，前臂向左上方提起，击球时，击球上升期,摩擦球中下部，借助对方来球力量，手臂前送，前臂手腕向右前下方用力。击球后，迅速还原成准备动作。

2. 慢搓

特点：回球速度慢，动作较大，主动发力回击，能加强搓球旋转，慢搓、快搓、摆短相结合，能加强击球落点、旋转、节奏变化，可以牵制对方，争取下一般主动。

（1）正手慢搓动作方法：击球前，左脚稍前，身体离台约50厘米。手臂外旋，拍面后仰，前臂提起，击球时，击球的下降前期，摩擦球的中下部，同时前臂加速向左前下方用力摩擦。击球后，迅速还原成准备动作。

（2）反手慢搓动作方法：击球前，右脚稍前，或两脚平行站立，离台约50厘米。手臂内旋，拍面后仰，前臂提起向左上方移动置身前，直板手腕同时作屈，横拍手腕作展。击球时，前臂加速向左前下方加速，直拍手腕作伸，横拍手腕作内收，击球的下降前期，摩擦球的中下部。击球后，迅速还原成准备动作。

（二）削球技术

削球技术有两大特点：一是稳健性，再是积极性。削球技术种类很多，从握拍看，有直拍、横拍正反手削球；按站位，分为近削，远削。

1. 近削站位离台约1米左右，两脚开立，两膝微屈，正手削球时右脚在后，重心偏右脚。反手削球时左脚在后，重心移至两脚间。如来球力量小，旋转弱，前臂应向左上方引拍。在上臂带动下前臂手腕向右前下方用力，正手则向左前下方用力。在高点期或下降前期击球，击球的中部或中下部。手臂挥动向前下方用力切，腰随势扭动，击球后调整姿势，准备下次击球。

2. 远削基本和近削相似。区别是站位较远，身体离台1米以外。击球前前臂向上方引拍，下降后期击球。击球中下部，由于站位远击球点较低，要加大击球力量和多向前用力以上臂带动前臂发力。腰腿随势扭转大，整个动作大于近削。由于站位远击球点较低,要加大击球力量和多向前用力。

七、弧圈球技术

弧圈球是一种上旋力非常强的进攻技术。弧圈球能制造适宜的弧线,能稳健回击低而强烈的下旋球，与攻球相比有更多的发力机会。弧圈球的特点是上旋强，稳健性高，攻击威力大。它按性能可分为加转弧圈球，前冲弧圈球，侧旋弧圈球。这里仅介绍加转弧圈球。正手加转弧圈球也叫高吊弧圈球，弧线高，球速慢，曲度大，上旋力特别强，落台后下滑速度较快，击出球第一弧线高，第二弧线较低。它是对付削球，搓球的有效技术。

动作方法：左脚在前，右脚在后，身体向右扭转，右肩低、左肩高、略收腹，手臂自然下垂，球拍后引的幅度较小，击球的下降前期，拍面稍前倾，摩擦球的中部偏上。击球时提踵，脚掌内侧蹬地，腰、髋向左上方转动，带动上臂前臂。以上臂发力为主，向左前上方发力。如击球点离网近的球，以前臂和手腕发力为主。

第二节 乒乓球战术

乒乓球基本战术有发球抢攻、接发球抢攻、搓攻、对攻、拉攻、削攻结合等。

一、发球抢攻

比赛首先是从发球开始的，一定要充分利用变化多端的发球技术，达到先发制人，克制对方，掌握主动。发球抢攻战术，在乒乓球比赛的胜负中起着很重要的作用。对发球抢攻的要求有二点：一是力争发球直接得分；二是为抢攻创造机会。

战术配合如下(例)：

（一）反手发侧上、下旋球至对方左、右近网处，准备正反手抢攻。

（二）正手发侧上、下旋球至对方左、右近网处，准备正反手抢攻。

（三）反手发急上，下旋球至对方左角，配合发短球，伺机抢攻，抢推，抢拉。

（四）发变化球组织抢攻。

二、搓攻

它是快攻类打法对付削球的战术，它主要是利用搓球的旋转和落点变化为突击、扣杀创造机会。同时也可以控制对方，力争抢先拉弧圈球。

战术配合如下(例)：

（一）快搓与慢搓结合搓转与不转球，加强落点及旋转变化，伺机突击中路或两大角。

（二）摆短配合搓转与不转长球，至对方反手或突然搓正手大角，伺机突击或抢先拉起。

（三）搓对方正手为主，结合搓正手短球伺机突击抢拉。

（四）稳搓对方正手为主，结合搓对方反手，伺机突击或抢拉中路。

三、对攻

对攻是快攻打法的主要战术，它是靠左推右攻和反手攻球变化落点，速度，力量，旋转组成。具体运用方法如下(例)：

（一）紧压反手，侧身抢攻或变线抢攻抢冲。

（二）紧压追身伺机抢攻抢冲。

（三）在快速对推中，突然变推下旋，或加力推后侧身抢攻对方右角直线，或左方大斜线。

四、拉攻

拉攻是对付削球打法的主要战术，具体运用方法如下(例)：

（一）拉反手后侧身突击斜线，然后扣杀中路或两角。这是拉攻的常用战术。侧身攻斜线是直拍快攻类打法的特长。

（二）拉不同落点突击中路或直线，然后扣杀两大角。中路是削球选手的普遍弱点；直线线路短，削球手也较难还击。

（三）拉对方中路，伺机突击两角空档。这是对付以逼角为主或控制落点较好的削球手所采用的战术。

（四）拉对方正手找机会突击中路后连续扣杀两角。当对方反手削球控制较好，可用此战术。

（五）拉长调短，伺机扣杀。对付站位较远的削球打法时常用此战术。

五、接发球抢攻

首先树立积极主动思想，力争抢先进攻，转被动为主动局面。

（一）采用反手拉或侧身正手拉回接对方发出的侧下旋和下旋出台长球，回接至对方中路或反手，控制对方发球抢攻。

（二）采用反手攻或快推回接对方发出的侧上旋和急球，回接至对方反手为主，配合突袭直线，力争主动。

第三节　乒乓球竞赛规则

一、球台

（一）球台的上层表面叫做比赛台面，应为与水平面平行的长方形，长2.74米，宽1.525米，离地面高度为76厘米。

（二）比赛台面不包括球台台面的侧面。

（三）比赛台面可用任何材料制成，应具有一致的弹性，即当标准球从离台面30厘米高处落至台面时，弹起高度应约为23厘米。

（四）比赛台面应呈均匀的暗色，无光泽。沿每个2.74米的比赛台面边缘各有一条2厘米宽的白色边线，沿每个1.525米的比赛台面边缘各有一条2厘米宽的白色端线。

（五）比赛台面由一个与端线平行的垂直的球网划分为两个相等的台区，各台区的整个面积应是一个整体。

（六）双打时,各台区应有一条3毫米宽的白色中线划分为两个相等的"半区"。中线与边线平行，并应视为右半区的一部分。

二、球网装置

（一）球网装置包括球网、悬网绳、网柱及将它们固定在球台上的夹钳部分。

（二）球网应悬挂在一根绳子上，绳子两端系在高15.25厘米的直立网柱上，网柱外缘离开边线外缘的距离为15.25厘米。

（三）整个球网的顶端距离比赛台面15.25厘米。

（四）整个球网的底边应尽量贴近比赛台面，其两端应尽量贴近网柱。

三、球

（一）球应为圆球体，直径为40毫米。

（二）球重2.7克。

（三）球应用赛璐珞或类似的塑料制成,呈白色或橙色，且无光泽。

四、球拍

（一）球拍的大小，形状和重量不限，但底板应平整、坚硬。

（二）底板厚度至少应有85％的天然木料，加强底板的粘合层可用诸如碳纤维、玻璃纤维或压缩纸等纤维材料，每一黏合层不超过底板总厚度的7.5％或0.35毫米。

（三）用来击球的拍面应用一层颗粒向外的普通颗粒胶覆盖，连同黏合剂，厚度不超过2毫米；或用颗粒向内或向外的海绵胶覆盖，连同黏合剂，厚度不超过4毫米。

（四）"普通颗粒胶"是一层无泡沫的天然橡胶或合成橡胶，其颗粒必须以每平方厘米不少于10颗、不多于30颗的平均密度分布整个表面。

（五）"海绵胶"即在一层泡沫橡胶上覆盖一层普通颗粒胶，普通颗粒胶的厚度不超过2毫米。

（六）覆盖物应覆盖整个拍面，但不得超过其边缘。靠近拍柄部分以及手指执握部分可不予以覆盖，也可用任何材料覆盖。

（七）球拍两面不论是否有覆盖物，必须无光泽，且一面为鲜红色，另一面为黑色。

（八）由于意外的损坏或磨损或褪色，造成拍面的整体性和颜色上的一致性出现轻微的差异，只要未明显改变拍面的性能，可以允许使用。

（九）比赛开始时及比赛过程中运动员需要更换球拍时，必须向对方和裁判员展示他将要使用的球拍，并允许他们检查。

五、定义

（一）"回合"：球处于比赛状态的一段时间。

（二）"球处于比赛状态"：从发球时球被有意向上抛起前静止在不执拍手掌上的最后一瞬间开始，直到该回合被判得分或重发球。

（三）"重发球"：不予判分的回合。

（四）"执拍手"：正握着球拍的手。

（五）"不执拍手"：未握着球拍的手。"不持拍手臂"为不持拍手的手臂。

（六）"击球"：用握在手中的球拍或执拍手手腕以下部分触球。

（七）"阻挡"：对方击球后，在比赛台面上方或向比赛台面方向运动的球，尚未触及本方台区，即触及本方运动员或其穿戴(带)的任何物品，即为阻挡。

（八）"裁判员"：被指定管理一场比赛的人。

（九）"副裁判员"：被指定在某些判决方面协助裁判员工作的人。

六、发球

（一）发球开始时，球自然地置于不持拍手的手掌上，手掌张开，保持静止。

（二）发球员须用手将球几乎垂直地向上抛起，不得使球旋转，并使球在离开不执拍手的手掌之后上升不少于16厘米，球下降到被击出前不能碰到任何物体。

（三）当球从抛起的最高点下降时，发球员方可击球，使球首先触及本方台区，然后越过或绕过球网装置，再触及接发球员的台区。在双打中，球应先后触及发球员和接发球员的右半区。

（四）从发球开始，到球被击出，球要始终在比赛台面的水平面以上和发球员的端线以外；而且从接发球方看，球不能被发球员或其双打同伴的身体或他们所穿戴（带）的任何物品挡住接发球员的视线。

（五）球一旦被抛起，发球员的不持拍的手臂应立即从球和球网之间的空间移开。球和球网之间的空间由球和球网及其向上的延伸来界定。

（六）运动员发球时，应让裁判员或副裁判员看清他是否按照合法发球的规定发球。

（七）如果裁判员对运动员发球合法性有怀疑，在一场比赛中第一次出现时，判重发球，并警告发球方，此后，裁判员对该运动员或其双打同伴发球动作的合法性再次怀疑，将判接发球方得1分。

（八）运动员因伤病而不能严格遵守合法发球的某些规定时，可由裁判员作出决定免于执行。

七、还击

对方发球或还击后，本方运动员必须击球，使球直接越过或绕过球网装置，或触及球网装置后，再触及对方台区。

八、比赛次序

（一）在单打中，首先由发球员发球，再由接发球员还击，然后发球员和接球员交替还击。

（二）在双打中，首先由发球员发球，再由接发球员还击，然后由发球员的同伴还击，再由接发球员的同伴还击，此后，运动员按此次序轮流还击。

九、重发球

（一）如果发球员发出的球，在越过或绕过球网装置时，触及球网装置，此后成为合法发球或被接发球员或其同伴阻挡。

（二）如果接发球员或接发球方未准备好时，球已发出，而且接发球员或接发球方没有企图击球。

（三）由于发生了运动员无法控制的干扰，而使运动员未能成功发球、还击或遵守规则。

十、1分

（一）除被判重发球的回合，下列情况运动员得1分：

1. 对方运动员未能正确发球。

2. 对方运动员未能正确还击。

3. 运动员在发球或还击后，对方运动员在击球前，球触及了除球网装置以外的任何东西。

4. 对方击球后，球没有触及本方台区而越过本方台区或端线。

5. 对方阻挡。

6. 对方连击。

7. 对方用不符合条款的拍面击球。

8. 对方运动员或他穿或戴的任何东西使比赛台面移动。

9. 对方运动员或他穿或戴的任何东西触及球网装置。

10. 对方运动员不持拍手触及比赛台面。

11. 双打时，对方运动员击球次序错误。

12. 执行轮换发球法时，接发球方进行了13次还击。

十一、一局比赛

在一局比赛中，先得11分的一方为胜方；10平后，先夺得2分的一方为胜方。

十二、一场比赛

一场比赛由奇数局组成。

十三、发球、接发球和方位的次序

（一）选择发球、接发球和方位的权利应由抽签来决定。中签者可以选择先发球或先接发球，或选择先在某一方位。

（二）当一方运动员选择了先发球或先接发球，或选择了先在某一方位后，另一方运动员必须有另一个选择。

（三）在获得每2分之后，接发球方即成为发球方，依次类推，直至该局比赛结束；或者直至双方比分都达到10分或实行轮换发球法，这时，发球和接发球次序仍然不变，但每人只轮发1分球。

（四）在双打的第一局比赛中，先发球方确定第一发球员，再由先接发球方确定第一接发球员。在以后的各局比赛中，第一发球员确定后，第一接发球员应是前一局发球给他的运动员。

（五）在双打中，每次换发球时，前面的接发球员应成为发球员，前面的发球员的同伴应成为接发球员。

（六）一局中首先发球的一方，在该场下一局应首先接发球。在双打决胜局中，当一方先得5分时，接发球方应交换接发球次序。

（七）一局中，在某一方位比赛的一方，在该场下一局应换到另一方位。在决胜局中，一方先得5分时，双方应交换方位。

十四、发球、接发球次序和方位的错误

（一）裁判员一旦发现发球、接发球次序错误，应立即暂停比赛，并按该场比赛开始时确立的次序，按场上比分由应该发球或接发球的运动员发球或接发球；在双打中，则按发现错误时那一局中首先有发球权的一方所确立的次序进行纠正，继续比赛。

（二）裁判员一旦发现运动员应交换方位而未交换时，应立即暂停比赛，并按该场比赛开始时确立的次序，按场上比分运动员应站的正确方位进行纠正，再继续比赛。

（三）在任何情况下，发现错误之前的所有得分均有效。

十五、轮换发球法

（一）如果一局比赛进行到10分钟仍未结束（双方都已获得至少9分时除外），或者在此之前任何时间应双方运动员要求，应实行轮换发球法。

（二）当时限到时，球仍处于比赛状态，裁判员应立即暂停比赛。由被暂停回合的发球员发球，继续比赛。

（三）当时限到时，球未处于比赛状态，应由前一回合的接发球员发球，继续比赛。

（四）此后，每位运动员都轮发1分球，直至该局结束。如果接发球方进行了13次还击，则判接发球方得1分。

（五）轮换发球法一经实行，将一直使用到该场比赛结束。

第十六章 羽毛球运动

早在两千多年以前，一种类似现代羽毛球的游戏就已经在中国、印度以及其他的一些欧亚国家出现。中国称"打手毽"，印度称"普那"，西欧等国则称"毽子板球"。

人们公认的现代羽毛球运动是在19世纪70年代初起源于英国。英语中的"羽毛球"一词就是以英格兰格拉斯郡的一座名叫伯明顿的庄园命名的。1899年英国举办了第一届著名的全英羽毛球锦标赛，羽毛球运动从此传向世界各国。现在国际上各类羽毛球赛事中最有影响力、最引人瞩目的是汤姆斯杯男子团体赛、尤伯杯女子团体赛、苏迪曼杯男女混合团体赛、世界羽毛球锦标赛和奥林匹克运动会羽毛球比赛。

现代羽毛球运动于20世纪初传入中国。新中国成立后，在党和政府的关怀下，羽毛球运动得到了蓬勃发展，经过三十年的努力，迎来了我国羽毛球运动史上的鼎盛时期。1981年5月，国际羽毛球联合会正式恢复了我国的合法席位，我国羽毛球运动正式亮相国际体坛，很快便包揽了几乎所有各项重大国际比赛的桂冠。1982年5月中国羽毛球男队首次夺得了第十二届汤姆斯杯，正式登上了世界男子羽毛球团体冠军的宝座。从1986年开始，中国队连续夺得了的十四届、十五、十六届汤姆斯杯赛的冠军。创造了我国羽毛球运动历史上"汤杯三连冠"的记录。

1984年，中国女子羽毛球队首次参加尤伯杯赛就连克强手一举夺得第十届尤伯杯赛的冠军，第一次登上了世界女子羽毛球团体冠军的宝座。在1986至1995年的九年中中国女子羽毛球队又连续夺得了第十一、十二、十三、十四届的冠军，创造了尤伯杯历史上"五连贯"的惊人记录。

1995年中国队首次夺得第四届世界男、女羽毛球混合团体锦标赛桂冠。1996年在第二十六届奥运会中获得了女子双打冠军，实现了奥运会羽毛球比赛金牌零的突破。1997年3月在全英羽毛球比赛中一举夺得4项冠军。2000年悉尼举行的第二十七届奥运会中，中国羽毛球队又夺得了4枚金牌。2004年5月中国男子羽毛球队又获得第二十三届汤姆斯杯冠军，女队获得第二十届尤伯杯冠军。2005年羽毛球锦标赛中国队获得2枚金牌，世界杯比赛中国队获得5枚金牌。2006年中国男队蝉联了汤姆斯杯，中国女队实现了尤伯杯五连冠。在本年度羽毛球世界锦标赛中国队又获得4枚金牌。世界杯比赛中国队获得3枚金牌。亚运会羽毛球比赛中国队获得4枚金牌。2007

年3月在全英羽毛球锦标赛上中国运动员创纪录的夺得4枚金牌。中国运动员在国际比赛中所取得的优异成绩，不仅弘扬了国威，也促进了世界羽毛球运动的发展。同时更带动了全国性的羽毛球热，使羽毛球这一小球成为乒乓球之后的又一国球。

第一节　羽毛球技术

羽毛球运动的基本技术主要由上肢的基本手法和下肢的基本步法两大部分组成。上肢的基本手法又由握拍、发球和击球三个技术部分组成；下肢的步法则有基本站位、前场上网、中场左右和后场后退步法组成。

一、握拍方法

（一）正手握拍方法：

先用左手握住球拍的中杆，使拍框与地面垂直。张开右手，使虎口对准拍柄斜棱上的第二条棱线（此时眼睛从左至右可同时看见四条棱线），然后用近似握手的方法握住拍柄，拇指和食指贴在拍柄的宽面上，其余的三指自然握住拍柄，五指与拍柄呈斜形。

（二）反手握拍法：

在正手握拍的基础上，将球拍柄稍向外旋，拇指稍向上提，拇指内侧顶在拍柄第一斜棱旁的宽面上，也可将大拇指放在第一、二斜棱之间的小窄面上，食指稍向下靠，下三指放松。

二、发球方法：

就发球的姿势而言，有正手发球、反手发球之分。一般情况下，单打中多采用正手发球，而在双打、混合双打中常用反手发球，就球飞行的角度和距离而言可将其分为后场高远球、后场平高球、后场平射球和网前小球四种。（图16-1）

（一）、正手发球技术

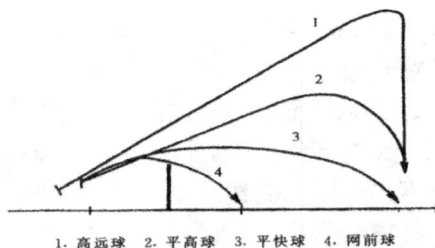

1. 高远球　2. 平高球　3. 平快球　4. 网前球

（图16-1）

羽毛球每项发球技术均由准备动作、引拍动作、击球动作和击球后的动作四部分构成。

1. 正手发后场高远球

准备动作：发球站位视个人的习惯选择在中场附近。两脚自然分开，左脚在前，脚尖对网，右脚在后，脚尖稍向右侧，重心放在右脚上；用左手拇指、食指和中指夹持住羽毛球中部，自然举于胸前方；右手正手握拍，右臂自然屈肘举至身体的右后侧，呈发球前的准备姿势。

引拍动作：持球手松开，使球自然下落；此时左手随引拍动作收至身体左侧；同时右上臂随转体外旋，并带动前臂自下而上沿半弧形做回环引拍动作，充分伸腕，身体重心随转体和引拍动作逐渐前移。当挥拍至身体右侧前下方，身体转至近于面对球网时，准备击球。

击球动作：最佳击球点在身体的前下方。在拍面与球接触的瞬间，右臂迅速内旋带动手腕快速向前上方闪动，展腕屈指发力，用正拍面将球击出，身体重心随转体动作逐渐由右脚移至左脚。

击球后的动作：身体重心完全移至左脚，（图16-2）持拍手随击球的动作完成后的自然惯性向左上方挥动，然后两臂还原成接球前的准备动作。

（图16-2）

2. 正手发后场平高球：

正手发后场平高球是用正手握拍，以正拍面击出飞行弧度较后场高远球低的一种发球，球飞行高度以对方跳起无法拦截为佳。

准备动作：引拍动作和击球后的动作均与正手发高远球相同。

击球动作：击球时以前臂带动手腕发力为主，拍面与地面的夹角小于45度向前击球。

3. 正手发后场平射球：

正手发后场平射球是用正手握拍，以正拍面击出飞行弧度较正手后场平高球还要低的一种发球。

准备动作：击球后的动作均同正手发后场高远球，引拍动作较发后场高远球略小一些。

击球动作：击球时拍面仰角较小，前臂内旋带动手腕快速闪动屈指向前发力击球。

4. 正手发网前球：

正手发网前小球是用正手握拍，以正拍面击球，使球轻轻擦网而过，落在对方前发球线附近的一种发球。

准备动作：引拍动作和击球后的动作与正手发后场高远球相同。

击球动作：击球时握拍要松，前臂只是前摆不做内旋动作，靠手指控制力量，手腕发力，用斜拍面往前推送击球，使球轻轻擦网而过，落入对方前发球区内。

（二）、反手发球技术：

1. 反手发后场平高球

反手握拍，以反拍面击出同正手发后场平高球飞行弧度一样的球称为反手发后场平高球。

准备动作：两脚与肩同宽，前后斜站右脚在前，左脚尖侧后点地，重心放在右脚下；左手拇、中、食指握住球的羽毛处，将球置于腹前腰部以下，右臂屈肘向上提起，展腕，用反手握拍，以反拍面将球拍自然置于腹前持球手的后面，两眼正视前方，呈发球前的准备姿势。

引拍动作：左手发球的同时，右臂以肘为轴，前臂内旋，带动展腕由后向前做回环半弧形挥动，至一定发力所需幅度。

击球动作：击球时屈指收腕发力，用正拍面向前上方将球击出。

击球后的动作：以制动动作结束发力，并将握拍姿势迅速调整为正手放松握拍。（图16-3）

图16-3

2. 反手发后场平射球：

用反手握拍，以反拍面发出与正手发后场平射球同样飞行弧度的球为反手发后场平射球。

动作要领：与反手发后场平高球动作基本相同。击球时，尽可能地在规则允许范围内提高击球点，利用拇指的顶力屈指发力，

使拍面与地面呈近似于90度角向前推进击球。

3. 反手发网前小球：

用反手握拍，以反拍面击出与正手发网前小球飞行弧度一样的球称为反手发网前小球。

动作要领：准备动作、引拍动作和击球后的动作均与反手发后场平高球相同。

击球动作：击球时手腕由外战至内收捻动发力，靠手腕和手指控制力量，以斜拍面向前轻轻推送切击球托，使球尽可能低地沿网上飞过，并落入对方前场发球线内。

三、移动步法

（一）准备姿势

当对方击球时，接球准备姿势是：两脚与肩同宽，自然放开站好，左脚稍比右脚往前移动半步两膝稍微弯曲，两脚的后跟自然提起，以前脚掌触地，身体重心稍降低。手上的动作是：右手持拍稍屈.腕稍屈，使拍头稍向上仰并置于胸前。

（二）基本步法

羽毛球的基本步法有蹬步、跨步、跳跃步、并步、垫步、交叉步等。

1.蹬步：以一脚为轴，另一脚作向后或向前蹬迈步，称为蹬步。

2.跨步：在移动的最后一步，左脚用力向后蹬的同时，右脚向球的方向跨出一大步，称为跨步。

3.跳跃步：起跳腾空击球的步法。它可分为两种：一种是在上网扑球或向两侧移动突击杀球时，以领先的脚（或双脚）起跳，作扑球或突击杀球；另一种是对方击来高远球时，用右脚（或双脚）起跳到最高点时杀球。

4.并步：右脚向前（或向后）移动一步时，左脚即刻向右脚跟并一步，紧接着右脚再向前（向后）移一步，称为并步。

5.垫步：当右（左）脚向前（后）迈出一步后，紧接着以同一脚向同一方向再迈一步，称为垫步。垫步一般用作调整步法。

6.交叉步：左右脚交替向前、向侧或向后移动为交叉步。经另一脚前面超越的为前交叉步；经另一脚跟后超越的为后交叉步。

（三）组合步法

常见的组合步法有上网步法、中场的接球步法、后场的后退步法三种。

1、前场上网步法（正、反手）

一步上网：来球距运动员较近，采用向来球方向右脚跨一大步击球。

二步上网：一般可采用交叉步上网击球。准备姿势站位，左脚先向来球方向迈一步，然后右脚再跨出一大步。

三步上网：来球距身体较远，右脚先向球飞行方向迈一小步，左脚再向右脚前迈出一步，最后右脚跨出一大步。

2、中场接杀球步法

由中心位置向左场区边线附近或右场区边线附近移动接杀球的步法称为中场接杀球步法。往身体左侧的左场区移动为反手接杀球步法。往身体右侧的右场区移动为正手接杀球步法。依据来球的不同方向和视来球与身体的距离的远近，可运用正、反手蹬跨步和正、反手垫步接杀球步法。

（1）正手接杀球步法的动作要领：判断来球后，脚前掌触地起动，左脚向身体右场区边线方向蹬地，右脚向来球方向转动的同时向前跨一步接球，接球后右脚即向中心方向蹬跳一步回位。这是中场正手蹬跨步接杀球步法。如果来球距离身体位置较远，起动后左脚可向来球方向先垫一小步，右脚紧接其后又跨一大步接球，为中场正手垫步接球步法。

（2）反手接球步法的动作要领：接身体左侧和左场区域的杀球时，如果来球距离身体较近，起动后右脚用力向来球方向蹬地，左脚向左测转髋的同时向来球方向跨一大步击球。左脚着地时脚尖稍外展，用脚跟触地。接球后左脚即向中心位置蹬地回位。此种接球步法称为中场反手蹬地跨步接杀球步法。

如果来球距离身体较远时，起动后左脚向来球方向垫一小步，并向前用力蹬地，同时身体向左侧转体。右脚随之向来球方向迈一大步，呈背向球网用反手击球。称之为中场反手垫步接杀球步法。

3、后场后退步法

（1）后场正手后退步法：身体面对来球往身体后侧的后场区域移动击球的步法称为后场正手后退步法。

① 蹬地一步起跳：来球距离身体较近时，由接球前的准备姿势站立起动，以左脚前脚掌为轴心，右脚向身体右后侧后场区域的来球方向蹬地，在身体右后转体的同时右脚向后退一步，将身体重心放在右脚上，呈后场高手击球动作的准备姿势起跳击球。击球后迅速向中心位置回位。

② 二步后退步法：（并步后退步法）起跳后，右脚向来球方向后退一

小步，左脚紧接其后蹬地向右脚并一步，中心放在右脚上。起跳击球动作和击球后的回位动作均与后场正手一步起跳后退步法相同。

③ 三步后退步法：（交叉步后退步法）起动后右脚向来球方向后退一小步，左脚紧跟着经右脚往后交叉迈一步，最后右脚又经左脚向后交叉迈一步，身体重心放在右脚上。此时的起跳接球动作和击球后的回位动作均与后场正手蹬转一步起跳的后退步法相同。

（2）后场头顶后退步法：在身体左侧的后场区域运用正手绕头顶击球的后退步法称为后场头顶后退步法。后场头顶后退步法同后场正手后退步法一样，可以视来球与身体之间距离的远近，采用头顶蹬转一步起跳，并步后退和交叉步后退㈠三种接球步法。各种步法的动作要领均同后场正手后退步法，只是起动后右脚的第一步蹬转是向身体后侧的左后场区域迈出。

（3）后场反手后退步法：在身体左侧的后场区域运用反手击球的后退步法称为后场反手后退步法。

① 二步后退步法：当来球距离身体较近时，起动后在身体左转的同时左脚向左后侧迈一小步，然后右脚经左脚交叉向来球方向再跨一步，呈身体背对球网的姿势接球。击球后身体重心放在右脚上，当脚触地后，顺势往中心位置方向蹬转回位。

② 三步后退步法：当来球距离身体位置较远时，起动后在身体向左转体的同时，以左脚前脚掌为轴心，右脚向来球方向迈出一步，左脚紧接着经右脚交叉步向来球方向迈出一步，右脚又经左脚交叉步向来球方向跨出最后一部，呈背对球网的姿势击球。其回位动作与后场反手二步后退步法的回位动作相同。

4、步法取位

通常将场地划分为不同的区域，以便于合理地选择步法。（图16—4）

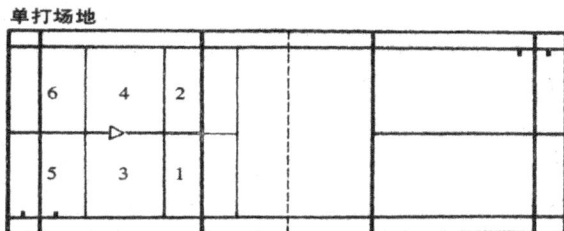

单打场地

| 6 | 4 | 2 |
| 5 | 3 | 1 |

（图16-4）

前场网前区域（右侧为1号，左侧为2号），中场区域（右侧为3号，左侧为4号）和后场区域（右侧为5号，左侧为6号）。中心点是场区的中心位置，一般情况下为击球前所处的位置。

1号位的来球应采取前场网前正手上网步法。2号位的来球要采用前场网前反手上网步法。3号位采用中场正手接杀球步法。4号位要采用中场反手接杀球步法。5、6号位的来球分别采用后场正手后退步法、后场反手后退步法。

5、羽毛球步法的特点

在羽毛球运动中，步法的特点突出表现在以下两个方面：

第一是"快"。无论是向前场、中场和后场移动的步法都应突出两快，即起动快和回动快，关键的一点是步法起动、回动的速度和节奏要与手上击球速度的快慢相配合。无论在任何位置击球后，都应迅速向中心位置回位。

第二是"活"。在实战中，只要场上没有出现"死球"，都应保持身体处于"活动"中，即时刻保持双脚前脚掌触地，脚后跟提起，身体中心在两脚间来回移动，始终做好起动接球的准备。

四、接发球技术

（一）接发球的准备姿势：

1、单打接发球的准备姿势：左脚在前，以整个脚掌着地，右脚在后，以前脚掌触地，身体重心落在左脚上，双膝稍微弯曲。右手持拍自然举放在胸前，左手自然屈肘于左侧，保持身体平衡。眼睛注视对方，准备接发球。

2、双打接发球的准备姿势：与单打基本相同，但由于双打速度快，所以接发球时可将球拍适当抬高一些，举至头前上方的位置。

（二）接发球的站位方法：

1、单打：单打的接发球站位距前发球线约1.5米。如果是在左发球区接球，一般选择有效发球区域中心站位。如果在右发球区接球，则在有效发球区域中心稍偏靠近中线的位置站位。

2、双打：由于双打后发球线比单打短0.75米，发高球易被扣杀，所以双打多以发小球为主。因此双打接发球的站位一般都前移，选择靠近前发球线的位置。目的是在往前争取高的击球点。

（三）接发球的方法：

1、如对方发后场高远球、平高球时，可用平高球、吊球或杀球进行还击。

2、如对方发网前小球，可用放网前球、勾对角球、推后场球还击。

3、如对方发平射球时，可用杀球、平高球还击，以快制快。

五、击球技术

羽毛球运动的击球技术主要包括后场的高远球、平高球、吊球和杀球；前场的搓球、推球、勾球、扑球、挑球和网前小球；中场的平抽快挡球和接杀球等多项技术。各项击球技术又分为正手、反手和头顶（左后场区）击球。在羽毛球运动中，每进行一次击球，均由准备、判断、移动、击球和回位等基本环节组成。

（一）后场击球技术

后场击球技术主要由高远球、平远球、吊球和杀球等几项技术及相应的后退步法组成。其特点是击球点高、力量大、速度快、威力大，是后场进攻的主要手段。

1. 后场正手击高远球：

以正手握拍在右肩的前上方用正拍面击后场高远球称为后场正手击高远球。

（1）准备姿势：调整身体与来球间的位置，使击球点选择在右肩稍前的最上方。两脚与肩同宽自然分开。左脚在前，右脚在后，身体中心放在后面的右脚上侧身对网。右手正握拍屈肘举于体侧，上臂、前臂间夹角为45度左右。左手自然上举，保持平衡，双眼注视来球方向，呈击球前的准备姿势。

（2）引拍动作：当球下落到一定的高度时，手肘上抬，手臂向后倒引拍，以肩为轴作回环动作，同时身体向左转体，前臂充分向后下摆动并外旋，手腕充分伸展，准备击球。同时左手随转体动作自然屈臂协调摆至身体左侧。

（3）击球动作：击球时前臂急速内旋带动手腕加速向前上方挥动，手腕屈，收手指屈指发力，用正拍面将球击出。击球点选在右肩的前上方，高度以持拍手臂自然伸直击球为宜。

（4）击球后的动作：右手随击球后的惯性向后左前下方挥动，然后顺势收回至体前，呈接球前的准备姿势。（图16-5）

（图16-5）

2.后场头顶击高远球：

正手握拍，在左后场区用正拍面在头顶上方击后场高远球叫后场头顶击高远球。

动作要领与后场正手击高远球的要领基本相同，所不同的是击球点偏左肩上方。

3.后场击平高球技术：

后场平高球是飞行弧度比高远球低的一种进攻型高球，其高度以对方起跳拦击不到为准。

技术动作要领：与后场正手头顶击高远球技术的动作要领基本相同，不同的是引拍、击球动作较小而快，击球的瞬间应运用前臂内旋带动手腕的充分闪动，快速发力以比击高远球仰角稍小一些的正拍面将球击出。要求发力击球的时间更短、爆发力更强、突然性更大。

4.后场吊球技术

从后场将球回击到对方网前区域（前发球线附近与球网之间）紧靠边线两角的近网小球为后场吊球。

（1）后场正手吊球技术：用正手握拍以正拍面从由后场区向对方前场网前区域击吊小球为后场正手吊球。引拍动作及击球后的动作均与后场正手击高远球相同。击球点选择在右肩的前上方，较击高远球稍前一点的位置。主要靠手腕、手指的控制力量，击球时手腕由伸腕到屈收带动手指捻动发力，并以手指转动时球拍形成一定的外旋，用斜拍面"切击"球托后部的右侧位置。

（2）后场头顶吊球技术：用正手握拍在左后场区头顶上方以正拍面向对方网前区域击吊小球为后场头顶吊球。动作要领与后场正手吊直线球基本相同，只是将击球点选择在头顶上方。

5.后场杀球技术：

（1）后场正手杀球技术：在右肩前上方，利用正手握拍以正拍面击杀球为后场正手杀球。准备姿势、引拍动作和击球后的动作均与后场正手击高远球技术相同。击球点选在右肩前上方较击高远球、吊球稍前一点的位置上。击球前为获得较大的力臂距离，引拍动作可较后场击高远球大一些，充分调动下肢、腰腹和上肢的力量。在准备击球前上体后仰几乎呈"弓形"，在击球瞬间将全身的力量，通过手腕由伸到屈的快速闪动，用正拍面向前下方全力发力击球。

（2）后场头顶杀球技术：准备姿势、引拍动作及击球后的动作要领均与后场头顶击高远球技术相同，而击球动作则与后场正手杀球技术动作要领基本相同，所不同的是击球点偏在头顶前上方。

6.后场反手击球技术：

击球前右脚在前，身体背向球网。右手反手握拍屈肘举于身体右侧与肩同高的地方，两眼注视来球，呈击球前的准备姿势。持拍臂手肘向上抬举，身体稍向左转体，含胸收腹，左脚稍屈，同时手臂回环内旋引拍，握拍手尽量放松，手腕稍有外展。当球下落至右肩前上方一定的高度时，上臂、前臂急速外旋带动手腕加速，近似画一条弧线似的由左下方经胸前向右前上方挥动。击球时手腕由伸展至屈收快速闪动发力，利用拇指的顶力以及食指、下三指的握力，用反拍面将球击出。此时右脚着地身体重心也落在右脚上。持拍手臂手腕伸收发力后随即制动收回胸前，右脚蹬地向右转体，面向球网跟进回位。（图16-6）

（图16-6）

（二）前场击球技术

前场击球技术包括网前搓或放小球、网前推后场球、网前勾对角球、网前扑球和网前挑后场高球。

1.网前搓小球

运用快速上网步法，争取高的击球点,将网前位置的来球以斜拍面"搓""切"等动作击球，使球在摩擦力的作用下旋转飞行。同样落至到对方的网前,这种球称之为网前搓小球。

（1）正手网前搓球：

运用正手上网步法向来球方向移动，当右脚向前蹬跨时，持拍手于胸前向来球方向伸出，争取高的击球点。左手与身后拉举至于右手对称的反方向，以保持身体的平衡。在伸拍的同时前臂外旋作半弧形引拍动作。搓球有两种击球动作。一种使手腕动作由展腕至手腕发力，由右向左以斜拍面切击球托的右后侧部位，此时球呈下旋翻滚旋转过网。如果腕部是由收腕到展腕发力击球，由左向右以斜拍面切击球托的左后侧部位，则球呈上旋翻滚旋转过网。击球后手腕伴有一定的制动动作。右脚掌触地后立即蹬地向场地中心位置回动。同时击球手臂收回至胸前，准备回击下一个来球。

(2)反手网前搓球：

反手握拍，运用反手上网步法向来球方向移动，其余击球前的动作与正手网前搓球相同。在伸拍的同时前臂内旋作半弧形引拍动作。反手网前搓球也有两种击球方式。一种是手腕由展腕至手腕发力，击球时由左至右切击球托的左后侧部位。另一种是手腕由收至展腕发力，以斜拍面由右向左切击球托的右后侧部位。与正手网前搓球相同，并注意从反手握拍还原成正手放松握拍。

2. 网前推后场球：

(1) 正手网前推后场球：

正手握拍用正拍面将网前的来球推至对方底线两角的球为正手推后场球。击球前的准备、引拍和击球后的回位动作与正手网前搓小球相同。以肘为轴，前臂由外旋回还至内旋带动手腕由伸腕至展腕向前快速挥动发力击球，在击球的瞬间要充分发挥食指力量的作用。用正拍面向正前方向击球为推直线球。用正拍面向斜前方向击球为推斜线球。

(2) 反手网前推后场球：

以反手握拍用反拍面将网前的来球推至对方底线两角的球为反手网前推后场球。击球前的准备姿势、引拍动作和击球后的动作与反手网前搓小球相同。击球时上臂稍有一定的内旋至外旋回环带动手腕由展腕向前挥动，击球瞬间拇指充分前顶，其余的手指握紧拍柄屈指发力将球击出去。在完成整个动作的过程中，手腕背面几乎保持向上的平行状态。

3. 网前勾对角线小球：

(1) 正手网前勾对角线小球：

正手握拍在右场区以正拍面将在网前角落位置的球以对角线路勾至对方网前角落的球称为勾对角线小球。准备姿势、引拍动作及击球后的回收动作均与正手搓网前小球相同。以肘部一定的回拉动作带动上臂内旋，手腕由伸腕发力切击球托的右后侧部位，击球力量不宜太大。击球时应根据不同的来球位置调整后击球的拍面角度，使球齐网飞过、贴网下落。在来球离网较近，击球点又抢得高的情况下，用斜拍面向前下方切击球的角度可大一些；如来球离球网较远击球点又低的情况下，拍面向前上方击球的力量要大一些。

（2）反手勾对角线小球：

用反手握拍在左场区以反拍面将在网前区域内的球斜勾至对方网前一角的球称为反手勾对角小球。准备姿势、引拍及击球后的回收动作均与反手搓网前小球相同。击球时上臂外旋带动手腕伸腕发力向网前对角的斜前方向切击球托的左后侧部位。击球力量的大小、击球位置的高低和出球角度的调整均与正手网前勾对角线小球相仿。

4. 网前扑球：

当对方回击的球过网的弧线较高时，抢高点将球向对方场区下方扑压过去的球称为网前扑球。

（1）正手网前扑球：

用正手握拍，正拍面将球网上方的球向对方场区扑击下去称为正手扑球。运用正手上网步法向来球方向移动，当右脚向前方蹬跨步的同时，持拍手呈正手握拍高举至头部的前上方。以肘为轴，前臂稍一点外旋回环引拍。前臂内旋，手腕由伸展姿势向前下方快速挥动发力拍击球，击球后前臂和手腕都有一定的制动动作。击球后必须靠手臂控制力量制动。

（2）反手网前扑球：

反手握拍，用反拍面将网前区域内的来球向对方场区扑击下去称为反手扑球。运用反手上网步法向来球方向移动，在右脚蹬跨步的同时，反手握拍向前上方的来球方向高举伸出。引拍动作同正手网前扑球。前臂外旋，手腕由展腕至屈收向前下方发力击球。同正手扑球一样，靠手臂的制动动作结束。

5. 网前挑后场高球：

将网前区域低手位的球由下至上地击至对方后场端线上空的球称做网前挑后场高球。

① 正手挑后场高球：

准备动作及击球后的回收动作均与正手搓网前小球相同。以肩和肘为轴心，前臂内旋在身体的前下方带动手腕展腕，并作半弧形回环引拍动作。当拍面击球的瞬间，前臂迅速内旋带动手腕向前上方展腕发力击球。球拍顺惯性自然收回至胸前，同时脚步迅速回位。

② 网前反手挑后场高球：

准备动作与击球后的动作均同反手网前搓球。以肩和肘为轴心，前臂内旋在身体的左前下方带动手腕展腕作半弧形回环引拍动作。击球时前臂外旋带动手腕收腕发力，并充分利用拇指的顶力将球击出。击球后的动作与网前正手挑后场高球相同，但必须迅速将反手握拍转换为正手握拍。

6. 放网前小球：

将网前区域内低手位置且离球网又有一定距离的球轻轻一击，使球擦网而过，同样落至对方网前区域内的球称为放网前小球。

① 正手放网前小球：

准备动作、引拍动作和击球后的动作均与正手搓网前小球相同。击球时握拍手完全放松，拍面几乎呈平面置于球托下，用手指力量轻轻向上"抬击"球托的底部，使其越网而过，贴网下落。

② 反手放网前小球：

准备动作、引拍动作和击球后的动作均与反手搓网前小球相同。击球时主要靠拇指、食指的力量轻轻向前上方抖动手腕发力切击球托底部。

（三）中场击球技术

中场击球技术主要包括中场平抽快挡球和接杀球两种。它要求判断反应快，引拍与摆动的弧度小以及防转攻或攻转防的意识要强。

1. 中场平抽快挡球

在中场区域范围内，采用半蹲击球技术，将大约在肩部高度较平快的球，以与网起平的高度迅速平抽快挡过去的球称为中场平抽快挡球。根据来球的不同方向及对方的具体位置，可采用半蹲正手击球、反手击球和头顶击球三种击球姿势。击球时，通过调整拍面的角度，可分别击出直、斜线不同线路的球。

（1）中场正手平抽快挡球：

两脚与肩同宽自然分开，脚掌触地，脚跟提起，半蹲准备姿势站立。右手举拍与肩上或置于胸前，两眼注视来球方向。击球时以肩为轴，前臂向后经外旋回环带动手腕伸展引拍。手臂迅速向前内旋，肘关节后摆，带动手腕屈收发力，向前推压击球为平抽球。挡球的击球点较平抽球低一些，击球时发力预摆动作小，向前推进发力击球。击球后应迅速收拍，做好回击下一个球的准备。

（2）中场反手平抽快挡球

反手握拍，用反拍面向来球方向伸出，其余准备动作动作同中场正手平抽快挡球。

以肩为轴，上臂带动前臂内旋回环引拍。击球时前臂外旋带动手腕屈收闪动，利用拇指的顶力向前推送发力击球。击球后要有一定的制动动作，其余动作同中场正手挡球技术。

2. 接杀球技术

接杀球技术可分为接杀球放网前小球、接杀球勾网前对角线球、接杀球挑后场高球和接杀球平抽球等几种球。每一种球又可分为正、反手两种击法。

（1）接杀球放网前小球

① 正手接杀球放网前小球

正手握拍用正拍面在身体右侧将对方的杀球回击直线网前小球至对方网前的区域。两脚与肩同宽自然分立于中场稍偏后一点的位置上，重心降低，两眼注视对方的击球动作，呈接球前的准备姿势。用正手接杀球的步法向来球方向移动，在右脚触地的同时，右手伸向右侧，上臂外旋，手腕稍做伸腕引拍借助对方杀球的力量，运用手腕的屈收、手指控制球拍面，以切击动作向前方推送轻击球托的底部，使球尽量贴网下落。击球后上下肢动作都应迅速复位，准备回击下一来球。

② 反手接杀球放网前小球

反手握拍用反拍面在身体左侧将对方的杀球回击直线网前小球至对方的网前区域。用中场反手接球的步法向来球方向移动，其余动作与正手接杀球放网前小球相同。当右脚（或左脚）触地的同时，右手伸向左侧来球方向。前臂稍有内旋引拍预摆动作。击球时由展腕至收腕微微发力，并通过手指控制球拍面的力量和角度切击球托底部。击球后脚步迅速蹬地向中心位置回动，同时将拍收至胸前并调整为正手握拍，准备迎接下一个来球。

（2）接杀球勾网前对角线小球

① 正手接杀球勾网前对角线小球

正手握拍，以正拍面在身体右侧将对方击来的杀球勾至对方正手网前区域。准备动作、引拍动作及击球后的动作均同正手接杀球放网前小球。击球时运用正手网前勾对角线小球的击球动作向前推送发力击球。注意击球力量应视对方杀球力量的大小来调整。

② 反手接杀球勾网前对角线小球

反手握拍，用反拍面在身体左侧将对方的杀球勾到对方反手网前区域内。准备动作、引拍动作和击球后的动作都与反手接杀球放网前小球相同。击球时运用反手网前勾对角线小球的击球动作，向前推送发力击球。根据对方杀球的轻重来调整控制本方击球力量的大小。

（3）接杀球挑后场高球

① 正手接杀球挑后场高球

正手握拍，以正拍面将对方杀至身体右侧和体前的球挑向后场底线区域附近。准备动作和击球后的动作均同正手接杀球放网前小球。引拍动作同正手网前挑后场高球技术。运用正手网前挑后场高球技术的击球动作在体前或体侧发力击球。注意出手要快，预摆动作及发力动作都不能大。正拍面向正前方挥动则击直线球。斜拍面向前上方挥动则击斜线球。

② 反手接杀球挑后场高球

反手握拍，运用反拍面将对方杀向身体左侧或前方的球挑至对方后场区域附近。利用反手接杀球动作在身体前侧发力击球。

（4）接杀球抽平球技术

① 正手接杀球抽平球技术

正手握拍，用正拍面将对方杀至本方身体右侧腰部位置附近的球向对方场区抽压过去。准备动作和击球后的动作与正手接杀放网前小球相同。手臂屈肘后拉的同时，上臂外旋作回环动作带动手臂向后伸展引拍。手臂迅速向前内旋挥动并带动手腕闪动发力，食指控制拍面，以类似翻压的动作击球，使球平行过网后即向下行走。

② 反手接杀抽平球技术

反手握拍，运用反拍面将对方杀到本方身体左侧腰部位置附近的球向对方场区抽压过去。准备动作、引拍动作和击球后的动作与反手接杀挑后场高球基本相同。击球时手臂急速外旋带动手腕由展腕至收腕发力，并充分运用拇指的顶力将球击出。

第二节　羽毛球战术

一、羽毛球的战术原则

"以我为主、以快为主、以攻为主"是羽毛球比赛战术的基本原则。比赛中无论我们运用何种战术，都不能脱离这个原则 。

二、单打基本战术

1．发球战术

发球战术是根据对方的站位、反击能力、回动的路线和当时思想状态等因素，有目的有意识地利用多变的发球，争取由发球开始就掌握场上主动，为自己创造进攻机会。

2．拉吊突击进攻战术

此战术是利用快速的平高球，吊球，杀球和网前搓 、推、勾球，准确地将球击到对方场区的后场底线两角和前场网前两角四个点上。

3．守中反攻战术

如果我方的防守能力好，足以抵挡对方的进攻，而对手又正好是喜好盲目进攻，且体力又差，我方即可运用此战术。先将各种来球回击至对方后场，以诱使对方发起进攻，在对方只顾进攻而麻痹于防守时，我方即可伺机突击进攻。或当对方体力消耗过大，速度减慢时我方再发起进攻。

4．下压进攻控制网前战术

这种战术是先发制人，以快速、凶狠、凌厉的进攻，从速度、力量上压住对方，速战速决。其特点是先以速度和力量不同的吊球，点杀球，轻杀球，重杀球将球下压，创造机会上网，以搓、推、勾球控制网前，将对方的注意力吸取引至网前，再配合以平高球突击对方底线，创造中后场的进攻机会，全力发起进攻。这种战术对付个头高，移动慢、网前出手慢、接下手球吃力的选手较有效。

5．攻后场战术

反复用快速的高球、平高球、推球击至对方端线附近，特别是反手后场区域，造成对方被动；或使对方注意力集中在后场时，我方再以快吊或突击点杀进攻前场空挡。

三、双打基本战术

初次学习双打的选手，常见的突出问题主要有两人站位不妥、分工不明确、配合不默契等。要么互相击球碰撞；要么互相丢让而失误。

（一）配合基本知识

1、站位：比赛中无论是进攻还是防守，两人的站位要合理地平均分开，这样才能顾及到全场范围的任何一点。基本的站位大致分为以下两种：

（1）前后站位

一人在前场，一人在后场，形成纵形队列。这种站位适宜于进攻时使用。当我方发起进攻时，一名选手在后场进攻，另一名选手在前场封网。但两人的站位不要在前后一条直线上，前场封网选手要根据后场选手的进攻路线来选择自己的站位。

（2）平行站位

当对方进攻时，我方选手应利用平行的分边站位法，各自守住自己半边场地的来球。这种站位方法主要用于防守。但我方处于连续进攻时，通常两人也都压向网前平行分边站位。

2、轮转：双打比赛当中不可能一方总是进攻，或一方总是处于防守中。双方激烈的对抗，使得进攻与防守，防守与进攻总是不停地进行转换，这就构成了羽毛球双打一定的轮转方法。下面将基本的轮转方法介绍给大家。

（1）当我方处前后站位进攻队形时，遇到下列情形应迅速轮转为平行分边站位：我方选手上网挑高球或从后场击高球时，应直线后退或前进回位，形成平行分边站位。这时场上局面也就准备由进攻转入防守。

（2）当后场选手击边线平抽球后应直线向前移动，准备随球连续进攻压向网前时，在前场的选手应后退到另一侧，以保护空挡部位，形成平行分边压网站位。

（3）我方处于平行站位防守时，遇到下列情形应迅速轮转为前后站位，我方任何一名选手在接吊球或接杀球放网前小球后应随球移动至前场准备封网，另一名选手则退至后场。当对方回高球时，我方接高球选手后退击球，另一名选手应相应轮转上网，形成前后进攻队形。

（4）当某一选手接杀球反抽进行反攻时，该选手应随攻球步法压向网前，另一选手则随之轮转退至相应的另一侧，保护场地的空挡部位。

3、分工：

（1）前后站位时，前面场选手应负责前发球线以前的前半场区域的来球。后场选手负责中场，后场大部分区域的来球。通常情况下，过前场选手头后的半场位置的球归后场选手负责。

（2）平行分边站位时，在正常情况下，左右场区两名选手各自负责自己半场区内的来球。但当对方击至两人的接合部位————中路的球时，应由正手击球的选手负责。

（二）基本战术

1、攻中路战术

当对方一左一右分边站位时，进攻时我方要尽可能把球攻到对方两人之间的空当区域，以造成对方因为争抢回击球而发生碰撞，或相互让球而出现漏接失误。这是对付配合较差选手的有效战术。

攻半场战术是攻中路战术的另一种形式。当对方两人一前一后站位时，可将球回击到对方两人前后之间靠近边线位置的半场区域，同样能造成对方抢接或漏接现象。

2、攻人战术

集中优势盯住两人中的一人攻击，伺机再突击其他空当。

3、后杀前封战术

后杀前封战术是双打中最常见的进攻战术。当我方取得主动进行强攻时，一人在后场，可大力杀球，另一人在网前抓住对方有可能回球的线路，有意识有目的地准备封网。

4、守中反攻战术

这是一种对付对方后场进攻能力较差选手的战术，为了消耗对方的体力可利用这种战术。其特点是通过拉后场底线两角诱使对方在左右移动中进攻，通过防守伺机反攻，后发制人。

四、混合双打基本战术

混合双打的基本战术同双打的基本战术大致是相同的。然而，由于女选手在速度、力量等体能方面要比男选手相对差一些，女选手在混合双打中往往是被攻击的主要对象。所以在进行混合双打时，具体运用战术的方式上与双打有些不同之处，突出表现在以下方面：

第一站位不同，虽然混合双打也是利用前后站位和左右站位两种站位方法，但混合双打女选手后场的攻击能力较男选手差一些，所以女选手主要站在前场，负责封住网前小球。男选手则负责中后场的大范围区域。

第二分工不同，利用平行站位时，无论女选手是在左区还是在右区，一般都只负责守住靠近边线的三分之一区域，而将场区的大部分区域留给男选手。

第三攻人方法不同，进攻时攻女选手，防守时也要想法把女选手调到后场左右两角奔跑，一方面消耗其体力，另一方面使男选手的后场进攻威力得不到发挥。反过来，处于被进攻的女选手可用回对角线路线的球来限制对方进攻。

第三节 羽毛球竞赛规则简介

一、球场和球场设备

（一）球场应是一个长方形，用宽40毫米的线画出。所有的线都是它所确定区域的组成部分。（图16-7）

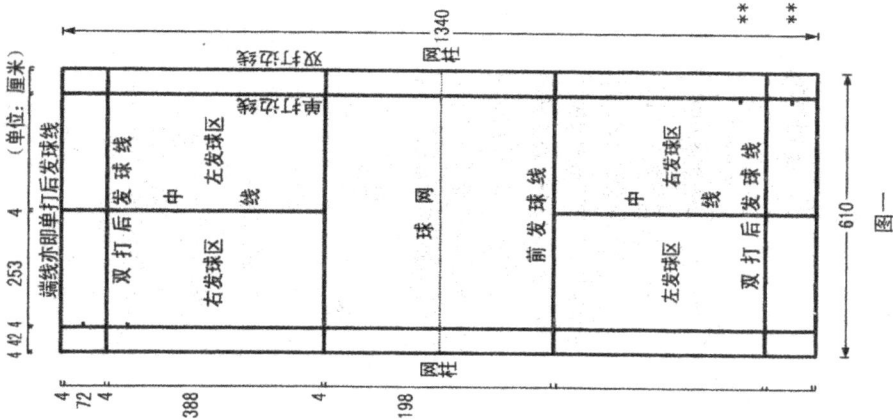

（图16-7）

（二）球网全长至少6.1米，上下宽760毫米。

（三）从球场地面起，球网中央顶部应高1.524米，双打边线处网高1.55米。

（四）不论是单打还是双打比赛，网柱都应放置在双打边线上，球网两端与网柱之间不应有空隙。

二、挑边

比赛开始前，应挑边。赢方可选择：（1）先发球或先接发球；（2）

在一个半场区或另一个半场区开始比赛。输方在余下的一项中选择。

三、计分方法

（一）每场比赛采取三局两胜制；

（二）率先得到21分的一方赢得当局比赛；

（三）如果双方比分打成20比20，获胜一方需超过对手2分才算取胜；

（四）如果双方比分打成29比29，则率先得到第30分的一方取胜；

（五）首局获胜一方在接下来的一局比赛中率先发球；

（六）当一方在比赛中得到11分后，双方队员将休息1分钟；

（七）两局比赛之间的休息时间为2分钟；

四、交换场区

（一）第一局结束，应交换场区；

（二）第三局（如有）开始前交换场地。在第三局或只进行一局的比赛中，领先的一方得分为11分，运动员应交换场区。

五、发球

合法发球：

（一）一旦发球员和接发球员都站好各自的位置，任何一方都不允许延误发球；

（二）发球员和接发球员应站在斜对角的发球区内，脚不触及发球区和接发球区的界线；

（三）自发球开始，至发球结束，发球员和接发球员的两脚必须都有一部分与球场地面接触，不得移动；

（四）发球员的球拍应首先击中球托；

（五）在发球员的球拍击中球瞬间，整个球应低于发球员的腕部；

（六）在击球瞬间，发球员的拍杆应指向下方，使整个拍头明显低于发球员的整个握拍手部；

（七）发球开始后，发球员必须连续向前挥拍，直到将球发出；

（八）发出的球，应向上飞行过网，如果未被拦截，球应落在规定的接发球区内（即落在线上或界内）；

（九）发球员试图发球但未能击中球，应判"违例"；

（十）一旦双方运动员站好位置，发球员挥拍时，球拍头第一次向前挥动即为发球开始；

（十一）发球开始后，发球员的球拍击中球或试图发球但未击中球，均为发球结束；

（十二）发球员应在接发球员准备好后才能发球；

（十三）双打比赛，发球员或接发球员的同伴站位均不限，但不得阻挡对方发球员或接发球员的视线。

六、单打

（一）发球区和接发球区：

1. 发球员的分数为零或双数时，双方运动员均应在各自的右发球区发球或接发球；

2. 发球员的分数为单数时，双方运动员均应在各自的左发球区发球或接发球。

（二）得分和发球：

1. 接发球员违例或因球触及接发球员场区内的地面而成死球，发球员就得1分。随后，发球员再从另一发球区发球；

2. 发球员违例或因球触及发球员场区内的地面而成死球，发球员就失去该次发球权，双方均不得分，随后接发球员成为发球员。

七、双打

(一) 改双发球权为单发球权；

(二) 后发球线保留，发球员的顺序与单打中的顺序一样，即以分数的单数或双数来决定， 只有发球方在得分时才交换发球区。除此以外，运动员继续站在上一回合的各自发球区不变，以此保证发球员的交替；

(三) 比赛开始前，双方通过投掷硬币方式确定由哪一方来选择是先发球或后发球。

八、违例

（一）球落在球场界线外；
（二）球从网孔或网下穿过；
（三）球不过网；

（四）球触及天花板或四周墙壁；

（五）球触及运动员的身体或衣服；

（六）球触及球场外其他物体或人；

（七）球拍与球的最初接触点不在击球者网的这一边（但击球后，击球者的球拍可以随球过网）；

（八）运动员的球拍、身体和衣服触及球网或球网的支撑物；

（九）运动员的球拍或身体从网上网下，侵入对方场区；

（十）完成一次击球动作过程中，球停滞在球拍上，紧接着被拖带抛出；

（十一）同一运动员两次挥拍连续两次击中球；

（十二）同方两名运动员连续击中球；

（十三）球触及运动员球拍后继续向其后场飞行时；

（十四）发球时，球挂在网上，停在网顶或过网后挂在网上。

九、重发球

（一）发球员在接发球员做好准备前发球，应重发球；

（二）在发球过程中，发球员和接发球员都被判违例，应重发球；

（三）除发球外，球过网后挂在网上或停在网顶，应重发球；

（四）比赛进行中，球托与球的其他部分完全分离；

（五）司线员未能看清，裁判员也不能做出裁决时。

十、死球

（一）球撞网并挂在网上，或停在网顶；

（二）球撞网或网柱后，开始向击球者这一方地面落下；

（三）球触及地面；

（四）宣报了"违例"或"重发球"。

第十七章　网球运动

网球运动起源于法国，早在12－13世纪，法国的传教士就经常在教堂里面用手掌击打一种类似小球的物体，以此来调节刻板的教堂生活。以后这种活动传人法国宫廷，并很快成为贵族们的一种娱乐游戏。他们把这种游戏叫"jen de paume"（法语，用手掌击球的意思），即"掌球戏"。开始他们只是在室内进行，后来有移到室外，在一块开阔的空地上将一条绳子架在中间，两边各站一人，双方用手来回击打一种裹着头发的布球。14世纪中叶，这种游戏传人英国。当时，这种球的表皮是用埃及坦尼斯镇产的最为著名的绒布——斜纹法兰绒制作的，英国人就将这种球称名为"Tennis"（英语，网球），并流传下来，"Tennis"也就成了网球运动的专用语。

15世纪这种游戏由用手掌击球改为用板拍击球，场地中央的绳子也改换为网子。这种游戏使更多的贵族产生了兴趣。16——17世纪，这种游戏演变成为一种比赛，规定了场地的大小，制定了相应的比赛规则。球拍也发展为穿上了有一定弹性的弦线。

第一节　网球技术

一、握拍方法

网球的握拍大体可分为"东方式"、"西方式""半西方式"和"大陆式"三种。网球的握拍方法与网球拍柄上的八个面密切相关。八个面分别为（以拍面与地面垂直时为准）：上平面、右上斜面、右垂直面、右下斜面、下平面、左下斜面、左垂直面和左上斜面。（图17－1、17－2）

（一）"东方式"正、反手握拍方法

"东方式"正手方法是一种很自然的握拍方法，适合打各种高度的球，大多数初学者和业余选手都选用这种握拍方法。具体来说，握拍时，手和拍柄类似"握手"，虎口对准拍柄的右上斜面上缘，手掌根部与球拍端面平齐，手掌与拍面平行，拇指环绕球拍拍柄至与中指接触，食指稍伸展。

图17－1   图17－2

"东方式"反手握拍：持拍方式与东方式正手握拍法相似，仅虎口对准拍柄左上斜面下缘，掌根压住拍柄的左上斜面。这种握拍方法使用于反手上旋球和削球。

（二）"西方式"正、手握拍方法

"西方式"正手握拍法：握拍时，虎口对准右上斜面下缘，掌根及食指都贴在拍柄的右下斜面上，大拇指关节在拍柄的左上斜面的位置。这种握拍法有利于打上旋球和高球。

"西方式"反手握拍：是以西方式正手握拍方法为标准，将球拍上下颠倒过来，用同一拍面击球。

（三）"大陆式"握拍方法

大陆式握拍时犹如"握锤"，虎口对准拍柄上平面的中心，大拇指与食指紧挨，其他手指与食指稍分开。这种握拍方法可用于多种击球方式，尤其适用于低球和截击球。

（四）双手反手握拍方法

双手反手握拍方法是：右手采用东方式反拍握法，左手采用东方式正拍握法，右手在下，靠紧拍柄末端，左手在上，紧靠右手。这种握拍方法可以更好地固定拍面，有利于增加击球的旋转度和力度。

二、准备姿势与移动步伐

（一）准备姿势

准备姿势是网球最基本的站位，它适合接发球和"根据地"之间的击球。准备姿势要求身体放松，注意力集中，屈膝，前脚掌撑地，准备随时起动，视对方的击球要有快速反应，保持球拍在身体的中央，这样可以快速去击打任何一侧的球。

（二）移动步伐

移动的目的是为了找到合适的击球点，只有移动到位才能有效地把球击好。

1. 滑步

向前移动时，蹬出右脚，同时向前迈出左脚，重复此动作。常用于短距离的前后移动击球。

2. 交叉步

向右移动时，右转体，左脚前跨交叉于右脚侧前方，重复此动作。向左移动时，方向相反，动作相同。多用于底线左右的移动。

3. 侧后移动

一是侧后交叉移动（图17－3）。右脚后撤，侧对来球，左脚在右脚前交叉，右脚向后撤步，左脚向右脚靠拢成并步，右脚继续后撤成开立。二是后撤滑步（图17－4）。右脚向后撤步，侧对球网，左脚向右脚靠拢成并步，重复此动作。

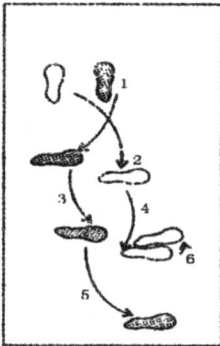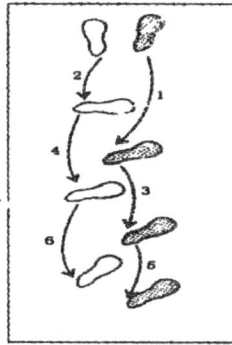

图17－3　　　　　　　　　图17－4

（三）击球步伐

1. 正手击球步伐

东方式正手击球通常采用闭锁式步伐（图17－5），侧对来球，两脚前后站立，击球前，重心在后脚，击球时向前迈步，重心移至前脚。西方式正手击球一般采用开放式步伐（图17－6），两脚平行站立，击球时，重心落在右脚上，利用转肩、转体的力量提拉上旋球。

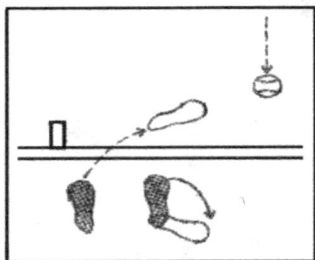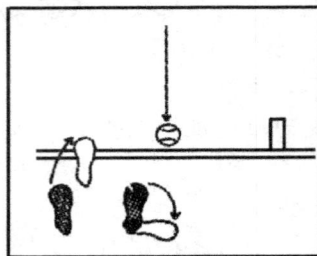

图17－5 图17－6

2.反手击球的步伐

反手击球主要依靠支撑脚的转动发力，多采用小开立（与肩同宽）的步伐。单手反拍击球，右脚要跨过左脚，保持背对来球，击球时重心在前脚；双手反拍击球有两种站姿，一种是侧对来球，两脚前后分开的闭锁式（图17－7）站立，另一种是双脚左右分开与网球大致平行的开放式（图17－8）站立。

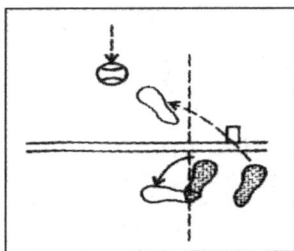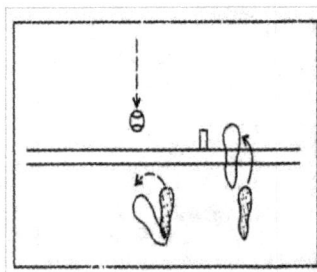

图17－7 图17－8

3.发球步伐

保持右脚脚尖指向网球柱，两脚尖的连线指向相应的发球区。预备时重心在前脚，抛球、挥拍时重心后移，击球时重心前移，向前蹬腿。（图17－9）

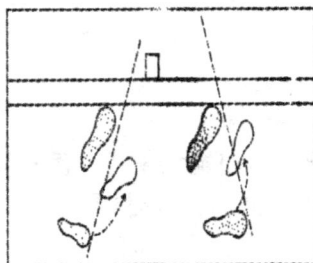

图17－9

4.截击球的步伐

正手截击（图17－10），采用向前跨出左脚，侧对来球迎击；远离身体的正手截击时，采用左脚跨过右脚的步伐击球；追身球截击时，要迅速后撤右脚，侧身前移挡击球。反手截击球的步伐（图17－11）方向相反。

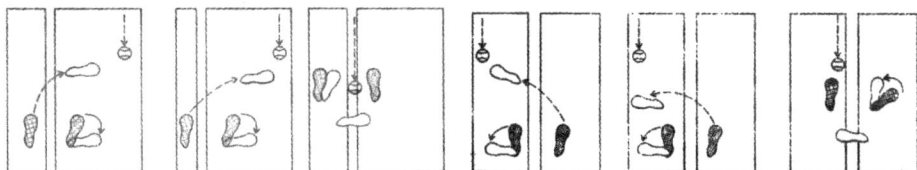

图17－10　　　　　　　　　图17－11

5.高压球的步伐

在打高压球时可以采用两种步伐，一是侧后交叉移动步；二是后侧滑步。

四、正、反手抽球技术

正、反手抽球是网球技术中的最基本的技术，是在端线附近回击球和向对方进攻的比较重要的技术，也是初学者最先要学习和掌握的动作。正、反手抽球速度快、力量大，球被击出后有一定弧线，能够准确地将球击入对方场区，比赛中球员在底线时运用较多，在上网前的一击中也多采用正、反手抽球技术。

（一）正、反手抽球技术的动作方法

1. 正手抽球技术（以右手持拍为例）

从准备姿势开始，首先判断出对方来球的方向和落点位置，快速移动到适当的位置，并要相对静止。准备击球前先迈出左脚，身体左侧朝向来球方向，将球拍后引，左手也应配合身体的转动，拍头翘起，肘关节微屈，手腕紧锁，拍面保持开放。通过蹬腿。转髋、转腰，大臂带动小臂尽可能向前挥拍，拍面与地面垂直，在身体的右前方，腰与肩之间击球。击球后球拍随势挥出，左手接拍收至左肩上。然后迅速复原到准备姿势。

2. 双手反手抽球技术（以右手持拍为例）

从准备姿势开始，判断来球后，迅速判断出球的落点位置，并快速移动到适当位置。转髋、转肩，右脚上步屈膝，身体重心前移，同时，左手顺着拍柄下滑至右手，右手虎口对着左上斜面，左手虎口对着左平面，向后引拍。击球时，靠腰部转动带动球拍右臂伸直，左臂微屈，拍面与地面垂直击球点靠前。击球后球拍应向右肩上方挥至极限迅速回位成准备姿势。

（二）正、反手抽球的练习方法

1. 自抛自击练习。练习者左手持一网球，将其抛在自己身体的右前侧方1米左右位置后挥拍击从地上反弹起来的球。

2. 两人一组，一人抛球，另一人做挥拍击球练习。抛球者站在击球练习者右前方1米左右的位置，将球原地抛下，练习者挥拍击从地上反弹起来的球。

3. 自己对墙做正、反手抽球练习。距离墙5至6米，用一个球连续做正、反手抽球练习。

4. 在场上两人隔网相距6至8米，做正、反手轻拉抽球练习。

（三）易犯错误及纠正方法

1. 击球点太靠后

纠正方法：提前做好击球准备，身体要主动迎球，强调球在身体前方开始挥拍击球。

2. 球离身体太远

纠正方法：加强对球的判断，移动到击球前的最后一步要用碎步调整位置，保证击球时手臂成"V"型。

3. 球离身体太近

纠正：方法同"球离身体太远"的纠正方法。

4. 击球后重心落在后脚上，无法进入下一个击球动作

纠正方法：击球时身体前倾，球拍向前挥击，左手可同时向前伸出扶拍柄、使身体保持平衡。

5. 击球成托盘状

纠正方法：建立正确的击球概念，击球的后下方，使球旋转，形成向前的冲力。

五、正、反手下旋球技术

正、反手下旋球也称为正、反手削球。正手下旋球在上网截击和放小球时常用，反手下旋球是一种稳定、易控制、易掌握、适应广、变化多，以防御为主的击球技术。正、反手下旋球通常多采用东方式正、反手握拍法或大陆式握拍法。

（一）正、反手下旋球动作方法

正手下旋球动作方法（以右手持拍为例）：从准备姿势开始，来球时，右脚后撤或左脚上步，身体侧对球网，屈肘后摆，竖腕持拍与头侧。击球时，从后上方向前下放挥拍切击，拍面稍后倾斜。击球后，继续向前

推送球拍，重心随之前移。

反手下旋球动作方法（以右手持拍为例）：从准备姿势开始，来球时，迅速向左转体、转肩，右脚上步，侧对球网，双手持拍向后引拍，右肘微屈，手腕竖起，拍头翘起，重心在左脚上。击球时，握紧球拍手腕绷紧，以腰部的转动带动右臂，挥拍在身体的侧前方向下切击。击球后，继续前送球拍，并将球拍从低随挥到高处。

（二）正、反手下旋球的练习方法

1.原地挥拍练习：

体会转体引拍、前挥击球、自然随挥三个部分动作的规范化和到位率。

2.打定位球练习：

两人一组，一人原地抛球，一人原地击球练习。

3.中、远距离击球练习：

两人一组，一人中、远距离抛球，一人原地击球。

4.底线移动击球练习：

两人一组，一人抛球，一人在底线移动击球。

（三）见错误及纠正方法

1.后引拍不到位，形成抽击球

纠正方法：反复练习引拍动作，每次引拍后观察是否到位。

2.拍面后仰过大，击球过高

纠正方法：击球时，自己或让同伴握住自己的手腕，帮助体会控制拍面。

3.直腿击球

纠正方法：讲明屈腿的作用，在练习时强调引拍时的屈腿。

六、发球技术

发球是比赛开始的第一个动作，应当把发球看作是进攻的开始。好的发球应具有较强的攻击性，可以使发出的球在速度、力量、旋转和落点方面不断变化，造成对方接发球困难而直接得分或造成反击机会。发球的好坏基本上取决于两个因素：一是准确地抛球，由于抛球的位置不同，以及击球时拍面与球接触的方向不同，可以击出多种多样性能的球，使球形成各种不同的旋转及飞行路线。一是手臂的挥动，发球时，手臂应该自然地协调地连贯地挥动，这样发出的球不仅准确、有把握，并且球速度快。

（一）发球技术动作方法

两脚自然站立，侧面对向球网，前脚与端线大约呈45度角，身体重心置于后脚。抛球时，球拍开始靠近膝关节，然后向后下方摆动，左臂和左肩上举将球抛起。球应抛在自己身体的右前上方，这时右肘弯曲，使球拍在背后下垂，双腿微屈，上体微后仰。当球拍向上挥动击球时，手臂充分伸展，双腿蹬地，腰部由后仰随手臂而一起向前压，这时手臂、腰部和腿部同时用力作用于球拍挥击球的瞬间。击球时，拍头朝前，在自己身体尽量伸展的最高点时击球(图17－12)。击球后，球拍向右下挥过身体，并迅速还原成准备姿势。

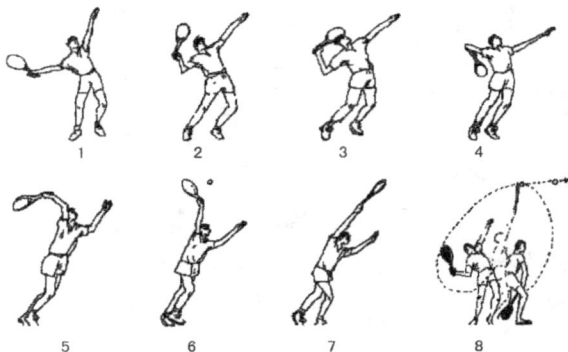

图17－12

网球的发球技术平击发球、切削发球和上旋发球三种。它们的基本动作是一样的，只是在球拍击球时通过拍面的变化，击中球的不同部位，使球产生不同的旋转。平击发球一般是拍面平击球的后部偏上部位，也就是球拍作用力方向与球体的重心方向垂直，球也不太旋转，特点是击出的球力量大、速度快、落点深，常用于第一发球。切削发球包括以"削"为主和以"切"为主的发球。击球的右中部或右中下部。上旋发球是在转动身体的同时带动手臂向右上方做弧线运动手腕外扣，击球的右上方。（图17－13)

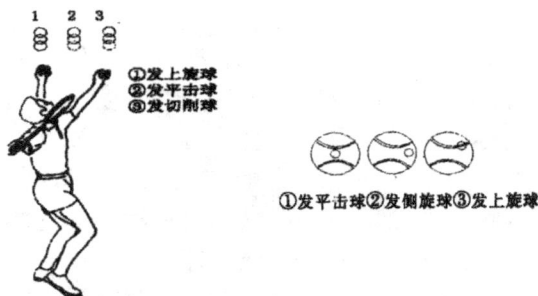

图17—13

（二）发球技术的练习方法

学习发球应从简单的开始，首先学习平击发球，再学习控制落点的发球，然后学习发旋转和急速旋转的发球，最后学习战术性发球(第一发球和第二发球的变化)。

学习与练习的具体步骤：

1. 分解练习

练习方法A：抛球练习。左手持球，反复练习抬臂抛球动作。

练习方法B：不用球的挥拍模仿练习。

练习方法C：抛球和挥拍动作结合的徒手练习。

2. 完整练习

练习方法A：完整动作的徒手模仿练习。

练习方法B：对着挡网或练习墙进行实际发球练习。

练习力法C：半场发球练习。

练习方法D：瞄准目标的发球练习。

练习方法E：变化击球部位，进行发旋转球的练习。

（三）易犯错误及纠正方法

1. 抛球不稳、抛球的位置不固定

纠正方法：反复练习抬臂抛球的动作，或在墙上画一个有一定范围的标志，练习者站在墙边做抬臂抛球练习，要求每次抛球都能达到标志范围。也可以在空中固定一个目标，做反复抛球击准目标练习。

2. 屈臂击球

纠正方法：在空中的一定高度上挂一吊球，反复练习发球挥臂动作。

3. 抛球动作不协调

纠正方法：多做抛球和挥臂击球动作的徒手配合练习，抛击动作熟练以后再做完整的发球动作。

七、截击球

截击球是网前技术中的一种攻击性击球方法，在球落地之前将球击回到对方场区，它回球速度快，力量重，威胁大。目前网球运动向快速方向发展，优秀球员都采用快攻上网型打法，因而截击球技术就成为进攻的重要手段。

（一）截击球技术动作方法

截击空中球的准备姿势应该是站在网前2.5-3米处，面对球网，随时准备迅速向两侧移动。

1. 正手截击球

做好准备姿势，当判断来球在正手时，身体向右侧转，右手引拍至右后方，拍头后约与眼部同高，手腕略向后屈，左脚向右前方45度方向跨出，球拍由后向前下击球的瞬间手腕固定，握紧球拍，类似向前推击的动作。击球点应保持在身体的右前方，高于网的来球截击时平击的成分可多一些，这样击出去的球具有进攻性。低于网的来球截击时必须充分下蹲，拍头仍然要高于或平行于手腕，截击球的中下部，成为切削下旋球，此时应以推深落点为目的。

2. 反手截击球

做好准备姿势，当判断来球在反手时，身体向左侧转动，双手向左上方引拍，与头同高。当来球逼近身体时，球拍和身体重心要同时去迎击球，肘微屈，腕内收，击球时手腕要固定，手臂由左肩上部向前下方压，击球点应保持在身体的左前方,高于网的来球和低于网的来球截击动作要领同正手截击球动作要领。

（二）截击球的练习方法

1.对墙做正、反手截击练习。

2.移动至中场做截击练习。

3.发球上网做截击练习：练习者发球后，立即上网，接发球者将球回击到上网练习者的方向上，使其练习截击球技术。

4. 底线抽球上网做截击球练习：两人在底线对拉，其中固定一人练习抽球上网做截击球练习，一定次数后互换。

（三）易犯错误及纠正方法

1. 击球点过后

纠正方法：加强上步找点练习，手臂主动迎击来球

2. 上步慢，截击晚

纠正方法：加强脚步练习，同时提高战术意识。

八、高压球技术

高压球是指击球者在头顶上方尽可能高处将球有力地击向对方场区，这是对付挑高球的一种有力的手段。

（一）高压球的技术动作方法

当高球飞过来时，要及时移动脚步，侧身对着来球，右手收拍，左手指着来球，眼睛始终盯着来球，当高球飞近击球点的位置时，迅速挥拍，展开身体，踮起脚尖，向前收腹，在头顶前上方尽可能高处击球，击球后

右脚向前跨出一步，完成跟进动作，保持身体平衡。

击球时注意手腕的动作，要有扣腕动作，类似与发球动作，以免球失去控制飞出界。击球时的身体如同一根弹簧，击球前伸直；准备击球时身体尽量展开成背弓状，击球时随着向上挥拍收腹，身体前屈，右脚向前跨，身体呈弯月型。

（二）高压球的练习方法

1. 站在网前，自己抛高球做高压球练习。

2. 隔网练习：两人隔网站立，一人放高球，一人固定在网前做高压球练习，一定次数后交换练习。

3. 两人一组：一人放高球，一人在网前向后移动做高压球练习，一定次数后交换练习。

（三）易犯误及纠正方法

1. 击不到球

纠正：高压球下落速度比发球的抛球下落速度快得多，因而击球时要以较小的身体动作和短而直接的后摆动作把球拍后引至头后，以平击的击球方式击球，不要任何花哨的动作。

2. 击球点不准

纠正：击球者必须根据对方挑球的高度及落点来移动自己步伐，等球落地弹起后再击打高压球，此时球速虽然大大减慢，但比较容易掌握击球点。

九、挑高球

挑高球就是将球挑向高空击到对方后场。挑高球可分为防守性和进攻性两种：当对方正在冲上网或距离球网过近的时候，利用挑高球使球落人对方后场区，这就是主动且具有进攻性的挑高球。当自己处于困境或被迫远离球场的不利地位时，最好的回击球的办法就是利用挑高球，争取时间作好准备，这是防守性的挑高球。

（一）挑高球的技术动作方法

1. 进攻性挑高球

不论是正拍，还是反拍挑高球。其准备动作都应与正拍或反拍击球的准备动作相同，这样对方就难于判断是击球还是挑高球，只有在击球前很短的时间内突然改变动作，使拍面转向上，挥拍弧线稍向前上方，造成对手的措手不及，发挥挑高球的主动进攻作用。

2. 防守性挑高球

一般是运用平击挑高球的方法，这也是最容易掌握的一种挑高球技术。击球时能将球挑得较高、较深(接近底线)，对方难以直接进行高压球回击，只好让球落地弹起后再还击，从而使挑高球者有更多的时间由被动转向主动，或占据有利位置进行防守。

（二）挑高球技术的练习方法

1. 自己抛球定点练习挑高球。

2. 一人站在网前轻击球过网，一人练习挑高球，练习一定次数后交换练习。

3. 两人隔网练习挑高球。

（三）易犯错误及纠正方法

1. 挑球过于近网

纠正：尽量将球挑高击深，不要担心怕出界，至少将球击到对方身后1.5-3米处，经过多次练习以后，适应了这样的击球力度，再逐渐调整拍面的角度，使球落入对方端线内1.5米的范围。

2. 击球出界

纠正：先轻挑，经过多次练习以后，适应了这样的击球力度，再逐渐调整拍面的角度。

十、放小球技术

放小球是指将球轻轻地击到对方网前，当对方站在端线附近或远离球场时，采用这种战术打法很容易得分，至少会使对方疲于奔命，大大消耗体力，放小球应具有突然性和隐蔽性，使用次数不能多，被对方识破了往往会使自己处于被动挨打的地位。

（一）放小球的技术动作方法

放小球的握拍法与正、反手击球握拍法相同。击球时，后摆收拍动作小、往往采用削球的方式击出下旋球。

（二）放小球的练习方法

1. 两人隔网练习放小球。

2. 一人端线正、反手抽球，一人练习放小球，练习一定次数以后交换练习。

（三）易犯错误及纠正错误

1. 球容易下网

纠正：放小球时手腕不能放松，击球点仍在身体前方，击球时拍面稍向上，成托盘状将球轻送过球网，过网高度一般至少高于网口30厘米，没有必要冒险让球擦网而过。

2. 球的落点靠后

纠正：球拍与手臂成90度的"V"型，击低球时应降低身体重心，只有这样才能有效控制球落点。放小球的球落点应在对方发球区离球网1.5米左右的位置，一般球弹跳一次后才出发球线。

第二节　网球战术

一、单打战术

（一）、发球上网战术

发球上网是一种先发制人的主动进攻战术之一，发球者发出强劲有力的平击球或旋转球后，快速上网，在发球中线（根据发球的角度，可偏左或偏右）将球截击到对方薄弱的深区，再冲到网前伺机给予致命截击。

（1）一发球的力量，发侧旋球到对方发球区右区外角，冲至发球线前偏左处截击斜线或偏右处截击直线。

（2）用平击发球，球发向对方发球区右区内角，冲至发球线前正手击斜线或直线；或反手击斜线或直线。

（3）用第一发球的力量，发上旋球，球发向对方发球区左区外角，冲至发球线前偏右处正手截击斜线或偏左处反手截击直线。

（4）平击发球或侧旋发球，球发向对方发球区左区内角，上网战术与右区内角相同。

（二）、随球上网战术

随球上网战术是利用对手在底线对攻及发球中出现质量不高的短球，果断抽击对方底线，迅速随球上网讲解的战术，也是比赛中主要的得分手段。

（1）利用平击、侧旋、上旋等不同球速，不同落点的发球使对方接发球出现质量不高的浅球或中场球。如回球落点在正拍的三分之二区时则可用正拍进行随击球上网；如回球落点在反拍的三分之一区时则可用反拍进行随击球上网。

（2）在底线相峙对攻或对拉中，利用抽击球的速度、力量、旋转等落点的变化来控制对方，使对方回球时出现质量不高的浅球或中场球，然后迎上做随上网，以达到攻击对方的目的。

（3）利用实上旋抽击球，把对方压在底线后面，等待时机突击上网。

（4）对拉中突击大角度拉开，改放小球上网。

（三）、底线战术

（1）对攻：在底线，用正、反手抽击球，与对方对攻，加强正、反手抽击球的力量、速度与角度，善于调动对方，攻击对手薄弱环节，寻找机会制胜。

（2）拉攻：在底线，用十分稳定的正、反手两面拉上旋球或用正手拉反手削的战术调动对方，拉垮对方，创造机会。

（3）吊攻：在底线，左右对攻或拉攻瞬间，突然放一个网前小球，使对方失误或陷入被动。

（4）侧攻：在底线，利用强有力的正手抽击球，连续攻击对方反手和正手，或连续打出回头球。

（5）逼攻：在底线，发挥正、反手抽击的优势，迎击上升球，以快节奏赢得最佳落点，逐步将对手逼上险境。

（6）防反：当遇到技术全面的对手时，为避免被动，就须利用准确的挑高球来破坏对方的进攻节奏，在防守中寻找反击机会。

（四）、破网战术

对付上网型的对手，应采用不同的破网战术，如斜线破网、直线破网、挑高球等，让对手心有余悸，无所适从。破网的角度要大，挑高球既要高又要深。

（五）、发球战术

（1）发球要稳定、匀速，又能击中对方弱处，这是造成对手失误，稳中取胜的关键。

（2）发球要有变化，要根据不同场地、不同对手、不同站位等，发出不同速度、不同落点和不同旋转度的球。

①在硬地上，要多发平击球，加强速度；在砂土及草地上要多发旋转球，增加球的变向和变化。

②对手站位靠近时，应发快速平击球，使其无暇判断来球；对手站位偏远时，应加大角度，加大旋转，出其不意地将球发到另一侧，调动对方。

（六）、接发球战术

（1）对方发球上网时，切勿盲目破网，应多打刚过网的低短球，使对方难于截击，造成被动回球。

（2）对方发球后不上网，应尽可能攻其反手底线，再寻机上网截击。

（3）接二发球时，站位稍靠前，抓准时机打对方的空当、脚下或中路后随球上网。

（七）、随机战术

（1）打空当：单打比赛中，通过准确落点，调动对方，迫使对方不停地从球场一侧跑到另一侧，直至出现空当。

（2）打"英赛奥"球当对手回球质量不高，落点靠中时，正常该用反手击球，却侧身改用速度更快，落点更准的正手球。挥拍从内侧（inside)开始，突然朝外侧（outside)的对方反手位击球。

（3）打底线深区：再对拉中，打出靠端线的底线长球，再对方判断迟疑或回球困难的瞬间，前移击打空当。

（4）打上升球：善于打反弹后正在上升的球，能加快回击的球速，使对方措手不及。这种打法虽有难度，但很有实效。

二、双打战术

单打比赛的所有战术均适用双打比赛，此外双打比赛还有一些特有的战术。

（一）、双打比赛站位

（1）发球员应站在中线和单打线的中间，准备发球上网，其同伴应站在另一侧的中线与双打边线之间的中点，距网前大约2.7米处（以各向左右移动一步，能封住单打线与双打线之间的狭窄通道和球场中区为准）。

（2）正手击球好的球员应站在右区，反手击球好的球员应站在左区；击球技术更好的球员应站在左区，击球较稳定的球员站在右区。

（3）根据自身特长和搭档特点的站位：首选双上网站位；其次是两人同在底线；再次是一前一后站位。

（二）、双打发球站位

（1）发球上网战术：发球后上网，与同伴形成双上网阵势；上网后，中场的第一次截击球要平、深、大角度。

①球发向对方右区，上网用正手截击斜线。

②球发向对方左区，上网用反手截击斜线。

（2）发球抢网战术：如同乒乓球双打，同伴用手势发出抢网讯号，并提示发球员发球落点，随时准备上网截击，给对方以极大的压力。

①球发向对方右区，网前队员向右快速移动，抢网截击，同伴移动左区补位。

②球发向对方左区，网前队员向左快速移动，抢网截击，同伴移动右区补位。

（三）、双打接发球战术

（1）接发球抢网战术：当接球员接了一个高质量的回球时，应立即前移抢网，同伴也应在另一侧上网，形成双上网，给对方回球造成较大的压力。

（2）接发球双底线战术：如两人的底线技术好，而对方的发球和抢网技术更突出，就应坚持采用两人退至底线回击球的战术，以消弱对方进攻的成功率，并伺机打出漂亮的穿越和反击球。

第三节 网球规则

一、场地标准

（一）全场除端线的宽度可达10厘米外，其他各线的宽度都应在2.5—5厘米之间，所有的线都包括在场地有效区内。

（二）场地各线的名称和长度（图17-14）

场地两边的界线称边线，长23.77米。场地两端的界线叫端线，单打的长8.23米．双打的长10.97米。距球网6.4米平行与端线的一条线叫发球线。连接两发球线中点的一条线叫中线。中点位于端线的中间，长10厘米，宽5厘米。支柱高1.07米，球网中央高0.914米。场地周围空地，端线外至少有6.4米，边线外至少右3.66米。

二、永久固定物

场地上的永久固定物，不仅包括后档网和侧挡网、观众、观众的座位和看台，以及所有场地周围和上方的固定物，而且还应包括处于各自规定位置的主裁判、司线员、司网裁判和球童。

在一个使用双打球网和单打支柱的场地上举行单打比赛时，网柱、单打支柱以外的球网部分属于场地上的永久固定物，而不能视其为网柱或球网的一部分。

三、比赛

双方球员应各自站在球网的一边，先发球的球员叫发球员，另一边的球员叫接发球员。规则对发球员的位置有所限制，而接发球员可以站在自己场地一侧任何合适的位置上。球网不属于任何一方，但在球拍、身体、衣服、鞋袜等触网时为失分。发球员和接发球员在每一局结束后都要交换发球权。

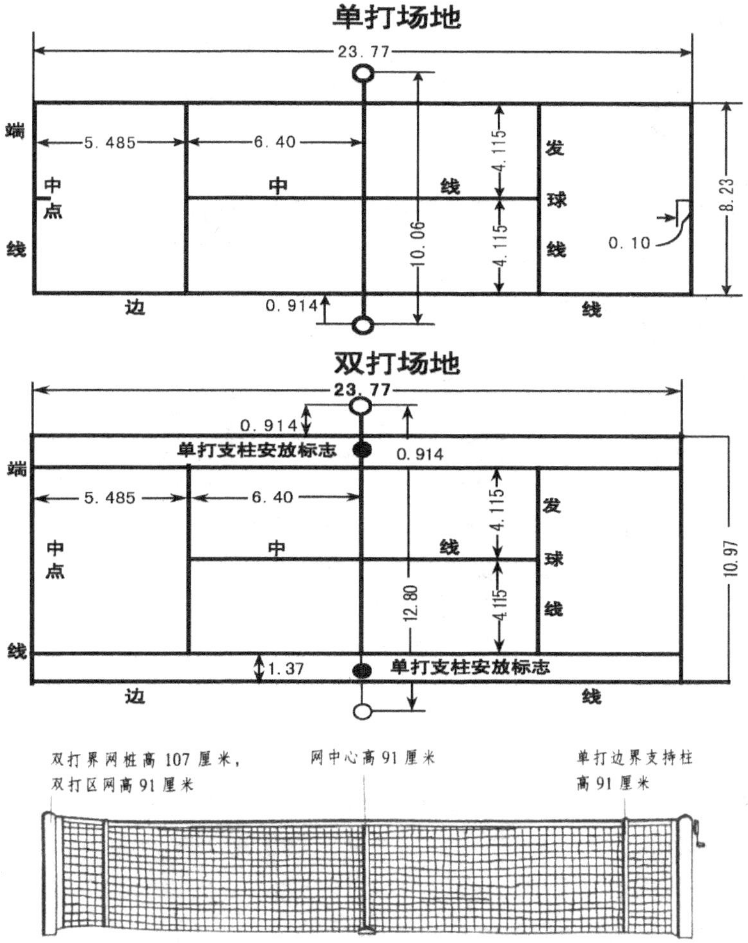

单打场地

23.77

端　5.485　6.40　线　4.115

中　中　8.23

点　10.06　4.115　发球线

线　0.10

边　0.914　线

双打场地

23.77

0.914

端　单打支柱安放标志　0.914

5.485　6.40

中　4.115　发球

中　线

点　12.80　4.115　线

10.97

线　1.37　单打支柱安放标志

边　线

双打界网桩高107厘米，　网中心高91厘米　单打边界支持柱
双打区网高91厘米　高91厘米

网球网

图17－14

　　通常的网球比赛是用掷硬币的方法决定选择场地或首先发球权、接发球权，得胜者有权选择或要求对方选择。选择发球或接发球者，应让对方选择场地；选择场地者，应让对方选择发球或接发球。

四、计分方法

　　（一）胜一局：比赛中球员每胜1球即得1分，记分15，胜第2分记分30，胜第3分记分40，先胜4分者为胜1局。如遇双方各得3分时，则为"平分"，"平分"后，某一方先得1分，为"该球员占先"，"占先"后再得

1分．才算胜1局。如一方"占先"后，对方又得1分，则仍为"平分"。依此类推，直到一方在"平分"后净胜2分才为胜该局。

（二）胜一盘：一方先胜6局为胜1盘。但遇双方各胜5局时，一方必须净胜两局才为胜1盘，也就是7：5。如果是双方的局数打到6：6，就要以决胜局定胜负。

决胜局比赛的计分方法有两种，一种是长盘方法，就是某一方必须净胜两局才为胜该盘。一种是短盘方法，就是双方再赛1局，胜者即为胜该盘。除非赛前另有规定，一般短盘制应按以下办法执行。先得7分者为胜该局及该盘(若分数为6平时，一方须净胜2分)。

决胜局的比赛，首先由发球员发第一分球，然后由对方发第二、三分球，此后轮流各发2分球，直至比赛结束。第一分球发球员在右区发，换对方发第二分球时，先在左区发，第三分球在右区发。双方得分之和为6以及决胜局结束都要交换场地。短盘制的计分：第一分球得分，报1：0或0：1，不报15：0或0：15。比分打到5：5或6：6时．需连胜两分才能决定谁为胜方，但最后在记分表上则统一写成7：6。

（三）胜一场：一场比赛男子最多打5盘，女子最多打3盘，比赛双方中先胜3盘(男子)或2盘(女子)者为胜一场。

五、发球

发球员发球应按下列方法将球发出，发球员在发球前应先站在端线后中点和边线的假定延长线之间的区域里，然后用手将球向空中任何方向抛起(仅能用一只手的运动员，可用球拍将球抛起)，在球接触地面以前用球拍击球，球拍与球接触时就算完成球的发送。

如果第一次发球失误，第二次发球也失误了，则判为二次发球失误，发球员失分。

发球时，发球员在整个发球动作中不得通过行走或跑动改变原先站的位量。

六、发球员的位置

（一）每局开始，发球员应先从右区端线后发球，得或失1分后，再换到左区发球。如果发球位置错误而未察觉，比分仍然有效，一旦发现，应立即纠正。

（二）发出的球应从网上越过，落到对角的对方发球区内，或其周围的线上。如果发出的球在落地前被接球员击打，判接球员失误。除发球之外，双方对打时都可以直接对击。

七、脚误

"脚误"是指发球员在发球时脚所错误。

在发球的整个动作过程中，发球员不可以有以下动作：

（一）通过走动或跑动来改变位置，但脚步轻微地移动是允许的；

（二）或者任何一只脚触及底线或者场地内的地面；

（三）或者任何一只脚触及边线假定延长线外的地面；

（四）或者任何一只脚触及中心标志的假定延长线。

如果发球员违反了这些规定就是一次"脚误"。

八、合法发球

合法发球右以下几个条件：

（一）发球员严格遵守发球前的一切规定。

（二）不能"脚误"。

（三）球抛起后，发球员一次挥拍将球击中。

（四）发出的球越过球网直接落在规定的发球区内。

九、有效回击

（一）球触球网、网柱、单打支柱、绳或钢丝绳、中心带或网边白布后，从网上越过落入对方场区内。

（二）对方发出或还击的球，落到本方有效场区内又反弹回去或被风吹回对方场区上空时，本方球员挥拍过网击球，球落到对方场区内，其身体、衣服或球拍并未触及球网、网柱、单打支柱、绳或钢丝绳、中心带、网边白布或对方场区的场地。

（三）球从网柱或单打支柱以外还击至对方场区（不论还击的球是高还是低于球网或是触及网柱或单打支柱）。

（四）合法击球后，球拍随球过网。

（五）对方发出或击出的球，碰到本方场区内的另一球，而还击的球员仍能回球到对方场区。

（六）单打比赛时，为了方便起见，可在双打场上；另装单打支柱。单打支柱以外的球网、双打支柱、绳或钢丝绳及网边白布等都算固定物，不算单打网柱或球网的一部分。

十、干扰

如果运动员在某一分球的比赛中受到对手故意举动的干扰，那么这名运动员应当赢得该分。

然而，如果运动员在某一分的比赛中受到他对手非故意举动的干扰，或者某些运动员自身无法控制（除场地上的永久固定物外）的妨碍时，这一分应当重赛。

十一、发球失误

发球时发生下列任何一种情况，均为失误：

（一）发球员违反了规则五的规定。

（二）未击中球：如果发球员向上抛球，又不准备击球他用手将球接住，不算失误。

（三）发出的球，在落地前触及固定物。

（四）第二次发球：发球员第一次发球失误后，应在原发球位置进行第二次发球。如第一次发球失误后，发觉发球位置错误时，应按规则改在另区发球，但只能再发一次球。

（五）脚误：发球员在整个发球动作中，脚下有错误。

十二、重发球

如果出现下列情况应重新发球：

（一）发出的球接触到了球网、中心带或网带后落在有效发球区内；或在球接触到了球网、中心带或网带后落地前接触到了接发球员或其同伴，或他们所穿的或携带的任何物品；

（二）或者球发出后，接发球员还没有做好准备。

在重发球时，引起重发的那次发球不被计算，发球员应重发该发球，但是不能取消重新发球前的发球失误。

十三、发球权

每一局比赛终了，均应交换发球权，直至比赛结束。

十四、重赛

凡根据规则必须重发球或比赛受到干扰时，裁判员应呼叫"重发球"。宣报发球无效时，仅该球不算，重发球。其他情况下，如比赛时其他球进入场地，在对打中球突然坏了，裁判员报分失误等都要重赛。

十五、阻碍击球

一方的举动妨碍另一方击球时，该举动若属故意，判失分，若是无意则判该分重赛。

十六、球触固定物

击出的球，落到对方场区地面后又触及固定物(球网、网柱、绳或钢丝绳、中心带、网边白布除外)时，判击球者得分；球在落地前触及固定物，判对方得分。

十七、交换场地

双方应在每盘的1、3、5等单数局结束后，以及每盘结束双方局数之和为单数时，交换场地。

十八、失分

发生下列任何一种情况失分。

（一）在球第二次着地前，未能还击过网。

（二）还击的球触及对方场区界线以外的地面、固定物或其他的物件。

（三）还击空中球失败。

（四）在比赛机进行中，运动员故意用球拍拖带或接住球，或故意用球拍触球超过一次。

（五）"活球"期间，运动员的身体、球拍或穿戴的其他物件触及球网、网柱、单打支柱、绳或钢丝绳、中心带、网边白布或对方场区以外的地面。

（六）过网击球。

（七）抛拍击球。

（九）比赛进行中，运动员故意改变其球拍形状。

十九、压线球

落在线上的球都算界内球。如果球未落在线上，但球与线接触也应判为界内球。

二十、活球期

自球发出起(除失误或重发外)，至该分胜负判定时止，为"活球"期。对于明显的出界球，无论球员在场内还是在场外，只要接触到在空中的仍处于"活球"期的球，均判其失分。

二十一、双打比赛的发球次序

每盘第一局开始时，由发球方决定由何人首先发球，对方则同样地在第二局开始时，决定出何人首先发球。第三局由第一局发球方的另一球员发球，第四局由第二局发球方的另一球员发球。以下各局均按此次序发球。发球次序错误，应在发觉时立即纠正，但已得、失的分数都有效。

二十二、双打接发球次序

先接球的一方，应在第一局开始时，决定何人先接发球，并在这盘单数局中始终先接发球。对方同样应在第二局开始时，决定何人先接发球，并在这盘双数局始终先接发球：他们的同伴应在每局中轮流接发球。接球次序错误发觉后仍按已错误的次序进行，等到下一接发球局再纠正。

二十三、双打还击

接发球后，双方应轮流由其中任何一名队员还击。如球员在其他同队队员击球后，再一次球拍触球，则判对方得分。

二十四、连续比赛和休息时间

从第一次发球开始，到全场结束，比赛应按下列规定连续进行。

（一）如果第一次发球失误，发球员必须毫不犹豫地开始第二次发球。

（二）接球员必须必须按发球员合理的速度进行比赛，当发球员准备发球时，接球员必须准备去接发球。

（三）交换场地时，间歇时间不能超过1分30秒。

（四）一般情况下不允许暂停、延误比赛。但如果运动员受伤，裁判员可允许一次暂停(约3分钟)。

（五）男子比赛在第三盘打完之后，女子比赛在第二盘打完之后，双方球员可以有不超过10分钟的休息时间。如比赛被暂停到第二天才能恢复，则在第二天打完第三盘(女子打完第二盘)之后才有休息权。第一天未打完的一盘作一盘计算。

（六）锦标赛的委员会有权决定给运动员做准备活动的时间，但不可超过5分钟，并且必须在比赛开始前宣布。

（七）国际网联承认的国际巡回赛和团体赛的组织者，可以决定分与份之间允许间隙的时间，但在任何时候，间隙的时间都不得超过30秒。

二十五、指导

团体比赛中，在交换场地时，可由坐在场内的队长给以指导，但在决胜局换边时不得进行指导。在其他比赛时，运动员不能接受指导。在裁判员发出警告后，他有权取消犯规运动员的比赛资格。

二十六、更换新球

一般比赛采用11局结束后更换新球。各项比赛组织委员会有权决定换球时的局数。

二十七、三级罚分制

过去曾采用四级罚分制，后来改为三级罚分制。即在比赛中，有一方运动员或教练员违反了比赛规定，主裁判首先要给违反规定的一方以警告，第二次违反规定罚一分，第三次取消运动员该场比赛资格。如运动员在球场上大喊大叫、发脾气、骂裁判、不服裁判判决、做下流动作、故意拖延比赛时间等等，都属被罚之列。

第十八章　武术运动

第一节　武术功法

一、手型

（一）拳

五指并拢紧握，拇指压于食指、中指第二指节上。

（二）掌

拇指弯屈紧扣虎口处，其余四指伸直并拢向后伸张。

（三）勾

五指第一指节捏拢在一起，屈腕。

二、手法

（一）冲拳

两脚左右开立，与肩同宽，两拳抱于腰间，肘尖向后，拳心向上，拳从腰间旋臂向前快速击出，力达拳面。平拳为拳心朝下，立拳为拳眼朝上。

（二）架拳

两脚左右开立，与肩同宽，两拳抱于腰间，肘尖向后，拳心向上，右拳经左向右上划弧架起，拳眼朝下，目视左方。

（三）推掌

两脚左右开立，与肩同宽，两拳抱于腰间，肘尖向后，拳心向上，拳变掌由腰间旋臂向前立掌推击，同时要拧腰、顺肩、出掌快速、力达掌外沿。

（四）亮掌

两脚左右开立，与肩同宽，两拳抱于腰间，肘尖向后，拳心向上，右拳变掌由腰间向右、向上方划弧，至头部右前方时抖腕亮掌，臂成弧形，掌心向上，目视左方。

三、步型

（一）弓步

左脚向前迈一大步，前脚微内扣，全脚着地，屈膝半蹲，大腿与地面成水平，膝部约与脚尖垂直；后腿挺膝伸直，脚尖内扣斜向前方，两脚全脚着地，上体正对前方，两手抱拳于腰间，目视前方。

（二）马步

两脚左右开立约为本人脚长的三倍，脚尖正对前方，屈膝半蹲，大腿成水平，两手抱拳于腰间，目视前方。

（三）虚步

两脚前后开立，后脚尖外斜向前，屈膝半蹲，全脚着地；前腿微屈，脚尖虚点地面稍内扣，脚面绷直，重心落于后腿，两手叉于腰间，目视前方。

（四）仆步

一腿全蹲，大、小腿靠紧，臀部接近小腿，全脚着地，膝与脚尖稍外展；另一腿挺直平扑，全脚着地，脚尖内扣，两手抱拳于腰间，目视侧前方。

（五）歇步

两腿交叉屈膝全蹲，左前脚全脚着地，脚尖外展；右脚跟离地，臀部坐于后腿接近脚跟处，两手抱拳于腰间，目视左前方。

（六）丁步

两腿半蹲并拢，一腿全脚着地支撑，另一脚尖点地，贴于支撑脚弓处，两手抱拳于腰间，目视前方。

四、步法

（一）插步

两脚左右开立，与肩同宽，两手叉于腰间，一脚经支撑脚向后横落一步，脚前掌着地，两腿交叉，重心偏于前腿。

（二）击步

两脚左右开立，与肩同宽，两手叉于腰间，后脚提起，前脚随即蹬地前纵，在空中，后脚碰击前脚，后前脚依次落地。

（三）垫步

两脚左右开立，与肩同宽，两手叉于腰间，后脚提起，向前脚处落步，前脚立即蹬地向前上方跳起，将位置让于后脚，然后向前落步。

五、腿法

（一）正踢腿

两脚并立，两臂侧平举，立掌或握拳，一脚上步直立，另一腿挺膝，脚尖勾起向前额处猛踢，目向前平视。

（二）斜踢腿

两脚并立，两臂侧平举，立掌或握拳，一脚上步直立，另一腿挺膝，脚尖勾起向异侧耳际猛

踢，目向前平视。

（三）侧踢腿

两脚并立，两臂侧平举，立掌，右腿上步，脚尖外展；左脚跟稍提起，身体略右转，两臂前后平举；随即左腿挺膝勾脚向左耳际踢起，右臂上举亮掌，左手立掌于右肩前。目向前平视。

（四）外摆腿

两脚并立，两臂侧平举，立掌或握拳，一脚向前上半步，另一腿脚尖勾紧做斜踢、经面前向同侧摆动，直腿落在支撑脚旁，目视前方。

（五）里合腿

同外摆腿，唯由外向内合。

（六）拍脚

并步直立，一脚向前上半步，支撑腿直立，另一腿挺膝绷脚面向上猛踢，同侧手在额前迎拍脚面，另一臂侧上举成立掌，目平视前方。

六、屈伸性腿性

（一）弹腿

两腿并立，两手叉于腰间，另一腿屈膝提起与腰平，脚面绷直，猛力向前弹出，大腿与小腿成一直线，高与腰平，支撑腿直立或微屈，目平视前方。

（二）蹬腿

同弹腿，唯脚尖勾起，力达脚跟。

（三）侧踹腿

两腿并立，两手叉腰间，然后两腿左右交叉，右腿在前稍微屈，随即，右腿伸直支撑，左腿屈膝提起，腿尖勾起内扣用脚跟猛力向侧上方踹出，高于肩，上体向右侧微倾，目视侧踹腿。

七、肩功

仆步抡拍：并步站立，左脚向左迈一步成左弓步，上体随之左转，右掌向左前下方伸出，

掌心向里，掌指斜向下，左掌插于右肘关节节处，掌心斜向下，掌指向右；上动不停，上体右转成右弓步，同时右臂由左、向上、向右抡臂至右上方，左掌下落至左下方；随即，上体

右后转，同时右臂直臂向下、向后抡至右后方，左臂直臂向上、向前抡至前上方；上动不停，上体左转成右仆步，右臂直臂向上、向右、向下抡至右腿内侧拍地，左臂向下、向左抡臂停于左侧上方，目视右手。

八、跳跃动作

（一）腾空飞脚

并步站立，右脚上步，上体略后仰，左臂向头上摆起，右背自然摆至身后，左腿向上、向前摆踢，右脚蹬地跃起身体腾空，右臂由下向头上摆起，右手背迎击左手掌，在空中，右腿向前上方弹踢，脚面绷直、脚高过肩；左腿收控于右腿侧，脚尖向下，右手迎击右脚面，左掌成勾手平摆至左上方。目视前方。

第二节　初级长拳第三路

一、初级长拳的基本特点

初级长拳第三路融会查、华、炮、洪、弹腿、少林等拳种风格特点，是以套路为主的拳法,强调了动作规格化、注重功力和加强攻防意识。其特点是：动作舒展大方、快速有力、节奏显明，并多起伏转折，讲究手法、眼法、身法、步法、精神、气、力、功的内外和谐与统一。

二、图示和说明

预备动作
预备势：两脚开立，两臂垂于体侧，五指并拢贴靠腿外则，两眼向前

平视(图18-1)。

要点：头要正，颌微收，挺胸、塌腰、收腹。

(一)虚步亮掌

1. 右脚向左右方撤步成左弓步——右掌向右、向上、向前划弧，掌心朝上；左臂屈肘，左掌提至腰侧，掌心朝上。目视右掌(图18-2〔1〕)。

2. 右腿微屈，重心后移——左掌经胸前以右臂上向前穿出伸直；右臂屈肘，右掌收至腰侧，掌心朝上。目视左掌(图18-2〔2〕)。

3. 重心继续后移，左脚稍向右移，脚尖点地，成左虚步。左臂内旋向左、向后划弧成勾手，勾尖朝上；右手继续向后、向右、向前上划弧，屈肘抖腕，在头右前上方成亮掌(即横掌，掌心朝前，掌指向左。目视左方(图18-2〔3〕)

图18-1　　　　　　　　　　　　图18-2

要点：3个动作必须连贯，一气呵成。成虚步时，重心落于右腿上，右大腿与地面平行。左腿微屈，脚尖点地。

(二)并步对拳

1. 右腿蹬直，左腿提膝(脚尖内扣)，上肢姿势不变(图18-3〔1〕)。

图18-3

2. 左脚向前落步，重心前移。左臂屈肘，左勾手变掌经左肋前伸；右臂外旋向前下落于左掌右侧，两掌同高，掌心均朝上，目视两掌(图18-3〔2〕)。

3. 右脚向前上一步，两臂下垂后摆(图18-3〔3〕)。

4. 左脚向右脚并步，两臂向.外向上经胸前屈肘下按，两掌变拳，拳心朝上，停于小腹前。目视左方(图18-3〔4〕)。

要点：并步后挺胸、塌腰。对拳、并步、转间要同时完成。

第一段

1. 弓步冲拳

(1)左脚向左上一步，脚尖向斜前方；右腿微屈成半马步。左臂向上、向左格打，拳眼朝后，拳与肩同高，右拳收至腰侧，拳心朝上。目视左拳(图18-4〔1〕)。

(2)右腿蹬直成左弓步。左拳收至腰侧，拳心朝上；右拳向前冲出，高与肩平，拳眼朝上。目视右拳(图18-4〔2〕)。

要点：成弓步时，右腿充分蹬直，脚跟不要离地。冲拳时，尽力转腰顺肩。

图18-4

2. 弹腿冲拳

重心前移至左腿，右腿屈膝提起，脚面绷直，猛力向前弹出伸直，高与腰平。右拳收至腰侧；左拳向前冲出。目视前方(图18-5)。

要点：支撑腿可微屈，弹腿要用爆发力，力达脚尖。

3. 马步冲拳

右脚向前落步，脚尖内扣，体左转90°。左拳收至腰侧，两腿下蹲成马步；右拳向前冲出。目视右拳(图18-6)。

要点：成马步时，挺胸、塌腰、直背，大腿要平，两脚平行，脚跟外蹬。

4. 弓步冲拳

(1)上体右转90°，右脚尖外撇向斜前方，成半马步。右臂屈肘向右格打，拳眼朝后。目视右拳(图18-7〔1〕)。

(2)左腿蹬直成右弓步。右拳收至腰侧；左拳向前冲出。目视左拳(图18-7〔2〕)。

图18-5　　　　　图18-6　　　　　　　图18-7

要点：与本段的弓步冲拳相同，唯左右相反。

5. 弹腿冲拳

重心前移至右腿，左腿屈膝提起，脚面绷直，猛力向前弹出伸直，高与腰平。左拳收至腰侧，右拳向前冲击。目视前方(图18-8)。

要点：与本段的弹腿冲拳相同。

6. 大跃步前穿

(1)左腿屈膝。右拳变掌内旋，以手背向下挂至左膝外侧，上体前倾,目视右手(图18-9〔1〕)。

(2)左脚向前落步，两腿微屈。右掌继续向后挂，左拳变掌，向后向下伸直。目视右掌(图18-9〔2〕)。

(3)右腿屈膝向前提起，左腿立即猛力蹬地向前跃出。两掌向前向上划弧摆起。目视左掌(图18-9〔3〕)。

(4)右腿落地全蹲，左腿随即落地向前铲出成仆步。右掌变拳抱于腰间，左掌由上向右、向下划弧成立掌，停于右胸前，目视左脚(图18-9〔4〕)。

图18-8　　　　　　　　　图18-9

要点：跃步要远，落地要轻，落地后立即接做下一个动作。

7. 弓步击掌

右腿猛力蹬直成左弓步。左掌经左脚面向后划弧至身后成勾手，左臂伸直，勾尖朝上；右拳由腰间变掌向前推出，掌指朝上，掌外侧向前，目视右掌(图18-10)。

8. 马步架掌

(1)重心移至两腿之间，左脚脚尖内扣成马步，上体右转。右臂向左侧平摆，稍屈肘；同时左勾手变掌由后经左腰侧右臂内向前上穿出，掌心均朝上。目视左手(图18-11〔1〕)。

(2)右掌立于左胸前；左臂向左上屈肘抖腕,掌架于头部左上方，掌心朝前。目右转视(图18-11〔2〕)。

图18-10

1 2

图18-11

要点：马步同前。

第二段

1. 虚步栽拳

(1)右脚蹬地，屈膝提起，左腿伸直，以前脚掌为轴向右后转体180°。右掌由左胸前向下经右腿外侧向后划弧成勾手；左臂随体转动并外旋，使掌心朝右。目视右手(图18-12〔1〕)。

(2)右腿向右落步，重心移至右腿上，下蹲成左虚步。左掌变拳下落于左膝上，拳眼向里，拳心向后；右勾手变拳，屈肘向上架于头的右上方，拳心朝前。目视左方(图18-12〔2〕)。

2. 提膝穿掌

(1)右腿稍伸直。右拳变掌收至腰侧，掌心朝上；左拳变掌由下向左、向上划弧盖压于头上方，掌心朝前(图18-13〔1〕)。

(2)右腿蹬直，左腿屈膝提起，脚尖内扣。右掌从腰侧经左臂内向右前上方穿出，掌心朝上；左掌收至右胸前成立掌。目视右掌(图18-13〔2〕)。

图18-12　　　　　　　　　　　　图18-13

要点：右腿与右臂充分伸直。

3. 仆步穿掌

右腿全蹲，左腿向左后方铲出成左仆步。右臂不动，左掌由右胸前向下经左腿内侧，向左脚面穿出。目随左掌转视(图18-14)。

4. 虚步挑掌

(1)右腿蹬直，重心前移至左腿，成左弓步。右掌稍下降，左掌随重心前移向前挑起(图18-15〔1〕)。

(2)右脚向左前上步，左腿半蹲，成右虚步。身体随上步左转180°。同时左掌由前向上，向后划弧成立掌，右掌由后向下、向前上挑起成立掌，指尖与眼平。目视右掌(图18-15〔2〕)。

要点：上步要快，虚步要稳。

图18-14　　　　　　　　　　　　图18-15

5. 马步击掌

(1)右脚踏实，脚尖外撇，重心稍升高并右移，左掌变拳收至腰间；右掌俯掌向外捋手(图18-16〔1〕)。

(2)左脚向前上一步，以右脚为轴向右后转体180°，两腿下蹲成马步。左拳变掌从右臂上成立掌向左侧击出，右掌变拳收至腰间，目视左掌(图18-16〔2〕)。

要点：右手做搂手时，先使臂稍内旋、腕伸直，手掌向下、向外转，接着臂外旋，掌心经下向上翻转，同时抓握成拳。收拳和击掌动作要同时进行。

6. 叉步双摆掌

(1)重心稍右移，同时两掌向下向右摆，掌指均朝上。目视右掌(图18-17〔1〕)。

(2) 右脚向左腿后插步，前脚掌着地。两臂继续由右向上、向左摆，停于身体左侧，均成立掌，右掌停于左肘窝处。目随双掌转视 (图18-17〔2〕)。

图18-16

图18-17

要点：两臂要划立圆，幅度要大，摆掌与后插步配合要协调一致。

7. 弓步击掌

(1)两腿不动。左掌收至腰侧，掌心朝上；右掌向上、向右划弧，掌心朝下(图18-18〔1〕)。

(2)左腿后撤一步，成右弓步。右掌向下、向后伸直摆动，成勾手，勾尖朝上；左掌成立掌向前推出。目视左掌(图18-18〔2〕)。

图18-18

8. 转身踢腿马步盘肘

(1)两脚以前脚掌为轴向左后转体180°。同时，左臂向上、向前划半立圆，右臂向下、向后划半圆(图18-19〔1〕)。

(2)上动不停，两脚不动，右后向上、向前划半立圆，左臂由前向下、向后划半立圆(图18-19〔2〕)。

(3)上动不停，右臂向下成反臂勾手，勾尖朝上；左臂向上亮掌，掌心朝前上方。右腿伸直，脚尖勾起，向额前踢(图18-19〔3〕)。

(4)右脚向前落步，脚尖内扣。右手不动，左臂屈肘下落于胸前，左掌心朝下。目视左掌(图18-19〔4〕)。

(5)上体左转90°，两腿下蹲成马步。同时左掌向前、向左平搂变拳收至腰间，右勾手变拳，右臂伸直，由体后向右、向前平摆，至体前屈肘，肘尖向前，高与肩平，拳心朝下。目视肘尖(图18-19〔5〕)。

图18-19

要点：两臂轮动时要划立圆，动作连贯。盘肘时要快速有力，右肩前顺。

第三段

1．歇步抡砸拳

(1)重心稍升高，右脚尖外撇。右臂由胸前向上、向右抡直；左拳向下、向左，使臂抡直。目视右拳(图18-20〔1〕)。

图18-20

(2)上动不停，两脚以前脚掌为轴，向右后转体180°。右臂向下、向后抡摆，左臂向上、向前随身体转动(图18-20〔2〕)。

(3)紧接上动，两腿全蹲成歇步。左臂随身体下蹲向下平砸，拳心朝上，臂部微屈；右臂伸直向上举起。目视左拳(图18-20〔3〕)。

要点：抡臂动作要连贯完成并划立圆。两腿交叉全蹲成歇步时，左腿大、小腿要靠紧，臀部贴于左小腿外侧，膝关节在右小腿外侧，脚跟提起；右脚尖外撇，全脚着地。

2. 仆步亮掌

(1)左脚由右腿后抽出前上一步，左腿蹬直，右腿半蹲，成右弓步。上体微向右转。左拳收至腰间，右拳变掌向下经胸前向右横击掌。目视右掌(图18-21〔1〕)。

(2)右脚蹬地屈膝提起，上体右转。左拳变掌从右掌上向前穿出，掌心朝上；右掌平收至左肘下(图18-21〔2〕)。

(3)右脚向右落步，屈膝全蹲，左腿伸直，成仆步。左掌向下、向后划弧成勾手，勾尖朝上；右掌向右、向上划弧微屈，抖腕成亮掌，掌心朝前。头随右手转动，至亮掌时，目视左方(图18-21〔3〕)。

图18-21

要点：仆步时，左腿充分伸直，脚尖内扣，右腿全蹲，两脚全脚掌着地。上体挺胸、塌腰、稍左转。

3. 弓步劈拳

(1)右腿蹬地立起；左腿收回并向左前方上步。右掌变拳收至腰间，左勾手变掌由下向前上经胸前向左做搂手(图18-22〔1〕)。

图18-22

(2)右腿经左腿前方向左绕上一步，左腿蹬直成右弓步。左手向左平捋后再向前挥，虎口朝前(图18-22〔2〕)。

(3)在左手平捋的同时，右拳向后平摆，然后再向前、向上做抢劈拳，拳高与耳平，拳心朝上，左掌外旋接扶右前臂。目视右拳(图18-22〔3〕)。

要点：两脚上步时，稍带弧形。

4. 换跳步弓步冲拳

(1)重心后移，右脚稍向后移动。右拳变掌臂内旋以掌背向下划弧挂至右膝内侧；左掌背贴靠右肘外侧，掌指朝前。目视右掌(图18-23〔1〕)。

(2)右腿自然上抬，上体稍向左扭转。右掌挂至体左侧，左掌伸向右腋下。目随右掌转视(图18-23〔2〕)。

(3)右脚以全脚掌用力向下震踩。与此同时，左脚急速离地抬起。右手由左向上、向前搂盖而后变拳收至腰间；左掌伸直向下、向上、向前屈肘下按，掌心朝下。上体右转，目视左掌(图18-23〔3〕)。

(4)左脚向前落步，右腿蹬直成左弓步。右拳向前冲出，拳高与肩平；左掌藏于右腋下，掌背贴靠腋窝。目视右拳(图18-23〔4〕)。

图18-23

要点：换跳步动作要连贯、协调。震脚时腿要弯曲，全脚掌着地，左脚离地不要过高。

图18-24　　　　图18-18

5. 马步冲拳

上体右转90°，重心移至两腿中间，成马步。右拳收至腰间，左掌变拳向左冲出，拳眼朝上。目视左拳(图18-24)。

6. 弓步下冲拳

右腿蹬直，左腿弯曲，上体稍向左转，成左弓步。左拳变掌向下经体前向上架于头左上方，掌心朝上，右拳自腰间向左前斜下方冲出。目视右拳(图18-18)。

7. 叉步亮掌侧踹腿

(1)上体稍右转。左掌由头上下落于右手腕上，右拳变掌，两手交叉成十字，目视双手(图18-26〔1〕)。

(2)右脚蹬地并向左腿后插步，以前脚掌着地。左掌由体前向下、向后划弧成勾手，勾尖朝上；右掌由前向右、向上划弧抖腕亮掌，掌心朝前，目视左侧(图18-26〔2〕)。

(3)重心移至右腿，左腿屈膝提起，向左上方猛力踹出。上肢姿势不变，目视左侧(图18-26〔3〕)。

图18-26

要点：插步时上体稍向右倾斜，腿、臂的动作要协调一致。侧踹高度不能低于腰，大腿内旋，力达脚跟。

8. 虚步挑拳

(1)左脚在左侧落地。右掌变拳稍后移，左勾手变拳由体后向左上挑，拳背向上，(图18-27〔1〕)。

(2)上体左转180°，微含胸前俯。左拳继续向前、向上划弧上挑，右拳向下、向前划弧挂至右膝外侧，同时右膝提起。目视右拳(图18-27〔2〕)。

(3)右脚向左前方上步，脚尖点地成右虚步。左拳向后划弧收至腰间，拳心朝上；右拳向前屈臂挑出，拳眼斜向上，拳高与肩平，目视右拳(图18-27〔3〕)。

第四段

1. 弓步顶肘

图18-27

(1)重心升高，右脚踏实。右臂内旋向下直臂划弧以拳背下挂至右膝内侧，左拳不变，目视前下方(图18-28〔1〕)。

(2)左腿蹬直，右腿屈膝上抬。左拳变掌，右拳不变，两臂向前、向上划弧摆起。目随右拳转视(图18-28〔2〕)。

(3)左脚蹬地起跳，身体腾空，两臂继续划弧摆至头上方(图18-28〔3〕)。

(4)右脚先落地屈膝，然后左脚向前落步，以前脚掌着地。同时两臂向右、向下屈肘停于右胸前，右拳变掌，左掌变拳。右掌心贴靠左拳面(图18-28〔4〕)。

(5)左脚向左上步屈膝，右腿蹬直成左弓步。右掌推左拳，以左肘尖向左顶出，高与肩平，目视前方(图18-28〔5〕)。

图18-28

要点：交换步时不要过高，但要快。两臂抡摆时要成圆弧。

2. 转身左拍脚

(1)以两脚前脚掌为轴向右后转体180°。随着转体,右臂向上、向右、向下划弧抡摆,同时左拳变掌向下、向后、向前上抡摆(图18-29〔1〕)。

(2)左腿伸直向前上踢起,脚面绷直。左掌变拳收至腰间,右掌由体后向上、向前拍击左脚面(图18-29〔2〕)。

要点:右掌拍击左脚面时,手掌稍横过来,拍击要准确而响亮。

3. 右拍脚

(1)左脚向前落步,左拳变掌向下、向后摆,右掌变拳收至腰间(图18-30〔1〕)。

(2)右腿伸直向前上踢起,脚面绷直。左拳变掌由后向上、向前拍击右脚面(图18-30〔2〕)。

图18-29

图18-30

要点:与本段的转身左拍脚相同。

4. 腾空飞脚

(1)右脚落地(图18-31〔1〕)。

图18-31

(2)左脚向前摆起，右脚猛力蹬地跳起，左腿屈膝继续前上摆，同时右拳变掌向前上摆起，左掌先上摆而后下降拍击右掌背(图18-31〔2〕)。

(3)右腿上摆，脚面绷直。右手拍击右脚面，左掌由体前向后上举(图18-31〔3〕)。

要点：蹬地要向上，不要过于前冲，左膝尽量上提。击响要在腾空时完成，右臂伸直成水平。

5. 歇步下冲拳

(1)左、右脚先后相继落地。左掌变拳收至腰间(图18-32〔1〕)。

(2)身体右转90°，两腿全蹲成歇步。右掌抓握外旋变拳收至腰间；左拳由腰间向前下方冲出，拳心向下。目视左拳(图18-32〔2〕)。

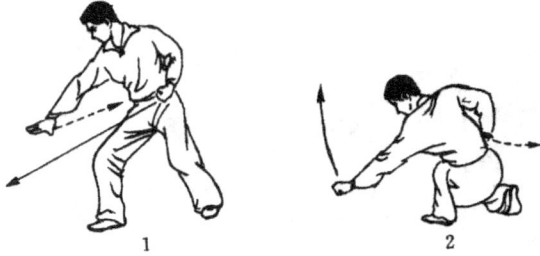

图18-32

6. 仆步抡劈拳

(1)左臂随重心升高向上摆起，右臂由腰间向体后伸直(图18-33〔1〕)。

(2)以右脚前脚掌为轴，左腿屈膝提起，上体左转270°。左拳由前向后划立圆一周；右拳由后向下、向前上划立圆一周(图18-33〔2〕)。

(3)左腿向后落一步，屈膝全蹲，右腿伸直，脚尖内扣成右仆步。右拳由上向下抡劈，拳眼朝上；左拳向上举，拳眼朝上。目视右拳(图18-33〔3〕)。

图18-33

要点：抢臂时一定要划立圆。

7. 提膝挑掌

(1)重心前移成右弓步。同时右拳变掌由下向上抢摆，左拳变掌稍下落，右掌心朝左、左掌心朝右(图18-34〔1〕)。

(2)左、右臂在垂直面上由前向后各划立圆一周。右臂伸直停于头上，掌心朝左，掌指向上；左臂伸直停于身后成反勾手。同时，右腿屈膝提起，左腿挺膝伸直独立。目视前方(图18-34〔2〕)。

图18-34

要点：抢臂时要划立圆。

8. 提膝劈掌弓步冲拳

(1)下肢不动。右掌由上向下猛劈伸直，停于右小腿内侧，用力点在小指一侧；左勾手变掌，屈臂向前停于右上臂内侧，掌心朝左。目视右掌(图18-35〔1〕)。

图18-35

(2)右脚向右后落步；身体右转90°。同时，左掌变拳收至腰间，右臂内旋向右划弧做劈掌(图18-35〔2〕)

(3)上动不停，左腿蹬直成右弓步。右手抓握变拳收至腰间，左拳由腰间向左前方冲出。目视左拳(图18-35〔3〕)

结束动作

1. 虚步亮掌

(1)右脚蹬地提起扣于左膝后，两拳变掌，两臂右上左下屈肘交叉于体左前。目视右掌(图18-36〔1〕)。

(2)右脚向右后落步，重心后移，右腿半蹲，上体稍右转。同时右掌向上、向右、向下划弧停于左腋下；左掌向左、向上划弧停于右臂上与左胸前，两掌心左下右上。目视左掌(图18-36〔2〕)。

(3)左脚尖稍向右移，右腿下蹲成左虚步。左臂伸直向左、向后划弧成反勾手；右臂伸向下、向右、向上划弧抖亮掌，掌心朝前。目视左方(图18-36〔3〕)。

图18-36

2. 并步对拳

(1)左腿后撤一步，同时两掌从两腰侧向前穿出伸直，掌心朝上(图18-37〔1〕)。

图18-37　　　　　　　　　　　　　　　　图18-38

(2)右腿后撤一步，同时两臂分别向体后下摆(图18-37〔2〕)。

(3)左腿后退半步向右脚并步直立。两臂由后向上经体前屈 臂下按，两掌变拳，停于腹前，拳面相对，拳心朝下。目视左方 (图18-37〔3〕)。

还原，两臂自然下垂，随之头转向正前方。两眼向前平视(图18-38)。

第三节　初级剑技术

一、初级剑的基本特点

剑术在我国具有悠久的历史，更蕴涵着深刻的哲理和艺术。剑在武术中属于短器械，有长穗剑、短穗剑、单手剑、手健、功架剑、行剑、绵剑、醉剑之分。初级剑为单手剑，包括刺、撩、点、崩、挂等剑法，结合基本步型、步法、眼法，采取各种平衡、转向和跳跃动作组成套路，具有技术结构简单，动作灵活轻快、飘逸矫美的特点。练习时要求刚柔相济，吞吐自如，自始至终都要做到"形神兼备、身剑合一"。

二、初级剑图示和说明

预备式

图18-39身体正直，并步站立。左手持剑(以拇指为一侧，中指、无名指和小指为另一侧，分握护手盘与剑柄的分界处，掌心贴在护手盘下部，手背朝前，食指贴于剑柄，剑身贴于前臂后侧)；右手握成剑指(食指和中指伸直并拢，无名指和小指屈向手心，拇指压在无名指的指甲上，手腕反屈，手背朝上，食、中指内扣指向左下侧)。两臂在体侧下垂，两肘微上提。目向左平视(图18-39)。

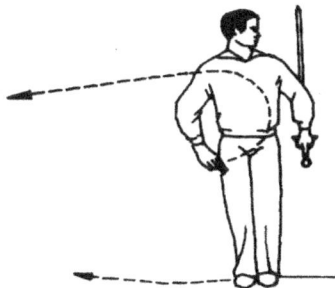

图18-39

要点：持剑时，前臂与剑身要紧贴并垂直于地面。沉肩，挺胸、收腹，两膝挺直。

1. 上身半面向右转，右脚向右上一步，屈膝成右弓步。同时，右手剑指从身体右侧经胸前屈肘上举，至左肩后向右前方平伸指出，拇指一侧在上。目视剑指(图18-40〔1〕)。

2. 上体右转。左手持剑由左侧直臂上举，经头部前上方向右侧划弧，至体前时，拇指一侧朝下作反臂平举；同时，右手剑指屈肘收于右腰侧，手心朝上(图18-40〔2〕)。

3. 左脚向右脚并步。左手持剑随之下落，垂于身体左侧；同时，右手剑指向右侧平伸指出，拇指一侧在上。目视剑指(图18-40〔3〕)。

图18-40

要点：上步剑指平伸，转体持剑向右侧划弧和并步剑指平伸三个动作必须连贯起来做。动作过程中，两肩必须放松。持剑转体向右侧划弧时，左臂直臂上举，腰向右拧转，两脚不可移动。左臂向右侧划弧至与肩同高时，肘稍屈，使右手剑指从左手背上穿出成立指。左手持剑继而下落于身体左侧，剑身垂直于地面。

4. 左脚向左上一步，屈膝成左弓步。上体随之向左转。同时，左手持剑屈肘经胸前向上、向前弧形绕环，平举于身体左侧，拇指一侧在下(图18-41〔1〕)

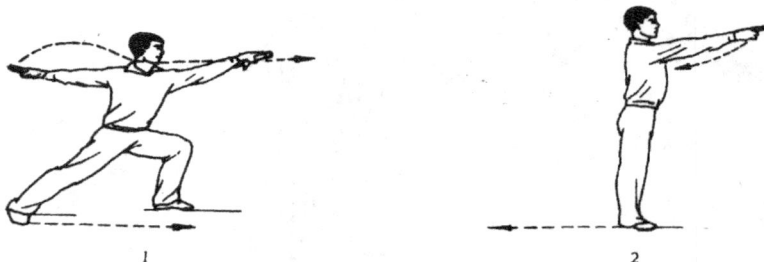

图18-41

5. 左腿伸直站立，右脚向前并步。左手持剑随之从体前下落，垂于身体左侧；同时，右手剑指屈肘沿右耳侧向前平伸指出，拇指一侧在上。目视剑指(图18-41〔2〕)。

要点：右手剑指向前指出时，肘要伸直，剑指尖稍高过肩。

6. 左手持剑由右手剑指上面向前平伸穿出，拇指一侧在下；右手剑指顺左臂下面屈肘收于左肩前，并屈腕使手指朝上。上体右转，右脚向右侧跨步，屈膝成右弓步；左脚尖随之内扣，膝挺直。目向左平视(图18-42〔1〕)。

7. 上体右转，右手剑指经体前向右侧平伸指出，拇指一侧在上。目视剑指(图18-42〔2〕)。

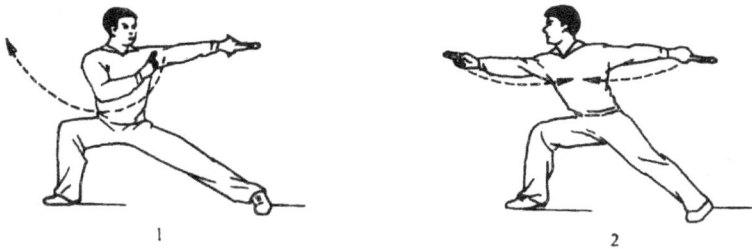

图18-42

要点：成右弓步时，左腿要挺直，两脚全脚掌均着地。上体略前倾，挺胸、塌腰。左手持剑伸平，左肩放松。

8. 右脚前脚掌内扣，上体左转，重心落于右腿；左脚随之移回半步、屈膝，并以前脚掌虚着地面，成左虚步。同时，左手持剑向胸前屈肘，手心朝里，准备接握左手之剑。目视剑尖(图18-43)。

图18-43

要点：做左虚步时，右实左虚要分明，右脚跟不要离地。上体挺胸、塌腰，并稍前倾。两肘要平，剑尖稍高于左肘。

第一段

1. 弓步直刺

右手接握左手之剑，左手握成剑指。左脚向前上半步，屈膝成左弓步。同时，上体左转，右手持剑向体前平伸直刺，拇指一侧在上；左手剑指随之伸向身后平举，拇指一侧在上。目视剑尖(图18-44)。

图18-44

要点：左弓步时，前腿屈膝蹲平，两脚全脚掌着地。上体稍前倾，腰向左拧转、下塌，臀部不要凸起。两肩松沉，右肩前顺，左肩后引。剑尖稍高于肩。

2. 回身后劈

左脚不动，挺膝直立；右脚向前上一步，膝略屈，上体右转。同时，右手持剑经上向后劈，剑高与肩平，拇指一侧在上，左手剑指随之由下向前上弧形绕环，在头顶上方屈肘侧举，拇指一侧在下。目视剑尖(图18-45)。

图18-45

要点：上步、转身、平劈和剑指向上侧举必须协调一致。转身后，腰向右拧转，左脚不要移动。剑身和持剑臂必须成直线。

3．弓步平抹

左脚向左前方上一步，屈膝成左弓步。同时，左手剑指由胸前下降，经左下向上弧形绕环，在头顶上方屈肘侧举，拇指一侧在下；右手持剑(手心转向上)随之向前末抹，剑尖稍向右斜，剑与肩平。目视前方(图18-46)。

图18-46

要点：抹剑时，手腕用力要柔和。

4．弓步左撩

(1)上体左转，右腿屈膝提起，脚尖下垂，脚面绷直。同时，右手持剑臂外旋使剑由前向上、向后划弧，至后方时屈肘使手腕、前臂贴靠腹部，手心朝里；左手剑指随之由头顶上方下落，附于右手腕部(手心朝下)。目视剑尖(图18-47〔1〕)。

(2)右腿继续向右前方落步，屈膝成右弓步。同时，右手持剑由后向下、向前反手撩起，小指一侧在上；左手剑指随右手运动，仍附于右手腕处。目视剑尖(图18-47〔2〕)。

图18-47

要点：剑由前向后和由后向前弧形撩起时，必须与提膝和向前落步的动作协调一致，握剑不可太紧。形成弓步后，上体略向前倾，直背、收臀，剑尖稍低于剑指。

5．提膝平斩

左脚向前上一步，右手腕向左上翻转、屈肘，使剑向左平绕至头部前上方，右脚随之由后向体前屈膝提起。右手继续翻转手腕，使剑向右平绕至右方后(手心朝上)，再用力向前平斩；左手剑指由下向左、向上弧形绕形，屈肘横举于头部左上方。目视前方(图18-48)。

要点：剑从左向后平绕时，上体必须后仰，使剑从胸部上方平绕而过，不可从头顶绕行。提膝时，左腿必须挺膝直立站稳，右腿屈膝尽量上提，右脚贴护挡前，上体稍向前倾，挺胸、收腹。

6. 回身下刺

右脚向前落步，脚尖外撇，膝略屈，上体右转。同时，右手持剑手腕反屈使剑尖下垂，随之向后下方直刺，剑泵略低于膝，拇指一侧在上；左手剑指先向体前的右手靠拢，然后在刺剑的同时，向前上方伸直，拇指一侧在上。目视剑尖(图18-49)。

图18-48   图18-49

要点：右手持剑要先屈肘收于体前，在右脚向前落步和上体右转的同时，使剑用力刺出。左腿伸直，右腿稍屈，腰向右拧转，剑指、两臂和剑身须成一直线。

7. 挂剑直刺

(1)左脚向前上步膝微屈，右臂内旋先使拇指一侧朝下成反手，然后翘腕、摆臂，使剑尖向左、向上抄挂，当持剑手抄至左肩时，再屈肘使剑平落于胸前，手心朝里；此时左腿直立，右腿随之在体前屈膝提起，左手剑指屈肘附于右手腕处(图18-50〔1〕)。

(2)接着，以左脚前脚掌碾地，上体右转；右手持剑使剑向下插，左手剑指仍附于右手腕处。目视剑尖(图18-50〔2〕)。

(3)上动不停，仍以左脚前脚掌碾地，右脚向身后跨一大步屈膝，上体随之从右后转，左腿蹬直成右弓步。同时，右手持剑向前直刺，剑尖与肩平，拇指一侧在上；左手剑指随之向后平伸，拇指一侧在上。目视剑尖(图18-50〔3〕)。

要点：挂剑、下插、直刺3个动作必须连贯，并与跨步、提膝、转身、弓步的动作要协调一致。弓步直刺后，两脚全脚掌均着地，上体稍前倾，挺胸、塌腰。

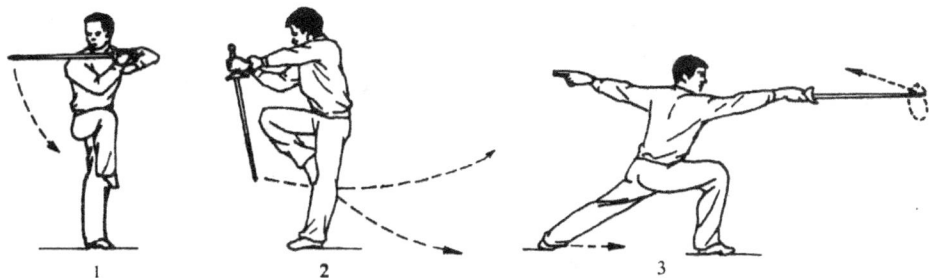

图18-50

8. 虚步架剑

(1)右手持剑先将剑尖由左向右搅一小圈，臂内旋使持剑手的拇指一侧朝下。同时，以右脚跟和左脚前脚掌为轴碾地，右脚尖外撇，上体从右向后转，左脚向前收拢半步，两腿微屈成交叉步。同时，右手持剑反手向后上方屈肘上架；左手剑指屈肘经左肩前附于右手腕处。目向左平视(图18-51〔1〕)。

(2)右腿屈膝不动，左脚向前上步成左虚步；右手持剑略向后牵引的同时，左手剑指向前平伸指出，手心朝下。目视剑指(图18-51〔2〕)。

图18-51

要点：虚步必须虚实分明，右肘略屈使剑身成立剑架于额前上方，左臂伸直，剑指稍高过肩。

第二段

1. 虚步平劈

左脚跟外展,上体右转,重心成右虚步。同时,右手持剑向下平劈,拇指一侧在上;左手剑指向上屈肘,手心向左上方。目视剑尖(图18-52)。

要点:虚步必须虚实分明,劈剑时手腕要挺直。

2. 弓步下劈

右脚踏实,重心前移,左手剑指伸向右腋下,右手持剑臂内旋使手心朝下。左脚随即向左前方上步成左弓步。同时,右手持剑屈向左平绕,划一小圈后向前下方劈剑,剑尖高与膝平;左手剑指随之由腋下向左、向上绕环,在头顶上方屈肘侧举,上体稍前俯。目视剑尖(图18-53)。

图18-52　　　　　　　　图18-53

要点:劈剑时,右肩前顺,左肩后引,剑尖与手、肩成一直线。

3. 带剑前点

(1)左脚向右脚靠拢,以前脚掌虚着地面,两腿均屈膝略蹲。右手持剑向上屈腕,使剑向右耳际带回,肘微屈;左手剑指随之由前下落附于右手腕处。目向右前方平视(图18-54〔1〕)。

(2)上动不停,右脚向右前方跃一步屈膝半蹲,全脚掌着地;左脚随之跟进,向右脚并步屈膝,以脚尖点地成丁步。同时,右手持剑向前点击,拇指一侧在上;左手剑指屈肘向头顶上方侧举,手心朝上。目视剑尖(图18-54〔2〕)。

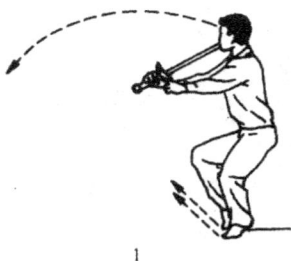

1　　　　　　　　　　　　2

图18-54

要点：向前点击时，右臂前伸、屈腕，力点在剑尖，手腕稍高于肩，剑尖略低于手。成丁步后，右大腿尽量蹲平，左脚面绷直，脚尖点在右脚弓处，两腿并拢。上体稍前倾，挺胸、直背、塌腰。

4. 提膝下截

(1)右腿伸直，左腿退步屈膝，上体后仰。右臂外旋，手心朝上，使剑向右、向后上方弧形绕环；左手剑指不动(图18-55〔1〕)。

(2)上动不停，右臂内旋，手心朝下，使剑继续向左、向前下方划弧下截。同时，上体向前倾探，左腿屈膝提起成右独立式平衡。目视剑尖(图18-55〔2〕)。

图18-55

要点：剑从右向左的圆形划弧下截是一个完整动作，必须连贯起来做。左膝尽量高提，脚面绷直；右膝挺直，站立要稳。右臂和剑身成一直线，剑身斜平。

5. 提膝直刺

(1)右腿微屈，左脚尖外撇向前落步成交叉步；右臂外旋，手心朝上，并在左脚落步的同时向上屈肘，将剑柄收抱于胸前，手心朝里，剑尖高与肩平。左手剑指随之下落，屈肘按于剑柄上。目视剑尖(图18-56〔1〕)。

(2)左腿直立，右腿屈膝提起；右手持剑向前平直刺出，拇指一侧在上。同时，左手剑指向后平伸指出，手心朝下。目视剑点(图18-56〔2〕)。

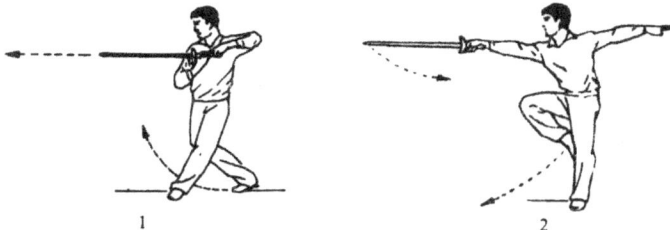

图18-56

要点：抱剑与落步，直刺与提膝，必须协调一致。

6. 回身平崩

(1)右脚尖外撇向前落步，左脚前援了掌碾地使脚跟外展，屈膝略蹲，同时，上体向右后转或交叉步。右手持剑臂外旋使手心朝上，屈肘向胸前收回，剑身与右前臂成水平直线；左手剑指随之直臂上举，经左耳侧屈肘前落附于右手心上面。目视剑尖(图18-57〔1〕)。

(2)上体稍右转，左腿挺直，右腿略屈。同时，右手持剑用力向右平崩，手心仍朝上，左手剑指屈肘向额左上方侧举。目视剑尖(图18-57〔2〕)。

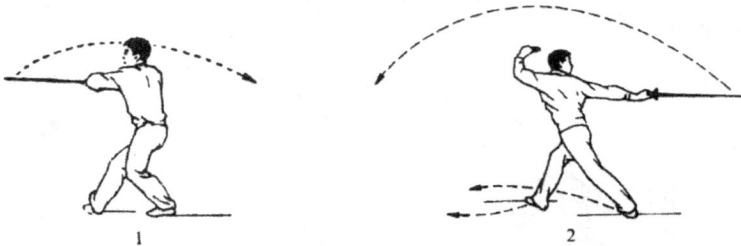

图18-57

要点：收剑和平崩两个动作必须连贯起来做。平崩时，用力点在剑的前端；平崩后，上体向右拧转，但左脚不得移动。

7. 歇步下劈

右脚蹬地起跳，左脚向左跃起横跨一步，随即右腿向左腿后侧插步，两腿屈膝全蹲成左歇步。同时，右手持剑向上举起，并在形成歇步时向左下劈，拇指一侧在上，剑尖高与踝关节平；左手剑指随着下劈动作，下按于右手腕上。目视剑身(图18-58)。

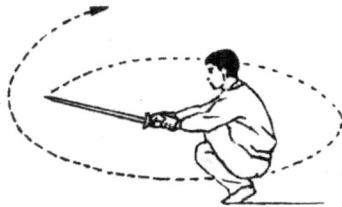

图18-58

要点：左歇步时，左大腿盖压在右大腿上面，左脚全脚掌着地，右脚跟提起，臀部坐在右小腿上。劈剑时，右臂尽量向前下方伸直，剑身与地面平行。劈剑与跃步成左歇步动作必须同时完成。

8. 提膝下点

(1)右手持剑使手心朝下成平剑，从以两脚前脚掌碾地，上体向右后转动，两腿边转边站立起来，右手持剑平绕一周。当剑绕至上体右侧时，上体稍向左后仰,剑身继续向外、向上弧形绕环,剑尖接近右耳侧;此时,左手剑指离开右手腕向上屈肘侧举。目视前下方(图18-59〔1〕)。

(2)上动不停,右腿直立,左腿屈膝提起,上体向右侧下探俯,同时,右手持剑向前下点击,拇指一侧左上。目视剑尖(图18-59〔2〕)。

图18-59

要点:仰体外绕剑与提膝下点两个动作必须连贯,同时完成。右腿独立时,膝要挺直,左膝尽量上提。点剑时,右手腕要下屈,剑身、右臂、左臂和剑指要在同一个垂直面内。

第三段

1. 并步直刺

(1) 以右脚前脚掌为轴碾地,使上体向左后转。同时,右臂内旋并向拇指一侧屈腕,使剑尖指向转体后的身前,左手剑指随之由上经右肩前、腹前绕环,向正前方指出,手心朝下,.略比肩高。目视剑指(图18-60〔1〕)。

(2)左脚向前落步,右脚随之跟进并步,两腿屈膝半蹲。同时,右手持剑向前平伸直刺,拇指一侧在上;左手剑指顺势附于右手腕处。目视剑尖(图18-60〔2〕)。

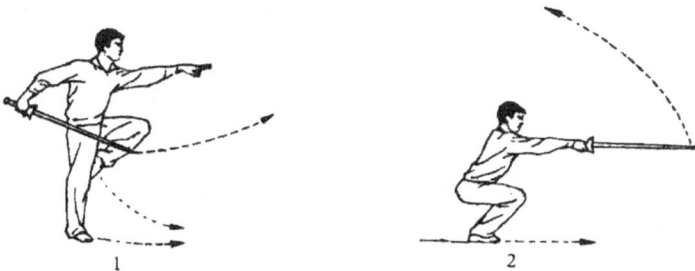

图18-60

要点：两腿半蹲时，大腿要蹲平；两膝、两脚均要紧靠并拢。上体前倾，直背、落臀。两臂伸直，剑尖与肩平。

2. 弓步上挑

脚上步屈膝成右弓步。右手持剑直臂向上挑举，剑点朝上，手心朝左；左手剑指不动。上体稍前倾，目视剑指（图18-61）。

要点：左臂伸直，左肩前顺，剑指略高过肩；右臂伸直上举，剑刃朝前后。上体挺胸、直背、塌腰。

3. 歇步下劈

图18-61   图18-62

腿伸直，左脚尖外撇向前上步，随之两腿交叉屈膝全蹲成左歇步。同时，右手持剑向前下劈，拇指一侧在上，剑尖与踝关节同高；左手剑指屈肘附于右手腕内侧。上体稍前俯，目视剑身（图18-62）。

要点：与第二段歇步下劈相同。

4. 右截腕

腿稍直立，两脚以前脚掌碾地使上体右转；右腿屈膝半蹲，左脚前脚掌虚着地成左虚步。右臂内旋使拇指一侧朝下，用剑的前端下刃向前上方划弧翻转，并向右后上方屈肘托起，左手剑指仍附于右手腕，肘微屈。目视剑的前端（图18-63）。

要点：两腿要虚实分明。上体稍前倾，剑身平横于右额前上方，剑尖略高于剑柄。

5. 左截腕

左脚向前上半步，并以前脚掌碾地使上体向左后转，右脚随之向前上一步，前脚掌着地成右虚步。在右脚上步的同时，右臂外旋使剑身的前端向左前上方划弧翻转，手心朝上，剑身与地面平行；左手剑指随之离开右手腕，屈肘向上侧举。目视剑的前端（图18-64）。

要点：与右截腕相同。

图18-63　　　　　　　　图18-64

6．跃步上挑

(1)左脚经体前向前上一步，右脚随之在身后离地，小腿后弯。同时，右臂外旋手心朝里，使剑由右向上、向左屈肘划弧，剑至上体左侧时，右手靠近左胯旁，拇指一侧在上并向上屈腕；左手剑指在右手向左下落时附于右手腕上。目视剑尖(图18-65〔1〕)。

(2)左脚蹬地，右脚向右侧跃步，落地后屈膝略蹲，左脚随之离地屈膝从身后伸向右侧方，形成望月式平衡。上体向左侧倾俯。同时，右手持剑由左胯旁向下、向右划弧，当剑到达右侧上方时，臂外旋并向拇指一侧屈腕，使剑向上挑击；左手剑指即向左上方屈肘横举，拇指一侧朝下。目视右侧方(图18-65〔2〕)。

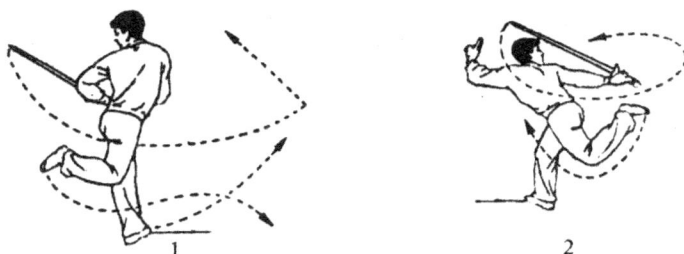

1　　　　　　　　　　　　2

图18-65

要点：跃步和上挑动作要快速，协调一致。挑剑时，腕部要猛然用力上屈。形成平衡动作后，右腿略屈膝站稳，左小腿尽量向上抬起。上体向右拧转，剑身斜举于右侧上方，持剑手略松，便于腕上屈。

7．仆步下压

(1) 右手持剑使剑尖从头上经过，继而向身后、向右弧形平绕，当剑绕至右侧时，即屈肘将剑柄收抱于胸前下方，手心朝上。同时，右膝伸直，上体立起，左腿屈膝提于体前，左手剑指仍横举于左额前上方(图18-66〔1〕)。

(2) 上动不停，左手剑指经体前下落，按在右手腕上。左脚随之向左侧落步屈膝全蹲；右腿在右侧直仆成右仆步，脚尖内扣。同时，右手持剑用剑身平面向下带压，剑尖斜向右上方。上体前探，目向右平视（图18-66〔2〕）。

要点：仆步时，左腿要全蹲，臀部紧靠脚跟，不要凸起，两脚全脚掌均着地。上体前探时要挺胸，两肘略屈环抱于体前。

图18-66

8. 提膝直刺

两腿直立站起，左腿屈膝提于体前，右腿挺直站立。同时，右手持剑向体前平伸直刺，拇指一侧在上，左手剑指屈肘在左侧上举，拇指一侧朝下。目视剑尖(图18-67)。

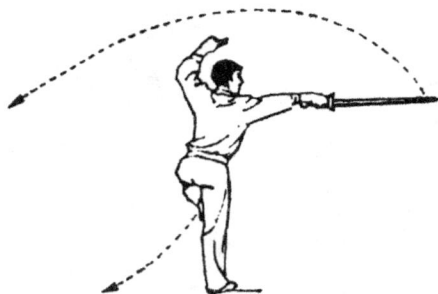

图18-67

要点：右腿独立时要挺膝站稳，左膝尽量上提，脚面绷直，脚尖下垂。上体稍右倾，右肩、右臂和剑身要成一直线，左臂屈成半圆形。

第四段

1. 弓步平劈

右臂外旋，先使手心转向背后，剑的下刃随之上翻，继而上体左转，同时，左脚向左后侧落一大步，屈膝成左弓步。左手剑指随着持剑臂的运行而向右、向下、向左、向上圆形绕环，仍屈肘举于头左侧上方；同时，右手持剑向体前平劈，拇指一侧在上，右臂伸直，剑尖略高于肩。目视剑尖(图18-68)。

要点：向前劈剑和剑指绕环这两个动作必须协调一致，同时完成，两肩要放松。

2. 回身后撩

右脚向前上步，膝微屈；左脚随之离地，小腿向上弯屈；上体前俯，腰向右拧转。同时，右手持剑向后反撩，剑尖斜向下方，拇指一侧朝下；左手剑指前伸成侧上举，拇指一侧朝下。目视剑尖(图18-69)。

图18-68　　　　图18-69

要点：右脚站立要稳，左脚面绷直，上体挺胸，两肩放松。

3. 歇步上崩

(1)右脚蹬地，左脚向前跃步，上体随之向右后转，左脚落步，脚尖稍外撇，右腿摆向身后。同时，右臂外旋使拇指一侧朝上，左手剑指在身后平伸，手心朝下。目视剑尖（图18-70〔1〕）。

(2)上动不停，右脚在身后落步，两腿交叉屈膝全蹲成左歇步。同时，右手持剑直臂下压，手腕向拇指一侧上屈，使剑尖上崩；左手剑指随之屈肘在头左上方侧举，拇指一侧朝下。目视剑身(图18-70〔2〕)。

图18-70

要点：向前跃步、歇步和剑尖上崩3个动作要连贯协调。跃步要远，落地要轻(前脚掌先着地)。上崩时腕部要猛然用力上屈，剑尖高与眉平。歇步时上体前俯，含胸。

4. 弓步斜削

(1)左脚尖内扣，上体右转，右脚随之向前上步，屈膝成右弓步；右手持剑臂外旋使手心朝上。同时，屈肘向左肋前收回；左手剑指随之下落按在剑柄上。上体向右前倾，目视前方(图18–71〔1〕)。

(2)上动不停，右手持剑由后向前上方斜面弧形上削，手心斜向上方，手腕稍向掌心一侧弯屈。同时，左手剑指伸向后方，拇指一侧在上。目视剑尖(图18–71〔2〕)。

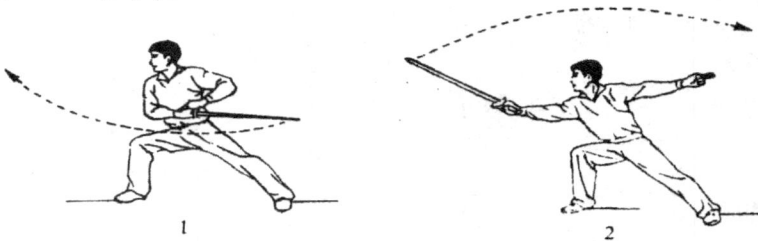

图18–71

要点：斜削时，右臂稍低于肩，剑尖斜向脸前右上方，略高于头，左臂在身后侧平举，剑指剑尖略高于肩。

5. 进步左撩

(1)右腿伸直，上体左转，左腿稍屈膝。同时，右手持剑使手心朝里经脸前边转身边向左划弧，剑至体前时，左手剑指附于右手腕内侧。目视剑尖(图18–72〔1〕)。

(2)以右脚跟为轴碾地，脚尖外撇，上体向右后转；左脚随之向前上步，以前脚掌虚着地面。同时，右手持剑反手向下、向前、向上继续划弧撩起，并屈肘于右肩上方，拇指一侧朝下，剑尖高与肩平；左手剑指随右手动作仍附于右手腕上。目视剑尖(图18–72〔2〕)。

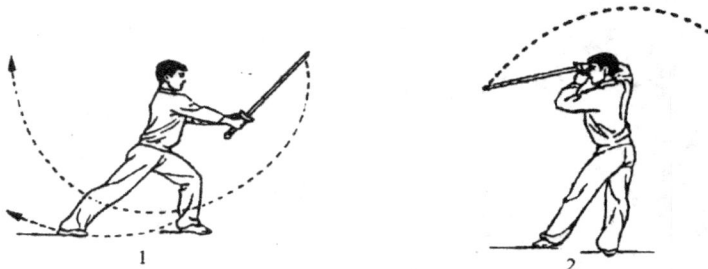

图18–72

要点：上述两个剑身的划弧动作，必须连贯成一个完整的绕环动作。

撩剑后，右腿微屈，左腿伸直，重心落于右腿，剑尖稍朝下。

6. **进步右撩**

(1)右手持剑直臂向上、向右后方划弧，左手剑指收于右肩前，手心朝左。目视剑尖(图18-73〔1〕)。

(2)左脚踏实后以脚跟为轴碾地，脚尖外撇，右脚随之向左脚前上步，前脚掌虚着地面。同时，右手持剑由右向下、向前划弧抡臂撩起，剑至体前时肘微屈，手心朝上，剑尖高与肩平；左手剑指随之向下、向前、向后上方绕环，屈肘侧举于头左上方。目视剑尖(图18-73〔2〕)。

要点：与进步左撩相同，唯左右相反。

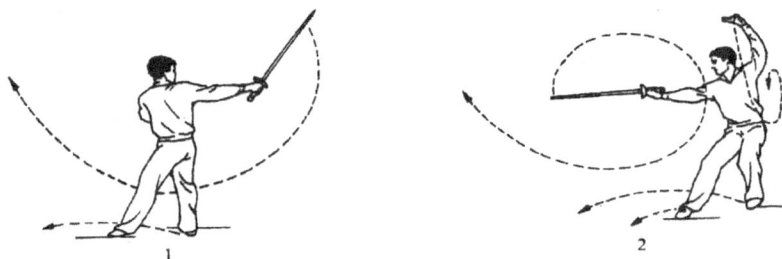

图18-73

7. **坐盘反撩**

图18-74右脚向前上一小步，随即左脚向右腿后插步，两腿全蹲下坐成坐盘式。同时，右手持剑向上、向左、向下、再向右上方反手绕环斜上撩，剑尖高过头顶；左手剑指随之经体前向下、向后上方划弧，屈肘横举于左耳侧，拇指一侧朝下。上体向左前倾俯，目视剑尖。

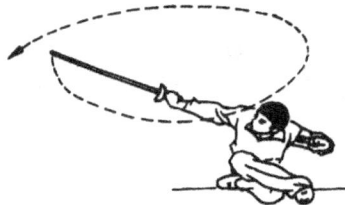

图18-74

要点：坐盘必须与反撩剑动作协调进行。坐盘时，左腿盘坐地面，左脚面外侧着地，左腿盘落于左腿上，全脚掌着地，脚尖朝体前。上体倾俯时要含胸、剑尖与右臂、左肩、左肘成一直线。

8. **转身云剑**

(1)右脚蹬地，两腿直立，并以两脚前脚掌碾地使上体向左后转，转身之后，右腿屈膝略蹲，左膝微屈并以前脚掌虚着地面，重心落于右腿。同时，右手持剑随身体转动一周后屈肘使剑平举，拇指一侧朝下；左手剑指附于右手腕处。目视剑尖(图18-75〔1〕)。

(2)上动不停，上体后仰，右手持剑向左、向后、向右、向前圆形云绕一周，剑至体前时，右手心朝上，松把使剑尖下垂；.左手剑指放开，拇指一侧朝上，准备接握右手之剑。此时重心前移，左脚踏实，右腿伸直，上体稍前倾。目视左手(图18-75〔2〕)。

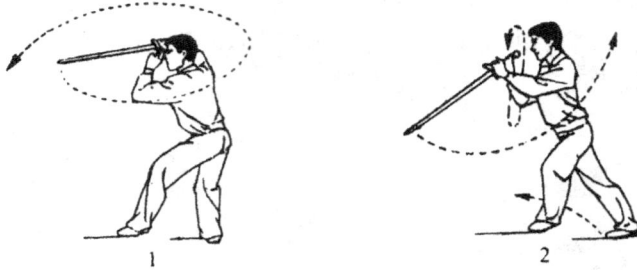

1　　　　　　　2

图18-75

要点：转身和云剑动作必须连贯，云剑要平而快，腕关节放松使之灵活。

9. 结束动作

(1)左手接剑反握剑柄向身体左侧下垂，右手握成剑指，接着右脚向右前方上步，脚尖内扣，屈膝略蹲，上体随之左转；左脚随之向前移步，以前脚掌虚着地面，膝微屈。同时，右手剑指随之由身后向上屈肘侧举至头右上方，手心朝上。目向左平视(图18-76)。

要点：重心落于右腿，上体前倾，挺胸、塌腰，两肩松沉，左肘略上提，剑身紧贴前臂后侧，并与地面垂直。

(2)右腿伸直，右脚向左脚靠拢，并步站立。右手剑指下落于身体右侧，手心朝下，恢复成预备式。目平视正前方(图18-77)。

要点：与预备式相同。

图18-76　　　　　　图18-77

第四节 24式太极拳技术

太极拳综合吸收各家拳法，结合古代导引、吐纳之术、中医经络学说创编的一种拳术。经长期演变形成陈、杨、孙、武、吴五大流派。其运动特点是心静体松，上下相随，虚实分明，连贯圆活，以意领气，以气运身。简化太极拳以杨式太极拳为主，吸取陈式、吴式、孙式太极拳之长，删去繁难和重复的动作，加以简化改编的太极拳套路，其拳架舒展简洁，内容精练，动作规范之特点。

第一组

1.起势

图18-78　　　图18-79　　　图18-80　　　图18-81　　　图18-82

(1)两脚并步，身体自然直立，全身放松，目视前方（图18-78）。

(2)身体重心移至右腿，左脚轻轻抬起向左平行开步，与肩同宽，脚尖向前；两臂自然下垂，两手放在大腿外侧；眼平看前方（图18-79）。

要点：头颈正直，下颏微收，不要故意挺胸或收腹。精神要集中。

(3)两臂慢慢向前平举，两手高与肩平，与肩同宽，手心向下，上体保持正直，两腿屈膝下蹲；同时两掌轻轻下按，两肘下垂与两膝相对；眼平看前方（图18-80、81、82）。

要点：两肩下沉，两肘松垂，手指自然微屈。屈膝松腰，臀部不可凸出，身体重心落于两腿中间。两臂下落和屈膝下蹲的动作要协调一致。

图18-83　　图18-84　　图18-85　　图18-86　　图18-87　　图18-88　　图18-89

2.左右野马分鬃

(1)上体微向右转，身体重心移至右腿上；同时右臂收在胸前平屈，手心向下，左手经体前向右下划弧至右手下，手心向上，两手心相对成抱球状；左脚随即收到右脚内侧，脚尖点地；眼看右手(图18-83、84)。

(2)上体微向左转，左脚向左前方迈出，右脚跟后蹬，右腿自然伸直，成左弓步；同时上体继续向左转，左右手随转体慢慢分别向左上、右下分开，左手高与眼平（手心斜向上），肘微屈；右手落在右胯旁，肘也微屈，手心向下，指尖向前；眼看左手（图18-85、86、87）。

(3)上体慢慢后坐，身体重心移至右腿，左脚尖翘起，微向外撇（大约45° -60°),随后脚掌慢慢踏实，左腿慢慢前弓，身体左转，身体中心再移至左腿；同时左手翻转向下，左臂收在胸前平屈，右手向左上划弧至左手下，两手心相对成抱球状；右脚随即收到左脚内侧，脚尖点地；眼看左手（图18-88、89、90）。

(4)右腿向右前方迈出，左腿自然伸直，成右弓步；同时上体右转，左右手随转体分别慢慢向左下、右上分开，右手高与眼平（手心斜向上），肘微屈；左手落在左胯旁，肘也微屈，手心向下，指尖向前；眼看右手（图18-91、92）。

图18-90　　图18-91　　图18-92　　图18-93　　图18-94　　图18-95

(6)与（4）解同，只是左右相反（图18-96、97）。

图18-96　　图18-97　　图18-98　　图18-99　　图18-100

3.白鹤亮翅

(1)上体微向左转，左手翻掌向下，左臂平屈胸前，右手向左上划弧，手心转向上，与左手成抱球状；眼看左手（图18-98）。

(2)右脚跟进半步，上体后坐，身体重心移至右腿，上体先向右转，，面向右前方，眼看右手；然后左脚稍向前移，脚尖点地，成左虚步，同时上体再微向左转，面向前方，两手随转体慢慢向右上、左下分开，右手上提停于右额前，手心向左后方，左手落于左胯前，手心向下，指尖向前；眼平看前方（图18-99、100）。

要点：完成姿势胸部不要挺出，两臂都要保持半圆形，左膝要微屈。身体重心后移和右手上提、左手下按要协调一致。

第二组

4.左右搂膝拗步

图18-101　　图18-102　　图18-103　　图18-104　　图18-105　　图18-106

(1)右手从体前下落，由下向后上方划弧至右肩外，肘微屈，手与耳同高，手心斜向上；左手由左下向上、向右划弧至右胸前，手心斜向下；同时上体先微向左再向右转；左脚收至右脚内侧，脚尖着地，眼看右手（图18-101、102、103）。

(2)上体左转，左脚向前（偏左）迈出成弓步；同时右手屈回由耳侧向前推出，高与鼻尖平，左手向下由左膝前搂过落于左胯旁，指尖向前；眼看右手指（图18-104、105）。

(3)上体慢慢后坐，身体重心移至右腿，左脚尖翘起微向外撇，随后脚掌慢慢踏实，左脚前弓，身体左转，身体重心移至左腿，右脚收到左脚内侧，脚尖着地；同时左手向外翻掌由左后向上划弧至左肩外侧，肘微屈，手与耳同高，手心斜向上；右手随转体向上、向下划弧落于左胸前，手心斜向下；眼看左手（图18-106、107、108）。

(4)与(2)解同，只是左右相反（图18-109、110）。

(5)与(3)解同，只是左右相反（图18-111、112、113）。

(6)与(2)解同（图18-114、115）。

图18-107　　图18-108　　图18-109　　图18-110　　　图18-111　　　图18-112

要点：推手时，身体不可前仰后俯，要松腰松胯。推掌时要沉肩垂肘，坐腕舒掌，同时松腰、弓腿上下协调一致。搂膝拗步成弓步时，两脚跟的横向距离要适中。

图18-113　　图18-114　　图18-115　　图18-116　　　图18-117　　图18-118

5.手挥琵琶

右脚跟进半步，上体后坐，身体重心转至右腿上，上体半面向右转，左脚略提起稍向前移，变成左虚步，脚跟着地，脚尖翘起，膝部微屈；同时左手由左下向上挑举，高与鼻尖平，掌心向右，臂微屈；右手收回放在左肘里侧，掌心向左；眼看左手食指（图18-116、117、118）。

要点：沉肩垂肘，胸部放松。左手上起时不要直向上挑，要由左向上、向前，微带弧形。右脚跟进时，脚掌先着地，再全脚踏实。身体重心后移和左手上起、右手收要协调一致。

图18-119　　　　图18-120　　　　图18-121　　　　图18-122　　　　图18-123

6.左右倒卷肱

(1)上体右转，右手翻掌（手心向上）经腹前由下向后上方划弧平举，臂微屈，左手随即翻掌向上；眼的视线随着向右转体先向右看，再转向前方看左手（图18-119、120）。

(2)右臂屈肘折向前，右手由耳侧向前推出，手心向前，左臂屈肘后撤，手心向上，撤至左肋外侧；同时左腿轻轻提起向后（偏左）退一步，脚掌先着地，然后全脚慢慢踏实，身体重心移到左腿上，成右虚步，右脚随转体以脚掌为轴扭正；眼看右手（图18-121、122）。

(3)上体微向左转，同时左手随转体向后上方划弧平举，手心向上，右手随即翻掌，掌心向上；眼随转体先向左看，再转向前方看右手（图18-123）。

   图18-124   图18-118   图18-126   图18-127   图18-128

(4)与（2）解同，只是左右相反（图18-124、118）。

(5)与（3）解同，只是左右相反（图18-126）。

(6)与（2）解同（图18-127、128）。

(7)与（3）解同（图18-129）。

(8)与（2）解同，只是左右相反（图18-130、131）。

   图18-129   图18-130   图18-131   图18-132

要点：前推的手不要伸直，后撤拖泥带水不可直向回抽，转体仍走弧线。前推时，要转腰松胯，两手的速度要一致，避免僵硬。退步时，脚掌先着地，再慢慢全脚踏实，现时，前脚随转体以脚掌为轴扭正。退左脚略向左后斜，退右脚略向右后斜，避免使两脚落在一条直线上。后退时，眼神随转体动作先向左或右看，然后再转看前手。最后退右脚时，脚尖外撇的角度略大些，便于接做"左揽雀尾"的动作。

第三组

7.左揽雀尾

图18-133　　图18-134　　图18-135　　图18-136　　图18-137　　图18-138

（1）上体微向右转，同时右手随转体向后上方划弧平举，手心向上，左手放松，手心向下；眼看左手（图18-132）。

（2）身体继续向右转，左手自然下落逐渐翻掌经腹前划弧至左肋前，手心向上；左臂屈肘，手心转向下，收至右胸前，两手相对成抱球状；同时身体重心落在右腿上，左脚收到右脚内侧，脚尖点地；眼看右手（图18-133、134）。

（3）上体微向左转，左脚向左前方迈出，上体继续向左转，右腿自然蹬直，左腿屈膝，成左弓步；同时左臂向左前方掤出（即左臂平屈成弓形，用前臂外侧和手背向前方推出），高与肩平，手心向后；右手向右下落于右胯旁，手心向下，指尖向前；眼看左前臂（图18-135、136）。

要点：掤出时，两臂前后均保持弧形。分手、松腰、弓腿三者必须协调一致。

（4）身体微向左转，左手随即前伸翻掌向下，右手翻掌向上，经腹前向上，向前伸至左前臂下方；然后两手下捋，即上体向右转，两手经腹前向右后上方划弧，直至右手手心向上，高与肩齐，左臂平屈于胸前，手心向后；同时身体重心移至右腿；眼看右手（图18-137、138）。

图18-139　　图18-140　　图18-141　　图18-142　　图18-143　　图18-144

（5）上体微向左转，右臂屈肘折回，右手附于左手腕里侧（相距约5厘米），上体继续向左转，双手同时向前慢慢挤出，左手心向右，右手心向前，左前臂保持半圆；同时身体重心逐渐前移变成弓步；眼看左手腕部（图18-139、140）。

要点：向前挤时，上体要正直。挤的动作要与松腰、弓腿相一致。

(6)左手翻掌，手心向下，右手经左腕上方向前、向右伸出，高与左手齐，手心向下，两手左右分开，宽与肩同；然后右腿屈膝，上体慢慢后坐，身体重心移至右腿上，左脚尖翘起；同时两手屈肘回收至腹前，手心均向前下方；眼向前平看（图18-141、142、143、）。

(7)上式不停，身体重心慢慢前移，同时两手向前、向上按出，掌心向前；左腿前弓成左弓步；眼平看前方（图18-144）。

要点：下捋时，上体不可前倾，臀部不要凸出。两臂下捋须随腰旋转，仍走弧线。左脚全掌着地，向前按时，两手须走曲线，腕部高与肩平，两肘微屈。

图18-145　　　图18-146　　　图18-147　　　图18-148　　　图18-149

8.右揽雀尾

(1)上体后坐并向右转，身体重心移至右腿，左脚尖里扣；右手向右平行划弧至左肋前手心向上；左臂平屈胸前，左手掌心向下与右手成抱球状；同时身体重心再移至左腿上，右脚收至左脚内侧，脚尖点地；眼看左手（图18-145、146、147、148）。

(2)同"左揽雀尾"（2）解只是左右相反（图18-149、150）。

图18-150　　　图18-151　　　图18-152　　　图18-153　　　图18-154

(3)同"左揽雀尾"（3）解，只是左右相反（图18-151、152）。

(4)同"左揽雀尾"（4）解，只是左右相反（图18-153、154）。

(5)同"左揽雀尾"（5）解，只是左右相反（图18-155、156、157）。

(6)同"左揽雀尾"（6）解，只是左右相反（图18-158）。

图18-155　　　　　图18-156　　　　　图18-157　　　　　图18-158

第四组

9.单鞭

(1) 上体后坐，身体重心逐渐移至左腿上，右脚尖里扣；同时上体左转，两手（左高右低）向左弧形运转，直至左臂平举，伸于身体左侧，手心向左，右手经腹前运至左肋前，手心向后上方；眼看左手（图18-159、160）。

(2)身体重心再逐渐移至右腿上，上体右转，左脚向右脚靠拢，脚尖点地；同时右手向右上方划弧（手心由里转向外），至右侧方时变勾手，臂与肩平；左手向下经腹前向下划弧停于右肩前，手心向里；眼看左手（图18-161、162）。

(3)上体微向左转，左脚向左前侧方迈出，右脚跟后蹬，成左弓步；在身体重心向左腿的同时，左掌随上体的继续左转慢慢翻转向前推出，手心向前，手指与眼齐平，臂微屈；眼看左手（图18-163、164）。

图18-159　　图18-160　　　图18-161　　　图18-162　　　图18-163　　　图18-164

要点：上体保持正直，松腰。完成动作时，右肘稍下垂，左肘与左膝上下相对，两肩下沉。左手向外翻掌前推时，要随转体边翻边推出，不要翻掌太快或最后突然翻掌。全部过渡动作，上下要协调一致。

图18-165　　　图18-166　　　图18-167　　　图18-168　　图18-169

10.云手

(1)身体重心移至右腿上，身体渐向右转，左脚尖里扣；左手经腹前向右上划弧至右肩前，手心斜向后，同时右手变掌，手心向右前；眼看左手（图18-165、166、167）。

(2)上体慢慢左转，身体重心随之逐渐左移；左手由脸前向左侧运转，手心渐渐转向左方；右手由右下经腹前向左上划弧至左肩膀前，手心斜向后；同时左脚靠近左脚，成小开立步（两脚距离约10-20厘米）；眼看右手（图18-168、169）。

(3)上体再向右转，同时左手经腹前向右划弧至右肩前，手心斜面向后；右手右侧运转，手心翻转向右；随之左腿向左横跨一步；眼看左手（图18-170、171、172）。

(4)同（2）解（图18-173、174）。

图18-170　　图18-171　　　图18-172　　　　图18-173　　　图18-174

(5)同（3）解（图18-175、176、177）。

图18-175　　图18-176　　　图18-177　　　　图18-178　　　图18-179

(6)同（2）解（图18-178、179）。

要点：身体转动要以腰脊为轴，松腰、松跨，不可忽高忽低。两臂随腰的转动而运转，要自然圆活，速度要缓慢均匀。下肢移动时，身体重心要稳定，两脚掌先着地再踏实，脚尖向前。眼的视线随左右手而移动。第三个"云手"的右脚最后跟步时，脚尖微向里扣。

11.单鞭

(1)上体向右转，右手随之向右运转，至右侧方时变成勾手；左手经腹前向右上划弧至右肩前，手心向内；身体重心落在右腿上，左脚尖点地；眼看左手（图18-180、181、182）

(2)上体微向左转，左脚向左前侧方迈出，右脚跟后蹬，成左弓步；

在身体重心移向左腿的同时，上体继续左转，左掌慢慢翻转向前推出，成"单鞭"式(图18-183、184)。

图18-180　　　图18-181　　　图18-182　　　图18-183　　　图18-184

要求：上体保持正直，松腰。完成式时，右肘稍下垂，左肘与左膝上下相对，两肩下沉。

第五组

12.高探马

图18-185　　　图18-186

(1)右脚跟进半步，身体重心逐渐后移至右腿上；右手变掌，两手心翻转向上，两肘微屈；同时身体微向右转，左脚跟渐渐离地；眼看左前方（图18-185）。

(2)上体微向左转，面向前方；右掌经右耳旁向前推出，手心向前，手指与眼同高；左手收至左侧腰前，手心向上；同时左脚微向前移，脚尖点地，成左虚步；眼看右手（图18-186）。

要点：上体自然正直，双肩要下沉，右肘微下垂。跟步移换重心时身体不要有起伏。

13.右蹬脚

(1)左手手心向上，前伸至右腕背面，两手相互交叉，随即向两侧分开并向下划弧，手心斜向下；同时左脚提起向左前侧方进步（脚尖略外撇）；身体重心前移，右腿自然蹬直，成左弓步；眼看前方（图18-187、188、189）。

(2)手由外圈向里圈划弧，两手交叉合抱于胸前，右手在外，左手在里。两手心均向内；同时右脚向左脚靠拢并脚尖点地；眼平看右前方（图18-190）。

(3)两臂左右划弧分开平举，肘微屈，两手心均向外；同时右腿屈膝担起，右脚向右前方慢慢蹬出；眼看右手（图18-191、192）。

图18-187　　图18-188　　图18-189　　图18-190　　图18-191　　图18-192

要点：身体要稳定，不可前俯后仰。两手分开时，腕部与肩齐平。蹬脚时，左腿微屈，右脚尖回勾，劲在脚跟。分手和蹬脚须协调一致。右臂和右腿上下相对。

14.双峰贯耳

图18-193　　图18-194　　图18-195　　图18-196

(1) 右腿收回，屈膝平举，左手由后向上、向前下落至体前，两手心均翻转向上，两手同时向下划弧分落于右膝两侧；眼看前方（图18-193、194）。

(2)右脚向右前方落下，身体重心渐渐前移，成右弓步，面向右前方；同时两手下落，慢慢变拳，分别从两侧向上、向前划弧至面部前方，成钳形状，两拳相对，高与耳齐，拳眼都斜向下（两拳中间距离约10-20厘米）；眼看右拳（图18-195、196）。

要点：头颈正直，松腰松胯，两拳松握，沉肩垂肘，两臂均保持弧形。双峰贯耳式的弓步和身体方向与右蹬脚方向相同。

15.转身左蹬脚

(1)左腿屈膝后坐，身体重心移至左腿，上体左转，右脚尖里扣；同时两拳变掌，由上向左右划弧分开平举，手心向前；眼看左手（图18-197、198）。

(2)身体重心再移至右腿，左脚收到右脚内侧，脚尖点地；同时两手由外圈向里圈划弧合抱于胸前，左手在外，右手在内，两手心均向内；眼平看左方（图18-199、200）。

（3）两臂左右划弧分开平举，肘部微屈，手心均向外；同时左腿屈膝提起，左脚向左前慢慢蹬出；眼看左手（图18-201、202）。

图18-197　　图18-198　　图18-199　　图18-200　　图18-201　　图18-202

要点：与左蹬脚式相同，只是左右相反。左蹬脚方向与右蹬脚成180°。

第六组

16.左下势独立

图18-203 图18-204 图18-205　　图18-206　　图18-207 图18-208 图18-209

（1）左腿收回平屈，上体右转；右掌变成勾手，左掌向上、向右划弧下落，落于右肩前，掌心斜向后；眼看右手（图18-203、204）。

（2）右腿慢慢屈膝下蹲，左腿由里向左侧（偏后）伸出，成左仆步；左掌下落（掌心向外）向左下顺左腿内侧向前穿出；眼看左手（图18-205、206）。

要点：右腿全蹲时，上体不可过于前倾。左腿伸直，左脚尖须向里扣，两脚脚掌全部着地。左脚尖与右脚跟踏在中轴线上。

（3）身体重心前移，左脚跟为轴，脚尖尽量向外撇，左脚前弓，右腿后蹬，右脚尖里扣，上体微向左转并向前起身；同时左臂继续向前伸出（立掌），掌心向右，右勾手下落，勾尖向后；眼看左手（图18-207）。

（4）右腿慢慢提起平屈，成左独立势；同时右手变掌，并由后下方顺右腿外侧向前弧摆出，屈臂立于右腿上方，肘与膝相对，手心向左；左手立于左胯旁，手心向下，指尖向前；眼看右手（图18-208、209）。

要点：上体要正直，不前倾凸臀，独立腿要微屈，右腿提起时脚尖自然下垂。

17.右下势独立

图18-210　图18-211　图18-212　　图18-213　　图18-214　图18-215　图18-216

（1）右脚下落于左脚前，脚掌着地；然后左脚前掌为轴，脚跟转动，身体随之左转同时左手向后平举变成勾手，右掌随着转体向左侧划弧，立于左肩前，掌心斜向后，眼看左手（图18-210、211）。

（2）同"左下势独立"（2）解，只是左右相反（图18-212、213）。

（3）同"左下独立势"（3）解，只是左右相反（图18-214）。

（4）同"左下独立势"（4）解，只是左右相反（图18-215、216）。

要点：右脚尖触地后必须稍微提起，然后再向下仆腿，其他均与"左下独立势"相同，只是左右相反。

第七组

18.左右穿梭

图18-217　　　　图18-218　　　　图18-219　　　　图18-220　　　　图18-221

（1）身体微向左转，左脚向前落地，脚尖外撇，右脚跟离地，两腿屈膝成半坐盘式；同时两手在左胸前成抱球状（左上右下）；然后右脚收到左脚的内侧，脚尖点地；眼看左前臂（图18-217、218、219）。

（2）身体右转，右脚向右前方迈出，屈膝弓腿，成右弓步；同时右手由脸前向上举并翻掌停在右额前，手心斜向上；左手先向左下再经体前向前推出，高与鼻尖平，手心向前；眼看左手（图18-220、221、222）。

图18-222　　图18-223　　图18-224　　图18-218　　图18-226　　图18-227

（3）身体重心略向后移，右脚尖稍向外撇，随即身体重心再移至右腿，左脚跟进，停于右脚内侧，脚尖点地；同时两手在右胸前成抱球状；眼看左前臂（图18-223、224）。

（4）同（2）解，只是左右相反（图18-218、226、227）。

要点：完成姿势面向斜前方，手推出后，上体不可前俯。手向上举时，防止引肩上耸，手要与弓腿上下协调一致。做弓步时，两脚跟的距离同搂膝拗步式，保持在30厘米左右。

19.海底针

右脚向前跟进半步，身体重心移至右腿，左脚稍向前移，脚尖点地，成左虚步；同时身体稍向右转，右手下落经体前向后、向上提抽至肩上耳旁，再随身体左转，由右耳旁斜向前下方插出，掌心向左，指尖斜向下；与此同时，左手向前、向下划弧落于左胯旁，手心向下，指尖向前；眼看前下方（图18-228、229）。

要点：身体要先向左转，再向左转。完成姿势后左手要坐碗、舒掌，上体不可太前倾。避免低头和臀部外凸，左腿微屈。

图18-228　　图18-229　　　图18-230　　　图18-231　　　图18-232

20.闪通臂

上体稍向右转，左脚向前迈出，屈膝弓腿成左弓步；同时右手由体前上提，屈臂上举，停于右额前上方，掌心翻转斜向上，拇指朝下；左手上起经胸前向前推出，高与鼻尖平，手心向前；眼看左手（图18-230、231、232）。

要点：完成姿势上体自然正直，松腰、松胯；左臂不要完全伸直，背部肌肉要伸展开。推掌、举掌和弓腿动作要协调一致。

第八组

21.转身搬拦捶

(1)上体后坐，身体重心移至右腿上，左脚尖里扣，身体向后转，然后身体重心再移至左腿上；与此同时，右手随着转体和右、向下（变拳）经腹前划弧至左肋旁，拳心向下；左掌上举于头前，掌心斜向上；眼看前方（图18-233、234）。

图18-233　　图18-234　　图18-234（正面）　　图18-235　　图18-235（正面）

(2)向右转体，右拳经胸前向前翻转撇出，拳心向上；左手落于左胯旁，掌心向下，指尖向前；同时右脚收回后（不要停顿或脚尖点地）即向前迈出，脚尖外撇；眼看右拳（图18-235、236）。

图18-236　　　图18-237　　　图18-238　　　图18-239

(3)身体重心移至右腿上，左脚向前迈一步；左手上起经左侧向前上划弧拦出，掌心向前下方；同时右拳向右划弧收到右腰旁，拳心向上；眼看左手（图18-237、238）。

(4)左腿前弓成左弓步，同时右拳向前打出，拳眼向上，高与胸平，左手附于右前臂里侧；眼看右拳（图18-239）。

要点：右拳不要握得太紧。右拳回收时，前臂要慢慢内旋划弧，然后再外旋停于右腰旁，拳心向上。向前打拳时，右肩随拳略向前引伸，沉肩垂肘，右臂要微屈。弓步时上体不前

22.如封似闭

图18-240　　图18-241　　图18-242　　图18-243　　图18-244　　图18-245

(1)左手由右腕下向前伸出，右拳变掌，两手手心逐渐翻转向上并慢慢分开回收；同时身体后坐，左脚尖翘起，身体重心移至右腿；眼看前方（图18-240、241、242）。

(2)两手在胸前翻掌，向下经腹前再向上、向前推出，腕部与肩平，手心向前；同时左腿前弓成左弓步；眼看前方（图18-243、244、245）。

要点：身体后坐时，避免后仰臀部不可凸出。两臂随身体回收时，肩、肘部略向处松开，不要直着抽回。两手推出宽度不要超过两肩，上体不前倾。

23.十字手

图18-246　　　　　　图18-247　　　　　　图18-248　　　　图18-249

(3)屈膝后坐，身体重心移向左腿，左脚尖里扣，向右转体；右手随着转体动作向右平摆划弧，与左手成两臂侧平举，掌心向前，肘部微屈；同时右脚尖随着转体稍向外撇，成右侧弓步；眼看右手（图18-246、247）。

(4)身体重心慢慢移至左腿，右脚尖里押，随即向左收回，两脚距离与肩同宽，两腿逐渐蹬直，成开立步；同时两手向下经腹前向上划弧交叉合抱于胸前，两臂撑圆，腕高与肩平，右手在外，成十字手，手心均向后；眼看前方（图18-248、249）。

要点：两手分开和合抱时，上体不要前俯。站起后，身体自然正直，头要微向上顶，下颏稍向后收。两臂环抱时须圆满舒适，沉肩垂肘

24.收势

(1)两手向外翻掌，手心向下，两臂慢慢下落，停于身体两腹前；眼看前方(图18-180、181、182)。

(2)两腿缓缓蹬直，同时两掌慢慢下落至大腿两侧，然后收左脚成并步

直立，眼看前方(图18–182、183)。

图18–180　　　　图18–181　　　　图18–182　　　　图18–183

要点：两手左右分开下落时，要注意全身放松，同时气也徐徐下沉（呼气略加长）丹田，把左脚缓缓收到右脚旁后，作一次深呼吸，敛神、意气归元。

第五节　散打

散打是两人按照一定的规则，运用武术中的踢、打、摔和防守等技法，进行徒手对抗的现代竞技体育项目，它是中国武术的重要组成部分，其特点是把传统格斗术中单纯攻防"招法"的观念发展成为把体能、智能与技能结合，以突出其综合应用能力。现代散打运动是技击与体育的完美结合，是一项融竞技性、健身性、观赏性、娱乐性、商业性为一体的独特运动项目。

一、实战姿势（以左势为例，以下均同）

侧身，成前后开立步，两手握拳，拳眼斜朝上，两臂左前右后屈举于体前；左臂肘关节夹角在90～110°，右臂肘关节夹角小于90°，垂肘紧护右肋；下额微收，闭嘴合齿；面部和左肩、左拳正对对方（图18–184）。

要点：实战时根据攻防动作的特点，要求进退灵活，攻守严密，移动方便。姿势不可太低，重心控制在两脚之间，两手紧护躯体，暴露给对方打击的有效部位尽量缩小。

二、步法

（一）进步：

前脚（左脚）先向前进半步，后脚再跟进半步（图18-185）。

要点：进步步幅不宜过大，后脚跟进后保持实战姿势，进步后跟步衔接越快越好。

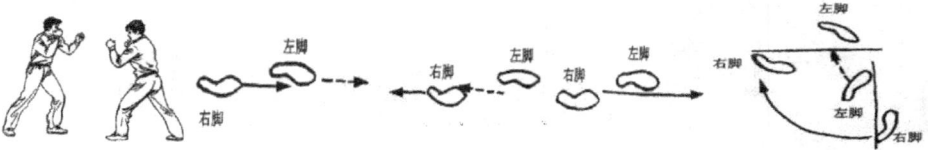

图18-184　　图18-185　　图18-186　　图18-187　　图18-188

(二)退步

后脚（右脚）先后退半步，前脚再退回半步（图18-186）。

要点：保持实战姿势,衔接越快越好.

（三）上步

后脚向前上一步，同时左、右拳前后变换成反架实战姿势（图18-187）。

要点：上步时身体重心要平稳，两手动作与上步要协调配合，同时进行。

（四）闪步

左（右）脚向左（右）侧移半步，右（左）脚随之向左（右）滑步，同时身体向右（左）移动约90°（图18-188）。

要点：步法轻灵，转体闪躲敏捷。

（五）撤步

前脚向后撤一步，同时左、右拳前后变换成反架实战姿势（图18-189）。

图18-189　　图18-260　　图18-261　　图18-262　　图18-263　　图18-264

要点：保持实战姿势,衔接越快越好.。

（六）换步

左脚与右脚同时蹬地并前后交换位置，同时两拳也前后交换成反架实战势。

要点：转换时要以髋关节带动两腿，身体不能明显向上腾空（图18-260）。

三、拳法

（一）冲拳（以右为例）

实战姿势。右脚微蹬地内扣，转腰顺肩，右拳直线冲出，力达拳面；左拳（也可变掌）回至右肩内侧（图18-261）。

要点：充分利用转腰蹬地加大冲拳力量，经腰、肩、肘达于拳面。动作完成后以腰带肘主动回收。

攻防含义：右冲拳动作幅度大，力量大，主要攻击对方的面部和胸、肋部位。在左先锋拳突破对方防守后使用效果最佳。

（二）掼拳

实战姿势。乙右脚微蹬地内扣，合胯向左转腰，同时右拳经外向前向里横掼，力达拳面或偏于拳眼侧，左拳变掌收护于下颌（图18-262）。

要点：右脚扣膝，合胯转腰带动掼拳发力。动作幅度宜小不宜大。

攻防含义：适用于距离较近，多用于连击或防守后反击，专击对方头侧或肋部。

（三）抄拳（以右为例）

实战姿势。乙右脚蹬地，扣膝合胯，微向左转腰的同时，右拳由下、向前、向上抄起，大小臂夹角在90°～110°之间，拳心朝里，力达拳面，左手回收至右肩内侧（图18-263）。

要点：右抄拳要借助蹬地、扣膝、合胯、转腰，发力由下至上，协调顺达。抄拳时右臂先微内旋再外旋，螺旋形运行。

攻防含义：适用于近距离攻击对方下颌或胸、腹部。

图18-265　　　图18-266　　　图18-267　　　图18-268　　　图18-269

四、腿法

（一）蹬腿（左例）：

实战姿势。乙右腿直立或稍屈，左腿提膝抬起，勾脚，以脚跟领先向前蹬出，力达脚跟（图18-264）。

要点：屈膝高抬，爆发用力，快速连贯。

攻防含义：可主动攻击对方的躯干部，也可加步法或防守后运用。如进步蹬腿，防拳蹬腿。

（二）踹腿（右例）

实战姿势。乙左腿直立或稍屈支撑，身体左转180°，同时右腿屈膝前抬，小腿外摆，脚尖勾起，脚掌用力向前踹出，力达脚掌，上体可侧倾（图18-265）。

要点：踹出时一定以大腿推动小腿直线向前发力。

攻防含义：配合步法运用，变化多，宜在不同距离上使用。人体下、中、上各部位均可攻击。

（三）横摆踢腿（右）

实战姿势。乙左膝外展，上体左转、收腹，带动右腿，扣膝、收髋，向左上方横摆踢腿，踝关节屈紧，力达脚背至小腿下端（图18-266）。

要点：以转体带动摆腿，动作连贯快速。

攻防含义：主要攻击对方肋部、头部，运用得好能起到重击对手的作用。但因其弧形横摆路线长，易被对方察觉和防守，使用时注意突然性。

（四）勾踢腿（右）

实战姿势。乙左膝外展，身体左转180°，收腹合胯，带动右腿直腿勾脚向前、向左弧线擦地勾踢，脚背屈紧内扣，力达脚弓内侧（图18-267）。

要点：勾踢快速，力点准确，保持身体平衡。

攻防含义：当对方身体重心在前腿时，可击其脚后跟，破坏其支撑的稳定性。配合同侧手做。

图18-270　　图18-271　　图18-272　　图18-273　　图18-274

五、摔法

(一) 抱腿前顶摔

双方由实战姿势开始。当甲拳击乙头部时，乙下潜躲闪，上左步，两手抱甲双腿用力回拉，同时用左肩顶甲腹部，将其摔倒（图18-268、269）。

要点：下潜敏捷抱腿紧，双手回拉与前顶肩同时进行。

攻防含义：无论主动进攻或防守反击，运用此法一定掌握好时机、距离。

（二）抱腿别腿摔

当甲站立或用左侧弹踢腿时，乙避其进攻趋势，并进抱起甲左腿，并上左腿绊别甲支撑腿，随即上体右转用胸上压甲腿，使其倒地（图18-270）。

要点：抱腿敏捷，别腿、转体压腿、衔接要快而有力。

攻防含义：可用于主动进攻或防守后反击。左右别腿均可使用。

（三）夹颈过背摔

甲左直拳击乙头部。乙前臂格挡，左臂由甲右肩上穿过后屈臂夹甲颈部，同时右脚在向右转体时撤步至与左脚平行，两腿屈膝，以左侧髋部紧贴甲前身，继而两腿蹬伸，向下弓腰低头将甲背起后摔倒（图18-271、272）。

要点：夹颈牢，转身快，紧贴靠，低头弓腰、蹬腿协调连贯。

攻防含义：多用于对方冲拳、掼拳、掼拳击打我头部时防守后反击。

图18-275　　　图18-276　　　图18-277　　　图18-278　　　图18-279

六、防守动作

（一）后闪

实战姿势。乙重心后移，上体略后仰闪躲，目视对方（图18-273）。

要点：后闪幅度不宜大，闭嘴合齿下额收。

攻防含义：防守对方拳法攻击上体部位，常配合前蹬腿做防守反击练习。

（二）下闪

实战姿势。乙屈膝、沉胯、下蹲、缩颈、弧形向下躲闪，两手紧护胸部目视对方（图18-274）。

要点：下闪时膝、髋、颈部要协调一致。

攻防含义：主要防守对方横向攻击头部的左右掼拳、高横踢腿等。

（三）侧闪

实战姿势。乙两腿微屈、俯身，上体向左侧或右侧闪躲（也可加步法侧闪，见闪步）（图18-275）。

要点：上体含缩，侧身转头，目视对方。

攻防含义：主要闪躲对方左右冲拳正面攻击我上体都位。

（四）拍挡

实战姿势。乙左手以拳心或掌心为力点向里横向拍挡对方进攻（图18-276）。

要点：左小臂要垂直，拍挡幅度小，用力短促。

攻防含义：主要防守对方直线型拳法对我中、上体的攻击。

（五）拍压

实战姿势。乙左拳变掌，以掌心或掌跟为力点由上向前下拍压（图18-277）。

要点：拍压时臂内旋，手腕和掌指要紧张用力。

用法：防守对方正面攻击我中盘的动作，如下冲拳、勾拳、蹬踹腿等。

（六）挂挡

实战姿势。乙左臂屈肘，由前向后上左侧头部或肩部挂挡（图18-278）。

要点：大小臂叠紧，挂挡幅度小，用力短促，要注意合胸，暴露面小。

用法：主要防守对方横向型手法或腿法击上体如左右掼拳、横踢腿等。

（七）提膝

实战姿势。乙身体稍右转，右腿微屈独立支撑，左腿屈膝提起，目视前方（图图18-279）根据对方腿法进攻的路线、方位，膝关节分别有里合、外摆或垂直向外的变化。

要点：沉肩、含胸、收腹，提膝迅速并贴近腹部。

攻防含义：防守对方正面或横向腿法攻下盘部位，如弹腿、踹腿、低横踢腿等。

（二）基本战术

1. 直攻战术

是指在没有虚晃及假动作的掩护下，使用方法直接进攻。

2. 强攻战术

是指强行突破对方的防守动作后发出进攻。

3. 佯攻战术

是用虚假动作造成对方的错觉，把对方引入歧途，实现真实进攻。

4. 制长战术

使用相应的方法，制服对方的长处。

5. 制短战术

集中力量专门进攻对方的薄弱环节，制其所短。

三、散打练习方法

(1)由于散打具有强烈对抗性的运动特点，深受儿童青少年的喜爱，经常练习，对其成长发育多有裨益。

(2)散打锻炼场地以平坦松软的场地为佳，如塑胶场地、地毯、松软土质场地等。

(3)穿宽松有弹性的运动服装，或者运动裤头背心。

(4)初学散打应首先学习基本手形、步形、拳法、腿法、跌法技术，再学习战术；先进行空击练习，再进行打靶、模拟实战练习。

(5)散打运动激烈，应注意运动时间与运动强度的调整。

四、散打比赛规则简介

主要的武术散打竞赛有全国武术锦标赛，全国青少年武术锦标赛，亚洲武术锦标赛，世界武术锦标赛，全运会武术比赛和亚运会武术比赛等。为开拓国内、国际市场，还有很多其他形式的散打赛事：如"中国武术散打王争霸赛"等。

武术散打竞赛规则

(1)体重级别：分48公斤、52公斤、56公斤、60公斤、65公斤、70公斤、75公斤、80公斤、8公斤、90公斤、90以上级共11个级别。

(2)竞赛局数与时间：每场比赛采用三局两胜制。每局净打2分钟，局间休息1分钟。

(3)比赛场地：为高0.6米、长8米、宽8米的台，台面上铺有软垫，软垫上有帆布盖单。

(4)禁击部位：后脑、颈部、裆部。

(5)得分部位：头部、躯干、大腿。

(6)得分标准：得2分：下台，倒地，腿法击中头部或躯干，强制读秒，警告等。得1分：手法击中，腿法击中大腿，先后倒地，劝告等。不得分：方法不清，效果不明显；同时倒地；同时下台；抱缠时击中。

第六节　拳击

一、拳击运动文化

自从古罗马皇帝西奥多雷斯下令禁止拳击后，拳坛几乎寂寞了4个多世纪。主要原因是由于人们对古罗马拳击的粗野影响难以忘怀；另一方面因为欧洲各地时兴骑马斗剑，马上技术抑制了拳击的发展。骑士体育是属于统治阶级和贵族的，而且必须是基督徒。而拳击作为一种自卫技术、娱乐活动，在民间仍然不断地流行着，只是不能公开比赛。

公元8世纪，奥斯曼大帝执政，法庭制定了一种新制度："斗审"。就是在审判中遇到疑难案件，命令诉讼双方进行决斗，胜利者获胜诉。如果是贵族间的诉讼，就接贵族习俗骑马、穿护身甲胄进行斗剑；而平民间的诉讼，则以拳击决胜负。从此，拳击在平民百姓中更为广泛地流传了。

公元1200年间，传教士圣倍纳丁看到当时许多青年在斗剑中丧生的悲剧，设法推行拳击代替斗剑。他废止了古罗马拳击的野蛮方法，提倡赤手拳击，使之成为以锻炼身体为原则的体育活动。圣倍纳了在意大利的西纳开设了一所拳击训练学校，亲自担任教练，并主持拳赛，执行裁判工作。在赛程中遇有可能发生危险的紧急关头，他会及时命令停止比赛，以防止不必要的伤害事故发生。这种改良的拳击，逐渐在青年中流行起来。圣倍纳了一生始终热衷于拳击运动，使中断了几个世纪的拳击东山再起，成为拳击史上不可磨灭的里程碑。

到了16世纪拳击运动越过了多巴海峡，传播到了英国。公元17世纪末，拳击在英国复兴起来。公元18世纪初，在英国出现了有奖的拳击比赛。1719年产生了被称为现代拳击始祖的第一位英国拳击冠军詹姆斯·菲格（1695—1734年），并把冠军保持了11年之久，他有"无敌将军"的美称，菲格的拳击是没有防护的徒手的"生死"型格斗。他创立了世界上最早的拳击学校，成为英国拳击运动员的培养摇篮。菲格死后，他的得意门生约翰·布劳顿（1704—1789年）继承了他的拳击事业。为了使拳击减少伤害事故，他组织了拳击俱乐部。为了使拳击更富有体育精神，他于公元1743年8月16日又推出了新的也是世界上最早的职业拳击运动比赛规则，命名为"布劳顿规则"。规则主要规定不准打击已倒地者和不准打击腰部以下任何部位。同时，布劳顿又发明了第一种软皮手套，以保护脸部皮肤。后来布劳顿还在伦敦建造一所大型竞技场，作为专门教授拳击和组织拳赛的中心。由于布劳顿对拳击运动提出了新的方向，对拳击的健康发展起了重要作用，后人称他为"拳击之父"。

公元1792年，英国拳击冠军门道沙为了推广拳击，加入马戏团到英伦三岛各地，做拳击表演，积极宣传拳击。1798年他写成拳击史上第一本拳击指南，定名为"拳击艺术"，深受人们的欢迎。门道沙是位研究拳击的先驱者，也是开展拳击运动的功臣。

1838年，英国伦敦在布劳顿最初的规则基础上，制定颁布了《伦敦拳击锦标赛规则》，被用在了拳击比赛中。1853年还对这一规则进行了修改。1865年，英国伦敦业余竞技俱乐部成员。记者约翰·古拉哈姆·千巴斯又进一步完善修订了新的拳击规则，英国昆士伯利的侯爵约翰·肖鲁图·道格拉斯担任了这个新规则的保证人，并把它命名为英国"昆士伯利拳击规则"。在这个规则中，明确规定了参加拳击比赛的人必须戴拳击手套，比赛的每个回合打满3分钟，回合之间休息1分钟；比赛中禁止发生搂抱和摔跤现象，否则被判为犯规；一方被打倒后开始数秒，如果10秒钟被打倒的人不能站起来，就判定对方胜利等内容。这个规则基本上形成了后来拳击比赛的竞赛框架，为促进拳击的发展指明了方向。

英国昆士伯利规则形成之后，大约经过20年的反复实践和运用，才逐渐被人们肯定。例如比赛必须使用手套的规定，一直到1892年9月7日约翰·L·萨里班和基姆·哥培德戴着五盎司重的拳套进行了世界第一次重量级冠军赛，这个规定才最终在拳击比赛规则中确定下来，并被所有的拳击比赛所采用。上述规则的不断修订和完善，特别是英国昆士伯规则的最终确定，为促进现代拳击比赛奠定了基础。从另一个角度来说，英国拳击爱好者的努力，为推动和促进现代拳击比赛的发展，做出了不可磨灭的贡献。

二、拳击基本步法

（一）前滑步

作用：前滑步是用来配合各种拳法前进击打用的步法，或作为寻找与对手之间合适距离而使自己在台上处于有利地位的步法。

动作：由基本姿势开始，先将左脚向前滑进一步，右脚随即跟进，两脚仍保持原来的部位与距离。

要领：开始前进时，左脚略提踵，右脚同时向后蹬地，两脚保持原距离同时前移，这时上体保持原来姿势，身体重心的投影始终落在两脚之间。

注意事项：①要擦着地面向前滑步，不要跳起或蹦起。②滑步后要保持原来姿势和原距离，两脚不可并拢。

（二）后滑步

作用：后滑步是退步防守和退后还击的步法。

动作：由基本姿势开始，右脚先向后滑退一步，左脚随即跟进，两脚保持原来的基本姿势和距离。

要领：后滑时，右脚略提起，左脚用短促弹力向前蹬地。后滑步的步长与前滑步相同。

（三）左滑步

作用：这是结合向左侧移动的步法。

动作：左脚掌向左侧擦地横向滑动，右脚蹬地横滑跟上保持原来姿势。

要领：动作开始时左脚先略微提起，以右脚的弹力向右蹬地，推动身体向左移动。滑动时要擦地，不可跳跃。

（四）右滑步

作用：配合向右侧闪的步法。

动作：由基本姿势开始，先将右脚略微提起，同时利用左脚向左蹬地的弹力，推动右脚向右侧滑动一步。

要领：与左滑步相同，方向相反。在向左、有滑步时，为了使身体重心在移动后保持稳定，滑动脚着地时应注意用脚掌的外缘先着地，以避免身体移动过大而失去平衡。

（五）冲刺步

作用：用于长距离击打左直拳的步法。

动作：由基本姿势开始，左脚跟稍微提起，右脚用短而快的弹力向后蹬地，接着左脚向前冲刺急进一步，右脚随即跟进保持原来的距离。

要领：这种步法在蹬地时力量要比前滑步大，滑动的距离也比较长，一般为50～70厘米。

在滑进时身体重心微向前移，以增加冲击急进的速度。

（六）急退步

作用：是急速远离对手向后滑动的步法。

动作：由基本姿势开始，前脚用力蹬地，后脚先向后迅速后滑，后脚落地的同时前脚迅速跟上，身体重心随着后滑而向左脚移动。

（七）前滑并步

作用：是从较远的距离用直拳攻击对方的步法。

动作：由基本姿势开始，左脚先滑进半步，右脚随即跟上，在接近右脚内侧处着地；当右脚着地时，即迅速蹬地，左脚同时再向前冲刺急进一大步。

要领：左脚第一次滑进时，步幅不可太大，右脚第一次跟进着地和蹬地要迅速，中间不要有停顿。

注意事项：动作过程中身体不可有明显起伏。

（八）后滑并步

作用：是在实战或比赛中对方猛扑的情况下，快速后退并步且可配合左直拳迎击的步法。

动作：由基本姿势开始，右脚先向后滑退一步，左脚随即后退在右脚内侧处着地。左脚着地时，右脚迅速再后滑退一大步，同时左脚再跟上，仍保持原来姿势。

要领：右脚滑退第一步时，步幅不可太大，左滑退第一步的落地动作就是第二步滑退的蹬地动作，动作要连贯。

注意事项：滑退时，上体不可后仰。

（九）向左环绕步

作用：这种步法是双方对峙时为了寻找对方的空隙和进攻的机会。为了躲闪对方免受击打，使对方快速直线进攻失效，使出拳扑空。

动作：向左环绕滑动时，右脚蹬地，左脚先向左斜前方滑移，着地后右脚迅速向同一方向跟进，身体重心随着两脚的移动，由原来的位置向斜前方移动，在移动中应保持基本姿势。

注意事项：练习时注意绕弧形路线，不可沿横线直进。

（十）向右环绕步

作用：与向左环绕步同，方向相反。

（十一）左闪步

作用：是向左闪躲后准备还击的步法。

动作：由基本姿势开始，以右脚掌为轴，右脚跟向右移45度，身体突然向左转体，改变方向，左脚迅速向有后移动。

要领：转体时必须利用腰胯力量。

注意事项：对方用有直拳击我头部时，可用此闪步，并在转体的同时，用左直拳迎击对方头部。

（十二）右闪步

作用：与左闪步相同，方向相反。

动作：由基本姿势开始，以左脚掌为轴，脚跟向左移45o，身体突然向右转体改变方向，右脚迅速向左跟上成基本姿势。

要领：与左闪步相同，方向相反。

三、拳击基本拳法

（一）左直拳

左直拳是拳击中所有其他击拳的基础，能正确地运用左直拳是一个有良好技术素质的拳手的特征。凡是称雄拳坛的拳王和著名拳击家都有着一手久经锻炼磨砺出来的左直拳。美国的英吉马·约翰逊在1959年与弗劳德·帕特逊的比赛中，他的左直拳使得对手难以招架，在第三回合中就将对手击倒，获得世界锦标赛重量级冠军。击败拳王阿里的拉利霍姆斯右臂受伤后专用左手练直拳达9个月，终于取胜。我国30年代的上海拳手郑吉常，由于他的左直拳快而凶，在国外有"远东毒蛇"之称。

（二）右直拳

右直拳是拳击运动中采用的重拳之一。右直拳适合于远距离的攻击，但右直拳一般使用时机少，在有充分把握时才能使用。由于右拳较左拳离对方远，发拳时身体变化幅度较大，所以右直拳较左直拳慢。为了便于击中对方，就要用左手的假动作来转移或破坏对手的防护，或用左刺拳引开对手的注意力，或使对手失去平衡，以此来创造有利于右直拳进攻的条件和时机。要领：由基本姿势以右脚掌蹬地开始发力，右腿发出的力量使右侧髋关节前送，带动腰部迅速向前转动，同时右肩前送。右拳以直线向前发出，攻击对方头部。髋和腰部的扭动以及右肩的前送，能够增加右直拳的力量和攻击距离。

摆拳是从侧面袭击对手的有力拳法。由于从侧面击打，身体向相反方向移动，起到分散对手注意力的作用。但摆拳走的路线较长，容易被对手发现，而且因力量大，一旦击空容易失去平衡。摆拳速度比直拳慢，一般不作开始的引拳。

（三）左摆拳击头、腹

要领：由基本姿势开始，拳由自己的左肩前开始，从左侧向前成弧形路线移动击打目标，上臂与前臂约成120~150度角，臂与肩平，并利用腿、腰、脖发力，重心移至左脚，在出拳过程中拳及前臂略向内旋，肘部微向上翻与肩同高。在击中目标的一瞬间，肩、臂肌肉与腕关节突然紧张，并随即放松，恢复成实战预备姿势。击打对方腹部正、侧部位时，上体可略向右倾斜或向右侧跨步，借助身体的移动加大击打力量。

左摆拳练习时的注意事项：①击打时不可有预拉动作。②左摆拳出击时，右拳微向上举，保护下纵③左拳出击后立即收回，还原成预备姿势。

（四）右摆拳

要领：与左摆拳大致相同，唯腰、腿和胯的发力动作较左摆拳更为明显。右摆拳动作大，速度也较慢，但拳较重。当对手大意或其进攻时疏于防守出现空隙时，可用右摆拳给予出其不意的击打和还击，但一般使用机会较少。

右摆拳多与左手拳的击打配合运用。在对手被击中，注意力分散时，以有摆拳击打可以收到极具威胁的效果。在对手疏于防守或体力

右摆拳击上体，常用于与左撇子对手对阵时，出击时要紧缩身体，出

击后身体要向左前方运动，以防对手迎击头部。

摆拳练习中要注意以下几点：

第一，先原地徒手练习，体会发力、转体、转胯带动手臂前摆等动作要点。出拳时，要注意手腕内族动作，用拳峰部位接触击打部位。

第二，在基本掌握动作方法的基础上，结合步法练习出拳。

第三，运用打手靶的练习，可在原地与移动中进行，改进与提高动作质量，提高击打准确性。

第四，利用打沙包进行练习，一方面改进动作，一方面锻炼击打力量。

第五，进行实战练习，提高运用的能力。

（五）上钩拳

一场拳击比赛中运动员的进攻与防守是多种多样的，这体现在调整距离上，要靠步法的灵活和判断的准确。如果说直拳与摆拳更注重中、远距离的进攻，那么上钩拳主要在中、近距离击打对方。

上钩拳既可发短拳也可发长拳。发长拳时手臂几乎伸直，上、前臂夹角大于90o，发短拳时上、前臂夹角小干90o。当对手两手高举成防头部的姿势时，或当对手击打头部而落空时，可发上钩拳击对手的上体（胃、腹或助部）。

（六）平钩拳：

钩拳是一种中、近距离的击打拳法，钩拳通常配合直拳或摆拳组成组合拳进攻对手。

1.左平钩拳

要领：由实战姿势开始，先将左肘提起与肩平，肘部约成80度角，利用身体腰、肩部突然转动的力量，上体向右方向转，但不超过90度，臂部肌肉由放松到突然紧张，之后再迅速放松，打击对方的右侧，这时重心移到右脚上，击打后立即收回还原成实战姿势。

注意事项：

①出击时，拳不应有向后拉的准备动作。

②左拳击出同时有拳微上举，保护下颏。

2.右平钩拳

要领：出拳要领与用力方法都与左平钩拳大致相同。

左、右平钩拳都可以配合前进步法练习，即作前滑步同时击打左乎钩拳或右平钩拳。

（七）刺拳

刺拳属手直拳类型，是一种试探性拳法，以左刺拳为多。拳走的路线比直拳短，拳的力量较轻，能起试探对手的作用，并配合其它拳法以连续进攻。

要领：出拳比直拳快而突然，腰部与胯部转动比直拳小，蹬地力量不大，因此重心前移较小，出拳后，臂并没有完全伸直。

（八）振拳

此拳法多用在短兵相接、近距离搏斗时，贴近对手击打。

要领：借腰部突然快速转动，出击时两臂贴近身体，上、前臂之间小于90度角。

（九）速击拳

此拳法多用在近距离搏斗时，快速进攻，抢夺优势时使用。

要领：出拳快而突然，攻击对方要害，以快取胜。

四、拳击防守方法

（一）阻挡防守

根据对手来拳击打的路线不同可采用掌、肘、臂和肩阻止对方来拳。用阻挡防守法可有效地防守对手在中距离、近距离和远距离的各种拳法。比如：

1.对方用左、右直拳击下颌时，右手张开拳套在下颌处阻挡对方的直拳。

2.左肘阻挡左（右）直拳击腹

双方由实战预备姿势开始，当甲上步用左（右）直拳击腹时，乙迅速以弯曲的左或右臂略移向左右下方阻挡对方直拳，同时身体略向左转。

3.左臂阻挡右平钩拳或有摆拳

双方从实战预备姿势开始，当甲上步同时以有摆拳或右平钩拳击打乙面部左侧时，乙迅速屈左臂置于头部左侧，同时身体略向右转，以前臂阻挡甲的有平钩拳或右摆拳。

4.右臂阻挡左摆拳或左平钩拳

双方由实战预备姿势开始，甲上步同时出左摆拳击打乙的面部右侧，乙迅速将弯曲的右臂向上举至头部右侧，阻挡甲的左摆拳。同时，左拳作好保护。

5.肩阻挡右直拳击头

双方由实战预备姿势开始，甲出右直拳击打乙面部，乙迅速将身体重心后移，并略向右转，同时迅速将左肩耸起，以左肩阻挡右直拳。

（二）格挡防守

格挡是格架或拍击对方来拳，使它改变方向。格挡便于还击。

1.右手拍击左直拳

动作：双方由实战预备姿势开始，甲以左直拳击打乙面部，乙迅速张开右拳将甲的来拳向左下拍击，使甲的直拳改变方向，在拍击同时上体略向左转。

要领：拍击动作幅度不可太大，动作必须短促有力，用手掌拍击对手手腕部位。

2.右（左）前臂向下格挡左（右）直拳击腹

动作：双方由实战预备姿势开始，甲以左直拳击打乙腹部，乙迅速以右前臂格挡甲的直拳。

要领：格挡动作不可太大。

3.右臂格挡左摆拳或左臂格挡右摆拳

动作：双方由实施预备姿势开始，甲以左摆拳击打乙面部右侧，乙迅速以右前臂格挡甲的摆拳。

要领：格挡时上、前臂约成90度角。格挡同时上体稍向左转，以便于还击。

（三）闪躲防守

闪躲防守是用身体的闪躲使头离开击打路线。在实战中，闪躲被认为是一种最实用的防守方法，因为防守者可以空出两手以便进行反击。

闪躲技术要求能准确地判断时间。如果运动员掌握了良好的闪躲技术，就会使对手的来拳不断失误和击空，使之失去平衡，对其暴露的部位可趁机给予击打。在闪躲的同时可以发迎击拳。

闪躲法专门用于防守对手击头部，对直拳的防守要向侧面闪躲，对摆拳和上钩拳可作向后移步。

1.向右侧闪左直拳

动作：甲以左直拳击打乙面部，乙迅速将头部及上体向右侧闪躲，身体重心略向右移，使甲的直拳从乙的左肩上滑过去。

要领：闪躲动作不要过大，要敏捷短促。

2.向左侧闪右直拳

由基本姿势开始，甲以右直拳击乙头部，乙迅速向左闪躲。

3.向后闪

这种方法主要是防守对手直拳和摆拳。

当甲以左直拳进攻乙时，乙原地不动，利用上体后仰，重心落于后脚，接着上体前倾，用左直拳或左摆拳进行还击。

（四）潜避防守

潜避技术是对摆拳击头的一种主要防守方法，这一防守法是在身体重心下降的同时快速完成缩身下潜动作。在潜避中运动员用头和上体划出一个半圆的连贯动作，微屈腿的同时向对手出拳方向下潜，然后直起身。在做这个动作过程中，要始终注视着对手，动作要快而有力。

这一防守动作是由整个身体和腰部动作来完成的，要保持稳定的姿势，以利恢复实战预备姿势和进行还击。

1.从左向右摇避左摆拳

动作：甲用左摆拳击打乙面部，乙迅速下蹲。同时头部和上体微向前倾，利用腰、腹力量将头部从左向右闪，从对方左臂下闪过。

要领：①潜避动作幅度不可太大，也不宜蹲得太低。②摇闪时两眼仍要注视对方，以便还击和进一步防守。

2.从右向左摇避右摆拳

与左摆拳防守相同，方向相反。

五、拳击初学九忌

拳击爱好者在开始习拳阶段常出现的一些小毛病，问题虽小，牵涉却大，如初习阶段不及时解决，会对日后技术的提高有着相当的危害性。

下面就让我们谈谈初学拳击最忌讳的几点：

（一）不放松

拳击是一项对抗激烈的运动，对体力的要求相当高。然而，是否体力越好就一定会取胜呢？未必，拳击是一项技巧性很高的技术。首先，合理的运用体力是取胜的关键一环，如一味猛打猛冲，不讲战略，单凭良好的体力和速度来取胜，那很容易上对方消耗战的圈套。

为了从始至终保持良好的竞技状态，应当学会放松，而且从预备姿势就应放松，只有放松了，动作才会灵活，速度才会快。在放松状态下出拳，才能成分发挥肌肉收缩的力量，才能产生强大的富有弹性的迅猛的爆发力。如果在肌肉紧张的状态下出拳，速度就会变慢，不能产生强大的爆发力，对方也易发现你的攻击路线，出拳应当在放松的状态下以最快速度出击，在接触到目标的一瞬间才突然握拳用力，这就是说，只要放松才有速度，才有爆发力，才能持久。

（二）闭眼

在防守时，一但到对方进攻，不是冷静的观察判断，而是闭起眼来低头躲避，这样就很难找到反击的时机，不能有效的防守，也不能有效的去反击，这样就只有挨打的份了。正确的方法是冷眼细瞧，瞄准时机，快速进入反击状态，这时心里不能有丝毫的畏缩，但也不能莽撞，冷静的观察和准确的判断，是把握战机的根本。

（三）只攻不守

有些练习者不注意防守技术的训练，只会功，不会守，这是很不对的。因为在对抗中，对方是一个活的人，他会反击，会看出你的弱点，也会引诱你消耗体力。拳击的高度技巧性可以主要体现在防守与防守反击上。初学者先学好防守，防守是进攻的基础与出发点。有巧妙的防守，也有莫测的进攻，才是优秀拳手应具备的缺一不可的两大技术要素。最吸引人的技巧莫过于巧妙防守后的漂亮一击，这才能体现拳击的艺术性。

（四）消极防守

还有一些初学者一见对方进攻，就远远避开，躲避是必要的，但一味躲避，远远的躲避却是消极的，你躲的远对方当然打不到你，而你也打不到对方。这样无助于技术的提高，就不能培养出你无谓的气概与精神。应明确退是为了进，是为了寻找战机，创造攻击机会。

（五）步法呆滞

拳赛中我们可以看到两个运动员铃声一响就冲上前胶在一起，打的难解难分，弄的两败具伤，或者体力优者胜，这种硬拼到底的打法是不可取的。我们应提倡战略战术，想移动就移动，战术才会多变。移动可以避开对方的攻击，可以寻找时机，你打出一拳，本可以击中对方，但由于没有向前，或右移动一点，而失去了战机，这就是常说的脚慢手不快，手短进步短之根本原因。另一种情况就是，脚已跨出去了，落地了，拳才出去，这样就会暴露你的攻击意图。

（六）防守动作幅度过大

初习者一见对方攻击由于紧张、往往害怕，格不开对方的攻击，而用力大幅度去拨，这样只是白费力气，经常遇到这种情况，我们只需格挡身体切线之外，擦身而过最好，若遇力大的攻击，不应单靠手臂的格挡，而应与闪避，移动等身体步法巧妙的结合起来进行防守动作幅度尽量小些，这样，及能保存体力，又利于保持平衡。快速反应首先要看清对方的攻击路线和动作，对时间的与空间的判断要准确，不要惊慌失措。当然，这样经过一段时间的实践才能逐步掌握。

（七）过多的动

灵活多变的步法移动是必要的，但过多的无目的的移动，会无谓的耗费体力。移动应是有目的的，是为了防守或抢攻，不要盲目乱动，应多观察，以静制动，争取休息与放松的机会，这样才能持久。移动应以滑动为主，脚低轻擦地面滑动，不应跳动，如果在移动中，脚离地跳起很明显。重心起伏大，即影响速度，又易疲劳。移动是应用前脚掌，如全部着地移动，则步法沉重，即费力有不快。

（八）身不活

有些拳手在训练中，腰部转动过于死板，没有配合手腿的动作，正确的出拳应是力从脚起，依靠蹬地转腰的力量，把拳击出，而不是单凭手臂的力量出拳。腰是轴，身法的关键在于腰，身法的灵活闪转吞吐在于防守与进攻中都有重要意义。

（九）暴露部位大

有的在双方接触前尚能保持正确的预备姿势，可一接触紧张就步法凌乱，如果把整个身体的正面暴露无余，这样就很容易挨打的。所以，在平时训练时，应多加注意。

拳击进攻时机：

1.对方防守上有破绽时

2.对方情绪松懈时

3.对方身体失去平衡时

4.对方身体正在移动时

5.对方出拳击空时

6.对方出拳收回时

7.对方走进边绳或台角时

8.对方一阵猛攻刚结束时

9.对方受到重击时

10.对方回合快要结束时

六、进攻击打三要素

进攻击打三要素拳击进攻击打是否成功主要取决与三个因素：

准确性。就是准确地击打对方的要害部位，必须做好对距离的正确判断和行动的果断性。

速度。出拳要灵活自然，紧张会影响你的动作速度，平时训练注意加强观察力判断力和反应能力的训练。

力量。在准确和快速的基础上，发挥力量的作用，力量在恰当的时候发出能收到很好的进攻效果，总之三者有机结合就能成为漂亮的进攻击打。

七、拳击距离

实战姿势中，两只脚的距离大会影响速度的发挥，但是稳定性好，适用于猛攻性选手。两脚距离小，速度快，但是稳定性差，适用于技巧性选手。拳击中的移动是利用膝关节的曲伸力量加强后脚的蹬力，这样重心移动灵活，但要注意不要后脚跟着地，以免影响脚的移动速度。

怎样训练拳击的最佳距离？拳击比赛的锣钟一响，双方运动员就不停地移动步伐，通过视觉都想进入拳距拳头能有效击中对方的距离.，这种进一步出拳就能击中，腿一步就能比开对方的来拳的距离，就是拳击运动中的最佳距离包括还击和迎击.。

拳赛中的抡打，打腰以下，打身后和脑后、打倒地对手、打对手落空、头部前冲撞人或过多搂抱、挂靠。用头、肩、肘、臂、臀、膝等顶撞、推拉、脚踩、口咬......，这都是拳距不准确造成的，应用暂停、判罚、警告、取消比赛资格等来处理。

第十九章　健美运动

第一节　健美运动概述

　　健美运动是一项通过徒手和各种器械，运用专门的动作方式和方法进行锻炼，以发达肌肉、增长体力，改善形体和陶冶情操为目的的运动项目。它是举重运动的一个分支，也是一个独立的竞赛项目。健美运动作为一个运动项目，除了具有一般体育活动所共有的锻炼身体、增进健康、增强体质的功能外，还特别能发达全身各部位的肌肉，增长体力，改善体形体态，以及陶冶美好的情操。它不仅强调"健"，而且强调"美"，把体育和美育融为一体，因此，深受广大青少年的热爱。

　　健美运动可以利用徒手或依靠自抗力进行练习；也可以利用各种简单的轻重器械进行练习；还可以采用一些自制的器械乃至简单的家具进行练习。它不受时间、场地、器材的限制，可在房间、床上、室外、室内进行锻炼，因而比较容易开展。健美运动的动作多种多样，可根据不同的性别、年龄、体质状况、身体素质水平和锻炼目的自由选择练习的动作和调节练习的重量、次数、组数，自由调节运动量的大小，所以，它能充分满足男女老少以及不同健康状况、不同起点的人各不自相同的需要，从而深受广大群众的喜爱。长期进行健美锻炼，不仅能够使肌肉发达，肌肉力量增强，改善体形体态，而且能调节和改善人体的生理机能，增进健康，增强体质，以及能够陶冶美好的情操，提高自身修养，体现出健康向上的精神面貌，对全民健身运动能起到积极的推动作用。

第二节　健美练习方法

　　人体肌肉是运动系统的动力部分，在神经系统的支配下，肌肉收缩牵引骨骼，引起人体的各种运动。人体肌肉总数在五百块以上，约占人体重量的40％左右，但从事健美运动者的肌肉重量可达55％以上。人体主要肌肉的分布及名称见（图19–1）。

一、颈部肌肉练习

颈部肌肉主要有：颈阔肌、胸锁乳突肌、夹肌等。

（一）发展颈部肌肉的动作方法

1.仰卧颈屈伸

主要功效：发展胸锁乳突肌的力量。

练习方法：先仰卧在长凳上，两臂伸直位于体侧。后脑头颈露出凳端，颈部肌肉放松使头后仰下垂。随即颈前的胸锁乳突肌收缩，使头向上抬起至下颚紧贴胸前。稍停，再循原路慢慢恢复成原位。如此重复动作。如果负重练习，可用两手托住重物置于脑后进行。

动作要求：在动作进行过程中，身体仰卧伸直在凳子上，颈部屈伸时，向上和向下的速度要平稳，尤其是头部向下后仰时要有意识放慢速度，并保持适度的肌肉紧张度，以防颈部肌肉创伤。

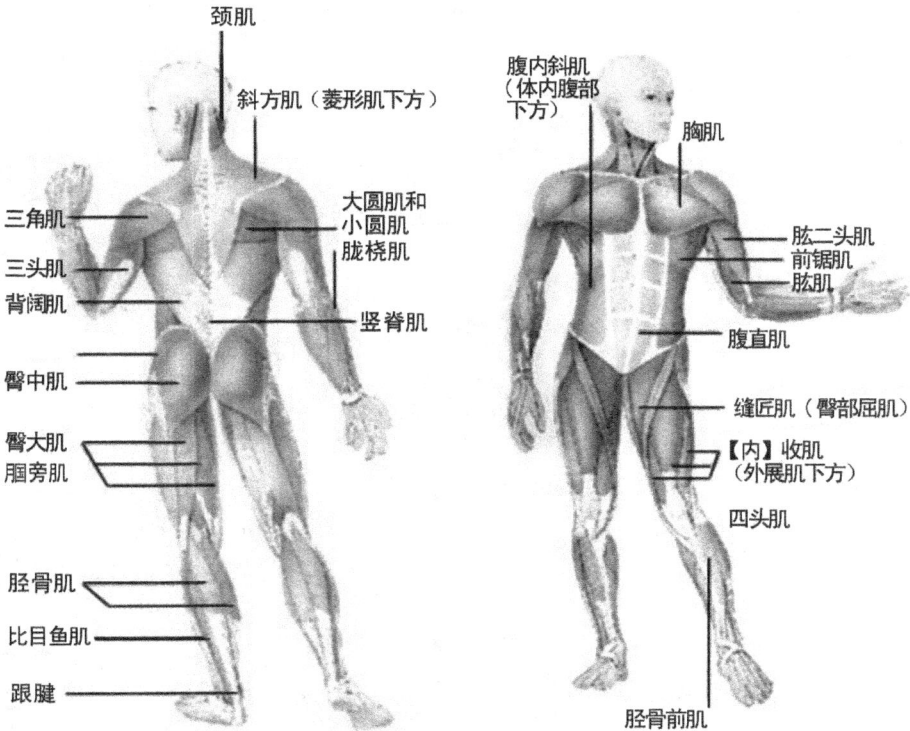

图19-1

2.俯卧颈屈伸

主要功效：发展头夹肌和颈夹肌的力量。

练习方法：俯卧在长凳上，头颈要露出凳端，两手交叉扶于头后，然后颈部肌肉放松下垂。随即颈后的夹肌收缩，使头向上抬起后伸至不能再伸时为止。稍停，再循原路慢慢恢复原位，如此重复动作。如果负重练习，两手将重物置于头后用两手托扶住进行。

动作要求：在动作进行过程中，颈部向上抬起，后伸幅度要充分，但要避免胸部离开凳面。向下复位的速度仍要平稳，不要松颈，以防颈部受伤。

（二）颈部肌肉的练习安排

1.女子颈部肌肉的练习安排

一般初练者，可不安排专门的颈部练习，可以先通过自我保健和按摩等方法来消除脂肪。健美锻炼半年后每次可选择1～2个动作。

2.男子颈部肌肉的练习安排

在健美初级阶段，可以徒手的自抗力练习为主，到半年后可逐渐加重力量，选用专门的器械进行练习，以使颈部肌肉群与全身肌群平衡发展。

二、臂部肌肉练习

臂部肌肉主要有：三角肌、肱二头肌、肱三头肌、肱肌、前臂肌群和手肌。

（一）发展臂部肌肉的动作方法

1.直臂前平举（图19-2）

图19- 2　　　　　　　图19- 3　　　　　　　图19- 4

主要功效：发展三角肌前部和斜方肌。

练习方法：两脚开立，身体直立，两臂伸直正握铃于体前，握距与肩同宽，肩部用力将铃直臂举起至前平举与肩高，稍停，然后直臂缓缓放下。重复练习动作。可采用坐姿或背靠墙练习难度会更大，效果会更明显。

动作要求：整个动作过程中，臂要伸直，上体不能前后摆动。

2.直臂交替前平举（图19-3）

与前一练习方法基本相同。

3.直立飞鸟（图19-4）

主要功效：发展三角肌中部，消除肩部多余脂肪，对矫治溜肩、窄肩效果明显。

练习方法：身体直立，两脚自然开立于肩宽。两手以拳眼向前持握哑铃或杠铃片，两臂伸直下垂于体侧。随即直臂向两侧上方举起与肩平，稍停，再直臂慢慢放下恢复原位，如此重复动作。

动作要求：在动作进行过程中，要保持挺胸收腹的姿势。两臂要伸直并注意用力方向始终是侧上方。

4.俯立飞鸟（图19-5）

主要功效：发展三角肌后部和上背部肌群。

练习方法：两脚自然开立于肩宽，上体前屈成水平位。两腿伸直，臀部稍向后移以便身体重心移在两脚上。两手以拳眼向前持握哑铃或杠铃片，两臂伸直下垂于腿前。随即直臂向两侧上方举起至与肩平。稍停，再直臂慢慢放下恢复原位，如此重复动作。

动作要求：在动作进行过程中，前屈的上体要保持挺胸别腰的姿势。两臂要伸直，不得借助上体抬起摆动的惯性上举。

图19- 5　　　　　　　图19- 6

5.屈肘侧上提拉（图19-6）

主要功效：发展三角肌、斜方肌和肩胛提肌。

练习方法：两脚开立与肩同宽，上体直立，挺身收腹紧腰，两臂伸直体侧握铃，掌心相对，两臂用力，屈肘经两侧尽量向上提拉，稍停后两臂伸直缓慢落下。重复练习动作。

动作要求：两臂用力时应以肩带肘发力，肘部尽量向上提位，同时用力收腹挺胸提气。

6.直立提肘拉铃

动作方法及要求同屈肘侧上提拉。

7.颈后推举杠铃和推哑铃（图19-7）

主要功效：发展三角肌前部和中部、肱三头肌、胸大肌前锯肌和斜方肌。

练习方法：这两个动作练习可采用站立姿势或坐姿进行。前一动作两手以"宽握距"持握杠铃置于颈后肩上，后一动作两手心相对持握哑铃置于两肩外侧并托住。随即向上推起至两臂伸直，杠铃位于头顶上方或哑铃于头两侧上方。稍停，再慢慢放下回原位，如此重复动作。

动作要求：在动作进行过程中，要保持挺胸别腰姿势。采用站立姿势时，不断借助蹬腿力量。两个动作练习均要注意维持和调整杠铃重心与身体重心的平衡。为了提高锻炼效果，除了改变握距外，也可将杠铃置于胸前来做。

图19-7

8.胸前弯举的练习动作

主要功效：发展肱二头肌和肱肌。

练习方法：

(1)直立胸前弯举（图19-8）。

图19-8

两脚开立与肩同宽，身体直立，挺胸收腹紧腰，两臂伸直体前反握铃，握距比肩稍宽，上臂贴紧身体，以肘关节为圆心，以小臂为半径，然后屈臂将铃举止胸前，稍停后缓慢放下。重复练习动作。

动作要求：在动作过程中，上臂要贴紧身体，肘部固定，手腕和小臂保持一致，弯部紧张，上体不能前后摆动。

(2)坐姿双臂胸前弯举。

(3)直立双臂哑铃胸前轮换弯举。

(4)坐姿双臂哑铃胸前轮换弯举。

(5)单杠反握引体向上等。

9.小臂屈伸的练习动作

主要功效：发展肱三头肌，消除上臂后部的多余脂肪，美化臂部曲线。

练习方法：

(1)直立颈后臂屈伸（图19-9）。

两脚自然开立，身体直立，挺胸收腹紧腰，两臂正握铃屈肘于颈后,采用窄握距，两上臂紧贴耳部，两肘尖保持向上，以肘关节为轴，两臂用力上举伸直，稍停后两臂屈肘缓慢落下，还原至颈后。重复练习动作。

动作要求：在动作过程中，上臂和肘关节不要前后移动，两臂屈伸的幅度要大，身体不要前后摆动。

图19- 9　　　　　图19- 10

(2)坐姿颈后臂屈伸

（与上一练习动作基本相同）

(3)俯立双臂臂屈伸（图19-10）。

(4)两手持杠铃片于颈后臂屈伸。

(5)夹肘式俯卧撑。

10.小臂肌肉的练习动作

主要功效：发展小臂肌群，增强握力，美化臂部曲线。

练习方法：

(1)反握腕屈伸（图19-11）

蹲姿或坐在凳子上，反握哑铃（或杠铃），掌心向上，将小臂放在凳子上或大腿上，使手腕部在凳或膝外悬空，手腕伸腕下垂，向上用力时使手腕尽量屈，稍停后缓慢放下。重复练习动作。可采用单手或双手练习方法，单手必须两手交换进行练习。

动作要求：在用力时动作要充分，速度要缓慢，保持身体姿势，小臂不能离开凳子或大腿面。

图19- 11   图19- 12   图19- 13

(2)正握腕屈伸（图19-12）

动作方法与反握练习基本相同，但手腕的方向相反，掌心向下。

(3)抓起重物（图19-13）

两脚自然开立比肩宽，两膝稍弯曲，上体前倾俯身，用单手抓起重物（铃片、铅球等）向上用力突然松手，然后迅速再将重物抓住。以此反复。可两手交替进行练习。

动作要求：抓起重物的幅度不宜过大，要抓紧重物小心滑落，以免砸伤脚趾。

(4)握力器（或握力球）练习

两手（或单手）各持握力器（或握力球），用手指尽力握紧，稍停然后松开，以此反复。

(5)指卧撑

用两手指接触地面，掌心空出，进行俯卧撑锻炼。

（二）臂部肌肉的练习安排

1.女子臂部肌肉的练习安排

一般女子的锻炼，往往是以发展肌肉力量，提高肌肉弹性和消除多余脂肪为目的的。在训练初期，可分别选择一些不同部位的、难度较低的动作各一个，共3～4个动作，选择适当的重量，每个动作练习两组，每组15～20次。随着训练水平的提高，各部位选择两个动作，共4～6个动作，适当增加难度和重量，每个动作练习三组，每组15～20次。

2.男子臂部肌肉的练习安排

男子一般是以发展臂部肌肉、增强臂力为主要目的，在训练中，练习的次数可少一些，重量以大重量为主，并结合臂部各肌肉群全面发展。在锻炼初期，每块主要肌肉或肌群，各选择一个动作，每个动作练习2~3组，每组练习8~12次。在锻炼中期，每块主要肌肉或肌群，各选择两个不同动作，每个动作练习2~3组，每组练习8~12次。随着训练水平的提高，适当增加动作的难度和重量，每块肌肉或肌群选择2~4个不同的动作，每个动作练习3~4组，每组练习8~10次。

三、胸部肌肉练习

胸部肌肉主要有：胸大肌、胸小肌、肋间内肌、肋间外肌、前锯肌等。

（一）发展胸部肌肉的动作方法

1.仰卧推举（图19-14）

主要功效：发展胸大肌、三角肌前部、肱三头肌和前锯肌。

练习方法：仰卧在卧推架或长凳上，两腿屈膝自然分开，双脚踏实地面，两手握住杠铃与肩同宽或略宽与肩，两臂用力推杠铃离开卧推架，控制杠铃缓慢向下轻轻放于胸部，稍停，随即两臂向上用力推起杠铃至两臂伸直。如此重复动作。

动作要求：在动作过程中，要使头、背、臀部紧贴凳面，同时，保持挺胸姿势。在向上推起杠铃时，要避免腰、臀部离开凳面形成挺身借力的现象。

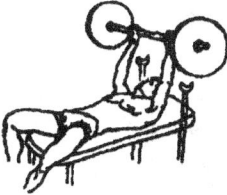 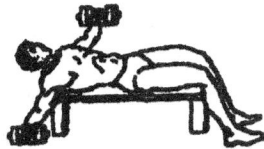

图19-14   图19-15

2.仰卧"飞鸟"（图19-15）

主要功效：发展胸大肌、前锯肌和三角肌前部。

练习方法：仰卧在长凳上，两手心相对持握哑铃或杠铃片，两臂伸直与上体成垂直状。接着两臂分别向两侧慢分开下降至两臂不能再下降为之。稍停，随即两臂用力由下向上循原路恢复原位。如此重复动作。

动作要求：在动作进行的过程中，要使头、背和臀部贴在凳面上，动作速度要平稳，上臂和前臂间必须保持一定的弯曲（夹角在120度左右），否则将影响锻炼的效果。

3.蝴蝶挟胸

利用综合器械上的蝴蝶扩胸器练习。

主要功效：发展胸大肌和三角肌前部。时女子塑造出更加理想的、动人的胸部形状，时男子全面而重点地发达胸部肌肉，更加丰满厚实，效果显著。

练习方法：利用综合器械上的蝴蝶扩胸器练习。端坐在扩胸机坐上，挺胸，背部紧贴在靠背垫上，两手侧握横把，两前臂紧贴在挡臂柱上，胸大肌用力收缩，两臂向前合拢，然后两臂缓慢分开。重复练习动作。

动作要求：保持身体姿态，两臂用力动作要缓慢，用力时把注意力集中在胸部，充分发挥胸大肌的力量。还可以调整升高座位，来着重发展胸大肌下部的力量。

4.俯卧撑

俯卧撑的做法很多，有夹肘式和分肘式；可提高脚的位置和背上放置重物（如杠铃片等）增加难度；还可以在双杠上做；也可以做单臂俯卧撑。

主要功效：发展胸大肌和肱三头肌等，对消除胸部和大臂后面多余脂肪有明显功效。

练习方法：两手撑地与肩同宽，两臂伸直，两腿并拢，身体伸直，脚尖着地，俯撑于地。屈肘向下后肩背部低于肘部，然后用力撑起两臂伸直。重复练习动作。

动作要求：动作过程始终保持头正、挺胸、直腰，腰腹部既不能放松下沉呈"凹"形，也不能使臀部拱起呈"凸"形。

5.双杠臂屈伸

主要功效：发展胸大肌、肱三头肌、三角肌前部和背阔肌。有助于消除胸部、大臂后面和背后的多余脂肪，能使胸腔扩大。

练习方法：两臂伸直支撑在双杠上，接着屈臂下降至两臂充分屈曲，稍停，随即两臂向上用力伸直成原位。如此重复动作。

动作要求：在动作过程中，应保持挺胸别腰，两腿应自然放松下垂，不要借身体前后摆动的惯性来做。

（二）胸部肌肉的练习安排

1.女子胸部肌肉的练习安排

(1)在每次锻炼之前，先进行热身运动，选择跑步或健美操等练习，至少活动10～15分钟。隔天练习一次，每周练习三次。

(2)在锻炼初期，每次可选择1～2个动作，每个动作练习2～3组。器械的重量应以能举起8～12次为宜，如能超过12次，应适当加重；举不起8次，则应减轻重量。随着训练水平的提高，相应增加练习的动作、次数与组数，最后与锻炼背部肌肉和大腿肌肉结合起来，效果更佳。

(3)如果重点是减少胸部多余脂肪或以增加肌肉弹性为主，那么每组锻炼的次数至少要15次，最多不过20次。如果胸部平塌、乳房较小，则应加强胸部锻炼，发达胸大肌，增强肺活量，扩大胸腔，促进乳房发育。

2.男子胸部肌肉的练习安排

主要以发达胸大肌，扩大胸腔，增强呼吸系统功能的锻炼为目标。

(1)在锻炼初期，除掌握练习动作要领外，主要以发展胸部形状为主，隔天练习，每周练习3次，每次选择1～2个动作，每个动作练习2～3组，器械的重量应能举起8～10次为宜，并以背阔肌和大腿肌肉群的锻炼结合起来，效果更好。

(2)在锻炼三个月后，主要应以发达胸部肌肉、扩大胸腔、改变基本的体形为主。每次选择2～4个动作，每个动作练习2～3组，并随着训练水平的提高相应增加运动量。

(3)在锻炼一年后，根据胸肌发展情况，合理选择发展不同部位的3～5个动作，并与身体其它部位的锻炼结合起来，为一个组合，练习3～4组。

四、背部肌肉练习

背部肌肉主要有：背阔肌、斜方肌、肩胛提肌、菱形肌、背长肌和背短肌。

（一）发展背部肌肉的动作方法

1.引体向上（图19-16）

引体向上分颈前引体向上和颈后引体向上两种方法，也可以两种交替进行练习。

主要功效：发展背阔肌、肩带后肌群和肱二头肌。

练习方法：两手心向前或向后握单杠，两脚离地，两臂伸直使身体成悬垂状态。随即屈臂用力，使身体向上拉起至单杠接近下颌或触到颈后肩部。稍停，再使身体慢慢下降恢复原位，如此重复动作。

动作要求：在动作进行过程中，不要借助身体摆动向上拉起，为了更好地发展背阔肌，通常采用手心向前地"较宽握距"，而颈后比胸前上拉的效果更为显著。

2.俯立提铃（图19-17）

主要功效：发展背阔肌和上背肌群，塑造肩背部优美的曲线。

练习方法：两腿开立与肩同宽，膝关节稍屈，上体前倾，两手正握杠，握距可根据需要自由选择宽握距、中握距、窄握距和并握距。两臂用力，两肘内夹，将杠铃提拉至胸腹部，稍停后缓慢放下两臂伸直。如此重复动作。还可以采用胯下屈体拉铃的练习方法。

动作要求：上体不能起伏和摆动，动作过程要平稳缓慢。

3.俯卧双手拉铃（图19-18）

主要功效：发展背部肌肉力量，丰腴健美背阔肌群，消除多余脂肪，可美化肩背部曲线。

练习方法：俯卧在长凳上，两手在凳下握铃，握距比肩稍宽，两臂用力将铃拉起，使肘部超过背部，尽量向上，稍停，然后缓慢放下两臂伸直。如此重复动作。

动作要求：肘关节要尽量上提至最大限度，动作过程要缓慢进行，把注意力集中在背部肌群。

4.直立提肘拉铃（图19-19）

主要功效：发展斜方肌、三角肌、肩胛提肌和菱形肌，对矫治溜肩、驼背和消除肩背部多余脂肪效果显著。

练习方法：两脚开立与肩同宽，两手正握杠铃，握距稍比肩宽两臂伸直，膝关节稍屈，上体稍向前倾，然后蹬地、挺髋、挺胸，两臂能屈肘用力将杠铃提拉至胸部，稍停后缓慢放下。如此重复动作。同样，握距能影响肌肉的锻炼效果，采用宽握距对发展斜方肌效果明显，而窄握距则对发展三角肌效果明显。

动作要求：用力时两肘要尽量向后上方提起，尽量减少腰腿的力量，应把力量集中在肩背部肌肉群。

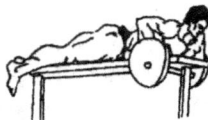

图19-16　　　　图19-17　　　　图19-18　　　　图19-19

5.直臂扩胸

一般有三种练习方法，分别为直立直臂扩胸、俯立直臂扩胸和俯卧直臂扩胸(图19-20)。不同的身体姿势对肌肉的锻炼效果也不同，前两种方法主要对发展斜方肌、三角肌和肩带后肌群的肌肉力量和弹性有明显作用，尤其对女子消除肩背部多余脂肪有显著效果；而后一种练习方法，主要对男子能起到发达斜方肌、菱形肌和三角肌后部的作用。

6.俯卧抬上体（图19-21）

主要功效：发展背长肌、背短肌和臀大肌，对减少腰背部多余脂肪有良好作用，能塑造优美动人的腰身。

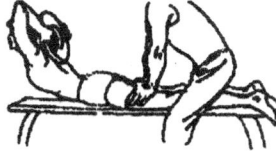

图19- 20　　　　　　　　图19- 21　　　　　　图19- 22

练习方法：俯卧在垫子上，为了使肌肉更加充分伸展，也可以俯卧在平板凳上、山羊上、鞍马上，让同伴压住双腿，双手指交叉抱于脑后，也可以抱一杠铃片放于头背后，用腰背肌群的力量，使上体抬头、挺身，两肘外展，使上体向后尽量弯曲，稍停后缓慢落下。如此重复动作。

动作要求：使上体尽量上抬，伸展充分，抬起时稍快，落下时稍慢。可根据肌肉的力量，由徒手练习逐步过渡到负重练习，女子可先采用两手重叠放在腰后的练习动作。

7.杠铃上体屈伸（图19-22）

主要功效：发展背长肌和背短肌。

练习方法：两臂屈肘持铃于颈后，两脚开立与肩同宽，两膝稍屈，身体直立，挺胸、塌腰慢 慢向前弯曲约成90度，稍停后保持身体姿势，背部用力使上体抬起成直立。如此重复动作。

动作要求：腰背肌始终要收紧，上体的运动要平稳缓慢，不宜过快。大重量时，需有人保护帮助下进行练习，以免受伤。

8.直腿硬拉（图19-23）

主要功效：发展背肌和臀大肌。

图19- 23

练习方法：两脚开立与肩同宽，两膝稍屈，抬头挺胸塌腰，两臂伸直握杠，腰背收紧，用力向上提拉，伸髋展体杠铃靠近髋部，保持身体直立，稍停后缓慢放下。如此重复动作。

动作要求：站立后要自然挺胸，整个练习中两臂伸直，腰背肌肉收紧，主要靠背肌力量来完成动作，重量可根据自己的力量来选择。

（二）背部肌肉的练习安排

1.女子背部肌肉的练习安排

在锻炼初期，首先必须掌握正确的背部肌肉锻炼的动作方法，逐步改变背部的肌肉形状，使之形成良好的形态。一般每次选择2～3个动作，练习3～4组，每组15～20次。在锻炼中期，也就是三个月后，进一步改变背部的肌肉群和形状，巩固和提高训练水平，增强背部肌肉的弹性和力量，使背部丰满而滑润，胸部更为丰满挺拔，以体现出女性的优美曲线。一般每次选择1～2个动作，练习3～4组，每组15～20次，适当增加重量。而在一年以后的锻炼中，要根据自己的目的而定，如果是以减肥和增强肌肉的弹性和力量，保持体形为目的，就应保持原有的训练水平，适当增加运动量；如果是以体型健美、发达肌肉为目的，则应以加强背部重点肌肉群的锻炼为主。一般每次选择2～4个动作，练习3～5组，每次8～12次，应增加重量。另外，在每个锻炼时期，要注意背部各肌肉群的平衡发展，还要与身体其他部位的肌肉锻炼结合起来。

2.男子背部肌肉的练习安排

在锻炼持初期，每次选择2个动作，练习2～3组，每组15～20次，三个月后，每次选择2～3个动作，练习3～4组，每组15～20次，一年后，每次选择3～4个动作，练习4～6组，每组8～12次，逐渐增加练习的强度。另外，在每个时期，还要与身体其他部位的肌肉锻炼结合起来。根据健美者的身体条件，可以适当增减运动负荷强度。

五、腰腹部肌肉练习

腰腹部肌肉主要有：腹直肌、腹内外斜肌、腹横肌和腰方肌等。

（一）发展腰腹部肌肉的动作方法

1.仰卧腹部练习

(1)仰卧起坐

主要功效：发展腹直肌上部和腹内外斜肌，消除腹部多余脂肪，美化腰腹部曲线。

练习方法：仰卧在体操垫和长凳上，两腿伸直并拢平放在凳面上，两手的位置可根据腹直肌力量的强弱，取两手交叉抱于颈后；两臂伸直举过头顶与身体成直线状或者两臂放于体侧，随即向上用力屈上体直不能再屈为止。稍停，再循原路慢慢后倒恢复原位，如此重复动作。练习方法可直腿做也可以屈腿做，可以不抱头、抱头、斜板上、负重练习，难度逐渐加大。

动作要求：在动作进行过程中，身体要自然伸直，动作速度要以向上快，向下慢的节奏进行。

(2)仰卧举腿

主要功效：发展腹直肌下部、腹内外斜肌和髂腰肌，消除腹部多余脂肪，美化腰腹部曲线。

练习方法：仰卧在凳上，两腿伸直并拢平放在凳面上，两手置于体侧或头后抓在凳边缘，随即两直腿上举至与身体垂直，稍停，再慢慢放下恢复原位，如此重复动作。随着力量增长，可逐渐过渡到斜板上或负重进行练习，也可在单杠、肋木悬垂做收腹举腿。

动作要求：在动作进行过程中，两腿必须伸直，直腿上举时可稍快，向下放要稍慢。

(3)仰卧两头起

主要发展腹直肌中部、腹内外斜肌和髂腰肌。

(4)仰卧屈膝举腿转腰（图19-24）

主要发展腹内外斜肌。也可以做仰卧直腿举腿转腰。

图19- 24　　　　　　　　图19- 25

2.负重转体（图19-25）

主要功效：发展腹内外斜肌。

练习方法：身体直立，两脚自然开立与肩同宽，肩负杠铃，两手握紧两端的铃片，随即上体向左侧转体至不能再转时为止，稍停，再循原路还原并向右侧转体至极限，如此重复动作，此练习也可采用体前手持铃片或壶铃、哑铃进行转体练习。

动作要求：上体扭转时，动作要充分，用力不要过大，要控制上体缓慢进行，同时脚跟不能离地。

（二）腰腹部肌肉的练习安排

1.女子腰腹部肌肉的练习安排

对腰腹部的锻炼应根据不同的训练目的，采用不同的训练方法，不同的训练组数、次数和运动量。若以减肥为目的，运动量应加大，每周训练5～6天，每次训练1～2小时，每次选择2～3个动作，练习3～5组，每组20次以上，间隙时间应在1分钟以内，并且要与身体其他部位的减肥结合起来，还要选择一些有利于减肥的其他运动项目。若以增强体质、发展肌肉的弹性和力量，以健美为目的，则应重点加强腰腹部肌肉的锻炼。在初期应选择1～2个比较简单的动作，练习4～6组，每组15～20次，间隙时间不超过2分钟。随着训练水平的提高，则应增加训练难度和器械的重量，一般选择3～4个动作，练习3～5组，每组8～12次，间隙时间1分钟左右。

2.男子腰腹部肌肉的练习安排

腰腹部肌肉的线条是体现男性体型健美的主要部位，为了使腰腹部达到平坦坚实、轮廓清晰、结实有力的健美体型，则应采取重点加强腰腹部肌肉的锻炼方法，一般可选择2～4个动作，练习3～5组，每组8～12次，间隙时间不超过1.5分钟。可根据身体条件和训练水平的高低，适当调整运动量和增减器械的重量。男子以减肥为目的的，可参照女子减肥的练习安排，适当增加运动量和器械的重量。

六、腿部肌肉练习

腿部肌肉主要有：臀大肌、股四头肌、大收肌、股二头肌、小腿三头肌和屈足肌群等。

（一）发展腿部肌肉的动作方法

1.主要发展臀大肌的练习动作

主要功效：发展臀大肌的力量，消除臀部多余脂肪，使臀部浑圆丰满、紧绷上翘，塑造优美性感的臀部曲线。

练习方法：

(1)俯卧后举腿

俯卧在垫子或长凳子上或山羊上或跳马上等均可，两手抱住器械两侧，然后两腿交替或并腿伸直向后上方摆腿至最高点，稍停后缓慢落下。如此重复动作。负重练习效果更好。

动作要求：两腿用力后摆时，髋腹部不要离开器械，腿后摆时速度腰缓慢，尽量不要利用惯性。

(2)跪撑后举腿（图19-26）

跪立、两臂伸直向前撑地成跪撑，含胸低头，弯背弓身，同时一腿屈膝收至胸前。接着用力将腿向后伸举，脚尖绷直，同时抬头挺胸塌腰，稍停后缓慢落下。如此重复动作。两腿交换进行练习。若负重练习效果更佳。

动作要求：动作协调，举腿要高，幅度要大，后举腿不能弯曲，摆腿速度不宜太快，要缓慢进行。

(3)仰卧挺髋

仰卧在垫子上，两腿屈膝，自然分开，两脚蹬地，两手向后撑地或两臂自然放在体侧。两腿用力蹬地，使髋腹部尽量向上挺起，身体成"桥"形稍停后缓慢落下。如此重复动作。若腰下吊一重物增加阻力效果更佳。

动作要求：两腿尽量蹬直，臀部完全收紧，使髋腹部尽量向上挺起，并保持一段时间，然后缓慢落下。

图19- 26　　　　　图19- 27　　　　　图19- 28

2.发展股四头肌的主要练习动作

主要功效：发展股四头肌的力量，同时有些动作也能发展臀部肌肉的力量，消除腿部多余脂肪，美化大腿曲线，使形体更健美，行动更矫健。

练习方法：

(1)小腿屈伸（图19-27）

利用小腿屈伸练习器，或小腿加重物（绑沙袋或哑铃等），坐或仰卧在练习器上，小腿下垂，用脚背勾住下面的拉杆，两腿同时（或交替）用力，使腿伸直，稍停后缓慢放下。如此重复动作。

动作要求：在练习过程中，动作要圆滑有序，注意力要集中在大腿面上，使股四头肌充分收缩，两腿伸直，动作要缓慢进行，不要用力过猛。

(2)负重深蹲

身体直立，将杠铃置于颈后肩上，两手握杠，两腿自然开立，挺胸收腹紧腰。两腿屈膝缓慢下蹲，至大小腿夹角小于90度后，稍停，两腿再用力伸腿站立还原。如此重复动作。可以采用杠铃胸前深蹲；手提哑铃、壶铃等器械深蹲；单腿深蹲等练习方法

动作要求：在动作过程中，始终保持挺胸收腹紧腰的身体姿势，不可

先提起臀部，以免腰部受伤。选择合适的重量进行练习，当大重量时需有人保护帮助下进行。

(3)杠铃半蹲

动作方法及要求与深蹲基本相同，但大小腿的夹角在90度以上。

(4)功能自行车练习（图19-28）

坐在功能自行车上，两手扶把，将阻力调整到适当的位置，然后两腿交替用力进行骑自行车练习。

3.发展股二头肌的练习动作（图19-29）

主要功效：发展股二头肌的力量。

图19- 29

图19- 30

练习方法：俯卧在长凳子上，两腿伸直并拢，两脚后跟勾住身后的橡皮带拉力器（或组合练习器上的圆柱筒），两手臂抱紧凳子两侧。股二头肌用力收缩，两脚后跟向臀部靠拢，使大小腿之间的夹角小于90度，。然后稍停，两小腿缓慢放下还原。如此重复动作。也可以采用两腿交替进行的练习方法。

动作要求：在动作练习过程中，不要提臀；还原时要用力控制，不要突然回落，要缓慢进行。

4.发展小腿后群肌肉

主要功效：发展小腿肌肉力量，消除小腿部多余脂肪，丰腴健美小腿肌群，美化小腿曲线。

练习方法：

(1)站立负重提踵（图19-30）

将杠铃置于颈后肩上，两手握杠，两脚自然分开，身体直立，挺胸收腹紧腰，两脚前脚掌下垫一木板或杠铃片，然后用力直膝提踵，稍停后缓慢放下。如此重复动作。

动作要求：在动作进行过程中，向上提踵要充分，同时用力夹臀和收紧腿部肌肉，膝关节始终要伸直。

(2)坐姿负重提踵

动作方法及要求与上一练习基本相同，只是重物放在两腿膝关节上，两手扶重物。

(3)负重直腿跳

身体直立，挺胸收腹紧腰，颈后肩上扛一重物或直臂手提重物，两腿伸直，膝关节紧张，脚跟不能接触地面，用踝关节的力量，直腿向上连续纵跳。

（二）腿部肌肉的练习安排

1.女子腿部肌肉的练习安排

女子腿部的锻炼主要是以消除多余脂肪，增强肌肉的弹性，增进腿部健美线条为主。一般可多选择一些徒手和轻器械的练习动作，每次选择2～3个动作，练习3～4组，每组20～30次，组与组之间的休息时间在1分钟之内。

2.男子腿部肌肉的练习安排

男子腿部的锻炼主要是以发达肌肉群，增长肌肉力量为主。在安排训练时，一般男子在锻炼初期，可选择一些简单的、难度比较低的动作，每次选择6～8个动作，练习组数大腿为3～4组，小腿为2～3组，每组15～20次，间隙时间不超过2分钟。在训练半年以后，动作难度可适当提高，重量可适当增加，每次可选择1～2个动作，练习4～5组，每组15～20次。间隙时间在2分钟以内。一年后，随着训练水平的的进一步提高，逐渐加大负荷，一般可安排3～4个动作，练习3～5组，每组8～12次，间隙时间在1分钟左右。

七、健美练习注意事项

（一）在健美练习之前，必须了解自己的身体健康状况。如患有严重的心脏病、肝脏病或活动性肺结核等疾病者不能参加锻炼，需经医生检查痊愈后，方能进行练习。

（二）在健美练习之前，必须先进行各项身体素质的测试，了解自己练习前的体能情况和身体机能水平，为科学地进行形体健美训练提供依据。

（三）在健美练习之前，必须根据自己地身体情况，有目的、有针对性地制定一份较系统的、全面的训练计划，保证形体训练更具有科学性，更符合客观实际。

（四）在健美练习时，首先要了解人体解剖和人体生理的特点，其次必须正确掌握练习的动作要领和方法，这样才能保证获得更好的锻炼效果。

（五）在练习前要做好充分的准备活动，以防止关节的扭伤和肌肉拉伤。

（六）在练习结束后要及时做好整理放松活动，以消除肌肉的疲劳，减轻肌肉的酸胀和僵硬，提高肌肉的弹性和收缩力，使身体机能的各项生理指标以及体力和能力尽快得到恢复。

（七）合理安排饮食是健美训练取得良好效果的一个重要条件。每天除保证有充足的蛋白质和热能外，应注意各种营养的合理搭配和各种食物的充足供应，以确保机体内新陈代谢的平衡。不要在饭后大运动量锻炼或空腹锻炼。在锻炼中还要注意不要大量饮水，以减少心脏的负担和造成缺盐现象。根据人体生理规律，健美训练的特点和食物被消化的时间不同，一般应在饭后1.5~2小时后再开始锻炼。如上午训练，早餐应吃一些含高热能的食物；如下午训练，午餐应吃一些容易消化的新鲜水果、蔬菜、果汁、面食和含高热能的食物，少吃高蛋白和脂类等不易消化的食物；而训练后的进餐应在1小时以后进行，应吃一些含高蛋白的食物，对形成新的肌肉组织有益处，同时吃一些新鲜水果和蔬菜，可缓解肌肉在强烈负荷时机体内增多的酸性物质，促进酸碱度平衡的恢复。

（八）训练、饮食、休息是影响健美效果的三个重要因素，充足的睡眠和休息是健美训练恢复手段的重要环节，通过充足的睡眠和休息，使精力和体力得到充分的恢复，从而保证有充沛的精力和体力进行下次的训练。

（九）在进行健美练习之前，要根据自己的身体素质和训练目的、任务，合理安排运动负荷，随着训练水平的提高，运动负荷的安排和训练也随之提高。在安排运动负荷时要注意以下几点：

1.强度：即负重扛阻的大小。一般采用中小强度（60%~80%）；到一定阶段冲击一次最高强度（100%的重量）。随着力量的增长，在一段时间后，强度也有所增加。

2.组数：使用器械的次数。一般水平一个动作2~6组；高水平应为8~10组。

3.次数：一组中完成数量的多少。少次数为1~3次；中次数为6~12次；多次数为15次以上。经过训练能完成12次以上，就应增加强度。

4.密度：指每组练习之间和每个动作练习之间的间隔时间（休息时间）。小密度为2~3min；中密度为1~1min30s；大密度为30s以内。

5.速度：完成动作的快慢。快速能发展爆发力；慢速和中速能发达肌肉；混合速度能发展力量。

第二十章　健美操运动

健美操是一项以健、力、美为表现特征，融体操、舞蹈、音乐为一体的身体练习。它既是健身美体，陶冶情操的大众健身方式，又是竞技运动的一个项目。

健美操起源于生活及人们对人体健美的追求，是体操、舞蹈、音乐逐步结合发展的产物。"健美操"源于英文"Aerobics"，意为"有氧运动"、"有氧健美操"。有氧运动（AEROBICS）最早由美国太空总署医学博士Kenneth Cooper于20世纪60年代开始于美国推广。Cooper博士将其为太空人所设计的体能训练动作配上音乐，形成了具有独特体系的有氧运动，当时风靡世界，并涌现出一批健美操代表人物，其中最杰出的是现代健美操运动的发起人之一——美国电影明星简·方达。她在1981年根据自己的健身体会和经验，编写了《简·方达健美术》，此书以实用和新颖的运动形式来保持身体健美，再加上她卓越的名人效应，使健美操迅速在全世界流行起来，形成了全球性的"健美热"。

世界性的健美操热是于20世纪70年代末传到我国的。当时北京、上海、广州等地相继举办了各种健美操培训班。随后通过各种新闻媒介对国外各种健美操的介绍，逐步推动了健美操在我国的广泛开展。

目前，世界健美操和我国健美操种类繁多，分类方法也不尽相同。根据健美操的目的和任务，大致可以将其分为健身健美操、竞技健美操和表演健美操三大类。

健身健美操，也称为大众健美操，是集健身、娱乐、防病为一体的群众性普及性健身运动。健身健美操的主要目的在于健身，因此，其运动强度和动作难度相对较低，可为社会不同年龄、层次、性别、职业的人所选用。

表演健美操主要是以在表演中展示自己的价值和魅力；在观赏中陶冶情操、净化心灵、促进健美操活动的广泛开展；满足人们展开和表现自我的需要为目的，在特定的活动、场合或节日庆典中进行表演，集观赏、娱乐为一体的体育节目。

竞技性健美操的主要目的是比赛。有特定的比赛规则和评分方法，需要完成一些特定动作和特定要求，对人的身体素质、技术技能和艺术表现力有较高的要求。在参赛人数、比赛场地、成套动作的时间等方面都有严格规定。

第一节　健身健美操基本动作

健美操基本动作是一切健美操组合与套路的组合因素。通过基本动作练习，可建立正确的健美操基本概念，培养动作的协调性和健美操的专项意识，可以使肌肉得到均衡、全面的发展，提高身体的平衡控制能力。还可以使动作优美、体态优雅。

一、健身健美操身体各部位基本动作

（一）常用的基本手型

1.基本手型：拇指指关节弯曲内扣，其余四指并拢伸直。

2.直手：五指伸直互相并拢。

3.撑掌（分掌）：五指用力分开伸直。

4.推掌：手掌用力上屈，五指自然弯曲。

5.西班牙舞手型：五指分开，小指内旋，拇指稍内收。

6.圆手型：拇指与中指靠拢，食指稍分开，无名指和小指向中指靠拢并稍向内扣成弧形。

7.剑指：拇指与无名指、小指相叠，中指、食指并拢伸直。

8.响指：无名指与小指屈握，拇指与中指、食指摩擦后，中指击打大鱼际处产生响声。

9."V"指：拇指与小指、无名指相叠，食指与中指伸直并尽力分开。

10.拳：拇指握四指。

（二）基本站立动作

1.直立：指头颈、躯干和脚纵轴保持在一条直线上。

2.开立：指两脚左右分开与肩同宽或略宽于肩。

3.点地立：指一腿直立，另一腿向各方向伸直，脚尖点地，包括前、侧、后点地立。

4.提踵立：指两脚跟提起，用前脚掌站立。

5.弓步：指两腿前后或左右开立，一腿绷直，另一腿弯曲，屈腿的膝部与脚尖垂直，包括前、侧、后弓步。

6.跪立：指大腿与小腿成直角的跪姿，包括双腿跪立，单腿跪立。

（三）头颈基本动作

1.屈：指头颈关节角度的弯曲，包括前屈、侧屈（左右）和后屈。

预备姿势：开立、两臂置于体侧。

前屈：下颌回收，低头下看。

后屈：下颌朝上，头后仰向上看。

侧屈：头向下侧屈，一耳对肩部，一耳朝上。

2.转：指头颈部绕身体垂直轴的转动，包括左转、右转。

动作做法：头沿垂直轴向左（右）转90度。

3.绕和绕环：指头以颈为轴心的弧形、圆形运动，包括左、右绕，左、右绕环。

绕：头从左侧上方绕至右侧上方或动作相反。

绕环：头从一侧屈经前向另一侧经后屈还原的360度绕旋动作。

动作要求：做动作时，上体保持正直，头颈移动的方向要准确，颈部被动肌群充分伸展。

（四）肩部基本动作

1.提肩和沉肩：指肩胛骨向上运动，包括单肩提、双肩同时提和依次提。

肩关节沿垂直轴做上、下运动。包括单肩提（沉）、双肩同时提（沉）和依次提（沉）。

2.绕及绕环：指以肩关节为轴做小于360度的弧形运动。360度及360度的以上的圆形运动。包括单肩向前（后）绕或绕环，双肩同时或依次向前（后）绕或绕环。肩关节在矢状面向前或向后做小于360度圆周运动。大于或等于360度的圆周运动。

动作要求：动作幅度大而有力。绕肩时上体不能摆动，头颈不能前探。

（五）上肢基本动作

1.举：指以肩为轴，臂的活动不超过180度而停止在某一部位的动作。

包括单双臂的前、上、前上举、前下举、后下举、下举、侧举、侧上举、侧下举等。

动作要求：部位准确，路线清晰，手型变化明显。

2.屈、伸：指关节产生一定的弯曲角度。包括胸前屈、胸前平屈、肩侧屈、肩侧上、下屈、胸前上屈、腰侧屈、头后屈。

（1）胸前屈：两臂胸前屈，前臂与地面垂直，握拳，拳心向内，两臂可做前、后、左、右、上、下方向的伸。

（2）胸前平屈：两臂胸前屈，前臂与地面平行，掌心向下，两臂可做前、侧、上、下方向的伸。

（3）肩侧屈：两臂侧屈，肘自然下垂，指尖触肩，两臂可做前、侧、上、下方向的伸。

（4）肩侧上屈：两臂肩侧屈，肘抬起正对侧方向，上、前臂成90度，掌心相对，指尖向上。两臂可做前、侧、上方向的伸。

（5）肩侧下屈：同（4）方向相反。

（6）胸前上屈：两臂前举，掌心向后，肘弯曲，指尖向上，

（7）胸侧屈：两手叉腰，四指并拢在前，拇指在后。

（8）头后屈：两臂肩侧上屈，两手扶头，中指相触或两手重叠。

3.振：指以肩为轴，臂用力摆至最大幅度。包括上举、下举后振、侧举后振。

4.旋：以肩或为轴做臂旋内或旋外动作。

5.绕及饶环：指双臂或单肩向内、外、前、后做180度以上360度以下弧形运动，双臂或单臂向前、向后、向内、向外做圆形运动。

动作要求：上体保持正直，位置要准确，幅度要大，力达身体最远端。

（六）胸部基本动作

1.含胸：指两臂内合，缩小胸腔。

2.挺胸：指两臂外展，扩大胸腔。

3.移胸：指髋骨固定，做胸左、右的水平移动。

动作要求：含、挺、移胸要到最大极限。

（七）腰部基本动作

1.屈：下肢不动，上体沿矢状轴和水平轴的运动。包括前屈、后屈、左、右侧屈。

2.转：下肢不动，上体沿垂直轴扭转，可左、右转。

3.绕及绕环：下肢不动，上体沿垂直轴做弧形、圆形运动，可做左、右绕和绕环。

动作要求：身体远端尽力向外延伸，绕环幅度要大，充分而连贯。

（八）髋部基本动作

1.顶髋：指髋关节做急速的水平移动。包括左、右、前、后顶髋。

2.提髋：指髋关节急速向一侧上提的动作，包括左、右提髋。

3.绕髋和髋绕环：指髋关节做弧形、圆形移动，包括左、右的绕和绕环。

动作要求：髋关节做顶、提、绕和绕环时应平稳、柔和协调、稍带弹性。

（九）下肢基本动作

1.踏步：两腿交替，无腾空。

2.跑跳步：两腿交替有短暂腾空过程。

3.并腿跳：双腿并拢、直膝或屈膝跳。

4.开合跳：并腿跳至开立、分腿跳至并立。

5.吸腿跳：单腿跳起、同时另一腿屈膝同前、侧上踢。

6.踢腿跳：单腿跳、同时另一腿直腿向前、侧高踢。

7.弹踢腿跳：单腿跳、同时另一腿向前或向侧弹踢腿。

8.侧摆腿跳：单腿跳、同时另一腿向侧摆动。

9.后踢腿跳：两腿交替或单腿，向后踢腿跑跳。

10.弓步跳：并腿跳起，落地时成前、侧、后弓步、身体稍前倾、立腰收腹。还原时屈膝缓冲。

动作要求：跳跃要轻松自如，有弹性、弹踢时力达最远端，蹲时上体正直，注意呼吸配合。

二、健美操基本动作组合

（一）头颈动作组合

预备姿势：两腿开立、两臂置于体侧。

一八拍：

1-2拍前屈下颌回收低头下看，双腿屈膝半蹲。

3-4拍还原

5-6拍，后屈下颌朝上，双腿屈膝半蹲，头后仰。

7-8拍，同3-4拍。

二八拍：

1-2拍头颈向左侧屈，双腿屈膝半蹲。

3-4拍还原。

5-6拍，同1-2拍方向相反。

7-8拍，同3-4拍。

三八拍：

1-2拍左侧转头90度，双腿右侧弓步。

3-4拍还原。

5-6拍，同1-2拍，方向相反。

7-8拍，同3-4拍。

四八拍：

1-4拍，头由右向左绕环一周，5-6拍同1-4拍，方向相反。

（二）肩、胸部动作组合

预备姿势：两腿开立，两臂自然下垂。

一八拍：

1拍左肩上提2拍左肩还原，重心移至左腿。

3-4拍，同1-2拍，方向相反。

5拍双肩上提，6拍双肩还原。

7-8拍，同5-6拍。

二八拍：

1-2拍，左肩由前向后绕环。

3-4拍，左肩由后向前绕环还原。

5-8拍，同1-4拍，换右肩。

三八拍：

1-2拍屈膝半蹲，低头含胸，同时两臂胸前交叉，握拳，拳心相对。

3-4拍，两腿蹬直，抬头展胸，同时两臂内旋体前交叉，掌心向内。

5拍，屈膝半蹲，低头含胸，同时两臂内旋体前交叉，掌心向内。

6拍，左腿侧伸点地勾脚，右腿屈成侧弓步，同时两臂经侧摆至侧上举，变合掌为掌心相对。

7拍，同5拍；8拍，同6拍，方向相反。

四八拍：

1拍胸向左侧移，手臂保持不动。2拍还原成预备姿势。

3拍同1拍方向相反，4拍同2拍。

5拍左转体90度，重心移至左腿，右脚后点地，同时低头含胸，两臂前下摆，手背相对。

6拍右腿后伸成分腿开立，同时两臂经上向后拉展胸。掌心向前。

7-8拍，同5-6拍方向相反。

（三）腰、髋部动作组合

一八拍：

1拍上体向左侧屈，同时左臂体前右摆，右臂上举左侧摆（掌心相对）。

2拍，上体向左转体90度下压，与地面平行，同时左臂侧举，右臂前举，掌心向下。

3拍，身体左前下屈，同时两臂上举，手掌撑地。

4拍还原。5-8拍，同1-4拍动作。方向相反。

二八拍：

1拍向左转体，重心移至左腿，同时两臂经体前摆至胸前屈，掌心向内。

2拍，重心移至两腿，同时两臂摆至体前，双腿成弓步。

3-4拍，同1-2拍方向相反。

5拍动作同1拍，惟两臂伸直摆至前侧上举，手变掌，掌心相外。

6拍，同2拍动作。

7-8拍，同1-2拍方向相反。

三八拍：

1-4拍保持预备姿势。

5拍，左腿屈膝内扣，同时向右顶髋。

6拍，右腿屈膝内扣，同时向左顶髋。

7-8拍，同5-6拍。

四八拍：

1拍，左腿屈膝内扣，同时向右顶髋，两臂胸前平屈掌心向下。

2拍，右腿屈膝内扣，同时向左顶髋，两臂下伸掌心向后。

3-4拍，同1-2拍，方向相反。

5拍，腿和髋的动作同1拍，同时两臂经侧至头上交叉1次后成千上万举合掌、掌心向前，抬头。

6拍，腿和髋的动作同2，同时两臂经侧至头上交叉1次后战上举。

7拍，腿和髋的动作同1拍，同时两臂肩侧屈手指触肩，头向右转。

8拍，腿和髋的动作同2，同时两臂还原至体侧掌心向内，头还原。

（四）跑跳动作组合

预备姿势：两腿开立，两手插腰

一八拍：

1-2拍，原地不动。

3-4拍，两脚弹动两次。

5-6拍，跳成并立，同时两脚弹动两次。

7拍，跳成开立。

8拍，跳成并立，同时两臂落至体侧。五指并拢，拳心向内。

二八拍：

1拍，右腿后踢跑，同时两臂胸前屈。拳心向后。

2拍，左腿后踢跑，同时两手胸前击掌

3拍，右腿后踢跑，同时两臂肩侧上屈。拳心向内。

4拍，并腿，手同2拍。

5拍，并腿向左蹬跳成右侧弓步，左脚跟着地，同时左臂侧举拳心向下，右臂胸前平屈拳心向下，头稍左转。

6拍，还原成并立，同时两手胸前击掌。

7-8拍，同5-6拍，方向相反，8拍两臂还原至体侧。

三八拍：

1拍，左腿向侧一步，同时左臂上举五指并拢，掌心向内，右臂前举五指并拢，掌心向内，目视前方。

2拍，提右膝同时向右转体90度，右臂胸前上屈拳心向后，左臂胸前平屈指尖搭在右上臂。

3拍，右腿后伸成左前弓步，同时左臂侧举掌心向下，右臂肩侧上举拳心向内，头向左转。

4拍，右腿还原跳成并立，同时两臂还原至体侧，掌心向内，头还原。

5拍，左腿提膝跳，同时两臂胸前平屈掌心向下。

6拍，还原成并立，同时两臂还原至体侧拳心向后。

7拍，右腿高踢跳。

8拍，右腿落下成并立。

四八拍：同三1-8拍，方向相反。

五八拍：

1拍，跳成开立，同时左臂侧举拳心向下，头向左转。

2拍跳成并立，同时左臂肩侧上屈拳心向内，头还原。

3拍跳成开立，同时右臂侧举拳心向下，头向右转。

4拍跳成并立，同时右臂侧上屈拳心向内，头还原。

5拍跳成开立，同时两臂胸前屈拳心向后，头还原。

6拍跳成并立，同时两臂胸前平屈拳心向下。

7拍跳成开立，同时两臂上举五指并拢，拳心向前。

8拍跳成并立，同时两臂还原至体侧拳心向内。

六—九八拍同二—五八拍，方向相反。

十八拍：

1-4拍跑跳步向左转体360度，同时两臂体前屈伸两次拳心向后。

5-6拍原地踏步走，同时两手胸前击掌两次。

7-8拍跳成开立，两手插腰，挺胸立腰，目视前方。

动作要求：跳跃轻快，富有弹性；上肢动作到位、有力度；整套动作节奏准确，富有表现力。

第二节　活力健美操

预备姿势：直立

前奏：四个八拍原地踏步

第一节 头部运动（4×8拍）

第一个八拍

1拍左腿向侧出一步，同时左臂经前向侧平举，目视左侧。

2拍右腿于左腿后交叉，两腿微屈，同时左臂收回放置头顶。

3拍头部左侧屈。

4拍头部还原，身体不动。

5—8拍身体不动，左臂经斜前45°伸直自然落于体侧。

第二个八拍同第一个八拍，方向相反。

第三个八拍

1拍左腿侧出一步，两腿微屈，同时左臂肩侧斜上举。

2拍右腿跟上一步，于左腿后交叉，两腿微屈，同时右臂肩侧斜上举。

3拍左腿继续侧出一步，两腿微屈，同时左臂胸前屈，手扶右肩。

4拍右腿落地两腿开立，同时右臂胸前屈，手扶右肩。

5—6拍头部经左侧向后环绕一周，身体不动。

7拍右腿侧摆左腿单腿支撑，屈膝下蹲，同时左臂肩侧斜上举，手握拳。

8拍跳落还原成直立。

第四个八拍同第三个八拍，方向相反。

第二节　肩部运动（4×8拍）

第一个八拍

1拍左腿前迈一步，同时两臂交叉，手扶肩。

2拍右腿继续前迈一步，同时两臂肩上侧屈手扶肩。

3拍左腿侧迈一步，同时两臂体前自然下垂，两手握拳。

4拍右腿侧迈开立，手臂不动。

5拍向右顶髋，同时提左肩。

6拍同5拍，方向相反。

7—8拍做三次顶髋提肩，动作同5—6拍。

第二个八拍

1拍身体左转90°，右腿前迈一步单腿支撑，左腿后屈，同时右臂经前贴耳朵向后绕环一周，掌心向外。

2拍左脚落地，抬右腿，手臂还原体侧。

3拍身体还原面向前，右脚侧落发力跳起，空中左腿并右腿，同时两臂经前贴耳朵向后绕环一周。

4拍左、右脚依次落地成开立，两臂还原体侧。

5—8拍同1—4拍，方向相反。

第三个八拍同第一个八拍，方向相反。

第四个八拍同第二个八拍，方向相反。

第三节 胸部运动（4×8拍）

第一个八拍

1拍左腿侧出一步，两腿微屈，同时两臂胸前水平冲拳。

2拍右腿跟上一步后交叉，两腿微屈，同时两臂收回肩侧平屈。

3拍左腿继续侧出一步，两腿微屈，同时两臂再做一次前冲拳。

4拍右腿跟上并住左腿，同时两臂再次收回肩侧平屈。

5—6拍左腿侧出一步，两腿下蹲，同时两手扶膝。

7—8拍跳起并腿还原。

第二个八拍

1拍左腿前出一步，屈膝脚尖点地，同时右臂经体前直臂上举。

2拍右腿跟上并于左腿旁，左脚落地右腿屈膝脚尖点地，同时右臂落下左臂经体前直臂上举。

3拍左腿斜后45°出一步成后腿弓步，同时左臂还原体侧。

4拍右腿跟上并左腿还原成直立。

5拍右转面向斜前方，左腿后伸成前腿弓步，同时两臂经胸前向侧平举，五指分开掌心向前。

6拍左腿收回，并右腿脚尖点地，两腿微屈团身，同时两臂胸前屈臂交叉，手握拳。

7拍左腿后伸仍然是前腿弓步，同时两臂斜上举，五指分开，掌心向前。

8拍收左腿还原直立面向前，两臂自然落下。

第三个八拍同第一个八拍，方向相反。

第四个八拍同第二个八拍，方向相反。

第四节 体侧运动（4×8拍）

第一个八拍

1拍左腿左斜前出一步，同时右臂延左腿方向水平冲拳。

2拍右腿右斜前出一步，同时左臂延右腿方向水平冲拳，两臂交叉。

3拍左腿后退一步，同时两臂向后摆。

4拍左腿发力跳起并腿落地，同时两臂经后向前绕环一周。

5拍右腿侧伸成左弓步，同时右臂脸前屈臂，五指分开掌心向前，眼看斜下方。

6拍收右腿还原，右臂还原体侧。

7拍同5拍，方向相反。

8拍还原。

第二个八拍

1拍身体左转90°，右腿前出一步，单腿屈膝支撑，左腿屈膝后摆，同时两臂从左侧经上绕至右臂侧平举，左臂胸前平屈。

2拍左腿落地，同时两臂按绕环路线返回。

3拍身体还原面向前，右腿侧迈成开立，同时两臂还原体侧。

4拍身体不动，右臂绕至上举后手放头上。

5拍两腿屈膝下蹲，同时头左侧屈。

6拍身体不动，头部还原。

7拍下肢不动，身体做左侧屈，同时右臂上伸掌心向下，左臂体前下伸掌心向上。

8拍跳起并腿落地，手臂经侧还原体侧。

第三个八拍同第一个八拍，方向相反。

第四个八拍同第二个八拍，方向相反。

第五节 体转运动（4×8拍）

第一个八拍

1拍抬右腿前屈，左腿屈膝单腿支撑，同时上体左倾低头。

2拍右腿侧点地，左腿支撑中心，同时左臂斜上举眼看左臂。

3拍两腿屈膝下蹲，同时两臂胸前屈臂交叉手握拳。

4拍重心移至右腿支撑，左腿点地，同时两臂体侧斜下伸，五指分开掌心向后。

5—6拍同1—2拍，方向相反。

7拍同3拍。

8拍同4拍，方向相反。

第二个八拍

1拍身体左转90°右腿上一步。

2拍向前弹踢左腿。

3拍身体继续左转90°，同时左腿侧落。

4拍右腿侧出一步。

5—6拍上体左转90°，右腿屈膝后弓步，同时左臂侧平举，五指分开掌心向后，右臂胸前平屈掌心向前。

7拍右腿发力跳起收左脚落地，同时两臂还原体侧。

8拍收右腿并左腿。

第三个八拍同第一个八拍，方向相反。

第四个八拍同第二个八拍，方向相反。

第六节 髋部运动（4×8拍）

第一个八拍

1—2拍右腿前出一步，两腿膝关节外屈下蹲，同时右臂屈臂经胸前上伸，五指分开掌心向前。

3—4拍左腿跟上侧迈点地，同时右臂屈臂经胸前侧平伸，五指分开掌心向前。

5拍屈左腿向右顶髋。

6拍髋部收回。

7—8拍同5—6拍。

第二个八拍同第一个八拍，方向相反。

第三个八拍

1拍身体左转90° 右腿上一步单腿屈膝支撑，左腿后屈，同时两臂屈臂经胸前右臂上伸左臂侧伸，五指分开手腕下压。

2拍左腿落地，身体不动。

3拍身体还原面向前，右腿侧迈开立，同时两臂落至体侧五指分开掌心向后，髋部右摆再迅速还原。

4拍髋部继续右摆一次。

5—6拍同1—2拍，方向相反。

7—8拍同3—4拍，方向相反。

第四个八拍

1拍右腿上一步，同时两膝外屈。

2拍右腿发力跳起，左膝前屈，同时两臂屈臂经胸前直臂上举。

3拍右腿落地屈膝右弓步，左腿侧伸，同时上体右转前倾，两臂向下绕环。

4拍身体左转面向斜前方，收右腿并左腿两膝微屈，同时两臂经胸前直臂上举，两手重叠相握。

5拍左摆髋，两臂屈臂下伸。

6拍右摆髋。

7拍左腿前上一步脚尖点地，延左腿方向顶髋。同时两臂向斜前方伸直。

8拍收左腿并右腿，同时两臂经胸前直臂上举，两手重叠相握。

第七节　踢腿运动（4×8拍）

第一个八拍

1拍右脚左斜前出一步，同时两手分开上举，五指分开掌心向前。

2拍侧踢左腿，同时两臂经体侧直臂下摆，五指分开掌心向前。

3拍左腿落地置于右腿后，同时两臂收回胸前屈臂交叉，两手握拳。

4拍右腿收回并左腿，同时两臂还原体侧。

5拍同1拍，方向相反，两臂屈臂经胸前上举。

6—8拍同2—4拍，方向相反。

第二个八拍

1拍身体左转90°，左腿发力跳起，同时右腿前出一步双脚落地，两臂屈臂前后自然摆臂。

2拍右腿发力跳起，同时左腿前出一步，双脚落地，手臂交换摆臂。

3—4拍同1—2拍。

5拍右腿后伸左腿屈膝前弓步，同时两手扶左膝。

6拍跳起右转90°并腿落地，同时两臂还原体侧。

7拍跳起右腿前踢腿。

8拍双脚同时落地还原。

第三个八拍同第一个八拍，方向相反。

第四个八拍同第二个八拍，方向相反。

第八节　全身运动（4×8拍）

第一个八拍

1拍提重心左腿侧出一步，同时两臂侧平举，两手握拳。

2拍身体左转90°，收右腿并左腿重心下降，同时两臂还原体侧。

3拍同1拍，方向相反。

4拍收左腿并右腿重心下降，同时两臂还原体侧。

5拍同1拍。

6拍同4拍，方向相反。

7拍身体右转90°右腿侧出一步，顺势向右转体360°左腿跟上并右腿。

8拍身体还原面向前，右腿并左腿。

第二个八拍

1拍跳起落地分腿，同时两臂交叉抱肩。

2拍屈膝下蹲，同时两手扶膝。

3—4拍体前屈两手扶地。

5拍两手支撑两腿跳起落地并腿。

6拍两手支撑两腿跳起落地分腿。

7—8拍跳起落地并腿屈膝，同时身体恢复站立两臂前伸，五指分开掌心向上。

第三个八拍同第一个八拍，方向相反。

第四个八拍

1—6拍同第二个八拍1—6拍。

7—8拍跳起落地并腿屈膝，同时身体恢复站立两臂屈臂经胸前至侧平举，五指分开掌心向上。

第九节　跳跃运动1（2×8拍）

第一个八拍

1拍跳起左腿前出一步单腿落地，右腿后屈，同时两手胸前击掌。

2拍跳起右腿前出一步单腿落地，左腿后屈，同时两肘外摆。

3拍同1拍。

4拍跳起双腿分腿落地，屈膝下蹲，同时两臂屈臂从胸前经上侧平举五指分开掌心向前。

5拍跳起右腿落地支撑，左膝前屈同时两臂上举，五指分开掌心向前。

6拍跳起分腿落地，左腿屈膝左弓步，身体面向屈膝方向，同时两臂经体侧下伸，五指分开掌心向前。

7拍跳起身体还原面向前落地分腿，两腿屈膝下蹲。

8拍跳起落地并腿，同时两臂屈肘置于脸前，五指分开掌心向前。

第二个八拍同第一个八拍，方向相反。

第十节　跳跃运动2（2×8拍）

第一个八拍

1拍跳起右腿落地支撑，左膝前屈，同时两臂经胸前绕至侧平举，五指分开掌心向前。

2拍跳起落地并腿，两臂还原体侧。

3拍跳起身体左转90°，落地分腿屈膝下蹲，同时右臂侧平举，五指分开掌心向前，左手放脑后。

4拍跳起身体右转90°落地并腿，两臂还原体侧。

5拍跳起左腿落地支撑，右膝前屈。

6拍跳起右腿落地屈膝支撑，左腿后摆，同时两臂前伸五指分开掌心向上。

7拍左腿落地顺势转体180°，同时两臂还原体侧。

8拍左腿发力跳起顺势转体180°，收右腿并左腿落地。

第二个八拍同第一个八拍，方向相反。

第十一节 跳跃运动3（2×8拍）

第一个八拍

1拍右腿侧出一步，左腿屈膝弓步，身体面向屈膝方向，同时右臂下摆延屈膝方向斜下举五指分开掌心向前，左手在右臂上扶肘。

2拍左膝伸直单腿支撑，右腿延身体方向向前弹踢腿，同时两臂还原体侧。

3拍跳起分腿落地屈膝下蹲，身体还原面向前。

4拍跳起并腿落地，同时右臂体平举，左臂肩侧上屈，手握拳。

5拍跳起分腿落地屈膝下蹲，同时两臂下摆左臂体前右臂体后。

6拍跳起右腿落地支撑，左膝前屈，同时两臂斜上举，五指并拢压腕。

7拍跳起前后分腿落地，左腿在前屈膝弓步，右腿在后脚尖点地，同时两臂斜下举五指并拢抬腕。

8拍跳起并腿落地，两臂还原体侧。

第二个八拍同第一个八拍，方向相反。

第十二节 跳跃运动4（2×8拍）

第一个八拍

1拍跳起分腿落地，左腿屈膝弓步，右腿侧点地，身体面向屈膝方向，同时右臂从右侧经上直臂体前绕环一周。

2拍跳起并腿落地还原。

3拍同1拍，方向相反。

4拍同2拍。

5拍身体右转斜前左脚尖点地，延脚尖方向顶髋，同时两臂斜后方摆臂，手握拳。

6拍收左腿并右腿，两臂还原体侧。

7拍右腿后出一步点地，左腿屈膝弓步，同时两手扶左膝。

8拍跳起并腿落地，两臂还原体侧。

第二个八拍同第一个八拍，方向相反。

第十三节　整理运动（4×8拍）

第一个八拍

1—3拍左腿开始向前走三步，两臂自然前后摆。

4拍跳起并腿落地，右脚尖点地，同时两手胸前击掌。

5—7拍右脚开始后退三步，两臂自然前后摆。

8拍跳起并腿落地，左脚尖点地，两臂还原体侧。

第二个八拍

1拍左腿侧出一步脚尖点地，向左顶髋，同时右臂屈臂前摆，左臂屈臂后摆。

2拍抬左腿，同时交换摆臂。

3拍收左腿并右腿，同时交换摆臂。

4拍只做交换摆臂。

5拍右腿侧出一步脚尖点地，向右顶髋，同时交换摆臂。

6拍抬右腿，同时交换摆臂。

7拍收右腿并左腿，同时交换摆臂。

8拍两臂还原体侧。

第三个八拍

1拍左腿侧出一步，两膝微屈，同时左臂侧平举，右臂胸前平屈。

2拍右腿跟上一步左腿后交叉，同时右臂侧平举，左臂胸前平屈。

3拍同1拍。

4拍跳起并腿落地，两臂还原体侧。

5—8拍同1—4拍，方向相反。

第四个八拍

1拍身体右转90°，左腿侧出一步开力，同时左臂经体侧向上举。

2拍左臂上举，五指分开掌心向后。

3—4拍左臂收至胸前屈，手握拳。

5—8拍身体左转90°，右腿侧出一步屈膝弓步，左腿直腿点地，同时两臂屈臂由胸前至侧举，右臂斜上左臂斜下。

造型：收左腿并右腿脚尖点地，同时右臂屈臂下落体侧，左臂还原体侧，上体前倾低头面向右斜方。

第三节　形体练习

形体练习是以人体运动科学理论为基础，通过徒手或器械练习，锻炼健康体魄，塑造优美形体，锻炼仪态仪表，培养意志品质的锻炼过程。青少年正处于生长发育关键时期，身体形态的可塑性很强，进行系统的形体锻炼，不仅能提高健康水平，而且对于"修饰"、矫正身体的不良姿态，形成健美的体态有着特殊的功效。

一、基本方向与基本部位

（一）场地的基本方位

为了准确说明练习者在场地上的运动方向，把开始面对的方位定为基本点"1"点，按顺时针方向，每45度为一个基本方位点，将场地划为8个点（图20-1）。

1——正前方
2——右前方
3——右侧方
4——右后方
5——正后方
6——左后方
7——左侧方
8——左前方

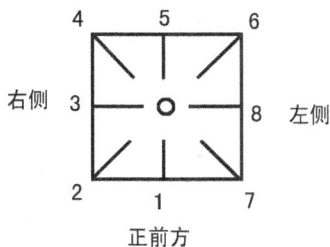

图20-1

（二）脚的基本位置

常用的基本脚位（图20-2）

正步　　八字步　　大八字步　　丁字步

图20-2

并立（正步）：两脚并拢，脚尖向前。

自然位（八字步）：脚根相靠，两脚尖向斜前方成"八"字形。

开立（大八字步）：两脚侧开，相距约同肩宽，脚尖各向斜前方。

丁字形：一脚跟在另一脚弓处成"丁"字形。

点立：一脚站立，另一脚向前（侧、后）伸出脚尖点地。前、后点地时脚面绷直向外；侧点地时脚面向上。

动作规格：身体姿势和脚的各种位置准确。

芭蕾舞脚的5个基本位置（图20-3）

| 一位 | 二位 | 三位 | 四位 | 五位 |

图20-3

一位：两脚跟靠拢，脚尖向两侧，两脚成一横线。

二位：脚尖向两侧，两脚跟左右距离约一脚，两脚成一横线。

三位：脚尖向两侧，一脚跟相叠在另一脚弓处，平行横立。

四位：两脚前后平行，脚尖向两侧，两脚间距离约一脚。

五位：两脚前后平行相靠，脚尖向两侧。

要点：髋、膝关节充分外开，身体重心平均在两脚上。

动作规格：站立平稳、姿态正确、两脚在一横线上或前后平行。

（三）手臂的基本位置

1.常用的手臂基本位置（两臂同方向的举）（图20-4）

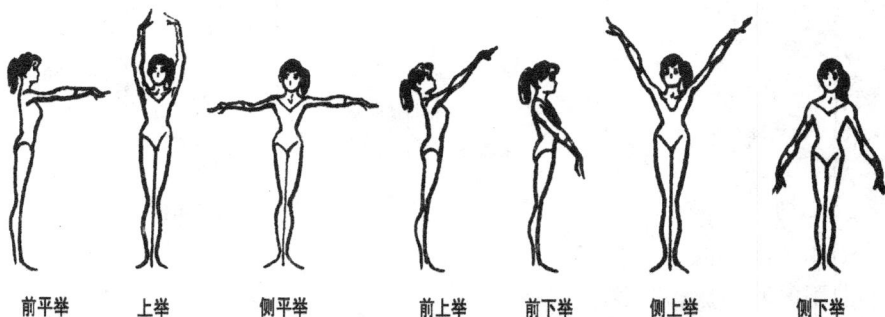

| 前平举 | 上举 | 侧平举 | 前上举 | 前下举 | 侧上举 | 侧下举 |

图20-4

2.芭蕾舞手臂的七个基本位置（图20-5）

芭蕾舞手臂的基本要求：肩放松，肘、腕自然微屈，手臂呈弧形，女采用芭蕾手形，手指并拢，自然伸长，拇指与中指稍向里合，男采用四指并拢伸直，大拇指向里合的手形。

一位：两臂弧形体前自然下垂，指尖相对掌心稍向内。

二位：两臂弧形前平举略低于肩，掌心相对。

三位：两臂弧形上举，稍偏前，掌心相对。

四位：一臂弧形上举，一臂弧形前举。

五位：一臂弧形上举，一臂弧形侧举。

六位：一臂弧形侧举，一臂弧形前举。

七位：两臂弧形侧举，掌心向前下方。

收式：同一位动作。

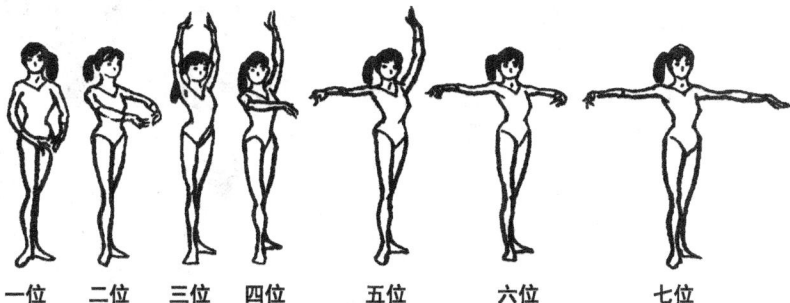

一位　　二位　　三位　　四位　　　五位　　　六位　　　七位

图20-5

3.中国舞中手的基本形状和手臂的基本位置

手的基本形状（图20-6）：手指挺直，虎口收紧,拇指向中靠拢，但不要贴紧。

图20-6

手臂的基本位置：

山膀位：两臂弧形侧举，高度与肩平，手指微向上，手心对后斜下方。

按掌位：手掌按于身前，稍底于胸部，手指微向上，手心对前斜下方。

托掌位：手臂上举成弧形，手的位置在额前上方，手心向斜上方，食指对眉梢。

顺风旗：一手山膀，另一手托掌。

（四）常用的头部基本位置

低头：挺胸、下颌尽量向胸骨上端靠近。

仰头：头最大限度后仰。

左转头：面向左，下颌对准左肩。

右转头：面向右，下颌对准右肩。

左侧倒头：面向前，头向左侧倒。

右侧倒头：面向前，头向右侧倒。

二、把杆基本动作练习

把杆基本动作练习主要是借助把杆这一辅助手段进行练习的，它是形体练习中的基本内容。通过练习可以培养学生的正确姿态，发展下肢和躯干柔韧性及协调能力。把杆基本动作练习一般包括擦地、蹲、小踢腿、划圈、单腿蹲、小弹腿、控制等。

把杆的高度一般位于练习者腰部的水平位置。扶把的方法有两种：一是双手扶把（图20-7），二是单手扶把（图20-8）。

图20-7　　　　　　　　　　图20-8

（一）擦地

擦地是整个腿部锻炼中的基础动作，是脚站一位或五位的位置上，通过向前、侧、后方向的蹦脚练习，锻炼踝关节、脚背的力量，锻炼腿部肌肉，使其线条优美。

动作方法：一位或五位站立，双手或单手扶把，收臀收腹，后背夹紧。

1.向前擦地：重心在主力腿上，动力腿保持正直，绷脚向前擦地。擦地过程中脚跟用力前顶，脚跟、脚心、脚掌逐渐离地到完全绷脚，脚面向外，脚尖要与主力腿在一条直线。然后沿原路线收回（图20-9）

2.向侧擦地：重心在主力腿上，动力腿保持正直，向侧擦出，开始全脚擦地，边擦边绷脚背，脚背推至最高点，脚尖点地，脚跟前顶，脚面向外，腿部肌肉充分伸长。然后沿原路线收回（图21-10）

3.向后擦地：重心在主力腿上，动力腿保持正直，向后擦出。擦地过程中，脚尖先行，动力腿尽量向后下方伸展，脚面向外，脚尖要与主力腿在一条直线。然后沿原路线收回（图21-11）。

图20-9　　　　　　　　图20-10　　　　　　　　图20-11

（二）蹲

蹲主要是通过腿的屈伸练习，增强其腿部肌肉力量，促使其均衡发展。进行蹲的练习还能提高跟腱的弹性、韧性及膝关节的控制能力。蹲可分为半蹲和全蹲。

动作方法：

1.半蹲：一位站立，上体保持正直，两膝逐渐下蹲，在全脚掌着地状态下下蹲到最低限度，此时脚腕和脚背有挤压感，跟腱有较深的牵拉感，之后再慢慢起立（图20-12）

2.全蹲：在半蹲的基础上，继续向下蹲，脚跟随之抬起，蹲到底，此时臀不能坐到脚跟上，腿保持外开，后背挺直。之后慢起，起立时，脚跟先着地，之后慢慢站立（图20-13）。

图20-12　　　　　　　　　　图20-13

（三）小踢腿

小踢腿主要是锻炼腿和脚的动作速度及肌肉快速的控制能力，它是在擦地基础上向空中踢出25度时稍加控制，比擦地的速度和力度都要增大，要有一定的爆发力。

动作方法：站一位或五位，动力腿向前擦出后不停顿继续向空中踢出，脚离地25度时停顿，落地时脚尖前点地后收回五位。向侧、向后小踢腿的动作方法相同，方向各异。

（四）划圈

划圈主要是通过腿部不停的绕环划动，锻炼髋关节的灵活性及腿的伸展、控制能力。划圈可分为地面划圈和空中划圈。划圈时可由前向后的划动还可由后向前的划动。

动作方法：

1.地面划圈时由前向后的方法：主力腿直立，动力腿向前擦出，用脚尖带动腿由前向侧再向后划动，之后收回一位。由后向前的方法：主力腿直立，动力腿向后擦出，用脚尖带动腿由后向侧再向前划动，之后收回一位（图20-14）。

图20-41　　　　　　　　　　　图20-15

2.空中划圈时由前向后的方法：主力腿直立，动力腿向前踢出成前25度小鹤立式，然后大腿保持不动，小腿伸直，以胯为轴心由脚背带动腿在空中由前向后划动，之后，落地收回。由后向前的方法：主力腿直立，动力腿向后踢出成后25度小鹤立式，然后大腿保持不动，小腿伸直，以胯为轴心由脚背带动腿在空中由后向前划动，之后，落地收回。空中划圈时，运动轨迹为弧线形，弧线的最高点在侧（图20-15）。

（五）单腿蹲

单腿蹲主要通过腿屈伸练习，提高腿部肌肉的力量以及主力腿、动力腿的相互配合能力，并从中感受动作内在的韧性。

动作方法：主力腿缓慢下蹲，同时动力腿以膝关节为轴小腿缓慢收回，脚尖贴在主力腿的小腿前。主力腿再缓慢伸直，动力腿以膝关节为轴小腿缓慢向前伸出，其高度为45度（图20-16）。单腿蹲还可向侧、向后做（图20-17），其动作要领相同，只是向后方做收回时脚尖应贴在主力腿小腿后（图20-18）。

图20-16　　　　　　　　　　　图20-17

图20-18

（六）小弹腿

小弹腿主要是通过腿的快速屈伸锻炼小腿和脚部的动作速度及肌肉快速控制能力。

动作方法：五位站立，主力腿支撑，大腿不动，小腿快速收回用脚击打小腿前部，然后小腿快速向前弹出控制在25度（图20-19）。小弹腿还可向侧、向后弹腿（图20-20），其动作要领相同，只是向后方弹腿收回时脚应拍击主力腿小腿后部（图20-21）。

图20-19　　　　　　　图20-20　　　　　　　图20-21

（七）控腿

控腿是将腿控制在一定高度，从而提高腿、腹、背肌肉的控制能力。

动作方法：主力腿支撑，动力腿经擦地向前抬起，在90度或尽量高的位置上停住，控制一定时间后，腿再落下。另外，动力腿还可经吸腿向前上伸出控制。向侧、向后控制的方法相同。

三、离把徒手姿态练习

离把徒手姿态练习是基本形态的一种组合练习，是表现动作优美的关键。徒手姿态练习不仅能培养举手投足的正确姿态，同时也能发展身体各部位协调能力和控制能力，将外部表现与内在神韵融为一体，能更加充分地表现人的形体美。

（一）手臂姿态组合（图20-22）

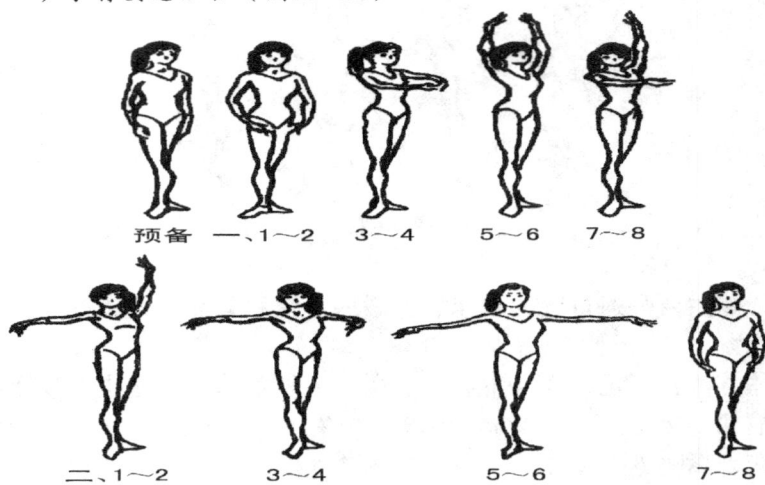

预备 一、1～2　　3～4　　5～6　　7～8

二、1～2　　3～4　　5～6　　7～8

图20-22

（二）姿态组合（图20-23）

预备一、1-2　3-4　　5-6　　7-8　　二、1-2　　3-4

5-6　　7-8　　三、1

2　　　　3-4　　5-6　　7-8

图24-23

（三）华尔兹步组合（图20-24）

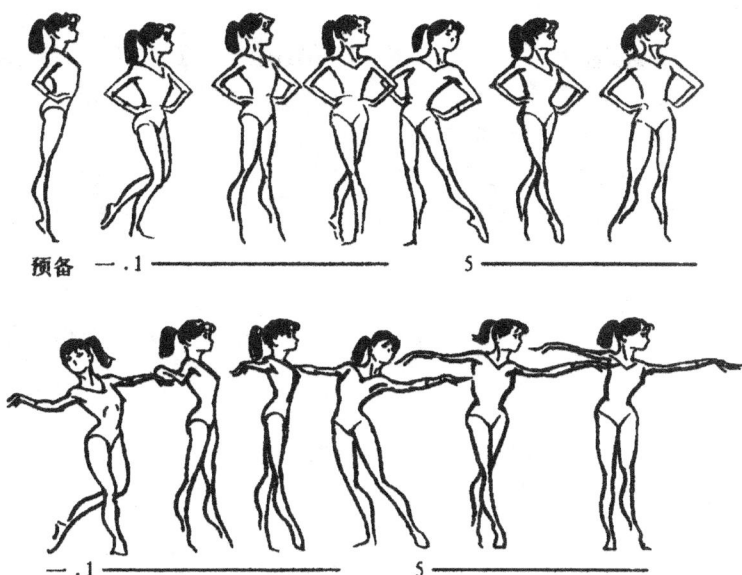

预备 一.1 5

一.1 5

图20-24

第四节 健身健美操竞赛评分规则

一、总则

（一）宗旨

1.为中国学生健身健美操竞赛提供客观统一的竞赛规则。

2.为评判员公正、准确地评分提供客观依据。

3.为参赛者提供赛前训练和比赛的指导依据。

4.是中国学生开展健身健美操运动的规范性文件。

（二）竞赛项目

1.规定套路：中国学生健美操艺术体操协会审定的由一定动作组成的成套动作。

2.徒手自编套路：根据规则及规程要求由各队自己创编的成套动作。

3.轻器械自编套路：轻器械是指在成套动作中运动员能轻松持握或搬动的器械。无论借助什么样的轻器械创编健美操动作，都应依据该器械的特质，充分发挥其器械特点，体现该器械的健身价值。

（三） 成套动作时间

自编套路的时间为2′30″±10″(从第一个可听见的声音开始，到最后一个声音结束，不包括提示音)。

（四） 参赛人数与更换运动员

1. 每队参赛人数为6—12人、性别不限。

2. 如有特殊情况更换运动员时，需持有效证明，经组委会同意方可更换。

（五） 竞赛场地

1. 赛台

赛台高于地面80—90Cm、后面有背景遮挡、赛台大小不得少于14 x 14平方米。

2.竞赛区域

比赛场地可为地板或地毯，要清楚地标出12 x 12平方米的比赛区域。标志带为5厘米宽的醒目色带，标志带是场地的一部分。

3.座位区

△视线员

12 x 12 m

△视线员

| 记录组 | | 报告员 | 放音台 |

| 1 | 5 | 2 | 6 | 3 | 7 | 4 | 8 |

高级评判组

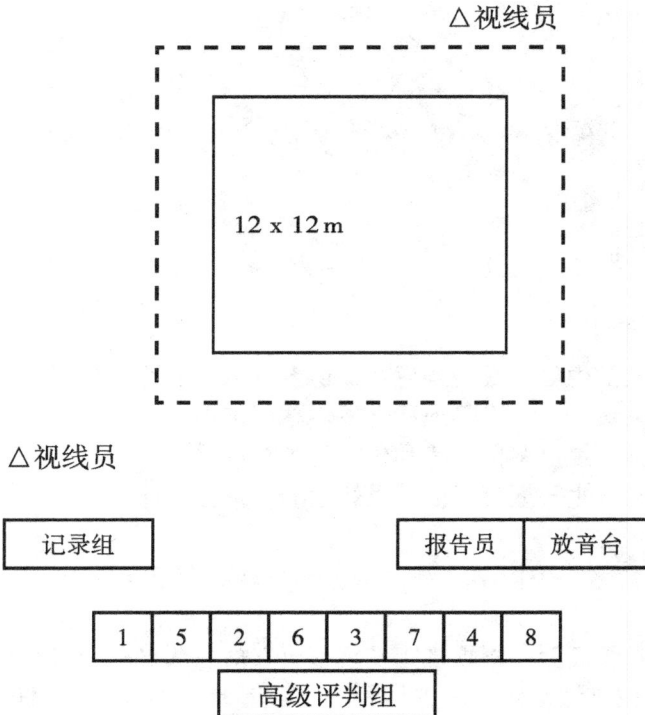

注：1—4为艺术评判，5—8为完成评判

（六） 评分及计分方法

1.评分方法：比赛采用公开示分的方法。评判员评分精确到0.1分，运动员最后得分精确到0.01分。

2.计分方法：成套动作的得分为艺术得分与完成得分之和,艺术分和完成分各为10分、成套动作满分为20分。各组评判员评分去掉一个最高分和一个最低分，中间两名评判员评分的平均数为该组评判得分,两组评判得分相加减去评判长扣分即为最后得分。

3.最后得分高者名次列前，若得分相等，名次排列取决顺序为最高完成分、最高艺术分；若成绩再相等，则名次并列，无下一名次。

4.不接受对评分结果的抗议。

（七） 音乐

1.音响设备

音响设备应基本达到专业水准，常规放音设备必须包括 CD 机及调音台等。

2.特定要求

·音乐的质量应达到专业水准。

·音乐速度为每分钟136-156拍，前奏音乐、过渡音乐、结束音乐速度可超出以上范围，但仅可出现1个8拍时值。

·可以使用一首或多首乐曲混合的音乐，可加入特殊音效，音乐节奏明快、清晰、风格热情、奔放、动感、具有震撼力。

·音乐必须录制在CD的开头，自备两份比赛音乐。

（八） 服装及仪容

1. 外表

整洁与适宜的运动员外表，女运动员头发须梳系于头后，头发不得遮挡脸部。

2. 着装

服装整体以紧身为主、材质和款式不限，但必须适宜运动。运动员必须穿白色运动鞋和运动袜，运动员可穿短裤或长裤，连体式或分体式。可根据成套动作的整体风格选择服装，服装上可有简单修饰、但不允许使用悬垂饰物，禁止配带饰物(含手饰、手表等)，禁止穿描绘战争、暴力、宗教信仰和性爱为主题的服装。化妆应适度。

二、成套动作评分

（一） 成套动作的评分因素

1. 艺术编排：艺术分为10分。
2. 完成情况：完成分为10分。
3. 评判长减分
（二）艺术编排的评分因素及标准

1. 成套设计　　　　　5分
2. 音乐　　　　　　　1分
3. 风格与主题　　　　1分
4. 创造性　　　　　　1分
5. 场地与空间　　　　1分
6. 表演　　　　　　　1分

（三）完成情况的评分因素及标准

1. 技术技巧：指完美完成所有动作的能力

完成评判员对所有动作出现错误的减分标准，具体见下：

- 小错误：稍偏离正确完成，每次扣0.1分
- 中错误：明显偏离正确完成，每次扣0.2分）
- 大错误：较严重偏离正确完成，每次扣0.3分
- 严重错误：严重偏离正确完成，每次扣0.4分
- 失误：根本无法达到要求，无法清晰展示身体的位置，失去平衡（跌倒），器械失误等，每次扣0.5分

2. 一致性：指作为一个整体完成动作的能力

- 运动幅度：整体完成动作时的运动范围一致。
- 运动强度：整体完成动作时均衡一致的运动能力。
- 表演技巧：作为一个整体所具有的一致性表演技艺。

（四）评判长减分

1.音乐问题。
2.出场。
3.运动员的着装仪容不符合规定。
4.出界。
5.违例动作。
6.任何轻器械与运动员的结合失误。

三、违例动作

为了保持健美操的特色，对不利于健身健美操发展的其他项目的表现形式，以及身体各关节过分伸展与过分弯曲的易损伤身体的动作应禁止使

用。

·所有沿矢状轴或横轴翻转的动作。

·所有高于30度的水平支撑动作。

·任何与身体的自然姿态完全相反的动作。如：反背弓、背部挤压、膝转、足尖起、仰卧翻臀等。

·使用爆发性加速或减速动作。如：抽踢等。

·任何马戏或杂技动作。

·抛接动作：抛是指由同伴抛起或借助同伴的力量弹起至腾空位置，腾空是指一个人不触及地面或同伴。

四、特殊情况

以下被视为特殊情况

·播放错音乐带。

·由于音响设备而出现的音乐问题。

·由于设备问题而出现的干扰，如停电、舞台坍塌等。

·运动员责任外的情况而引起的比赛中断或终止。

·运动员在遇到以上情况发生时，应立即停止做动作，成套动作结束后提出的抗议将不被接受。

·根据评判长的决定，运动员在问题解决后可重做，原先分数无效。

上述情况以外的问题，将由总评判长根据情况解决，总评判长的决定为最后决定。

第二十一章　体育舞蹈

　　体育舞蹈和其他舞蹈艺术一样，是随着人类社会的演变和文化进程而发展的。其前身是社交舞，又称舞厅舞。14~15世纪，在意大利出现了社交舞；16世纪，社交舞传入法国。1768年，巴黎开了第一家交际舞舞厅，从此社交舞逐渐成为西方社会一种普遍的社交方式。

　　1924年，英国皇家舞蹈教师协会对当时社交舞的一部分进行整理，将7种舞的舞姿、舞步和跳法加以系统化、规范化，从此人们将规范化的华尔兹、探戈、狐步、快步、维也纳华尔兹、伦巴和布鲁斯称为"国际标准舞"。第二次世界大战后，英国皇家舞蹈教师协会又整理了拉丁舞蹈，并将它纳入国标舞范畴，列入正式比赛项目。至此，国际标准舞成为包括10个舞种的摩登舞（又称现代舞）系列和拉丁舞系列两大类。国标舞的诞生，改变了社交舞的自娱性质，引起了社会各阶层的极大兴趣，它的典雅风格和优美舞姿征服了世界舞坛，掀起了半个多世纪的世界国标舞热潮。

　　国标舞比赛始于英国，1929年成立的"舞会舞蹈委员会"制定了比赛规则，每年举行全英锦标赛和国际锦标赛等比赛。1947年在柏林举行了首届世界交际舞锦标赛。国标舞的普及进一步推动了竞赛的开展，1950年"国际交际舞理事会"成立，1959年，完全按照国际委员会制定的规则，举行了第一届业余和职业舞蹈世界锦标赛，此后每年举行一次。1960年，拉丁舞正式列入世界锦标赛比赛项目，1964年，国标舞又增加了新的表演和比赛项目——团体舞，使国标舞10个舞种的风格特点得到更为鲜明的体现。以上3种崭新的交际舞——摩登舞、拉丁舞、团体舞被称为"现代国际标准舞"，每年在国际上都有不同地区、不同级别、不同规模的比赛。国标舞已成为人们建立友谊、陶冶情操、锻炼身体的极好形式，同时，由于它兼有文化娱乐的内涵和体育竞技的双重特点，以及很强的表演观赏性和技艺性，因此西方舞蹈界称它为"体育舞蹈"，很多国家将它纳入体育的竞技范畴，继而成立了各种体育舞蹈组织，致力于促进体育舞蹈事业的发展。国标舞和体育舞蹈的发展历史表明，国标舞产生于20世纪二十年代，成型于六十年代初期，发展普及于七十年代以后。

　　我国体育舞蹈的开展受西方文化的影响，交谊舞在天津、广州等大城市广泛流行。20世纪八十年代初，随着改革开放的进一步深入，体育舞蹈在我国也进入了一个新的发展时期，外国专家及优秀选手纷纷来华表演、讲学、交流、培训，体育舞蹈迅速从北京、广州向全国推广。"中国国际标准舞协会"于1987年举办了"第一届全国国际标准舞锦标赛"，以后每年举行一次。目前，国际体育舞蹈联合会正在积极争取将体育舞蹈项目列入奥运会。

交谊舞20世纪30年代传入中国，而竞技性体育舞蹈则在20世纪80年代开始在中国推行。经过近20年的发展，目前全国参与此活动的人数将近3000余万人（含交谊舞）。

体育舞蹈是一项体育与艺术完美结合的高雅运动，非常适合大学生们参加，它不但能使身体得到锻炼，又能提高音乐和艺术欣赏能力、人际交往能力，陶冶情操，促进心理的良性发展。体育舞蹈作为一门新兴的体育课程，正在全国各高等院校迅速普及。

第一节　舞厅舞（交谊舞）

一、基本理论、知识

（一）舞程线（图21-1）

大家在一个舞池中跳舞(交谊舞)，如果没有规定的路线和方向，就要互相碰撞，秩序混乱。因此国际上规定，在舞池中，大家必须按照逆时针方向去跳，这个方向就叫做舞程线。

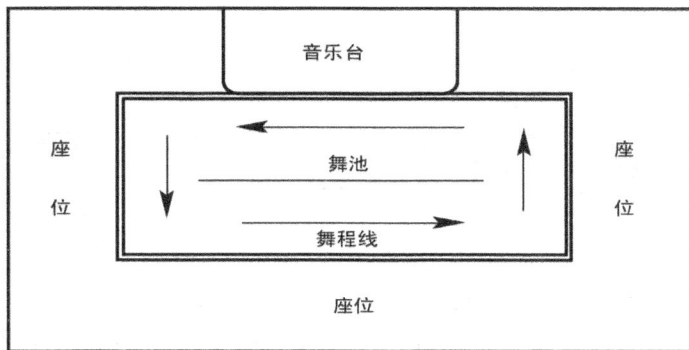

图21-1

（二）握抱的标准舞姿（图21-2）

男女面对站立，两脚并拢，两人面对间隔15CM左右，右脚尖正对对方两脚中间，头向各自一方左转30°。男伴左臂向左曲肘斜上举，左手略高于肩3～6CM，左手掌轻握女伴的右手，大拇指放在女伴大拇指和食指之间；右手轻轻贴放在女伴背部的左肩胛骨略下方。

女伴右臂向右屈肘与男伴左臂相平，四指并拢放在男伴大拇指和食指之间；左臂曲肘向上抬起，左手轻握男伴的右臂略近肩处，不要挂在男伴的右臂上。

图21-2

（三）参加舞会注意事项

1.参加舞会的人员，必须衣冠整洁，须发干净，男伴不准穿短裤，女伴不准穿超短裙，酗酒者不得参加；参加者不要吸烟以保证舞会能在空气清新、气氛高雅中进行；参加者不要高声喧哗，谈吐举止必须大方有礼，使人有文雅之感。

2.邀请舞伴，由男邀女或女邀男都可以，一般多为男邀女。邀请舞伴时要大方有礼，立而略躬，伸出右手或左手，然后可问"能允许我请您跳舞吗？"或"我可以请您跳舞吗？"一般女方也要起身回答表示同意。如果自己感到太累了或因其他原因不想跳，你可以回答"请原谅！我有点累了，想休息一下，谢谢你！"

3.跳舞时男伴首先要正对舞程线站立，握抱姿势要自然，全身肌肉应放松，不要紧张。初学者上身一般不要随便动，步法熟练后再作反身动作。在跳舞的过程中，握着的手不要随着音乐节拍上下摆动。每种舞的运步一定要按照规范逐步地去跳，这样既易于学又不会轻易地踩着女伴的脚。

4.一定要按照舞程线去跳舞，也就是按照逆时针方向去跳。舞会中，有些舞曲既可以跳快节奏也可以跳慢节奏，如果舞会人多时，你最好随大溜，以避免相互碰撞。

二、慢三步

音乐：舞曲节拍是 3/4 拍。音乐演奏速度为每分钟 30 – 34 小节。音乐的特点是前一拍是强音（即蓬），后二拍是弱音（即嚓嚓），舞曲节奏清晰。

特征：基本舞步是每步一拍，第1步用大步必须踏在舞曲每小节的第1拍上，第2、3步可用小步。舞步配合着音乐，必须具有柔和的升降。

升降：步法升降,升在1末，降在3末，即第1步将完时升起(用足掌），第3步将完时用足跟降落。

（一）原地荡步(图21－3)

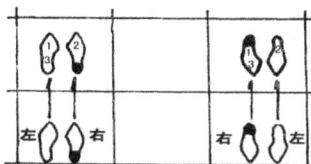

图21－3

男步：　　　　　　女步：

1.左足前进　　　　1.右足后退

2.右足前进　　　　2.左足后退

3.左足点地下落　　3.右足点地下落

第二小节（4、5、6），男走女步，女走男步，形成荡步。

（二）直进步、直退步(图21－4)

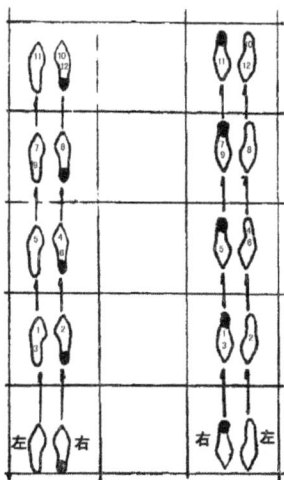

图21－4

男步：   女步：

1.左足前进一大步   1.右足后退一大步

2.右足前进一小步   2.左足后退一小步

3.左足并于右足   3.右足并于左足

4.右足前进一大步   4.左足后退一大步

5.左足前进一小步   5.右足后退一小步

6.右足并于左足   6.左足并于右足

男走直退步时动作方法同女步，女走直进步时动作方法同男步。

（三）外侧步进步、退步

预备步，男面向斜对舞程线，女背向斜对舞程线。

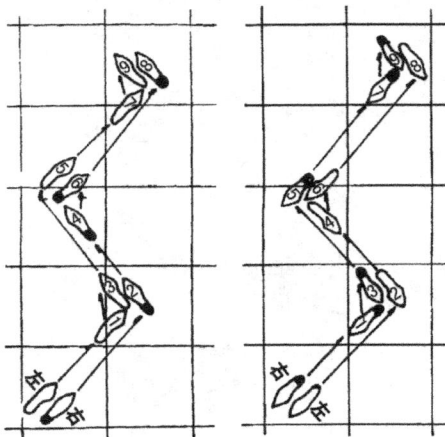

图21-5   图21-6

男步：（进步）(图21-5)

1.左足前进一大步

2.右足在左足前扣足左转90度

3.左足并于右足或在右足前

4.右足在女伴右外侧前进一大步

5.左足在右足前扣足右转90度

6.右足并于左足或在左足前

女步：（退步）(图21-6)

1.右足后退一大步

2.左足在右足后成丁字步,同时左转90度

3.右足并于左足或在左足后

4.左足后退一大步

5.右足在左足后成丁字步,同时右转90度

6.左足并于右足或在右足后

男走外侧退步时，动作方法同女步；

女走外侧进步时，动作方法同男步。

（四）前进中的外侧180°转接走前进步

预备步是前进中的外侧步左侧结束步。

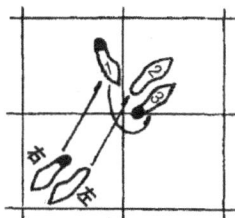

图21－7　　　　　图21－8

男步：（图21－7）

1.左足向女伴的左外侧上一大步的同时向左转

2.右足在左足前足前掌撑地继续向左完成180°转

3.左足并于右足或落在右足前，右足接走前进步

女步同男步后退中的180°转接走后退步。

（五）后退中的180°转接走后退步

预备步是后退中的外侧步左侧结束步。

男步：（图21－8）

1.右足后退一大步，同时向左转

2.左足向女伴两足中间上步继续向左完成180°转

3.右足并于左足或落在左足后，左足接走后退步女步同男步前进中的外侧180°转接走前进步。

（六）前进中开位接走后退步

预备步是前进中的外侧步左侧结束步。

男步：（图21－9）

1.左足向女伴的左外侧上一大步的同时向右转

2.右足并于左足后，继续右转不超过90°。

3.左足向前一小步，成开位姿势

4.右足向前一步

5.左足向侧横步

6.右足并于左足，成合位姿势，左足接走后退步

女步：（图21－10）

1.右足后退一大步，同时向右转

2.左足内扣后退一小步，继续右转不超过90°

3.右足向前一小步，成开位姿势

4.左足再向前一步

5.右足向侧横步

6.左足并于右足，成合位姿势。右足接走前进步。

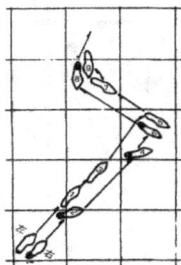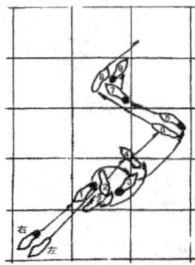

图21-9　　　　图21-10

（七）后退中换前进步

预备步是后退中的外侧步右侧结束步。

男步：(图21-11)

1.左足后退一大步，同时向右转

2.右足后退一小步，落在左足后继续向右完成180°转

3.左足并于右足或落在右足前，右足接走前进步

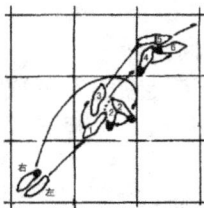

图21-11

女步：(图21-12)

1.右足向男伴右外侧上一大步，同时向右转

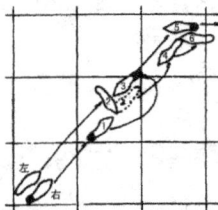

图21-12

2.左足前进一小步，在右足前前掌撑地继续向右完成180° 转

3.右足并于左足或落在左足后，左足接走后退步

三、布鲁斯（慢四步）

音乐：布鲁斯的舞曲节拍是4/4拍，音乐演奏的速度约为每分钟28小节。

特征：基本步法是S、S、QQ，或S、QQ。S（慢）步占二拍，即俗称一个蓬嚓跳一步；Q（快）步占一拍，即一个蓬嚓跳两个快步。基本步法用前进、后退步的运步方法。由预备开始，左足前进由足掌继而足跟拖地（时间长）前进，步子到了正常位置立刻放平足步。与此同时，后足（右足）上抬仅以足尖支地，前移至与左足平行时，以足掌着地，进而足跟拖地前进，以此继续前进。后退动作相反。

（一）前进横并步

男步：(图21－13)

1.左足前进S（S为二拍）

2.右足前进S

3.左足向左横步Q

4.右足并于左足Q

5.左足前进S

升降：3.4二步略有微升，即微升在3初，降在4末。

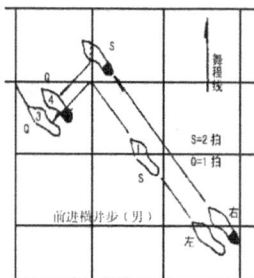

图21－13

女步：女步实为背对舞程线向后退步(图21－14)。

1.右足后退S（S为二拍）

2.左足后退S

3.右足向右横步Q

4.左足并于右足Q

5.右足后退S

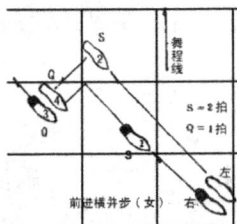

图21－14

（二）前进右转1/4周、后退左转1/4周

男步：(图21－15)

1.左足前进S

2.右足前进，落地后身向右转1/4周S

3.左足横步Q

4.右足并于左足Q

5.左足后退S

6.右足后退，落地后身向左转1/4周S

7.左足横步Q

8.右足并于左足Q

升降：3.4和7.8并步用足掌，略有微升。

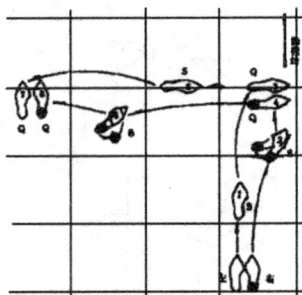

图21－15

女步：(图21－16)

1.右足后退S

2.左足后退，身向右转1/4周S

3.右足横步Q

4.左足并于右足Q

5.右足前进S

6.左足前进，身向左转1/4周S

7.右足横步Q

8.左足并于右足Q

升降：微升在3初、7初，降在4末、8末。

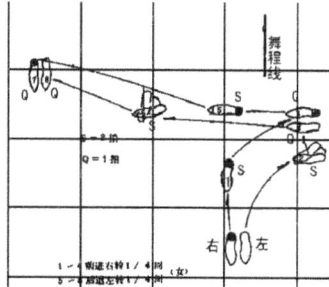

图21－16

（三）右横并步

男步：(图21－17)

1.左足前进S

2.右足向右横一小步Q

3.左足并于右足Q

4.右足向右再横一小步Q

5.左足并于右足Q

6.右足前进S

升降：微升在2初，降在5末。

步伐组织：右横并步→左转步。

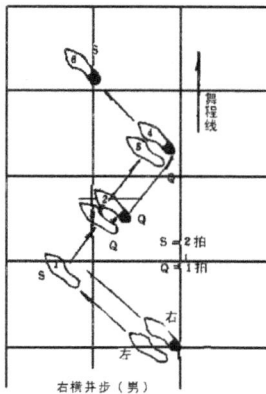

图21－17

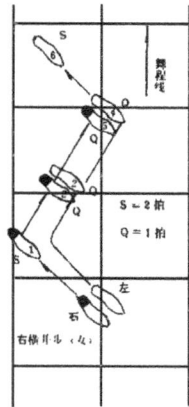

图21－18

女步：(图21－18)

1.右足后退S

2.左足向左横一小步Q

3.右足并于左足Q

4.左足再向左横一小步Q

5.右足并于左足Q

6.左足后退S

（四）左横并步

男步：(图21－19)

1.左足前进S

2.右足前进S

3.左足向左横步Q

4.右足并于左足Q

5.左足再向左横步Q

6.右足并于左足Q

7.左足前进

升降：微升在3初，降在6末。

步伐组织：左横并步→右转步

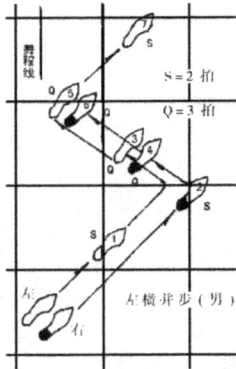

图21－19

女步：（图21－20）

1.右足后退S

2.左足后退S

3.右足向右横步Q

4.左足并于右足Q

5.右足再向右横步Q

6.左足并于右足Q

7.右足后退S升降、步伐组织同男步

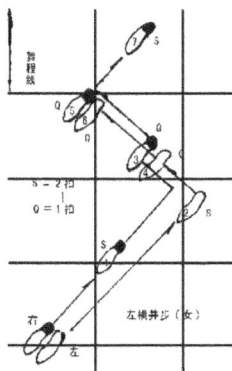

图21－20

四、平四步

音乐：平四步的舞步节拍是2/4、4/4拍，乐曲速度慢、中、快均可以跳。

特征：基本步法是一拍一步或两拍一步，每步拍节一样。有人也叫二步舞或一步舞。常用基本舞步是外侧前进步和后退步，两侧完整舞步技术分为八步和六步两种。另外，运用平四步还可以跳各种花样步。

（一）外侧前进步（八步）

男步：(图21－21)

1.左足向女伴左侧前进一大步

2.右足再前进一大步

3.左足外撇前进一小步，同时身体左转90°

4.右足并于左足或稍向前落

5.左足向女伴右侧前进一大步

6.右足再前进一大步

7.左足在右足前内扣，同时身体右转90°

8.右足并于左足或稍向前落地

升降：升在2末，降在4末。

女步：(图21－22)

1.右足后退一大步

2.左足再后退一大步

3.右足内扣后退一小步，同时身体左转90°

4.左足并于右足或稍向后落图

5.右足后退一大步

6.左足再后退一大步

7.右足在左足后成丁子步,同时身体右转90°

8.左足并于右足或稍向后落地

男步后退同女步动作,女步前进同男步动作。

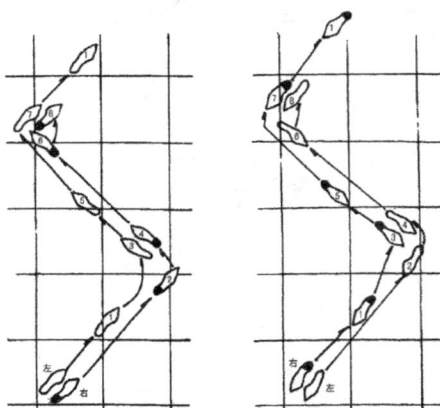

图21-21　　图21-22

（二）外侧前进步（六步）

男步：(图21-23)

1.左足向女伴左侧前进一大步

2.右足再前进一大步

3.左足外撇前进一小步,同时身体左转90°

4.右足前进一大步落在女伴右侧

5.左足在右足前扣足,同时身体右转90°

6.右足再前进一小步到原位

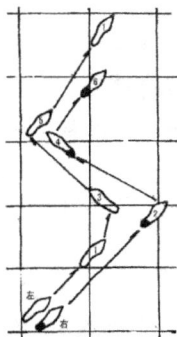

图21-23

升降：升在2初，降在4末，升在5初，降在6末。

女步：(图21－24)

1.右足后退一大步

2.左足后退一大步

3.右足内扣后退一小步，同时身体左转90°

4.左足后退一大步

5.右足在左足后成丁子步，同时身体右转90°

6.左足后退一小步到原位

男步后退同女步动作，女步前进同男步动作。

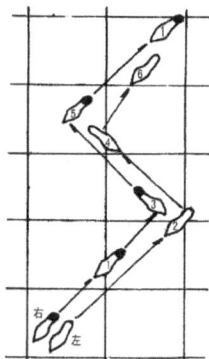

图21－24

（三）前进中开位接走后退步

预备步是左侧前进外侧步结束步

男步：同(图21－9)

1.左足向女伴左侧前进一大步

2.右足撇足向前一小步，同时右转80° 左右

3.左足再向侧前一小步，成开位姿势

4.右足向左足前交叉一步

5.左足向左侧横一小步，转至90°

6.右足并于左足，形成两人合位,左足接走后退步

女步：同(图21－10)

1.右足向后退一大步

2.左足向后内扣退一小步，同时右转80° 左右

3.右足向侧前落一小步，成开位姿势

4.左足向右足前交叉一步

5.右足向右侧横一小步，转至90°

6.左足并于右足，形成两人合位，右足接走前进步

（四）后退中换走前进步

预备步是右侧后退外侧步结束步

男步：(图21－25)

1.左足后退一大步

2.右足退在左足后成丁字步，同时身体向右转90°

3.左足在右足前内扣继续右转至180°

4.右足并于左足，左足接走前进步

女步：(图21－26)

1.右足前进一大步

2.左足在右足前内扣，同时身体向右转90°

3.右足在左足后成丁字步，继续右转至180°

4.左足并于右足，右足接走后退步

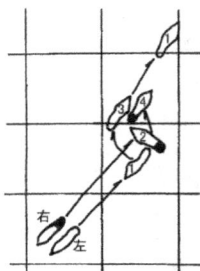 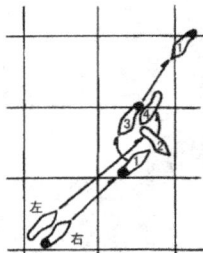

图21－25　　　　　图21－26

（五）左右划船步（男步）

左划船步：(图21－27)

预备步是前进左外侧步结束步。

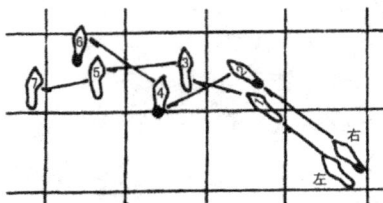

图21－27

1.左足前进一大步

2.右足前进一小步，身体稍向右转

3.左足向左横一小步，身体右转至45°

4.右足向左足后交叉，同时身体右转至90°

5.左足再向左横一小步，身体左转45°

6.右足向左足前交叉，同时身体左转至原位

7.左足再横一小步，重复进行左划船步

右划船步：(图21－28)

预备步是前进右外侧步结束步

1.左足前进一大步

2.右足向右横一小步，身体向左转45°

3.左足向右足后交叉，同时身体左转至90°

4.右足向右横一小步，身体向右转45°

5.左足向右足前交叉，同时身体右转至原位

6.右足向右横一小步，重复进行右划船步

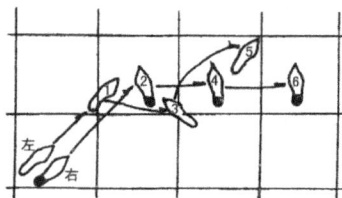

图21－28

　女走划船步时同男步相反。男走左划船步时女走右划船步，男走右划船步时女走左划船步。划船步起步，无论在走进步或退步等舞步时都可以进行。

第二节　摩登舞

一、简介

　摩登舞包括华尔兹、探戈、快步、狐步、维也纳华尔兹五种舞。摩登舞源于欧洲，其音乐激情抑扬，相当地罗曼蒂克，而且穿着十分讲究，选手着传统礼服。摩登舞技法考究，技术非常细腻严谨，内涵丰富，端庄典雅，非同一般社交舞。就功能而言，除了交际应用外，其运动价值、娱乐价值、甚至艺术价值更是卓越非凡，深受广大体育舞蹈爱好者的珍爱。本节只介绍华尔兹、维也纳华尔兹基本舞步。

二、华尔兹（慢华尔兹）

华尔兹起源于德国，其舞姿温柔婉约，步法轻盈飘逸。音乐节拍3/4，每小节三拍，每分钟30－31小节，重拍为第1拍，往往带有些许柔情、忧伤。

（一）前进步

男步：(图21－29)

1.左足前进

2.右足横步

3.左足并合于右足

女步：(图21－30)

1.右足后退

2.左足横步

3.右足并合于左足

步法升降：升在1末，降在3末，即第一步将完升起（用足掌），第3步将完用足跟降落。步法组织：前进步→右转步。

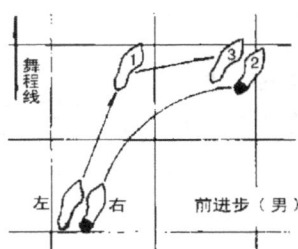 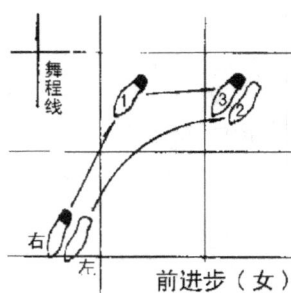

图21－29　　　　　　　　　　图21－30

（二）右转步

男步：(图21－31)

1.右足前进落地后即转身向右

2.左足横步，继续右转

3.右足并步，身体右转至3/8周

4.左足后退，落地后逐渐右转

5.右足横步，身体继续向右转

6.左足并步，身体继续向右转

女步：(图21－32)

1.左足后退，落地后转身向右

2.右足横步，继续向右转

3.左足并向右足，身体右转至3/8周

4.右足前进，落地后逐渐右转

5.左足横步，身体继续向右转

6.右足并步，身体右转至3/8周

步法升降：升在1末，降在3末；

升在4末，降在6末，每步一拍。

步法组织：前进步→右转步→并换步。

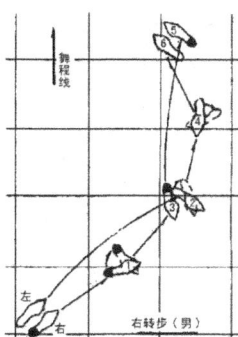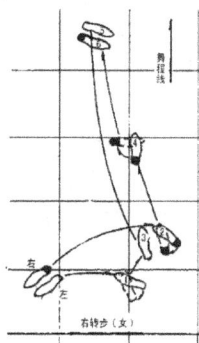

图21－31　　　　　图21－32

（三）右足并换步

并换步就是前进步，不过不是以左足开始的前进步，而是以右足开始的前进步。

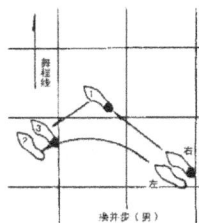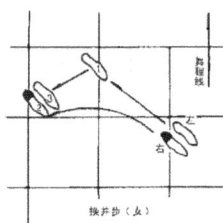

图21－33　　　　图21－34

男步：(图21－33)

1.右足前进

2.左足横步

3.右足并步

女步：(图21－34)

1.左足后退

2.右足横步

3.左足并步

步法升降：升在1末，降在3末。

步法组织：本步法一般用于右转与左转之间的转换过渡步法，完成后可接左转步。

（四）左转步

男步：(图21－35)

1.左足前进，落地后身向左转

2.右足横步继续左转

3.左足并于右足，身体向左转至3/8周

4.右足后退转身向左

5.左足横步继续左转

6.右足并于左足，身体左转至3/8周

女步：(图21－36)

1.右足横步后退，落地后转身向左

2.左足后退，继续左转

3.右足并于左足，身体转至3/8周

4.左足前进，转身向左

5.右足横步，继续左转

6.左足并于右足，身体左转至3/8周

步法升降：升在1末，降在3末；升在4末，降在6末。

步法组织：前进步→右转步→并换步→左转步。

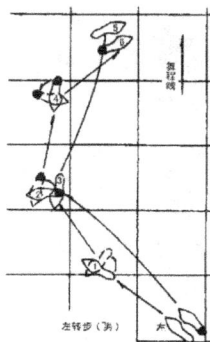 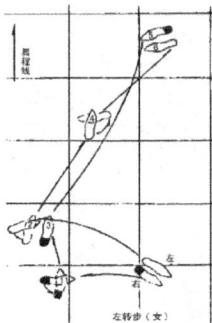

图21－35　　　　　　图21－36

（五）叉型步、侧行追步（单伟司脱步）

男步：（图21－37）

1.左足前进S

2.右足横步S

3.左足交汇于右足后跟S

4.右足横步S

5.左足横步Q

6.右足横行并于左足Q

7.左足横步S

8.右足前进，落地后身向右转1/4周S

9.左足横步S

10.右足并于左足S

女步：同（图21－37）（图中预备步、1步省略）

1.右足后退S

2.左足横步S

3.右足交汇于左足后跟S

4.左足横步S

5.右足横步Q

6.左足横行并于右足Q

7.右足横步S

8.左足后退，落地后身向右转1/4周S

9.右足横步S

10.左足并于右足S

步法升降：升在1末，降在7末；升在8末，降在10末。

步法组织：左转步→单伟司脱步→右转步。

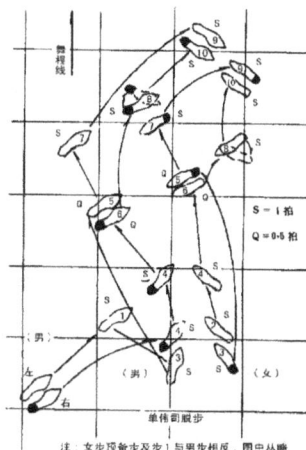

图21－37

三、维也纳华尔兹（快华尔兹）

该舞起源于奥地利。舞曲节奏清晰，旋律兴奋优美。舞步升降旋转流畅、轻快，被世界各国人民所喜爱。

音乐：3/8每小节三拍，每分钟60小节，重拍第1拍，节奏1、2、3。

（一）左转步

男步：（图21－38）

1.左足前进一步，以左足掌为轴身向左转

2.右足右横一小步，继续左转至1/2周

3.左足立即并于右足（每步一拍，共三拍）

4.右足后退一步，以右足为轴身向左转

5.左足后退一小步，继续左转至1/2周

6.右足立即并于左足

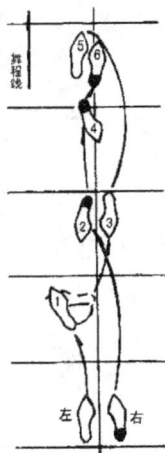

图21－38

女步：（图21－39）

1.右足向左后方后退一步，以右足掌为轴身向左转

2.左足后退一小步，继续左转至1/2周

3.右足立即并于左足（每步一拍，共三拍）

4.左足前进一步，身向左转

5.右足右横一小步，身继续左转至1/2周

6.左足立即并于右足

步法升降：升在1末，降在3末；升在4末，降在6末。

步法组织：左转步→左换步→右转步。

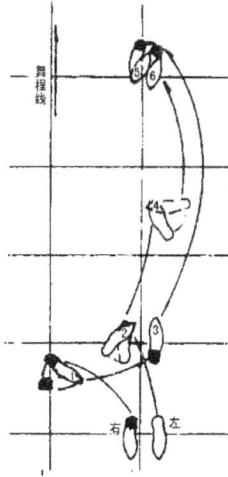

图21－39

（二）右转步

男步：(图21－40)

1.右足前进一步，以右足掌为轴身向右转

2.左足左横一小步，继续右转至1/2周

3.右足立即并于左足

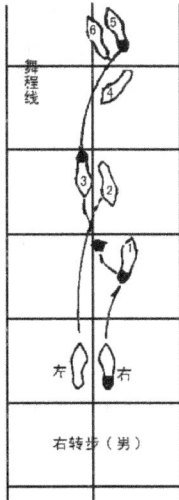

图21－40

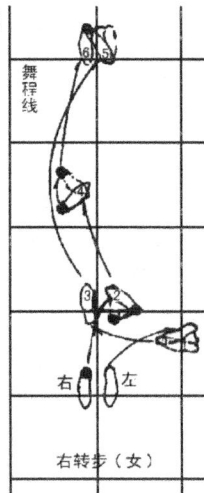

图21－41

4.左足后退一步，以左足为轴身向右转

5.右足后退一小步，继续右转至1/2周

6.左足立即并于右足

女步：(图21－41)

1.左足向右上方后退一步，以左足掌为轴身向右转

2.右足右横一小步，继续右转至1/2周

3.左足立即并于右足

4.右足向前进一步，身向右转

5.左足左横一步，继续右转至1/2周

6.右足立即并于左足

步法升降：升在1末，降在3末；升在4末，降在6末。

步法组织：左转步→左换步→右转步。

第三节 拉丁舞

一、简介

拉丁舞起源于拉丁美洲，包括伦巴、恰恰、捷舞（牛仔）、桑巴、斗牛五种舞。该舞具有音乐热情洋溢，节奏感强；着装新潮；舞步飞扬绮丽，生动活拨；技术细腻严谨，难以取巧等特点。拉丁舞以刚柔相济的舞蹈肢体语言来表现舞者的内心情感世界，其艺术魅力不但是感性表现的返璞归真，而且还是理性的充分表达。本节只介绍伦巴、恰恰基本舞步。

二、基本理论、知识

（一）伦巴舞和恰恰舞姿态

1.两脚自然轻松的靠拢站好。

2.挺胸、脊椎骨伸直，不可耸肩。

3.任一脚向侧跨出一步，支撑重心的另一只脚伸直，并把体重全部移到这只脚上，以使骨盆可往旁后方移动，因而感觉上重量放在支撑脚的脚跟，其膝盖要向后锁紧。

（二）手臂位置

在跳舞过程中，手臂动作是使身体延伸，其柔美的动作，从臂膀、手腕至手指均须符合音乐节拍的律动。正因为手臂为身体的延伸，所以手臂

的动作将在身体动作完成之稍后才完成。其手臂典型的摆置是：1、向旁、伸展。2、向旁、收回。3、向前、收回。4、挥过身体另一边，收回。5、向侧、略为收回。

（三）引导（拉丁舞的引导有两种方式）

1.肢体引导：男方以其与女方接触的手臂对抗施力，来达成引导的目的。而女方的那只与男方相接触的手臂也要配合施力，来能顺移到正确位置。

2.形式带领：此种引导是由男方以手臂位置、握手和身体位置所造成。其运用的原则是以身体与或手臂的动作很明显的指示女方作正确的移动。

（四）握手姿式

就一般而言，握手的方式是男女方的手掌对手掌，男方以拇指或另四指握住女方的手背，其握法要依手臂当时的位置而定。在双方分开时，如分式位置或扇形位置，女方的手掌向下，而男方的手在其下，手掌向上并以拇指握住女方的手背，在闭握式时，男方的左手与女方的手腕要平直，而女方的手腕则微向后弯。

（五）基本位置

基本位置的定义为：一般舞步从开始至结束完成，其身体位置在拉丁舞中共有23个基本位置。后面解说若提及相握的方式，总是先提男方的手。例："左手与右手"意指男方左手握女方右手。本节只介绍两种常用基本位置。

1.闭握式：在伦巴舞、桑巴舞和恰恰舞中闭握式，男女约相距15cm，且女方略靠男士的右侧。身体重心可以落在任一脚，不过女方身体重心着落的脚通常与男方相反。男方的右手要放在女方背后，托在女方肩胛之下半部，女方的左臂轻轻地靠在男士右臂的上方，而左手也轻轻置于男士的右肩之上。男左前臂上举，而左手腕平直，手心约在鼻子的高度，并以左手微握女方右手，其相握的位置，约在两人身体相距的中心点。

2.分式位置：男女分开约一个手臂的距离，互相对视，重心可落在任一脚，女方与男方相反。双脚正确的位置是因进行不同的舞步而有所不同。握手的方式会因接下来要跳的舞步而异，共有三种握手方式：男左女右、男右女左、男右女右、男右女左（双手互换）或男女不相握。

三、伦巴舞

音乐：4/4每小节4拍，每分钟27－29小节，重拍第4拍，节奏2、3、4、1。

特征：浪漫，舞姿迷人，步法曼妙有爱，起源于古巴。伦巴舞是一种"身体"的舞蹈。臀部的动作是靠控制重心由一脚向另一脚移动。每次脚步的移动得用掉半拍的音乐。每次在跳音乐的第2、3拍（两步）时身体的动作和重心的变换是从第2拍的后半拍开始。至于第4拍和第1拍只跳一步，身体的动作和重心的变换要花掉一拍半的时间。舞步与拍节的数法是：第一步（第2拍），第二步（第3拍），第三步（第4－1拍）。

（一）拉丁舞三元素：转动、律动、移动

拉丁舞三元素基本功，对学习掌握拉丁舞非常重要，特别是对初学者。正确掌握了三元素，也就掌握了跳拉丁舞的方法。

1.转动

(1)基本站位：直立，两足平伏，足尖向外成八字脚。

(2)动作开始,重心压向左腿足跟，左髋向后转动，右髋向前转动。左腿伸直，右膝稍曲。

(3)重心压向右腿足跟，右髋向后转动，左髋向前转动。右腿伸直，左膝稍曲。往复进行转动。

2.律动

(1)重心压向左足跟，左髋向后压，右腿曲膝，稍内扣，为第1拍后半拍。

(2)重心移向右足，全足内侧蹬地推动右髋向内向上向外转动，再压向右足跟，第2拍。

(3)重心移向左足，全足内侧蹬地推动左髋向内向上向外转动，再压向左足跟,第3拍。

(4)重心移向右足，全足内侧蹬地推动右髋向内向上稍有停顿，第4拍占一拍半。

(5)右髋继续向外转动下压至重心落在右足跟，左腿曲膝，稍内扣，为第1拍后半拍，然后做相反动作，往复进行律动。

3.移动

(1)律动至左侧第4拍时把左髋左足向左侧稍前位置推出，重心落在左足跟，右足尖点地，两足与肩同宽，节奏占1拍半至第1拍前半拍。

(2)第1拍后半拍左髋继续向外向后下压至重心落在左足跟上，同时右足内侧拖地回收并于左足，曲膝。继续律动以相反动作在第4拍做右侧移动，往复进行移动练习。

（二）库克拉恰斯（左右两个方向）

1.律动至右侧第1拍后半拍的同时把左足向左踏出并对地板施压，向左律动完成第2拍。

2.接第2拍把重心压向右足，右足原地不动，向右律动，完成第3拍。

3.接第3拍，左足收回并于右足，继续律动完成第4拍至第1拍，并把右足在第1拍后半拍向右踏出。

4.右足对地板施压进行右侧律动，完成第2拍。

5.接第2拍把重心压向左足，左足原地向左律动，完成第3拍。

6.接第3拍，右足收回并于左足，继续律动完成第4拍至第1拍。往复左右两个方向练习。库克拉恰斯可以进行左、右、前、后、左侧前后、右侧前后八个方向的动作，可以根据舞步的需要，进行选用。

（三）贝斯科（基本步）

1.重心在右足4拍上，左足开立足尖点地过渡到1拍结束。

2.左足前进一步足尖外转，足掌平伏，重心压向左足，做抑制前进走步，完成第2拍。

3.右足原地，足掌平伏，接第2拍，重心向后移向右足，做律动，完成第3拍。

4.左足向左侧并稍后位置，接第3拍做律动完成4－1拍。

5.右足后退，足掌平伏，重心在右足，接第1拍，做律动，完成第2拍。

6.左足原地，足掌平伏，接第2拍重心前移压在左足上，做律动完成第3拍。

7.右足向右侧并稍前位置，足掌平伏，重心压在右足，接第3拍做律动完成4－1拍。往复进行练习。

（四）前进窝克（前进走步）

预备动作：将重心放在支撑体重的右足上（假定），左足后伸，腿和脚绷直外翻下压。

1.身体上半部先向前移，左足先以足尖着地前移，再换成前足掌稍向地板施压继续前移一步，最后左足跟降下，体重移转到左足，右腿蹬直到足尖，右足右膝稍外翻。

2.按照1的动作要领、方法，右足再前移，往复进行。

3.例如跳6个前进走步（左、右、左），（右、左、右）拍子的数法为234.1，234.1。

（五）后退窝克（后退走步）

预备步：将体重整个放在右足上（假定），左足在前，左足尖点地下压。

1.左足向后移，先以前足掌再换成足尖，移动时对地板施压，后退一步右足、膝盖保持平直，左膝弯曲，最后左足跟降下，左膝盖打直，全身体重落到左足上。右足、右膝在体前绷直。

2.按照1的动作要领、方法，右足再后移，往复进行。

3.例如跳6个后退走步（左、右、左），（右、左、右）拍子的数法仍为234.1，234.1。

（六）抑制步由分式相对侧行位置（纽约步）

形式变换：第1步开始在分式相对侧行位置，第3步结束在左手接右手分式舞步位置。

男步：

1.左足前进在分式相对侧行位置，足尖外转，足掌平伏，做抑制前进走步，1/8向右转，完成第2拍。

2.右足在原地，足掌平伏，重心转移在原地，1/4向左转，完成第3拍。

3.左足向侧，足掌平伏，侧向步，1/4向左转，完成第4－1拍。

女步：

1.右足前进在分式相对侧行位置，足尖外转，足掌平伏，做抑制前进走步，1/8向左转，完成第2拍。

2.左足在原地，足掌平伏，重心转移在原地，1/4向右转，完成第3拍。

3.右足向侧，足掌平伏，侧向步，1/4向右转，完成第4－1拍。

四、恰恰舞

音乐：4/4每小节4拍，每分钟30－32小节，每小节重拍为第1拍，节奏2、3、4哒1。

特征：恰恰舞起源于墨西哥，舞姿轻巧俏丽，步伐快速活泼。恰恰舞的起跳应该从每小节的第1拍开始。所有的前进走步一开始以足尖着地，再以前足掌对地施压，最后足跟在步伐完成之前降下。虽然，所有的恰恰追步和锁步，其第2步双膝弯曲，而最后一步膝盖伸直。但是，在这些动作中并未改变高度或有弹跳的动作。这是由于在第3步脚伸直时，也做了臀部的移动，正好抵消了由第2步的膝盖弯曲所降低的高度。

（一）右恰恰追步（右左右）

男女步：

1.重心在左足，右足向侧，足掌平伏，右膝盖弯曲臀部开始移至右边，完成第1步第4拍前1/2拍。

2.左足向右足半并合，足掌平伏，两膝盖弯曲，臀部移回中间，完成第2步第4拍后1/2拍。

3.右足向侧，足掌平伏，两膝盖伸直，臀部向右移，完成第3步第1拍。

（二）左恰恰追步（左右左）

男女步：

1.重心在右足，左足向侧，足掌平伏，左膝盖弯曲臀部开始移至左边，完成第1步第4拍前1/2拍。

2.右足向左足半并合，足掌平伏，两膝盖弯曲，臀部移回中间，完成第2步第4拍后1/2拍。

3.左足向侧，足掌平伏，两膝盖伸直，臀部向左，完成第3步第1拍。

（三）恰恰前进锁步（*右左右*）

男女步：

1.重心在左足，右足前进，右肩带领，足掌平伏，右膝盖弯曲，臀部开始移至右边，完成第1步第4拍前1/2拍。

2.左足交叉在右足后面，足尖着地，两膝盖弯曲，臀部移回中间，形成拉丁交叉，完成第2步第4拍后1/2拍。

3.右足前进，右肩带领，足掌平伏，两膝盖伸直，臀部向右移，完成第3步第1拍。

（四）恰恰前进锁步（*左右左*）

男女步：

1.重心在右足，左足前进，左肩带领，足掌平伏，左膝盖伸直，臀部开始移至左边，完成第1步第4拍前1/2拍。

2.右足交叉在左足后面，足尖着地，两膝盖弯曲，臀部移回中间，形成拉丁交叉，完成第2步第4拍后1/2拍。

3.左足前进，左肩带领，足掌平伏，两膝盖伸直，臀部向左移，完成第3步第1拍。

（五）恰恰后退锁步（*左右左*）

男女步：

1.重心在右足，左足后退，足尖向外转，左肩带领，足尖着地，左膝盖伸直，臀部开始移至左边，完成第1步第4拍前1/2拍。

2.右足交叉在左足前面，足掌平伏，两膝盖弯曲，臀部移回中间，形成拉丁交叉，完成第2步第4拍后1/2拍。

3.左足后退，左肩带领，足掌平伏，两膝盖伸直，臀部向左移，完成第3步第1拍。

（六）恰恰后退锁步（*右左右*）

男女步：

1.重心在左足，右足后退，足尖向外转，右肩带领，足尖着地，右膝盖伸直，臀部开始移至右边，完成第1步第4拍前1/2拍。

2.左足交叉在右足前面，足掌平伏，两膝盖弯曲，臀部移回中间，形成拉丁交叉，完成第2步第4拍后1/2拍。

3.右足后退，右肩带领，足掌平伏，两膝盖伸直，臀部向右移，完成第3步第1拍。

（七）朗得追步

男女步：

1.重心在右足，左足在前。左足交叉在右足后面，足掌平伏，延迟后退走步，稍微划圆，两膝盖弯曲，臀部移回中间，形成拉丁交叉步，完成第1步第4拍前1/2拍。

2.右足向侧（从原来的位置踏一个小的侧向步）平伏，两膝盖弯曲，臀部稍微向右，完成第2步第4拍后1/2拍。

3.左足向侧，足掌平伏，两膝盖伸直，臀部向左，完成第3步第1拍。

（八）扭臀追步

男女步：

1.重心在左足，右足横过身体前进，足尖平伏，延缓前进走步，膝盖紧缩臀向左移，完成第1步第4拍前1/2拍。

2.左足并合右足，足掌平伏，双膝紧缩，臀部移回中央，完成第2步第4拍后1/2拍。

3.右足到向侧，并稍前进，足掌平伏，双膝伸直，臀部向右移，完成第3步第1拍。朗得追步和扭臀追步结合在一起练习，即成为"朗得追步加扭臀"。

第二十二章　跆拳道

第一节　跆拳道技术动作及使用部位

一、跆拳道的使用部位术语和动作要求

（一）拳法

拳法在竞赛跆拳道中主要有正拳（也称平冲拳或直拳），在品势中则有正拳、勾拳、锤拳等。

1.正拳（也称平冲拳或直拳）：将手的四指并拢握紧，拳面要平，然后拇指压贴于食指和中指的第二节上。使用正拳时，用拳的正面的食指和中指部分击打。

2.勾拳：握法同正拳。使用时用食指和中指关节根部的突出部分击打。

3.锤拳：握法同正拳。使用时用小指和手腕间的肌肉部分击打。

4.平拳：向前平伸拳，然后把手指的第二节弯曲，指尖贴紧手掌，拇指弯曲紧贴食指尖，用第二指尖击打。

5.中突拳：中指弯曲或食指从正拳握法中突出，主要是击打太阳穴和两柱肋部。

（二）掌法

1.手刀：四指伸直，拇指弯曲靠近食指，用小指侧的掌外沿攻击对方。只局限于在品势中使用。

2.背刀：此掌法与手刀基本相同，用食指侧攻击对方。只限于在品势中使用。

3.贯手：手形与手刀基本相同，要求微屈中指，主要用四指指尖截击对方的要害部位，如攻击对方的眼睛、喉部等。只限在品势中使用。

（三）臂部

1.腕部：腕关节的四周部位。主要用于防守格挡。

2.肘部：用肘的鹰突关节攻击，只限于在品势中使用。

3.前臂和上臂：主要用外侧进行格挡防守，其中前臂的格挡在竞赛跆拳道比赛中经常被运动员所使用。

（四）脚部和膝部

跆拳道比赛中，运动员主要以腿攻为主，采用的脚的部位是脚面、足刀、脚尖和脚跟。

1.脚面：用脚的正面部分攻击对方，主要用来踢击对方髋关节以上、锁骨以下被护具包围的部位和头部的侧面剖面。

2.足刀：用脚外沿侧蹬对方，多用于侧、推踢。

3.脚尖：主要用脚趾前端的部位进攻对方。

4.脚跟：主要用脚跟后踢和推踢对方。

5.前脚掌：主要用前脚掌攻击对方，多用于劈腿。

6.膝部：用膝盖顶击对方，只局限于在品势中使用。

二、跆拳道品势中的步型

（一）准备势

两脚开立与肩同宽，身体自然直立，两脚尖略外展，两手握拳置与腹前。

（二）开立步

两脚开立与肩同宽，身体自然直立，两膝微屈，两脚尖正对前方，两手握拳置于体侧。

（三）马步

两脚开立，较肩宽，两脚尖平行或略内扣，挺胸直背，两腿屈膝半蹲，重心在两脚之间。

（四）弓步

（又称前屈立）前后脚分立，两脚相距一步半，前腿屈膝，后腿伸直，前腿膝关节与脚尖垂直，重心大部分在前脚上，左脚在前称右弓步，右脚在前称左弓步。

（五）后弓步（三七步）

（又称后屈立）前后脚分立，两脚相距约一步，后脚尖外展90度，后退屈膝如同骑马状，前腿膝关节略屈，重心大部分在后脚上。左脚在前称右后弓步，右脚在前称左后弓步。

（六）前探步（前行步）

（又称高前屈立）如走路姿势。两脚之间距离小于弓步，上体略前倾，前腿膝关节略屈，重心大部分落在前脚上。左脚在前称左前探步，右脚在前称右前探步。

（七）虚步

与后弓步相似，前脚掌点地，脚跟提起，重心落在后脚。左脚在前称有虚步，右脚在前称左虚步。

（八）交叉步

一脚向另一脚的前侧（前交叉步）或后侧（后交叉步）落步，脚尖着地，两腿屈膝交叉。

（九）并步

提起一条腿并将脚置于另一腿的膝关节处，只用一条腿站立。

（十）单脚立

提起一条腿将脚的膝关节处，只用一条腿站立。

第二节　准备姿势和步法

一、准备姿势（格斗势）

准备姿势也称实战姿势或预备姿势，是竞赛跆拳道比赛中双方开始时的基本站立姿势。准备姿势应便于进攻和防守反击以及步法的移动。

（一）动作过程

1.两脚开立与肩同宽，两臂垂与体侧。

2.左脚或右脚向另一脚的前方迈出，两脚相距一步距离前后站立，使身体侧对对方，同时两手半握拳，沉肩、两臂屈肘自然垂放（左脚在后是左架准备姿势，右脚在后是右架准备姿势）。

3.重心落在两脚之间，膝部略弯曲，眼睛平视对方面部，下颚微收。

（二）要领

1.两臂所放位置不是固定的，也可以一臂下垂或两臂下垂。

2.两脚之间的距离和重心的高低可根据具体情况进行调整，原则上是在移动时能最快调整好身体重心。

3.若重心下降，大小腿之间的夹角几乎等于90度时，则为低位姿势。

（三）准备姿势的理论基础

在跆拳道比赛中，运动员身体侧对对手，在前面的称前脚，在后面的脚则称后脚；同样，在前面的腿称为前腿，在后面的腿则称为后退。一般来说，运动员做出准备姿势，或是准备进攻，或是准备防守反击，此时要求运动员心理和身体都要放松，重心的高低取决于自己是否能以最快速度向各个放向移动。在比赛中，双方运动员经常有一个互不进攻的短暂时间，既双方都保持着准备姿势，原因是：

1.等待对方进攻，自己准备反击。

2.自己直接进攻得点的把握不大，犹豫不决。

3.进行短暂的休息，调整体力。

4.在比分领先的情况下拖延时间。

5.其他战术的需要。

此时运动员不一定站在固定位置上，有经验的运动员往往会主动后撤或向一侧移动几步，使对方也不得不随自己而调整准备姿势，而此时却是对方进攻或自己的较好时机，运动员应在平时锻炼中进行这方面的专门练习。如果双方运动员都是左架站立或都是右架站立，则称双方站位为闭式站位；如果一方是左架，一方是又架，则称双方站位为开式站位。一般来讲，运动员都有一条腿是自己经常使用的，也就是无论在出腿速度或是力量上都觉得这条进攻得点或防守反击更有把握一些，这条腿称为优势腿或主打腿或得点腿等。由于生活中的习惯，一般运动员是将右腿作为优势腿。一般习惯使用前腿旋踢得分的运动员常将优势腿放在前面，如左腿是优势腿，则运动员常以右架准备姿势站立；而经常使用后退旋踢运动员就往往将优势腿放在后面，如右腿是优势腿，则常以右架准备姿势站立。

二、准备姿势的基本步法

准备姿势的基本步法，是指在准备姿势站立后，向不同方向移动的方法。

在跆拳道技术体系中，步法是其中重要的一环，尤其在运动员刚开始接触跆拳道这项运动时，要用较多的时间来进行专门的步法练习。由于竞赛跆拳道规则的限制，在比赛中运动员主要是用腿攻击和防守反击，因此运动员的步法是否灵活，在一定程度上决定了他的进攻和防守或反击是否能够达到目的，这也使得步法锻炼在跆拳道锻炼中占据着重要地位。

（一）上步

1.动作过程：右架准备姿势（以下简称"右架"）站立，右脚向前上一步，成为左架准备姿势（以下简称"左架"）。反之左架亦然。

2.要领：上步时通过向左拧腰转髋完成，两臂在侧自然上下移动，重心不要上下起伏过大。

3.实战使用：上步时，常用于逼迫对方后撤，或引诱对方进攻，而当对手使用上步时，自己可立即使用进攻技术进攻对方。

（二）后撤步

1.动作过程：右架站立，左脚向后撤一步，成为左架准备姿势，反之左架亦然。

2.要领：后撤步时重心保持平稳移动，通过向左拧腰转髋完成，两臂在体侧自然上下移动。

3.实战使用：后撤步时，常用在对方使用前旋踢时，当对方准备继续进攻时，可用前腿的侧踢或鞭踢或下压阻击对方。

（三）前跃步（前进步）

1.动作过程：右架站立，两脚同时向前跃进一步，保持右架准备姿势，反之左架亦然。

2.要领：向前跃步时，重心不宜起伏过大，尽量使重心平稳移动，两脚稍离地即可。

3.实战使用：前跃步时，常用在快速接近对方以使用旋踢或下压等进攻动作；当对方前跃步时，可用前腿的劈腿或后踢或后旋踢迎击对方，但有时对方使用前跃步是为了引诱自己反击后要调整重心时再进攻得点，因此，此时自己可随自后撤一步而不被对方所利用。

（四）后跃步（后撤步）

1.动作过程：右架站立，两脚同时向后回撤一步，保持右架准备姿势，反之左架亦然。

2.要领：向后回撤时，重心不宜起伏过大，尽量使重心平稳移动，两脚稍离地即可。

3.实战使用：后跃步常用在对方进攻，自己需要快速与对方拉开距离时，此时由于自己有一个向后撤的惯性，再用进攻的动作就一定有难度，一般是使用迎击动作如后踢或后旋踢等。因此若对方使用后跃步时，自己要防止对方的阻击动作；如果自己使用组合动作，在对方后跃步时，自己一般使用侧踢、推踢或外摆下压等动作。

（五）原地换步

1.动作过程：右架站立，两脚原地前后交换，由右架换成左架，反之左架亦然。

2.要领：重心不宜起伏过大，尽量使重心平稳移动，两脚稍离地即可。

3.实战使用：原地换步常用在对方与自己是闭式站位，自己为了与对方形成开式站位用以更有利于击打对方胸部时，或是为了不让对方的优势腿发挥威力，使对方感到别扭。而当对方原地换步时，可利用此时机枪攻得点。

（六）侧移步

1.动作过程：第一种步法是以前脚为轴，后脚向左（右）侧方向移动，用以改变与对手的 站位方向；第二种步法是右架站立，右脚先向右（或向左）侧移动一步，随之左脚也迅速向右（或向左）侧移动一步。

2.要领：一般是将身体重心移向前脚，以利于后脚进攻。

3.实战使用：主动进攻时，对方反应速度快，则使用向一侧移动侧移步，诱使对方来不及调整身体重心而不能很好的反击。或是当对方进攻，自己不向后撤，而使用侧移步与对方贴近使用进攻动作。

（七）垫步

1.动作过程：右架站立，右脚向左脚内侧上步，同时左腿迅速抬起以便进攻和防守。

2.实战要领：使用垫步，主要是在主动进攻时用前腿攻击对方。

第三节　前踢和旋踢

一、前踢

前踢是学习旋踢的基础，在品势中常被使用。

（一）动作过程

1.右架站立，重心移至左腿。

2.提起右大腿同时髋部略向左转，膝盖朝前，脚面稍绷直，双手握拳自然垂放在身体两侧。

3.继续将髋关节前送，右大腿向前抬提，当大腿抬至水平或稍高时，向前弹出小腿，用脚面击打目标。

4.直接向右转髋使右小腿折叠快收回原位，然后后撤右腿，还原为右架准备姿势。

（二）要领

1.提起右腿时，两大腿内侧之间的距离应尽量小，既右腿尽量直线出腿。

2.为保持重心，躯干可稍向后倾，尽量将髋部向前送出，若是高前踢，髋部则要尽量向上向前送。

3.击打时脚面绷直。

4.小腿弹出后，在弹直的一刹那，要有一个制动的过程，使脚产生鞭打的效果。

5.脚尖的方向向前上方。

6.用前腿主要攻击的面部、下颚。

（三）易犯错与纠正

1.髋部没向前送。

2.击打时脚面没有绷直。

3.提膝时没有直线出腿。

4.支撑腿没有积极配合髋部的转动。

5.小腿弹出后，在弹直的一刹那，要有一个制动的过程，即没有快打快收的折叠小腿的过程。

（四）练习步骤和方法

1.采用分解教法，先练提后腿，同时向前送髋。

2.再练弹出小腿。

3.完整练习前踢动作并能熟练使用。

4.左右架交替练习。

5.空动作练会后，脚靶配合练习。

6.两人一组，交替进行前踢的练习。

7.逐渐提高前踢的高度和远度。

二、旋踢

是跆拳道比赛中最为常用的动作之一，也是运动员得分的主要技术。

（一）动作过程

1.右架站立，重心移至左腿。

2.提起右大腿同时髋部略向左转，膝盖朝前，大小腿折叠，脚面绷直。

3.继续将右大腿向前提高，左脚向外侧转动，右腿快速鞭打踢出小腿，膝盖朝向左侧。

4.击打后，右脚自然落下成左架，然后后撤右脚，还原成右架准备姿势。

（二）要领

1.旋踢与前踢类似，区别在于旋踢腿的膝盖方向在击打的一刹那，是瞬时转髋朝向对方的腹部，而前踢腿的膝盖方向是向前上方；

2.提起右腿时，两大腿内侧之间的距离应尽量小，既右腿尽量直线出击。

3.为保护重心，躯干稍向左后顷以配合快速转髋。

4.击打时脚面稍绷直，但踝关节要放松。

5.小腿弹出后，在弹直的一刹那，要有一个制动的的过程，使脚面产生鞭打的效果。

6.提膝应尽量随着转髋同时进行，不能完全转髋后再提膝。

7.左脚应积极配合髋部的运动，运动时可稍有一点踮起。

8.用旋踢主要进攻对方的胸部和面部及肋部。

（三）易犯错误与纠正

1.右腿上提时没有直线向前上方提膝。

2.躯干没有稍后倾，上体前压，使腿的长度没有被充分利用。

3.大小腿折叠回收不够，击打力不够。

4.击打时脚面没有绷直。

5.小腿弹出后，在弹直的一刹那，没有制动的过程。

6.先转髋再提膝，造成膝盖过早偏向右侧。

7.左脚没有积极配合髋部的转动，左脚太"死"，或是在身体向前移动时，支撑腿没有配合向前移动，在后面"拖"着。

（四）反击旋踢

按照旋踢的要领完成动作，只是支撑腿随身体重心的移动轨迹向后或向斜后方移动，当对方进攻时，自己则迅速向后移动重心，使用反击旋踢得点。

（五）练习步骤和方法

1.先练前踢待熟练后再开始练旋踢。

2.提后退（提膝），同时转髋。

3.弹出小腿。

4.熟练后可练习旋踢击打头部（高旋踢）。

5.左右交替练习，使两条腿都能熟练旋踢。

6.脚靶配合练习。

7.高旋踢击打脚靶。

8.两人一组，交替进行旋踢护具的练习。

9.结合步法移动（前进、后撤、侧向移动）进行旋踢的练习。

10.练习反击旋踢。

（六）战术锻炼方法

1.在对方原地换位的一刹那进攻旋踢：双方运动员在比赛中，准备祖师不断变换，目的一是有利自己进攻，二是让对方的优势腿发挥不出作用。在比赛中所要抓的时机便是利用对方换位的一刹那进攻旋踢，方法是：甲乙双方穿护具右架闭式站立（双方同是右架或同是左架站立则称为闭式站立，一方是左架，另一方是右架，则为开式站立，以下同），乙方原地换位的一刹那，甲方立即使用后腿旋踢。

2.在对方上步时进攻旋踢：甲乙双方穿护具开式站立。乙方双脚一起向前跳一步，准备进攻时，甲方立即使用后退旋踢。

3.用身体晃动调动对方，在对方后撤一步时使用旋踢；甲乙双方穿护具右架闭式站立，甲用身体晃动的假动作调动乙，使乙以为甲要进攻向后撤一步。甲立即进攻旋踢。

4.在对方下压时反击旋踢：甲乙双方穿护具开式站立，乙方用前腿使用下压腿，甲方向一侧跳的同时使用旋踢反击。

5.连续两个旋踢：甲使用左腿（后退）旋踢进攻乙，乙后撤，甲继续用右腿旋踢击中乙。

6.用旋踢反击旋踢：甲右架，双方穿护具开式站立，乙用左腿旋踢进攻甲，甲换位后撤一步的同时使用左腿旋踢反击乙。

第四节　后踢和下压

一、后踢

是跆拳道比赛中最为常用的动作之一，也是运动员反击对方进攻的主要技术。

（一）动作过程

1.右架站立，重心移至左腿。

2.以左腿尖为轴，左腿跟外旋，身体向后方转动，同时提起右大腿，使大小腿几乎折叠，脚尖勾起，头部稍向右后方转动。

3.右腿向后平伸后蹬，在蹬直前膝盖稍外翻（向右侧）。

4.用脚跟部位击打对方腹部和胸部。

5.击打后，右脚自然落下成左架，然后后撤右脚，还原成右架准备姿势。

（二）要领

1.身体右后向转动时，同时要快速提起右膝。

2.身体转到被朝对方时要制动，同时右脚后蹬，此时身体不要再有转动，膝盖此时的方向应与左腿膝盖方向一致。

3.在提起右腿时，两大腿内侧之间的距离应尽量小，既右腿"擦"着左腿起腿。

4.身体转动时，头部配合同向转动。

5.为保持重心，躯干在向下弯曲的同时可稍挺胸。

6.动作熟练时，转身与后蹬应是同时进行的。

7.最后再练习后踢击头（高后踢）。

8.左腿应积极配合髋部的转动，调整好身体重心。

9.由于对方进攻常常是侧向，后踢的方向应在正前方稍偏向右侧。

10.用后踢主要进攻对方的胸部、头部和两肋部。

（三）易犯错误与纠正

1.身体转到被朝对方时没有制动，身体继续转动，腿不是直线向后踢出。

2.在提起右腿时，右腿没有"擦"着左腿起腿。

3.身体转动时，头部配合同向转动，但肩和上体不应跟着转动，否则容易被对方反击。

4.转身与后蹬没有同时进行，动作不连贯。

5.左脚没有积极配合髋部的转动。

（四）反击后踢

1.按照后踢的要领完成动作，只是支撑腿向前跳，当对方进攻时，自己则迅速向前移动身体，使用反击后踢得点。目的是与对方拉开距离，实际是后跃步加后踢。

（五）练习步骤

1.开始练习时手扶支撑物，体会后蹬的感觉。

2.练习转身同时提膝。

3.平伸后蹬。

4.进行完整的后踢动作练习，采用固定靶练习。

5.熟练后可练习后踢击打头部（高后踢）。

6.左架右架都可以同时的练习。

7.练习反击后踢。

8.用沙袋进行后踢的练习。

9.同伴手持脚靶，进行反应靶练习。

10.同伴穿护具，进行反应护具的练习。

（六）战术锻炼方法

1.在对方旋踢时用后踢反击：甲乙右架闭式站立，乙方使用旋踢进攻甲，甲立即转身使用后踢反击乙。

2.在对方使用前旋踢时用后踢反击；甲乙双方右架闭式站立，乙方使用前旋踢进攻甲，甲立即快速转身使用后踢反击乙。

3.先用假旋踢调动对方，趁对方旋踢时使用后踢反击：甲乙双方右架闭式站立。甲使用后腿旋踢假进攻乙，以后撤一步然后用旋踢进攻甲时，甲趁势使用后踢反击乙。

4.在对方使用双飞时用后踢反击：甲乙右架闭式站立，乙方使用双飞踢进攻甲，甲立即转身使用后踢反击乙。

二、下压

下压也称为下劈和劈腿，是跆拳道比赛中常用的动作之一，也是进攻和反击对方进攻的主要技术。

（一）动作过程

1.右架站立，重心先移至左腿。

2.提起右腿，同时略转髋向左并向上送髋，使右腿膝盖与胸部尽量贴近，身体重心尽量向上。

3.右腿高举过头，右腿伸直贴紧上体，上体保持正直或稍前俯，重心向上。

4.右脚脚面稍绷直，右腿快速下压（如刀劈木块一样），用脚掌或脚后跟下砸对方的头部，身体重心前移至右腿上，身体要稍后仰来控制重心。

5.击打后，右脚自然落下成左架，然后后撤右脚，还原成右架准备姿势。

（二）要领

1.下压与中国武术的正踢腿相似，区别在于下压稍有一点转髋，并且踢腿向上时，要向上积极送髋，大小腿之间也可有一定的弯曲度。

2.在下压时，身体重心向前移。

3.上提右腿时，右脚脚面不需要绷直，应自然放松，而下压腿时要稍绷直。

4.也可直接用前腿（左腿）使用下压，右腿进行跟步（既随着身体重心向前移动而向前移动）。

5.左脚应积极配合身体向前移动，调整好身体重心。

6.在练习时，也多采用如武术中的外摆腿和里和腿的劈腿方法，只是在下落时是向前方劈下，分别称为外摆劈腿（由内向外摆）和内摆劈腿（有外向内摆）。

7.在实际比赛中，自己使用下压腿，对方往往会头部向后移动来躲避，此时有经验的运动员常常会在下压时距离对方面部很近时，有一个向前的蹬踏动作，就好像腿长了一截似的，使对方躲闪不及而被击中面部，这要求使用者要有较好的柔韧性和控制腿的力量。

8.用下压腿主要攻击对方面部。

（三）易犯错误与纠正

1.起腿高度不够。

2.支撑腿没有积极配合身体向上和向前移动，"拖"在了后面。

3.下压时，为控制好身体重心而使重心向前压过多。

4.上体过于后仰，使得下压力量不足。

（四）腾空下压腿

1.动作过程：左架准备姿势站立，先将身体重心移至左腿，右腿提膝向上，身体向上跃起，同时左脚蹬地起跳腾空，左腿使用下压的技术向前击打对方面部。

2.要领：腾空下压常常用在与对方处在中远距离时，要求两臂有力上摆，配合右腿上提和左腿蹬地而使身体迅速腾空，主要攻击对方面部。

3.易犯错误与纠正：上体在提膝腾空时就过于后仰或是举腿高度不够，使下压腿时下压力量不足。

（五）练习步骤

1.开始练习时可扶物先练提腿、提膝和上举腿。

2.练习下压腿的动作。

3.完整练习下压腿动作。

4.练习外摆腿和内摆腿的下压动作。

5.左架右架都可以同时练习。

6.练习腾空下压。

7.用脚靶进行下压的固定靶和反应靶的练习。

（六）战术锻炼方法

1.对方旋踢时用下压腿反击：甲乙双方右架闭式，乙方用旋踢进攻甲，甲立即使用下压腿反击乙头部。

2.在分开时使用下压腿：在比赛中双方在一个回合交战后贴在了一起，在既要分开的一刹那用下压腿技术攻击对方。

3.用旋踢调动对方，再用下压腿攻击：甲乙右架闭式站立，甲方先使用旋踢假进攻先调动乙，乙后撤步使用旋踢反击甲，甲则立即用下压腿攻击乙的头部。

第五节　后旋和侧踢

一、后旋踢（简称后旋）

后旋是跆拳道比赛中常用的动作之一，也是运动员反击对方进攻的主要技术。

（一）动作过程

1.右架站立，以左脚尖为轴，左脚跟外旋，重心移至左腿。

2.身体向后方转动，同时提起右大腿向斜后方40度左右蹬伸，头部向右后方转动。

3.身体继续旋转，右腿借旋转的力，向后划一个半圆形的水平弧线，快速屈膝用脚掌击打对方头部。

4.击打后，身体重心依然在左腿上，右脚自然落下，还原成右架准备姿势。

（二）要领

1.右腿并不是抡圆了去划弧，在开始时有一个向斜后方蹬伸的动作。

2.身体向右后方向转动时，同时要快速提起右腿。

3.身体转动时，头部配合同向转动。

4.小腿在开始时要自然放松，在接触对方头部前瞬时绷直脚面，用脚掌呈水平弧线鞭打。

5.动作熟练时，转身与后蹬接摆动应是同时进行的。

6.左腿应积极配合髋部的转动，在完成整个动作之前，重心一直落在左脚掌半前部分。

7.用后旋主要攻击对方的面部。

（三）易犯错误与纠正

1.右腿抡圆了去划弧，在开始时没有一个向斜后方向蹬伸的动作。

2.身体向右后方向转动时，提起右腿的速度过慢。

3.身体转动时，头部没有配合同向转动。

4.小腿在开始时没有放松而完全蹦紧。

5.左腿没有积极配合髋部的转动，左脚太"死"。

6.右脚鞭打对方头部后，身体没有继续旋转，右腿直接斜下方向落地，不能用脚掌呈水平弧线鞭打，造成过早翻转身体而使重心过于偏后。

（四）步骤

1.支撑脚前脚掌着地转动，转身同时向后蹬伸腿。

2.右腿向后摆动。

3.先练习身体原地转动360度，右脚开始摆动时不要求高度，熟练后再逐渐升高摆动高度。

4.进行完整的后旋踢动作练习。

5.熟练后可练习左架的后旋踢。

6.用脚靶进行后旋踢固定靶和反应靶的练习。

（五）战术锻炼方法

1.对方旋踢进攻时用后旋踢反击：甲乙右架闭式站立，乙方用旋踢进攻甲，甲立即使用后旋踢反击乙头部。

2.对方下压进攻时用后旋踢反击：甲乙右架闭式站立，乙方用下压进攻甲，甲方即使用后旋踢反击乙的头部。

3.对方前旋踢进攻时用后旋踢反击：甲乙右架闭式站立，乙方用前旋踢进攻甲，甲方即使用后旋踢反击乙的头部。

4.甲用假旋踢进攻乙，乙反击旋踢时，甲用后旋踢反击乙：甲先用假旋踢进攻乙乙后撤步使用旋踢反击甲，甲立即用后旋踢反击乙。

二、侧踢

主要用来阻挡对方进攻，不是主要得分动作。

（一）动作过程

1.右架准备姿势站立，将重心移至左腿，同时以左脚前掌为轴脚跟内旋。

2.直线提起右大腿，弯曲小腿同时向左转髋，身体右侧侧对对方。

3.膝盖方向朝内，勾脚面，展髋，走直线平蹬出右腿，用脚掌外侧攻击对方。

4.右腿自然落下，平撤回原位。

（二）要领

1.侧踢同中国散手中的侧踹。

2.也可用前腿（左腿）直接侧踢对方。

3.左脚一定要配合积极向前移动。

4.用侧踢主要攻击对方两肋部、胸腹部。

（三）易犯错误与纠正

1.击打对方时，髋部没有展开，致使击打力度不够。

2.大小腿折叠不够，或是蹬出的速度不快。

（四）练习步骤

1.先练习提腿转髋。

2.再练习平蹬腿。

3.完整练习侧踢。

4.练习前腿的侧踢。

5.练习侧踢击头。

6.用护具或沙袋进行侧踢的练习。

（五）战术的练习

1.乙用旋踢时，甲用侧踢阻击。

2.甲先用前旋踢击打对方，对方后撤后反击，自己则立即用前腿侧踢阻击。

3.用下压进攻对方，对方后撤后反击，自己则立即用前腿侧踢阻击。

4.先用旋踢进攻对方，对方后撤后反击，自己则立即用前腿侧踢阻击

第六节　双飞踢（双旋踢）与鞭踢

一、双飞踢（简称双飞）

双飞踢是跆拳道比赛中较为常用的动作之一，也是运动员得分的主要技术。

（一）动作过程

1.右架站立，重心移至左腿。

2.提起右大腿使用旋踢，然后在右脚未落下时，立即提左腿使用旋踢，也就是连续使用两个旋踢。

3.击打后，两脚自然落下，还原成右架准备姿势。

（二）要领

1.一般来说在中远距离时是使用双飞踢的较好时机，双飞踢中的第一个旋踢常常是为了找到合适的距离或破坏对方的进攻，以利于第二个旋踢。

2.击打第一个旋踢时身体可稍后仰，以利于第二个旋踢。

3.两腿交换之后，髋部要快速扭转。

4.小腿弹出后，在弹直的一刹那，要有一个制动的过程，使脚产生鞭打的效果。

5.双飞踢主要攻击对方的胸腹部、两肋部和面部。

（三）易犯错误与纠正

1.第一旋踢完全没有作出来，只是前踢了一下。

2.两腿交换之间髋部扭转过慢。

3.身体过于后仰。

（四）锻炼步骤

1.熟悉左架旋踢和右架旋踢。

2.利用交叉脚靶完成学习双飞踢动作。

3. 利用护具练习双飞踢，配合者原地快速换位。熟练双飞踢后可练习三飞踢（连续三飞踢，前两个旋踢是赶距离，主要还是第三个旋踢击打得点）。

4.熟练双飞踢后还可练习第二旋踢击打头部（高旋踢）。

（五）战术锻炼方法

1.甲乙双方右架闭式站立，甲先用假旋踢迫使乙后撤，甲再用双飞踢进攻。

2.甲乙双方右架闭式站立，甲先用假下压迫使乙后撤，甲再用双飞踢进攻。

3.甲乙双方右架闭式站立，乙方原地换位的一刹那，甲方立即使用双飞踢。

二、鞭踢（勾踢）

要是用前腿击打，是在跆拳道比赛中不常用的动作。

（一）动作过程

1.右架站立，重心移至左腿，以左脚掌为轴脚跟内旋。

2.身体向左方转动，同时提起右大腿向前，头部向左方转动。

3.右腿膝盖朝内扣，右小腿由外向内有一定弧度的摆动并伸小腿，身体随之侧倾。

4.突然屈膝，用脚掌向右横着鞭打对方面部。

5.击打后，右脚自然落下，还原成右架准备姿势。

（二）要领

1.为增加击打力度，右腿应先由外向内有一定弧度的摆动，再突然向右方鞭打。

2.击打时，小腿和足尽量横着鞭打。

3.身体转动时，头部配合同向转动。

4.在开始时小腿要自然放松，在接触对方头部前再瞬间绷紧脚面，用脚掌击打。

5.左脚应积极配合髋部的转动，调整好身体重心。

（三）易犯错误与纠正

1.右腿直着伸出，没有一定的摆动。

2.在开始时小腿过于紧张而没有自然放松，小腿和脚掌没有横着鞭打。

3.身体转动时，头部没有配合同向转动。

（四）练习步骤

1.开始练习时可手扶支撑物，体会向前蹬腿的感觉。

2.练后用小腿鞭打。

3.进行完整的鞭踢动作练习。

4.左架右架都可以同时练习。

5.两人用脚靶配合练习，开始先固定靶，然后反应靶练习。

（五）战术锻炼方法

1.甲乙双方右架闭式站立，乙用前旋踢进攻，甲使用前腿的鞭踢反击对方面部。

2.甲乙双方开式站立，甲先用侧踢迫使乙后撤，乙后撤后立即使用旋踢进攻，甲则使用鞭踢反击。

第七节　前旋踢和转体旋踢

一、前旋踢

前旋踢是跆拳道比赛中较为常用的动作之一，也是运动员得分的主要技术。

（一）动作过程

1.左架站立，左腿向前垫步，将身体重心移至左腿。

2.提起右腿，向前送髋，大小腿稍折叠。

3.绷紧脚面，右膝向内，快速弹出小腿。

4.右腿自然下落，两脚同时后撤一步，还原成左架准备姿势。

（二）要领

1.前旋踢与旋踢相似，由于用前腿击打，距离对方很近，动作较隐蔽，很难使对方察觉，缺点是攻击力度小。

2.后脚一定要配合积极向前移动。

3.左脚的小腿要快速弹出，尽量增加鞭打力量。

4.在击打的一刹那，膝盖方向朝向对方的腹部。

5.小腿弹出后，在弹直的一刹那，要有一个制动的过程，使脚产生鞭打的效果。

6.用前旋踢主要攻击对方的胸腹部、面部和两肋部。

（三）易犯错误与纠正

1.小腿直接伸直接触对方，使击打力度不足。

2.垫步的动作幅度过大，动作隐蔽性不强。

3.髋部没有前送，腿的长度没有被充分利用。

（四）练习步骤

1.侧平举起右腿，大小腿折叠，只练弹出小腿。

2.练习垫步。

3.完整练习前旋踢。

4.右架动作熟悉后练习左架动作。

5.熟悉后练习前旋踢击头。

6.练习前旋踢击腹后右腿不落地而直接使用前旋踢踢击对方面部。

7.用脚靶进行固定靶和反应靶练习。

8.同伴穿护具进行反应护具的练习。

（五）战术锻炼方法

1.甲乙双方闭式站立，乙方原地换位时，甲立即使用前旋踢突然击打对方胸腹部或头部。

2.甲乙双方闭式站立，乙方前跃步准备进攻的一刹那，甲立即使用前旋踢。

3.甲乙双方闭式站立，乙方旋踢进攻，甲快速后撤一步，立即使用前旋踢反击乙方。

4.甲右架，甲乙双方闭式站立，乙方使用前腿的下压腿进攻甲，甲身体向左侧移的同时，使用前旋踢反击乙方。

二、旋风踢

旋风踢也称后转体旋踢，是跆拳道比赛中常用的动作之一。

（一）动作过程

1.甲乙双方闭式站立，甲右架站立，以左前脚掌为轴脚后跟外旋，重心移至左腿。

2.身体右后转约360度，右腿也随着向右后转动。

3.身体稍后仰，右腿下落的同时左脚蹬地使用左腿旋踢技术。

4.击打后，两脚自然落下成右架。

（二）要领

1.旋风踢主要用在中远距离时使用。

2.提起右腿向后转动时，右腿围绕着左腿转动。两大腿内侧之间的距离不应过大。

3.为保持重心，躯干应稍向后倾。

4.击打时左脚脚面稍绷直，但踝关节要放松。

5.左小腿弹出后，在弹直的一刹那，要有一个制动过程，使脚产生击打的效果。

6.左脚应积极配合身体的转动，以左脚前掌为轴转动。

7.用旋踢主要攻击对方胸腹部和面部及两肋部。

（三）易犯错误与纠正

1.躯干没有稍后倾，上体前压，使腿的长度没有被充分利用。

2.左腿大小腿折叠不够，击打力度不够，小腿弹出后，在弹直的一刹那，没有一个制动的过程。

3.左脚击打时脚面没有绷直。

4.左腿没有积极配合身体的转动，左腿太"死"。

（四）练习步骤和方法

1.先练旋踢，待熟练后在开始练旋风踢。

2.练习原地转身，右腿要主动配合转动。

3.完整练习旋风踢。

4.右架旋风踢熟练后再练习左架旋风踢。

5.左右架交替练习，两个动作之间要向前上一步，使左右旋风踢能够连接起来。

6.脚靶配合练习旋风踢。

7.结合步法移动（前进、后撤、侧向移动）进行旋风踢的练习。

8.用沙袋进行旋风踢的练习。

（五）战术锻炼方法

1.在对方原地换位的一刹那进攻旋风踢：甲乙双方开式站立，乙方为了防止甲后腿旋踢而原地换位，甲方立即使用旋风踢。

2.用身体晃动调动对方，在对方后撤一步时使用旋风踢：甲乙双方右架闭式站立，甲用身体晃动的假动作调动乙，使乙以为甲要进攻向后撤一步。甲立即进攻旋风踢。

3.连续两个旋风踢，甲使用左架旋风踢进攻乙，乙后撤，甲快速上一步，使用右架旋风踢击中乙。

第八节　进攻技术

拳进攻是跆拳道比赛中较为常用的动作之一，但往往很难得点，不是运动员得分的主要技术，它主要用来防守和配合腿的进攻。运动员右架站立，左手则为前手拳，右手拳为后手拳。

（一）动作过程

1.右架站立，右脚向后蹬地，腰部与上体快速有力的向后左前方转动，借以增加出拳的速度和力量。

2.在右脚蹬地的同时，右臂快速前伸，肘关节抬起，前臂内旋，拳心向下方转动使拳面、前臂、肘关节与肩成一条直线并处在一个水平面上。

3.同时身体重心移至左腿上，用拳击打对方胸腹部。

4.在击打中目标后，有一个制动的过程，然后手臂迅速放松，并借左腿的支撑力量将手臂收回，恢复成右架准备姿势。

（二）要领

1.用拳击打上对方护具的一刹那，腕关节要紧张，将拳握紧，同时憋气，以加大出拳的力量。

2.拳进攻主要在双方距离较近时使用，击打时要准备立即起腿进攻或反击。

3.也可以用前手拳击打，一般是为了在距离较近时，出拳击打后使两人之间的距离拉大，并乘机使用腿攻技术，并使用下压腿、旋踢等。

（三）易犯错误与纠正

1.拳击打时腕关节放松了。

2.出拳时，没有用力蹬腿和快速转腰，使得出拳无力。

（四）练习步骤和方法

1.双方运动员互相贴在一起，甲出拳击打乙方护具。

2.甲乙右架站位，乙旋踢进攻，甲用左臂格挡乙腿，同时用右腿出拳击打乙护具，然后迅速提右腿使用旋踢进攻。

3.双方运动员互相贴在一起，甲出拳击打乙方护具后立即提腿使用内摆下压击打对方面部。

第九节　防守技术

在跆拳道技术体系中，防守技术是不可缺少的内容，从得分和不失分的角度来看，它与进攻技术同样重要。在比赛中，如得分多，而失分更多，则还是输；如果在得分的同时又能很好的防守对方的进攻并能抓住机会反击，获胜的把握就更大一些，因此在进行跆拳道技术锻炼时，要把防守技术作为一项重要内容来练习。

跆拳道的主要防守方法有三种：一是利用闪躲贴近等方法，通过脚步的移动，使对方的进攻落空；二是利用手臂的格挡阻截对方的进攻；三是以攻对攻，用进攻的方法阻止对方的进攻。利用闪躲贴近等方法进行防守闪躲就是当对方进攻时通过脚步的移动，向左右两侧或向后闪躲，从而使对方的进攻落空。而贴近就当对方进攻时快速上步与对方靠贴在一起，使对方由于距离过近而无法发挥进攻的威力。如当乙方使用后腿下压技术进攻甲方时，甲各左侧或右侧移动身体，避开对方的下压进攻；再如当乙方前旋踢进攻时，甲方可快速后撤一步或是立即上前一步，贴进乙方，使其不能用规则允许的踝关节以下的部位击打得分。在比赛中，采用向后撤的方法一用在双方运动员都没有开始进攻时，这时两人之间的距离相对较远，后撤较容易使对方的进攻落空，在后撤的同时可使用旋踢、后踢、后旋踢或下压反击对方；采用向两侧移动的方法主要是在化解掉对方进攻的同时，使自己能够在合适的位置上快速有效的击打对方而得点；采用贴近的方法主要是在双方距离较近，尤其是在第一次击打，一方想趁距离近，对方需要调整身体重心的时机，快速起腿进攻得点，而另一方则立即上步贴近对方。利用格挡的方法进行防守按照防守方向来划分，格挡的方法基本上有向上、向（左右）斜下、向（左右）斜上防守三种。一般来说，运动员采用格挡的方法是出于以下的原因：一是对方进攻速度较快，自己来不及使用闪躲．贴近等方法时，下意识的用格挡进行防守；二是已预测到对方使用的技术，使用针对性的格挡是为了迅速作出反击动作，使格挡成为转化攻防的连接技术，为比赛得分创造条件。有这里不提倡防守者把手臂贴放在自身的得分部位上，用以减少对方的击打力度和效果。这样做的后果是：一旦对方击打力量很大，即使不能得点，由于没有缓冲的余地，很容易造成自己手臂甚至身体内部的受伤，而且不利于自己迅速作出反击动作。

（一）向上格挡

1.动作过程

右架准备姿势（以下均同）。左手握拳由下至上，用左前臂上架格挡，或是右手握拳，用前臂上架格挡，此时手臂上架的同时肘部向内侧移动，即应有一个向上并向外横拔的动作。一般来说，运动员右架站立时，用左前臂格挡，则有利于后（右腿）的进攻，进攻动作有旋踢．下压等；若运动员用右前臂格挡，则有利于前腿（左腿）的进攻，进攻动作有前旋踢．侧踢．下压等。

2.要领

（1）抬臂要迅速，前臂弯曲上架，头部尽量后仰，不要与上架的臂在一个垂直面上，以免对方下压力量太大，自己前臂不能有效格挡时，面部不至于被对方打中。

（2）如果单纯只是上架，对方就会借力保持身体重心并快速收腿以连接下一个动作，这样对自己非常不利，正确的方法是向上格挡时手臂要有一个向上并向外横拨的动作，使对方借不到力而不能快速调整好身体重心。

（3）快速向上格挡的同时就准备实施反击，要在对手调整好重心或连接下一个动作之前进行反击。

3.易犯错误与纠正

（1）向上格挡的同时没有向外横拨。

（2）只是单纯上架，没有立即反击。

（3）上架时手臂和头部在一个垂直面上，一旦对方下压力量太大，自己的面部也被对方击中。

4. 用法

防守对方的下压进攻。

（二）向（左右）斜下格挡

1.动作过程

右架准备姿势（以下均同）。左手握拳由上至下，用左前臂向左斜下方格挡，或是右手握拳，用右前臂向右斜下方格挡。一般来说，运动员用左前臂格挡，则有利于后腿（右腿）的进攻，进攻动作有旋踢击腹或击头、下压等；若运动员用右前臂格挡，则有利于前腿（左腿）的进攻，进攻动作有前旋踢、旋踢、侧踢、下压等。

2.要领

（1）向左（右）斜下格挡时，要有力．短促，格挡幅度要小，格挡后手臂不要再有一个向外撩的动作。

（2）在左（右）前臂格挡的同时，向体要有一个向格挡的反方向移动的动作，与对方踢过来腿有一定的距离。否则如果对方腿击打的力量较大，很容易连同手臂．护具一起被击打．

（3）向左（右）斜下格挡同时，也是自己迅速做出反击动作的最好时机之一。

（4）格挡对方的部位是其腿的胫骨以下的部位。

（5）在向（左右）斜下格挡的同时，要防止对方借力使用高前旋踢击头动作。

3.易犯错误与纠正

（1）向左（右）斜下格挡时，格挡幅度过大，格挡后手臂还有一个向外撩的动作，使对方有时间调整身体重心。

（2）在左（右）前臂格挡的同时，身体没有向格挡的反方向移动，在对方腿击打的力量较大时，连同手臂．护具一起被击打。

（3）向左（右）斜下格挡同时，自己没有迅速做出反击动作，错过了得点的时机。

4.用法

防守对方的击打腹部的旋踢，前旋踢进攻。

（三）向（左右）斜上格挡

1.动作过程

右架准备姿势（以下均同）左手握拳由下至上，用左前臂向左斜上方格挡，或是右手握拳，用右前臂向右斜上方格挡。一般来说，运动员用左前臂格挡，则有利于后腿（右腿）的进攻，进攻动作有旋踢击腹或击头、下压等；若运动员用右前臂格挡，则有利于前腿（左腿）的进攻，进攻动作有前旋踢．旋踢．侧踢．下压等。

2.要领

（1）向左（右）斜上格挡时，要有力．短促，格挡幅度要小，格挡后手臂不要再有一个向外撩的动作。

（2）在左（右）前臂格挡的同时，身体（尤其头部）要有一个向格挡的反方向或向后移动的动作，与对方踢过来的腿保持一定的距离，既格挡的前臂不要与头部在一个水平面上，否则如果对方击打的力量较大，很容易连同手臂、头部一起被打击。

（3）向左（右）斜上格挡同时，也是自己迅速做出反击动作的较好时机。

（4）格挡对方的部位是其腿的胫骨以下部位。

（5）在向（左右）斜下格挡的同时，要防止对方借力使用侧踢阻击动作。

3.易犯错误与纠正

（1）向左（右）斜上格挡时，格挡幅度过大，格挡手臂还有一个向外撩的动作，使对方有时间调整身体重心。

（2）在左（右）前臂格挡的同时，身体或头部没有向格挡的反方向移动，或头部没有向后移动，在对方腿击打的力量较大时，连同手臂、头部一起被击中。

（3）向左（右）斜上格挡同时，自己没有迅速做出反击动作，错过了得点时机。

4.用法

防守对方的击打胸部、头部的高旋踢、高前旋踢、后旋踢、双飞击头进攻。

第十节　跆拳道的组合技术

组合技术，就是根据比赛中攻防情况的变化，将两个以上的动作组合在一起的连接技术。由于跆拳道比赛的日趋激烈，运动员的技术水平越来越接近，可能运动员在进攻的同时就要防守，或是在防守的同时就要反击。使用单个的技术，往往会被有经验的选手化解或反击，为了战胜对手，就必须在熟练掌握单个基本技术的基础上，掌握一些组合技术，使对手在短时间内很难适应。当然这些组合技术也不是一成不变的，运动员在比赛中要根据场上的具体情况，灵活多变的运用组合技术，使对手摸不清自己技术动作的规律，借以达到出奇制胜的目的。按防性质来划分，组合技术概括起来大致有五种类型：进攻+防守（即先进攻再防守）、进攻+进攻（即连续进攻）、进攻技术+防守技术+进攻技术（即主动进攻后立即防守反击）、进攻技术+进攻技术+防守技术（即连续进攻后再防守）、防守技术+进攻技术（先防守再反击）。在跆拳道比赛中，进攻的同时可以使用格挡方法进行防守；在防守的同时可以反击。就同一个动作来说，即可以用来进攻，又可以用来防守，这就要求运动员不能死搬硬套，要根据实际情况灵活运用。运动员在练习组合技术和比赛中要注意的问题是：1.掌握至少两种绝招组合技术。一般来说，在比赛中能得点的常常是自己的绝招组合技术，这要求运动员在锻炼中要使自己的绝招组合技术精益求精，并能够在比赛中运用。2.在熟练掌握自己常用组合技术的同时，要基本掌握一两种相近的组合技术，以防备在对手了解了自己的得点组合技术时，能够随机应变。如经常使用旋踢结合后踢的组合技术，如果对手了解了，他就会先向后撤一步，躲闪掉你的旋踢，此时如果你突然变成旋踢结合外摆下压，则使得对手防不胜防。3.在比赛中，要及时抓住第二回合（第二次进攻）甚至第三回合的得点机会。

一、进攻结合防守技术

此种组合在跆拳道比赛中被运动员广泛使用。其特点是先主动进攻，如果一旦没有得点，则立即使用防守技术来保证自己也不会失点。他要求使用者在进攻时速度要快，尽量使自己第一次进攻（也称第一回合或打第一点）能够有效击中目标而得点，一般来说，如是第一个进攻动作直接得分，则一般应贴住对方或立即回撤；若是没有得点，在对方反攻的一刹那，使用防守技术阻击对方。如：

1.右腿旋踢+左腿后踢。

2.左腿旋踢+右腿后旋。

3.右腿旋踢+左腿下压。

4.右腿下压+左腿后踢。

5.右腿下压+左腿后旋。

6.左右双飞+左腿后踢。

7.左右双飞+左腿后旋。

8.左右双飞+左腿下压。

9.左腿前旋踢+右腿后踢。

10.左腿前旋踢+右腿后旋。

11.右腿前旋踢+右腿下压。

12.右腿旋踢+右腿侧踢。

13.右腿下压+左腿下压（两个下压都可以用前腿或后腿）。

14.右腿下压+右腿侧踢。

15.左右双飞+右腿侧踢。

16.左腿前旋踢+左腿侧踢。

二、进攻技术结合进攻技术

此种组合在跆拳道比赛中被运动员广泛使用。其特点是：连续主动进攻，如果第一点没有得点，则立即使用第二个进攻动作来击打对方。一般来说，当运动员使用第一点击打时，防守者的防守情况大致有：（1）防守者主动后撤的速度比较快，进攻者第一点落空，进攻者使用第二次击打时速度要更快，否则很容易被反击；（2）防守者后撤速度慢而失点，此时他往往会立即转入进攻，争取也能得点，而进攻者的第二次进攻就起到了防守作用，如果使用下压等击头动作，有可能使对方来不及躲闪再次失点或被击头。此时进攻者的第二次进攻要防备对方的击头动作；（3）若进攻者第一点时，防守者立即反击而使进攻者失点，此时进攻者的第二次进攻则起到了争取得点的作用。

1.左腿旋踢+右腿旋踢

[要求]（1）第一个旋踢要真做，若是能直接得分，则一般应上前贴住对方；（2）若是第一个旋踢假做，则主要是使对方后撤，再立即使用第二个旋踢继续进攻得点。此时则应注意对方使用后踢、后旋或下压腿等反击动作。

2.右腿前旋踢+左腿旋踢

[要求]（1）第一个旋踢要真做，若是能直接得分，则一般应上前贴住对方；（2）若是第一个旋踢假做，则主要是使对方后撤或换位后撤，再立即使用后退旋踢继续进攻得点。此时在应注意对方使用后踢、后旋动作。

3.左腿前旋踢+右腿高旋踢

[要求]（1）前腿旋踢要真做，若是能直接得分，则一般应上前贴住对方；（2）若是前腿旋踢没有得点，在对方反击的一刹那，使用高旋踢进攻对方；（3）若是前腿旋踢假做，则主要是使对方后撤，再立即使用高旋踢继续进攻得点，此时则应注意对方使用后踢、后旋动作。

4.左腿下压+右腿旋踢。

5.左右双飞+右腿旋踢。

6.左右双飞+左右双飞。

7.左右双飞+左腿下压。

8.右腿前旋踢+右腿前旋踢。

9.左腿前旋踢+右腿下压。

10.右腿前旋踢+左右双飞。

11.右腿下压+左右双飞。

12.左腿旋踢+左右双飞。

13.左腿旋踢+右腿下压。

14.左腿下压+右腿高旋踢。

15.左右双飞+右腿高旋踢。

16.左右双飞+右腿前高旋踢。

17.右腿旋踢+右前旋踢。

18.右腿下压+右腿前旋踢。

19.左腿旋踢+右（或左）高旋踢。

三、进攻技术组合防守技术并结合进攻技术

此种组合在跆拳道比赛中被运动员广泛使用。其特点是先主动进攻，如果一旦没有得点，则立即使用防守技术来确保自己也不会失点，如果自己防守时被对方进攻得点，则要立即转入进攻，追击进攻，否则就等于自

己白白失了一分。它要求使用者在进攻时速度要快，尽量使自己第一次的进攻（也称第一回合或打第一点）能够有效击中目标而得点，如果此时防守者失点，他往往会立即反击，进攻者则要快速转入防守，如果对方还要进一步追击，即非要"追"回这一点，而进攻者的第二次进攻就起到了防守或再次得点的作用。此时进者的第二次进攻要防备对方的击头动作。

1.右腿旋踢+左腿后踢+右腿旋踢

[要求]（1）第一个旋踢要真做，若能直接得分，则一般应上前贴住对方；（2）若是旋踢没有得点，在对方反击的一刹那，使用后踢阻击对方；（3）此时若后踢没有阻击上，则边转体边旋踢。

2.右腿旋踢+右腿下压+左腿旋踢

3.右腿旋踢+左腿后旋踢+左腿旋踢

4.左腿旋踢+左腿侧踢+右腿旋踢

5.左前旋踢+右腿后踢+左腿旋踢

6.左前旋踢+右腿下压+左腿旋踢

7.右前旋踢+左腿后旋踢+左腿旋踢

8.右前旋踢+左腿侧踢+右腿旋踢

9.左右双飞+左腿后踢+右腿旋踢

10.左右双飞+右腿下压+左腿旋踢

11.左右双飞+左腿后旋踢+右腿旋踢

12.左腿下压+右腿后踢+左腿旋踢

13.右腿下压+左腿下压+右腿旋踢

14.右腿下压+左腿后旋踢+右腿旋踢

15.右腿下压+右腿侧踢+左腿旋踢

16.左腿旋踢+右腿后踢+右腿下压

17.右腿旋踢+左腿下压+右腿下压

18.左腿旋踢+右腿后旋踢+左腿下压

19.左腿旋踢+左腿侧踢+右腿下压

20.左前旋踢+右腿后踢+左腿下压

21.左前旋踢+右腿下压+左腿下压

22.左前旋踢+右腿后旋踢+左腿下压

23.左前旋踢+左腿侧踢+右腿下压

24.左右双飞+左腿后踢+右腿下压

25.左右双飞+右腿下压+左腿下压

26.左右双飞+左腿后旋踢+右腿下压

27.左右双飞+左腿侧踢+右腿下压

28.左腿下压+右腿后踢+左腿下压

29.下压+下压+下压（两腿轮换做，或一腿连续做两次）

30.左腿下压+右腿后旋踢+左腿下压

31.右腿下压+右腿侧踢+左腿下压

32.左腿旋踢+右腿后踢+左右双飞

33.左腿旋踢+右腿下压+左右双飞

34.右腿旋踢+左腿后旋踢+左右双飞

35.右腿旋踢+右腿侧踢+左右双飞

36.左前旋踢+右腿后踢+左右双飞

37.左前旋踢+右腿下压+左右双飞

38.右前旋踢+左腿后旋踢+左右双飞

39.左前旋踢+左腿侧踢+左右双飞

40.左右双飞+左腿后踢+左右双飞

41.左右双飞+右腿下压+左右双飞

42.左右双飞+左腿后旋踢+左右双飞

43.左右双飞+左腿侧踢+左右双飞

44.左腿下压+右腿后踢+左右双飞

45.左腿下压+右腿下压+左右双飞（两腿轮换做，或一腿连续做两次）

46.左腿下压+右腿后旋踢+左右双飞

47.右腿下压+右腿侧踢+左右双飞

48.左腿旋踢+右腿后踢+左前旋踢

49.右腿旋踢+右腿下压+左前旋踢

50.右腿旋踢+左腿后旋踢+左前旋踢

51.左腿旋踢+左腿侧踢+左前旋踢

52.右前旋踢+左腿后踢+左前旋踢

53.有前旋踢+右腿下压+右前旋踢

54.右前旋踢+右腿后旋踢+左前旋踢

55.左前旋踢+左腿侧踢+左前旋踢

56.左右双飞+左腿后踢+左前旋踢

57.左右双飞+左腿下压+左前旋踢

58.左右双飞+右腿后旋踢+左前旋踢

59.左右双飞+右腿侧踢+左前旋踢

60.左腿下压+右腿后踢+右前旋踢

61.右腿下压+左腿下压+左前旋踢

62.左腿下压+右腿后旋踢+右前旋踢

63.右腿下压+右腿侧踢+右前旋踢

四、进攻技术+进攻技术+防守技术

在跆拳道比赛中，如果观察到对方常用连续后撤的方法进行防守时，则可使用这种组合。其特点是连续主动进攻，如果由于防守者主动后撤的速度比较快，进攻者第一点落空，则立即使用第二个进攻动作来击打对方，要求两个进攻技术动作连接要快；如果防守者转入进攻，则进攻者的第二次进攻就起到了防守作用；如果防守者再次后撤后，就会进行反击，因为他若不进攻而连续后撤会使自己有被裁判罚判消极的可能；进攻者则使用防守技术进行阻击。因为进攻者连续进攻后，也需要快速调整一下身体重心，否则会被对方乱中取胜。

1.右腿旋踢+左腿旋踢+右腿后踢

[要求]（1）第一旋踢要真做，若是能直接得分，则一般应上前贴住对方；（2）若是能第一个旋踢没有得点，对方后撤，则立即使用第二个旋踢进攻得点；（3）若第二个旋踢没有得点，在对方反攻的一刹那，使用后踢阻击对方；（4）若是第一个旋踢假做，则主要是使用对方后撤，再立即使用第二个旋踢继续进攻得点。此时则应注意对方使用后踢、后旋踢动作。

2.右腿旋踢+左腿旋踢+后腿后踢

3.左腿旋踢+左腿下压+右腿后踢

4.右腿旋踢+左腿双飞+左腿后踢

5.左前旋踢+右腿旋踢+左腿后踢

6.左前旋踢+右腿高旋踢+左腿后踢

7.右前旋踢+右腿下压+左腿后踢

8.右前旋踢+左右双飞+左腿后踢

9.左右双飞+左腿旋踢+右腿后踢

10.左右双飞+左腿高旋踢+右腿后踢

11.左右双飞+右腿下压+左腿后踢

12.左右双飞+左右双飞+左腿后踢

13.右腿下压+左腿旋踢+右腿后踢

14.右腿下压+左高旋踢+右腿后踢

15.右腿下压+左腿下压+右腿后踢

16.右腿下压+左右双飞+左腿后踢

17.右腿旋踢+左腿旋踢+左腿后旋踢

18.左腿旋踢+右腿高旋踢+左腿后旋踢

19.左腿旋踢+右腿下压+左腿后旋踢

20.右腿旋踢+左右双飞+左腿后旋踢

21.左前旋踢+右腿旋踢+左腿后旋踢

22.右前旋踢+左腿高旋踢+右腿后旋踢

23.左前旋踢+左腿下压+右腿后旋踢

24.左前旋踢+左右双飞+左腿后旋踢

25.左右双飞+左腿旋踢+右腿后旋踢

26.左右双飞+左腿高旋踢+右腿后旋踢

27.左右腿飞+右腿下压+左右腿后旋踢

28.左右双飞+左右双飞+左腿后旋踢

29.左腿下压+右腿旋踢+左腿后旋踢

30.右腿下压+左腿高旋踢+右腿后旋踢

31.左腿下压+右腿下压+左腿后旋踢

32.右腿下压+左右双飞+左腿后旋踢

33.右腿旋踢+左腿旋踢+右腿下压

34.左腿旋踢+右腿高旋踢+右腿下压

35.右腿旋踢+左腿下压+右腿下压

36.左腿旋踢+左右双飞+右腿下压

37.右前旋踢+左腿旋踢+左腿下压

38.左前旋踢+右腿高旋踢+右腿下压

39.左前旋踢+右腿下压+左腿下压

40.左前旋踢+左右双飞+右腿下压

41.左右双飞+左腿旋踢+右腿下压

42.左右双飞+右腿高旋踢+左腿下压

43.左右双飞+左腿下压+右腿下压

44.左右双飞+左右双飞+右腿下压

45.左腿下压+右腿旋踢+左腿下压

46.右腿下压+左腿高旋踢+右腿下压

47.下压+下压+下压（两腿轮换做，或做一腿连续作两次）

48.左腿下压+左右腿双飞+左腿下压

49.左腿旋踢+左前旋踢+右腿后踢

50.左前旋踢+左前旋踢+右腿后踢

51.右腿高旋踢+右前旋踢+左腿后踢

52.左右双飞+右前旋踢+左腿后踢

53.左腿下压+左前旋踢+右腿后踢

54.左腿旋踢+左前旋踢+右腿后旋踢

55.右前旋踢+右前旋踢+左腿后旋踢

56.左高旋踢+左前旋踢+右后旋踢

57.左右双飞+右前旋踢+左后旋踢

58.左腿下压+左前旋踢+右后旋踢

59.右腿旋踢+右前旋踢+左腿下压

60.左前旋踢+左前旋踢+右腿下压

61.右高旋踢+右前旋踢+左腿下

62.左右双飞+右前旋踢+左腿下压

63.左腿下压+左前旋踢+右腿下压

五、防守技术+进攻技术

在跆拳道比赛中，如果观察到对方属于主动进攻类型的运动员，则可使用这种组合。防守结合进攻一般有两种类型，一种是先使用防守技术，然后立即转入进攻；还有一种就是在防守的同时使用进攻技术，也称为防守反击。在比赛中，防守的方法有手臂的格挡、通过身体、脚步的移动进行闪躲，主要利用技术动作进行阻击防守的方法，原因在于：在阻击过程中，利用技术动作进行阻击防守也可看作是一次被动的进攻，它具备一定的攻击作用，如对旋踢进攻，自己立即使用击头阻击，如果是有效击打，则可使对手失去继续比赛的能力，即使没有得点，也可使对方下次进攻时不敢轻举妄动。

1.左腿后踢+右腿旋踢

[要求]（1）在对方进攻的一刹那，使用左腿后踢阻击对方；（2）此时若后踢没有阻击上，则边转边使用右腿旋踢。

2.左腿下压+右腿旋踢

3.左后旋踢+右腿旋踢

4.右腿侧踢+左腿旋踢

5.左腿后踢+右腿下压

6.左腿下压+右腿下压

7.左后旋踢+左后下压

8.左腿侧踢+右腿下压

9.右腿后踢+左右双飞

10.右腿下压+左右双飞

11.左后旋踢+左右双飞

12.右腿侧踢+左右双飞

13.左腿后踢+左前旋踢

14.左腿下压+左前旋踢

15.右后旋踢+右前旋踢

16.右腿侧踢+右前旋踢

17.右腿后踢+左右双飞

18.右腿下压+左右双飞

19.右后旋踢+左右双飞

20.右腿侧踢+左右双飞

第十一节　跆拳道技术锻炼

跆拳道技术的教学是使学生学习并掌握完整的跆拳道技术，形成一定的跆拳道运动技能，并且通过技术锻炼不断提高学生的身体机能，学习和掌握跆拳道的理论知识，增强自身的自信心；而跆拳道则要通过技术锻炼，不断的提高技术运用水平，培养良好的锻炼和比赛作风，为创造优异运动成绩打下坚实的基础。

进行跆拳道技术锻炼必须遵循运动技能形成的规律，任何一个跆拳道动作的掌握，都要经历由开始学习时的粗略形成技术阶段，到改进提高技术阶段，直至巩固运用技术阶段。在这三个阶段的锻炼过程中，要采用的一般锻炼方法有：讲解法、示范法、分解法、完整法、重复法、间歇法、变换法、游戏法、比赛法等。

在跆拳道技术锻炼中，除了要采用一般锻炼方法外，还主要采用以下几种方法：

一、慢速、快速重复练习

慢速重复练习适用于运动员学习新的动作。运动员学习新动作时要对动作的规格有明确的要求，如身体的姿势，重心的高低，手臂的位置，步法的移动、腿的动作路线、击打部位、结束姿势等等。这将直接影响练习者以后对其它技术的掌握。在教练员的讲解、示范或经过自学后，一般不要立即快速练习，而要采用慢速度的模仿练习，复杂动作还应分解练习。此时不应过分追求动作的击打力量、速度，不应仔细揣摩动作的发力点、路线和动作要领，一个动作不要在一组中过多的重复次数，要少次数、多组数。如可将5组10组次的练习改换成10组5次，这样可以避免即使动作错了也不会重复过多的次数，同时也可以避免运动员感到枯燥。在组数之间，应让教练和同伴进行指导，或面对镜子，边练边检查，不断的重复正确的动作。快速重复练习则适用于运动员练习绝招技术。运动员在技战术已达到自动化的程度时，一般要根据自身特点，选择几种在比赛中常用的绝招技术并反复进行强化，此时则需要运动员以最快速度进行重复练习。

二、结合身法和步法练习

经过慢速重复性练习基本学会了动作后，则根据实战的需要结合相应的身法和步法进行练习，使技术与实战紧密联系。如练习旋踢技术时，可以练习向前上一步后再进行旋踢练习，或是后撤一步再练习旋踢，或是要求先用身体晃动引动对方。这样可以使运动员避免枯燥的单纯的步法练习，又可以较快的和实战结合起来。

三、想象实战练习

运动员掌握了一些基本的技战术后，在自己单独练习时，应假设是在实战中有对手在与自己对抗，对手采用各种战术和技术进攻自己或防守自己的各种进攻技术，自己则从实战出发，选择几组进攻和防守反击的方法，做想象中的个人练习。进行这种练习，可在一次锻炼课的准备活动的后半部分或实战前以及提高锻炼强度时采用。

四、互不接触的功防练习

由于跆拳道是两人的直接对抗，为减少不必要的受伤情况的发生，在锻炼中要求两人一组，一方主动进攻，另一方防守反击，或是两人按照比赛的要求进行互不接触的实战，也就是长说的点到为止。这种练习方法可以消除初学者的害怕心理和预防运动受伤。但在进行时，应要求：

1.练习者学会保持适当的距离，不要太远或太近。

2.要求运动员在运动中做出动作。

3.由于不能真正击打，运动员往往会敢于进攻，而容易忽视实际的功防转换，因此要防止胡踢乱踢，要仔细揣摩步法和抓住击打时机并借鉴对方的长处。

五、固定靶的练习

这是利用沙袋、大脚靶、多层护具等器材作为击打目标的练习。练习的目的不同，方法亦不同。如果要求提高动作速度和击打力度，练习者要快速完成一定时间内某一动作；若只要求提高练习者的动作频率和耐力，则应规定时间和组、次数的要求。另外按照比赛中常用的组合技术布置几组固定组合靶的练习，如3-5名同伴手持不同高度、不同放置角度的脚靶站在一条直线上或不同方向上，由练习者依次踢靶。

六、配合"喂招"练习

跆拳道锻炼非常重视并经常采用脚靶、护具的喂招练习。要求配合者手持脚靶，配合练习者进行技术练习，如将脚靶放置与胸齐平，让练习者旋踢；将脚靶放置与头齐平，让练习者练习高旋踢击头动作。护具喂招则是配合者身穿护具，用身体的移动配合练习者的进攻和防守，如配合者上步欲要用旋踢进攻，练习者则立即后踢反击。这种练习不但能够有效提高练习者进攻和防守反击的动作质量，还可以提高练习者击打的准确性、步法的灵活性和良好的距离感等。练习中，还可要求配合者变换喂招的方式，如快速出靶或连续出靶，这样既可以提高练习者的反应速度，又可以使练习者逐步熟练动作之间的连接，从而与实战较快的结合起来。下面即为配合者使用脚靶连续喂招的方法之一：左手旋踢--右手下压--左手高旋踢--右手后踢--两手交叉双飞--右手向前伸反击旋踢--左手后旋踢。

七、条件实战练习

即对实战提出要求，限制一些因素进行实战的一种方法。这种练习方法经常在跆拳道比赛中被采用。如果要求双方队员在一个回合中只能运用旋踢进攻和用旋踢反攻；一方只能用前旋踢和下压进攻，而另一方只能用后踢和下压反击，不准主动进攻等等。这种方法的优点是针对性强，能有效的锻炼和提高运动员的某一方面的能力，经常用在实战的初级阶段和战术锻炼中。条件实战一般包括以下几个方面：

1.同伴配合，创造时机和姿势以便进攻者完成进攻战术。

2.同伴配合，创造时机和姿势以便进攻者完成防守战术。

3.同伴配合，创造时机和姿势以便进攻者完成防守反击战术。

4.同伴配合，不创造时机和完成技术的便利姿势，进攻者用自己的行动创造机会完成进攻战术或防守战术或防守反击战术。

5.同伴配合，同时积极的防守，但不全力防守，进攻者全力完成进攻战术或防守战术或防守反击战术。

6.双方运动员进行实战，一方进攻，一方反击，但都不十分用力。

7.双方运动员进行实战，限制一方运动员的进攻技术。

8.双方运动员进行实战，限制一方运动员的防守技术。

9.双方运动员进行实战，限制一方运动员的防守反击技术。

10.双方运动员进行实战，限制双方运动员的进攻技术。

11.双方运动员进行实战，限制双方运动员的防守技术或防守反击技术。

12.增加难度，与实力高于自己的同伴实战。

八、实战练习

运动员掌握并熟练了跆拳道技战术后，要按照规则进行不断的实战，逐步提高技战术的应用能力。要在对抗中，（在与比赛要求一致的情况下）将技战术使用出来，这样才能在实际比赛中达到利用技战术和其它方面的因素战胜对手，获取比赛的胜利。实战的时间可以根据锻炼的目的进行安排，如30秒钟实战，则主要让双方运动员在短时间内学会抓住时机尽可能的多进攻并得分；5分钟三局实战，则主要使双方运动员在超过正式比赛的时间内，学会在非常疲劳的情况下使用动作战胜对手，并达到培养坚强意志品质的目的。

第二十三章　攀岩运动

一、攀岩运动概述

攀岩运动被人们称为"峭壁上的艺术体操"和"岩壁芭蕾"。比赛时只能靠运动员的双手、双脚蹬抓岩面上突起的支点、棱角或裂缝，移动四点中的一点向上攀登，因而使这项运动极富刺激性。

攀岩运动从19世纪在欧洲萌芽，兴起于20世纪50年代末60年代初的欧洲。攀岩技术是登山运动的基本功，随着攀岩运动的不断发展，70年代已独立成为国际性比赛项目。80年代传人我国。1987年我国举办了首届全国攀岩比赛，至今已经举办了10余届，吸引了全国众多攀岩爱好者参加，为我国更好地开展这一项运动项目打下了坚实的基础。

经常参加攀岩运动，不但可以增加人的身体柔韧度与协调感，增强体力，提高注意力，还可以培养人的进取心和自信心。

二、攀岩装备

攀岩的装备器材是攀岩运动的一部分，是攀岩者的安全保证，尤其在自然岩壁的攀登中。因此平时要爱护装备并妥善保管。攀岩装备分为个人装备和攀登装备。

（一）个人装备

1.安全带：攀岩者多使用登山安全带。

2.下降器：普遍使用的是"8"字环下降器。

3.安全铁锁和绳套：是攀岩过程中休息和进行其他操作时作自我保护之用的。

4.安全头盔：用来防备下落石块，一面头部受伤。

5.攀岩鞋：攀岩鞋是一种摩擦力很大的专用鞋，穿起来可以节省很多体力。

6.镁粉和粉袋：手出汗时，抹一点粉袋中装的镁粉，立刻就不会滑手了。

（二）攀登装备

1.绳子：攀岩一般使用9～11mm的主绳，最好是11mm的主绳。

2.铁锁和绳套：铁锁和绳套是连接保护点，下方保护攀登法必备的器械。

3.岩石锥：固定于岩壁上的各种锥状、钉状、板状金属材料做成的保护器械，可根据裂缝的不同而使用不同形状的岩石锥。

4.岩石锤：钉岩石锥时使用的工具。

5.岩石楔：与岩石锥的作用相同，但可以随时放取的固定保护工具。

6.悬挂式帐篷：当准备在岩壁上过夜时使用的夜间休息帐篷，须通过固定点用绳子固定保护起来悬挂于岩壁。

7.其他装备：包括背包、炊具、炉具、小刀、打火机等用具，视活动规模、时间长短和个人需要携带。

三、攀岩的基本技术

攀岩的基本技术是三点固定法，即在双手抓牢、双脚踏牢三个支点的情况下，才能移动第四支点，其要领对身体各部位的姿势和动作均有一定的要求。

（一）身体姿势

攀登岩石峭壁时身体要自然放松，以3个支点稳定身体重心，而重心要随攀登动作的转换移动，这是攀岩能否稳定、平衡、省力的关键。要想身体放松就要根据岩壁陡缓程度，使身体和岩壁保持一定距离，靠得太近，会影响观察攀岩路线和选择支点。但在攀登人工岩壁时要贴得很近。在自然岩壁攀登时，上、下肢要协调舒展，盘眼要有节奏，上拉、下登要同时用力，身体重心一定要落在脚上，保持面向岩壁、三点固定支撑、直立于岩壁、三点固定支撑、直立于岩壁上的攀登姿势。

（二）手臂的动作

手在攀登中是抓住支点、维持身体平衡的关键，手臂力量的大小直接影响攀登的质量和效果。因此，一个优秀的攀岩运动员必须有足够的指力、腕力和臂力。对初学者来说，在不善于充分利用下肢力量的情况下，手臂的动作就显得更为重要发。手臂如何用力，在人工岩壁攀登和自然岩壁攀登时情况不同，前者要求第一指关节用力抠紧支点的同时，手腕要紧张，手掌要贴在岩壁上，小臂也要随手掌紧贴岩壁而下垂，在引体时，手指握点.有下压抬臂动作，其动作规律是，重心活动轨迹变化不大，节奏更为明显。但攀登自然岩壁时其动作就变化很大，要根据支点不同采用各种用力方法，如抓、握、挂、抠、扒、捏、拉、推压、撑等。

（三）脚的动作

一个优秀攀岩运动员的攀登技术发挥得好坏，关键是两腿的力量是否能充分利用。只靠手臂力量攀登不可能持久。脚的动作要领是，两腿外旋，大脚趾内侧贴近岩面，两腿微屈，以脚踩支点维持身体重心，在自然岩壁支点大小不一和方向不同的情况下，要灵活运用。但要切记，膝部不要接触岩石面，否则会影响到脚的支撑和身体平衡，甚至会造成滑脱而使膝部受伤。另外，在用脚踩支点时，切忌用力过猛，并要掌握用力的方向。

（四）手脚配合

优秀攀岩运动员，上、下肢力量是协调运用的。对初学者或技术还不熟练的运动员来说，上肢力量显得更为重要，攀登时往往是上肢引体，下肢蹬压抬腿而移动身体。如果上肢力量差，攀登时就容易疲劳，表现为手臂无力，酸疼麻木，逐渐失去抓握能力。失去抓握能力后，即使有好的下肢力量，也难以继续维持身体平衡。所以学习攀岩，首先要练好上肢力量，上肢又要以手指和手腕、手臂力量为主，再配合以脚腕、脚趾以及腿部的力量，使身体重心随着用力方向的不同而协调地移动，手脚动作的配合也就自如了。

四、利用器械攀登方法

（一）上升器攀登法

第一个人登到峭壁顶部后，在上方将主绳一端固定好，将另一端仍至峭壁下方，下方固定紧拉。后继攀登者双手各握一只分别与双脚相连接的上升器，并将它们卡于主绳上，与双脚协调配合，不断沿主绳上攀；也可利用双主绳，讲上升器分别卡于两根主绳上向上攀登。还可利用一根主绳，将分别连接身体和双脚的两个上升器卡于主绳上，利用腿部的屈伸动作，沿主绳向上攀登。

（二）抓结攀登法

抓结攀登是在没有上升器的情况下使用的攀登方法。连接方法是用两根辅助绳在主绳上打成抓结，另一端打成双套结，不断向上攀登。操作过程中，需维持好身体平衡，可利用岩壁的摩擦力向上抬腿，始终保持面朝岩壁姿势。动作要协调、有节奏。

（三）挂梯攀登法

遇到岩壁陡峭光滑，无任何可利用的自然支点，或岩壁成屋檐状时，就必须利用挂梯攀登。这种方法就是将准备好的挂梯交替向上挂于相应的人为支点上，攀登者利用挂梯作为支点向上攀登。

五、如何确保攀登者的安全保护形式

一般按保护支点的相对位置分为以下两种。

（一）上方保护

保护支点在攀登者上方的保护形式，在攀登者上升过程中，保护人不断收绳，使攀登人的胸前不留有余绳，但也不要拉得过紧，以免影响攀登者行动，这点在登大仰角时尤应注意。上方保护对攀登者没有特殊要求，发生坠落时冲击力较小，较为安全。进行下方保护时，使用的器材一般有安全带、铁锁和下降器。保护人收绳时，应注意随时要有一支手握住下降器后面的绳索或把下降器两头的绳索抓在一起，只抓住下降器前面的绳子是难以制止坠落的。

（二）下方保护

保护支点位于攀登人下方的保护方式，没有上方预设的保护点，只是在攀登者上升过程中，不断把保护绳挂人途中安全支点上的铁锁中。这是领先攀登人唯一可行的保护方法，实用性较大，而且是国际比赛中规定的保护方法。但这种保护方法要求攀登者自己挂保护，而且发生坠落时，坠落距离大，冲击力强，因此一般由技术熟练者使用。

六、攀岩技巧训练

(一)取得资料库

此阶段旨在学习特定攀爬技巧，强调于摸索不同动作。人工岩场为最佳之训练地点，因可反覆练习同一动作。由于大脑会不断记忆曾做过的动作，因此此阶段的重点在于仅让大脑储存最有效率的动作。训练的基本原则如下：

1.在体能最佳的情况下学习技巧：不应在疲劳的情况下学习新的技巧，因为肌肉疲劳或乳酸堆积时将降低身体的协调性。

2.在安全的环境下学习技巧：尽量以top-rope或于离地面近之抱石墙进行训练。

3.勿在恐惧的情况下学习技巧：由于新的技巧有可能得做出超出极限或不平衡的动作，唯有在心中无惧的情况下方能做出最有效率的动作。

（二）练习资料库中的动作

在赛时的心理压力下，唯有以最常练习的动作或以直觉反应做出的动作方能使攀爬更省力。第二阶段的重点便在于反覆练习并熟稔第一阶段所学习到的技巧，此训练之目的在于减少以下情况发生的机率：因疲劳而影响攀登技巧、因心理压力而使动作失去流畅性、因高度而产生恐惧感、于遭遇难关时动作变得缺乏效率。总之，在几近攀登能力的极限时，选手往往难以做出技巧性的动作，一旦判断错误便仅有坠落一途。除非你能将资料库建立得十分稳固，否则新的技巧根本难以运用到实际攀登中。新技巧的练习应循序渐进、逐渐增加难度。接下来，我们将举出几个练习时应注意的原则：

1.以攀爬一条路线而言，第一次可能是在耗尽全力的情况下方能完成。但在尝试数次之后，便能以较轻松的方式完成，甚至能再多爬几个动作。此一循序渐进的训练方式，能帮助你将缺失逐一修正。然而，一般人在突破难关后便往往不再爬第二次，但唯有反覆练习，你才会发现更有效率的爬法。

2.比赛时仅有一次攀爬的机会，加上观众所带来的环境压力，选手的技巧往往无法充分发挥。因此必须习惯在群众围观时攀岩，以模拟赛场情境。

3.许多人会因坠落的恐惧感而不敢做出技巧性的动作，因此建议从简单的路线爬起，待已能爬得流畅、有效率后，再将难度提高。

4.许多攀岩者喜欢挑战超出自己极限的路线，但如此将阻碍了技巧进步的空间。切记，技巧训练的目的是为了熟稔特定动作，而非完成攀困难路线。

参考文献

［1］张中豹.体育文化与素养.北京:人民体育出版社，2012

［2］李德奇.乒乓球分级教学.北京：中国原子能出版社，2012

［3］洪昭光.让健康伴随着您.海口：南海出版社，2002

［4］吴寿枝.大学体育与健康教程.北京：北京体育大学出版社，2011

［5］编写组.体育与健康教学参考书.北京：高等教育出版社，2008

［6］梁道松.体育与健康.北京：中国劳动社会保障出版社，.2007

［7］毛振明，王小美.体育与健康课改论.北京：北京体育大学出版社，2009

［8］陈平．新编大学体育与健康教程．北京：中国海洋大学出版社，2011

［9］毛振明，于素梅体育教学理论问题与案例.北京：北京师范大学出版社，2009

［10］谭黔.体育教学心理研究.北京：北京师范大学出版社,北京师范大学出版社，2011

［11］侯德，忠宝.大学体育与健康.北京：高等教育出版社，2011

［12］毛振明.体育教学论(第2版).北京：高等教育出版社，2011

［13］周登嵩.学校体育学.北京：人民体育出版社，2004

［14］潘绍伟，于可红.学校体育学(第2版).北京：高等教育出版社，2008

［15］杨忠伟.体育运动与健康促进.高等教育出版社，.2004

［16］周兵.休闲体育.广西师范大学出版社，2005

［17］李鸿江.健康体育导论.北京：高等教育出版社，2004

［18］白二宏.新编定向运动.北京：军事科学出版社，2013

［19］邓树勋.体育与健康.广州：中山大学出版社，2002

［20］倪文治，张瑞林.大学体育教程.济南：山东大学出版社，1999

［21］刘燕群著.让疲劳走开，活力回来.北京：中国工业出版社，2005

［22］陈叶坪.大学生健康教育.武汉：华中科技大学出版社，2005

［23］刘纪清.李国兰编著.实用运动处方.哈尔滨：黑龙江科技出版社，1993

［24］江伟康主编.大学生健康教育读本.上海：上海医科大学出版社，

1995

[25] 陕西《高等学校体育》编委会.高等学校体育.西安：陕西师范大学出版社，1989

[26] 全国高等学校公共体育课教材.体育与健康.上海：华东师范大学出版社，2000

[27] 徐斌主编.大学生心身健康.济南：山东大学出版社，1992

[28] 申荷永.体育社会心理学原理与应用.广州：暨南大学出版社，1999

[29] 体育保健学编写组.体育保健学.北京：高等教育出版社，1997

[20] 全国体育院系教材编审委员会《足球》编写组.足球运动.北京.人民体育出版社，2002

[21] 袁文惠.乒乓球教程.郑州：黄河水利出版社，2009

[22] 程序.乒乓球理论与方法.武汉：中国地质大学出版社，2009

[23] 苏丕仁.乒乓球运动教程.北京：高等教育出版社，2004

[24] 唐建军.乒乓球运动教程.北京：北京体育大学出版社，2005

[25] 崔秀馥.乒乓球.北京：北京体育大学出版社，2003

[26] 韩志忠.乒乓球教学、训练、竞赛与科研.北京：人民体育出版社，2006

[27] 刘建和.乒乓球.北京：人民体育出版社，2006

[28] 刘建和.乒乓球教学与训练.北京：人民体育出版社，2004

[29] 吴兆祥.乒乓球入门.合肥：安徽科学技术出版社，2009

[30] 苏丕仁.现代乒乓球运动教学与训练.北京：人民体育出版社，2003

[31] 贾纯良.跟我学乒乓球.成都：成都时代出版社，2009

[32] 魏烨.新编体育与健康教程.西安：陕西人民出版社，2012

[33] 西安交通大学体育部.乒乓球·羽毛球·网球.西安：西安交通大学出版社，2001

[34] 周建林.球类运动体育教程.南京：南京师范大学出版社，2005

[35] 项正兴.小球运动.长沙：湖南师范大学出版社，2007

[36] 龚坚.现代体育教学论.重庆：西南师范大学出版社，2009

[37] 张传燧.课程与教学论.北京：人民体育出版社，2008

[38] 饶玲.课程与教学论.北京：中国时代经济出版社，2004

[39] 裴娣娜.现代教学论（第一卷）.北京：人民教育出版社，2005

[40] 张中豹.体育教程.北京：人民体育出版社，2007

[41] 武笑玲.大学体育与健康.北京：人民体育出版社，2014

［42］张中豹.运动健身理论与方法.北京：人民体育出版社，2007

［43］跆拳道技术.http://www.gkstk.com/article.

［44］跆拳道动作.http://www.chinadmd.com.